Lutz Getzschmann
*Indien und die Naxaliten*

D1725095

**Der Autor**
*Lutz Getzschmann*, Jahrgang 1972, lebt als freier Autor und Bildungsarbeiter in Frankfurt am Main und veröffentlicht regelmäßig Artikel zu ökonomischen und politischen Problemen. Schwerpunkt seiner Arbeiten ist die ökonomische und politischen Entwicklung Südasiens.

Lutz Getzschmann

# Indien und die Naxaliten

Agrarrevolten und kapitalistische Modernisierung

ISP·Köln

Reihe: Wissenschaft &Forschung 25

Das vorliegende Buch entstand im Zeitraum zwischen Frühjahr 2009 und Herbst 2010 in einem vorwiegend nichtakademischen Rahmen. Ein Auszug aus dem ursprünglichen Manuskript wurde im Herbst 2009 als wissenschaftliche Prüfungsarbeit an der Universität Mainz eingereicht.

Coverfoto: Naxalitische Kämpferin, Archiv Lutz Getzschmann

Autor und Verlag danken der Rosa-Luxemburg-Stiftung und dem Verein zur Förderung emanzipatorischer Literatur e.V. in Frankfurt/M. für ihre finanzielle Unterstützung.

Bibliografische Information der Deutschen Bibliothek
Die Deutsche Bibliothek verzeichnet diese Publikation in der Deutschen Nationalbibliografie; detaillierte bibliografische Daten sind im Internet über <http://dnb.ddb.de> abrufbar.
ISBN 978-3-89900-025-2


*ISP*
_____

Neuer ISP Verlag GmbH Köln/Karlsruhe
Belfortstraße 7, D-76133 Karlsruhe
e-mail: Neuer.ISP.Verlag@t-online.de
Internet: www.neuerispverlag.de

Der Neue ISP Verlag ist Mitglied der Assoziation Linker Verlage (aLiVe).

Originalausgabe
1. Auflage März 2011
© Neuer ISP Verlag und Autor
Satz: Neuer ISP Verlag GmbH
Umschlaggestaltung: Druckcooperative, Karlsruhe
Gesamtherstellung: Difo-Druck GmbH, Bamberg

1 2 3 4 5 – 15 14 13 12 11

# Inhalt

*Carsten Krinn*

# Vorwort

Lutz Getzschmanns umfassende Arbeit schließt in Deutschland eine wichtige Lücke. Wer sich kritisch mit den widersprüchlichen sozialen und politischen Entwicklungen in der jüngsten indischen Geschichte auseinandersetzten möchte, kommt um das Thema „Naxaliten" nicht herum.

Im April 2006 erschütterte ein Generalstreik Nepal, das höchste Land der Erde. Dieser zwang den König, die Wiedereinrichtung des Parlaments zu verkünden. Als daraufhin im November Nepals Premierminister mit „Prachanda", so der Kampfname des Führers der maoistischen Aufständischen, ein Waffenstillstandsabkommen unterzeichnete, war der zehnjährige Bürgerkrieg beendet und der Weg zu demokratischen Wahlen frei. Die Wahlen endeten mit einem klaren Wahlsieg der maoistischen Rebellen, deren Partei, die Unified Communist Party of Nepal (Maoist), nun im Parlament über 38% der Sitze verfügt. So stellen alle kommunistischen Parteien des Landes zusammen im Parlament über 60% der Stimmen. Da darf es nicht verwundern, dass insbesondere die arme bäuerliche Bevölkerung Nepals große Erwartungen hegt, die bisher nur ansatzweise erfüllt wurden.

Aufgrund dieses Wahlsiegs geht gegenwärtig, wie einst zu Zeiten des *Kommunistischen Manifests,* ein Gespenst um – diesmal in Südasien. Die rote Fahne, die seit kurzem über dem Himalaya in Nepals Staatswappen weht, ist den Einen Hoffnungsbanner und hat zugleich die Regierungen der umliegenden Länder in Alarmbereitschaft versetzt. Zu Recht, denn allein die maoistische Bewegung Indiens ist in 160 der knapp über 600 administrativen Bezirken aktiv vertreten. Im Jahr 2006 bezeichnete deshalb Indiens Premierminister Mammohan Singh die Aktivitäten der Naxaliten als „the single biggest internal security challenge ever faced by our country". Sicherheitsberater sprechen von einem logistischen „roten Korridor", der von Andhra Pradesh in Südindien bis zu Nepals Bergen reicht. Im Juni 2009 verbot daher die indische Regierung die größte der kämpfenden maoistischen Parteien, die CPI (Maoist). Da zahlreiche existentielle Probleme der Region weit davon entfernt sind gelöst zu sein, kann es nicht erstaunen, dass die Regierungen über die jüngste politische Entwicklung beunruhigt sind. Die Bevölkerung Südasiens ist auf der Suche nach Alternativen, denn die Regierungen bekommen selbst existentielle Probleme nicht in den Griff.

Allein der Multidimensional Poverty Index (MPI) von 2010, nach dem über 30% der Weltbevölkerung in mehrdimensionaler Armut existieren, weist über die Hälfte davon in Südasien aus. Und laut des Washingtoner „International Food Policy Research Institutes" leben allein über vierzig Prozent aller hungernden Kinder der Welt auf dem Subkontinent. Dabei produziert der Staat zunehmend Nahrungsmittel für den Weltmarkt. Die eigene Bevölkerung leidet Not und kämpft mit dem neoliberalen Umbau der Agrarökonomie. So haben allein im letzten Jahrzehnt mehr als 150.000 Bauern in Indien Selbstmord begangen, weil sie den Versprechen der Agroindustrie vertrauten und ihr Heil in neuem Saatgut und Dünger investiert hatten. Dadurch öffnete sich ein Schuldenkreis, dem sie, durch die Auswirkungen klimatischer Veränderungen zusätzlich belastet, nicht mehr entkamen. Wer sein Leid nicht mehr tragen konnte, hinterließ Familien, deren dramatische Situation sich kaum beschreiben lässt. Zumal in weiten Teilen des Landes noch Reste feudaler Erbsklaverei (bonded labour) bestehen.

Doch wäre es ein Denkfehler anzunehmen, furchtbares Elend führe automatisch zu sozialer Unruhe – im Gegenteil. Häufig verhindern die mangelnden Ressourcen eine geeignete Gegenwehr. Die Betroffenen wollen nicht auch noch die elenden Produktionsverhältnisse einbüßen, die sie am Leben erhalten. Insofern haben die Deklassierten der Peripherie, womöglich anders als ihre counterparts im sogenannten Norden, sehr wohl mehr zu verlieren als ihre Ketten.

In den 1990er Jahren traf ich am Rande eines kleinen Slums (basti) im südindischen Hyderabad die Söhne des Bastisprechers, der dem Indian National Congress angehört. Als ich sie über die Naxaliten reden hörte, war ich erstaunt. Ich hatte erwartet, dass sie angesichts der fortwährenden Medienberichte über Verbrechen und Gewalttaten der Maoisten diese heftig verurteilen würden. Stattdessen musste ich feststellen, dass in ihren Augen die Naxaliten eher eine Art moderner Grünmäntel des Sherwood-Forest zu sein schienen. Sie sprachen voller Anerkennung und Achtung von den offiziell und medial Geächteten. Ihr überwiegend hohes Ansehen unter den Deklassierten der Gesellschaft erklärt warum „Gaddar" (Gummadi Vittal Rao), der Sänger der Revolution, es bei öffentlichen Auftritten vermag, weit über hunderttausend Zuhörer anzulocken.

Anfang der 1970er Jahre wurde die eben erst gegründete CPI (ML) in den Untergrund gezwungen. Die folgenden Jahre des Ausnahmezustands gehörten zu den schwersten der jungen Demokratie. Im Untergrund zerrissen viele Bande und es kam zu innerorganisatorischen Auseinandersetzungen. Folge waren zahlreiche Spaltungen der jüngsten kommunistischen Partei Indiens. Als die Bruchstücke dieses Prozesses in den 1980er und 1990er Jahren wieder aus dem Untergrund auftauchten, fanden sie sich teilweise weit entfernt vom ideologischen Epizentrum wieder. Heute sind viele dieser Splitterparteien marginalisiert, aber der Einfluss ihrer Bewegung ist in Indien auf Schritt und Tritt zu spüren und ehemalige Anhänger sind überall präsent. Deren Aktivitäten durchziehen das zivile Indien – ein feines Netz von ‚social responsibility‘, häufig in Nichtregierungsorganisationen und Schulprojekten. Die politische Beteiligung in einer der zahlreichen ML-Gruppen hat in den Lebensläufen solcher Grassroot-Aktivisten oft wie ein Durchlauferhitzer gewirkt. Frisch von der Universität schlossen sie sich der politischen Bewegung an und gingen wie einst die Anhänger der russischen ‚Narodniki‘ (Volkstümler) aufs Land, um unter Bauern zu leben und zu arbeiten.

Für den Inhalt des Buches zeichnet allein der Autor verantwortlich, das Thema und der komplexe Ansatz erschienen uns aber so wichtig, dass wir das Werk unterstützen wollten. Wir wünschen ihm viele Leser und eine ebenso kritische wie lebendige Auseinandersetzung. Die Naxaliten werden Indiens Entwicklung noch länger begleiten. Bücher über sie tragen zu ihrem Verständnis bei, aber auf einem Seminar in Delhi brachte es kürzlich ein Teilnehmer auf den Punkt: „Als Wissenschaftler können wir viele Bücher schreiben, letztlich sind es jedoch die Menschen, die darüber entscheiden, wie der Kurs der Geschichte voranschreitet."

Neu Delhi im November 2010

Carsten Krinn ist regionaler Repräsentant der Rosa-Luxemburg-Stiftung.

# 1. Einleitung

In den letzten Jahren wurde viel über China und in dessen Windschatten auch über Indien als kommende asiatische Wirtschaftsmacht geschrieben; mit teils reißerischen Titeln wie *Weltmacht Indien* (Olaf Ihlau) oder *Indien – Aufstieg einer asiatischen Weltmacht* (Dietmar Rothermund) wurde die ökonomische Entwicklung Indiens porträtiert und die Auswirkungen der marktwirtschaftlichen Reformen seit den 1980er Jahren in den leuchtendsten Farben geschildert. Die Kehrseiten dieses Wirtschaftsaufschwungs werden dabei in der Regel als Auswirkungen von Unterentwicklung und Stagnation in ländlichen archaischen Strukturen gekennzeichnet, Phänomene die nach Ansicht der jeweiligen Autoren bald der Vergangenheit angehören werden, wenn die Segnungen der marktwirtschaftlichen Modernisierung auch die rückständigen ländlichen Regionen erreichen.

Von dieser Sichtweise geprägt ist auch der – seltene – Blick westlicher Autoren und Journalisten auf die nach dem Bauernaufstand von Naxalbari im Frühjahr 1967 benannte maoistische Guerillabewegung der Naxaliten, die noch vor zehn Jahren als in abgelegenen Gebieten überlebendes Relikt der frühen 1970er Jahren dargestellt wurde, dessen soziale Basis mit der Überwindung der sozioökonomischen Unterentwicklung zusehends dahinschwinden werde. Inzwischen hat jedoch auch die indische Regierung erkannt, dass das Gegenteil eingetreten ist. Die Communist Party of India (Maoist) und andere Untergrundorganisationen sind inzwischen in schätzungsweise 40 Prozent des indischen Territoriums aktiv, die sich auf 20 der 28 Bundesstaaten und Unionsterritorien erstrecken, die Zahl der bewaffneten Zusammenstöße hat sich in den letzten Jahren tendenziell erhöht und in Teilen der Bundesstaaten Bihar, Jharkhand, Chhattisgarh und Orissa hat die Guerilla Parallelverwaltungen aufgebaut. Die Naxaliten rekrutieren ihre Anhängerschaft dabei zu einem erheblichen Teil unter den Adivasi (den indischen Ureinwohnern) und Angehörigen der untersten und sozial unterdrücktesten Kasten und Bevölkerungsgruppen auf dem Land.

Während die verschiedenen bewaffneten Gruppen, die sich heute in Indien auf den Bauernaufstand von Naxalbari beziehen, von Medien und Sicherheitsexperten in der Regel als „terroristisch" eingeschätzt werden (die indische Regierung selber meidet den Begriff in diesem Zusammenhang eher und spricht vorsichtiger von „Linksextremismus"), ist eine solche Einschätzung naturgemäß umstritten, so dass es hilfreich sein kann, eine Definition für diesen vielstrapazierten Begriff zu finden und zu untersuchen, ob er für die maoistische Guerilla in Indien überhaupt zutreffend ist, sofern man nicht aus politischen Gründen jegliche Art gewaltsamen und illegalen Widerstands als „terroristisch" bewertet. In der Tat haben die naxalitischen Gruppen bisher wenig Neigung erkennen lassen, terroristische Anschläge im eigentlichen Sinne zu verüben, die sich etwa gegen öffentliche Einrichtungen in Delhi, Mumbai oder gar im Ausland richten würden und auf spektakuläre und den Tod zahlreicher Nichtkombattanten billigend in Kauf nehmende Weise darauf abzielen würden, eine internationale Medienöffentlichkeit zu erreichen. Gerade im Vergleich etwa mit den Anschlägen auf Vorortzüge in Mumbai 2007 oder den zahlreiche Menschenleben fordernden Attacken auf Hotels und Einrichtungen ebenfalls in Mumbai 2009 fällt auf, dass die Maoisten offenbar völlig andere Herangehensweisen entwickelt haben, die die geringe Aussagekraft des politisch hochgradig aufgeladenen Begriffes „Terrorismus" verdeutlichen.

Herfried Münkler liefert in seinem Band *Die neuen Kriege*, der sich ansonsten über weite Strecken als Apologetik internationaler Militäreinsätze der Bundeswehr liest und folgerichtig denn auch von der Bundeszentrale für politische Bildung vertrieben wird, eine m. E. brauchbare Charakterisierung der politischen und militärischen Formen bewaffneter Gruppen, die im Wesentlichen auf eine Unterscheidung von Terrorismus und Partisanenkrieg hinausläuft und eine Trennlinie zwischen den Formen bewaffneter Politik der ‚alten' ethnischen, antikolonialen oder sozialrevolutionären Befreiungsbewegungen und den ‚neuen' terroristischen Gruppen mit religiös-fundamentalistischem Hintergrund zieht, deren Vorgehensweise sich deutlich von ersteren unterscheidet.

Allgemein definiert Münkler ‚Terrorismus' als

„eine Form der Gewaltanwendung [...], die wesentlich über die indirekten Effekte der Gewalt Erfolge erringen will. Terroristische Strategien zielen dementsprechend nicht auf die unmittelbaren physischen, sondern auf die psychischen Folgen der Gewaltanwendung, sie sind weniger an den materiellen Schäden – dem Ausmaß der Zerstörungen, der Anzahl von Toten, dem Zusammenbruch der Versorgungssysteme – interessiert, die von den Anschlägen verursacht werden, als an dem Schrecken, der dadurch verbreitet wird und den Erwartungen und Hoffnungen, die mit diesen Anschlägen als Zeichen der Verletzbarkeit eines scheinbar übermächtigen Gegners verbunden werden können."[1]

---

1 Münkler 2002, S. 177

Im Gegensatz zu dieser, auf mediale Wirkung und psychologische Effekte abzielenden Strategie, ist die Strategie des Partisanenkrieges in erheblich stärkerem Maße auf die unmittelbare physische Verletzbarkeit und die militärische Ermattung des Gegners ausgerichtet. Angriffe auf Polizei- und Militärposten, kleinere Garnisonen, Unterbrechung von Nachschublinien und Versorgungseinrichtungen, Brücken und anderen Infrastruktureinrichtungen sollen diesem Ziel dienen und in einer größeren Anzahl von Nadelstichen den politischen Willen des Gegners schwächen und seinen Abzug aus einem bestimmten Gebiet sowie die Aufnahme von Verhandlungen über eine politische Lösung erzwingen. Partisanen agieren also in einer wesentlich defensiveren Rolle, zugleich müssen Partisanenaktionen mit Regelmäßigkeit und an verschiedenen Orten zugleich durchgeführt werden, um die gewünschte Wirkung zu erzielen. Während terroristische Aktionen von kleinen, ja winzigen, Gruppen durchgeführt werden können, bedarf die Strategie des Partisanenkrieges also einer militärischen Basis, die hinreichend groß sein muss, um in einer bestimmten Region koordinierte Aktionen durchführen zu können.

Gemeinsam ist beiden Strategien, dass sie auf bestehende Machtasymmetrien mit Formen der Asymmetrisierung bewaffneter Gewalt reagieren, mit denen sie versuchen, die militärische Unterlegenheit gegenüber dem staatlichen Machtapparat auszugleichen. Eine weitere Gemeinsamkeit zumindest traditioneller Partisanengruppen mit terroristischen Gruppen ist die Annahme eines „zu interessierenden Dritten"[2], also jener Bevölkerung oder Bevölkerungsgruppen, in deren Namen die Guerillas zu den Waffen greifen, die ihnen Legitimation verschaffen und deren Aktivierung als Unterstützer und soziale Basis zumindest Partisanengruppen benötigen, um sich in einem Gebiet längerfristig bewegen zu können sowie traditionelle terroristische Gruppen zur Verbreiterung ihrer militärischen Basis und zur Legitimation ihres Handelns. Herkömmliche terroristische Gruppen mit ethnischen oder sozialrevolutionären Zielen waren in der Regel darauf hinorientiert, terroristische Anschläge, die neben der Kampfansage an die herrschenden Mächte vor allem als Weckruf an den zu interessierenden Dritten gedacht waren, lediglich im ersten Stadium ihres Kampfes zu verüben, um durch die Aufrüttelung und Aktivierung einer ihnen freundlich gesonnenen Bevölkerungsbasis die personelle und logistische Infrastruktur zum Aufbau einer Partisanenarmee zu entwickeln und perspektivisch zum Partisanenkrieg überzugehen. Indem die Verletzbarkeit des scheinbar übermächtigen Gegners aufgezeigt wird, kann demonstriert werden, dass Widerstand möglich und potentiell

---

2 Münkler 2002, S. 180

erfolgversprechend ist, kann Apathie und Resignation in der Bevölkerung überwunden und weitere KämpferInnen rekrutiert werden. Schon aus diesem Grund sind sowohl die traditionellen terroristischen Gruppen als auch die aus ihnen hervorgegangenen Partisanenarmeen bei der Wahl ihrer militärischen Ziele und Methoden in der Regel darauf bedacht, zivile Opfer, vor allem solche, die dem „zu interessierenden Dritten" zuzurechnen sind, zu vermeiden, um die Unterstützungs- und Legitimationsbasis nicht zu gefährden, die für sie überlebenswichtig ist.

> „Wo dies doch einmal geschah, wurden ausführliche Erklärungen und Entschuldigungen der Gruppen verbreitet, um zu verhindern, dass die angegriffene Macht solche Opfer propagandistisch ausnutzen konnte. Der politisch-legitimatorische Bezug auf den zu interessierenden Dritten garantierte auch, dass die Terroristen keinen Gebrauch von Massenvernichtungswaffen machten oder durch ähnliche Methoden auf eine Maximierung der Gewaltfolgen setzten, sondern sich weiterhin auf die herkömmlichen Mittel, Pistolen und Bomben, beschränkten."[3]

Die Naxaliten sind, wie aus der vorliegenden Arbeit hervorgehen wird, in diesem Sinne von ihren Methoden her eine klassische Partisanenbewegung, deren soziale Verankerung in den untersten gesellschaftlichen Segmenten vor allem der ländlichen Regionen Nord- und Zentralindiens nicht zuletzt daraus resultiert, dass „der zu interessierende Dritte" zum einen sich in einer verzweifelten Lage befindet, die durch die ökonomischen Veränderungen der letzten Jahrzehnte kaum besser geworden ist (auch wenn die durch diese Feststellung sich aufdrängenden Implikationen erst im Laufe der Arbeit genauer ausgeführt werden können) und zum anderen unmittelbar als soziale Gruppe in die kämpfenden Einheiten und Parteistrukturen integriert ist, was es für die bewaffneten Formationen des Staates häufig schwer macht, zwischen Dalit-LandarbeiterInnen, Kleinbauern und ihrer Landrechte beraubten Adivasi zum einen und den bewaffneten Kadern der maoistischen Gruppen zum anderen zu unterscheiden.

Nachdem die indische Regierung der Naxalitenbewegung zunächst mit hauptsächlich polizeilichen Mitteln Herr zu werden versucht hatte, wurde seit 2006 zunehmend anerkannt, dass das Erstarken der Guerilla vor allem sozioökonomische Ursachen hat, die, wie etwa der indische Premierminister Manmohan Singh in seiner Rede bei der indischen Innenministerkonferenz zum ‚Naxalitenproblem' im April 2006 erklärte, mit Armut, Unterentwicklung und mangelnden Zukunftsperspektiven der ländlichen Bevölkerung

---

3 Münkler 2002, S. 183f

zusammenhängen. Wie der Leiter des Asian Centre for Human Rights (ACHR), Suhas Chakma hierzu anmerkt, seien immerhin vier Jahrzehnte vergangen, bis die Regierung zu dieser Erkenntnis gekommen sei. Inzwischen aber:

> „…setzt sich aber auch im Innenministerium allmählich die Ansicht durch, dass ‚Naxalismus nicht nur ein Sicherheitsproblem darstellt, sondern auch eine erhebliche sozioökonomische Dimension hat'. Daher glaubt man, dass die soziale und wirtschaftliche Entwicklung der betroffenen Gebiete maßgeblich zur Eindämmung von Extremismus und Gewalt beitragen kann.
>
> Das Innenministerium gibt an, mit einer dreiteiligen Strategie gegen den Naxalismus anzugehen: (1) Stärkung der Geheimdienste auf Ebene der Unionsstaaten, (2) anhaltende bewaffnete Aktionen der Sicherheitskräfte sowie (3) eine beschleunigte wirtschaftliche Entwicklung. Nimmt man allerdings die letzten Monate als Maßstab, dann liegt der Fokus viel stärker auf militärischer Gewalt als auf friedlicher Entwicklung."[4]

Zwar mangele es in Indien nicht an Programmen, mit denen die Situation vor allem der Adivasi verbessert werden solle. Doch allzu oft fehle es an politischem Willen, sie adäquat umzusetzen. Hinzu komme, dass in vielen Gebieten die staatlichen Strukturen bereits völlig zusammengebrochen seien. Gleichwohl bleibe es Aufgabe der Regierung, alles zu tun, um die Entwicklungsprogramme unter Achtung der Menschenrechte umzusetzen.

Während also die Ursache der Erstarkung der Maoisten in der Unzulänglichkeit der Entwicklung rückständiger Gebiete gesehen wird und in der Konsequenz Programme entwickelt bzw. ausgeweitet und effektiv implementiert werden sollen, um die sozioökonomische Entwicklung dieser Regionen zu fördern – eine Absichtserklärung, die gebetsmühlenhaft in sämtlichen offiziellen Erklärungen wiederholt wird, die die Bekämpfung der Naxaliten betreffen –, hat sich erstaunlicherweise bisher keine einzige indische Regierungsstelle die Mühe gemacht, eine detaillierte Studie über den Zusammenhang von sozioökonomischer Entwicklung bzw. Unterentwicklung und politisch motivierter Gewalt zu erstellen, in der dieser in einer Weise analysiert würde, die gesicherte Erkenntnisse über die tatsächlichen Ursachen des bewaffneten Konflikts und daraus abgeleitete Konsequenzen für dessen Eindämmung oder Lösung liefern könnte. Dies überrascht vor allem, da es diverse Institute und Think Tanks gibt, wie etwa die Planungskommission der indischen Regierung (die ansonsten zu nahezu jedem Be-

---

4 Chakma 2007, Internetquelle

reich der sozioökonomischen Realitäten Indiens ausführliche – wenn auch teilweise mit äußerster Vorsicht zu lesende – Studien vorgelegt hat) oder das „Institute for Conflict Management" (ICM), das im Auftrag der Regierung die verschiedenen Konfliktfelder und Akteure der gewalttätigen und als terroristisch eingestuften Gruppen maoistischer, islamistischer und separatistischer Couleur untersucht und deren Tätigkeit dokumentiert.

Die über den gezielten Aufbau paramilitärischer und Anti-Terror- Einheiten hinausgehenden Strategien des indischen Staates basieren demnach auf ungesicherten Hypothesen, deren Stichhaltigkeit durchaus angezweifelt werden kann (sofern davon ausgegangen werden kann, dass ihre Grundlage nicht weitergehende Analysen sind, die der Geheimhaltung unterliegen). Zugleich gibt es jedoch Hinweise darauf, dass gerade die dominierenden Effekte von Bemühungen der ökonomischen Entwicklung rückständiger Gebiete in den letzten zwanzig Jahren die sozialen Konflikte massiv angeheizt haben. Wie Suhas Chakma anmerkt, „wurden allein zwischen 1950 und 1990 mehr als 8,5 Millionen Adivasi durch Staudämme, Bergwerke und Industrieanlagen sowie die Einrichtung von Nationalparks aus ihrer Heimat vertrieben".[5] Andere Autoren, die nicht nur die Adivasi im Blick haben, kommen auf etwa 36 Millionen Menschen, die zwischen 1950 und 2005 den Großprojekten weichen mussten und umgesiedelt wurden. Die ökonomische Entwicklung ist auch in den „backward states" wie Bihar, Uttar Pradesh, Jharkhand, Chhattisgarh, Westbengalen, Madhya Pradesh und Orissa längst in Gang gekommen und der oberflächliche Eindruck von diesen Regionen als einer statischen, über einen langen Zeitraum hinweg veränderungsresistenten semi-feudalen Agrargesellschaft erweist sich bei näherer Betrachtung als in Teilen trügerisch.

Die vorliegende Arbeit soll eine erste deutschsprachige Gesamtdarstellung der Naxaliten und ihrer politischen und sozialen Wurzeln sein und zugleich der Frage nachgehen, ob es sich bei der Naxalitenbewegung um ein Phänomen der soziökomischen Unterentwicklung oder vielmehr um eines der Entwicklung und kapitalistischen Modernisierung handelt. Hierzu muss die Naxalitenbewegung zunächst als politisches Phänomen im Bezugsrahmen der Geschichte der kommunistischen Bewegung in Indien untersucht und organisationsgeschichtlich rekonstruiert werden. Dabei muss auch eine kritische Erörterung der sozialen Basis der kommunistischen Parteien eine Rolle spielen, denn auch wenn die Kluft zwischen der überwiegend höherkastigen und aus bürgerlichen bzw. großbäuerlichen Verhältnissen stammenden intellektuellen Führung der KPs und den proletarischen und

---

5 Ebd.

kleinbäuerlichen Massen ein konstitutives und andauerndes Problem der indischen KommunistInnen ist, muss zugleich betont werden, was Henning Böke richtig als eines Charakteristika der Naxaliten im Kontrast zu den etablierten kommunistischen Parteien anmerkt:

> „Die Naxaliten-Bewegung hat politische Subjekte aktiviert, denen der traditionelle produktivistische, aufs Industrieproletariat fixierte Marxismus-Leninismus keine Beachtung schenkt: arme, unterprivilegierte, marginalisierte Gruppen."[6]

Eine solche Rekonstruktion bliebe jedoch wenig ergiebig, würde sie nicht ergänzt werden durch den Versuch, die soziale Basis und die klassenmäßigen Entstehungsbedingungen dieser Bewegung zu verorten, wobei die politische, ökonomische und soziale Entwicklung Indiens in den letzten Jahrzehnten eine notwendige Grundlage einer solchen Analyse darstellt. Eine solche Untersuchung kommt letztlich nicht ohne eine historisch ausholende Einordnung der Bauernbewegungen und sozialen Revolten der jüngeren Vergangenheit in den Kontext der sich verändernden Klassenverhältnisse und der in Indien politisch wirksamen Konzepte von Modernisierung aus.

Basierend auf der beispielhaften Erörterung der regionalen Entstehungsbedingungen und Verlaufsformen des Naxalitenkonflikts in ausgewählten Regionen wie Chhattisgarh und Bihar soll der Zusammenhang zwischen ökonomischen Prozessen und politischer Gewalt genauer geklärt werden. Den Abschluss wird der Versuch einer historischen und politischen Einordnung der Naxalitenbewegung in den Kontext der ökonomischen Modernisierungsprozesse bilden und die dadurch erleichterte Klärung der Frage nach den sozioökonomischen Wurzeln des Konflikts.

Indien ist ein Land mit einer reichen Geschichte sozialer Bewegungen und Kämpfe, keine einzige Maßnahme des Staates oder der herrschenden Klassen, die auf die Verschärfung der Ausbeutung und die Vertreibung und Entwurzelung von Menschen zum Zweck der Erhöhung der Profitraten und die Durchsetzung kapitalistischer Vergesellschaftung zielt, bleibt ohne Widerstand: die Politisierung und Mobilisierungsfähigkeit der ländlichen Massen und gerade der unterdrücktesten Sektoren der indischen Gesellschaft, der Dalits und Adivasi, der von Staudammprojekten und Stahl- oder Chemiewerken bedrohten Kleinbauern, der durch ökonomischen Zwang und sexuelle Unterdrückung gepeinigten Frauen der unteren Kasten, der durch die katastrophalen ökologischen Folgen von Industrieanlagen, die Verseuchung der Flüsse oder die Privatisierung der Grundwasserreservoirs durch

---

6 Böke 2007, S. 93

multinationale Konzerne wie Pepsi und Coca Cola ihrer Trinkwasserversorgung beraubten Dorfbevölkerungen, hat in den letzten Jahrzehnten enorm zugenommen. Indien ist, anders als dies landläufige Klischees und eine oberflächliche Medienberichterstattung suggerieren wollen, nicht nur eine brutale Klassengesellschaft, sondern auch ein Land, in dem die verarmten und um ihre Rechte betrogenen Menschen ihre Situation keineswegs klaglos ertragen, sondern sich mit allen zu Gebote stehenden Mitteln verteidigen, also eine Gesellschaft, die von schweren Konflikten geprägt ist. Die meisten dieser sozialen Widerstandsbewegungen sind gewaltfrei, auch wenn sie gewohnheitsmäßig der Schikane und Kriminalisierung durch die Regierenden ausgesetzt sind. Diese ganze Breite der sozialen Kämpfe, die mannigfaltigen Erfahrungen und Politisierungsprozesse könnten bei einer Darstellung wie der folgenden, die sich auf die historische Bewegung der Naxaliten und der aus ihr hervorgegangenen Guerillagruppen und teils im Untergrund, teils in einem halblegalen Status existierenden Parteien und Organisationen beschränkt, leicht in den Hintergrund treten oder vergessen werden. Dies ist nicht meine Absicht und es sollte den LeserInnen bewusst sein, dass die im vorliegenden Band dargestellten Bewegungen und Auseinandersetzungen nur einen Ausschnitt dessen erhellen können, was auf dem indischen Subkontinent an rebellischen Initiativen und Massenbewegungen existiert. Sicherlich ist der Spielraum der gewaltlosen sozialen Bewegungen in Indien in den letzten Jahren nicht größer, sondern eher kleiner geworden. Die umkämpften Sektoren der indischen Gesellschaft befinden sich in einem permanenten Belagerungszustand durch die Kräfte des Weltmarktes, die Kommerzialisierung der Agrarökonomie, die Erschließung bisher unerschlossener Rohstoffe durch indische und internationale Bergbau- und Stahlkonzerne – und durch die verschiedenen zentralen und von den Bundesstaaten betriebenen Sicherheitsapparate und Polizeibehörden, die bemüht sind, den Zugriff dieser Mächte auf Land und Leute gegen alle Widerstände auch mit Gewalt sicherzustellen. So schreibt auch etwa Arundhati Roy:

„Der Raum für gewaltfreien Ungehorsam ist geschrumpft. Nach mehrjährigen Kämpfen stehen nicht wenige gewaltlose Widerstandsbewegungen vor einer Mauer und sind zu Recht der Ansicht, dass sie jetzt die Richtung ändern müssen. Die Meinungen, welche Richtung das sein sollte, gehen weit auseinander. Manche glauben, dass der bewaffnete Kampf der einzige noch mögliche Weg ist. Abgesehen von Kashmir und dem Nordosten werden große Landstriche, ganze Distrikte in Jharkhand, Bihar, Chhattisgarh, Orissa und Madhya Pradesh von denen kontrolliert, die dieser Ansicht sind."[7]

---

7 Arundhati Roy 2009, S. 86

Wenn die gewaltlosen Basisbewegungen im Folgenden nur einen relativ geringen Raum einnehmen und auch in der Darstellung der heutigen Naxalitenbewegung im hinteren Teil deren bewaffnete Aktionen ein deutliches Übergewicht gegenüber den, ebenso in nicht geringer Zahl sich im weitesten Sinne auf die historische Bewegung von Naxalbari und die daraus entstandene radikale Linke beziehenden breiten sozialen Bewegungen und Projekte für eine praktische Verbesserung der Lebensbedingungen der Menschen bekommt, hat dies also auch mit der von Roy geschilderten Desillusionierung der Basisaktivisten und der nicht nur von ihr beobachteten verstärkten Hinwendung zu den Guerillabewegungen zu tun.

Das Problem wird noch verstärkt durch die Tatsache, dass die digitale Spaltung, die sich schon in den globalen Nord-Süd-Beziehungen bemerkbar macht, auch innerhalb Indiens wirksam ist. Wir erfahren über soziale Kämpfe und Streiks in der Sonderwirtschaftszone Gurgaon, weil eine kleine Gruppe dort politisch tätiger ArbeiterInnen, die über die Fähigkeit verfügt, eine Website zu erstellen, diese mit englischsprachigen Texten zu füllen und zu aktualisieren – die *Gurgaon Workers News*. Das ist sehr verdienstvoll und ein wichtiger Schritt, um das Schweigen über die Ausbeutungsbeziehungen in den Sonderwirtschaftszonen zu durchbrechen und eine internationale Öffentlichkeit für diesen Aspekt der kapitalistischen Modernisierung Indiens und seine Auswirkungen zu schaffen. Zugleich aber erfahren wir fast nichts über eine aus Zehntausenden von Mitgliedern bestehende, aus der Naxalitenbewegung hervorgegangene militante Gewerkschaftsföderation wie die All India Federation of Trade Unions (AIFTU) oder über das Wirken kommunistischer Kleinbauernorganisationen mit Hunderttausenden von Mitgliedern, weil deren Zeitungen und Flugblätter auf Hindi oder Telugu veröffentlicht werden, in Regionen kursieren, die außerhalb der Reichweite einer internationalen Medienöffentlichkeit stehen und diese wichtigen Organisationen der lohnarbeitenden und ausgebeuteten Klassen mangels zur Vefügung stehender Kapazitäten von ÜbersetzerInnen und IT-TüftlerInnen über keine Websites verfügen. Alles was wir in Europa über diese Gruppen und ihre gesellschaftliche Praxis erfahren, hängt von vereinzelten Delegationsreisen, engagierten JournalistInnen und Informationsschnipseln in der indischen Presse ab. Diese Tatsache verstärkt das Ungleichgewicht in der Wahrnehmung der Medien, die in den letzten Monaten zwar den Naxaliten eine erhöhte Aufmerksamkeit gewidmet haben, diese aber weitgehend auf die Berichterstattung über bewaffnete Zusammenstöße, Gefechte und den Vormarsch der indischen Sicherheitskräfte gegen bewaffnete Guerillaeinheiten beschränkt haben. Solchen Beschränkungen kann auch der vorliegende Band nicht ganz entrinnen. Der Autor kann also nur auf kritische und interessierte LeserInnen setzen, die versuchen, mehr zu erfahren, Verbindungen herzustellen und über das Gelesene hinaus sich eine breite Fülle von Informationen über das Ausmaß der Klassenkämpfe auf dem indischen Subkontinent zu verschaffen.

# 2. Historische Grundlagen und Einordnungsversuche

Wer sich mit kritischer und nicht nur rein journalistischer Absicht mit Bewegungen und Kämpfen beschäftigt, ist gezwungen, nicht nur einen Blick auf die ihnen zugrundeliegenden sozioökonomischen Konstellationen zu werfen, sondern auch die ihnen vorausgehenden historischen Prozesse zu berücksichtigen und theoretische Voraussetzungen zu diskutieren, die geeignet sein könnten, einen größeren Zusammenhang des dargestellten Sachverhalts zu liefern. So soll es auch hier geschehen und im Folgenden einige gesellschaftliche Charakterzüge des vorkolonialen Indien dargelegt werden, darauffolgend dann die bis heute wirkmächtig gebliebene, wenn auch selten und mitunter verzerrt rezipierte Marx'sche Sicht auf die Kolonisierung Indiens und die von ihm davon abgeleiteten Modernisierungsprozesse kritisch skizziert werden, Barrington Moores Versuch einer Konkretisierung und Aktualisierung der Analyse kapitalistischer Modernisierungsprozesse und seiner semifeudalen Hemmnisse dargestellt und diese mit den Kasten- und Klassenverhältnissen im modernen Indien abgeglichen werden.

## 2.1. Indiens Weg zwischen Militärfeudalismus, Kolonialismus und kapitalistischer Entwicklung

Wenn wir die Texte britischer Orientalisten des 19. Jahrhunderts lesen, aber auch die von diesen nicht unbeeinflusst gebliebenen Artikel von Marx über Indien, stoßen wir zum einen auf eine gewisse widerwillige Bewunderung für eine alles in allem über 6.000 Jahre alte Zivilisation, die seit immerhin 3.500 Jahren durch die in den Veden überlieferten Glaubensvorstellungen und deren Sozialordnung geprägt war. Zugleich aber geistert durch all diese Quellen neben dem Abscheu gegenüber einer auf dem – eigentlich der europäischen feudalen Ständeordnung historisch nicht ganz unähnlichen – hinduistischen Kastensystem ruhenden Gesellschaftsordnung und der vermeintlich überlebten, erstarrten und aus sich heraus veränderungsresistenten jahrtausendealten dörflich beschränkten und Stagnation und Fatalismus hervorbringenden Sozialstruktur Indiens, eine Vorstellung von statischer Geschichtslosigkeit des indischen Subkontinents. Wir wissen heute, dass es sich hierbei im Wesentlichen um eine Projektion handelt und auch die vermeintlich unveränderliche und über Jahrtausende konstante vedische Ordnung im Verlauf der indischen Geschichte nicht weniger an turbulenten Erschütterungen und ökonomischen wie sozialen Veränderungen, Revolutionen und Umwälzungen der Produktionsverhältnisse erlebt hat wie die europäischen Gesellschaften, allerdings auf einer grundlegend anderen Basis als der hiesigen und somit anderen Ausdrucksformen und Ergebnissen. Die Frage, ob die indische Gesellschaft im 18. Jahrhundert im Begriff war, ihr „Mittelalter" zu überwinden und die europäische Kolonisierung einen Prozess abschnitt und an seiner Entfaltung hinderte, der eigentlich längst in Gang gekommen war, ein Prozess, der sicherlich nicht zu einer kapitalistischen Entwicklung nach europäischem Muster geführt hätte, aber einen gesellschaftlichen Wandel größeren Ausmaßes bedeutet hätte, ist vor allem unter indischen Historikern kontrovers diskutiert worden – eine Kontroverse, die hier nicht weiter nachgezeichnet werden kann. Zumindest können im Folgenden jedoch einige Merkmale der gesellschaftlichen Entwicklung Indiens skizziert werden, die Einfluss auf die Entfaltungsmöglichkeiten sozialer Bewegungen bis ins 20. Jahrhundert hinein hatten.

### 2.1.1. Indien und China

Während China im Laufe des 19. und frühen 20. Jahrhunderts zumindest der Form halber seine Selbstständigkeit gegenüber den europäischen Kolonialmächten bewahren konnte, stand am Ende der in der ersten Hälfte des 18. Jahrhunderts in Gang gekommenen britischen Kolonisation des indischen Subkontinents seine Eingliederung in das britische Empire. Die Inbesitznahme des indischen „Kronjuwels" durch die britische Krone gipfelte in der Schaffung eines indischen Kaisertitels, den die britische Königin Victoria ab 1857 innehatte und die bisherige Verwaltung von Teilen Indiens durch die East India Company ablöste, ein Ergebnis der mit dem Sepoy-Aufstand desselben Jahres deutlich gewordenen Schwierigkeiten der East India Company, ein derart ausgedehntes Territorium zu kontrollieren. Formell selbstständig blieben die Fürstenstaaten in etwa einem Drittel Indiens, die gleichwohl Schutzverträge mit der britischen Krone abschlossen und de facto britische Protektorate wurden. Auch startete die britische Kolonisation Indiens bedeutend früher als die Einwirkung Großbritanniens auf China. Die East India Company wurde bereits im Jahr 1600 gegründet, die englische Durchdringung bestimmter Regionen Indiens begann parallel zu ähnlichen portugiesischen Bemühungen 1612/13, zunächst allerdings in der Form der Errichtung von Stützpunkten und Handelsniederlassungen.[8]

---

8 Vgl. Kulke/Rothermund 2006, S. 270ff

Die Bedeutung der Marx'schen Sicht auf Indien liegt zunächst darin, dass die Marx'sche Theorie und die in ihr entwickelten Vorstellungen von kapitalistischer Modernisierung sich damit auseinander zusetzen hatte, welche Rolle der britische Imperialismus im Bezug auf die Veränderung der indischen Gesellschaft spielte. Auch wenn die Marx'schen Arbeiten über Indien im Wesentlichen sich – zumindest soweit es explizit um Indien geht – auf Zeitungsartikel und Anmerkungen in Briefen beschränken, so sind sie doch recht aussagekräftig im Bezug auf die Bewertung der Modernisierung und kapitalistischen Durchdringung Indiens durch die Briten.

Im Zusammenhang dieser Arbeit bekommen sie zusätzliche Relevanz dadurch, dass sie nicht nur ein – wenn auch fragmentarisches – theoretisches Gerüst anbieten, sondern zugleich den Hintergrund für die Debatten der indischen Marxisten abgeben, als deren militantester Flügel sich in den späten sechziger Jahren die CPI (ML) und die sich auf sie beziehenden Gruppen herausbildeten.

Nichts destotrotz muss angemerkt werden, dass sowohl Marx' ambivalente Haltung zur britischen Kolonialmacht als auch das von ihm vertretene Indienbild in bestimmter Hinsicht durchaus kritikwürdig ist und auch zahlreichen Kritiken unterworfen wurde, vor allem, weil ihm eine Vorstellung von Indien als einem gleichsam geschichtslosen Subkontinent zugrundeliegt, die letztlich auf den eurozentristischen Beschränkungen des 19. Jahrhunderts beruht. So schreibt etwa Herman Kulke:

> „Im Deutschland des 19. Jh. waren Hegel und Marx die einflussreichsten Protagonisten dieses negativen Indienbilds. Was im Zusammenhang mit unseren Überlegungen nicht nur zum Indienbild, sondern zum Bild der indischen Geschichte von besonderer Bedeutung ist, ist Hegels und Marx' völlige Negierung einer indigenen Geschichte Indiens. So schrieb Marx am 22.7.1853: ‚Die indische Gesellschaft hat überhaupt keine Geschichte, zumindesten keine bekannte Geschichte. Was wir als ihre Geschichte bezeichnen, ist nichts anderes als die Geschichte der aufeinanderfolgenden Eindringlinge, die ihre Reiche auf der passiven Grundlage dieser widerstandslosen, sich nicht verändernden Gesellschaft errichteten.' Marx' Bild der indischen Geschichte geht unmittelbar auf J. Mills *History of British India*, dem Lehrbuch aller britischen Indian Civil Servant-Beamten, zurück."[9]

Die politische Geschichte zumindest Nordindiens wurde in der Tat von ihrer Frühzeit an von fremden Invasoren geprägt. Noch zu Beginn der britischen Kolonisation beherrschten islamische Eroberer große Teile Nordindiens.

---

9 Kulke 1998, Internetquelle

Das islamische Mogulreich unter seinem bedeutendsten Kaiser Akbar (1556 bis 1605) befand sich in seiner Spätblüte, 1691 erreichte das Mogulreich unter dem letzten bedeutenden Kaiser Aurangzeb (1658 bis 1707) seine größte Ausdehnung, wies aber schon zu diesem Zeitpunkt beträchtliche Zerfallserscheinungen auf.[10]

Der sichtbare Verfall der Mogulherrschaft begann mit Aurangzebs religiös motivierter Verfolgung und fiskalischer Diskriminierung der Hindus und Sikhs, die Aufstände provozierte. Kernzentren der hinduistischen Opposition wurden die Marathen, die zu einer eigenständigen indischen Regionalmacht wurden sowie die Sikhs, deren Bedeutung vor allem militärischer Natur war und denen es im Zuge der Zersetzung des Mogulreiches gelang, einen eigenen Staat im Punjab zu gründen. Um die Mitte des 18. Jahrhunderts war die Mogulherrschaft zu einem System von Regionalreichen, Klein- und Kleinstkönigtümern zerfallen, womit der Subkontinent wieder – ebenso wie auch nach dem Zerfall des Maurya-Reiches um 200 v. Chr. oder nach dem Zusammenbruch der Gupta-Herrschaft gegen 500 n. Chr. – einen Normalzustand erreicht hatte, der kennzeichnend für die politische Geschichte des Landes ist. War die Existenz der „streitenden Reiche" in China eine als unglückselig angesehene Zwischenphase, so stellt sie in Indien die Grundkonstellation dar, die lediglich phasenweise vom Aufstieg zentralisierter Militärstaaten unterbrochen wurde.[11] Indien teilte sich in zahlreiche kleine Staatsgebilde, deren große Pole und bemerkenswerte zeitgenössische Ausnahmen des 18. Jahrhunderts das Mogulreich, die Marathen und die Sikhs des Punjab bildeten.

Die europäische Kolonisation durch Portugiesen, Niederländer, Franzosen und Engländer bzw. Briten beschränkte sich also zunächst auf die Einrichtung von Handelsstützpunkten und die Sicherung von Handelsrouten. Erst die Zersplitterung Indiens just in jener Phase, in der die militärtechnologische und logistische Entwicklung Europa erstmals einen wirklich nennenswerten Vorsprung vor den anderen Teilen der Welt bescherte, ermöglichte eine Ausweitung der Herrschaft. Den Anreiz dazu bildete die französisch-britische Konkurrenz seit dem frühen 18. Jahrhundert und die koloniale Expansion dieser beiden Staaten.

Seit der Mitte des 18. Jahrhunderts verschärften sich die Auseinandersetzungen zwischen Franzosen und Briten auch in Indien. Den entscheidenden Sieg über Frankreich erzielten die Briten während des Siebenjährigen Krieges. Mit dem Sieg bei Plassey über die bengalische Armee übernahm die

---

10 Vgl. Kulke/Rothermund 2006, S. 265f
11 Vgl. Rothermund 2002, S. 15ff

britische East India Company die faktische Herrschaft über Bengalen, sie transformierte sich von einer Handelsgesellschaft de facto in eine britische Verwaltungsbehörde, Frankreich wurde aus Indien herausgedrängt und parallel zur fortschreitenden politischen Zersplitterung Indiens weiteten die Briten ihren Einfluss aus:

Im Gegensatz zu China gelang es in Indien also niemals, abgesehen von einigen historischen Ausnahmen wie dem Maurya-Reich (ca. 300–150 v.Chr.), dem Gupta-Reich (ca. 300–500 n. Chr.) und dem Mogul-Reich (ca. 1450 –1700) einen dauerhaften und stabilen Zentralstaat zu etablieren. Die Erklärung für dieses Phänomen findet sich in der spezifischen sozialen Struktur der indischen Gesellschaft, deren Kernelement die Kaste ist:

> „Die Kaste diente (und dient noch immer) dazu, das Leben der Dorfgemeinschaft zu organisieren, der Grundzelle der indischen Gesellschaft und der Grundeinheit, in die sie zu zerfallen drohte, sobald kein starker Herrscher da war."[12]

Die Kaste war im Wesentlichen lokal und regional organisiert, es existierte keinerlei überregional zentralisierende, etwa staatliche Organisation der Kasten. Sämtliche für die Dorfgemeinschaft wesentlichen Funktionen wurden von den Kaste wahrgenommen, weshalb es eine Notwendigkeit für einen zentralen Staatsapparat schlicht nicht gab:

> „Da die Kaste auf der örtlichen Ebene der Dorfgemeinschaft den Rahmen für jegliche soziale Betätigung bildete, buchstäblich von der Empfängnis bis zum Leben nach dem Tode, machte das Kastenwesen die Zentralregierung weitgehend überflüssig."[13]

Während in China der zentralisierte Staatsapparat die für die Versorgung der Bevölkerung wichtige Aufgabe der Planung, Errichtung und Erhaltung von Bewässerungssystemen erfüllte, konnte die indische Gesellschaft aufgrund des Monsuns unter Umständen auf diese zentral gesteuerte Funktion verzichten: „Eine gute Ernte war, und ist auch heute noch, von den jährlichen Monsunregen abhängig."[14] Mit Hilfe eines Bewässerungssystems, dass es zu unterschiedlichen Zeiten und regional verschieden gab, konnte der Zufallscharakter der Monsunregen reduziert werden, aber die kleinräumig organisierte indische Agrarökonomie hatte sich frühzeitig daran gewöhnt, mit dem

---

12 Moore 1969, S. 369

13 Moore 1969, S. 366

14 Moore 1969, S. 388

unvermeidlichen und scheinbar schicksalhaften Wechselspiel des Monsuns und den Launen der Natur zu leben.

## 2.1.2. Feudalismus und Militärfeudalismus

Die vorkolonialen Gesellschaftsformationen Indiens bildeten insgesamt ein buntscheckiges Muster, das von Enklaven eines auf Geldökonomie und Warentausch basierenden Fernhandels in einigen wenigen Küstenstädten (etwa in Gujarat) über feudalistische Agrarökonomien mit dezentralen politischen Strukturen bis zu stammesförmigen Gentilgesellschaften vor allem in den schwer durchdringbaren Zwischenzonen und unzugänglichen Dschungel- und Bergregionen Zentralindiens reichte. Die dauerhafte Entwicklung eines Zentralstaates hätte eine bedeutsame Erweiterung der produktiven Basis vorausgesetzt, wozu seit dem Maurya-Reich jede der zeitweilig in Nordindien herrschenden Dynastien Anstrengungen unternahm. Innerindische Kolonialisierung, Ansiedelung steuerpflichtiger Pachtbauern und die Kontrolle über die gleichsam lehenshörigen Tributärstaaten am Rande des eigenen Herrschaftsbereiches waren die Hauptsorgen jedes der rivalisierenden Regionalstaaten. Dem Mogulreich, das sich auf dieser sozialen Grundlage erhob, fehlte jedoch sowohl ein effektiv durchorganisiertes bürokratisches System, wie es in China vorhanden war, als auch die Durchsetzungskraft gegenüber diesen feudalen Beharrungskräften. Allerdings lag auch in Indien die Verwaltung des Landes und vor allem die Eintreibung von Abgaben in den Händen einer Beamtenschaft, die jedoch zumindest in der Spätphase des 17. Jahrhunderts nicht direkt aus der Staatskasse entlohnt wurde, sondern Verfügungsgewalt über ein Gebiet unterschiedlicher Größe erhielt, ein Dorf oder eine ganze Provinz. Während der Mogulherrschaft wurden bis zu sieben Achtel des Landes in dieser Weise von militärischen Gefolgsleuten verwaltet, die in ein exakt durchorganisiertes Rangsystem von Hundertschaften und Tausendschaften eingebunden waren.

Dieser nordindische Militärfeudalismus, der ursprünglich unter Akbar ein Versuch einer radikalen gesellschaftlichen Modernisierung mittels einer zentral organisierten Verwaltung gewesen war, aufgrund der Begrenztheit der Mittel sich jedoch schon vor Aurangzeb nach und nach zu einem System dezentraler Steuerpachtgebiete verselbständigt hatte, enthielt einen ähnlichen Nachteil wie das feudale Lehenssystem Europas: Die zugewiesenen Gebiete drohten sich zu verselbständigen. Der Kaiser versuchte, dieses Problem zu lösen, indem er die mit dem Kommando über die militärischen Einheiten der Provinzen ausgestatteten Steuerbeamten möglichst schnell austauschte. Dies wiederum führte notwendigerweise zu einer schlechten Verwaltung der Gebiete, denn

„so waren die Untergebenen der Versuchung ausgesetzt, in der verfügbaren Zeit so viel wie möglich aus den Bauern herauszupressen. Dann ging die Bodenbewirtschaftung zurück, und damit sanken letzten Endes auch die kaiserlichen Revenuen. Dadurch mussten schließlich die Machtmittel der Zentralinstanz erschlaffen, und der Kaiser musste die Kontrolle verlieren, die er durch häufige Versetzungen zu bewahren suchte."[15]

In die selbe Richtung wirkte die Praxis der letzten Mogulkaiser, das Vermögen von Beamten (und reichen Kaufleuten) bei ihrem Tod einzuziehen. Die Nichtexistenz eines Erbrechts nahm jedermann das Interesse an einer auf Dauer angelegten Tätigkeit und verwandelte die Mogulherrschaft in ein aus Furcht vor dem – vorher in Indien allgegenwärtigen – Erstarken regionaler Feudalstaaten und mächtiger Kaufmannsgilden errichtetes Beutesystem:

„Dieser räuberische Charakter schwächte im Laufe der Zeit das System der Moguls in schwerwiegender Weise. Im achtzehnten Jahrhundert zerbröckelte das Mogulregime vor den Augen der zu diesem Zeitpunkt noch schwachen europäischen Streitkräfte."[16]

Ebenso wenig wie China brachte Indien eine eigenständige kapitalistische Entwicklung hervor, was zu einem beträchtlichen Teil nicht nur dem, in der europäischen Wahrnehmung sowohl Marxens als auch Moores, statischen Charakter der um das sich selbst organisierende Dorf zentrierten indischen Gesellschaften geschuldet war, sondern eben jener Dynamik von gescheiterten Modernisierungsregimen, die seit dem frühen indischen Mittelalter aufeinander gefolgt waren und den Handel sowie die Produktion von Waren für die außereuropäische Weltwirtschaft an den Rand der Entwicklung gestellt hatten. Der bedeutende indische marxistische Historiker D. D. Kosambi weist darauf hin, dass sich in Indien feudalistische Lehensstrukturen – durchaus vergleichbar mit den europäischen – etwa 1.000 Jahre vor der Entwicklung des Feudalismus in Europa nachweisen lassen. Jedoch war keine politisch-ökonomische Formation in der Lage, über einen begrenzten Raum hinaus, die abgeschlossenen Dorfgesellschaften des gesamten Subkontinents zu durchdringen oder eine auf gesamtindischer Ebene durchsetzungsfähige ökonomisch-politische Machtstruktur zu stabilisieren, wie Kosambi anmerkt:

---

15 Moore 1969, S. 380
16 Moore 1969, S. 378

„Der feudale Machtapparat zerstörte nicht nur den alten Typus von dörflichem Gemeineigentum, sondern zersetzte auch seine eigene Basis, indem er es versäumte, die
neuen Eigentumsverhältnisse zu regularisieren oder ihnen Sicherheit und Kontinuität
zu verleihen. Auch der bürgerliche Staat würde später Landbesitzer für die Nichtab-
führung der Revenuen enteignen, jedoch weit formvollendeter und auf profitablere
Weise.“[17]

Die muslimische Eroberung Nordindiens im Hochmittelalter hatte feudale
Strukturen etabliert (was Koasambi als „Feudalismus von oben" bezeichnet
und vom europäischen Modell abgrenzt[18]), die sich in einem langen Prozess
gegen Gentilgesellschaften und abgekapselte Dorfökonomien durchsetzten.
Die Charakterisierung der indischen Produktionsverhältnisse mit dem Begriff ‚Feudalismus' war lange Zeit unter – auch marxistischen – indischen
Historikern umstritten. Kosambi, der versuchte, mit dem Instrumentarium
der materialistischen Geschichtsauffassung die Geschichte Indiens zu begreifen, kam allerdings zu dem heute weithin akzeptierten Schluss, dass in
einer langen Periode von der Gupta-Herrschaft im 5. Jahrhundert n. Chr. bis
zur Etablierung des Militärstaates der Moguln feudale Produktionsverhältnisse und Herrschaftsbeziehungen vorherrschend waren:

„Kosambi erkannte, dass die Elemente von Domänenverwaltung und Leibeigen-
schaft, die für die Marx'sche Auffassung des Feudalismus als Produktionsweise entscheidend waren, hier fehlten, aber er glaube, dass andere Merkmale den indischen
und den europäischen Formen gemeinsam waren, wie etwa der niedrige Stand der
Produktivkraftentwicklung, die Entwicklung einer dörflichen Lebensweise und den
Niedergang städtischer Kulturen, sowie die gleichermaßen weitgehende Dezentrali-
sierung und die Entwicklung der Eigentumsverhältnisse an Grund und Boden. Diese
Gemeinsamkeiten rechtfertigten es, die vorherrschende Produktionsweise in Indien
für einen Zeitraum von mehr als einem Jahrtausend als ‚feudal' zu charakterisieren.
In der politischen und steuerlichen Sphäre identifizierte er zwei verschiedene Prozesse als Feudalisierung: (1) Feudalisierung von oben durch zentralisierte Staatsap-
parate, die lokale Rechtsformen durch Zuwendungen und Konzessionen schufen und
(2) Feudalisierung von unten, durch den Aufstieg von Grundherren aus der Mitte der
dörflichen Strukturen, die eine Zwischenschicht zwischen Staat und Bauernschaft
bildeten.“[19]

---

17 Kosambi 1956, S. 383
18 Kosambi 1956, S. 378
19 Habib 2008, S. 87

Der Militärfeudalismus des Mogulreiches versuchte wiederum, der feudalen Zentrifugalkräfte Herr zu werden, scheiterte aber an dieser Aufgabe ebenso wie an der imperialen Überdehnung des Reiches vor allem unter Aurangzeb. Die Briten wiederum waren vor allem deshalb ab dem 18. Jahrhundert in Indien erfolgreich, weil sie, ausgehend von ihren Stützpunkten in Bengalen und Madras, Teile des indischen Subkontinents in die kapitalistische Weltwirtschaft integrierten (wofür sie jedoch zunächst die Konkurrenz der starken bengalischen Textilproduktion ausschalten mussten), zugleich aber in beträchtlichen anderen Teilen des Landes gar nicht erst versuchten, die gesellschaftliche Struktur zu verändern.

> „Die britische ‚Invasion' Indiens kam in ihr Reifestadium in annähernd zwei Jahrhunderten. Ihre ultimative kulturelle Dominanz und ihr militärischer Erfolg basierten auf einer überlegenen Produktionsweise und einer Sozialform (der Bourgeois), die sich als entschieden effizienter erwies als der Feudalismus. Die muslimische Invasion hatte sechs Jahrhunderte gebraucht, um eine vergleichbare Entwicklungsspanne zu durchschreiten. Auch deren militärtechnologische Überlegenheit ist bekannt, während nicht ganz so bekannt ist, dass auch der von ihnen durchgesetzte Feudalismus, sich den vorhergehenden, von priesterlicher Vorherrschaft geprägten, Systemen als überlegen herausstellte. In beiden Fällen sprengte der Erfolg alle Maßstäbe in Proportion zur tatsächlichen Zahl der Eroberer."[20]

## 2.2. Marx über Kolonialismus und kapitalistische Entwicklung in Indien

Die – in seinem Gesamtwerk eigentlich eher randständigen – Texte von Marx über Indien und die britische Kolonisierung des Subkontinents wurden in den letzten Jahren gelegentlich von vermeintlichen Linken wieder „entdeckt" und dazu genutzt, um ihre Unterstützung militärischer Interventionen und imperialistischer Kriege zum vorgeblichen Zweck der Erzwingung von Modernisierung, westlich-kapitalistischer Zivilisation und bürgerlicher Emanzipation in vermeintlich despotisch-vormodernen und aus sich heraus nicht modernisierungsfähigen nichteuropäischen Gesellschaften zu legitimieren. Zumindest der Marx der 1850er Jahre scheint auf den ersten Blick für eine solche Sichtweise auch wenigstens ein paar Anknüpfungspunkte zu bieten. Während diese Apologeten imperialistischer Herrschaft und der vermeintlich zivilisierenden Kräfte des Weltmarktes und der neokolonialen Weltordnung des Kapitals in ihrem triumphalistischen Duktus jedoch keinen Gedan-

---

20 Kosambi 1985, S. 23

ken an die Opfer dieser Art der gewaltsamen Integration vorkapitalistischer Gesellschaften in den globalen kapitalistischen Vergesellschaftungszusammenhang verschwinden, hatte Marx, bei aller eurozentristischer Borniertheit, die aus heutiger Sicht mancher seiner Äußerungen über die vorkapitalistischen nichteuropäischen Gesellschaften attestiert werden muss, immer auch die brachiale Gewaltförmigkeit und die zerstörerischen Seiten der kolonialen Expansion der europäischen Mächte und des Kapitals im Blick. Der selbe Marx ist jedoch nicht nur als Prophet der kapitalistischen Integration Indiens in das kapitalistische Weltsystem, sondern auch als Stichwortgeber für den linken und radikal antikolonialen Flügel der indischen Unabhängigkeitsbewegung der ersten Hälfte des 20. Jahrhunderts und als theoretisches Fundament eines indischen Marxismus von bleibender Bedeutung geblieben, der zu einem größeren Teil auch die produktivistischen und auf eine schematische und unilineare Abfolge von Gesellschaftsformationen und die entsprechenden Modernisierungsvorstellungen des zeitgenössischen stalinistisch deformierten „Kommunismus" teilte, eine Sichtweise, die heute praktisch durch die sich auf Marx, Lenin und überwiegend auch Mao berufenden neuen kommunistischen Bewegungen praktisch in Frage gestellt wird, die von den am stärksten von der destruktiven Seite dieser heute rasant beschleunigten kapitalistischen Modernisierung und Weltmarktintegration betroffenen Bevölkerungsgruppen getragen werden. Und da auch der Autor der vorliegenden Darstellung sich auf die subversiv desillusionierende Marx'sche Methode der Analyse gesellschaftlicher Prozesse und die von Marx konstatierte Konflikthaftigkeit aller sozialen und ökonomischen Veränderungen bezieht, ist es nur logisch, die Marx'sche Sichtweise auf Indien an dieser Stelle in einer kritischen Darstellung zu würdigen.

### 2.2.1. Die zerstörerische Modernisierung der indischen Gesellschaft

Marx wies dem Kapitalismus eine doppelte historische Rolle zu. Zum einen die, die Produktivkräfte zur vollen Entfaltung zu bringen und zum anderen die, sich von seinem Ursprungsland England auf die ganze Welt auszubreiten, die gesamte Welt zu durchdringen und der Kapitalakkumulation zu unterwerfen. Insofern spielen Kolonialismus und Freihandel trotz aller Kritik für ihn eine historisch notwendige Rolle, da sie dem Kapitalismus in nichtkapitalistischen Gesellschaften zum Durchbruch verhelfen.

An dieser Stelle ist es notwendig, die Frage zu klären, inwiefern das Marx'sche Geschichtsverständnis eine unilineare Schlagseite aufweist und ob es sich hierbei um schematische und letztlich ahistorische Aussagen handelt. Dies eben suggeriert die stalinistische Marx-Interpretation, der zufolge die kanonisierte Abfolge der Entwicklungsstadien Urgesellschaft, antike Sklavenhaltergesellschaft, Feudalismus, Kapitalismus, Sozialismus und Kommunismus weltweit und für alle Zeiten Gültigkeit habe. Einer solchen Sichtweise entsprechend mussten auch für außereuropäische Regionen wie Russland oder China alle diese Phasen identifiziert werden. Belege für diese Sicht finden sich im *Kommunistischen Manifest,* im Vorwort zur *Kritik der politischen Ökonomie* und insbesondere in dem vielzitierten Satz aus dem Vorwort zum ersten Band des *Kapital:* „Das industriell entwickelte Land zeigt dem minderentwickelten nur das Bild der eigenen Zukunft."[21] Dieser bezog sich zwar explizit auf Deutschland im Verhältnis zu England, wo einer solchen Aussage zumindest im Hinblick auf die Auswirkungen von Industrialisierungsprozessen ein Wahrheitsgehalt nicht abgesprochen werden konnte, interpretiert aber wurde er als allgemeines Verdikt.

Eine andere Interpretation, die sich aus den *Grundrissen,* aber auch aus diversen Aufsätzen über Indien und China herauslesen lässt, lautet: Neben dem westeuropäischen Weg zum Kapitalismus kann noch eine zweite Variante ökonomischer Entwicklung herausgearbeitet werden , über den sich traditionelle Gesellschaftsstrukturen nicht in feudale, sondern in tributgebundene, bürokratische Gesellschaften transformieren, ohne dass hierbei eine weiterführende gesellschaftliche Dynamik entstehe.[22]

Marx unterscheidet hier die asiatische und die slawische Produktionsweise, die sich zu asiatischen oder halbasiatischen (Russland) Despotien weiterentwickeln, wobei die Frage der künstlichen Bewässerung der Landwirtschaft und deren Organisation das Unterscheidungsmerkmal bildet. Die asiatische Produktionsweise ist, Ulrich Menzel zufolge, durch drei wesentliche Merkmale gekennzeichnet:

„Sie kennt kein Privateigentum an Grund und Boden. Einziger Grundeigentümer ist der Despot, der sich das agrarische Mehrprodukt in Form von Tribut (Rente oder Steuer) aneignet, um damit den bürokratischen und militärischen Apparat zu unterhalten. Die Basis der Gesellschaft ist die selbstgenügsame Dorfgemeinde mit ihrer Einheit von Agrikultur und Manufaktur. Die Bürokratie nimmt übergeordnete ökonomische Aufgaben wahr, vor allem die Organisation der Wasserbauten (Deiche, Kanäle), des Transportwesens und sonstiger öffentlicher Bauten, und unterhält staatliche Monopole für Salz, Eisen, Außenhandel u.a."[23]

---

21 MEW 23, S. 12
22 Vgl. Menzel 2000, S. 9
23 Menzel 2000, S. 9f

Das Zusammenwirken dieser drei Faktoren umgeht Menzel zufolge die ursprüngliche Akkumulation. Die Bauern werden nicht freigesetzt, die Produzenten nicht von den Produktionsmitteln getrennt. Es bilde sich keine Arbeitsteilung zwischen Stadt und Land und damit auch kein innerer Markt heraus. Staatliche Monopole ebenso wie die weiterbestehende kleinbäuerliche Subsistenzökonomie behindern die Entfaltung eines kapitalistischen Unternehmertums. Also gebe es auch keine bürgerlich-städtische Entwicklung. Die Städte bleiben reine Residenz- und Verwaltungssitze. Der Fernhandel wird bürokratisch gegängelt, das Mehrprodukt durch den Staat abgeschöpft. Die Konsequenz ist eine unproduktive Verwendung des Mehrprodukts für den Luxuskonsum der Herrschenden und öffentliche Prestigebauten (Paläste, Grabmäler). Weitere Folge sei die Stagnation bzw. ein zyklisches Auf und Ab ohne wirklichen (technisch-industriellen) Fortschritt – trotz kultureller und wissenschaftlicher Höchstleistungen. Der asiatischen Produktionsweise zugerechnet werden bei Marx, Menzel zufolge, im Grunde alle Hochkulturen außerhalb Europas.[24] Die revolutionäre Veränderung dieser Gesellschaften war allerdings – so geht es zumindest aus den früheren Schriften und Textfragmenten zu diesem Thema bei Marx hervor – nicht aus einer inneren revolutionären Dynamik heraus, sondern nur von außen möglich, als gewaltförmige Modernisierung von oben und außen durch Kolonialisierung und Zwangsintegration in das kapitalistische Weltsystem.

Marx und Engels verfolgten in diversen Artikeln die Entwicklung dieser von außen durch den Kolonialismus erzwungenen Modernisierung, sowohl in China als auch in Indien. Ihre Haltung dabei spart die Leiden der kolonisierten Bevölkerung nicht aus, im Gegenteil:

> „Es kann jedoch keinem Zweifel unterliegen, dass das von den Briten über Hindustan gebrachte Elend (...) unendlich qualvoller ist, als alles, was Hindustan vorher zu erdulden hatte. (...) England hat das ganze Gefüge der indischen Gesellschaft niedergerissen. ohne dass bisher auch nur die Spur eines Neuaufbaus sichtbar geworden wäre."[25]

Die Zerstörung des traditionellen Rahmens der indischen Gesellschaften führte Marx auf zwei Elemente zurück. In beiden Fällen, so kann beim heutigen Kenntnisstand gesagt werden, überschätzte er das Tempo der britischen Einwirkung auf die inneren Verhältnisse Indiens. Großbritannien habe es zum einen versäumt, für die Aufrechterhaltung des Bewässerungssystems zu sorgen. Von daher rühre „der Verfall einer Landwirtschaft, die

---

24 Ebd.

25 „Die britische Herrschaft in Indien", in: MEW 9, S. 128f

nicht fähig ist, nach dem britischen Grundsatz der freien Konkurrenz, des Laissez-faire und Laissez-aller betrieben zu werden".[26] Zum zweiten hätten sie die indische Hausindustrie zerschlagen, indem sie massenhaft britische Textilien einführten:

> „Es war der britische Eindringling, der den indischen Handwebstuhl zerstörte und das Spinnrad zerbrach. England begann damit, dass es den indischen Kattun vom europäischen Markt verdrängte; dann führte es Maschinengarn nach Hindustan ein und überschwemmte schließlich das eigentliche Mutterland des Kattuns mit Kattunwaren."[27]

Die Verbindung von Hausindustrie und Ackerbau sei das wesentliche Fundament des Dorfsystem gewesen, das sich durch die Vernichtung der indischen Hausindustrie zersetzt habe.

Zugleich musste Marx erkennen, dass die koloniale Herrschaft im Hinblick auf die ökonomischen Entwicklungsmöglichkeiten der Kolonisierten weniger eine Integration in das Weltsystem auf der Basis kapitalistischer Entwicklung und der Entstehung einer eigenständigen Bourgeoisie bedeutete als vielmehr die Unterworfenheit unter eine Raubökonomie der Kolonialmächte, was deutlich wird, wenn er etwa darauf hinweist, dass die ursprüngliche Akkumulation in Europa auch durch den Ressourcenabfluss aus den frühen Kolonien gespeist wurde:

> „Während des gesamten 18. Jahrhunderts wurden die aus Indien nach England gebrachten Schätze weit weniger durch den verhältnismäßig geringfügigen Handel als durch direkte Ausbeutung dieses Landes und aus den aus ihm herausgepressten, nach England überführten enormen Vermögen gewonnen. Doch das war nicht alles. Der ganze Charakter des Handels wurde geändert. Bis 1813 war Indien in der Hauptsache ein exportierendes Land, während es nun zu einem importierenden wurde. ... Indien, seit undenklichen Zeiten die gewaltigste Werkstatt für Baumwollwaren, wurde nun mit englischem Garn und englischen Baumwollstoffen überschwemmt. Hatte man die einheimische indische Produktion von England ferngehalten oder nur unter den härtesten Bedingungen zugelassen, so wurde Indien nun selbst mit englischen Waren bei niedrigem, lediglich nominellem Zoll überschwemmt. Das bedeutete den Ruin der einst so berühmten einheimischen Baumwollindustrie."[28]

---

26 „Die britische Herrschaft in Indien", in: MEW 9, S. 130
27 Ebd.
28 „Die ostindische Kompanie, ihre Geschichte und die Resultate ihres Wirkens", in: MEW 9, S. 154

Barrington Moore berichtet von „Textilien, die von etwa 1814 bis 1830 einen großen Teil des flachen Landes in Indien überschwemmten und einen Teil des bodenständigen Handwerks vernichteten". Zugleich schränkt er die Wirkung dieser Maßnahmen, die Marx seiner Ansicht nach überschätzt hatte, ein: „Die Hauptleidtragenden waren die Weber in den Städten (...) Der gewöhnliche Dorfweber, der Massenware für den örtlichen Konsum herstellte, blieb relativ unberührt."[29] Von einer Auflösung des Zusammenhangs von Ackerbau und Heimindustrie kann demnach zu dem von Marx gemeinten Zeitpunkt genauso wenig die Rede sein wie in China. Marx überschätzte hier eindeutig die Geschwindigkeit und die Durchdringungskräfte der britischen Herrschaft auf die innere Verfasstheit der indischen Gesellschaft. Dass zwischen den britischen kolonialen Zentren Bombay, Madras und Calcutta und dem dörflichen Indien jenseits der Handels- und Verwaltungsmetropolen Welten lagen, musste selbst noch der in Cambridge ausgebildete fabianische Sozialist Jawaharlal Nehru erkennen, als er 1936 die ländlichen Gebiete seiner Heimat bereiste und den von der britischen Herrschaft der letzten 150 Jahre allenfalls oberflächlich berührten Kosmos des Subkontinents der 600.000 Dörfer entdeckte, Anlass genug, seinen historisch-politischen Reisebericht *The Discovery of India* zu veröffentlichen, dem man den Schock über diese Erkenntnis noch anmerkt.

Trotz aller Verweise auf die Verbrechen und Leiden des Kolonialismus bejahte Marx die Kolonisation Indiens durch Großbritannien ebenso entschieden, wie die gewaltsame Öffnung Chinas für die Interessen des britischen Handels. Diese letztlich positive Bewertung des Kolonialismus als Anstoß für eine durch ihn ermöglichte tiefgreifende gesellschaftliche Modernisierung in Marx' frühen journalistischen und von modernisierungstheoretischem Interesse geprägten Arbeiten zu Indien und China ist eng verbunden mit seiner außerordentlich kritischen Einschätzung der sozioökonomischen Struktur asiatischer Gesellschaften:

> „Die stagnative Struktur orientaler Gesellschaften könne aufgrund einer spezifischen Verquickung von Produktivkräften und Produktionsverhältnissen allein von außen aufgebrochen werden. Die kapitalistische Entwicklung kann nach Marx in diesen Ländern nur extern induziert werden: Das Urteil von Marx und Engels über die asiatischen Gesellschaften und über den orientalen Despotismus ist bekannt: eine Struktur gebildet aus isolierten oder verstreuten Gemeinden, beherrscht von einem zentralistischen despotischen Imperium und von einer ‚verhimmelten' Bürokratie, deren Macht in ihrem Monopol auf das Heilige verankert ist. Eine solche Struktur war nicht

---

29 Moore 1969, S. 402

fähig, ihre Produktivkräfte autonom zu entwickeln und einen geschichtlichen Veränderungswillen zu verkörpern. Das Wesen dieser Struktur bestand lediglich darin, sich zu reproduzieren: ihre Kargheit, ihre Hierarchie, ihre Versklavung."[30]

Es könnte hier – den Rahmen der Arbeit sprengend – auf die zumindest in der indischen Geschichte feststellbaren – notwendigerweise religiös konnotierten Emanzipationsbewegungen eingegangen werden, vom Buddhismus, der historisch einen Angriff auf die brahmanische herrschende Klasse darstellte, über die Anziehungskraft des Islam auf die nordindischen niedrigkastigen Massen bis hin zur Religion der Sikhs, deren militante Ablehnung des Kastensystems und deren ökonomische Dynamik zumindest in ihrer Frühphase durchaus potentiell revolutionär waren. Allerdings müsste ein solcher Verweis zum einen auch die Absorption dieser Bewegungen durch die Kastenstruktur der feudalistischen Militärstaaten vom Mogulreich bis zum Sikh-Militärstaat des Punjab im 18. und 19. Jahrhunderts umfassen. Zum anderen aber können wir getrost davon ausgehen, dass die Marx zugänglichen Quellen zur Geschichte des indischen Subkontinents selbst in der Bibliothek des British Museum nach heutigen Maßstäben äußerst begrenzt waren, so dass es in der Konsequenz dieser Lektüre eben dem britischen Imperialismus zufiel, die gesellschaftlichen Verhältnisse Asiens zu revolutionieren. Wie die britischen Kanonenboote und Handelsinteressen in China die jahrhundertelange Stagnation der gesellschaftlichen Verhältnisse aufgebrochen hatten, ebenso zerbrach die East India Company in der Marx'schen Sicht die Selbstgenügsamkeit des indischen Kastensystems:

„Sosehr es nun auch dem menschlichen Empfinden widerstreben mag, Zeuge zu sein, wie Myriaden betriebsamer patriarchalischer und harmloser sozialer Organisationen zerrüttet und in ihre Einheiten aufgelöst werden, hineingeschleudert in ein Meer von Leiden (...), so dürfen wir doch darüber nicht vergessen, dass diese idyllischen Dorfgemeinschaften, so harmlos sie auch aussehen mögen, seit jeher die feste Grundlage des orientalischen Despotismus gebildet haben (...). Gewiss war schnödester Eigennutz die einzige Triebfeder Englands, als es eine soziale Revolution in Indien auslöste (...) Aber nicht das ist hier die Frage. Die Frage ist, ob die Menschheit ihre Bestimmung erfüllen kann, ohne radikale Revolutionierung der sozialen Verhältnisse in Asien. Wenn nicht, so war England, welche Verbrechen es auch begangen haben mag, doch das unbewusste Werkzeug der Geschichte, indem es diese Revolution zuwege brachte."[31]

---

30 Kamring/Nowak 2005, Internetquelle
31 „Die britische Herrschaft in Indien", in: MEW 9, S. 132f

Noch aus einem zweiten Grund begrüßte Marx die britische Herrschaft über Indien. Völlig richtig arbeitete er die aus seiner Sicht fatale Wirkung des Dorfsystems heraus:

> „Die Einwohner ließen sich durch den Zusammenbruch und die Teilung von Königreichen nicht anfechten; solange das Dorf ungeteilt bleibt, ist es ihnen gleichgültig, an welche Macht es abgetreten wird oder welchem Herrscher es zufällt."[32]

Dementsprechend war Indien, Marx zufolge, aufgrund seiner sozialen Struktur her geradezu dazu prädestiniert, von übermächtigen auswärtigen Staaten erobert zu werden:

> „Eine Gesellschaft, deren Gefüge auf einer Art Gleichgewicht beruhte, die aus allgemeiner gegenseitiger Abstoßung und konstitutioneller Abgeschlossenheit aller ihrer Mitglieder herrührte – war es nicht einem solchen Land und einer solchen Gesellschaft vorherbestimmt, die Beute von Eroberern zu werden?"[33]

Auf Grundlage einer solchen Einschätzung erschien Marx eine Eroberung Indiens durch Großbritannien als die realistischste und am ehesten zu begrüßende Option : „Die Frage ist daher nicht, ob die Engländer ein Recht hatten, Indien zu erobern, sondern ob ein von den Türken, den Persern, den Russen erobertes Indien dem von den Briten eroberten vorzuziehen wäre."[34]

Da von den drei angegebenen Möglichkeiten die Eroberung Indiens durch Russland die einzige wirklich denkbare zu jener Zeit war, bewertete Marx das britische Vorgehen in Indien als Bollwerk gegen eine weitere Expansion des zaristischen Regimes in Russland. Marx bezog also durchaus Partei im britisch-russischen „Great Game" um die imperiale Vorherrschaft in Asien, und zwar nicht aus politischer oder sentimentaler Verbundenheit mit seinem Gastland, sondern weil die Dynamik des britischen Kapitalismus aus seiner Sicht geeignet war, die gesellschaftliche Entwicklung Indiens auf eine neue Stufe zu heben:

> „England hat in Indien eine doppelte Mission zu erfüllen: eine zerstörende und eine erneuernde – die Zerstörung der alten asiatischen Gesellschaftsordnung und die Schaffung der materiellen Grundlagen einer westlichen Gesellschaftsordnung in Asien."[35]

---

32 „Die britische Herrschaft in Indien", in: MEW 9, S. 131f

33 „Die künftigen Ergebnisse der britischen Herrschaft in Indien", in: MEW 9, S. 220

34 „Die künftigen Ergebnisse der britischen Herrschaft in Indien", in: MEW 9, S. 221

35 Ebd.

Hatte er noch in seinem Artikel vom Juni 1853 die Feststellung getroffen, dass England in Indien zerstörend wirke, „ohne dass bisher auch nur die Spur eines Neuaufbaus sichtbar geworden wäre"[36], so war in den folgenden Artikeln bereits eine leicht positivere Lesart festzustellen: „Spuren einer Erneuerung sind unter den Trümmern noch kaum bemerkbar. Dennoch hat sie bereits begonnen."[37] Als Eckpfeiler einer solchen Erneuerung benannte Marx die Herstellung der politischen Einheit Indiens, die Aufstellung einer „Eingeborenenarmee", die freie Presse, das Privateigentum an Grund und Boden, die Herausbildung einer europäisch gebildeten indischen Herrschaftselite und die Modernisierung der Transport- und Verkehrsmittel.[38]

Damit erweist sich Marx – ohne sich unmittelbar die imperialen Interessen des britischen Staates zu eigen zu machen – als durchaus eurozentrischer Modernisierungstheoretiker, der in viel stärkerem Maße als seine politischen Nachfolger in den Ländern der imperialistischen Peripherie dies wahrnehmen wollen, dem herablassenden Orientbild der europäischen Aufklärung verhaftet war und der die Hegel'sche Geschichtsphilosophie mit dem Universalismus der klassischen Ökonomen verknüpft. Wenn ein Land aufgrund innergesellschaftlicher Entwicklungshemmnisse nicht von sich aus zum Entwicklungsstadium des Kapitalismus vordringen kann, dann muss es, so die dahinter stehende Logik, eben von außen dazu getrieben werden. In dieser Funktion des Kolonialismus erscheint also letztlich die Hegel'sche List der Vernunft.

> „Die bürgerliche Periode der Geschichte hat die materielle Grundlage einer neuen Welt zu schaffen: einerseits den auf der gegenseitigen Abhängigkeit der Völker beruhenden Weltverkehr und die hierfür erforderlichen Verkehrsmittel, andererseits die Entwicklung der menschlichen Produktivkräfte und die Umwandlung der materiellen Produktion in wissenschaftliche Beherrschung der Naturkräfte. ... Erst wenn eine große soziale Revolution die Ergebnisse der bürgerlichen Epoche, den Weltmarkt und die modernen Produktivkräfte, gemeistert und sie der gemeinsamen Kontrolle der am weitesten fortgeschrittenen Völker unterworfen hat, erst dann wird der menschliche Fortschritt nicht mehr jenem scheußlichen heidnischen Götzen gleichen, der den Nektar nur aus den Schädeln Erschlagener trinken wollte."[39]

---

36 „Die britische Herrschaft in Indien", in: MEW 9, S. 129

37 „Die künftigen Ergebnisse der britischen Herrschaft in Indien", in: MEW 9, S. 221
38 Ebd.

39 „Die künftigen Ergebnisse der britischen Herrschaft in Indien", in: MEW 9, S. 226

Zivilisation und Barbarei liegen im Vorgehen des britischen Kolonialismus also direkt nebeneinander und bedingen einander, die (in diesem Fall britische) Bourgeoisie schafft die materiellen Voraussetzungen für soziale Befreiung, aber sie verübt notwendigerweise Verbrechen größten Ausmaßes, um diese Rolle zu spielen und Marx schreibt:

> „Alle Maßnahmen, zu dem die englische Bourgeoisie möglicherweise genötigt sein wird, werden der Masse des Volkes weder die Freiheit bringen noch seine soziale Lage wesentlich verbessern, denn das eine wie das andere hängt nicht nur von der Entwicklung der Produktivkräfte ab, sondern auch davon, dass das Volk sie selbst in Besitz nimmt. Auf alle Fälle aber wird die Bourgeoisie die materiellen Voraussetzungen für beides schaffen. Hat die Bourgeoisie jemals mehr geleistet? Hat sie je einen Fortschritt zuwege gebracht, ohne Individuen wie ganze Völker durch Blut und Schmutz, durch Elend und Erniedrigung zu schleifen?"[40]

### 2.2.2. Indien und das britische Industriekapital

Die Realisierung der von Marx zur Notwendigkeit erklärten Revolutionierung der sozialen Verhältnisse Indiens war für ihn abhängig von den Klassenverhältnissen in Großbritannien. Die herrschenden Klassen Englands teilte er in diesem Zusammenhang in drei verschiedenen Gruppen ein, der grundbesitzenden „Plutokratie", der mit dem Staatsapparat verbundenen „Oligarchie" und dem Industriekapital, der „Millokratie".

Bis zu Beginn der 1850er Jahre seien die Interessen dieser Klassen bzw. Klassenfraktionen gegenüber Indien identisch gewesen:

> „Soweit waren die Interessen der Plutokratie, die Indien zu ihrem Grundeigentum machen, die Interessen der Oligarchie, die es mit ihren Armeen erobern, und die Interessen der Millokratie, die es mit ihren Fabrikaten überschwemmt hatte, Hand in Hand gegangen."[41]

Schließlich habe das Industriekapital jedoch im Gegensatz zu den beiden konkurrierenden Klassen ein eigenständiges Interesse an der ökonomischen Entwicklung Indiens herausgebildet.

> „Je mehr aber die britischen Industriellen vom indischen Markt abhängig wurden, um so mehr fühlten sie die Notwendigkeit, in Indien, nachdem sie dort die einheimische Industrie zerstört hatten, neue Produktivkräfte zu schaffen. Man kann nicht auf die

---

40 „Die künftigen Ergebnisse der britischen Herrschaft in Indien", in: MEW 9, S. 224

41 „Die ostindische Kompanie, ihre Geschichte und die Resultate ihres Wirkens", in: MEW 9, S. 155

Dauer ein Land mit seinen eigenen Erzeugnissen überschwemmen, wenn man ihm nicht ermöglicht, irgendwelche anderen Produkte dafür in Austausch zu geben."[42]

Damit sei die indische Frage für Großbritannien zu einem Gegenstand des Klassenkampfs geworden:

> „So wurde Indien zum Schlachtfeld im Kampfe zwischen dem Industriekapital auf der einen und der Plutokratie und Oligarchie auf der anderen Seite. Die britischen Industriellen, ihres überwiegenden Einflusses in England sicher, verlangen jetzt die Vernichtung dieser ihnen feindlich gegenüberstehenden Mächte in Indien (...)."[43]

Den wesentlichen Schritt, der die Industrialisierung Indiens ermöglichen sollte, sah Marx in der Errichtung des Eisenbahnnetzes. Er sah zugleich die Notwendigkeit, die East India Company, deren Aktionäre eine simple Raubökonomie auf Kosten des britischen Staates betrieben, aufzulösen und Britisch-Indien unter die direkte Kontrolle des britischen Parlaments zu stellen, eine Entwicklung, die er für überfällig hielt, die jedoch erst nach dem Sepoy-Aufstand von 1857 konkrete Gestalt annehmen sollte.

Bezeichnend ist die Haltung, die Marx und Engels zu diesem Aufstand einnahmen, der im Rückblick als letzter Versuch der alten indischen feudalen Eliten gewertet werden kann, ihre untergehende Machtbasis wiederherzustellen. Trotz dieses erkennbar restaurativen Charakters, der auch eine Infragestellung der von Marx anvisierten ökonomischen und sozialen Entwicklung des Subkontinents darstellte, sympathisierten Marx und Engels offen mit der Erhebung:

> „Wie schändlich das Vorgehen der Sepoys auch immer sein mag, es ist nur in konzentrierter Form der Reflex von Englands Vorgehen in Indien nicht nur während der Zeit der Gründung seines östlichen Reiches, sondern sogar während der letzten zehn Jahre einer lang bestehenden Herrschaft. Um diese Herrschaft zu charakterisieren, genügt die Feststellung, dass die Folter einen organischen Bestandteil ihrer Finanzpolitik bildet. In der Geschichte der Menschheit gibt es so etwas wie Vergeltung; und es ist eine Regel historischer Vergeltung, dass ihre Waffen nicht von den Bedrückten, sondern von den Bedrückern selbst geschmiedet werden."[44]

---

42 Ebd.

43 „Die ostindische Kompanie, ihre Geschichte und die Resultate ihres Wirkens", in: MEW 9, S. 156

44 „Der indische Aufstand", in: MEW 12, S. 285

Man kann also getrost davon ausgehen, dass Marx und Engels sich des rückwärtsgewandten Charakters der Sepoy-Rebellen bewusst waren. Sie betrachteten diesen Aufstand jedoch selber als einen Beitrag zur Revolutionierung und politischen Einigung Indiens, der sich folgerichtig aus der britischen Politik in Indien ergab, eine – wie wir heute wissen – falsche Einschätzung, die aber deutlich zeigt, dass die Marx'sche Haltung, so sehr sie auch den britischen Kolonialismus als historisch notwendiges Stadium der Entwicklung Indiens sah, nie die Begrenztheit, Widersprüchlichkeit und historische Notwendigkeit der Abschüttelung dieser imperialen Herrschaft aus dem Auge verlor.

Spätestens ab Mitte der 1860er Jahre veränderte sich der Marx'sche Blick auf die kolonialisierten Länder noch wesentlich weiter gehend. Vor allem seine Untersuchungen der irischen und polnischen Frage, aber auch seine späteren Analysen der Auswirkungen des Kolonialismus in Indien, brachten Marx zu der Einschätzung, dass die durch die außerökonomischen und ökonomischen Zwänge von Kolonialismus und Freihandel erzeugte Zerschlagung der alten Ordnung nicht notwendigerweise auch die materielle Grundlage einer neuen zur Reife bringen muss. Da Marx nun gerade die externen Faktoren – eben die imperial vermittelte, auf Plünderung der Ressourcen, Ausschaltung der Konkurrenz und Degradierung zum Absatzmarkt britischer Waren als interne Ursachen einer Blockade einer eigenständigen industriell-kapitalistischen Entwicklung in Ländern wie Indien identifiziert – wie zum Beispiel eine für die Kolonialländer aufgenötigte nachteilige internationale Arbeitsteilung, lässt sich aus diesen Schriften auch eine Wendung hin zu einer Art „frühe(r) Dependenztheoretiker Marx"[45] herauslesen.

## 2.3. Die indischen Bauern und die Revolution

Die ausgedehnte Analyse der politischen und ökonomischen Entwicklung Indiens in Barrington Moores Studie *Soziale Ursprünge von Diktatur und Demokratie* kann weitgehend als eine Konkretisierung, Aktualisierung und implizite Kritik der Marx'schen Analyse gelesen werden. Auf der Basis der vergleichenden historischen Analyse Englands, Frankreichs, der USA, Chinas, Japans und Indiens zeichnet Moore drei ökonomische und politische Modernisierungspfade nach, von denen jedoch nur der erste in Richtung einer bürgerlichen Demokratie führt: Erstens: der von der aufsteigenden Bourgeoisie initiierte und durchgesetzte bürgerliche Kapitalismus in England, Frankreich und den USA; zweitens: der von „oben" initiierte reaktio-

---

45 Menzel 2000, S. 10

näre Kapitalismus in Deutschland und Japan; und drittens: der von „unten", durch Bauernrevolutionen initiierte Kommunismus in Russland und China. Moore zufolge basiert Demokratie auf revolutionären Veränderungen der vorgefundenen Produktionsverhältnisse durch Klassenallianzen und ihre Erreichung hängt von der Machtverteilung innerhalb der Elite, ihrer ökonomischen Basis, der Autonomie des Staates und den Kräfteverhältnissen zwischen den sozialen Klassen ab. Der entscheidende Anstoß zur parlamentarischen Demokratie geht dabei von einer städtischen Bourgeoisie aus, die die traditionellen Privilegien der ländlichen Aristokratie und Großgrundbesitzer in Frage stellt: „Ohne Bürger keine Demokratie"[46], lautet die Kernaussage dieser These. Zwei wichtige Elemente sind erstens die relative ökonomische Unabhängigkeit der Bourgeoisie gegenüber der traditionellen feudalen Landbesitzerklasse und zweitens die Verhinderung „einer aristokratisch-bürgerlichen Koalition gegen die Bauern und die Arbeiterklasse."[47] Hieraus ergibt sich neben der bürgerlichen Klassenposition eine bedeutende Rolle für die ländlichen Klassenauseinandersetzungen und den politischen und sozialen Charakter der Bauernbewegungen.

Moore analysiert Indien als einen Sonderfall, der ihm das Rätsel aufgibt, warum Indien es schaffte, ein demokratisches politisches System zu etablieren, ohne das notwendige Durchgangsstadium einer bürgerlichen Revolution durchlaufen zu haben. Zunächst versucht Moore, die politischen und ökonomischen Verhältnisse der Mogulzeit genauer zu fassen und dadurch die gesellschaftlichen Voraussetzungen – insbesondere im Hinblick auf die Agrarfrage – zu klären, die diesen Weg nichtrevolutionärer Etablierung eines demokratischen Systems ermöglichten.

Das Indien zur Zeit der Mogulkaiser wird von ihm als Agrarbürokratie skizziert, die versuchte, die im mittelalterlichen Indien allgegenwärtige Problematik des Auseinanderfallens der politischen Einheit durch die Verselbstständigung regionaler erblicher feudaler Grundherren zu lösen, indem sie ein zentralistisches System der Landverwaltung und Steuereintreibung etablierte. Die häufige Auswechselung der Steuerbeamten jedoch führte zu einer nachlässigen Bewirtschaftung, die dadurch verschärft wurde, dass die Beamten bemüht waren, die ihnen unterstellten Bauern in möglichst kurzer Zeit zum eigenen Nutzen auszupressen. Die Fragmentierung der Dorfgemeinschaften durch das Kastensystem war seiner Ansicht nach ein weiterer Faktor, der die Entwicklung einer kämpferischen, auf ihre ökonomischen und sozialen Interessen bedachten und an der Verbesserung der Bodenbe-

---

46 Moore 1969, S. 481
47 Moore 1969, S. 495

wirtschaftung interessierten Bauernklasse verhinderte. Hieraus und aus der eigentümlichen Autonomie der dezentralen Struktur des indischen Dorfes erklärt sich für ihn auch der über lange Strecken der Geschichte überwiegend nichtrevolutionäre Charakter der indischen Bauern.

> „Als ein System, das das Leben an einem Ort durchgehend bestimmt, hat das Kastenwesen Gleichgültigkeit gegenüber den politischen Fragen, die die ganze Nation betreffen, zur Folge. Die Regierung oberhalb des Dorfes war gewöhnlich ein von einem Außenseiter aufgepfropfter Auswuchs, keine Notwendigkeit, etwas, das man mit Geduld zu ertragen hatte, nicht etwas, das man ändern muss, auch wenn die Welt offensichtlich aus den Fugen geraten ist."[48]

Zudem verhinderte die Abführung aller Besitztümer eines Verstorbenen an die Staatskasse die Entwicklung einer Bourgeoisie, die ein kontinuierliches Klasseninteresse an der Etablierung von Handelswegen und Kapitalakkumulation gehabt hätte. Hier ist allerdings zu sagen, dass seine Charakterisierung in gewisser Hinsicht ahistorisch ist, da sie die zunehmend exzessive und verzweifelte Auspressung der Handelskaufleute unter dem letzten real herrschenden Mogulkaiser Aurangzeb (reg. 1658-1707), die in der Tat zu einem Zusammenbruch des innerindischen und Fernhandels im Mogulreich führte, für das Ganze nimmt und somit zu einem Zerrbild kommt.

Der Zusammenbruch des Mogulreiches bot die Gelegenheit für die Europäer, sich allmählich als Regionalmächte auf dem indischen Subkontinent zu etablieren und zunehmend bedeutendere Gebiete unter ihre Kontrolle zu bringen. Die Veränderungen, die durch die britische Kolonialherrschaft in der indischen Agrargesellschaft eintraten, griffen unmittelbar in die Eigentumsverhältnisse ein. Zamindars, zuvor Steuereinnehmer, wurden zu Pachtherren und feudalen Grundbesitzern, die ein – nach Moores Darstellung parasitäres – System der Ausbeutung und Abschöpfung der produzierten Überschüsse errichteten und dadurch „dass sie ihn nicht für industrielles Wachstum investierten, die Möglichkeit ausschlossen, dass auch in Indien der japanische Weg in die moderne Ära eingeschlagen wurde".[49] Dass sich unter der britischen Ägide überhaupt ein System erblichen feudalen Grundbesitzes etablierte, ist in erster Linie dem Bedürfnis der Briten nach einer loyalen Elite zuzuschreiben, auch wenn etwa Fernand Braudel in seiner Wirtschafts- und Sozialgeschichte des 15.-18. Jahrhunderts der Kolonialmacht eine gute Portion Unbedarftheit zuschreibt:

---

48 Moore 1969, S. 392
49 Moore 1969, S. 399

„Ohne es zu wollen, beglücken die Engländer die Inder mit europäischen Vorstellungen und Gewohnheiten. Sie stülpen sie der ihnen neuen und von ihnen auch nicht ernstgenommenen Gesellschaftsstruktur [...] einfach über, ohne auch nur den Versuch zu machen, sie zu verstehen. Ihr Irrtum besteht darin, dass sie in ihrer Unkenntnis und Bestechlichkeit die zamindars (die Steuereinnehmer in den Dörfern ohne feste Eigentümer) für die Eigentümer selbst halten und aus ihnen eine dem neuen Herrn ergebene Hierarchie nach westlichem Vorbild schaffen, deren Familien sich bis zum heutigen Tag behaupten konnten."[50]

Auch die britische Kolonialmacht war an einer Industrialisierung Indiens kaum interessiert und verwendete ihren Teil des abgeschöpften Mehrwerts in erster Linie zur Finanzierung ihrer Armee und ihres Verwaltungsapparates, so dass die britisch-indische Kolonialverwaltung über weite Teile ihrer Geschichte ein sich selbst tragendes Konstrukt war, eine Haltung an der auch der von Marx als Vorstufe zur industriellen Revolution in Indien eingeschätzte Eisenbahnbau wenig änderte.

Während die Briten also die ökonomische Modernisierung blockierten, führte ihre Präsenz zugleich allerdings auch dazu, dass die Klassenkonstellation, die etwa in Japan zu einer reaktionären Modernisierung von oben geführt hatte nämlich das Bündnis zwischen konservativen Teilen der grundbesitzenden Klasse und einer schwachen aber aufstrebenden Bourgeoisie, in Indien nicht zustande kam.[51]

Vielmehr kam es unter dem starken Einfluss Gandhis innerhalb des Indian National Congress (INC) zu einer Verbindung zwischen städtischer Bourgeoisie und den ländlichen Mittelklassen, deren Stärkung der INC bezweckte, wofür auch die Verherrlichung des vorkolonialen Dorfsystems und die von Gandhi und dem rechten Flügel des INC betriebene Propagierung eines erneuerten und von seinen Auswüchsen (wie etwa dem Phänomen der „Unberührbarkeit") gereinigten Kastensystems benutzt wurde.[52]

Das von Gandhi im INC mehrheitsfähig gemachte Prinzip der Gewaltlosigkeit war nicht nur ein Instrument des politischen Kampfes um die indische Unabhängigkeit, sondern zugleich auch ein Programm der Klassenversöhnung auf dem Land, während die auf dem Prinzip des *Swadeshi* (Unabhängigkeit) basierende Aufforderung, indische Produkte zu kaufen und auch ökonomisch von Großbritannien unabhängig zu werden, auch auf die Interessen der indischen Bourgeoisie zugeschnitten war. Klassenkampf

50 Braudel 1990, S. 664

51 Moore 1969, S. 429

52 Moore 1969, S. 431f

und Sozialismus hingegen wurden von Gandhi und dem rechten Flügel des INC verdammt, der sozialistische Flügel isoliert und teilweise aus der Organisation hinausgedrängt, teilweise neutralisiert und integriert, wie der unglückliche Jawaharlal Nehru, dessen von den Umständen und den Mehrheitsverhältnissen im INC nach 1936 erzwungene politische Wandlung vom fabianischen Sozialisten und Bewunderer der Sowjetunion zum klassenversöhnlerischen Moderator des Bündnisses zwischen der Bourgeoisie und der nichtfeudalen ländlichen grundbesitzenden Mittelklasse ein charakteristisches Beispiel hierfür ist.

Dieses Klassenbündnis sicherte den formal demokratischen und pluralistischen Charakter der indischen Gesellschaft und des politischen Systems nach der Unabhängigkeit, während das formell mit der Verfassung von 1950 abgeschaffte, jedoch weiterbestehende und mit dem schrittweise eingeführten Quotierungssystem für den öffentlichen Dienst de facto anerkannte, Kastensystem die zutiefst fragmentierte indische Gesellschaft dezentral ordnete und zugleich bis zu einem gewissen Grad sozial befriedete, indem es über Sanskritisierung (also den möglichen rituellen Aufstieg unterer Kasten) und die Verhinderung kastenübergreifender sozialer Rebellion die herrschende Sozialordnung auf dem Land aufrechterhielt.

Moore war sich jedoch auch schon in den 1960er Jahren darüber im Klaren, dass es durchaus ein revolutionäres Potential in den ländlichen Unterklassen Indiens gibt. Er bezeichnet den (von mir an anderer Stelle beschriebenen) Bauernaufstand von Telengana im Zeitraum zwischen 1946 und 1951 als ein Beispiel für das Aufflackern einer solchen Bewegung, das jedoch regional isoliert blieb und niedergeschlagen werden konnte. Die Perspektiven einer kommunistischen Bauernbewegung in Indien (und angesichts der sowohl politischen wie zahlenmäßigen Schwäche der industriellen Arbeiterklasse war dies aus seiner Sicht die einzige nennenswerte soziale Basis für eine grundlegende gesellschaftliche Veränderung) schätzte er insgesamt eher skeptisch ein – und zwar nicht etwa, weil ihr die soziale Basis fehlen würde, sondern weil ihre Hegemoniefähigkeit auf dem Land durch das Kastensystem und die Loyalität der grundbesitzenden Mittelklasse zur Congress-Regierung kaum gewährleistet wäre:

„Die natürliche Zielscheibe dieses Radikalismus müssten eigentlich die Kastenlosen und das ländliche Proletariat sein. Außer der Tendenz zur Sanskritisierung stößt der Radikalismus hier aber noch auf andere Hindernisse. Revolutionäre können nicht an das Landproletariat appellieren – selbst in friedlichem Gewand – ohne sich die Massen der kleinen und mittleren Bauern zu Gegnern zu machen. In jedem Fall besteht das eigentliche Problem für eine revolutionäre Bewegung darin, ganze Dörfer und Gebiete aus dem Status Quo herauszulösen; das auf mehr als nur beschränkter lokaler Basis zu erreichen, ist in Indien sehr schwierig."[53]

Der Preis weitgehend friedlicher und demokratischer Entwicklung (auch wenn er darauf hinweist, dass in Indien auf dem Land bisher de facto keine Demokratie existiere[54]) besteht für Moore (Mitte der 1960er Jahre) darin, dass das fortbestehende Klassenbündnis mit einer Bourgeoisie, die zwar den schrittweisen Ausbau der Infrastruktur und die Sicherung ihrer Verwertungsbedingungen über Schutzbestimmungen, Einfuhrzölle und eine – sehr langsam voranschreitende – Industrialisierung einiger weniger Ballungsregionen – erzwingen konnte, der aber die soziale Basis für eine dominierende Rolle in der indischen Gesellschaft fehlte, mit den besitzenden Klassen auf dem Land, die eine konservative und modernisierungsfeindliche Grundhaltung aufwiesen und jegliche soziale Veränderungen blockierten, die Modernisierung und Industrialisierung Indiens auch nach der Unabhängigkeit 1947 in weiten Teilen verhinderte. Zu durchbrechen sei dieser Zirkel der Stagnation nur durch grundlegende soziale Veränderungen auf dem Land und eine veränderte Klassenkonstellation in den einflussreichen und politisch entscheidungsmächtigen Sektoren der indischen Gesellschaft. Allgemein gesprochen hieße das:

> „Man muss durch eine Kombination wirtschaftlicher Anreize und politischen Zwanges die Landwirtschaft Betreibenden dazu bringen, dass sie die Produktivität erhöhen und zugleich einen erheblichen Teil des so erzeugten Überschusses dafür verwenden, eine industrielle Gesellschaft aufzubauen. Hinter diesem Problem steht das politische Problem, ob in der Gesellschaft eine Klasse herangewachsen ist, die die Fähigkeit und die Rücksichtslosigkeit besitzt, die notwendigen Veränderungen durchzusetzen."[55]

In verschiedenen Gesellschaften seien für diesen Modernisierungsprozess jeweils unterschiedliche politische und soziale Kräfte verantwortlich gewesen. England habe die Gentry und die industriellen Frühkapitalisten gehabt, Russland die kommunistische Parteibürokratie, Japan seine zu Bürokraten gewandelten dissidenten Aristokraten. In Indien hingegen war zum Zeitpunkt des Erscheinens seiner Studie eine solche Klasse oder Klassenfraktion nicht in Sicht.

---

53 Moore 1969, S. 443
54 Moore 1969, S. 469
55 Moore 1969, S. 445

Als Zukunftsperspektive ergaben sich aus Moores Sicht drei Varianten, die gleichermaßen mit Gewalt, Zerstörung der bestehenden Sozialstrukturen und großen Konflikten verbunden sind. Die erste wäre die Fortführung der Stagnation und der unproduktiven indischen Agrarwirtschaft, die bei einer eventuellen Abschaffung der Agrarsubventionen unvermeidlich in den Untergang und die Zerstörung der gesamten agrarischen Gesellschaftsstruktur aus dem ökonomischen Mangel heraus führen muss. Die zweite wäre, die agrarischen Oberklassen von allen institutionellen Zwängen zu befreien und sie zum Instrument einer rücksichtslosen Modernisierung und Monetarisierung zu machen, deren beträchtliche und mit übergroßen Leiden verbundenen Lasten mit großer Wahrscheinlichkeit die Kleinbauern und Landarbeiter zu tragen hätten, die aber immerhin geeignet wäre, eine Basis für die energisch vorangetriebene industrielle Entwicklung auf kapitalistischer Grundlage zu schaffen. Und die dritte, jedoch seines Erachtens aufgrund der zahlreichen Hemmnisse, die durch das Kastensystem und die Fragmentierung, regionale, ethnische und religiöse Zersplitterung Indiens relativ unwahrscheinliche Variante wäre die einer kommunistischen Agrarrevolution, die eine radikale Umwälzung, Modernisierung und in der Folge auch Industrialisierung Indiens zur Konsequenz hätte.[56]

Wie im Laufe der Arbeit deutlich werden wird, scheint die von Moore als notwendig erachtete Klasse, die die Modernisierung und Industrialisierung Indiens vorantreibt, inzwischen herangewachsen zu sein. Ob jedoch die langfristigen Auswirkungen dieser kapitalistischen Modernisierung tatsächlich dazu führen werden, die bürgerliche Demokratie auf der Grundlage bürgerlicher Klasseninteressen aufrechtzuerhalten, oder ob eine kommunistische Agrarrevolution die Folge sein könnte, die zu einem womöglich völlig anderem Modell von Modernisierung führen würde, wird noch zu diskutieren sein.

## 2.4. Imperialismus, Dependenz und kapitalistisches Weltsystem

In den letzten 20 Jahren haben in den gängigen politikwissenschaftlichen Diskursen die zeitweilig als defizitär und ideologiebefrachtet diskreditierten Modernisierungstheorien eine ungeahnte Renaissance erlebt, die zum einen sicherlich dem offenkundigen Scheitern aller bis dahin auf der Tagesordnung stehenden alternativen Entwicklungswege jenseits kapitalistischer Vergesellschaftungsformen und dem Zusammenbruch des „real existierenden

---

56 Moore 1969, S. 470ff

Sozialismus", andererseits aber auch dem seit den 1980er Jahren manifest gewordenen ideologischen Rollback gegenüber der universitär verankerten linken und marxistischen Theoriebildung geschuldet sind. Die Erfahrung, dass offenbar das sowjetische Entwicklungsmodell, auch jenseits aller kritischer Analysen, ob sie die Länder des „real existierenden Sozialismus" nun als „bürokratisch deformierte Arbeiterstaaten" oder staatskapitalistische Regime fassten, sich aus der Retrospektive durchaus nicht nur als steckengebliebene Übergangsgesellschaften hin zum Sozialismus, sondern auch als Modernisierungsregime erwiesen, die einen Prozess der „ursprünglichen Akkumulation" (im Fall der gewaltsam und despotisch durchgesetzten Industrialisierung und der mit terroristischen Mitteln betriebenen Zerstörung der russischen dörflichen Agrargesellschaft durch die Stalin'sche Bürokratie) und der zentralistisch organisierten Modernisierung vormaliger im Wesentlichen nichtkapitalistischer Agrargesellschaften beinhaltete, war ernüchternd. Vor dem Hintergrund dieser Desillusionierung und der Hegemonie kruder Apologetik der kapitalistischen Moderne als einzig denkbarem Muster nichttraditionaler Vergesellschaftung konnten so selbst völlig unterkomplexe und bereits seit den 1960er Jahren als eigentlich erledigt geltende „Theorien" wie das Rostow'sche Stadienmodell wieder aus der Mottenkiste gezaubert werden und die Annahme, dass es so etwas wie eine mehr oder weniger geradlinige Entwicklung von „traditionalen" vorkapitalistischen hin zu „modernen" Gesellschaften, die sich bei genauerer Betrachtung immer als bürgerlich-kapitalistische entpuppen, wieder dominant werden. Die seit den 1960er Jahren teils als Reaktion auf die vermeintliche Unmöglichkeit von Entwicklung in den Ländern der Peripherie, teils als Versuch einer kritischen Überprüfung und Aktualisierung marxistischer Imperialismustheorien aufgekommenen Dependenztheorien sind heute scheinbar ein genauso toter Hund, wie es noch vor 20 Jahren die Marx'sche Theorie als Ganze zu sein schien.

Während die Dominanz bürgerlicher Think Tanks wie der Stiftung Wissenschaft und Politik gerade im deutschsprachigen Raum vor dem Hintergrund eines seit dem Anschluss der DDR verstärkten Interesses der politischen und ökonomischen Eliten der BRD an der Formulierung stringenter Strategien einer im Rahmen der EU wieder um ökonomische und politische Einflusssphären ringenden deutschen Außenpolitik evident ist und in diesem Rahmen auf wissenschaftliche Politikberatung spezialisierte Politikwissenschaftler wieder von „Zivilisation" und „Barbarengrenzen" phantasieren, sind jegliche kritische und auf marxistische Theorieansätze rekurrierende Untersuchungen, die sich mit Entwicklung, Unterentwicklung und dem spezifisch kapitalistischen Charakter der „Modernisierung" befassen, aus dem

Rahmen institutionalisierter Wissenschaftsproduktion verbannt und als „Ideologie" gebrandmarkt.

### 2.4.1. Ein kritischer Rückgriff auf die Theorien der Dependenz

Wenn wir Staat durchaus in einem klassischen marxistischen Sinne als Instrument einer Klasse zur Niederhaltung einer anderen Klasse und zur Sicherung von Produktions- und Reproduktionsbedingungen, darüber hinaus aber auch in Rückgriff auf Joachim Hirsch als Verdichtung von Kräfteverhältnissen auffassen, wird deutlich, dass die heute an den Rand institutioneller Theoriebildung gedrängten Dependenztheorien der 1960er und 1970er Jahren nicht nur einem durch die bürgerlichen Modernisierungstheorien nicht befriedigten wissenschaftlichen Erkenntnisinteresse folgten, sondern auch in gewisser Hinsicht Ausdruck veränderter Kräfteverhältnisse und realer gesellschaftlicher Bewegungen und Kämpfe waren, die nun ihrerseits wieder Geschichte sind. Dass die Dependenztheorien heute so marginalisiert sind, ist jedoch nicht nur gesellschaftspolitischen und wissenschaftspolitischen Konjunkturen geschuldet, sondern durchaus zum Teil eigenen Defiziten, die deutlich werden, wenn wir sie den bürgerlichen Konzepten von Modernisierung gegenüberstellen. Beide Theoriestränge folgten letztlich einem Modell von Entwicklung, das sich für die die vorkolonialen Gesellschaften nur am Rand interessierte. Die Modernisierungstheorien wiesen ihnen pauschal des Etikett „traditionaler Gesellschaften" zu und ließen die spezifischen Gesellschaftsformationen, die der europäischen Landnahme der letzten Jahrhunderte vorausgingen, völlig unbeachtet, aber auch die Dependenztheorien, die immerhin den Blick verschoben auf den Prozess der imperialistischen Durchdringung und Unterordnung der Länder der Peripherie konnten diese ahistorische Sicht nur teilweise überwinden. Ihnen kommt aber immerhin das Verdienst zu, die externen Ursachen ökonomischer Unterentwicklung überhaupt thematisiert zu haben. Dass Unterentwicklung nicht als Folge einer mangelhaften Integration in die moderne Welt begriffen wurde, sondern gerade als Konsequenz einer spezifischen Einbindung der Länder der Peripherie in den von den imperialistischen Ländern beherrschten Weltmarkt, Unterentwicklung also nicht als ein durch interne Blockaden verursachtes Modernisierungsdefizit, sondern als Ergebnis eines historischen Prozesses aufzufassen ist, kann bis heute als ein den bürgerlichen Modernisierungstheorien haushoch überlegenes Paradigma gelten. André Gunder Frank drückt diese Sicht wie folgt aus:

> „Man geht allgemein davon aus, dass ökonomische Entwicklung eine Abfolge kapitalistischer Stadien darstellt und die heute unterentwickelten Länder sich noch in einem

– zuweilen als ursprünglich dargestellten – historischen Stadium befinden, das die jetzt entwickelten Länder schon vor langer Zeit durchlaufen haben. Selbst bescheidene Geschichtskenntnisse zeigen jedoch, dass Unterentwicklung nicht ursprünglich oder traditionell ist und dass weder die Vergangenheit noch die Gegenwart der unterentwickelten Länder der Vergangenheit der gegenwärtig entwickelten Länder in irgendeinem wichtigen Punkt ähnelt. Die heute entwickelten Länder waren niemals unterentwickelt, auch wenn sie unentwickelt gewesen sein mögen. Weithin wird auch angenommen, dass die heutige Unterentwicklung eines Landes als Produkt oder Ausdruck seiner eigenen ökonomischen, politischen, sozialen und kulturellen Merkmale oder Strukturen verstanden werden kann. Die historische Forschung zeigt jedoch, dass die heutige Unterentwicklung zu einem großen Teil aus vergangenen und andauernden wirtschaftlichen und anderen Beziehungen zwischen den unterentwickelten Satelliten und den nunmehr entwickelten metropolitanen Ländern entstanden ist. Zudem sind diese Beziehungen ein wesentlicher Teil der Struktur und Entwicklung des kapitalistischen Systems im Weltmaßstab."[57]

Die Beziehungen zwischen Zentrum und Peripherie des kapitalistischen Weltsystems sind komplex, lassen aber im Kern eine hierarchische Struktur erkennen, die die Länder der Peripherie auf die Entwicklungsbedürfnisse des Zentrums und hier insbesondere ihrer herrschenden Klassen zurichtet. Auch die dieser imperialistischen Arbeitsteilung unterworfenen Länder sind jedoch innerlich gespalten und durch eine strukturelle Heterogenität gekennzeichnet, die sich als regionales Entwicklungsgefälle manifestiert. Nationale Zentren sind in aller Regel die großen Städte, in denen alle ökonomisch und gesellschaftlich relevanten Entscheidungen getroffen werden. Diese Zentren sind meist an der Küste gelegen und an das internationale Banken-, Kommunikations- und Verkehrssystem angeschlossen, mit Niederlassungen der multinationalen Konzerne und Produktionsstätten für die Weiterverarbeitung der im Hinterland gewonnenen Rohstoffe und Exportgüter ausgestattet. Hier ist auch das Zentrum der mit importierten Luxusgüter versorgten einheimischen Bourgeoise und einer partiellen Industrialisierung, die jedoch in aller Regel nicht auf die Produktion von Massengebrauchsgütern für die eigene Bevölkerung, sondern die Bedürfnisse der Bourgeoisie und des Weltmarktes ausgerichtet ist. Das Hinterland dieser ökonomischen und politischen Zentren ist in der Regel die agrarische Peripherie, die auf einem teilweise vorkapitalistischen Stand der Produktivkraftentwicklung verharrt, mit technologisch gering entwickelten Produktionsmitteln versehen und allgemein von einer Situation der Stagnation und der Abhängigkeit, aber

---

57 Frank 1966/2008, S. 149

auch der partiellen Abkoppelung, von den Zentren geprägt ist. Die Folge eines solchen internen Zentrum-Peripherie-Gegensatzes ist Urbanisierung, Massenmigration in die Zentren, deren begrenzte industrielle Entwicklung jedoch nur einen Teil der MigrantInnen in den industriell-kapitalistischen Produktionsprozess integrieren kann, während ein Großteil der ständig wachsenden Bevölkerung in den rasch entstehenden Slums lebt und sich mit prekären Tagelöhnertätigkeiten und Kleindienstleistungen über Wasser hält. Die urbanen Zentren der Peripherieländer fungieren in gewisser Hinsicht als Brückenköpfe für die ökonomischen und geostrategischen Interessen der Industrieländer und bringen eine gesellschaftliche Elite hervor, die von ihrem Lebensstandard und ihren eigenen ökonomischen wie politischen Interessenlagen her auf die Zentren der kapitalistischen Welt ausgerichtet ist. Zugleich verändert die Dominanz der Zentren jedoch auch die gesellschaftlichen Beziehungen in der agrarischen Peripherie und führt zu einer Zerstörung von Sozialstrukturen und einer Ausrichtung dieser peripheren Regionen auf die Bedürfnisse der Zentren nach Agrarprodukten, Arbeitskräften, Rohstoffen etc. und zu einer allmählichen Veränderung weg von Subsistenzlandwirtschaft und Tauschhandel hin zu marktförmigen Austauschbeziehungen und Warenproduktion.

Während Autoren wie Dieter Senghaas die Unmöglichkeit von Entwicklung der Länder der Peripherie im Rahmen eines solchen globalen Ausbeutungsregimes betonten, gab es auch Theorieansätze, die gegenüber den Formen direkter Ausbeutung der Peripherie durch die Industrieländer das Moment der strukturellen Abhängigkeit betonen und von einer abhängigen kapitalistischen Entwicklung sprechen. So argumentierte etwa Fernando Henrique Cardoso, der 1974 noch nicht wissen konnte, dass er selber dereinst (1995-2002) als brasilianischer Staatspräsident enden würde:

„Tatsächlich besteht kein Widerspruch zwischen den Begriffen Abhängigkeit, Monopolkapitalismus und Entwicklung. In den Sektoren der Dritten Welt, die in die neuen Formen der monopolistischen Expansion einbezogen sind, gibt es so etwas wie eine abhängige kapitalistische Entwicklung. So ist in Ländern wie Argentinien, Brasilien, Mexiko, Südafrika, Indien und einigen anderen eine interne strukturelle Spaltung eingetreten, und zwar derart, dass die ‚fortgeschrittensten' Teile ihrer Volkswirtschaften mit dem internationalen kapitalistischen System verflochten sind. Getrennt von diesen fortgeschrittenen Sektoren – aber ihnen untergeordnet – spielen die rückständigen Wirtschafts- und Sozialsektoren der abhängigen Länder dann die Rolle ‚interner Kolonien'. Die Kluft zwischen beiden wird vermutlich wachsen, womit ein neuer Typ von Dualismus entsteht, der sich von dem imaginären Dualismus, wie ihn einige nichtmarxistische Autoren vertreten, ziemlich stark unterscheidet. Die neue strukturelle ‚Dualität' entspricht einer internen Differenzierung desselben gesellschaftlichen Gebildes."[58]

Während die klassische Modernisierungstheorie von einer voneinander unabhängigen Entwicklung der „modernen" und der „traditionalen" Sektoren der Entwicklungsländer ausgehen und auf eine einseitige Modernisierung der letzteren durch die Segnungen von Marktwirtschaft, Demokratie und moderner Staatlichkeit setzen, betonen die Dependenztheoretiker die strukturellen Verflechtung zwischen den weltmarktintegrierten und den peripheren Sektoren der jeweiligen Länder, wobei die ökonomischen Zentren einen Teil ihrer Entwicklungsdynamik an die peripheren Sektoren weitergeben und diese ihren Bedürfnissen unterordnen. Dass auch die jeweiligen Zentren unter den Bedingungen weltweiter kapitalistischer ökonomischer Strukturen keine Chance haben, einen Stand der Industrialisierung und der Verallgemeinerung von Wohlstand und ökonomischer Entwicklung zu erreichen, der denen der Industrieländer nahekommt, ergibt sich aus der globalen Arbeitsteilung und der spezifischen Form der Industrialisierung, die von inneren Ungleichgewichten und dem weitgehenden Fehlen eines Marktes für Massengebrauchsgüter gekennzeichnet ist. Autoren wie André Gunder Frank konstatieren vielmehr in einigen Fällen durch die Weltmarktorientierung der jeweiligen Länder der Peripherie in bestimmten Teilbereichen eine Deindustrialisierung.

Für die oben von Cardoso genannten Länder, die in den letzten Jahrzehnten in ein Stadium abhängiger kapitalistischer Entwicklung eingetreten sind, könnte der von Immanuel Wallerstein eingeführte Begriff der Semiperipherie gebraucht werden (den er in seinem Entwicklungsmodell des kapitalistischen Weltsystems allerdings auch schon etwa für das Baltikum und Polen im Verhältnis zum sich entwickelnden Kapitalismus im England des 17. und 18. Jahrhunderts verwendet), der geeignet ist, die terminologische Lücke in den bisher skizzierten dependenztheoretischen Überlegungen zu schließen. Es bleibt jedoch festzuhalten, dass die Fixierung der Modernisierungstheorie auf ein als Idealbild konzipiertes Modell der (kapitalistischen) Moderne und die dadurch bedingte Fokussierung auf einen einmal als gegeben vorausgesetzten Entwicklungsstand der Industrieländer in vielen Ansätzen der Dependenztheorie durch eine Fokussierung auf bestimmte strukturelle Aspekte eines bestimmten historischen Moments der Entwicklung der Peripherieländer ersetzt wurde; was fehlt, ist ein das kapitalistische Weltsystem als Ganzes unter dem Blickwinkel seiner historischen Entste

---

58 Cardoso 1974, S. 210f

hung und Entwicklung in den Blick nehmendes Konzept, das auch Wallerstein trotz vielversprechender Ansätze nicht liefert. Hinzu kommt, dass die klassische Dependenztheorie, geprägt durch ihre Schwerpunktsetzung auf Lateinamerika und Afrika, die Rolle der Klassenbeziehungen in den Ländern der Peripherie oft eher ungenau untersucht und der Bourgeoisie dieser Länder ohne genauere Differenzierung das Etikett einer „Kompradorenbourgeoisie" zugewiesen hat, deren Orientierung an den Eliten des Nordens und deren gewissermaßen „parasitäres" Verhältnis zu nahezu allen Sektoren der eigenen Gesellschaft sie zu objektiven Statthaltern des Imperialismus in der Peripherie macht. Für einige der Länder, die in den 1970er Jahren im Zentrum der Aufmerksamkeit standen, mag dies zutreffen, für andere, wie etwa Indien, allerdings nicht. Und so erweisen sich viele Ansätze der Dependenztheorien als empirisch wenig unterfüttert und zu sehr darauf hin orientiert, eine globale Theorie für die Zentrum-Peripherie-Beziehungen zu entwickeln, als dass sie in der Lage wären, ein genaueres Bild der ökonomischen Prozesse und der sozialen Kämpfe innerhalb der Peripherie zu zeichnen. Sie bedürfen also einer Konkretisierung, wie sie im Bezug auf einige Regionen und Länder auch in Einzelstudien geleistet wurde, vor allem aber auch einer Aktualisierung, deren Notwendigkeit sich nicht nur aus den seit den 1990er Jahren veränderten und scheinbar unübersichtlich gewordenen internationalen Kräfteverhältnissen ergibt, sondern auch aus der vor 30 Jahren kaum vorhersagbaren Dynamik der inneren wie äußeren Expansion des kapitalistischen Weltsystems.

So wurden seit den 1990er Jahren etwa in den asiatischen Ländern hunderte Millionen Menschen aus agrarisch geprägten Sozialstrukturen herausgerissen und in den Strudel der Proletarisierung geworfen. Die kapitalistische Entwicklung Chinas oder Indiens scheint auf den ersten Blick erstmals in der Geschichte des Weltsystems etwa die klassischen Bauernbewegungen und die Frage des strategischen Verhältnisses der ArbeiterInnenbewegung zu diesen mittelfristig obsolet zu machen und zugleich sämtliche bisher noch bestehenden vorkapitalistischen Räume und Sektoren dem Weltmarkt und seinen Ausbeutungsbedingungen unterzuordnen. Dieser Prozess führt zu einer erhöhten Instabilität gesellschaftlicher Strukturen und schreit förmlich nach neuen Analysen der Klassenverhältnisse der Länder der Peripherie und Halbperipherie. Dabei droht jedoch aus dem Blick zu geraten, was sich eigentlich genauer in den bisher als peripher, rückständig oder nicht am Weltmarkt orientiert charakterisierten Regionen des Hinterlandes solcher Länder wie Indien abspielt, denen Cardoso noch 1974 attestierte, zu „internen Kolonien" geworden zu sein. Vielleicht ist meine Wahrnehmung hier selektiv, aber ich habe den Eindruck, dass auch die klassischen Dependenztheorien sich in weit stärkerem Maß für die Zentren der Peripherie und die dort anzutreffenden Verwertungs- und Ausbeutungsbedingungen, sozialen Konstellationen und Kämpfe interessierten als für das periphere Hinterland, dessen strukturelle Entwicklung und Unterwerfung, verglichen mit den destruktiven Dynamiken wie auch den Perspektiven sozialen Widerstands und der Befreiung von der imperialistischen Abhängigkeit, eher nachrangig zu sein schien. In diesem vergessenen Hinterland jedoch spielt sich nicht nur das Drama der inneren Kolonisierung ab, sondern, wie am Beispiel der ungleichen Entwicklung und der destruktiven kapitalistischen Modernisierung Indiens im weiteren Verlauf des Textes deutlich werden wird, damit verbunden auch eine äußerst gewaltsame Umwälzung der ökonomischen Strukturen und der Reproduktionsbedingungen der Menschen, eine Infragestellung aller bisher gültigen Werte, Normen und sozialen Absicherungen, deren Dimensionen, einschließlich der Vertreibung von Millionen Menschen von ihrem Land, der Umpflügung ganzer Landstriche und der Zerstörung der nicht nur ökonomischen, sondern auch ökologischen Existenzbedingungen der Bevölkerung, weit über den bisherigen Rahmen hinausgehen.

Wie David Harvey anmerkt, sind „Kämpfe um die ursprüngliche Akkumulation und die Akkumulation durch Enteignung sowohl in der Vergangenheit als auch in der heutigen Welt Legion".[59] Diese sind seines Erachtens nicht in erster Linie durch ein Komplex von Entwicklungsgesetzen zu synthetisieren oder zu homogenisieren, vielmehr kann in der Analyse der sich abspielenden Prozesse die allgemeine Problematik der Akkumulation durch Enteignung zum Vorschein gebracht werden. Notwendigerweise bringen diese Kämpfe eine riesige Bandbreite an Konfliktformen hervor, die durchaus nicht in jedem Fall im klassischen Sinne als Klassenkämpfe aufscheinen. Kämpfe um Raum und seine Inbesitznahme, Wasser, Land, soziale Würde und kulturelle Autonomie sind in vielfältiger Weise mit dem Prozess der Kapitalakkumulation verwoben und haben ein widerständiges Potential, das weit darüber hinausreicht, kleine Irritationen in einem ansonsten sich als objektiver Vollzug ökonomischer Zwangsgesetze vollziehenden Prozess hervorzurufen. Harveys Ansatz, der den umkämpften Raum und die Bedingungen ungleicher Entwicklung als notwendigem Rahmen kapitalistischer Entwicklung zum Thema hat, könnte dabei, über die klassischen Dependenztheorien hinausweisend, ein vielversprechender Ansatz sein, um die Bedingungen für widerständige Klassenallianzen auszuloten und die Bandbreite der Konfliktfelder zu verdeutlichen, die sich in den Ländern des Südens im Rahmen der neuen Welle der kapitalistischen Landnahme und der

---

59 Harvey 2007, S. 117

sich hier rasant vollziehenden Prozesse der „ursprünglichen Akkumulation" auftun.

## 2.5. Klassen, Kasten, Demokratie – die partielle Dysfunktionalität des politischen Systems

Das indische politische System ist formal demokratisch strukturiert und umfasst zumindest theoretisch umfangreiche politische Partizipationsmöglichkeiten. In der Praxis jedoch prägen Klassen- und Kastenunterschiede in erheblichem Maß die politische Landschaft und dies gilt besonders stark für die ländlichen Gebiete, in denen, allem Wachstum der großen Metropolen und aller Krisenhaftigkeit der Agrarökonomie zum Trotz, immer noch ca. 68% der indischen Bevölkerung leben. Der Indian National Congress (INC) war in dem Maß, in dem in den späten 1930er Jahren der linke, säkuläre und sozialistische Flügel zu einem Teil aus ihm ausgeschieden, zum anderen Teil neutralisiert worden war, zu einer Organisation geworden, in der sich ein Klassenbündnis zwischen der aufstrebenden indischen Bourgeoisie und einem Teil der ländlichen Grundbesitzer verwirklichte. Während nach der Unabhängigkeit die Industrialisierung auf Basis privaten Eigentums plus eines starken öffentlichen Sektors und staatlicher Regulierung in Fünf-Jahres-Plänen vorangetrieben wurde, wurden auf dem Land Agrarreformen äußerst zaghaft angegangen und das Hauptbestreben der indischen Regierung war es in dieser Hinsicht, die feudalen Besitzverhältnisse und Abhängigkeiten durch bürgerliche Besitzrechte mit bestimmten Mindeststandards und Schutzbestimmungen für Kleinbauern und Landarbeiter zu ersetzen. Tariq Ali weist darauf hin, dass zwar einige außerökonomische Rechte der Großgrundbesitzer beschnitten wurden, die Kleinbauern gegen willkürliche Vertreibungen geschützt und die Pachtzahlungen neu geregelt wurden, die Umsetzung der beschlossenen Maßnahmen überwiegend jedoch auf sich warten ließ, da die Congress Party of lokaler Ebene von den reichen Grundbesitzern und den höheren Kasten dominiert wurde, die jegliche Änderung der Eigentumsverhältnisse blockierten. Nutznießer der Agrarpolitik der Congress Party waren im Wesentlichen die mittleren und reicheren Bauernkasten, deren Angehörige von der Abschaffung der feudalen Sonderrechte profitierten, zugleich aber ihr Klasseninteresse auch nach unten hin durchsetzten.[60] Die Bewegungen der Kleinbauern und Landarbeiter, die zumeist von der kommunistischen Partei unterstützt wurden, hatten gegen diese Machtkonzentration einen schweren Stand.

---

60  Ali 2005, S. 105f

Die ausgebliebenen Landreformen führten auch politisch zu einer Situation, in der das Wahlrecht für Kleinbauern und LandarbeiterInnen zwar formell bestand, in der Regel aber nicht individuell ausgeübt wurde, sondern auf der Basis von Klassen- und Kastenzugehörigkeit. Noch bis zu den späten 1970er Jahren war es in den Dörfern üblich, bei Wahlen einheitlich nach dem Willen der großen Grundbesitzer abzustimmen. Shashi Bhushan Singh beschreibt anhand des Beispiels eines Dorfes im südlichen Bihar, wie die Praxis des demokratischen Systems auf dem Land überwiegend aussah:

„Ob im Hinblick auf dörfliche Angelegenheiten oder auf das Verhältnis des Dorfes mit der entfernteren Umwelt, die SCs [Scheduled Castes][61] hatten den Entscheidungen der höheren Kasten Folge zu leisten, schon deshalb weil die Zustimmung der SCs als garantiert galt. Die meisten das Dorf besuchenden Würdenträger kamen zu den Häusern der Brahmanen und Rajputs im Dorf. Ebenso fanden die meisten Dorfversammlungen im Haupttempel des Dorfes statt, der die Domäne der höheren Kasten ist. Die SCs betraten den Tempel nicht und saßen getrennt von allen anderen am Eingang. Die Absonderung war verinnerlicht und freiwillig. In solchen Versammlungen wurde oft ein SC-Angehöriger in die beschlussfassende Körperschaft kooptiert. Diese Person saß dann außerhalb des Tempels und hatte nie eine Stimme in Dorfangelegenheiten oder irgendwelchen Fragen, die das Verhältnis der höheren Kasten und die SC betraf. Die Scheduled Castes lebten in ihrer eigenen Welt, wo die Gegensätze zwischen ihnen selbst im Vordergrund standen gegenüber denen zu den höheren Kasten. Der Muktia (Oberhaupt des gesetzlichen Panchayat) und der Sarpanch des Panchayat waren aus dem Dorf, der erstere Brahmane, der letztere Rajput.
Selbst bei den Wahlen auf höherer Ebene, zu State Assembly und Lokh Sabha, war es an den führenden Leuten der höheren Kasten, zu entscheiden, welcher Kandidat die Unterstützung des Dorfes genoss.“[62]

Im Laufe der siebziger und achtziger Jahre kam es zu verstärkten Differenzen innerhalb der herrschenden Klassen und der von ihnen politisch dominierten Kasten. Im Allgemeinen unterstützten die brahmanischen Kasten und die aus ihrer Mitte hervorgegangenen Grundbesitzer die Janata Party bzw. später die hindunationalistische BJP, während die aufstrebenden Segmente der ländlichen Mittelklassen, die mit den feudalen Brahmanen um Landbesitz und politischen Einfluss rangen, den INC als ihr Instrument ansahen. Beide rivalisierenden Segmente der Mittel- und Oberklasse waren und sind be-

---

61  Dalits, als „unberührbar" stigmatisierte Angehörige der untersten, rituell „unreinen" Kasten. (Anm. d. Autors)

62  S. B. Singh 2005, S. 3168

strebt, die Bande der Kastenloyalität als Mittel der politischen Hegemonie zu nutzen und die Angehörigen der unteren Kasten (Other Backward Castes) sowie der Dalits (Scheduled Castes) in ihrem Sinne einzubinden.[63]

Wie ist nun das Katensystem grundsätzlich strukturiert? ingeordnet in die vier *varna* (Farben) der *Brahmin* (Priester), *Kshatrya* (Krieger), *Vaishya* (Händler, Kaufleute, Grundbesitzer) und *Shudra* (Handwerker, Pachtbauern, Tagelöhner), die analog zur feudalen Ständeordnung Europas zu verstehen sind, existieren mehrere tausend *jati*, die auf der Basis unterschiedlichster Berufsgruppen und Statusgruppen gebildet wurden und weitestgehend eine (so nie real und in Reinform existierende) Idealvorstellung einer vollständig gegliederten altindischen Gesellschaft repräsentieren.[64] Die hermetische Abgeschlossenheit oder aber auch relative Durchlässigkeit des Kastensystems war immer regional sehr unterschiedlich und hing vor allem von den Herrschaftsbeziehungen und Produktionsverhältnissen in der jeweiligen Region ab. Dass das Kastensystem nicht als religiöses Phänomen allein erklärbar ist, sondern wesentlich ein soziales Strukturelement von Legitimation sozialer Ungleichheit und Herrschaft, aber auch von Solidarbeziehungen innerhalb der eigenen Kaste (*jat*) darstellt, ist – neben der erstaunlichen Beharrungsfähigkeit des Kastensystems – schon daran zu erkennen, dass teilweise auch Religionen außerhalb des Hinduismus, die ihre Verbreitung ursprünglich vor allem ihrer Opposition gegen das Kastenwesen zu verdanken hatten, inzwischen teilweise davon absorbiert wurden. So gibt es inzwischen auch Kasten innerhalb der Sikh-Religion, der christlichen Minderheit und teilweise auch innerhalb der muslimischen Minderheit.

Nach der Unabhängigkeit ging das Bestreben der indischen Regierung zunächst dahin, Kastendiskriminierungen zu beseitigen, Unberührbarkeit zu verbieten und das Kastensystem nach und nach abzuschaffen. Umstritten war jedoch die Frage, ob die Schaffung von Quotensystemen für Angehörige sozial unterdrückter und diskriminierter Kasten ein Mittel dazu sein könne, oder ob dadurch das Kastensystem als Ganzes eher legitimiert und konserviert würde. Weitgehend unumstritten waren die Quoten für Stellen im öffentlichen Dienst, die für Angehörige der Scheduled Castes (Dalits, die in ihrer überwältigenden Mehrzahl nicht ‚kastenlos' sind, wie häufig angenommen wird, sondern bestimmten, in der sozialen Hierarchie äußerst niedrigstehenden, verachteten und als rituell unrein angesehenen Kasten angehören) und Scheduled Tribes (Adivasi), den indischen Ureinwohnern, vorgeschlagen wurden. Die indische Verfassung von 1950 listet 645 Scheduled Tribes auf,

---

63 Ebd.
64 Vgl. Rothermund 2008, S. 205

die als besonders schutzbedürftig angesehen werden. Hinzu kommen zahlreiche besonders benachteiligte Kasten und Gruppen, die unter dem Begriff ‚Scheduled Castes' zusammengefasst werden (die indische Verfassung listet inklusive einiger im Laufe der Zeit vorgenommener Aktualisierungen insgesamt 1.116 Kasten als Scheduled Castes auf). Scheduled Castes und Scheduled Tribes verfügen jeweils über eine unionsweit einheitliche Quote von jeweils 22,5% aller Stellen im öffentlichen Dienst, was zusammengenommen Quoten für diese beiden besonders benachteiligten und diskriminierten Gruppen von 45% ausmacht, die ca. 25% der indischen Bevölkerung stellen.

Nachdem ein Kommissionsbericht von 1955, der die Bevölkerungsanteile weiterer als ‚rückständig' und sozial diskriminiert einzustufender Gruppen berechnet und besondere Fördermaßnahmen angeregt hatte, von der indischen Regierung ignoriert wurde, ebenso wie ein weiterer aus dem Jahr 1970, dauerte es bis 1990, bis auch für knapp 3.000 weitere Kasten, die seitdem als „Other Backward Castes" (OBC) registriert sind, Quotierungen von insgesamt 27% der Stellen im öffentlichen Dienst geschaffen wurden. Es wurde lange geschätzt, dass etwa 54% der indischen Bevölkerung den OBC zuzurechnen seien.[65] Neuere Daten der National Sample Survey Organisation (NSSO), die allerdings auf Umfragen beruhen, gehen grob von einem OBC-Anteil von 41%, einem Dalit-Anteil von 20% und einem Adivasi-Anteil von 8% aus.[66]

Das Kastensystem ist im Laufe der letzten Jahrzehnte der Modernisierung, partiellen Industrialisierung und formalen Demokratisierung der indischen Gesellschaft nicht verschwunden, im Gegenteil: Es hat, vor allem in den ländlichen Regionen, deren Entwicklung auf den ersten Blick statisch wirkt, verglichen mit den Industriemetropolen wie Mumbai oder Delhi, an politischer Brisanz gewonnen, indem Kastenzugehörigkeiten zur Basis ökonomischen Aufstiegs und politischer Mobilisierung wurden. Die *Brahmins*, die die traditionelle Elite des Kastensystems stellen und zugleich in den ländlichen Regionen Nordindiens traditionell die feudale Grundbesitzerklasse bildeten, sind die Hauptbasis der hindunationalistischen BJP, was zugleich auch deren regionale Begrenztheit erklärt, da die *Brahmins*, die in Nordindien ca. 10% der Bevölkerung stellen, in Südindien einen Bevölkerungsanteil von gerade einmal 1-3% ausmachen. Nur gestützt auf brahmanische Wählerschichten allein jedoch wären die Wahlerfolge der BJP nicht zu erklären. Sie stützt sich auf eine Kastenallianz der Privilegierten und um

---

65 Rothermund 2008, S. 209
66 Rothermund 2008, S. 212

ihre Privilegien Kämpfenden mit den Eliten aufsteigender Kasten und Klassensegmente.

Charakteristisch für die ländlichen Regionen Indiens ist der allgemein festzustellende Aufstieg der OBCs bei gleichzeitigem Verfall der Macht der *Brahmin*-Kasten. Die selbe Umfrage der NSSO, die genauere Aufschlüsse über die mutmaßliche Kastenzusammensetzung der Bevölkerung lieferte, ergab, dass in den ländlichen Gebieten inzwischen den OBC im Hinblick auf das Haushaltseinkommen in etwa die gleichen Mittel zur Verfügung stehen wie den höheren Kasten, was ein starkes Indiz für einen rapiden Wandel der Kasten- und Klassenverhältnisse auf dem Land ist, während gerade in den Städten nach wie vor die Angehörigen der höheren Kasten auch ökonomisch weit vorne liegen.[67]

Die politischen Partizipationsmöglichkeiten der indischen Demokratie haben, vor allem in den letzten 20 Jahren die großen mittleren Bauernkasten und die OBCs gestärkt, während die *Brahmin*-Kasten ihre traditionelle dominierende Rolle in den Dörfern teilweise eingebüßt haben. Dietmar Rothermund schreibt:

> „Ferner ist in der indischen Demokratie die Kastenzugehörigkeit zu einem Instrument der Mobilisierung von Wählern geworden. Das politische Umfunktionieren des Kastenwesens hat jedoch die hierarchische Gliederung des ‚Kastensystems‘ entwertet. Wenn eine Kastengruppe hochrangig, aber nicht sehr zahlreich ist, hat sie keine politische Macht, die großen Bauernkasten aber sind zu bestimmenden Elementen der indischen Politik geworden.“[68]

Durch das System der positiven Diskriminierung in Form von Quoten, die 2002 auch auf die Studienplätze ausgeweitet wurden (was zu massiven und teilweise martialischen Protesten von Angehörigen höherer Kasten führte), konnten jedoch die Diskriminierungen gegen Dalits und Adivasi, die zugleich im dörflichen Alltag eher zunahmen, nicht wirksam ausgeglichen werden, während die OBC politisch wie ökonomisch seitdem einen bedeutenden Aufstieg erlebten. Erklärbar wird dies durch die – von Rothermund ignorierten – ökonomischen Grundvoraussetzungen. Denn aufgestiegen sind nicht etwa alle *Yadavs* oder andere OBCs, sondern die mittleren Grundbesitzer aus diesen Kasten, die die im Gegenzug stagnierenden oder teilweise durch die zunehmende Konzentration von Landbesitz verarmten Angehörigen ihrer Kaste für ihre Interessen mobilisieren konnten und zugleich die

---

67 Ebd.
68 Rothermund 2008, S. 207

Kaste zu einem Kriterium für Protektion, Vergabe kleinerer Privilegien und Gegenleistungen für politische Unterstützung machten. Wir haben es also im Wesentlichen mit einem Austausch der ökonomischen und politischen Eliten auf dem Land zu tun, der zugleich zur Folge hat, dass die Aufsteiger sich gegen die ebenfalls auf soziale Mobilität nach oben hoffenden Dalits und Adivasi umso schärfer abgrenzen und deren zunehmende Unbotmäßigkeit versuchen, gewaltsam im Keim zu ersticken.

Die sozio-ökonomische Funktion des auf diese Weise modernisierten Kastensystems verhindert also politische ökonomische und soziale Partizipation der, zumeist aus Landarbeitern und landlosen Kleinbauern bestehenden untersten Kasten, die die Privilegien der höheren Kasten und Grundbesitzerklassen gefährden könnten. Zugleich bindet sie die proletarisierten Elemente der mittleren und höheren Kasten im Sinne der führenden Grundbesitzer ein und mobilisiert sie gegen die ebenfalls dem ländlichen Proletariat angehörenden Scheduled Castes und Scheduled Tribes. Da legale Organisationsformen und politische Partizipation, etwa in Wahlen zum Panchayat (dem Dorfparlament) in vielen Fällen den Unterdrückten ein hohes Risiko bescheren, körperlich drangsaliert, angegriffen oder getötet zu werden, das politische System also häufig auf der kommunalen Ebene im Sinne der Herrschenden, nicht aber der Beherrschten funktioniert, bleibt den letzteren in vielen Fällen kaum eine andere Wahl, als ihre Rechte mit Gewalt durchzusetzen. Das vielbewunderte politische System Indiens mit seinen formal demokratischen Spielregeln ist in vielen Fällen derart überlagert von kastenspezifischen Ausschlüssen, Gewalt, Korruption und der rücksichtslosen Interessendurchsetzung der ökonomisch Herrschenden, dass es von einem beträchtlichen Teil vor allem der Scheduled Castes und Scheduled Tribes nicht als Instrument ihrer Emanzipation angesehen wird.

## 2.6. Der indische Maoismus als Variante der Rebellion gegen die Integration der kommunistischen Parteien

Was auf deutsche Linke mit ihrem antistalinistischen Common Sense und ihrer, ob explizit oder implizit, tief von den Traditionen des westlichen Marxismus geprägten politischen Haltung bei der Annäherung an die politischen Entwicklungen und Konflikte der indischen Linken eher verstört und eine intensivere Beschäftigung mit der indischen Linken bisher weitgehend verhindert hat, ist die bis heute fortwirkende Hegemonie des Maoismus in der radikalen Linken Indiens. Gerade für diejenigen, die noch die Polit-Folklore der deutschen stalinistischen und maoistischen K-Gruppen der 1970er Jahre erlebt haben, dürfte dieser Bezug auf Mao und die chinesische Revolution ein besonderes Ärgernis sein und fast nichts wirkt aus hiesiger Perspektive diskreditierter und absurder als die positive Bezugnahme auf eine Tradition, die von den Exzessen der Kulturrevolution und den instrumentellen Massenmobilisierungen ohne reale Partizipation der Massen an den Entscheidungsprozessen, einer selbstherrlichen Parteibürokratie und den Sackgassen des chinesischen Weges zum Sozialismus geprägt sind, der sich, wie bereits seit den Revisionen des eigentlichen maoistischen Konzepts durch die chinesische Führung um Deng seit den 1980er Jahren immer deutlicher geworden ist, als alternativer Weg zur kapitalistischen Entwicklung Chinas erweist. Dies gilt umso mehr, wenn man in Betracht zieht, dass die erste und eigentliche kommunistische Revolution in China bereits 1927 in einem Massaker endete und auch ein Opfer des Verrats der Stalin'schen Führung der offiziellen kommunistischen Weltbewegung geworden war.

Nichts destotrotz ist der Einfluss Maos und seiner Ideen auf die indische Linke nicht nur eine historische Tatsache, sondern auch bis heute evident. Auch eine renommierte indische Agrarökonomin wie Utsa Patnaik hält es für nötig, sich in den grundsätzlicheren politischen Abschnitten ihrer Texte auf Mao zu beziehen und dessen Theoreme von den Widersprüchen im Volk zustimmend zu zitieren. Seine Wurzeln hat die indische Neigung zu Mao bereits in den Debatten der indischen KommunistInnen der 1950er Jahre, die sich in unterschiedlichem Maß auf die Erfahrungen der chinesischen Revolution bezogen und – selber im Kontext einer überwiegend agrarischen und halbfeudalen Gesellschaft agierend – das chinesische Vorbild einer kommunistischen Bauernrevolution auf ihre Bedingungen anzuwenden. Eine besondere Rolle spielte der Maoismus in den 1960er Jahren sowohl für die Herausbildung einer linksradikalen Strömung innerhalb der kommunistischen Bewegung wie auch für die Radikalisierungsprozesse der bengalischen Jugend, StudentInnen und Intellektuellen, die gegen die bestehenden Verhältnisse und das heißt sowohl gegen die sozioökonomische Misere, in der sie sich wiederfanden, als auch gegen das verkrustete und überlastete Bildungssystem rebellierten. Während die offizielle Linke sich auf den Weg des Parlamentarismus und der Reformen von oben begeben hatte und sich – im Fall der CPI und der CPI (M) in unterschiedlichem, aber zunehmenden Ausmaß – der breschnewistischen Führung in Moskau annäherte, hieß Rebellion gegen die bestehenden Verhältnisse für diese jungen und radikalisierten Sektoren der indischen Gesellschaft auch, sich gegen diese bestenfalls als ohnmächtig und tendenziell der sozialkorporatistischen Integration ins politische System ausgesetzt empfundene Linke abzugrenzen und nach einer revolutionären Perspektive zu suchen, die geeignet war, die indische Klassengesellschaft in Brand zu setzen und zu sprengen. Der Aufstand von Naxalbari musste vor allem für die von der Sozialisation der urbanen mittleren und oberen Klassen der Gesellschaft geprägten StudentInnen wie ein Fanal wirken, das nicht nur als Beispiel für eine wirkliche revolutionäre Erhebung gelten konnte, sondern ihnen vor allem auch die Augen öffnete für eine Realität jenseits derer, in der sie sich täglich bewegten. Hatte schon Nehru 1936 fasziniert und aufgeschreckt das Indien der 600.000 Dörfer entdeckt, dass er in seinem gutbürgerlichen Wohnsitz Anand Bhavan bisher allenfalls am Rande wahrgenommen hatte, so spielte sich in den 1960er Jahren ähnliches in einer Generation junger Militanter ab, die hinter dem Indien, das sie zu kennen glaubten, plötzlich ein anderes Indien vorfanden, ein Land, in dem das Leben der Massen sich seit Jahrtausenden zwar graduell verändert, aber kaum jemals grundlegend erschüttert worden war, außer durch Kriege und das Ausbleiben des Monsuns; ein Indien, in dem die Menschen seit vielen Generationen scheinbar unabänderlich auf das Rad der Ausbeutung geflochten waren, feudale und Kastenunterdrückung vermeintlich unveränderliche Tatsachen für einen Großteil der Gesellschaft waren. Und dieses Indien der Dörfer, das scheinbar in der Stagnation und Erstarrung einer Jahrtausende alten agrarischen Klassen- und Kastengesellschaft verharrte, erwies sich bei näherer Betrachtung plötzlich als von Widersprüchen, Brüchen und Konfliktlinien durchzogen: die unterdrückten und ausgebeuteten Massen, die, aus der Ferne betrachtet scheinbar so gleichmütig das Mühlrad der Knechtschaft trugen, zeigten sich plötzlich bereit, für ihre Befreiung zu kämpfen und das Jahrtausende alte Fundament der Ausbeutung, auf dem die ganze indische Gesellschaft, einschließlich der städtischen Eliten, ruhte, zu sprengen.

Zu diesen berauschenden Entdeckungen und den Versuchen, eine revolutionäre Antwort auf die komplexe Realität der zutiefst gespaltenen und in Stadt und land separierten indischen Klassengesellschaft zu finden, passte das maoistische Konzept der agrarischen Revolution weitaus eher als die auf einer entwickelten kapitalistischen Industriegesellschaft basierenden anderen alternativen marxistischen Ansätze der Zeit. Und der Maoismus schien auch im Hinblick auf die Kritik der etablierten kommunistischen Parteien richtig zu liegen, wenn Mao etwa seit der zweiten Hälfte der 1950er Jahre scharf die Chruschtschow'sche Theorie der friedlichen Koexistenz zwischen kapitalistischem und sozialistischem Lager kritisiert hatte, die maoistische Theorie vom Volkskrieg, der agrarischen Revolution und dem (gleichwohl einem stalinistischen Stadienmodell nichtkapitalistischer Entwicklung äquivalenten) Modell der Neuen Demokratie auch den indischen Massen einen politischen und strategischen Platz im Kampf gegen den Imperialismus zuwies oder die Theorie der Widersprüche im Volk eine Antwort auf die Frage der politischen Mobilisierung im agrarischen Proletariat zu geben schien, während Maos Betonung der Massenmobilisierung und der revolutionären Initiative eine den Geist der jungen Generation widerspiegelnde Kritik an den überlebten Taktiken der CPI und zunehmend auch der CPI (M) versprach.

Dieses Buch ist von seinem eigentlichen Anliegen her keine ideengeschichtliche Abhandlung, ich kann und will an dieser Stelle keine ausführliche kritische Würdigung des widersprüchlichen theoretischen Erbes Maos vornehmen, zumal dabei auch das instrumentelle Verhältnis zu den Massen, das schematische Verständnis von Klassen und Klassenkämpfen und die im Kern antiemanzipatorische und autoritär-militaristische Schlagseite der Ideen Maos genauer untersucht werden müsste, was andere Autoren aus einer originär marxistischen Sicht bereits erschöpfend getan haben. Was aber in den Rahmen einer Darstellung wie der vorliegenden gehört, ist die Tatsache, dass sich im Laufe der 1960er Jahre weltweit eine Bewegung entwickelte, die sich mit revolutionärem Anspruch und großem Elan daran machte, die bürgerlich-kapitalistischen Verhältnisse zu kritisieren und radikal den herrschenden Konsens in Frage stellte. In verschiedenen Ländern nahm diese Jugend- und StudentInnenrevolte unter den je verschiedenen Bedingungen auch unterschiedliche Formen an und dort, wo sie am produktivsten und stärksten war, gelang es ihr zeitweilig, Allianzen zu bilden zwischen der rebellischen Jugend und den radikalisierten StudentInnen überwiegend bürgerlicher Herkunft und wesentlichen Sektoren der ausgebeuteten Klassen, so etwa in Frankreich mit dem Kulminationspunkt des Generalstreiks vom Mai 1968, so in Mexiko oder auch Italien. Bei allen internen Widersprüchen und länderspezifischen Unterschieden war dieser weltweiten Jugendrevolte gemeinsam, dass sie sich überwiegend auf die verschütteten dissidenten Strömungen im Marxismus bezog und diese wieder aus dem Staub der wissenschaftlichen Spezialbibliotheken zog, sie rezipierte und kreativ anzuwenden versuchte. Die stalinistischen Übergangsgesellschaften des sowjetisch dominierten Blocks waren für die überwältigende Mehrheit dieser Generation junger militanter Linker kein Bezugspunkt und konnten es nicht sein, nicht nur aufgrund der deprimierenden Verhältnisse im „real existierenden Sozialismus", sondern auch aufgrund der einerseits stalinistisch deformierten und andererseits in vielen Ländern längst reformistisch aufgeweichten, parlamentarisch orientierten und auf systemimmanente Machtoptionen fixierten kommunistischen Parteien, die sich überwiegend als autoritär strukturierte Funktionärsapparate darstellten. Die von der Neuen Linken der 1960er und 1970er Jahre wiederentdeckten dissidenten Strömungen des Kommunismus waren dabei zum einen alternative historische Legitimationssysteme im

Rahmen der kontroversen Debatten der ArbeiterInnenbewegung, die ins Feld geführt werden konnten, um die Berechtigung, ja Notwendigkeit, einer von den überwiegend stalino-sozialdemokratisch erstarrten (und im Hinblick auf die theoretischen und praktischen Fragestellungen revolutionärer Subjektkonstitution sterilen) Parteiapparate der an Moskau orientierten Hauptströmung der kommunistischen Weltbewegung unabhängigen politisch-organisatorischen Perspektive zu begründen. Zugleich waren sie jedoch auch alternative theoretische Bezugspunkte für eine vom Ballast der stalinistischen bzw. poststalinistischen doktrinären Orthodoxie befreite theoretische Herangehensweise an die jeglichem revolutionären Denkansatz zugrundeliegende Frage nach umfassender sozialer Befreiung und revolutionärer Überwindung kapitalistischer Ausbeutungsverhältnisse. Und dies galt letztlich auch für den Maoismus, sowohl in seiner Rezeption durch die westliche Linke als auch in seiner zeitweilig großen Ausstrahlung auf revolutionäre Minderheiten und antikoloniale Befreiungsbewegungen im Trikont. Henning Böke fasst jene, für die damalige Zeit entscheidenden Charakteristika des Maoismus wie folgt zusammen:

„Die Maoisten waren ‚Abweichler' in der kommunistischen Bewegung, die sich jedoch, in Abgrenzung gegen die vom Pfad der Revolution abgekommenen sowjetischen ‚Revisionisten' als die wahren Rechtgläubigen des ‚Marxismus-Leninismus' darzustellen bemühten. In diesem eigentümlichen Spannungsverhältnis lag die Bedeutung des Maoismus. Seine Orientierung auf die Dritte Welt implizierte eine Infragestellung einiger Grundannahmen des klassischen Marxismus, die sich als problematisch erwiesen hatten. Im Maoismus erfuhr die Wissenschafts-, Fortschritts- und Technikgläubigkeit der auf die große Industrie fixierten alten Marx-Orthodoxie eine kritische Brechung. Das rückte ihn in die Nähe der Neuen Linken des Westens. Die wesentliche Triebkraft sozialen Fortschritts sind bei Mao die Kämpfe der Massen, der Hauptfaktor ist die Politik, nicht die Ökonomie."[69]

Mao suchte, wie Böke an anderer Stelle anmerkt, „einen analytischen Zugang zu komplexen Verhältnissen, in denen der idealtypische Antagonismus von Bourgeoisie und Proletariat in einer kapitalistischen Industriegesellschaft noch nicht ausgebildet war, ..."[70] in Gesellschaften also, die im Rahmen des kapitalistischen Weltsystems entweder noch keine kapitalistische Entwicklung durchlaufen hatten oder diese nicht oder nur in einem sehr begrenzten Rahmen als abhängige Entwicklung durchlaufen konnten. Die Frage, die sich

---

69 Böke 2007, S. 14
70 Böke 2007, S. 196

mit den von Mao inspirierten Ansätzen verknüpft, ist also im Kern nicht die der Transformation hochindustrialisierter kapitalistischer Gesellschaften zum Sozialismus, sondern die, ob eine überwiegend auf nicht- bzw. vorkapitalistischen Produktionsverhältnissen beruhende agrarische Gesellschaft mit einem äußerst minoritären urbanen Proletariat und einer dementsprechend relativ schwachen Bourgeoisie sowie einer dominierenden (semi-)feudalen Agrarökonomie bzw. kleinbäuerlichen Subsistenzwirtschaften den Sprung aus der Zwangsjacke des Feudalismus oder vergleichbarer nichteuropäischer Agrarklassengesellschaften zum Sozialismus schaffen konnten. Was Marx noch in früheren Texten verneint und in seinem späten Briefwechsel im Hinblick auf die russische Dorfgemeinschaft der „Mir" vorsichtig beurteilt aber zumindest nicht mehr ausgeschlossen hatte, schien die Lenin'sche Imperialismus„theorie" (die ja eigentlich mehr ein auf strategische Orientierungen und Erfordernisse der Bolschewiki hin aufbereitete Zusammenfassung der Thesen Hobsons und Hilferdings war) im Rahmen eines internationalen revolutionären Prozesses zu ermöglichen und Mao stellte sich dieser Frage notwendigerweise aus dem Blickwinkel einer in noch viel stärkerem Maße vorkapitalistischen Agrargesellschaft. Auch wenn diese Frage heute, unter dem Vorzeichen der restlosen Integration aller irgendwie relevanten Ökonomien der Welt in das expandierende kapitalistische Weltsystem negativ beantwortet zu sein scheint, sind damit weder alle Probleme ungleicher Entwicklung und vorkapitalistischer Produktionsweisen im Rahmen dieses Weltsystems geklärt, noch die Frage beantwortet, wie agrarische Gesellschaften ohne größeres „Wachstum" und die Möglichkeit hoher Produktivkraftentwicklung auf industriell-kapitalistischer Basis sich in Richtung auf eine egalitäre, auf Gemeineigentum an den Produktionsmitteln basierende und Ausbeutungsverhältnisse überwindende Weise entwickeln können.

In einem erweiterten Kontext gesehen heißt das: Welche dissidente Strömung der ArbeiterInnenbewegung in der radikalen Linken eines jeweiligen Landes im Zuge dieser Wiederaneignung revolutionären Gedankenguts und historischer Erfahrungen hegemonial wurde und diese Hegemonie teilweise über einen langen Zeitraum behaupten konnte, hing von verschiedenen Faktoren ab, etwa den politischen Traditionen des jeweiligen Landes, den Kräfteverhältnissen innerhalb der ArbeiterInnenbewegung, aber auch den gesamtgesellschaftlichen Konstellationen und ökonomischen Bedingungen. In Frankreich etwa entstand 1966 mit der Jeunesse Communiste Revolutionnaire (JCR) eine militante kommunistische Jugendbewegung, die sich von der stalinistischen PCF abgespalten hatte und sich über mehrere Entwicklungsstadien in Gestalt der LCR zu einer veritablen undogmatischen trotzkistischen Organisation entwickelte, die jahrzehntelang erheblichen

Einfluss auf die Entwicklung in der radikalen Linken und in den sozialen Bewegungen ausübte und deren 2009 gegründete Fortsetzung, die Nouveau Parti Anticapitaliste (NPA), über das Erbe ihrer spezifischen historischen Strömung hinausreichend, Anstalten macht, diese Verankerung in den Klassenauseinandersetzungen zu behaupten. Neben der Tatsache, dass es gerade junge trotzkistische Militante waren, die in der Jugend- und StudentInnenrebellion der 1960er Jahre eine vorwärtsdrängende und organisierende Rolle spielten, dürfte es vor allem die politische Realität einer besonders veränderungsresistenten, monolithischen, sozialpatriotischen, autoritär geführten und gegenüber den antikolonialen Befreiungsbewegungen eine mindestens dubiose Haltung einnehmenden KP und die sozioökonomische Realität einer entwickelten kapitalistischen Industriegesellschaft mit hochgradig organisierten und kämpferischen Sektoren der ArbeiterInnenklasse gewesen sein, die diese Affinität zum Trotzkismus als einer besonders explizit antistalinistischen und die Rolle der organisierten ArbeiterInnenklasse hervorhebenden Strömung des Marxismus bewirkte. Eine nicht unähnliche Entwicklung kann auch für Großbritannien beobachtet werden, wo die traditionsreiche, aber sowohl durch ihre babylonische Gefangenschaft im Milieu der Labour Party als auch durch ihre wenig anziehende und – spätestens seit dem Austritt der heterogenen Gruppe um Edward P. Thompson und Perry Anderson 1960 – keinerlei von Moskau unabhängige Gedanken hervorbringende geistige Atmosphäre geprägte KP nie eine Chance hatte, zum Kristallisationspunkt der StudentInnenbewegung zu werden. Diese Rolle spielten bis zu einem gewissen Grad „Militant", die IS-Strömung und andere trotzkistische Organisationen, aber auch anarchistische und rätekommunistische Gruppen. In Italien hingegen entwickelte sich die Hauptströmung der aktivistischen radikalen Linken, der Operaismus, in den 1950er Jahren in bestimmten Zirkeln, Basisgruppen und Zeitschriftenredaktionen innerhalb sowohl der kommunistischen wie auch der sozialistischen Partei, während die 1968 ausgeschlossene Gruppe um Rossana Rossanda und „Il Manifesto", was ihre Loslösung von der KP betrifft, fast als Nachzügler zu betrachten ist. Die spezifische und über einen längeren Zeitraum bis Anfang der 1960er Jahre aufrechterhaltene Verwurzelung in den militanteren Sektoren der Betriebsarbeit der kommunistischen Partei bewirkte unter anderem, dass die Trennung zwischen der radikalen Linken und den Kernen betrieblicher Militanter, die sich in anderen Ländern als wesentliche Schwäche der Neuen Linken herausstellte, sich noch bis in die späten 1970er Jahre hinein nicht in einem so starken Maß vollzog und die spezifisch italienische Erfahrung operaistischer militanter Betriebspraxis und Theoriebildung sich gegenüber konkurrierenden Ansätzen und teilweise in Überlappung mit diesen herausbilden konnte. In den USA schließlich erlangten einerseits trotzkistische Gruppen eine gewisse Bedeutung in der Arbeiterbewegungslinken, die in bestimmten Teilen der weißen FacharbeiterInnen etwa der Autoindustrie verankert war und mit Organisationen wie der US-amerikanischen SWP (und ihren diversen Abspaltungen) seit den 1930er Jahren eine – wenn auch prekäre – organisatorische Kontinuität über mehrere Jahrzehnte aufwies, während gerade die durch die Rebellionen der Jugend, der afroamerikanischen und anderen nichtweißen marginalisierten Massen und der StudentInnen, beginnend mit der Black Panthers Party über die Organisationen des „new communist movement" wie der Freedom Road Socialist Organization (FRSO) u.a. eine ausgesprochene Affinität für den Maoismus entwickelten, die mit ihrem Verständnis antikolonialer Befreiung der unterdrückten und diskriminierten nichtweißen Bevölkerungen in den USA selbst und ihrer Wahrnehmung der US-Gesellschaft als einer solchen, in der die „Erste" und die „Dritte Welt" im selben Land auffindbar waren, nicht zufällig in einer gewissen Übereinstimmung standen.

Anders musste es in einem Land wie Indien aussehen, wo noch um 1968 knapp 80 Prozent der Bevölkerung auf dem Land lebten und die feudalen Unterdrückungsverhältnisse in der ländlichen Agrargesellschaft noch bis weit in die 1970er Jahre in vielen Regionen intakt waren. Während die von Trotzki oder den linkskommunistischen und rätekommunistischen DissidentInnen inspirierten Strömungen der radikalen Linken Europas oder auf dem amerikanischen Kontinent auf die strategischen Erfordernisse radikaler Minderheiten in der ArbeiterInnenklasse rekurrierten, trugen sie in der Praxis zu einem nicht geringen Grad dazu bei, über theoretische Klärungsprozesse, strategische und taktische Abwägungen und in einen kollektiven politischen Kontext integrierte biographische Entscheidungen der Kader das Verhältnis radikalisierter bürgerlicher Intellektueller zur ArbeiterInnenbewegung und zu den entwickelten industriell-kapitalistischen Sektoren der Produktion zu prägen. Für die große Mehrheit der links politisierten und mehr oder weniger von Varianten marxistischer Theoriebildung geprägten indischen jungen Radikalen mit überwiegend bürgerlichem oder in den gehobenen ländlichen Klassen situiertem Klassenhintergrund stellte sich die Frage ihres praktischen Verhältnisses zur überwältigenden Mehrheit der Gesellschaft anders. Zwar gab es auch schon in den 1960er Jahren eine – minoritäre – urbane ArbeiterInnenklasse und eine organisierte ArbeiterInnen- und Gewerkschaftsbewegung, in der die kommunistischen Parteien über einen nicht unbeträchtlichen Einfluss verfügten. Streikbewegungen und lokale Erhebungen der ArbeiterInnen bis hin zum von der Unionsregierung schließlich gewaltsam niedergeschlagenen großen Eisenbahnerstreik von

1974 (dem mit einer Zahl von insgesamt 17 Millionen Beteiligten vermutlich größten Streik in der gesamten Geschichte der internationalen ArbeiterInnenbewegung) zeigten eindrucksvoll, dass die radikaleren und organisierteren Segmente dieser ArbeiterInnenklasse bereit und in der Lage waren, zu kämpfen. Aber zum einen waren es eben die aus Sicht der studentischen AktivistInnen diskreditierten und sich auf den Weg des Reformismus und Parlamentarismus begebenden kommunistischen Parteien, die CPI, aber auch die bereits wenige Jahre nach ihrer Gründung 1964 sehr ähnliche Züge zeigende CPI (M), die in direkter Konfrontation mit dem INC verbissen ihre Hegemonie in den organisierten Sektoren der industriellen ArbeiterInnenklasse behaupteten und in dieser Rolle aus Sicht linker DissidentInnen kaum angreifbar schienen. Und zum anderen war die Erkenntnis, dass selbst diese organisierte ArbeiterInnenklasse mit den ökonomischen Bedingungen und Lebensrealitäten der überwältigenden Mehrheit der indischen Gesellschaft kaum etwas zu tun hatte und der Zugang zu dieser großen Masse der ausgebeuteten, unterdrückten, in Armut und dörflicher feudaler Abhängigkeit ihr mühsames Leben bestreitenden Kleinbauern, LandarbeiterInnen und ländlichen Paupers offenbar nur über den Angriff auf die Klassenstruktur und die herrschenden Eliten der agrarischen Klassengesellschaft möglich war.

Insofern war der Maoismus und die Bezugnahme auf die chinesische Revolution für die meisten AktivistInnen der radikalen studentischen Linken im Indien der 1960er und 1970er Jahre die einzige Option und dies gilt noch weit stärker für die tatsächlich in dieser agrarischen Klassengesellschaft und den Kämpfen des Agrarproletariats verwurzelten nichtstudentischen Kader wie Charu Mazumdar und Kanu Sanyal, die ihre wesentlichen politischen Erfahrungen im Kampf um die Organisierung der ArbeiterInnen der Teeplantagen Nordbengalens seit den 1950er Jahren gesammelt hatten und für die vor diesem Erfahrungshintergrund keine andere denkbare strategische Option möglich war als die von Mao und der chinesischen Revolution inspirierte agrarische Revolution. Das ist, unabhängig von einer ideologiekritischen Bewertung, die materielle Grundlage dafür, warum es in Indien gerade der Maoismus war, der zur Leitideologie der radikalen Linken wurde, eine Ideologie radikaler sozialer Befreiung einerseits, deren praktische Bedeutung nicht nur durch ihre autoritäre stalinistische theoretische Grundlage und ihr rigides Verständnis von revolutionärer Organisierung sowie ihren Fetisch des bewaffneten Kampfes, sondern auch durch die realen Emanzipationserwartungen und von den Menschen damit verbundenen radikalen Utopien von Selbstorganisation, Selbstverwaltung und radikaler Umwälzung der Gesellschaft zu beurteilen ist. Zugleich ist der indische Maoismus aber auch in seiner heute zwar teilweise abgeschwächten, aber immer noch aktuellen Hegemonie in der radikalen Linken und den von ihr mitgeprägten sozialen Bewegungen symptomatisch für die Begrenzungen ihres Freiheitsversprechens, ihrer sozialen Utopie und ihrer sozialen Phantasie – ein Mühlstein, den die indische Linke bis heute mit sich herumschleppt.

Dass parallel zum Aufstieg des Maoismus als Leitideologie der rebellischen Jugend und des ländlichen Proletariats in Indien (und in den 1970er Jahren dann auch im neuentstandenen Bangladesch sowie in Sri Lanka, wo die maoistische JVP allerdings im Laufe der 1980er Jahre in besonders widerlicher Weise zu einer singhalesischen nationalchauvinistischen Organisation mutierte) im benachbarten Pakistan sich eine andere Entwicklung in der radikalen Linken vollzog, sei hier nur am Rande vermerkt. Die in ihrer Intensität wechselhafte, aber insgesamt seit den 1960er Jahren beständige Allianz der pakistanischen Regierung mit China gegen den gemeinsamen Gegner Indien und die stillschweigende Unterstützung der chinesischen Führung sowohl für die Verbrechen der pakistanischen Armee in Ost-Pakistan als auch für den autoritären innenpolitischen Kurs der wechselnden zivilen und militärischen Regierungen blockierten diese Option für die pakistanische Linke weitgehend, während darüber hinaus die Schwerpunktgebiete linker Agitation in Pakistan, der relativ verstädterte Punjab mit seinem historischen Zentrum Lahore und die Küstenprovinz Sindh mit der Metropole Karachi insgesamt zumindest in den 1960er und 1970er Jahren einen höheren Grad der Industrialisierung und der Präsenz einer teilweise politisierten ArbeiterInnenklasse aufwiesen, so dass hier die Bedeutung eines Konzepts agrarischer Revolution scheinbar weniger auf der Hand lag als in den großen traditionell agrarfeudalistischen Gebieten etwa Bihars, Nordbengalens oder Andhra Pradeshs. Folgerichtig erlangten in Pakistan auch eher linke Organisationen eine gewisse Stärke, die sich auf trotzkistische Traditionen bezogen, eine Tendenz, die bis heute in ähnlicher Weise nachwirkt, wie die Hegemonie des Maoismus in der radikalen Linken Indiens.

# 3. Naxalbari und die Folgen – die Aufstandsbewegung von 1967

Im Vorwort seiner bewegungsgeschichtlichen Studie *Towards Naxalbari* stellt Pradip Basu fest, eine politische Bewegung wie die der Naxaliten könne von drei verschiedenen, jedoch miteinander verknüpften Blickwinkeln aus analysiert werden. Zunächst nennt er die sozioökonomischen Strukturen und Prozesse, die ihren Hintergrund ausmachten, sodann zweitens die Machtstrukturen und politischen Beziehungen, die den unmittelbaren politischen Kontext bildeten und drittens schließlich die ideologisch theoretische Komponente der Bewegung.[71] Dieser mehrdimensionale Blick soll auch bei der historischen Darstellung der politischen und sozialen Bewegungen Verwendung finden, die schließlich in den sechziger und frühen siebziger Jahren einen fundamentalen Bruch mit den institutionalisierten politischen Strukturen der indischen Linken vollzogen.

Konkreter im Hinblick auf die Entstehung der maoistischen Aufstandsbewegung der späten sechziger Jahre bemerkt Marius Damas, die verfügbare wissenschaftliche und politische Literatur lasse sich im Wesentlichen in zwei Kategorien einteilen. Zum Einen gebe es jene Studien, die versuchen, die Bewegung vor allem unter dem Gesichtspunkt ihrer sozialen Basis zu untersuchen und sich dabei im Allgemeinen auf den hohen Anteil von Adivasi bzw. Stammesbevölkerungen unter den bewaffnet kämpfenden Naxaliten konzentrieren und deren starke Teilnahme mit einer langen militanten Tradition des Widerstandes dieser ethnischen und sozialen Gruppen gegen die Unterwerfungsversuche von Eroberern und staatlichen Machtapparaten erklären. Ein zweiter Strang des Forschungsinteresses ist, Damas zufolge, jene Literatur, die die Bewegung ideen- und organisationsgeschichtlich einzuordnen und sie im Wesentlichen unter dem Gesichtspunkt ihrer politischen Konstituierung als dissidente Strömung des indischen Kommunismus, namentlich der Communist Party of India (Marxist) interpretiert. Beide Perspektiven jedoch betonen die sozio-ökonomische Kluft zwischen der politischen und militärischen Führung der naxalitischen Bewegung und ihrer sozialen und organisatorischen Basis und sind sich weitgehend darin einig, in diesem Wi-

---

71 Vgl. Pradip Basu 2000, S. 1

derspruch die innere Ursache für das Scheitern der Naxaliten bei dem Versuch zu sehen, in den siebziger Jahren eine indienweite Aufstandsbewegung zu entfachen.[72]

Die indische kommunistische Bewegung befand sich seit ihren Anfängen in einem Widerspruch zwischen den beiden Polen des revolutionären Voluntarismus und des institutionellen Reformismus. Für Damas bildet die Bewegung von Naxalbari 1967 eine historische Wasserscheide, die nicht zufällig mit dem relativen Erfolg der kommunistischen Parteien in dieser Periode ihrer politischen Geschichte verknüpft ist. Die politische Alternative, vor der, seines Erachtens, die indischen Kommnisten Ende der sechziger Jahre des zwanzigsten Jahrhunderts standen, ist die,

> „entweder, mit aller Kraft die indische Revolution voranzutreiben oder sich als Organisation zu erhalten und die Revolution zu verraten, indem sie bei ihrer Unterdrückung behilflich wären. Vor diese Wahl sahen sich die Kommunisten gestellt, nicht auf der Abstraktionshöhe eines Buches wie dem Debrays, sondern durch eine tatsächliche revolutionäre Initiative, die aus ihren eigenen Reihen erwuchs: der Naxalitenbewegung."[73]

Die kommunistischen Parteien CPI und CPI (M) entschieden sich für die von ihm als letzteres denunzierte sozialkorporatistische Integration, und diese Entscheidung hatte gravierende Auswirkungen sowohl auf den politischen Charakter ihrer eigenen Organisationen und deren strategischen Optionen als auch auf die historischen Perspektiven der von ihnen aktiv marginalisierten Aufstandsbewegung. Im Folgenden sollen die verschiedenen Aspekte dieses Prozesses dargestellt und eingeordnet werden.

## 3.1. Zur politischen Vorgeschichte des indischen Maoismus

Die Begrenztheit der Themenstellung verbietet es, hier eine erschöpfende Darstellung der Geschichte des Marxismus und der Arbeiterbewegung Indiens zu liefern, die den Stoff für ein eigenes Buch liefern würde. Alles im Folgenden skizzenhaft Entwickelte kann also nur ein Abriss sein, der die Eingebettetheit der Naxaliten und ihrer Geschichte in den Gesamtzusammenhang der kommunistischen Organisations- und Bewegungsgeschichte verdeutlichen soll. Es werden hier jedoch bereits Konflikte und Widersprüche deutlich, die sich wie ein roter Faden durch die Geschichte der indischen

---

72 Vgl. Damas: 1991, S. VIII

73 Damas 1991, S. 62

Linken ziehen und prägend auch für die maoistisch inspirierten Bewegungen seit den 1960er Jahren blieben. Vor allem gilt dies für den Widerspruch zwischen ländlichen Radikalisierungsprozessen und dem Gären des politischen Radikalismus in den von Modernisierungskrisen durchzogenen Ausbeutungsbeziehungen einerseits und den nur zum Teil erfolgreichen Versuchen der sich ursprünglich aus bestimmten kleinbürgerlichen urbanen intellektuellen Milieus rekrutierenden kommunistischen Organisationen und deren Führungskader andererseits, diese Formen des Radikalismus zu kontrollieren und in eine Form zu bringen, die mit ihrem jeweiligen Verständnis von Klassenkampf, Bündnispolitik und gesellschaftlicher Transformation in Einklang zu bringen war. Dieses strukturelle Grundproblem der indischen KommunistInnen zieht sich durch und hat bis hinein in die Struktur der heutigen maoistischen Untergrundparteien Auswirkungen auf innerorganisatorische Entwicklungen und Konflikte. Bedeutete der Maoismus neben der Rebellion gegen eine sich zunehmend institutionell verselbstständigende und in das politische System Indiens integrierte kommunistische Politik auch einen Versuch, dieses strukturelle Problem zu lösen, so kann ihm hierbei nur sehr partiell ein Erfolg bescheinigt werden.

Unbehandelt müssen hier einige Grundfragen bleiben, die sich den indischen KommunistInnen in ihrer Geschichte immer wieder stellten und bis heute stellen, so etwa das Verhältnis zur Religion in einem Land, in dem religiöse Vorstellungen allgegenwärtig sind und noch bis ins 20. Jahrhundert hinein jede soziale Widerstands- oder Reformbewegung sich auf religiöser Grundlage entwickelte und notwendigerweise die Form religiöser Dissidenz annehmen musste. Eindeutig ist, dass der Aufstieg der KommunistInnen in Bengalen, ihrer wichtigsten Hochburg bis heute, nur möglich war vor dem Hintergrund einer regionalen Sondersituation, nämlich dem Wirken hinduistischer Reformbewegungen des 19. Jahrhunderts, wie etwa der Ramakrishna-Mission, die sich sowohl gegen die brahmanische Herrschaft in der religiös vermittelten Kastenstruktur als auch gegen die Volksfrömmigkeit der bakhti-Bewegungen wandten und einen modernisierten, ansatzweise säkularisierten und als Privatglauben seiner klassischen rituellen öffentlichen Formen entkleideten Hinduismus mit in dieser Religion eigentlich so nicht verankerten sozialreformerisch-karitativen Vorstellungen von Mildtätigkeit, der Errichtung von sozialen Hilfswerken und der Propagierung kastenübergreifender praktischer Solidarität verbanden. Dies führte dazu, dass West Bengal bis heute eine der am stärksten säkularisierten, weltoffensten und von öffentlicher Frömmigkeit am wenigsten geprägten Regionen Indiens ist. Auch diese Reformbewegungen wiederum konnten an lange zurückreichende und besonders in Bengalen verwurzelte Traditionen anknüpfen, in denen etwa die Kultur der baul-Sänger eine Rolle spielte, die sowohl vom islamischen Sufismus als auch von hinduistisch-tantrischen Vorstellungen beeinflusst waren und eine synkretistische, die Schranken zwischen den Religionen überwindende mystische Religionsauffassung repräsentieren. Spuren ähnlicher synkretistischer und – zumindest potentiell – gegen das Kastensystem und religiös legitimierte soziale Ungleichheit und Unterdrückung aufbegehrender Strömungen finden sich in ganz Indien, aber vor allem in Bengalen schufen sie eine Grundlage, auf der die säkulären städtischen Liberalen und schließlich der bengalische Radikalismus nationalistischer und sozialistischer Provenienz fruchtbaren Boden fanden. Die zweite heute noch bestehende Hochburg der kommunistischen Parteien, Kerala im äußersten Südwesten Indiens, ist wiederum von ihren kulturellen und religiösen Traditionen her völlig anders gelagert, aber auch hier kann argumentiert werden, dass das Wachstum der kommunistischen Parteien, neben politischen und strategischen Entscheidungen, auch darauf basierte, dass die Vorherrschaft des vedischen Brahmanismus hier nie so stark war wie etwa in der Ganges-Ebene und zudem eine lange zurückreichende Tradition nichthinduistischer Religionsgemeinschaften besteht, wie etwa der Thomaschristen, die seit dem 1. Jahrhundert nach Christus nachgewiesen sind und einiger alter jüdischer Gemeinden, ein Umstand, der sich offenbar begünstigend auf die Verbreitung dissidenter Bewegungen mit revolutionärem und das Kastensystem in Frage stellenden sozialen Inhalt ausgewirkt hat. Insofern musste das Verhältnis der KommunistInnen zur Religion im Allgemeinen ambivalent sein. In der Tat haben, in einer für den indischen Subkontinent und seine synkretistischen und alle religiösen Vorstellungen und regionalen Gottheiten tendenziell integrierenden Traditionen symptomatischen Weise, die KommunistInnen versucht, sich mit dem vorgefundenen Milieu und den dort herrschenden religiösen Vorstellungen zu integrieren. Ähnlich haben etwa auch die Naxaliten im Verhältnis zu den Santals und anderen Adivasi-Bevölkerungen ihre Widerstandsbewegung in die Tradition aufständischer religiöser Führer und Heiliger einzuordnen versucht und sich selber als die direkten Nachkommen ihrer spirituellen Führer in den Santal-Aufständen der 1850er Jahre zu profilieren versucht, um damit die Allianz mit den Stammesgruppen zu festigen. All diese Aspekte, die einer ausführlichen Erörterung wert wären, können hier nur angedeutet werden.

### 3.1.1 Marxismus und Arbeiterbewegung in Indien – ein historischer Überblick

Die Communist Party of India, gegründet 1920 in Taschkent im Gefolge des ersten, von der jungen Sowjetmacht organisierten Kongresses der Völker des Ostens[74], ist eine der ältesten kommunistischen Parteien Asiens. Im Laufe der ersten zwanzig Jahre ihres Bestehens war die Partei ein integraler Teil des Indian National Congress (INC) und dessen Kampfes für die Unabhängigkeit Indiens vom britischen Empire. Bis in die Mitte der zwanziger Jahre jedoch war sie kaum mehr als eine lose Verbindung lokaler und regionaler kommunistischer Gruppen, deren Verhältnis zu den politischen Bewegungen in Indien widersprüchlich war und deren Auftreten lange in der Praxis uneinheitlich und marginal blieb. Selbst die Frage, wann die Partei real als politische tätige Organisation in Indien gegründet wurde, ist im historischen Rückblick umstritten. Erst durch ihre Mitwirkung im INC und ihre strategische Anbindung an den linken Flügel des Kongresses, die Congress Socialist Party (CSP) gelang es ihr, in den dreißiger Jahren des 20. Jahrhunderts eine bescheidene Massenbasis zu entwickeln. Die unterschiedlichen Bedingungen, die in den einzelnen Regionen Indiens zur Entstehung kommunistischer Parteiorganisationen führten, prägten langfristig die Partei. So war die CPI in Kerala etwa noch bis 1937 eher ein kommunistisches Netzwerk innerhalb des INC, das praktisch nie als Partei in Erscheinung trat und stattdessen im Stillen um Einfluss innerhalb der Congress-Linken rang. Erst mit dem Rücktritt Subhash Chandra Boses und der Abspaltung seiner Unterstützer als „All India Forward Bloc" (AIFB), durch die der linke Flügel des INC nachhaltig geschwächt wurde, entschieden sich die KommunistInnen, eine schärfere Abgrenzung vom INC anzustreben. Zur Folge hatte dies unter anderem, dass die Partei in Kerala als wahrnehmbare politische Organisation erst sehr spät in Erscheinung trat, jedoch durch die Mitarbeit vormals prominenter regionaler Congress-Politiker eine weitaus stärkere Massenbasis aufwies als andere Parteiorganisationen, deren Präsenz als kleine kommunistische Organisation schon früher zu verzeichnen ist, die sich aber nicht in diesem Maße im Schoß einer breiten antikolonialen Bewegung entwickeln konnten. Tariq Ali zitiert im Bezug auf die Bedingungen des Aufbaus der kommunistischen Partei in Kerala den langjährigen Parteiarbeiter K. Damodaran, dessen Bericht in dieser Hinsicht aufschlussreich ist:

> „Zwar wurde die KPI schon 1934/35 gegründet, aber ihre Entwicklung war ungleichmäßig. Die erste kommunistische Gruppe in Kerala beispielsweise wurde erst 1937...

---

[74] CPI (M) 2005, S. 47

ins Leben gerufen. Wir beschlossen damals, uns nicht offen Kommunistische Partei zu nennen, sondern uns innerhalb der Kongresssozialisten eine Basis zu schaffen. Ich glaube, dass das richtig war, aber auf nationaler Ebene wurde nicht so verfahren... Unser Einfluss innerhalb des Kongresses von Kerala war nicht unerheblich; wir waren anerkannte Führer und bekleideten Posten in den leitenden Ausschüssen. Wir nutzten unsere Positionen im Kongress, um Gewerkschaften, Bauernorganisationen, Studentenverbände und Schriftsteller-Vereinigungen aufzubauen. Eine reguläre Kommunistische Partei gründeten wir in Kerala erst Ende 1939. Zweifellos spielte unsere Massenarbeit in Verbindung mit der Tatsache, dass wir mit den nationalistischen Bestrebungen des Volkes identifiziert wurden, eine wesentliche Rolle dabei, dass Kerala eine der wichtigsten Hochburgen des Kommunismus nach der Unabhängigkeit wurde."[75]

Der Zweite Weltkrieg und der Eintritt Britisch-Indiens an der Seite des britischen Empire führte zu einer absurden Situation, in der die KommunistInnen ihre politische Aktivität für eine Weile de facto einstellten. Der INC hatte zwar in seiner Mehrheit eine antifaschistische Grundhaltung, der Kriegseintritt der britischen Kolonialregierung in New Delhi ohne Konsultation der indischen Parteien jedoch wurde von ihm nicht akzeptiert, weshalb der INC die Unterstützung dieses Schrittes verweigerte und stattdessen während des Krieges seine Kampagnen gegen die britische Herrschaft neu aufnahm.

Die CPI, getreu der Linie der Anti-Hitler-Koalition und somit auch auf der Seite Großbritanniens im Zweiten Weltkrieg, distanzierte sich von der von Gandhi initiierten und vom INC propagierten „Quit India"-Kampagne, die sie als kontraproduktiv in einer Phase des weltweiten Kampfes zwischen Demokratie und Faschismus ansah. Dementsprechend waren den indischen KommunistInnen die Hände gebunden, was jegliche Aktivitäten gegen die britische Kolonialmacht betraf. Als 1945 unmittelbar nach Kriegsende Wahlen zu den Provinzparlamenten angesetzt wurden, entschieden sich die KommunistInnen erstmals zu einer eigenständigen Kandidatur. Die Politik der Arbeit innerhalb des INC und der Congress Socialist Party war endgültig vorbei. Wie sich die Partei außerhalb des bisherigen Bezugsrahmens einer antikolonialen und antiimperialistischen demokratischen Allianz, wie sie der INC repräsentiert hatte, orientieren sollte, blieb jedoch zunächst umstritten. Die Linie der Partei betonte das Recht der muslimischen Minderheit, autonome Staaten innerhalb eines unabhängigen Indien zu bilden und sich gegebenenfalls auch vom hinduistisch dominierten Gesamtstaat loszulösen.

---

75 Ali 2005, S. 110f

### 3.1.2. Die CPI auf der Suche nach der richtigen politischen Strategie (1948-1961)

Nach der indischen Unabhängigkeit und Teilung erkannte man in der CPI schnell, dass es sich bei Nehrus Politik in erster Linie um den Versuch handelte, eine staatlich gelenkte kapitalistische Marktökonomie zu entwickeln, in der die wesentlichen Eigentumsverhältnisse unangetastet bleiben sollten. War man zwar mit der Congress Party einig im Hinblick auf die politische Notwendigkeit einer Säkularisierung und Modernisierung der indischen Gesellschaft sowie einer beschleunigten Industrialisierung, so überwog doch recht bald die Desillusionierung über die Begrenztheit der gesellschaftlichen Veränderung und die zunehmend hegemoniale Stellung des rechten hindutraditionalistischen Flügels innerhalb des INC. Einer stärkeren und eigenständigeren Rolle der indischen KommunistInnen stand jedoch das übergeordnete strategische Interesse an Bündnisoptionen mit dem sozialistischen Congress-Flügel sowie die außenpolitische Verortung Indiens als der Sowjetunion freundschaftlich verbundenem blockfreie Macht gegenüber. Das Verhältnis der Partei zur Nehru-Regierung war also im Großen und Ganzen widersprüchlich und geprägt von einer innerparteilichen Polarisierung. P. C. Joshi, der Generalsekretär der Partei stand für eine pragmatische Linie der konstruktiven parlamentarischen Opposition. Dem stand jedoch ein zunehmend einflussreicher und durch das Auftreten großer Streikbewegungen bestärkten linker Parteiflügel entgegen, der unter anderem in den Bauernbewegungen in Andhra Pradesh verankert war und die Mittel des Massenstreiks und des bewaffneten Aufstands als Mittel zur revolutionären Umgestaltung Indiens propagierte.

> „Der Führer des revolutionären Flügels der Partei, B. T. Ranadive, rechtfertigte diesen revolutionären Kurs mit der Feststellung, Indien habe bisher keine reale Unabhängigkeit erlangt und die britische Herrschaft sei ersetzt worden durch einen neuen und weit effektiveren Kolonialismus in Form des anglo-amerikanischen Imperialismus. Auf der Basis einer solchen Analyse drängte er die Partei, ihre Congress-freundliche Politik aufzugeben, die Joshi propagierte, und die stattfindenden Streiks zu nutzen, um diese in revolutionäre Aktionen zu transformieren und die Congress-Regierung zu brechen."[76]

Auf dem zweiten Parteikongress der CPI vom 28. Februar bis 6. März 1948 in Calcutta kam es zum offenen Kampf zwischen den beiden Parteiflügeln, den das revolutionäre Lager überraschend klar für sich entscheiden konnte. Mit

---

76 Jawaid 1979, S. 9

großer Mehrheit der Delegierten wurde Joshi als Generalsekretär abgewählt und durch Ranadive ersetzt, der zuvor in seiner Rede die Haltung der Mehrheit in der Partei als rechtsopportunistischen Revisionismus gebrandmarkt hatte. Die von Ranadive formulierte und in die Tat umgesetzte Kursänderung basierte praktisch auf zwei Faktoren: zum einen auf den bisher ohne maßgebliche KP-Beteiligung ausgebrochenen Streiks der Arbeiter in den städtischen Zentren, die von nun an stärker unter den Einfluss der KommunistInnen kommen sollten, und zweitens auf dem von lokalen Parteikadern mitinitiierten Bauernaufstand in Telengana (Andhra Pradesh), dessen Stoßrichtung allerdings zu einem beträchtlichen Teil der Sondersituation dieses formell nach wie vor unabhängigen Fürstenstaates unter der Herrschaft des Nizam von Hyderabad zu verdanken war und auf die Überwindung dieses Regimes und die Angliederung Telenganas an die indische Union gerichtet war. Neben der vordergründig nationalistischen Stoßrichtung war die Dynamik dieses Aufstandes allerdings zu einem nicht unbeträchtlichen Teil durch den Widerstand gegen die ländlichen feudalen Ausbeutungsverhältnisse und einen sozialrevolutionären Impetus geprägt. Ranadives Position setzte die Prioritäten auf die städtischen Streikbewegungen, deren Unterstützung durch die ländlichen aufständischen Massen allerdings als essentiell betrachtet wurde.

Das von ihm propagierte Klassenbündnis zwischen städtischem und ländlichem Proletariat sowie den landarmen Kleinbauern scheiterte an der Isoliertheit der Streiks, aus denen sich nicht, wie von der neuen CPI-Führung erhofft, ein Generalstreik entwickeln ließ. Zugleich radikalisierte sich der Bauernaufstand in Telengana und entwickelte eine ländliche Massenbasis, der keine vergleichbaren revolutionären Anknüpfungspunkte in den Metropolen oder auch nur anderen Regionen Indiens gegenüberstanden:

„Bis zum Juli 1948 hatten die lokalen Kommunisten 2.500 Dörfer befreit und ihre eigene Administration errichtet. Am 13. September 1948 marschierte das Southern Command der indischen Armee in Hyderabad ein und übernahm die Kontrolle über den Staat. Nach dieser Operation veröffentlichte die Regierung Indiens ein Buch mit dem Titel *Kommunistische Verbrechen in Hyderabad,* das Details über die kommunistischen Aktivitäten im Fürstenstaat lieferte. Es wird darin behauptet, dass vom 15. August 1946 bis zum 13. September 1948 die Kommunisten nahezu 2.000 Menschen ermordet hätten, 22 Polizeiposten gestürmt, Grundbücher in ihre Gewalt gebracht und verbrannt, eine große Zahl von Dorfwürdenträgern misshandelt, Zollstationen zerstört, 230 Gewehre geraubt, Reisvorräte geplündert oder vernichtet sowie Bargeld und Juwelen im Wert von mehr als einer Million Rupees geraubt hätten."[77]

Die Aufstandsbewegung in Telengana hatte politisch einen Doppelcharakter: zum einen richtete sie sich gegen die Souveränität des Fürstenstaates Hyderabad und versuchte dessen Eingliederung in den indischen Gesamtstaat zu erzwingen. Zum anderen hatte diese Bewegung allerdings auch einen Klassencharakter, in dem der Kampf der Kleinbauern, Landarbeiter und rechtlosen Dienstleute der feudalen Grundbesitzer seinen Ausdruck fand. Die Ausgangslage in Telengana war von zwei Besonderheiten geprägt: Zum einen gab es kaum irgendwo im südlichen Indien derart ausgeprägte feudale Machtstrukturen, die Sozialbeziehungen der Region waren in den Worten D. N. Dhanagares „wie eine Seite aus dem Buch der mittelalterlichen Feudalgeschichte".[78]

Zugleich aber befand sich die Klassenstruktur bereits seit den 1920er Jahren in einem Umbruch, der die soziale Explosion des Telengana-Aufstandes überhaupt erst ermöglicht hatte. War noch bis ins frühe 20. Jahrhundert hinein die Agrarökonomie zwar von Verhältnissen sozialer Unterdrückung bis hin zu unbezahlter Fronarbeit (Dhanagare spricht von „serfdom"[79]), illegalen feudalen Abgaben, Gerichtsbarkeit der Grundbesitzer über die Pächter und Landarbeiter etc. geprägt. Kurz nach der Jahrhundertwende jedoch begann ein Prozess, im Verlauf dessen immer größere Anteile der Agrarproduktion nicht mehr für die Subsistenz der Dörfer oder die lokalen Grundbesitzer erfolgte, sondern für die Vermarktung in den Städten, was zum einen zu einer Modernisierung der Anbaumethoden, zugleich aber auch zu einer Durchdringung der ökonomischen Struktur durch die Interessen städtischer Geschäftsleute und ihrer Mittelsmänner im nach wie vor ländlich-bäuerlichen Telengana-Gebiet führte. Nach und nach jedoch begnügten diese sich nicht mehr nur damit, Mittelsleute und Aufkäufer zu sein, sondern erwarben mit häufig zweifelhaften Mitteln jenes Land der Kleinbauern, das bis dahin nicht direkt unter feudaler Kontrolle gestanden hatte:

„Die Landverkäufe stiegen in bemerkenswertem Maße zwischen 1910 und 1940, besonders während der Depression, als zahlreiche Ländereien, die ursprünglich bäuerlichen Stammesgemeinschaften gehört hatten, in die Hände nicht selbst Ackerbau treibender städtischer Interessengruppen kamen, zumeist Brahmins, Marwadis, Korntis

---

77 Jawaid 1979, S. 10
78 Dhanagare 1983, S. 183
79 Dhanagare 1983, S. 185

und Muslimen. Wirtschaftserhebungen, die im Zeitraum 1928-30 durchgeführt wurden, zeigten, dass allein im Distrikt Warangal neun Prozent des gesamten Bodens und 25 Prozent des bestellten Ackerlandes den Besitzer gewechselt hatten. Das meiste in dieser Weise transferierte Land ging entweder an große Grundherren und deshmukhs oder an subukars, Händler und nicht-agrarisch tätige pattadars, die das ökonomische Leben des Distrikts dominierten. Als Ergebnis der wachsenden Landveräußerung wurden viele tatsächlich das Land kultivierende Kleinbauern auf den Status von Pächtern, Unterpächtern oder landlosen Landarbeitern herabgedrückt."[80]

Was den Keim des Aufstands legte, war also eine graduelle Transformation von einer feudal regulierten Subsistenzökonomie zu einer kapitalistischen Marktökonomie, ohne einen damit korrespondierenden Wandel der Herrschafts- und Sozialbeziehungen. Die Abgabepreise des Getreides für die Pächter sanken in den 1930er Jahren, was diese unter einen enormen ökonomischen Druck setzte und die Rolle der Zwischenhändler stärkte.[81] In der Folge kam es zu einer noch verschärften Konzentration des Landbesitzes einerseits und einer rapiden Proletarisierung der ländlichen Unterklassen, die seit Mitte der dreißiger Jahre zu einer Stärkung der kommunistischen Partei und der von ihr gegründeten All India Kisan Sabha führte, was sich unter anderem auch darauf gründete, dass den Kasten der ländlichen Unterklassen keine andere politische Organisation zur Verfügung stand, da der Indian National Congress in der Region von Anfang an unter der Kontrolle der Brahmanen und der wohlhabenden Bauernkaste der Reddys stand.[82]

Während die proletarische Revolution in den Städten zunächst im Ansatz scheiterte, hatte der relative Erfolg der Bauernbewegung in Telengana massiven Einfluss auf die politische Verfasstheit der CPI. Auf einer Zentralkomiteesitzung im Mai 1950 wurde Ranadive abgelöst und durch R. Rajeswara Rao ersetzt, der die Priorität des bewaffneten Aufstandes auf dem Land im revolutionären Kampf gegen die indische Regierung betonte und die Anlehnung der Strategie der Partei an das Gedankengut Maos und die Praxis der chinesischen Revolution propagierte. Diese Wendung jedoch war nur von kurzer Dauer, zumal sowohl die Position des Klassenbündnisses zwischen ArbeiterInnenklasse und agrarischem Proletariat durch die Kombination von Massenstreiks und ländlichem Befreiungskampf als auch die Position der konstruktiven parlamentarischen Opposition und des Bündnisses mit der städtischen Kleinbourgeoisie in der Partei eine Rolle spielten.

---

80 Dhanagare 1983, S. 186f

81 Vgl. Dhanagare 1983, S. 187ff

82 Vgl. Dhanagare 1983, S. 190

In dieser Situation griff die sowjetische Führung in den Konflikt ein und ließ durch den Generalsekretär der Communist Party of Great Britain, Palme Dutt, ihre Haltung durchblicken. In einem Brief an die Parteiführung der CPI schlug Dutte Ende 1950 eine Änderung der strategischen Linie der Partei vor, die seines Erachtens jede nur mögliche Anstrengung unternehmen sollte, um die Unterstützung der fortschrittlichen Teile der nationalen Bourgeoisie Indiens zu gewinnen. Dafür sei es unabdingbar, das Abenteurertum des bewaffneten Aufstandes zu beenden und eine parlamentarische Präsenz in der Lokh Sabha anzustreben, mit der es möglich wäre, Oppositionspolitik auf nationaler Ebene zu entwickeln. Dies war exakt die Position des früheren Generalsekretärs Joshi und wurde von beiden linken Flügeln in der CPI vehement abgelehnt.

Anfang 1951 flogen R. Rangeswar Rao, S. A. Dange und A. K. Gosh als Vertreter der CPI zu Konsultationen mit der Führung der KPdSU nach Moskau. Nach ihrer Rückkehr wurde das Zentralkomitee zu einer Sondersitzung einberufen, in der Rao durch Gosh ersetzt und die Aufstandsbewegung in Telengana formell beendet wurde. Stattdessen wurde beschlossen, als Partei bei den ersten allgemeinen Parlamentswahlen des unabhängigen Indien im Jahr 1952 anzutreten. Die sowjetische Führung hatte also ihren Einfluss geltend gemacht und eine Kehrtwende der Politik der indischen Kommunisten herbeigeführt, die für die am Aufstand beteiligten Bauern von Telengana zumindest zwiespältig sein musste, jedoch mittelfristig Erfolg zeigte. Bei den Lokh-Sabha-Wahlen 1952 kam die CPI auf ein überraschend gute Ergebnis und bekam 26 Sitze im Unionsparlament, womit sie die größte Oppositionsfraktion gegen eine allerdings überwältigende Mehrheit des INC bildeten, der 364 der 512 Sitze erhielt. Auch bei den Wahlen zu den Parlamenten der Bundesstaaten konnte sie zumindest strategische Erfolge erzielen und Wahlbündnisse bilden, deren Einfluss weit über ihr eigenes politisches Spektrum hinausreichten. In vier Bundesstaaten, Kerala, Westbengalen, Andhra Pradesh (dem ehemaligen Telengana) und Tamil Nadu, wurden die KommunistInnen und ihre Bündnispartner zur zweitstärksten Fraktion.[83]

Mit diesen Wahlerfolgen wurde rasch deutlich, dass es für eine parlamentarische linke Opposition unter der Führung der KommunistInnen offenbar Spielräume gab, die genutzt werden mussten, was dazu führte, dass die CPI in immer stärkerem Maße auf legale und parlamentarische Mittel in der politischen Auseinandersetzung zurückgriff. In dem Maß, wie sich das Verhältnis zwischen der indischen und der sowjetischen Regierung positiv entwickelte, legte sich die Partei in den folgenden Jahren auf die Rolle der

---

83 Vgl. Jawaid 1979, S. 11f

konstruktiven Opposition fest, die nun, etwa in einer Resolution auf ihrem vierten Parteikongress 1956 durchaus bereit war, der Nehru-Regierung fortschrittliche Züge zuzugestehen. Hatte noch wenige Jahre zuvor der Schwerpunkt der Parteiarbeit auf der Arbeit in den Bewegungen der ArbeiterInnen und des ländlichen Proletariats gelegen, so wandelten sich Zielsetzungen und Rhetorik in wenigen Jahren und die parlamentarische Institutionalisierung der KommunistInnen schritt erstaunlich schnell voran.

> „In der Konsequenz legte die Partei praktisch ihre revolutionäre Haltung ab und proklamierte, dass sie einen friedlichen Übergang zum Sozialismus und schließlich Kommunismus in Indien anstrebe. Um dieses Ziel zu erreichen, legte die Partei ihren programmatischen Schwerpunkt auf den Kampf für ‚die Stärkung der Demokratie in allen Bereichen'. Sie propagierte den Kampf für die Demokratisierung des Staatsapparates und die Ausweitung der Rechte und Befugnisse aller durch das Volk gewählter Gremien, der lokalen Selbstverwaltung, Distriktkörperschaften und so weiter."[84]

Diese Strategie, die darauf gerichtet war, eine Polarisierung innerhalb der progressiven Elemente der Bourgeoisie und des Staatsapparates zu bewirken, schien jedoch mittelfristig eher die Wähler in den regionalen Hochburgen der Partei im Hinblick auf ihre Wahlentscheidung für die KommunistInnen zu polarisieren. Bei den Wahlen zu den Parlamenten der Bundesstaaten 1957 verlor die CPI in Andhra Pradesh und Tamil Nadu mehr als die Hälfte ihrer Sitze, konnte sich in einigen anderen Bundesstaaten lediglich auf niedrigem Niveau konsolidieren, gewann jedoch zugleich in West Bengal massiv an Sitzen bei nahezu verdoppeltem Ergebnis in absoluten Stimmen und verfehlte in Kerala nur knapp eine absolute Mehrheit. Die Partei bildete in dem letzteren Bundesstaat daraufhin eine Koalitionsregierung unter E. M. S. Namboodiripad als Chief Minister, die jedoch bald mit dubiosen Begründungen von der Zentralregierung abgesetzt wurde. Auch wenn sich abzeichnete, dass die parlamentarischen Schwerpunkte der CPI sich im Wesentlichen auf drei Bundesstaaten reduzierten, war die Führung um CPI-Generalsekretär Gosh davon überzeugt, innerhalb weniger Jahre kommunistische Regierungsmehrheiten in mehreren anderen Bundesstaaten herbeiführen zu können. Zugleich begannen sich jedoch Spannungen innerhalb der Partei abzuzeichnen, die aus der Frustration des linken Parteiflügels über die reformistische Orientierung der Organisation erwuchsen.

---

84 Jawaid 1979, S. 13

### 3.1.3. Die Spannungen innerhalb der CPI (1962-1964)

Die Communist Party of India stand nach dem Tod ihres Generalsekretärs Ajoy Gosh im Januar 1962 vor einer Reihe von Problemen, die sowohl die strategische Ausrichtung der Partei wie auch die Verortung innerhalb des Konfliktes zwischen Moskau und China betrafen. Nicht zuletzt artikulierten sich die politischen Differenzen innerhalb der CPI auch als regionale Rivalitäten, die neben der ethnischen und kulturellen Vielfalt des Subkontinents auch (und im Zusammenhang damit) der unterschiedlichen Entstehungsgeschichte und dementsprechend divergierenden politischen Schwerpunkte der Parteiorganisationen in den einzelnen Bundesstaaten geschuldet waren: „Die CPI entkam nicht dem verführerischen Einfluss des indischen Regionalismus, der jede Partei in Indien befallen hat. Sie unterlag außerdem dem in der politischen Landschaft Indiens so verbreiteten Problem der innerparteilichen Fraktionierungen."[85]

Gosh hatte es über einen Zeitraum von 13 Jahren hinweg vermocht, nach dem Ende der gescheiterten Offensivpolitik einen pragmatischen Mittelweg zwischen den verschiedenen Parteiflügeln einzuschlagen, der die Partei auf eine Bündnispolitik mit dem linken Congress-Flügel festlegte und zugleich ein eigenständiges Auftreten bei Wahlen auf Bundesstaatsebene umfasste. Sein Nachfolger, E. M. S. Namboodiripad war entschlossen, diese Politik der moderaten legalen Oppositionspolitik weiterzuführen, ungeachtet der Risse, die sich politisch und regional innerhalb der Partei aufzutun begannen. Während der gemäßigte Parteiflügel um S. A. Dange sich politisch auf die Zusammenarbeit mit dem progressiven und sozialistischen Flügel des INC festlegte, suchte der aktivistische linke Flügel der CPI nach einem Anknüpfungspunkt für die Durchsetzung einer Politik innerhalb der Partei, die die Unterschiede zum INC stärker betonte und damit die inhaltliche und organisatorische Unabhängigkeit der CPI bewahren wollte. Die beiden Fraktionen steuerten bereits seit Ende der fünfziger Jahre auf einen Konflikt zu, der die Einheit der Partei in Frage stellen musste. Und dies umso mehr, als es sich dabei eben nicht nur um einen der üblichen Fraktionskämpfe innerhalb einer kommunistischen Partei handelte, sondern zugleich auch um eine Auseinandersetzung zwischen verschiedenen regionalen Sektionen, die sowohl sprachlich als auch von der kulturellen und politischen Prägung her die Zerrissenheit Indiens widerspiegelten.

Vinod Mishra, einer der Veteranen der Naxalitenbewegung der frühen 1970er Jahre und danach langjähriger Generalsekretär der CPI (ML)–Liberation, fasste die in den 1950er Jahren auftretenden Widersprüche in der

---

85 Jawaid 1979, S. 1

indischen KP auf der Basis des maoistischen Konzepts des Kampfes zweier Linien zusammen:

„Mit der Niederlage von P. C. Joshis Linie und im Kontext des Aufstiegs und Falls der Telengana-Bewegung (1946-51) entwickelten sich drei unterschiedliche Linien in der indischen kommunistischen Bewegung. Die Linie, die von Ranadive und Co. vertreten wurde, negierte die Bedeutung der chinesischen Revolution, attackierte Mao scharf als einen weiteren Tito und argumentierte für das gleichzeitige Vorantreiben der demokratischen und der sozialistischen Revolution auf der Basis städtischer Bewegungen der ArbeiterInnenklasse. Während sie ihre Grundhaltung letztlich aus Stalins anfänglicher Skepsis gegenüber der chinesischen Revolution und Mao Tse-Tung bezog, endete diese Linie des linken Abenteurertums jedoch in einem großen Fiasko.

Die Linie des Sekretariats in Andhra bezog sich beim Aufbau des Kampfes um Telengana stark auf die chinesische Erfahrung und die Lehren Maos. Aber während die Führung in Andhra erfolgreich in Verbindung mit der Andhra Mahasabha als Speerspitze der Bewegung gegen die feudale Autokratie des Nizam agierte, vermochte sie es nicht, die komplexe Frage zu beantworten, wie der Herausforderung durch die Nehru-Regierung und ihrer Armee begegnet werden konnte. In der zugrundeliegenden Situation hätte sie dieses Problem auch kaum bewältigen und damit den Kampf der beiden Linien innerhalb der Partei zu seiner logischen Konsequenz bringen können. Nichts desto trotz bleibt Telengana eines der glorreichen Kapitel in der Geschichte der Bauernbewegungen unter der Führung der kommunistischen Partei und erinnert uns an den ersten ernsthaften Versuch von Teilen der kommunistischen Partei, von den Erfahrungen der chinesischen Revolution zu lernen und eine kohärente Linie für die demokratische Revolution in Indien zu entwickeln, die die agrarische Revolution als ihren zentralen Angelpunkt sieht.

Die Nehru-Regierung beharrte auf ihrem Weg zur parlamentarischen Demokratie und pflasterte ihn mit populistischen Reformen wie der Abschaffung der zamindari-Strukturen. Nachdem die Telengana-Bewegung bereits einen Rückschlag erlitten hatte, waren objektive Bedingungen für die Dominanz der zentristischen von Ajay Gosh und Dange verantworteten Linie verantwortlich. Diese Linie hob besonders die Unterschiede zwischen den Bedingungen in Indien und China hervor und stieß die Partei auf den Weg des Parlamentarismus."[86]

Wie Mishra weiter ausführt, gelang es den KommunistInnen 1957, in Kerala eine Regierung zu bilden, die versuchte, eine radikale Landreform umzusetzen, jedoch bereits bald von der Unionsregierung abgesetzt wurde. Dies war aus seiner Sicht ein wichtiger Scheideweg bei Frage der Entwicklung

---

86 Mishra 12986, Internetquelle

einer Taktik bei der Nutzung parlamentarischer Politikformen. Während die Erfahrungen der AktivistInnen und mittleren Kader die Schlussfolgerung nahe legten, die Bauernbewegungen von der Basis her zu entwickeln und alle parlamentarische Tätigkeit den außerparlamentarischen Kämpfen unterzuordnen, lehnte es die Führung der Partei, so Mishra, ab, ihre Lektion zu lernen und setzte ihren Weg auf den ausgetretenen Pfaden parlamentarischer Reformpolitik fort.[87]

Eine besondere Dynamik erhielt diese sowohl strategische als auch regionale Rivalität zwischen Pragmatikern und aktivistischen Linken durch die Spaltung der kommunistischen Weltbewegung in ein prosowjetisches und ein prochinesisches Lager, die sich seit Ende der fünfziger Jahre vertiefte und von den einzelnen kommunistischen Parteien eine Positionierung auf der einen oder anderen Seite verlangte. Neben der Tatsache, dass die Unterstützung der chinesischen KP zumindest theoretisch mit einer Absage an Chruschtschows Politik der „friedlichen Koexistenz" und einer Orientierung an Maos scheinbar unversöhnlichen Haltung gegenüber dem imperialistischen Lager und den herrschenden Klassen in den kapitalistischen Ländern verbunden war, beeinflusste auch der indisch-chinesische Grenzkonflikt, der zwischen 1959 und 1962 schwelte und 1962 in einen überraschenden Einmarsch chinesischer Truppen in die nordindischen Grenzregionen mündete, die Wahrnehmung dieser komplexen internationalen Gemengelage durch die indischen KommunistInnen und brachte die Partei in beträchtliche Schwierigkeiten. Während die indische Regierung unter Nehru sich als führende Macht der blockfreien Länder um ein gutes Verhältnis zur Sowjetunion bemühte, waren Teile des INC schon 1959 gegen die erste kommunistisch geführte Regierung eines Bundesstaates in Kerala mit großer Härte vorgegangen und hatten deren Absetzung durch die Zentralregierung in Delhi erwirkt. Der Widerspruch zwischen sozialistischer und moderat antiimperialistischer Rhetorik auf der internationalen Ebene einerseits und einer Innen- und Wirtschaftspolitik andererseits, die zwar auf einen starken staatlichen Sektor und ein System der staatlichen Planung und Lenkung der wirtschaftlichen Entwicklung setze, aber zugleich etwa die versprochene große Landreform versanden ließ und geprägt war von einer Koalition zwischen städtischen Industriellen wie Tata und Birla und ländlichen Grundbesitzern, war zu offensichtlich, um eine Strategie der Bündnis- und Reformpolitik im Rahmen einer breiten Allianz der auf Fortschritt und Entwicklung orientierten Kräfte der indischen Gesellschaft an der Basis der CPI langfristig attraktiv erscheinen zu lassen. Dass die sowjetische Führung, ungeachtet der

---

87 Ebd.

repressiven antikommunistischen Haltung der Congress-Mehrheit und wesentlicher Kräfte innerhalb der indischen Regierung, diese hofierte, lag zwar ganz in der pragmatischen Logik der sowjetischen Außenpolitik, musste aber auf Dauer ebenfalls zu erheblichem Unmut in der CPI führen.

Angesichts der chinesischen Invasion von 1962 traten diese Widersprüche innerhalb der CPI in aller Schärfe zutage. Die Partei musste sich positionieren, zumal in mehreren Städten patriotische Mobs mit antichinesischen Parolen durch die Straßen gezogen waren und Parteibüros und Kader der CPI gewaltsam attackiert hatten. Zwölf Tage lang schwieg die Parteiführung und war nicht in der Lage, eine Position zu dem aufgeflammten Grenzkrieg einzunehmen, während ihre Mitglieder in der Öffentlichkeit zunehmend als vermeintliche Sympathisanten der chinesischen Kriegsführung angefeindet wurden. Schließlich wurde die Lage unhaltbar, zumal auch innerhalb der Partei eine beträchtliche Divergenz der politischen Haltungen zutage trat. Das Zentralkomitee beschloss daraufhin in einer Sondersitzung am 1. November 1962 eine Resolution mit dem recht eindeutigen Titel „Defend Our Motherland Against China's Open Aggression", in der die Mitglieder und Unterstützer der Kommunistischen Partei dazu aufgerufen wurden, Spenden für die indischen Streitkräfte zu sammeln und sich selbst freiwillig zum Kriegsdienst zu melden.[88] Während eine Mehrheit der Partei sich für eine loyale Haltung gegenüber Nehru entschied und den – erfolglosen – Widerstand der überrumpelten indischen Armee unterstützte (was auch ganz auf der Linie der sowjetischen Regierung lag, die den chinesischen Angriff auf Indien scharf verurteilt hatte), sah eine starke Minderheit, die in mehreren Bundesstaaten wie etwa Kerala und West Bengal die Mehrheit der regionalen Parteiorganisationen repräsentierte, die Stunde gekommen, um neben der Absage an die indische nationale Solidarität und die Gesamtbilanz der indischen Regierung zugleich auch mit der Bindung an die – offenkundig an der Entwicklung einer revolutionären Opposition in Indien desinteressierten – Partei- und Staatsführung der Sowjetunion und mit der in ihren Augen liquidatorischen und reformistischen Haltung der CPI-Mehrheit aufzuräumen. Die nicht innerhalb einer ungeteilten Organisation lösbare Kontroverse mündete zwei Jahre später in die Spaltung der Partei:

> „Zum Zeitpunkt der chinesischen Aggression gegen Indien 1959 und 1962 gab es eine hitzige Kontroverse über die Haltung der CPI gegenüber China. Eine starke Minderheit der Partei sah China nicht als Aggressor und rechtfertigte sämtliche Ansprüche der Volksrepublik. Das Ergebnis war, dass im Jahr 1964 beim Parteikongress in Tenali

---

88 Vgl. Varkey 1974, S. 194

in Andhra Pradesh die Partei sich offiziell in zwei getrennte Gruppen spaltete – Linke und Rechte –, von denen jede für sich reklamierte, der wirkliche Repräsentant des Volkes zu sein und das angemessene revolutionäre Programm zu haben. Die Gemäßigten behielten den alten Namen der CPI, während die Radikalen den Namen CPI (Marxist) bzw. CPI (M) annahmen."[89]

Die neue Partei, die aus dem bisherigen linken Flügel der CPI entstanden war, vereinigte jedoch in sich nahezu alle Widersprüche der bisherigen Organisation. Neben originär klassenantagonistischen Kräften aus den Gewerkschaften und Bauernbewegungen vollzogen auch große Teile der mittleren Kader und regionalen Parteiführungen in Kerala und Westbengalen der Übertritt zur CPI(M), zum einen aus regionalpolitischen Gründen, zum anderen vielfach jedoch auch aus Abscheu gegenüber der bis hin zur Selbstverleugnung reichenden opportunistischen Haltung der CPI-Mehrheit, die sich unter dem Druck der Straße und in der Angst, als „fünfte Kolonne" Chinas gebrandmarkt zu werden (was in der Tat einige Abgeordnete des rechten Congress-Flügels in der Lokh Sabha versucht hatten) während des Konflikts mit China in nationalistischer Rhetorik geradezu überboten hatte. Die Entscheidung, mit der eigenen Regierung zur Vaterlandsverteidigung gegen ein als sozialistisch angesehenes Land zu schreiten, bedeutete einen prinzipiellen Bruch mit den Grundsätzen des proletarischen Internationalismus, selbst wenn die Gründe der chinesischen Regierung für ihre Invasion zweifelhaft waren.

„Der Grenzstreit zwischen Indien und China führte die CPI an einen Scheideweg. Die Partei musste zwischen zwei diametral entgegengesetzten Positionen wählen – die Unterstützung entweder der chinesischen oder der indischen Regierung. Das erstere war der Weg des proletarischen Internationalismus, der reine Weg der orthodoxen Kommunisten. Letzteres war der Weg des Nationalismus, gerechtfertigt aus kommunistischer Sicht nur in Konfrontation mit dem westlichen Kolonialismus oder Imperialismus. Die CPI verschob diese Grundsatzentscheidung so lange wie sie konnte. Aber als die Ereignisse der Partei eine sofortige und irreversible öffentliche Positionierung aufzwangen, beschritt die CPI nach einem schrecklichen internen Konflikt, der alles zerstörte, was die CPI an innerer Einheit noch hatte, den Weg des Nationalismus."[90]

---

89 Jawaid 1979, S. 2
90 Varkey 1974, S. 275

Wie Varkey ausführt, war dies das erste Mal, dass eine kommunistische Partei eine bürgerliche Regierung im Krieg gegen ein sozialistisches Land unterstützt, eine Entscheidung die, wie auch schon das vorherige gelähmte Schweigen der Parteiführung, auf die Basis der Partei eine demoralisierende Wirkung ausübte und seiner Ansicht nach der Partei in vielerlei Hinsicht Schaden zufügte.

Die beiden Parteien rangen seitdem um die Hegemonie innerhalb der indischen kommunistischen Bewegung, eine Rivalität, die erst in späteren Jahren weitgehend überwunden werden sollte. Die Entwicklung der Mitgliederzahlen von CPI und CPI (M) reflektierte die gesellschaftliche Unruhe und die wechselhaften politischen Bedingungen, von denen Indien in der zweiten Hälfte der sechziger Jahre geprägt war:

> „Im Jahr 1964 hatte die CPI nach eigenen Angaben eine Mitgliederzahl von 108.000 und die CPI (M) eine Mitgliederzahl von 119.000. Die CPI erhöhte bis 1966 ihre Mitgliederzahl auf 173.000, während linke Abspaltungen die CPI (M) auf 83.000 Mitglieder im Jahr 1967 und 76.000 im Jahr 1968 schrumpfen ließen."[91]

Während sich die Mitgliedschaft der CPI (M) stärker auf Andhra Pradesh, Westbengalen und Kerala konzentrierte, war also zumindest zeitweilig die CPI die größere Organisation.[92] Obwohl die CPI (M) in einem gewissen Maß über eine ländliche Basis in Kerala und West Bengal verfügte, hatten beide Parteien im Großen und Ganzen nur in den industriellen Zentren tatsächlich einen politischen Einfluss. Damas weist darauf hin, dass die kommunistisch orientierte Gewerkschaftsföderation AITUC weniger als ein Viertel der gewerkschaftlich organisierten Arbeiter Indiens in ihren Reihen hatte, während die Führung beider Parteien sich weit überwiegend aus dem kleinbürgerlichen und Angestelltensektor rekrutierte[93], wobei Roy bereits 1975 empirisch belegen konnte, dass die führenden Personen beider Parteien – wie auch später der CPI (ML) – in ihrer überwältigenden Mehrheit nicht nur nach Klassenkategorien bürgerlicher, sondern zugleich auch höherkastiger Herkunft waren[94], was einen auffälligen Gegensatz zu ihrer Mitglieder- und Wählerbasis darstellt, auf den ich später noch zu sprechen kommen werde.

---

91  Damas 1991, S. 209

92  Es sei nur nebenbei angemerkt, dass 2008 die CPI (M) eine Mitgliederzahl von 982.000 Mitgliedern angab, während die Zahl der CPI-Mitglieder deutlich niedriger sein dürfte.

93  Damas 1991, S. 209

94  Vgl. Roy 1975, S. 176ff

## 3.2. Der Bauernaufstand von Naxalbari und die Gründung der CPI/ML

Die Spaltung der kommunistischen Partei führte also offensichtlich nicht zu einem grundsätzlichen Klärungsprozess, vielmehr entwickelten CPI und CPI (M) sich, ungeachtet unterschiedlich gewichteter Loyalitäten zu den Zentren der offiziellen kommunistischen Weltbewegung in Moskau und Peking, in eine weitgehend parallele Richtung, wobei die innerparteilichen Auseinandersetzungen in der CPI (M) innerhalb weniger Jahre die Abspaltung eines radikalen und antiparlamentarischen Flügels hervorbrachte, dessen revolutionärer Anspruch und rigide Zurückweisung der bisher praktizierten Formen kommunistischer Bündnispolitik und Arbeit in den Massenbewegungen ein deutlicher und scharfer Reflex auf die als reformistisch angesehene Strategie der CPI (M)-Führung und ein Versuch der Überwindung dieser Politikformen war. Der Aufstand von Naxalbari erwies sich dabei historisch als eine Wasserscheide, die die radikale außer- und antiparlamentarische Linke von den etablierten kommunistischen Parteien trennte und bis heute trennt. Auf Naxalbari berufen sich heute nicht nur die orthodox-maoistischen Guerillaorganisationen wie die CPI (Maoist) oder die CPI (ML)–Janashakti, sondern auch reflektierte und geläuterte, mehr oder weniger entstalinisierte Postmaoisten wie die CPI (ML)–Liberation, Bauernorganisationen, Studierendenverbände, Kulturvereinigungen und linke Gewerkschaftsföderationen, kurz, nahezu die gesamte radikale Linke jenseits der fest institutionalisierten und sozialdemokratisierten Parteien der Left Front. Dementsprechend harsch sind bis heute die Kontroversen zwischen den einzelnen Strömungen und Gruppen, in denen um die Deutungshoheit über dieses als Fanal der indischen Revolution gesehene Ereignis gerungen wird, einschließlich der unvermeidlichen Tendenz zur Überhöhung und Idealisierung der realen historischen Ereignisse.

### 3.2.1. Die Widersprüche in der CPI (M) und die Entstehung einer maoistischen Parteiströmung

Charu Mazumdar, der später eine der wichtigsten Führungsfiguren der Naxaliten werden sollte, entwickelte in den 1960er Jahren während seiner kommunistischen Parteiarbeit unter den TeearbeiterInnen Nordbengalens, die nicht nur eine Zeit der Radikalisierung der LandarbeiterInnen, sondern auch eine Phase zunehmender Frustration über die mangelnde Rückendeckung aus Calcutta war, eine zunehmend schärfer werdende Kritik an der Mehrheitslinie der CPI und begann, sich intensiv mit Maos Schriften und der Politik der KP Chinas auseinander zu setzen. Mazumdar, zu jener Zeit gewählter Abgeordneter im Gebietsparlament von Siliguri, zog sich in der Zeit nach dem verordneten Ende der Bewegung der Erntebeschlagnahmungen weitgehend aus der Parteiarbeit zurück, nahm, wie berichtet wird, sein Abgeordnetenmandat äußerst nachlässig wahr und nahm weder an den Konferenzen der westbengalischen KommunistInnen noch am unionsweiten Parteikongress 1961 teil, zu dem er in Abwesenheit von der Parteiorganisation in Siliguri als Delegierter gewählt worden war.[95] Mit ihm entwickelte eine ganze Gruppe von unteren und mittleren Kader der CPI in Nordbengalen eine maoistische Haltung – in einer Zeit, in der die schärfsten Kritiker der parlamentarisch orientierten und offenkundig eine grundlegende Radikalität vermissen lassenden CPI die chinesischen Kommunisten unter Mao waren: für ländliche Parteiaktivisten mochten die scheinbare Kompromisslosigkeit der Maoisten sowie ihre Wertschätzung der Bauernbewegungen und des bewaffneten Kampfes anziehend wirken.[96] Zugleich entwickelte sich in Calcutta eine studentische linke Dissidenz innerhalb der CPI, die die parlamentarische Schwerpunktsetzung der Partei ablehnte, ihren „Revisionismus" kritisierte und zunehmend Stalin und Mao als Alternativen zur seit dem XX. Parteitag der KPdSU entwickelten Politik ansahen: eine Parteinahme, die sicherlich auch als Reflex auf die Gleichzeitigkeit von Entstalinisierung und Erstarken des Reformismus in der CPI und den anderen an der KPdSU orientierten Parteien zu werten ist.

Der chinesische Angriff auf Indien und die mit ihm einhergehende Repressionswelle gegen die indischen Kommunisten wirkte sich auch auf die Parteiorganisation im nordbengalischen Hügelland aus, die beträchtliche prochinesische Sympathien hegte und in der Zeit der Kampfhandlungen Plakate klebte, auf denen Indien und nicht China als der Verantwortliche für diesen Konflikt bezeichnet wurde. Mazumdar und etliche andere Parteikader wurden verhaftet, allein im Gebiet um Naxalbari mehr als hundert. Das Gefängnis erwies sich als Ort, in dem die kommunistischen Militanten, die der Linie der Partei kritisch gegenüberstanden, in hoher Konzentration zusammenkamen und Diskussionen führten, die außerhalb der Kontrolle der Parteidisziplin standen, was auf den Prozess der politischen Entfremdung von der Partei einen deutlich verstärkenden Einfluss hatte. Es zeichnete sich unter den Gefangenen eine Kontroverse über die Frage ab, ob eine Spaltung der Partei unvermeidlich und wünschenswert sei, oder ob es sinnvoll sei, den Kampf gegen den „Revisionismus" der CPI-Führung innerparteilich fortzusetzen. Basu kolportiert, Mazumdar habe zur Frage der Gründung ei-

---

95 Basu 2000, S. 35

96 Vgl. Basu 2000, S. 35f

ner neuen Partei eine skeptische Haltung eingenommen, da er der Mehrzahl der inhaftierten Kader unterstellt habe, keine klare Vorstellung von einer über die bisherigen Arbeitsweisen hinausgehenden revolutionären Praxis zu haben und als führende Kader einer neuen, formell revolutionären, Partei notwendigerweise in der selben Sackgasse des Revisionismus und parlamentarischen Reformismus zu enden.[97]

Nach Ende der Haftzeit nahmen Mazumdar und die sich um ihn sammelnden maoistischen Kader aus dem Bezirk Darjeeling am Gründungsprozess der Communist Party of India (Marxist) teil, auch wenn sie feststellen mussten, dass die Widersprüche innerhalb der neuen Organisation beträchtlich waren und vor allem in Staaten wie West Bengal neben den linken Kritikern auch ein beträchtlicher Teil der zentristischen Strömung der CPI an der neuen Partei beteiligt waren. In West Bengal etwa waren, Asish Kumar Roy zufolge, über 70 Prozent der 17.600 Parteimitglieder zur neugegründeten CPI (M) übergetreten.[98] Mazumdar gab die Linie aus, dass die Politik und der Programmentwurf der CPI (M) auf der Grundlage von fünf Punkten unterstützt werden sollten, die für ihn und die maoistische Strömung die Grundlage ihrer Beteiligung war:

> „...die Natur der Unabhängigkeit Indiens, Klassencharakter der Regierung, antiimperialistisches Stadium der Revolution, antifeudale volksdemokratische Revolution, Schwerpunktlegung auf die agrarische Revolution und Beseitigung des gegenwärtigen Staatsapparates. Er stimmte mit dem Programmentwurf nicht überein, dachte jedoch, dass man kein völlig adäquates Programm und eine dementsprechende taktisches Linie in einer neuen Partei erwarten könne, die gerade erst aus einem Bruch mit dem Revisionismus erwachsen war. Er glaubte, dass der Programmentwurf Raum für zentristische Politik ließ, da in ihm die Sichtweisen als ‚Abenteurertum' denunziert wurden, die davon ausgingen, dass die Bedingungen für den bewaffneten Kampf bereits herangereift waren. Demgegenüber hielt er daran fest, dass, wenn der Zentrismus erfolgreich bekämpft werden könne, diese Partei ein Instrument der Revolution werden könne."[99]

Es sollte sich bald herausstellen, dass das Bündnis zwischen Maoisten und Zentristen fragil bleiben musste, speziell als die Hoffnungen Mazumdars und seiner Genossen, die neue Partei zu revolutionieren und die nach wie vor hauptsächlich parlamentarische Orientierung der Zentristen zurückzu-

---

97 Vgl. Basu 2000, S. 42
98 Vgl. Roy 1975, S. 30
99 Basu 2000, S. 53

drängen, sich offenkundig nicht erfüllten, während zugleich die chinesische Kulturrevolution einen radikalisierenden Einfluss sowohl auf die ländlichen Aktivisten wie auf einen Teil der studentischen Kader in Calcutta hatte, mit denen die maoistische Strömung in der CPI (M) in Kontakt stand.

### 3.2.2. Eskalation in Darjeeling

Die kommunistische Parteiorganisation im Distrikt Siliguri, der die Teeanbaugebiete von Darjeeling bis zur nepalesischen Grenze umfasst, war seit den späten fünfziger Jahren innerhalb des West Bengal State Committee (WBSC) der CPI bekannt für ihre offensive und direkte Herangehensweise an die Probleme der LandarbeiterInnen und Kleinbauern. Gerade im Gebiet um Naxalbari war die Konzentration des Landes in den Händen weniger Großgrundbesitzer, die im Wesentlichen aus der britischen Kolonialzeit herrührte sowie die gesellschaftliche und ökonomische Diskriminierung der Adivasi, der Stammesbevölkerungen, durch die hinduistisch geprägte Kastenstruktur besonders ausgeprägt und der Anteil an nicht gesellschaftlich integrierten Ureinwohnern, verstärkt noch durch eine seit den 1850er Jahren von den Briten unterstützte Migration nepalesischer Arbeiter in den Teeplantagen, sehr hoch. Die Mechanismen des Kastensystems, mit denen in aller Regel ein großer Teil der Bevölkerung in die bestehenden Verhältnisse integriert und befriedet, sowie kastenübergreifende Solidarität in den unteren gesellschaftlichen Klassen unterbunden oder zumindest sehr erschwert wurden, konnten ihre Wirksamkeit nur noch eingeschränkt entfalten in einem Gebiet, dessen Bevölkerung zu einem Teil aus Angehörigen der außerhalb des Kastensystems stehenden Stammesbevölkerungen und zu einem weiteren und immer noch wachsenden Anteil aus eingewanderten ArbeitsmigrantInnen bestand, die zwar ebenfalls überwiegend Hindus waren, deren Kastenzugehörigkeit und sozialer Status aber teilweise ungeklärt bzw. nicht mit den gesellschaftlichen Hierarchien der bengalischen Ausprägung des Kastensystems kompatibel war. Diese, durch Arbeitsmigration, eine partielle soziale Anomie und die schon von den Briten massiv geförderte Aneignung des Kleinbauernlandes durch große Reis- und Teeproduzenten geprägte Situation brachte ein explosives Klima hervor, in der eine auf praktische und auch gewaltsame Widerstandsaktionen der verschiedenen Sektoren der unterdrückten Klassen orientierende kommunistische Organisation hervorragende Bedingungen für ihr Erstarken vorfand. Eine generelle Erklärung für das Erstarken des ländlichen Radikalismus in Gebieten wie Darjeeling liefert Mohan Ram:

„In einer empirischen Studie über den ländlichen Radikalismus wurde festgestellt, dass der für radikale Bewegungen empfänglichste Bauer in einer Gegend lebt, in der die rechtlichen Pachtverhältnisse irregulär sind, die alten ländlichen Eliten geschwächt sind, sein traditionelles Wertesystem durch politische Bildung, Alphabetisierung, Eintritt in die Produktion für den Markt, Nähe zu Städten, Zugang zu Kommunikation etc. verändert wurde. Er ist ein Kleinpächter, Landarbeiter oder Dwarf (Kleinpächter, der weniger als einen acre[100] bearbeitet) und aufzufinden ist er vor allem in Gebieten, in denen bestimmte Pflanzen in Monokultur angebaut werden, die den Schwankungen des Marktes stärker ausgesetzt sind als Gebiete mit einer größeren Bandbreite an Pflanzkulturen."[101]

Das Gebiet von Naxalbari hatte zu jenem Zeitpunkt etwas über 126.000 Einwohner, von denen das Segment der Stammesbevölkerungen den größten Anteil hatten. Santals, Madhesias, Oraons etc. bildeten eine Bevölkerungsmehrheit, die sich in ihrer sozialen Lage und ihrer ethnischen Herkunft von der bengalischen Bevölkerung deutlich unterschied. In den drei Bezirken Naxalbari, Kharibari und Phansieva waren, gemäß dem Census Report von 1961, 57,7%, 72,2% und 64,5% der Gesamtbevölkerung Angehörige von Scheduled Castes oder Scheduled Tribes, Stämmen der indischen Ureinwohner. Sie waren zu einem großen Teil Kleinbauern, LandarbeiterInnen oder ArbeiterInnen in den Teeplantagen, Forstbetrieben und Bergwerken der Region. Die Grenzen zwischen Subsistenzlandwirtschaft und Arbeit für lokale Großgrundbesitzer waren fließend: Auch wenn auf den ersten Blick etwa 37,5% der Bevölkerung Naxalbaris statistisch als Kleinbauern mit eigenem Land ausgewiesen waren, so lässt der genauere Blick auf diese Angaben nur den Schluss zu, dass der Landbesitz bei den meisten kaum zur Sicherung der materiellen Existenz gereicht haben dürfte, denn 94,4% dieser Bauern gaben an, im Zweiterwerb als Landarbeiter tätig zu sein. Nahezu zwei Drittel des bebauten Landes war im Besitz großer Grundbesitzer, die es über Agenturen verpachteten.[102]

Das WBSC der CPI selbst hatte 1958 eine Kampagne zur Enteignung des großen Grundbesitzes und der rieisgen Teeplanttagen im bergigen Norden West Bengals eingeleitet. Hatte die Führung der westbengalischen Kommunisten dabei an eine Bewegung friedlicher Landbesetzungen und Demonstrationen gedacht, so war die Umsetzung durch das Gebietskomitee in Siliguri von Anfang an wesentlich militanter. Die örtliche Leitung der Partei in Naxalbari kritisierte die Kampagne als „legalistisch" und rief die Landarbeiter und Bauern in der Gegend dazu auf, die Ernte auf den Feldern

---

100 In Indien gebräuchliche landwirtschaftliche Flächeneinheit, 1 acre = ca. 0,4 ha; 2,5 acre = 1 ha.
101 Ram 1971, S. 61f
102 Vgl. Singh 1995, S. 6

der Grundbesitzer zu ernten und in den Dörfern zu lagern, sich zu bewaffnen, um im Notfall gegen Angriffe der Polizei und der Schlägertrupps der Grundbesitzer gerüstet zu sein und die Ernte nicht eher herauszugeben, bis die Grundbesitzer, die sich das Land der Bauern im Laufe etlicher Jahrzehnte durch diverse Kniffe und überwiegend ohne ordnungsgemäße Beurkundung angeeignet hatten, ihren Eigentumsanspruch auf das bearbeitete Land gegenüber dem von der kommunistischen Partei und den Kleinbauern gebildeten Bauernkomitee nachweisen könnten. In den folgenden Monaten der Jahre 1958/59 wurden mehr als 2.000 Kleinbauern verhaftet, es kam zu Zusammenstößen zwischen Bauern und Polizei, bei diesen wurden mehrmals Waffen von Polizisten entwendet. Die Gebietsleitung der kommunistischen Partei war in den Untergrund gegangen, um die Bewegung zu leiten. Das WBSC, das eine Gewaltspirale fürchtete, in deren Verlauf die Partei kriminalisiert werden würde, zog 1960 die Notbremse, bezeichnete die Aktionen der KommunistInnen von Naxalbari als „extremistisches Abenteurertum" und forderte die Gebietsleitung auf, die Bewegung zu suspendieren. Charu Mazumdar in seiner Funktion als Sekretär der Parteiorganisation von Naxalbari, der ebenfalls in den Untergrund gegangen war, versuchte vehement, die von ihm umgesetzte Linie des bewaffneten Bauernwiderstandes und der direkten und gewaltsamen Beschlagnahmungen der Ernte zu rechtfertigen, befolgte aber diesmal noch die Anweisung des WBSC.

Jenseits der anhaltenden innerparteilichen Auseinandersetzungen ging die Arbeit der KommunistInnen in der Bauernbewegung weiter, wenn auch zunächst weniger offensiv als im Kampfzyklus von 1958-1960. Die Aktivitäten hatten bereits seit 1964 wieder einen höheren Grad an Militanz angenommen und während die Maoisten sich innerhalb der legalen Parteistrukturen der CPI (M) bewegten, wurden offenbar Parallelstrukturen aufgebaut, die den bewaffneten Kampf vorbereiten sollten. Sohail Jawaid merkt an, dass das indische Intelligence Bureau im Laufe des Jahres 1966 über sich häufende Hinweise verfügte, dass beträchtliche Mengen an Waffen und Munition aus Ostpakistan (dem späteren Bangladesch) nach West Bengal geschmuggelt worden seien, zugleich wurden verstärkt Waffenschmuggel und der illegale Transport großer Geldmengen offenbar chinesischer Herkunft an der Grenze Westbengalens zu Nepal registriert.[103] Der Vorwurf der indischen Regierung, die Aufständischen in Naxalbari seien von den Regierungen Chinas und Pakistans finanziert und ausgerüstet worden, ist bis heute umstritten, zumindest aber gibt es Indizien für tatsächlich erfolgte Waffenlieferungen. Jedoch gibt die tatsächliche primitive Bewaffnung der aufständischen Bau-

---

103 Vgl. Jawaid 1979, S. 31

ern von 1967 keinerlei Hinweise auf zum Einsatz gekommene Schmuggelwaffen, weshalb die offiziellen Regierungsangaben über Waffenlieferungen an die Maoisten von Naxalbari zumindest fraglich sind.

Unter dem Einfluss der Kulturrevolution versuchten die CPI (M)-Kader zwischen Siliguri und Naxalbari ab Oktober 1966 Bauernkomitees zu errichten, die die Massenbasis der agrarischen Revolution darstellen sollten.

„Sie riefen dazu auf

i) Die Autorität der Bauernkomitees in allen Angelegenheiten des Dorfes durchzusetzen

ii) sich zu organisieren und zu bewaffnen, um die Gegenwehr der jotedars und dörflichen Reaktionäre zu brechen und

iii) das Monopol der jotedars auf Landbesitz zu zerschlagen und das Land durch das Bauernkomitee neu zu verteilen."

Der Aufruf wirkte wie ein Schlachtruf. Die sich überschlagenden Ereignisse wurden nun maßgeblich geprägt durch Charu Mazumdar, Kanu Sanyal und Jangal Santhal. Charu war der planende Kopf, Kanu baute das organisatorische Netzwerk auf und Jangal mobilisierte die Santals. Sie propagierten, dass alles Land, das den Kulaken gehörte, jenen von der Regierung genommen werden würde und den Kleinbauern zur Verfügung gestellt würde, wenn sie dem Bauernkomitee (Kisan Sabha) beitreten würden."[104]

Prakash Singh zufolge versprachen die KommunistInnen den Bauern, dass die westbengalische Regierung nichts gegen die Bauernkomitees unternehmen würde, eine Annahme, die sie nicht wirklich geteilt haben dürften. Nahezu 40.000 Kleinbauern und Landarbeiter sollen im Laufe mehrerer Monate den Bauernkomitees beigetreten sein, nicht alle davon freiwillig, wie Singh annimmt.[105]

Der Einfluss der CPI (M) unter den Kleinbauern und Landarbeitern der Region war groß und lässt sich auch in Wahlergebnissen beschreiben. Bei den Wahlen von 1967 etwa erhielt der Kandidat der CPI (M) im Wahlkreis Siligrui 26% der Stimmen gegenüber 41% für den Kandidaten des INC – und dies bei einer Wahl, die auf gesamtindischer Ebene einen der glänzendsten Siege des INC in seiner Nachkriegsgeschichte darstellte. Über Wahlbeteiligungen hinaus hatte die ungeteilte CPI in dieser Region bereits seit 1959 intensive politische Aktivitäten entfaltet, die sich in der Hauptsache gegen die uneingeschränkte ökonomische Macht der Großgrundbesitzer und die exzessiven und willkürlichen Landräumungen richteten. Als die CPI sich 1964

---

104 Singh 1995, S. 7
105 Vgl. Singh ebd.

in zwei Organisationen spaltete, trat ein Großteil der Mitglieder und Kader der Gebietsorganisation von Siliguri und Darjeeling der neugegründeten CPI (M) bei. Während jedoch die neue Partei in ihrer überwiegenden Mehrheit an einer Strategie der Machteroberung durch parlamentarische Mehrheiten festhielt, ihre Orientierung am maoistischen Kurs der KP Chinas also im Wesentlichen nominell blieb und nur geringe Auswirkungen auf ihre politische Praxis hatte, setzten untere Kader in Regionen wie Siliguri bereits seit langem auf das Mittel der direkten Aktion und zunehmend auch des gewaltsamen Widerstandes gegen die Übergriffe der ländlichen herrschenden Klasse. Charu Mazumdar, der Vorsitzende des CPI (M)-Gebietskomitees von Siliguri, hatte zwischen 1965 und 1966 seine „Eight documents", eine in zunehmender Schärfe abgefasste Artikelserie, veröffentlicht, in denen er eine explizit maoistische Strategie und Taktik propagierte und die parlamentarische Linie der CPI (M) zurückwies. Seine wachsende politische Distanz zur Führung der Partei und ihrer parlamentarischen Koalitionspolitik in West Bengal im Rahmen der bestehenden Eigentumsverhältnissen wird besonders in seinem achten Artikel „Carry Forward the Peasant Struggle by Fighting Revisionism" deutlich, in dem er die Partei wie folgt kritisiert:

„In der Periode nach den Wahlen wurden unsere Voraussagen von den Aktionen der Parteiführung der CPI (M) selbst als richtig bestätigt. Das Politbüro wies uns an, ‚den Kampf zur Verteidigung der nicht-Congress-geführten Ministerien gegen die Reaktion fortzusetzen'. Dies würde bedeuten, dass die Hauptaufgaben der Marxisten nicht etwa darin bestehe, den Klassenkampf zu intensivieren, sondern im Auftrag des Kabinetts zu agieren. Zu diesem Zweck wurde eine Parteikonferenz von Parteikadern einberufen, um den Ökonomismus innerhalb der Arbeiterklasse politisch zu etablieren. Unmittelbar danach wurde eine Vereinbarung für einen Waffenstillstand in der Industrie auf Initiative des Kabinetts unterzeichnet. Die Arbeiter wurden aufgerufen, Streikmaßnahmen zu unterlasen. Was könnte ein nackterer Ausdruck der Klassenzusammenarbeit sein? Nachdem den Unternehmern das volle Recht auf Ausbeutung zugesichert wurde, werden die Arbeiter aufgefordert, ihre Kämpfe einzustellen. Sofort nachdem die kommunistische Partei die Regierung übernommen hatte, was ermöglicht wurde durch eine starke Massenbewegung, wurde der Weg der Klassenkollaboration eingeschlagen."[106]

In der Tat hatte die Führung der CPI (M) , unmittelbar nachdem sie in den Wahlen zum Parlament des Bundesstaates Westbengalen eine Mehrheit für eine kurzlebige von ihr geführte Regierungskoalition der „United Front"

---

106 Mazumdar 1966, o.S.

errungen hatte, jegliche Landbesetzungen und ungesetzliche Enteignungen untersagt und ihren ländlichen Sektionen, die seit Ende der fünfziger Jahre für nichts weniger als die grundlegende revolutionäre Veränderung der Eigentumsverhältnisse an Grund und Boden eintraten, damit ein beträchtliches Glaubwürdigkeitsproblem beschert. Mazumdar konnte sich in seiner Polemik also der Unterstützung seiner Genossen in Siliguri und dem Hügelland sicher sein. Es war jedoch nicht nur die offenkundig legalistische Haltung der CPI (M)-Führung in West Bengal, die für die zunehmende Radikalisierung einer Minderheit von Basismilitanten sorgte, auch der Beginn der Kulturrevolution in China im August 1966 beflügelte junge radikalisierte Parteimitglieder in ihrer Kritik an der, in ihren Augen, bürokratisch erstarrten und den Kurs der Klassenkollaboration einschlagenden Partei.

Die CPI (M) hatte in den gerade zwei Jahren nach ihrer Gründung eine Welle politischer Repressionen erlebt, etwa im Dezember 1964, als in West Bengal mehr als tausend Parteimitglieder verhaftet und monatelang ohne Prozess inhaftiert gewesen waren. Als 1965 die Partei zu Massenaktionen in Calcutta gegen die Fahrpreiserhöhungen des öffentlichen Nahverkehrs aufrief, führte dies zu einer neuen Verhaftungswelle. Generalstreiks, zu denen das State Committee der CPI (M) in West Bengal daraufhin im August 1965 sowie im März und April 1966 aufgerufen hatte, wurden weitgehend befolgt, führten jedoch ebenfalls zu massiven Auseinandersetzungen mit der Polizei, in deren Verlauf mehrere Menschen zu Tode kamen.

Das Zentralkomitee der CPI (M) vollzog auf seiner ersten Sitzung nach der Welle politischer Unruhen, die vom 12. bis 19. Juni 1966 stattfand, eine, von der formell nicht mehr als Bruderpartei angesehenen KPdSU inspirierte, politische Kehrtwende, indem die Parteiführung beschloss, auf militante Massenaktionen zu verzichten und stattdessen ein breites Wahlbündnis aller nichtreaktionären politischen Oppositionskräfte zu den Wahlen in West Bengal zu initiieren. Nachdem diese Entscheidung sowohl von der Kommunistischen Partei Chinas als auch dem radikalceren Teil der eigenen Parteikader mit scharfer Kritik bedacht worden war, wurde die Wahlstrategie bei einer weiteren Sitzung des Zentralkomitees im Oktober 1966 revidiert, indem statt des Bündnisses auch mit bürgerlichen Kräften nun vor allem eine Allianz mit verschiedenen sozialistischen und linken Organisationen beschlossen wurde.

In der Zwischenzeit spitzte sich jedoch vor allem in West Bengal der Kampf zwischen den de facto existierenden verschiedenen Parteiflügeln zu. Das Leitungskomitee der CPI (M) in West Bengal (WBSC) hielt noch im Juni 1966 eine Sitzung ab, bei der das Leitungsmitglied Promode Das Gupta einen Bericht über die „sektierische und voluntaristische Linie einiger regionaler

Parteikader" vorlegte, über deren Aktivitäten die Parteiführung zunehmend besorgt war. Der Bericht endete mit der Schlussfolgerung, Sektierertum und politisches Abenteurertum seien die Hauptgefahr für die kommunistische Bewegung in Indien in der gegenwärtigen Situation. In der Diskussion vertrat lediglich das Leitungsmitglied Sushital Roy Chowdury eine abweichende Position, der zufolge nicht etwa die Militanz der Parteibasis, sondern der Revisionismus die Hauptgefahr sei. Während das Leitungsgremium mit großer Mehrheit beschloss, organisatorische Maßnahmen gegen die extremistische Minderheit zu ergreifen, warnte er, das eine solche bürokratische Vorgehensweise nur zu einer Entmutigung zahlreicher Parteimitglieder und einer Schädigung der Partei führen könnten und forderte stattdessen eine ernsthafte politische Diskussion ein.[107]

Am 3. März 1967 begann in Naxalbari in der Bergregion Darjeelings, unweit der nepalesischen Grenze, ein Bauernaufstand, der, verglichen mit der Insurektion in Telengana 1946, relativ kleinformatig war, aber eine Periode bewaffneter Kämpfe einleitete, die das Gesicht der indischen Linken verändern sollten. Zwischen Anfang März und Mitte Mai registrierten die drei Polizeistationen im Gebiet von Naxalbari, die ein Gebiet von 250 Quadratmeilen und 100.000 Einwohnern abdeckten, 60 Fälle von Landbesetzungen und Aneignung von Reisvorräten aus den Lagerbeständen der Grundbesitzer.

> „Duyker zufolge nahm die Bewegung erst die Form gewaltsamer Zusammenstöße an, nachdem die jotedars ‚versucht hatten, Widerstand gegen die Beschlagnahme ihrer Ländereien und Besitztümer zu leisten'. Infolge dieser Zusammenstöße begann die Polizei, auf ihre Autorität zu pochen. Beschwerden der lokalen Grundbesitzer folgend, verhaftete sie etwa 50 Personen, in der Mehrzahl Santals. Erst als die Polizei begann, die militantesten lokalen CPI (M)-Kader aus dem Kreis der Inhaftierten auszusondern, scheint die offene Rebellion gegen die Staatsmacht begonnen zu haben."[108]

Die Eskalation der Gewalt kam erst allmählich in Gang. Am 24. Mai wurde ein Polizeiinspektor von einer Gruppe der rebellierenden Kleinbauern mit Pfeilen und Bogen getötet. Daraufhin eröffnete am folgenden Tag ein Polizeikommando, das den Vorfall untersuchen sollte, das Feuer auf eine Menschenmenge und erschoss neun Menschen, darunter sechs Landarbeiterinnen und zwei Kinder. Nun häuften sich bewaffnete Zusammenstöße, die LandarbeiterInnen und Kleinbauern, darunter auch viele Frauen, bewaffneten sich mit selbstgefertigten Bögen und Pfeilen, den traditionellen Waffen

---

107 Vgl. Basu 2000, S. 85
108 Damas 1991, S. 84

der nordbengalischen Stammesbevölkerungen, sowie im geringen Umfang mit Gewehren, die bei Zusammenstößen mit der Polizei erbeutet worden waren.

### 3.2.3. Die Reaktion der CPI (M)

Die CPI (M)-geführte Regierung von West Bengal, die sich vor die Alternative gestellt sah, entweder ihre Glaubwürdigkeit als verlässliche und regierungsfähige Kraft zu verlieren und in kürzester Zeit vor dem Scherbenhaufen ihrer Wahlpolitik zu stehen oder gegen ihre eigenen Parteimitglieder und die von ihnen angeführten Bauern und LandarbeiterInnen vorzugehen, entschied sich für letzteres. Nachdem eine im Juni entsandte Truppe von 500 Polizisten gegen die mehreren tausend bewaffneten Bauern nicht ankamen, wurden am 12. Juli 1.500 bewaffnete Polizeibeamte sowie zwei Kompanien der Eastern Frontier Rifles in das Gebiet beordert, während zugleich der Ausnahmezustand ausgerufen und damit Ansammlungen von mehr als vier Personen sowie das Tragen auch traditioneller Waffen wie Speere oder Pfeilen und Bögen verboten wurde.

Bei der Durchsuchung von zehn Dörfern wurden 75 mutmaßlich Beteiligte verhaftet, große Mengen an überwiegend primitiven Waffen beschlagnahmt sowie beträchtliche Vorräte an aus den Lagerhäusern der Grundbesitzer geplündertem Reis sichergestellt. Dies führte jedoch nicht zur Beruhigung der Lage, sondern vielmehr zu einer weiteren Eskalation:

> „Die Kleinbauern antworteten mit einem größeren Angriff. Kanu Sanyal führte mit etwa 2.500 Anhängern, bewaffnet mit Pfeil und Bogen, Speeren und einigen Gewehren, bei Tageslicht einen Überfall auf das Polizeicamp in Raimatijote aus. Während der Schlacht wurde ein Rebell, der einen Constable mit einem Hackmesser angegriffen hatte, mit Bajonetten erstochen, während 54 weitere Menschen, darunter zwei Polizisten, verletzt wurden. Nachdem die Polizeikräfte Verstärkung aus umliegenden Camps erhalten hatten, waren sie mit 600 Mann zwar immer noch in der Unterzahl, aber deutlich besser bewaffnet und organisiert und waren dadurch in der Lage, 294 der Angreifer gefangenzunehmen."[109]

Zahlreiche Bauern und maoistische Kader flüchteten in die Wälder und bildeten dort flexible Gruppen von bewaffnet agierenden Aufständischen, die in Nacht-und-Nebel-Aktionen Polizeiposten angriffen und sich genauso schnell wieder in die Wälder zurückzogen, wie sie gekommen waren. Die Idee des bewaffneten Massenaufstandes war zumindest hier und jetzt ge-

---

109 Damas 1991, S. 86

scheitert, die Phase des Guerillakampfes aus den dichten Waldgebieten heraus hatte begonnen. In den Dörfern selbst jedoch gelang es den Polizeikräften nun rasch, die Ruhe wiederherzustellen. Auf die legale Tätigkeit der lokalen CPI (M) hatten die Ereignisse desaströs gewirkt, die Partei war in dieser Region mehrheitlich in den Untergrund getrieben worden. Während die CPI (M)-Leitungsgremien sowohl auf Bundesstaats-Ebene als auch auf nationaler Ebene sich noch in Schadensbegrenzung versuchten, mussten sie sich zugleich mit der für sie überraschenden Tatsache auseinandersetzen, dass die chinesische KP, als deren Bruderpartei sich die CPI (M) bisher verstanden hatte, in diesem unter anderem auch parteiinternen Konflikt Position für die Dissidenten bezog. Bereits am 5. Juli war in der Pekinger *People's Daily* ein Editorial erschienen, dass die Haltung der Führung um Mao unmissverständlich deutlich machte:

> „Ein Frühlingsgewitter ist über dem Land Indien niedergegangen. Die revolutionären Kleinbauern in der Region Darjeeling haben sich zur Rebellion erhoben. Unter der Führung einer revolutionären Gruppe der Indischen Kommunistischen Partei wurde ein rotes Gebiet des ländlichen bewaffneten Kampfes in Indien errichtet. Dies ist eine Entwicklung von herausragender Bedeutung für den revolutionären Kampf des indischen Volkes."[110]

Dies war ein Schlag ins Gesicht der führenden Kader der CPI (M), die, bei aller Sympathie mit dem „antirevisionistischen" und wenig kompromissbereiten Kurs der KP Chinas, davon überzeugt waren, dass die Bedingungen in Indien grundlegend andere waren als jene, die die chinesische Revolution hervorgebracht hatten und dass dies von den chinesischen GenossInnen so akzeptiert worden sei. Das Zentralkomitee der CPI (M) verurteilte auf seiner Sitzung im August 1967 die Aufstandsbewegung von Naxalbari als „ideologische Krankheit frustrierter Individuen" und bezeichnete sie als „falsch, zerstörerisch und anti-marxistisch-leninistisch". Eine Resolution über „unterschiedliche Sichtweisen zwischen unserer Partei und der KP Chinas" wurde auf der selben Sitzung beschlossen, in der die Theorie der Aufteilung der Welt zwischen dem US-Imperialismus und dem Sozialimperialismus der Sowjetunion zurückgewiesen wurde, die von der chinesischen KP-Führung entwickelt worden war. Außerdem wurde ein Resolutionsentwurf vorgelegt, der in der Mitgliedschaft und den regionalen Leitungsgremien breit diskutiert werden sollte, um angesichts der Herausforderung durch eine Minderheit in den eigenen Reihen und der Unterstützung dieser Gruppe durch

---

110 Zitiert bei Damas 1991, S. 82

die KPCh eine einheitliche Position zu entwickeln. In diesem Papier wurde bestritten, dass Indien sich in einer revolutionären Situation befinde, die es erfordere, zur höchsten Form des revolutionären Kampfes, dem bewaffneten Aufstand, überzugehen. Es war, in Mohan Rams Worten, „Anti-Revisionismus ohne Maoismus".[111]

Diese Klärung des politischen Standorts der Partei im Rahmen der zwischen Moskau und Peking polarisierten kommunistischen Weltbewegung war in gewisser Hinsicht überfällig gewesen und leitete eine Entwicklung ein, die Henning Böke in seinem Exkurs zum indischen Maoismus seines Maoismus-Einführungsbandes mit den Worten charakterisiert:

> „Trotz der anfangs prochinesischen Haltung übernahm die CPI (M) nicht die Spezifika der maoistischen Ideologie, wie sie sich ab 1966 in der chinesischen Kulturrevolution herausbildeten, sondern orientierte sich eher am klassischen Stalinismus und nahm schließlich eine zu China und der Sowjetunion äquidistante Haltung ein."[112]

Mit ihrer Einschätzung der Situation, die auf der Grundlage von Kategorien getroffen wurde, die trotz aller sichtbar gewordenen Differenzen immer noch eine grundlegende Gemeinsamkeit mit den chinesischen Genossen betonen sollten, den bewaffneten Kampf also nicht grundlegend verneinte, lag die CPI(M)-Führung vermutlich faktisch richtig, denn es stellte sich heraus, dass der Bauernaufstand von Naxalbari zwar als Fanal für ähnliche Erhebungen in mehreren anderen Regionen wirkte, vor allem im Norden von Andhra Pradesh, wo es just im Epizentrum des Telengana-Aufstandes von 1946-51 zu einer bewaffneten Erhebung der Landarbeiter kam, die in ihrem Charakter dem in Naxalbari nicht unähnlich war, jedoch blieben diese vereinzelt und wurden relativ schnell von bewaffneten Sicherheitskräften niedergeschlagen. Aber es ging in dem Positionspapier des Zentralkomitees um mehr als nur eine im Kontext gesamtindischer Kräfteverhältnisse vorgenommene Analyse der realen Möglichkeiten einer Aufstandsbewegung, denn implizit handelte es sich um eine grundsätzliche politische Zurückweisung der bewaffneten Initiative Mazumdars, Sanyals und ihrer UnterstützerInnen. In dieser polarisierten Situation wurde der Resolutionsentwurf von mehreren State Committees der Partei, darunter dem von Andhra Pradesh sowie Jammu und Kashmir abgelehnt. Sie protestierten damit zugleich gegen die vom Zentralkomitee beschlossene formelle Auflösung des CPI (M)-Bezirkskomitees von Darjeeling, das de facto das Zentrum maoistischer Aktivität

---

111 Ram 1971, S. 78
112 Böke 2007, S. 92

in der Partei darstellte. Auch wenn genaue und objektive Zahlen kaum zu bekommen sind, kann zumindest gesagt werden, dass dieses administrative Vorgehen unmittelbar den Austritt tausender Mitglieder zur Folge hatte.[113] Asish Kumar Roy dokumentiert in seiner Studie über die Naxalitenbewegung, die erhältlichen Angaben über die Mitgliederentwicklung der CPI (M) in dieser Zeit turbulenter ideologischer Auseinandersetzungen und kommt zu widersprüchlichen Ergebnissen. Er zitiert zunächst Sandarayas Angaben aus dem *Statesman* vom 26. Juni 1968, die sich auf wenig mehr als 3.500 Parteiaustritte infolge der Ausgrenzung der Maoisten summieren. Nicht enthalten sind hier jedoch Angaben über die Mitgliederentwicklung in Andhra Pradesh, wo, den eigenen Angaben zufolge, die das Zentralkomitee der CPI (M) nach ihrem achten Parteikongress Ende Dezember 1968 in Calcutta veröffentlichte, die Mitgliederzahl allein um über 6.000 sank.[114]

Die Dissidenten und Ausgetretenen gründeten die englischsprachige Monatszeitung *Liberation* und die bengalischsprachige Wochenzeitung *Deshabrati*. Eine „Erklärung der Revolutionäre der CPI (M)" wurde bei der Gründung des „All-India Coordination Committee of Revolutionaries of the CPI (M)" am 13. November 1967 verabschiedet und innerhalb der Partei verbreitet, in der die Mitglieder der Partei aufgefordert wurden, gegen die „neorevisionistische" Politik ihrer Führung zu kämpfen. Bei einer entscheidenden Plenumssitzung des ZK in Burdwan (West Bengal) wurde der Resolutionsentwurf der Parteiführung gegen die Stimmen der Vertreter aus Jammu und Kashmir und Andhra Pradesh angenommen, woraufhin, das State Committee in Andhra Pradesh formell den Austritt der Parteiorganisation aus der CPI (M) beschloss. Nachdem der, allerdings von Anfang an aussichtslose, Versuch gescheitert war, eine Mehrheit der Parteigremien für den bewaffneten Kampf zu gewinnen, benannten sich die Maoisten aus Naxalbari, die in der Zwischenzeit durch UnterstützerInnen aus einigen anderen Teilen des Landes verstärkt worden waren, in „All-India Coordination Committee of Communist Revolutionaries" (AICCCR) um und bereiteten die Gründung einer neuen Partei vor.

In der Zwischenzeit war die CPI (M)-geführte Koalitionsregierung in West Bengal im Dezember 1967 gescheitert, die Partei verzeichnete jedoch bei Neuwahlen im Februar 1969 große Stimmengewinne und war in die Lage versetzt worden, eine neue Koalitionsregierung der „United Front" (UF) mit anderen linken Parteien unter ihrer Führung zu bilden. Kanu Sanyal und etliche andere maoistische Aktivisten, die inhaftiert worden waren, wur-

---

113 Vgl. Damas 1991, S. 85
114 Vgl. Roy 1975, S. 141f

den nun freigelassen, was vermutlich ein Schritt zur Befriedung der angespannten Lage sein sollte:

> „Die Vereinigte Front dachte offenbar, dass, nachdem die Bewegung von Naxalbari mehr oder weniger zu einem Stillstand gekommen war, die aus der Haft entlassenen Anführer wenig Möglichkeiten hätten, weiteren Schaden anzurichten. Abgesehen davon hätte ihre fortgesetzte Inhaftierung nur dazu gedient, ihnen eine Aura von Märtyrern zu verleihen und sie damit populärer zu machen. Insbesondere fühlten die CPI (M)-Führer, dass die Freilassung der Dissidenten an der brodelnden militanten Parteibasis als großzügige Geste wahrgenommen werden würde, die zum Teil mit Befremden und oft harscher Kritik die Polizeiaktion der ersten Regierung der Vereinigten Front gegen die Rebellen von Naxalbari aufgenommen hatte. Die Parteiführer waren zudem besorgt durch die Erosion in den Reihen ihrer studentischen Kader, von denen viele sich von der naxalitischen Form kommunistischer Politik angezogen fühlten. Die Parteiführung hoffte, gerade diese jungen Kader mit der Freilassung zu beschwichtigen."[115]

Auch Banerjee, der mit den Naxaliten sympathisiert, muss eingestehen, dass es für die Aktivisten des Bauernaufstandes zwar eine breite Sympathie innerhalb der Basis der indischen Linken gab, es jedoch in den anderthalb Jahren ihrer Haft keine breite Kampagne für ihre Freilassung gegeben hatte, was durchaus eine ernüchternde Tatsache darstellte, aber lediglich als verstärkendes Motiv wirkte, um den Gründungsprozess einer revolutionären Organisation weiter voranzutreiben.[116] Sanyal kündigte bei einer Rede in Calcutta am 1. Mai 1969 die Gründung der Communist Party of India (Marxist-Leninist) an, deren inhaltliche und organisatorische Prinzipien sich grundlegend von denen der bestehenden kommunistischen Parteien unterscheiden sollten.

### 3.2.4. Die Gründung der CPI (ML)

Die programmatischen Fundamente für die Formierung einer neuen Partei aus dem Untergrund heraus wurden im Mai 1968 mit einer Erklärung des AICCCR gelegt:

> „Die Erklärung unterstrich den semikolonialen und semifeudalen Charakter Indiens und rief zur demokratischen Revolution des Volkes auf. Diese Revolution sollte ausgeführt werden durch

---

115 Banerjee 1984, S. 131
116 Banerjee 1984, ebd.

i) Überwindung der vier Berghöhen des US-Imperialismus, des sowjetischen Revisionismus, der indischen Großgrundbesitzer und der bürokratischen Kompradorenbourgeoisie, deren Last schwer auf dem Rücken des arbeitenden Volkes lastete

ii) Errichtung von revolutionären Basen auf dem Land

iii) Etablierung der Führung der Arbeiterklasse und

iv) Einkreisung der Städte durch das Land mit der Perspektive, diese einzunehmen."[117]

Ebenso wurde eine Resolution verabschiedet, die den Boykott parlamentarischer Wahlen als Grundlinie der neuen Partei festlegte, die als „finsteres konterrevolutionäres Manöver der reaktionären herrschenden Klassen und ihrer Lakaien" denunziert wurden. Dem mochten nun wieder die aus der CPI (M) ausgetretenen Maoisten in Andhra Pradesh nicht folgen, die zudem auch die Linie, sich ausschließlich auf ländliche Aufstandsbewegungen und ihre Verwandlung in Guerillazonen in der Praxis nicht mitvollziehen konnten, wodurch die erste de-facto-Spaltung der noch nicht einmal gegründeten maoistischen Partei ihre Schatten vorauswarf.[118]

Im Herbst 1968 hatten sich, neben den Aktivitäten im nördlichen West Bengal Guerilla-Gruppen in verschiedenen Teilen von Uttar Pradesh, Bihar, Madhya Pradesh und Andhra Pradesh etabliert. Allerdings kam es mit den Militanten in Anhra Pradesh zum Konflikt, da diese neben ersten bewaffneten Aktivitäten auf der Aufrechterhaltung legaler politischer Arbeit beharrten und ihr führender Kopf, Nagi Reddy, dem Parlament des Bundesstaates angehörte und auf Forderungen des AICCCR, sein Mandat niederzulegen, ablehnend reagierte. Daraufhin beschloss das AICCCR, sich organisatorisch von seiner Abteilung in Andhra Pradesh zu trennen, zu diesem jedoch „nicht-antagonistische" Beziehungen aufrechtzuerhalten.[119]

Es zeichnete sich ab, dass die Dynamik des Formierungsprozesses abzuflauen begann und sowohl die chinesische KP als auch Teile des AICCCR drängten nun auf die rasche Gründung, die dann am 22. April 1969, dem 99. Geburtstag Lenins durch formelle Auflösung des AICCCR und Konstituierung der Communist Party of India (Marxist-Leninist), CPI (ML) vollzogen wurde. Die CPI (ML) verstand sich ausdrücklich als Organisation ausschließlich des bewaffneten Kampfes und brach die Brücken zu den verschiedenen Formen legaler Organisierung und sozialer Bewegung ab, die ihre Gründung letztlich ermöglicht hatten. In einer bei der Gründung be-

---

117 Singh 1995, S. 18
118 Vgl. Singh 1995, ebd.
119 Vgl. Singh 1995, S. 20

schlossenen Resolution über die organisatorischen Prinzipien der CPI (ML) wird festgestellt:

> „...dass die Partei ihre Basis auf dem Land haben und aus kleinen Zellen von Berufsrevolutionären zusammengesetzt sein müsse, die darauf eingestellt sind, für ihre Arbeit unter den ländlichen Bauernmassen alles Bisherige aufzugeben. Die Partei sollte jede Form von Massenversammlungen und Beteiligung an den traditionellen Bauernbewegungen aufgeben und stattdessen auf der Basis einer zentralisierten leninistischen Linie operieren. Sie verwarf die Annahme, dass die Stärke der Partei auf dem Prinzip massenhafter Mitgliedschaft beruhe."[120]

Charu Mazumdar, der als Generalsekretär der CPI (ML) fungierte, propagierte nun eine Taktik der „annihilation" (Auslöschung) von Klassenfeinden, eine Vorgehensweise, die in der Konsequenz die schlichte Ermordung von Grundbesitzern und Polizisten bedeutete. Er führte aus, dass der Klassenkampf in den ländlichen Gebieten verschiedene Formen annehme, die die verschiedenen Stadien des Klassenkampfes repräsentierten. Während im ersten Stadium der Kampf die Form von Widerstand von Kleinbauern gegen Landräumungen annehmen könne, würde dies zu einer weiteren Ebene des Kampfes führen, in der die Kleinbauern und LandarbeiterInnen gewaltsam das Land von Großgrundbesitzern besetzten und die Erntevorräte beschlagnahmten. Die Auslöschung von Klassenfeinden jedoch sei eine höhere Form des Klassenkampfes und das erste Stadium des Guerillakrieges. Technisch bedeute sie zunächst die Säuberung eines bestimmten Gebietes von Klassenfeinden. Er betonte jedoch, dass es dabei nicht um eine bloße Tötung von Gegnern gehe, sondern um einen bewussten Akt der landarmen Bevölkerung, der einen Bewusstwerdungsprozess beinhalte: Annihilation bedeute zunächst, dass die Bauern und Landarbeiter selbst mit ihren traditionellen Waffen losschlügen, anstatt auf eine stellvertretend für sie handelnde professionell agierende Guerillatruppe zu vertrauen:

> „Warum bin ich dagegen, jetzt die Gewehre zu erheben? Ist es nicht unser Traum, dass landlose und arme Bauern die Gewehre schultern und vorwärts marschieren? Jedoch ist die Verwendung von Feuerwaffen in diesem Stadium ein Hindernis für die Eigeninitiative der bäuerlichen Massen, den Klassenfeind auszulöschen. Wenn Guerillakämpfer die Schlacht der Annihilation mit ihren konventionellen Waffen beginnen, werden die landlosen und armen Bauern mit ihren blanken Händen kommen und sich an diesem Kampf um die Annihilation beteiligen. Ein einfacher landloser Kleinbauer,

---

120 Damas 1991, S. 90

niedergedrückt durch Jahrhunderte der Unterdrückung, wird das Licht sehen und sich selbst dem Klassenfeind entgegenstellen. Seine Initiative wird freigesetzt. Auf diese Weise werden die bäuerlichen Massen der Guerilla beitreten, ihr revolutionärer Enthusiasmus wird keine Fesseln und Grenzen haben und eine mächtige Welle der Rebellion des Volkes wird das Land erfassen. Nachdem die Initiative von den klein-bäuerlichen Massen ausgegangen ist, den Klassenfeind mit ihren eigenen Waffen, den nackten Händen und selbstgefertigten Waffen auszulöschen und die revolutionäre Macht des ländlichen Proletariats errichtet wurde, sollten sie das Gewehr nehmen und der ganzen Welt entgegentreten. Der Kleinbauer mit dem Gewehr wird die Garantie für die Fortsetzung der revolutionären Machtergreifung durch das ländliche Proletariat sein."[121]

Mazumdar sah voraus, dass die Taktik der Annihilation sehr schnell dazu führen musste, die Gewalt des staatlichen Repressionsapparates in die Dörfer zu tragen, um die Interessen der feudalen Klasse zu schützen. Kleine Guerillaeinheiten sollten dann dazu übergehen, die Polizeikräfte aus dem Hinterhalt anzugreifen, was ihnen Gelegenheit geben würde, Waffen zu erbeuten und zugleich Angehörige der unterdrückten Landbevölkerung für den bewaffneten Kampf zu gewinnen, um nach und nach aus den Guerillagruppen eine Volksbefreiungsarmee zu schaffen.

## 3.3. Die weitgehende Zerschlagung der Guerilla durch die Staatsmacht 1969-72

Mit der ersten Phase der Aufstandsbewegung endete nicht nur eine Periode offener Polemiken und von bewaffneten Aufständen in verschiedenen Regionen begleiteter kontroverser Diskussionen innerhalb der breiteren kommunistischen Bewegung, die nach der relativ schnell vollzogenen Abspaltung und Neukonstitution der Maoisten bald wieder unter der Kontrolle der Parteiführung der CPI (M) stand, auch die Dynamik des Konfliktes verlagerte sich von 1969 schnell auf die militärische Ebene, auf der, wie sich nun zeigte, die kommunistischen DissidentInnen gegen die indische Staatsmacht chancenlos waren. Die Niederschlagung der agrarischen Aufstände, die folgende Verlagerung der Kämpfe in die Städte, insbesondere nach Calcutta und die mehrfache Spaltung und Zersetzung der neugegründeten CPI (ML) waren die Folge.

---

121 Mazumdar 1970, Internetquelle

### 3.3.1. Das Scheitern des ländlichen Guerillakrieges

Die von Mazumdar und seiner Organisation verfolgte Taktik bedeutete nicht nur einen klaren Bruch mit allen Formen legaler Massenaktion oder herkömmlichen Formen politischer Partizipation. Sie musste auch, neben dem Verzicht auf strategische Klassenbündnisse, dazu führen, die Dörfer in Kampfzonen zu verwandeln, inklusive der zu erwartenden Gewaltakte der Sicherheitskräfte gegen vermeintlich mit der Guerilla sympathisierende DorfbewohnerInnen. Während die Annahme der Taktik der Annihilation zugleich dazu führte, einen tiefen Graben zwischen den Militanten der CPI (ML) und allen anderen organisierten Linken, vor allem jenen der CPI (M) und CPI zu schaffen, führte sie jedoch zugleich dazu, dass sich innerhalb der nächsten zwei Jahre tausende enttäuschte CPI (M)-Mitglieder, darunter zu einem hohen Anteil studentische Kader, aus den Städten der Guerilla anschlossen. In den vom Staat vernachlässigten ländlichen Gebieten gab es zunächst einige Erfolge für die CPI (ML):

> „Kleine Einheiten von Militanten löschten ausgewählte Individuen aus, größtenteils Grundbesitzer, Geldverleiher und ihre Helfer. Auf den Bundesstaat Bihar bezogen stellt Hiro fest: ‚Dies verursachte Panik unter den Grundbesitzern und ermöglichte es den Naxaliten, etwa die Hälfte der Dörfer in der Musahari-Region mit einer Bevölkerung von über 50.000 Menschen zu befreien. Zugleich wurde die Linie der Annihilation nun auch in Srikakulam (Andhra Pradesh) angewandt, wo bis 1969 das AICCCR sich aktiv darauf konzentriert hatte, die Kleinbauern über ökonomische Forderungen zu mobilisieren.‘"[122]

Das Konzept der „Annihilation" war nominell von Mao übernommen, der es jedoch eingebettet hatte in ein Konzept des „Volkskrieges", in dem eine bewaffnete kommunistische Bauernarmee praktische Enteignungen, politische Propaganda und militärische Aktionen miteinander kombinieren sollte. In der Praxis des ländlichen Gucrillakrieges der CPI (ML) reduzierte sich dieses Ineinandergreifen verschiedener politischer und militärischer Aktionsformen, die auf die Aktivierung der Selbsttätigkeit der unterdrückten Kleinbauern und LandarbeiterInnen gerichtet war, zu individuellen Morden an Großgrundbesitzern, Brahmanen und Polizeioffizieren durch kleine Guerillagruppen selbst und ging damit nicht nur an Maos Intentionen, sondern auch an den realen Prozessen der Bildung von Klassenbewusstsein im ländlichen Proletariat vorbei, zumal Mazumdars GenossInnen an keiner Stelle ihrer po-

---

122 Damas 1991, S. 93

litischen Äußerungen dieser Zeit explizierten, was sie, über den ländlichen Guerillakrieg hinaus, eigentlich unter „Klassenkampf" verstanden.[123]

In West Bengal versuchten die Maoisten, im Distrikt Dehra-Gopiballavpur ein neues Aufstandszentrum nach dem Vorbild Naxalbaris aufzubauen. Während der Bauernaufstand von Naxalbari jedoch auf der Grundlage einer in zehn Jahren politischer Arbeit in der Region entstandenen Massenbasis basiert hatte, existierte hier eine solche kaum. Der Versuch, die Kleinbauern und LandarbeiterInnen zu Landbesetzungen und Beschlagnahmungen der Vorräte der Großgrundbesitzer zu mobilisieren, gelang zwar zunächst, führte jedoch schnell dazu, dass die militanteren Teile des ländlichen Proletariats den Gegenschlägen von Polizei und Schlägertrupps der Grundbesitzer ausgesetzt waren, ohne wie in Naxalbari über eine Basis für massenhafte kollektive Gegenwehr zu verfügen. Das Ausbleiben einer solchen führte dazu, dass die Kommandos der Guerilla selbst mit „Annihilation"-Aktionen gegen „Klassenfeinde" begannen. Es dauerte jedoch nicht lange, bis die militärische Antwort der Staatsmacht dem ein Ende bereitete. Große Aufgebote von Polizei sowie aus Calcutta und Delhi zusammengezogene hochgerüstete Spezialeinheiten der Polizei, durchkämmten systematisch die Dörfer und umliegenden Waldgebiete nach Guerilla-Angehörigen und mutmaßlichen Sympathisanten. Auf der Grundlage des „Preventive Detention Act" wurden zahlreiche Naxaliten, aber auch einfache Dorfbewohner entweder verhaftet oder in die Wälder geführt und dort angeblich „auf der Flucht erschossen".[124]

Weitere Guerillabasen entstanden in den Bezirken Midnapur und Birbhum (beide in West Bengal) sowie in Andhra Pradesh und Bihar. Jedoch stellte sich heraus, dass die politische Basis für den „Volkskrieg" nicht ausreichend war, um einer Eskalation der Auseinandersetzung mit konzentrierten Polizeieinheiten standhalten zu können, weil die Basis der Unterstützung durch die landarmen Bauern schnell schwand bzw. das Maß der Mobilisierung und Selbsttätigkeit der Menschen gering blieb.

Ähnliche Praktiken wie in Dehra-Gopiballavpur wurden auch von der Polizei des Bundesstaates Bihar mit durchschlagendem Erfolg erprobt, so dass im Laufe des Jahres 1970 die maoistische Guerillabewegung in den meisten betroffenen ländlichen Gebieten zerschlagen war. Gerade in Bihar jedoch gelang die Zerschlagung der naxalitischen Mobilisierung weniger vollständig als in West Bengal, was zum einen der schwächeren staatlichen

---

123 Vgl. die scharfe Kritik des ehemaligen Naxaliten Asit Sen, Calcutta 1990, S. 122ff
124 Vgl. Damas 1991, S. 95

Durchdringung der Gesellschaft und zum anderen den gewaltsameren Machtstrukturen der ländlichen Klassengesellschaft geschuldet war.

### 3.3.2. Maoistische Aktivitäten in den Städten

Zum Zeitpunkt des Aufstandes in Naxalbari hatten die Militanten, die später die CPI (ML) formierten, keinen klaren Begriff davon, welche Formen des Kampfes in den Städten praktiziert werden sollten. Unabhängig von der Gruppe um Charu Mazumdar hatte sich in der zweiten Hälfte der 1960er Jahre eine studentische linksradikale Subkultur, vor allem in Calcutta entwickelt, die mit Institutsbesetzungen, Zusammenstößen mit Polizeikräften und marxistischen Studienzirkeln eine große Bandbreite von Aktivitäten entfaltete. Ursprünglich überwiegend auf die CPI (M) orientiert, hatte diese studentische radikale Linke sich angesichts der dort zunehmenden Dominanz parlamentarischer und institutioneller Politikformen zunehmend von dieser Partei abgewandt und eigene Bewegungsstrukturen entwickelt, deren Gedankengut und politische Diskussionen mehr und mehr vom Maoismus und den Ereignissen der chinesischen Kulturrevolution geprägt waren. Ein wichtiger organisatorischer Kern dieser überwiegend studentischen Linken war die Presidency Consolidation Group:

> „Militante Studenten anderer Colleges in Calcutta und sogar an der Universität von Nordbengalen pflegten die Kantine des Presidency College und das Kaffeehaus an der College Street zu besuchen, weil das Presidency College zu dieser Zeit als Schwerpunkt politischer Aktivitäten bekannt war. Ashim Chatterjee, Ranabir Sumaddar und Ashok Sen Gupta dachten daran, solchen informellen Versammlungen eine festere Form zu geben, die zu einer regulären Einrichtung werden sollte. Zu diesem Zweck wurde die Presidency Consolidation Group gebildet, an deren Aktivitäten auch Studierende anderer Colleges teilnahmen. [...] Die Presidency Consolidation Group wuchs zu einem Sammelpunkt für alle militanten Studierenden nicht nur in Calcutta, sondern auch in den benachbarten Gebieten heran. Ihre Unterabteilungen wurden in verschiedenen Teilen der Stadt organisiert und auch außerhalb des Stadtgebiets, wo auch NichtstudentInnen sich den Abteilungen anschlossen."[125]

Die Gruppe hatte – im scharfen Gegensatz zur CPI (M) – den Aufstand in Naxalbari und den umliegenden Dörfern des Terai mit Demonstrationen und Solidaritätskundgebungen unterstützt und den Kontakt zu den dissidenten Kadern in Nordbengalen gesucht. Durch die Reduzierung von „Klassenkampf" auf bewaffneten Kampf in den ländlichen Regionen hatte

---

125 Samanta 1984, S. 124

ein beträchtlicher Teil der maoistischen Anhängerschaft zeitweilig Job oder Studium hinter sich gelassen und war in die Wälder gegangen, um sich dem bewaffneten Guerillakrieg anzuschließen. Ein Versuch studentischer Militanter, im Distrikt Gopiballavpur eine Guerillabasis zu errichten, scheiterte an der Kluft zwischen studentischem Radikalismus und der Realität der Lebensbedingungen der Landbevölkerung sowie den polizeilichen Gegenmaßnahmen.

Die Zurückbleibenden waren dazu aufgefordert worden, sich auf propagandistische Arbeit in der städtischen ArbeiterInnenklasse zu konzentrieren, die einerseits darauf gerichtet war, entlang ökonomischer Kämpfe Klassenbewusstsein zu schaffen, zum anderen den ideologischen Einfluss der CPI (M) und CPI zurückzudrängen. Ein beträchtlicher Teil dieser propagandistischen Arbeit war jedoch der Unterstützung der ländlichen Guerillabasen gewidmet, da die CPI (ML) den Hauptwiderspruch innerhalb der indischen Klassengesellschaft im Klassengegensatz zwischen Landlosen und feudalen Grundbesitzern verortete.[126] Die verbleibenden Mitglieder der Presidency Consolidation Group selber, soweit sie noch nicht in zahlreiche Fragmente und Projekte zersplittert war, schlossen sich Ende 1969 der CPI (ML) an.[127]

Die Zerschlagung der meisten Guerillabasen auf dem Land im Laufe des Jahres 1970 führte dazu, dass die Führung der CPI (ML) gezwungen war, sich stärker auf die Frage zu konzentrieren ‚welche Formen von über reine Unterstützungsarbeit hinausgehender Parteiaktivität hier angemessen war. Schon bei der Gründung der CPI (ML) war der Aufbau klandestiner Parteizellen in den Städten propagiert worden, deren Mitglieder außerhalb der traditionellen Gewerkschaften arbeiten und stattdessen eigene Vorfeldorganisationen gründen sollten, um ökonomische Kämpfe und ideologische Arbeit gegen den „Revisionismus" von CPI (M) und CPI miteinander zu kombinieren und die „fortgeschrittensten Teile" der politisierten ArbeiterInnen und StudentInnen in die eigenen Strukturen zu integrieren. Mit der Rückkehr zahlreicher ehemals studentischer Kader in die Städte begann dieser Teil der Arbeit für die CPI (ML) bedeutsamer zu werden:

> „Die Idee hier wiederum war es, die kämpferische Atmosphäre der Gewerkschaften zu nutzen, um die ArbeiterInnen davon abzubringen, ihre Kampfmethoden auf die Waffe des Streiks zu begrenzen. ‚Heute müssen wir nicht in friedlicher unblutiger Weise voranschreiten, sondern mit Methoden wie gheraos [Umzingelung und Gefan-

---

126 Vgl. Damas 1991, S. 94f

127 Vgl. Samanta 1984, S. 125

gennahme von Individuen, um Zugeständnisse zu erzwingen], Straßenschlachten mit der Polizei und den Unternehmern, Barrikadenkämpfen, Liquidierung von Feinden und Agenten – je nach den Erfordernissen der Situation.' Der Fokus lag nicht darauf, die Gewerkschaften zu stärken, sondern darauf, die ArbeiterInnen zu RevolutionärInnen zu transformieren, die daran arbeiteten, den Staat zu zerstören."[128]

Die durch die vor den tödlichen Gegenschlägen der bewaffneten Polizeieinheiten in die städtischen Zentren geflohenen Kadern verstärkten städtischen Militanten verübten ab 1970 verstärkt Bombenanschläge, etwa auf Kinos oder ein US-amerikanisches Informationszentrum, Bildungseinrichtungen etc. Bis Ende 1970 wurden in indischen Städten 526 bewaffnete Angriffe auf Polizeiangehörige registriert, von denen 46 tödlich endeten, wobei ein Schwerpunkt der Attacken in und um Calcutta lag. Nachdem 1970 die westbengalische Regierung der United Front (UF) unter Führung der CPI (M) auseinandergebrochen war und der Bundesstaat unter dem Eindruck der außer Kontrolle geratenen Lage unter President's Rule" (Zwangsverwaltung durch die Zentralregierung) gestellt worden war, ergriff die Regierung in Delhi die Initiative und setzte den von den Briten 1930 erlassenen „Prevention of Violent Activities Act" wieder in Kraft, um die Einheiten der bewaffneten Polizei mit Sondervollmachten zur Aufstandsbekämpfung auszustatten. Die Polizei erhielt ausdrücklich die Instruktion, gegen maoistische Aktivitäten mit Schusswaffen vorzugehen. Die Konfusion wurde dadurch noch verstärkt, dass die CPI (M), die von den Naxaliten als Revisionisten gebrandmarkt worden war und zu einem weiteren Schwerpunkt gewalttätiger Angriffe geworden war, selbst nun paramilitärische Gruppen zum Selbstschutz organisierte, die für eine Reihe von Übergriffen auf vermutete Naxaliten verantwortlich waren, zumal das entstehende Chaos von kriminellen Banden genutzt wurde, um verstärkt eigene Überfälle zu verüben. Ein Korrespondent der *Economic and Political Weekly* fasste die Situation wie folgt zusammen:

„Es gibt mindestens drei Kategorien von Mördern, die einen grimmigen Wettstreit in kaltblütigem Mord im Großraum Calcutta austragen: die städtischen Guerillaeinheiten der CPI (ML), die inzwischen mit der Annihilation von Polizeiangehörigen begonnen haben ... die Mörder in Polizeiuniform ... die Polizei hat die Macht, straflos beliebige Menschen zu erschießen, an jedem Ort und zu jeder Zeit unter Ausschluss einer Untersuchung ... und die Angehörigen des kriminellen Untergrunds, die ihren Vorteil aus der momentanen Abwesenheit des präventiven Sicherheitsgewahrsams ge-

---

128 Damas 1991, S. 95f

zogen haben und unter dem Deckmantel polizeilicher Aktionen brutale Vendettas verüben."[129]

Die Operationen der CPI (ML)-Einheiten gegen Polizeiangehörige wurden mit voller Rückendeckung der Parteiführung durchgeführt, die die Polizeikräfte als „Waffe für Mord und Unterdrückung gegen das indische Volk" bezeichnete. Allerdings war bereits zu diesem Zeitpunkt das Vorgehen der Einheiten innerhalb der maoistischen Reihen nicht unumstritten. Kritiker der offensiven „kulturrevolutionären" Vorgehensweise der Anhänger Mazumdars wiesen darauf hin, dass die von den Einheiten praktizierten Brandanschläge auf Schulen, Colleges, Bibliotheken und Forschungseinrichtungen, die Zerstörung von Tempeln und hinduistischen Schreinen, Überfälle auf Clubs und als bürgerlich angesehene Lokale und Kaffeehäuser, die Ermordung kleiner Gewerbetreibender und Ladenbesitzer sowie die gezielte Liquidierung von Anhängern „revisionistischer" Parteien die Partei von der Masse der arbeitenden Klassen isoliere und auf einer drastischen Fehleinschätzung der Kräfteverhältnisse und der Klassenstruktur basiere.[130]

Polizistenmorde hingegen waren in der Bevölkerung nicht immer unpopulär, schon deshalb, weil das Ausmaß an Korruption und gewalttätigen Polizeiübergriffen, etwa gegen Slumbewohner, Dalits, Angehörige niedriger Kasten oder der muslimischen Minderheit eine bekannte Tatsache war. Banerjee zitiert einen früheren Richter am Staatsgerichtshof von Uttar Pradesh, der resigniert feststellte: „Es gibt keine einzige gesetzlose Gruppe im ganzen Land, deren Katalog an Verbrechen jener organisierten Einheit in irgendeiner Weise nahe kommt, die unter dem Namen der indischen Polizeikräfte bekannt ist."[131]

Die Moral der Polizeieinheiten war durch die immer weiter ansteigende Zahl und Intensität der Überfälle zeitweilig stark erschüttert. Mit massiver Verstärkung aus anderen Bundesstaaten begann jedoch Ende 1970 eine konzertierte Aktion, die auf die systematische Zerschlagung des maoistischen Untergrunds in Calcutta gerichtet war und Formen eines polizeilichen Vernichtungskrieges annahm. Die Stadt und ihre Vororte wurden in verschiedene Zonen aufgeteilt, die im Rahmen polizeilicher Überraschungsaktionen jeweils hermetisch abgeriegelt und durchkämmt wurden:

---

129 Zitiert bei Damas 1991, S. 97

130 Vgl. Singh 1995, S. 86

131 Banerjee 1984, S. 184

„Ein Gebiet oder Straßenzug wurde von der Armee abgeriegelt, während die Polizei dort eindrang und jedes einzelne Haus durchsuchte, sämtliche angetroffenen jungen Männer in Gewahrsam nahm und aus diesen die engagierten Kader der CPI (ML) heraussiebte. Während solcher Razzien war es niemandem erlaubt, das abgeriegelte Gebiet zu betreten oder zu verlassen. Bei manchen Gelegenheiten dauerten die Razzien 24 Stunden oder mehr, in denen die Einwohner in ihrem Wohngebiet interniert und vom Rest der Welt abgeschnitten waren. Die CPI (ML)-Kader, die gefangen wurden, wurden in den meisten Fällen einfach an Ort und Stelle erschossen oder in Gefangenentransportern zu Tode geprügelt. In Beliaghata im Osten Calcuttas wurden im Februar 1971 fünf Jungen aus ihrem Elternhaus abtransportiert und vor ihren Eltern erschossen... von den zahlreichen jugendlichen Anhängern der Partei wurden viele in Arrestzellen gesperrt, gefoltert, eingeschüchtert und mit Verwarnungen entlassen.“[132]

Zugleich nahm unter dem Druck der ungesetzlichen polizeilichen Gewaltmaßnahmen die Vorgehensweise etlicher CPI (ML)-Kader immer bizarrere Formen an. Kleine Geschäftsleute und Ladenbesitzer wurden attackiert, weil Militante die Linie der Annihilation auf sie bezogen, Mitglieder der CPI (M) wurden ermordet. Nach Angaben der CPI (M) selber wurden in diesem Zeitraum insgesamt 206 ihrer Parteimitglieder von Naxaliten ermordet, während von Sympathisanten der CPI (ML) selber die Zahl von fünf erschossenen CPI (M)-Kadern genannt und für einen Großteil der fraglichen Morde lokale Gangster im Auftrag der Congress Party verantwortlich gemacht werden, die, unabhängig vom Wahrheitsgehalt solcher Aussagen, in der Tat am stärksten von den Zusammenstößen zwischen CPI (M) und Naxaliten profitierte.[133] Samanta schätzt die Gesamtzahl der von Naxaliten Getöteten in Calcutta auf 163 Personen, von denen er 54 der CPI (M) zurechnet, hinzu kommen in seiner Zählung 44 Polizisten, bei den restlichen 65 handelte es sich nach seinen Angaben um Geschäftsleute und Ladenbesitzer, vermutete Polizeiinformanten oder Unterstützer anderer politischer Parteien.[134]

Zum einen hatte die CPI (ML) offenkundig kein klares Verständnis von den Klassenverhältnissen in den Städten und es fehlte sowohl an einer kohärenten politischen Strategie, die über die Logik der bewaffneten Auseinandersetzung hinausgegangen wäre, zum anderen war die inhaltliche Substanz, die das Verständnis gesamtgesellschaftlicher Kämpfe betraf, offenbar auch bei etlichen ihrer Kader eher dünn. Hinzu kam in dieser Phase vor allem im

---

132 Banerjee 1984, S. 195
133 Vgl. Damas 1991, S. 101
134 Vgl. Samanta 1984, S. 231f

Aktionsbereich der städtischen Guerillaeinheiten ein Aspekt, den Prakash Singh mit dem etwas unglücklichen Begriff der „lumpenproletarischen Infiltration" beschreibt.

> „Angezogen von der verführerischen Atmosphäre der Gewalt infiltrierten lumpenproletarische Elemente die Reihen der Naxaliten. Die Parteiaktivisten hießen sie wegen ihrer Erfahrungen in Annihilationen willkommen und verkannten die langfristigen Auswirkungen ihrer Einbeziehung auf den Charakter und das Ethos der Bewegung. Ranjit Gupta, zu dieser Zeit Polizeichef von Calcutta, sagt, dass die von Naxaliten begangenen Morde sich innerhalb kurzer Zeit vervielfachten und dass es von Stil und Technik der Morde her offensichtlich war, dass ‚die antisozialen Kräfte in das Geschäft eingestiegen waren'."[135]

Vorsicht ist meines Erachtens prinzipiell bei allen Einschätzungen angebracht, die eine politische Strömung mit „lumpenproletarischen" kleinkriminellen Milieus in Verbindung bringt oder in allzu undifferenzierter Weise die Formen devianten Verhaltens oder Artikulationsformen klassenspezifischer widerständiger Praktiken städtischer subproletarischer Klassensegmente denunziert. Hinzu kommt, dass durch diese Form der Entpolitisierung politischer Gewalt nicht selten das Ziel verfolgt wird, ganze soziale Bewegungen oder politische Strömungen zu diskreditieren. Die Vielzahl an Autoren, die auf die Infiltration der CPI (ML)-Einheiten in Calcutta zu dieser Zeit durch kriminelle Milieus und speziell Elemente organisierter Banden verweisen, lassen jedoch darauf schließen, dass es tatsächlich eine gewisse Vermischung mit diesem Segment gab. Roy verweist in diesem Zusammenhang auf das rasche Wachstum Calcuttas durch Flüchtlinge aus Ostbengalen und den Anstieg der Bevölkerungsdichte von 54.528 auf 79.023 Menschen pro Quadratmeile innerhalb von 40 Jahren bis 1967 sowie darauf, dass zu jenem Zeitpunkt bereits 25 Prozent der Bevölkerung Westbengalens sich hier auf ca. zwei Prozent der Fläche des Bundesstaates konzentrierten.[136] Das Wachstum der Slums und die Verschlechterung der Lebensbedingungen spiegelte sich in einem gewissen Maße auch durch die Explosion der Gewalt wider, die sich im Zeitraum zwischen 1970/71 ereignete. Das Eindringen von Segmenten der Bandenkriminalität und der jungen bewaffneten Männer aus den Slums in die maoistische städtische Guerilla wurde von Teilen der Parteiführung mit großer Sorge betrachtet, während Charu Mazumdar dies ausdrücklich begrüßte:

---

135 Singh 1995, S. 74
136 Vgl. Roy 1975, S. 225

„Er argumentierte, dass die antisozialen Elemente sich gegen die Gesellschaft gewandt hatten, weil sie ihre Opfer seien und sie wären gute Revolutionäre, wenn ihre Neigungen in einen korrekten politischen Kanal gelenkt werden könnten. Die wirkliche Erwägung hinter Mazumdars Argumentation war, wie betont werden muss, taktischer Natur. Der überzeugte harte Kern seiner Partei kam zweifellos aus der Mittelklasse. Die Studenten beteiligten sich sicherlich an der Guerillaerhebung in der Stadt und ihren Vororten. Die Partei verfügte außerdem über Kader unter den Lehrern, Ingenieuren, Anwälten, jungen Wissenschaftlern etc. Ihre Aktivitäten waren hauptsächlich auf Angriffe auf Schulen und Colleges, die Zerstörung von Bibliotheken und Forschungseinrichtungen, das Niederreißen von Denkmälern, Bombenangriffe auf Kinos etc. gerichtet. Trotzdem blieb die Tatsache, dass sie bei der Umsetzung des Programms der Annihilation keine große Hilfe waren, weil die Studenten, trotz ihrer ideologischen Leidenschaft, ihre klassenspezifischen bildungsbürgerlichen Skrupel nicht überwinden und es mit ganzem Herzen den Antisozialen gleichtun und kaltblütig Menschen ermorden konnten. Mazumdar jedoch war fanatisch in der Frage der Annihilationen. Er glaubte, dass von ihnen der Erfolg seiner Revolution abhänge. Daher wollte er die verweichlichten Mittelklassen-Kader durch Leute ersetzen, die keine Bedenken hatten, ‚den Feind‘ zu töten.‘[137]

Es deutet, laut Roy an gleicher Stelle, allerdings wenig darauf hin, dass die neuen Elemente in der Partei besonders stark politisiert oder ideologisch gefestigt worden wären, entsprechende Versuche seien weitgehend erfolglos geblieben.

Die Gesamtzahl der bewaffneten Angriffe der Naxaliten in Indien beziffert Singh für den Zeitraum zwischen Mitte 1970 und Mitte 1971 auf etwa 4.000, von denen ein Großteil (3.500) auf West Bengal entfielen, gefolgt von Bihar (200) und Andhra Pradesh (70).[138]

Die Zahl der inhaftierten und getöteten Naxaliten zwischen 1970 und 1972 zu ermitteln, ist nicht ganz leicht; die von verschiedenen Autoren genannten Zahlen variieren stark und sind, einschließlich der Polizeiangaben, mit großer Vorsicht zu betrachten . Bis zum Frühjahr 1972 waren die meisten führenden Kader der CPI (ML) getötet oder inhaftiert, Singh zufolge waren zu diesem Zeitpunkt etwa 4.000 Naxaliten in West Bengal in Haft, 2.000 in Bihar, 1.400 in Andhra Pradesh sowie etwa 1.000 in Kerala, Uttar Pradesh, Orissa und anderen Regionen.[139] Dies wäre eine Gesamtzahl von 8.400 maoistischen Kadern in den Gefängnissen, eine Angabe, die deutlich niedriger ist

---

137 Roy 1975, S. 226f
138 Vgl. Singh 1995, S. 77
139 Vgl. Singh 1995, S. 90

als andere, etwa von Asit Sen, der die Gesamtzahl der inhaftierten Naxaliten zwischen 1967 und 1972 mit etwa 30.000 angibt. Noch schwieriger ist es, seriöse Angaben über die Zahl der getöteten Naxaliten für diesen Zeitraum zu bekommen, schon deshalb, weil von polizeilicher Seite kein Interesse daran bestand, die teilweise äußerst brutale und kaum gesetzlich gedeckte Vorgehensweise ihrer Aufstandsbekämpfungseinheiten offenzulegen, deren Methoden die Erschießung von Gefangenen ebenso einschlossen wie die Anwendung von Foltermethoden.

Neben der Repression des indischen Staates wurde die CPI (ML) jedoch auch von internen Faktoren geschwächt, die ihren Zusammenbruch als Organisation besiegelten.

Die politische Entwicklung der Naxaliten war spätestens ab 1971 von Spaltungen geprägt, die zum Teil auf politische Entscheidungen und die Art ihrer Durchsetzung innerhalb der Organisation zurückgingen. Hatte schon die prinzipielle Ablehnung von Wahlbeteiligungen zur Abspaltung der Gruppe in Andhra Pradesh unter T. Nagi Reddy geführt, so stieß die von Charu Mazumdar propagierte Taktik der Annihilation und ganz besonders deren Umsetzung in Form individueller Morde erst recht auf den Widerstand etlicher Kader, die hierin eine Verengung auf eine rein militärische Logik und eine Isolierung von den real stattfindenden Klassenauseinandersetzungen sahen und stattdessen eine „revolutionäre Massenlinie" propagierten, die bewaffnete Aktionen mit praktischen Interventionen in Bewegungen und Propaganda unter den unterdrückten Teilen der indischen Landbevölkerung verbinden wollten. Symptomatisch für den Realitätsverlust der Kader ist etwa, dass, während die Guerilla gravierende Rückschläge und Niederlagen erlitt, Anfang 1971 im Zentralorgan *Liberation* die Gründung der „Peoples Liberation Army" (PLA) verkündet wurde, die dazu bestimmt war, im nächsten, entwickelteren Stadium des Guerillakampfes diesen zum Volkskrieg um die Eroberung der politischen Macht auszuweiten. Wie Prakash Singh feststellt, existierte diese „Peoples Liberation Army" lediglich auf den Seiten von *Liberation*.[140]

Die immer schärfer zutage tretenden strategischen und taktischen Differenzen wurden dadurch verstärkt, dass es keine Strukturen gab, in denen ein demokratischer Prozess der Diskussion und Entscheidungsfindung ablaufen konnte, vielmehr verstärkte sich seit 1970 der Personenkult um den Generalsekretär Charu Mazumdar, dessen Realitätswahrnehmung zudem offenbar zunehmend selektiver und eingeschränkter wurde.

---

140 Vgl. Singh 1995, S. 77

„Charu Mazumdar verkomplizierte das Problem durch seine Unfähigkeit, die Gruppe als Kollektiv zu stärken. Er hatte die intellektuelle Brillianz, aber nicht die organisatorischen Fähigkeiten, die nötig waren, um die heterogenen Elemente zusammenzuhalten – und die CPI (ML) wurde bald ein geteiltes Haus. Charus Politik des ruchlosen Terrorismus in den städtischen Gebieten und sein voluntaristischer Versuch, die Befreiung Indiens bis 1975 zu erreichen, der zum Verlust wertvoller Kader führte, verbanden sich mit der Tendenz, alle Macht in der Organisation auf seine Person zu konzentrieren, unter Umgehung des Politbüros und des Zentralkomitees, und führten zu hitzigen Kontroversen innerhalb der Partei."[141]

Die Ausgabe verstiegener Losungen durch Mazumdar wie etwa „China's chairman is our chairman!" (1971), verbunden mit der Parteinahme der von ihm geführten Richtung innerhalb der Partei für das von China unterstützte Pakistan während des Unabhängigkeitskrieges in Ostbengalen, dem späteren Bangladesch, vervollständigten das bizarre Bild, das der linke Radikalismus in Indien in dieser Phase abgab und führten zur weiteren Abwanderung von Kadern, die austraten oder ausgeschlossen wurden, weil sie Kritik an der Linie der Partei geübt hatten. Die immer zahlreicher werdenden Kritiker innerhalb der CPI (ML) und ihrer Abspaltungen warfen ihm, neben Autoritarismus und Vulgarisierung des Marxismus-Leninismus, vor, die Bedingungen für einen revolutionären Umgestaltungsprozess falsch einzuschätzen, was insofern ein reales Problem reflektiert, als Mazumdar kaum jemals in seinem Leben West Bengal verlassen hatte und sowohl er als auch der Kern der Maoisten in und um Calcutta die spezifisch bengalische Erfahrung einer Tradition politischer Militanz und der Existenz starker sozialer Bewegungen sowohl in den Städten als auch auf dem Land auf den gesamtindischen Kontext projizierten, was zu fatalen Fehleinschätzungen der Kräfte und Möglichkeiten führen musste.[142] Zwischen 1971 und 1972 kam es zu nicht weniger als sieben Spaltungen, die es zunehmend schwieriger machten, die verschiedenen und allesamt personell geschwächten Fraktionen zuzuordnen. Im Frühjahr 1972 begann schließlich die Kommunistische Partei Chinas, sich vorsichtig von Mazumdar und der Perspektive des bewaffneten Kampfes in Indien zu distanzieren. Kritik von chinesischer Seite wurde vor allem an Mazumdars Verständnis der „Annihilation" geübt, zudem äußerte man sich besorgt über die Unterordnung der Klassenkämpfe in den Städten unter den bewaffneten Kampf in den ländlichen Gebieten, den die Führung der Mazumdar-Fraktion der CPI (ML) immer noch propagierte, obwohl es

---

141 Singh 1995, S. 82
142 Vgl. Singh 1995, S. 84f

nur noch in sehr geringem Umfang ländliche Guerilla-Einheiten gab, die in der Lage waren, den letzteren überhaupt zu führen. Am 16. Juli 1972 schließlich wurde der gesundheitlich angeschlagene und zunehmend isolierte Mazumdar von Einheiten der bewaffneten Polizei in seinem Versteck aufgespürt, verhaftet und starb zwei Wochen später unter bis heute ungeklärten Umständen in seiner Haftzelle im Zentralgefängnis von Alipore.

Mazumdars Vermächtnis war auf kurze Sicht ein gescheiterter Aufstand, dessen Kräfte nicht nur durch mangelnde Effizienz und kurzfristige Mobilisierung, sondern auch durch eine sektiererische Politik, eine – aus den Erfahrungen der Zeit erklärbare – Ablehnung der bisherigen Formen von Massenmobilisierungen und sozialen Bewegungen und einer Fixierung auf die revolutionäre Gewalt in ihren zum Ende hin immer nackter terroristischen und individualistischen Formen geschwächt wurde. Dennoch wurde Mazumdar zu einer Symbolfigur der radikalen Linken Indiens, auch über seine unmittelbare politische Wirkung hinaus und womöglich vor allem, nach dem seine exzentrischen und problematischen Züge posthum dem Vergessen anheimgefallen waren. Als eine solche Symbolfigur ist seine Bedeutung auch für die heutigen Naxaliten nicht zu unterschätzen. Arundhati Roy kommt, im Frühjahr 2010, inmitten eines Guerillalagers der CPI (Maoist) bei einem Festakt mit einem großen Porträt Mazumdars konfrontiert, dementsprechend zu einer abwägenden und letztlich ihn vor der Geschichte freisprechenden Einschätzung seiner Person:

„Seine grobe Rhetorik schwelgt in Gewalt, Blut und Opfertod, und verwendet oft eine so brutale Sprache, dass sie sich beinahe genozidal anhört. Als ich hier stehe, am Bhumkal-Tag, kann ich nicht anders, als zu denken, dass seine Analyse, so wichtig für die Struktur dieser Revolution, doch so fern von ihren Gefühl und ihrer Textur ist. Als er sagte, dass nur ‚eine Vernichtungskampagne‘ den ‚neuen Menschen (hervorbringen könnte), der dem Tod trotzen und frei sein würde von jedem Gedanken an Eigeninteresse‘ - hätte er sich da denken können, dass dieses alte Volk, das durch die Nacht tanzte, dasjenige sein würde, auf dessen Schultern seine Träume einst ruhen würden?

Als Charu Mazumdar seinen berühmten Ausspruch tat, dass ‚Chinas Vorsitzender unser Vorsitzender ist und Chinas Weg der unsrige ist‘, war er bereit, so weit zu gehen, dass die Naxaliten schwiegen, als General Yahya Khan Völkermord in Ost-Pakistan (Bangladesch) beging, weil China zu jener Zeit Alliierter von Pakistan war. Es herrschte auch Schweigen über die Roten Khmer und ihre Todesfelder in Kambodscha. Es herrschte Schweigen über die großen Exzesse der chinesischen und russischen Revolution. Schweigen über Tibet. Innerhalb der Naxaliten-Bewegung hat es auch Gewaltexzesse gegeben, und es ist unmöglich, viel von dem zu verteidigen, was sie getan haben. Aber kann irgendetwas, was sie getan haben, mit den schmutzigen

Handlungen des Kongress und der BJP verglichen werden? Und dennoch, trotz all dieser erschreckenden Widersprüche, war Charu Mazumdar in vielem, was er sagte und schrieb, ein Visionär. Die Partei, die er gründete (und ihre vielen Splittergruppen), haben den Traum von der Revolution in Indien lebendig und präsent erhalten. Man stelle sich eine Gesellschaft ohne diesen Traum vor. Allein dafür können wir ihn nicht zu hart beurteilen."[143]

Mit Mazumdars Tod ging der letzte Rest an Zusammenhalt in der zersplitterten maoistischen Untergrundbewegung verloren. Die Untergrundorganisationen in Westbengalen waren fast vollständig aufgerieben, Gruppen der CPI (ML) und ihrer Abspaltungen, die im Laufe der siebziger Jahre ins Unübersehbare anwuchsen, überlebten in einigen abgelegenen ländlichen Regionen in Andhra Pradesh, Maharashtra und im südlichen Bihar. Noch 1995, als der Prozess der Umgruppierung und der Fusionen naxalitischer Gruppen schon weit fortgeschritten war, schätzte Prakash Singh die Anzahl der Naxalitenorganisationen, die sich in irgendeiner Weise auf die CPI (ML) zurückführen ließen, auf über 40, darunter zehn relativ starke Guerilla-Gruppen wie die „Peoples War Group" in Andhra Pradesh, Maharashtra und Madhya Pradesh oder das Maoist Communist Centre (MCC) mit Schwerpunkt in Bihar.[144] Davon abzugrenzen sind Gruppen, die in Abgrenzung zur ausschließlich auf den Guerillakrieg setzenden Politik der alten CPI (ML) eine stärker politisch akzentuierte und auf Massenaktionen setzende Strategie vertreten, die bis hin zu Wahlbeteiligungen reicht, besonders ist hier die Communist Party of India (Marxist-Leninist)–Liberation zu nennen, die, 1973 als eines der Spaltprodukte der CPI (ML) entstanden, im Laufe der letzten 30 Jahre mehrere Sitze in der Lokh Sabha sowie in den Staatsparlamenten Bihars, Assams und des Punjab hatte.

### 3.3.3. Mögliche strukturelle Gründe für das Auftreten und Scheitern der ersten naxalitischen Welle 1967-1972

Wie bereits in einem früheren Abschnitt erwähnt, waren die kommunistischen Parteien in Indien durch einen strukturellen Widerspruch zwischen einer weitgehend aus ArbeiterInnen, kleinen Angestellten und Kleinbauern bestehenden Basis und einer aus dem Bürgertum und den gehobenen Kasten rekrutierten Führung charakterisiert. Das instrumentelle Verhältnis der Parteiführungen von CPI und CPI (M) zur ArbeiterInnenklasse ist, neben ideologischen Ursachen, auch dadurch erklärbar. Asish Kumar Roy arbeitet

---

143 Roy 2010, Internetquelle
144 Singh 1995, S. 105ff

in seiner Studie *The Spring Thunder and After* die soziale Zusammensetzung des kommunistischen Führungspersonals überzeugend heraus. Er stellt fest, dass von den 33 Mitgliedern des West Bengal State Committee (WBSC) der CPI (M) 1969/70 immerhin 24 den drei höchsten Kastenfarben (*varna*) angehörten, 31 von ihnen hatten einen akademischen Hintergrund und nur drei kamen aus Familien mit proletarischem Hintergrund. Der Großteil der führenden Personen der CPI (M) waren Kinder von Grundbesitzern, Ärzten, Anwälten oder Lehrern. Für die CPI ergab sich ein ähnliches Bild: Von den neun Mitgliedern ihres Leitungsgremiums in Westbengalen waren acht Angehörige von Hindu-Familien der gehobenen Mittelklasse und einer kam aus einer wohlhabenden muslimischen Familie.[145] Diese auf den ersten Blick überraschende soziale Zusammensetzung hat offenbar starke Bezüge zu den Ursprüngen der kommunistischen Bewegung in Indien, die in ihren Anfängen keine Massenbewegung aus den industriellen Sektoren der indischen ArbeiterInnenklasse oder der großen Bevölkerungsmehrheit des ländlichen Proletariats, sondern in hohem Maße von radikalisierten Angehörigen der städtischen gehobenen Mittelklasse geprägt war. Amyia K. Samanta diskutiert diese Frage anhand früherer Studien, die in dieser Hinsicht zu eindeutigen Aussagen kommen, die sich zwar auf West Bengal beziehen, jedoch angesichts der herausragenden Rolle dieser Region für die indischen KommunistInnen mindestens für die ersten Jahrzehnte ihrer Existenz symptomatisch sein dürften :

„Marcus F. Franda hat in seiner Studie ‚Radical Politics in West Bengal' die Faktoren untersucht, die dem Wachstum des Naxalismus innerhalb der kommunistischen Bewegung in dem Bundesstaat zugrundelagen. In den 1930er und 1940er Jahren wurden die Reihen der kommunistischen Partei durch die Terroristen gestärkt, die zu einem erheblichen Teil aus der bhadralok-Klasse kamen, die mehr oder weniger das selbe ist wie die urbane Mittelklasse. Kommunismus in West Bengal ist, Franda zufolge, ein Mittelklassenphänomen, da der intellektuelle Marxismus in Begalen eher aus der Sphäre der hochgebildeten bhadralok in Calcutta herrührte als aus dem Organisationsapparat der Bewegung. Ihm zufolge ‚dominiert die Weltsicht der städtischen bhadralok in und um Calcutta immer noch die Denkweise der Partei', obwohl die Führung versuchte, ‚eine neue politische Massenorganisation aufzubauen, um die Kluft zwischen den aus der Elite kommenden Führungskadern und der Masse der Anhänger zu überbrücken'. Sogar den Maoisten gelang es nicht, diese Kluft zu überwinden."[146]

---

145 Vgl. Roy 1975, S. 176
146 Samanta 1984, S. 32

Es stellt sich die Frage, ob die Entstehung der CPI (ML) einen Bruch mit diesem strukturellen Widerspruch zwischen Parteibasis und Führung darstellte oder ob es sich hierbei lediglich um eine neue Ausprägung des kleinbürgerlichen Radikalismus handelte, von dem die kommunistische Bewegung Indiens in beträchtlichem Maße geprägt war. Roy dehnte seiner Untersuchung der sozialen Herkunft der führenden kommunistischen Kader auf die CPI (ML) aus und stellte zunächst fest, das von den 22 Mitgliedern des ersten Zentralkomitees der Partei zwölf aus Westbengalen kamen, von denen wiederum elf von ihrer Herkunft her den städtischen Mittelklassen angehörten und einer dem Segment der mittleren Bauern entstammte. Er ergänzt dies durch eine Analyse der Kastenherkunft der Angehörigen des inneren Führungszirkels der Partei und kommt zu dem Ergebnis, dass von den zwölf zentralen Führungsfiguren der CPI (ML) zehn den beiden höchsten *varna* der Brahmanen und Kshatryas (im bengalischen Kontext Kayastha) angehörten, während lediglich zwei Angehörige der Scheduled Castes bzw. Scheduled Tribes waren.[147]

Roy fasst die Ergebnisse seiner Erhebung wie folgt zusammen:

> „Die weiterführende Analyse der Klassenherkunft der CPI (ML)-Führungsmitglieder aus West Bengal ergibt klar, dass die CPI (ML), wie die beiden anderen kommunistischen Parteien eine elitengeprägte Organisation ist. Obwohl in einem späteren Stadium der Versuch unternommen wurde, die Unterstützung der Armen, der unteren Kasten und der nicht über formale Bildung verfügenden Massen zu gewinnen, zeigen sämtliche verfügbaren Belege, dass die Maoisten in West Bengal nicht erfolgreich dabei waren, Mitglieder sozialer Gruppen mit niedrigem sozialem Status in Führungspositionen in der Partei zu bringen oder sich die ungeteilte Rückendeckung solcher Gruppen zu sichern."[148]

Er resümiert, die Naxaliten der Phase zwischen 1967 und 1975 seien zum großen Teil ein Ausdruck der Jugendrevolte in der indischen Mittelklasse gegen alle etablierten Normen und Wertvorstellungen gewesen, deren sozio-psychologisches Milieu einer genaueren Untersuchung bedürfe. Bengalen habe bereits seit dem 19. Jahrhundert eine Phase ökonomischer wie sozialer Modernisierung durchlaufen, in deren Folge Teile der traditionellen grundbesitzenden Klasse sowie kleinbürgerlicher Klassensegmente in den Städten in einem Maße Zugang zu Bildungseinrichtungen und beruflicher Qualifizierung bekommen hätten, das kaum vergleichbar mit anderen Re-

---

147 Vgl. Roy 1975, S. 176
148 Roy 1975, S. 177

gionen Britisch-Indiens oder auch der vorangegangenen Generation gewesen sei. Die Erfahrung, dass diese jedoch nicht verbunden waren mit entsprechenden Möglichkeiten des gesellschaftlichen Aufstiegs und der Integration in den Indian Civil Service oder andere ihrer Qualifikation entsprechende Beschäftigungsmöglichkeiten, hätte seit Anfang des 20. Jahrhunderts eine Form des häufig gewalttätigen politischen Radikalismus hervorgebracht, der gerade für die bengalische Mittelklasse charakteristisch gewesen sei und eine spezielle Rolle in den militanteren Teilen der indischen Unabhängigkeitsbewegung gespielt habe.[149]

Roy sieht deutliche Parallelen zwischen dem bengalischen Radikalismus dieser Phase und dem Phänomen der Naxaliten:

> „Was jedem politischen Beobachter ins Auge sticht, ist die monströse Tatsache des ökonomischen, sozialen und psycholgischen Drucks, der sich aufgestaut hatte und die naxalitische Eruption hervorbrachte. Frustration und Zorn vertieften sich angesichts der prekären Beschäftigungssituation, hohen Lebenshaltungskosten, überbevölkerten und sanitär katastrophal ausgestatteten Wohnquartieren und der Krise des akademischen Systems. Diese Zersetzung sozialer Perspektive intensivierte die überhandnehmende Stimmung der Entfremdung."[150]

Dies erklärt jedoch nicht, warum die Agitation der Naxaliten in bestimmten ländlichen Regionen vor allem des Terai-Hügellands im nördlichen Westbengalen, aber auch in Teilen der Bundesstaaten Bihar und Andhra Pradesh, zeitweilig durchaus erfolgreich war und Unterstützung fand. Neben dem Anteil eines Radikalismus aus der Jugend der urbanen Mittelklasse heraus, gab es durchaus auch ein Element kleinbäuerlicher Militanz, die vor allem unter Angehörigen der indischen Stammesbevölkerungen, also den ursprünglichen und von verschiedenen Besiedlungs- und Eroberungwellen der letzten 4.000 Jahre in die Wald- und Bergregionen abgedrängten Urbevölkerung, besonders stark war und ist.

Marius Damas untersucht in seiner Analyse der sozialen Basis der Naxaliten die Stammesbevölkerung der Santals in Nordbengalen, die an der Aufstandsbewegung in Naxalbari und der nachfolgenden Phase naxalitischer Guerilla-Aktivitäten in dieser Region einen überproportional hohen Anteil hatte. Er legt hierbei seinen Schwerpunkt auf die Krise der sozialen Strukturen der Santals durch den Verlust von Landrechten und Verfügungsgewalt über die Ressourcen an von außerhalb der Stammesstruktur kommende

---

149 Vgl. Roy 1975 S. 265ff
150 Roy 1975, S. 267

Gruppen von Grundbesitzern sowie das Eindringen der Produktion von landwirtschaftlichen Gütern wie Reis und Tee für den Markt anstelle der tradierten Subsistenzproduktion. Er beschreibt die Geschichte der Santals als eine Geschichte der wiederholten Urbarmachung von Land, gefolgt von der Enteignung dieses Landes durch nichtproduzierende Klassen- und Kastensegmente von außen. Dieser Kreislauf wurde durchbrochen, als kein ‚freies' Land mehr zur Verfügung stand, auf das die Santals hätten ausweichen können. Ihre Perspektive bestand nun darin, als Pächter oder Landarbeiter den Grund und Boden zu bestellen, den sie selbst urbar gemacht hatten.

„Mit anderen Worten: Die Geschichte der Santals, wie auch die Geschichte anderer Stammesgruppen in Indien ist die Geschichte ihrer Proletarisierung. Sie beteiligten sich an der Naxalitenbewegung nicht aus einer subjektiven Identität als Stammesangehörige heraus, sondern objektiv als Angehörige einer Klasse. Indem sie dies taten, schlossen sich ihnen Menschen aus unterschiedlichen kulturellen Bezugssystemen an. Was sie zusammenbrachte, war eine ähnliche Geschichte der Ausbeutung und Entfremdung von dem, was in Indien immer noch das vorherrschende Produktionsmittel ist: Land."[151]

Edward Duyker hat in seiner Studie *Tribal Guerillas. The Santals of West Bengal and the Naxalite Movement* detailliert diesen Prozess der Auflösung gentilgesellschaftlicher, durch Subsistenzlandwirtschaft und in begrenztem Umfang einfachen geldlosen Warentauschs gekennzeichneter Strukturen der Santal-Kultur nachgezeichnet, der mit den britischen Bemühungen um die Errichtung einer auf Lohnarbeit basierenden marktorientierten Plantagenkultur begann und die Expropriation des Landeigentums der Stammesbevölkerung, die Verschuldung und den durch diese forcierten Zwang zur Lohnarbeit ebenso umfasst wie die Arbeitsmigration in andere Plantagengebiete Bengalens und Bihars.[152] In Naxalbari, ebenso wie in anderen naxalitischen Aufstandszonen in Westbengalen, wie Midhnapore und Birhbum, nahmen neben Santals sowohl andere Adivasi-Gruppen wie etwa Gruppen der Munda Mahali und Kora, als auch Angehörige der Scheduled Castes, die also keinerlei Stammesstrukturen zugehörig, sondern subalterne Klassen- und Kastenelemente der von außen eindringenden Hindu-Gesellschaft waren, an diesen Aufständen teil, wie etwa Bagdi, Bauri, Dom, Tanti und Kamar.[153] Die Naxalitenbewegung in West Bengal weist in dieser Hinsicht

---

151 Damas 1991, S. 144
152 Vgl. Duyker 1987, S. 45
153 Vgl. Damas 1991, ebd.

Parallelen zu den von Duyker dargestellten Aufständen der Santals gegen die Modernisierungsstrategien der Briten in Nordbengalen in den 1850er Jahren auf, als durch den Aufbau der Teeplantagenwirtschaft bereits in großem Stil Landnutzung und Landbesitz der Santals eingeschränkt wurde und die auf Gemeineigentum basierende Subsistenzökonomie ihres Volkes schwere Schläge erlitt. Das solidaritätsstiftende Moment war, sowohl im 19. wie auch im 20. Jahrhundert, erkennbar nicht das einer bestimmten ethnischen oder Kastenzugehörigkeit, sondern die gemeinsame Erfahrung der ökonomischen Deklassierung und Ausbeutung und damit die Erfahrung einer gemeinsamen Klassenzugehörigkeit.

Die Santals, laut Zensus von 1971 mit rund 3,6 Millionen Menschen eine der größten Gruppen der Adivasi bzw. Scheduled Tribes in Indien[154], nahmen innerhalb der frühen naxalitischen Aufstandsbewegung eine Vorreiterrolle ein und gaben ihr in Teilen einen, von Duyker festgestellten, messianischen Charakter, der aus der Krise der Santal-Kultur und der Zerstörung ihrer tradierten sozialen Bindungen sowie der daraus resultierenden Atomisierung und Entfremdung heraus erklärbar ist und andere betroffene tribale Gruppen in Nordbengalen und Bihar mitriss. Was diese Faktoren verstärkte, war die Tatsache, das die Santals wie andere Adivasi-Gruppen nicht in die Parameter der hegemonialen Hindu-Gesellschaft und die mit ihnen einhergehenden Kastenstrukturen und sozialen Statusgruppen integriert waren und daher über keine Option der konservativen Krisenbewältigung durch Neudefinition, Funktionswandel und Nutzung von Kastenstrukturen zur Moderation der Klassenkonflikte und Ausbeutungsverhältnisse verfügten.

> „Von ihrem Land enteignet, gezwungen, in den Arbeitsmarkt einzutreten, ihr Gefühl von Zusammengehörigkeit und Sicherheit bedroht und ihre Angehörigen von dikkas oder Fremden eingeschüchtert, scheinen die Santals von ihrem Vertrauen zueinander und zu ihrem kulturellen Erbe bestärkt worden zu sein; so warfen sie Jahre des Stillhaltens ab und wandten sich dem gewaltsamen Widerstand zu. [...] Als die Santals von der Wut über den ihnen aufgezwungenen Wandel ergriffen wurden (den sie weder verstehen noch in ihrem Sinne beeinflussen konnten) attackierten sie gewaltsam jene Gruppen, von denen sie sich am stärksten bedroht fühlten, die jotedars und usurers."[155]

Wir werden später sehen, wie in Bihar und anderen Regionen Indiens auf der Basis eines vergleichbaren Prozesses der kapitalistischen Durchdringung

---

154 Vgl. Duyker 1987, S. 2
155 Duyker 1987, S. 161f

der Agrarökonomie das Kastensystem zum einen gestärkt und zum Element der Artikulation von Klasseninteressen einer aufsteigenden agrarischen Mittelklasse wird, durch die damit einhergehende Brutalisierung der Klassen- und Kastenverhältnisse jedoch zugleich das gesamte Kastensystem in Frage gestellt wird und die 1972 scheinbar bis auf geringe Überreste besiegten Naxaliten im Laufe der 1980er und 1990er Jahre allmählich zum zentralen Element dieser Infragestellung heranreifen.

Duyker resümiert die sozialen Ursachen für das Auftreten der Naxaliten in ihrer Frühphase wie folgt:

> „Daraus ergibt sich, dass die Naxalitenbewegung in West Bengal das Ergebnis des Zusammentreffens drei grundlegender historischer Trends ist: der Fragmentierung der indischen kommunistischen Bewegung, der fortschreitenden Polarisierung des ländlichen Sozialgefüges und des lebendigen sozialen Gedächtnisses der Santals."[156]

Und – so muss auf der Basis der Untersuchung Roys ergänzt werden – der Krise der urbanen Mittelklasse, deren akademische Jugend, vor allem in Bengalen, seit dem frühen 20. Jahrhundert durch die Modernisierung der Gesellschaft, die kapitalistische Durchdringung der Sozialbeziehungen und den Niedergang alter Industrien sowie die Blockierung erhoffter Aufstiegswege radikalisiert wurde und mehrere explosionsartige Ausbrüche gewaltsamer Rebellion gegen die Perspektivlosigkeit der gegebenen Rahmenbedingungen erlebte.

Beginnend mit dem Abebben der agrarischen Aufstandsbewegung im Frühjahr 1970 und sich fortsetzend über einen Zeitraum von etwa zwei Jahren kann die naxalitische Bewegung in West Bengal wesentlich als eine Rebellion der städtischen Jugend charakterisiert werden, die mit Regelmäßigkeit gewaltsame Formen annahm und in besonderem Maß die Metropole Calcutta erfasste. Tatsächlich ermunterte die Führung der Naxaliten unter Charu Mazumdar die Jugendlichen und StudentInnen explizit dazu, den Funken zu entfachen, der das industrielle Proletariat und die ländlichen Kleinbauern dazu inspirieren sollte, sich gegen ihre Unterdrückung zu erheben. Die Jugend spielte gerade für Mazumdar eine entscheidende Rolle für den revolutionären Prozess, da sie vieles von dem verkörperte, was als ein historisch rebellischer Sektor der indischen Gesellschaft angesehen wurde und geeignet schien, die Entwicklung einer revolutionären Persönlichkeit zu ermöglichen, die Mazumdar zufolge notwendig war, um die erstarrten Macht- und Mentalitätsstrukturen der Gesellschaft zu sprengen. Hinzu kam, dass

---

156 Duyker 1987, S. 162f

für Mazumdar die Jugendlichen und StudentInnen über beispielhafte Qualitäten verfügten, um eine revolutionäre Bewegung zu entfachen, die ihrer Vorstellung der chinesischen Kulturrevolution entsprachen.[157]

Auf einer praktischen Ebene waren die StudentInnen besonders empfänglich für die als revolutionär angesehenen Gedanken Mao Zedongs und verbreiteten diese mit großer Hingabe und Leidenschaft unter den Massen. Ihr selbstloser und leidenschaftlicher Einsatz für die revolutionären Ziele und ihre Ungebundenheit machten sie zu idealen Kadern der Partei. In seinem Artikel *Einige Worte an die revolutionären StudentInnen und die Jugend* vom März 1970 schrieb Mazumdar:

> „Im Leben eines Menschen ist die Phase zwischen dem achtzehnten und dem vierundzwanzigsten Lebensjahr diejenige, in der er am härtesten arbeiten und am kämpferischsten, mutigsten und treuesten seine Ideen verfechten kann."[158]

Es wurde bereits erwähnt und sollte hier noch einmal in Erinnerung gerufen werden, dass die Jugendlichen und StudentInnen, die an dieser Bewegung beteiligt waren, keine homogene Masse darstellten, vielmehr waren es bestimmte sehr verschiedene Sektoren der jungen Generation, die sich von der Bewegung aus unterschiedlichen Beweggründen angezogen fühlten. Die sozioökonomischen Bedingungen West Bengals spielten eine erhebliche Rolle dabei, Unruhe und Unzufriedenheit in der städtischen Jugend zu verbreiten. Hinzu kamen die Mängel eines unzureichenden Bildungssystems, in dem das Lehrer-Schüler-Verhältnis bei 1 zu 200,6 lag und die Desillusionierung über den Wert der erreichbaren Bildungsabschlüsse sowie die Chancen für sozialen Aufstieg, die damit verbunden waren, bereits sehr verbreitet war. Auf eine solche Grundstimmung konnte Mazumdars Aufruf, sich „in den revolutionären Kampf hier und jetzt einzureihen, anstatt eure Energie damit zu verschwenden, Prüfungen zu bestehen"[159], auf eine positive Resonanz stoßen.

Einer der Gründe dafür, dass die historische Naxalitenbewegung der frühen 1970er Jahre im kollektiven Gedächtnis der indischen Bourgeoisie bis heute präsent geblieben ist, dürfte die Teilnahme tausender StudentInnen aus der Mittelklasse und den Elitehochschulen des Landes und vor allem West Bengals gewesen sein, die damit einen, wie sie meinten, fundamentalen Bruch mit ihrer Klasse und den vom Establishment an sie gestellten Erwartungen

---

157 Dasgupta 2006, S. 1920

158 Mazumdar, zitiert bei Dasgupta 2006, S. 1921

159 Ebd.

vollzogen, auch wenn im Laufe der 1970er Jahre viele dieser studentischen Kader, sofern sie überlebt hatten, nach Absitzen ihrer Gefängnisstrafen und einem mehrjährigen Prozess der Reintegration letztlich dorthin zurückkehrten, woher sie gekommen waren. Die Erfahrungen dieser radikalisierten StudentInnen mit den bisherigen Formen des Aktivismus überzeugten viele von der Ineffizienz jeglicher institutionalisierter und legaler Politik, gemessen an dem Ziel, die drückenden und drängenden sozioökonomischen Probleme ihrer Zeit zu lösen. Die Bewegung von Naxalbari gab ihnen ein Ziel und fungierte in ihrer politischen Wahrnehmung tatsächlich als eine Art Leuchtfeuer, das sie auf den bewaffneten Kampf hin orientierte. Und die Mobilisierung der Jugend hatte, vor allem in West Bengal tatsächlich einen Massencharakter: Bis 1973 waren, Dasgupta zufolge, im Zusammenhang mit Naxalitenaktivitäten allein in West Bengal 12.016 junge Menschen inhaftiert worden, darunter etwa 1.400 im Alter unter 18 Jahren.[160] Diese StudentInnen brachten, wie Dasgupta anmerkt[161], eine gewisse Art von Glamour in die Bewegung und die Beteiligung dieser privilegierten und teilweise hochqualifizierten Sektoren der akademischen Jugend führte umgekehrt dazu, dass ihr zunächst von breiten Kreisen auch in der indischen Mittelklasse gewisse Sympathien zuflossen.

Neben diesem studentischen Kern strömten der naxalitischen Jugendbewegung auch eine große Zahl jugendlicher Dropouts und Angehörige der marginalisierten städtischen Unterklassen zu, von denen viele nach allgemeiner Auffassung weniger von der ideologischen Eloquenz der Bewegung angezogen waren. In einem Versuch, die Anziehungskraft der Naxalitenbewegung auf diese pauperisierten und proletarisierten Teile der Jugend zu erklären schreibt Biqlab Dasgupta:

„Im Gegensatz zu den ElitestudentInnen der Colleges waren die jugendlichen Dropouts generell von akademischer Bildung abgeschnitten. Die Naxalitenbewegung gab ihnen ein Gefühl von Bedeutung und davon, zu einer starken Organisation und einer revolutionären Ideologie zu gehören, unabhängig davon, in welchem Ausmaß sie diese verstanden hatten."[162]

Darüber hinaus bot die Naxalitenbewegung auch einen Anziehungspunkte für jene jungen Männer, die Dasgupta und andere als „antisoziale Elemente"

---

160 Dasgupta 2006, S. 1922
161 Ebd.
162 Biqlab Dasgupta, zitiert bei Dasgupta 2006

bezeichnen[163], die die Bewegung dazu benutzten, Macht und Gewalt auszuüben, persönliche Rechnungen zu begleichen und an Waffen zu kommen. Raghab Bandopadhyay zufolge, schlossen sich viele Jugendlichen aus den unteren Klassen auch der Bewegung an, um in Kontakt mit den StudentInnen der Elitehochschulen zu kommen. Die Naxalitenbewegung war in dieser Zeit der Ort, an dem mehr als irgendwo sonst in der indischen Gesellschaft, eine Interaktion zwischen jungen Menschen der unteren und der gehobenen Klassen stattfand und unabhängig von subjektiven Motivationen bot sie über diesen klassenübergreifenden sozialen Kontakt für viele tatsächlich die objektive Möglichkeit, ihr Selbstwertgefühl zu steigern, mit der akademischen Jugend mitzuziehen und einen Abglanz des vermeintlichen Ruhmes für sich zu erlangen, den die studentischen Führungskader mit ihren Aktionen zeitweilig in bestimmten Teilen der Gesellschaft erreicht hatten.

Wie auch immer die Motivationslagen waren, es kann kein Zweifel daran bestehen, dass es dieser Charakter einer Jugendbewegung war, der sowohl für die naxalitische Führung als auch für die entflammbaren Teile der indischen Öffentlichkeit jenen Thrill ausmachte, den sie durchaus hatte. Ein wichtiges Element dieses jugendlichen Radikalismus war, neben Idealismus, Mut und Leidenschaft auch die Bereitschaft, sich aus freien Stücken einer Disziplin unterzuordnen ‚die von ihnen, um eines höheren Ziels willen quasi-soldatische „Tugenden" und Opferbereitschaft abverlangte. Dazu gehörte auch die Bereitschaft, allen Komfort aufzugeben, in die Dörfer zu gehen und ihr Leben mit den Kleinbauern und LandarbeiterInnen zu teilen, Härten und Leiden auf sich zu nehmen. Aus dieser Bereitschaft zu leiden und sich zu opfern, dieser teilweise in Selbstverleugnung umschlagenden revolutionären Askese, die gerade für die in Komfort und ohne größere materielle Sorgen aufgewachsenen Kader mit Herkunft aus den herrschenden Klassen fast als ein Ritual der Reinigung aufgefasst werden kann, sollte der von Mazumdar angestrebte „neue Mensch" entstehen, der als revolutionäre Persönlichkeit jegliches egoistische Eigeninteresse aufgegeben hat und sich im revolutionären Prozess und in der Gemeinschaft der Revolutionäre verwirklicht.[164]

Das in den einschlägigen Dokumenten gezeichnete Bild vom „neuen Menschen" zeigt allerdings zugleich auch die praktische Begrenztheit des revolutionären Bewusstseins auf, denn die mit der Selbstdisziplin und Operbereitschaft verbundene wesentliche Eigenschaft war die des Gehorsams gegenüber den Direktiven der Partei und nicht zuletzt denen der autoritären Führerpersönlichkeit Charu Mazumdar. Zumal in der Praxis das

163 Ebd.

164 Vgl. Dasgupta 2006, S. 1921

Verhältnis zu den ländlichen Massen ein komplexes und ambivalentes blieb, das kontext- und situationsabhängig zwischen paternalistischer Führung des agrarischen Proletariats durch die intellektuellen Kader, eigenständiger Beeinflussung der Politik der Partei vor Ort durch die indigenen Kleinbauern und gewaltsam ausgetragenen Konflikten zwischen den verschiedenen Klassensegmenten innerhalb der Bewegung reichen konnte. Fest steht, dass, allem revolutionären Anspruch zum Trotz, die intellektuellen Führungskader überwiegend erhebliche Schwierigkeiten damit hatten, ihr klassenspezifisches Dominanzverhalten gegenüber den ländlichen Massen abzulegen und die Entwicklungsschritte und Bewusstseinsformen zu verstehen, die der Prozess der Selbstbefreiung und Selbstorganisation der Adivasi im Rahmen der Naxalitenbewegung beinhaltete.[165]

Die Widersprüche zwischen den städtischen Kadern und den Adivasi-Kleinbauern und LandarbeiterInnen lagen jedoch nicht nur in klassenspezifischen Verhaltensweisen begründet, auch die Formen der Radikalisierung und der Teilnahme an der Bewegung waren andere. Bei den Santals etwa waren ganze Familien und Clans geschlossen der Bewegung beigetreten, die familiären und gentilgesellschaftlichen Loyalitäten und Bindungen blieben auch im Untergrund intakt. Die Ideologie der CPI (ML) jedoch verlangte, dass die primäre Loyalität der Partei und der Bewegung zu gelten habe und familiäre Bindungen keine Gültigkeit für RevolutionärInnen haben dürften. Von den jungen Kadern wurde erwartet, dass sie ihre beruflichen Laufbahnen, ihr Studium und ihr Mittelklasseleben aufgeben und ein von ihrem bisherigen Dasein abgetrenntes Leben als Berufsrevolutionäre führen sollten. Viele der Kader waren gegen den Willen ihrer Familien der Bewegung beigetreten. Während es also in der Weltsicht der Naxaliten keine höhere Loyalität als die zur Partei geben konnte, waren die Santals, die sich an der Bewegung beteiligten, ihren verwandtschaftlichen Bindungen weiterhin verpflichtet und die Allianz mit den Naxaliten wurde primär danach beurteilt, inwiefern sie sich mit den Bedürfnissen der Stammesgemeinschaft vereinbaren ließ. Schon deshalb mussten die Naxalitenkader im Stammesgebiet ihre Strategie auf andere Bedingungen ausrichten, was dazu führte, dass oftmals die Agitation bemüht war, die geistige Verbindung der Naxalitenbewegung zu den historischen Aufstandsbewegungen der Santals in den 1850er Jahren zu betonen. Dass die unterschiedlichen Herangehensweisen damit jedoch nur ansatzweise überbrückt werden konnten, legt Dasgupta mit Bezug auf Edward Duykers Studie über die Santals und die Naxalitenbewegung dar:

---

165 Vgl. Dasgupta 2006, S. 1925

„...für die Santals waren ihre historischen Führer wie Jangal Santal and Gunadhar Murmu nicht einfach Helden der Bauernbewegung, sondern heilige messianische Figuren. Daher war die Bedeutung der Naxalitenbewegung für die beteiligten Santals qualitativ verschieden von der, die ihr die Nicht-Stammesangehörigen beimaßen. Die Santals gaben ihr einen Sinn, der auf ihren Traditionen und kulturellen Praktiken basierte und sich von dem von der CPI (ML)-Führung propagierten unterschied. Es ist das, was uns hilft, zu verstehen, wie die Santals in der Bewegung eine autonome Weltsicht bewahrten, die völlig eigenständig und durch die Kader der Naxalitenführung nicht zu beeinflussen war."[166]

Hier stellt sich nun ein Problem, das sich aus den verfügbaren Quellen ergibt, denn die nicht wenigen Studien indischer marxistischer und nichtmarxistischer AutorInnen über die Frühphase der Naxaliten legen ihren Schwerpunkt weit überwiegend auf die Radikalisierungsprozesse in den städtischen und studentischen Segmenten und begnügen sich oft dabei, deren „Elitismus" und die daraus resultierenden Widersprüche zur ländlichen Basis der Aufstandsbewegung darzulegen, ohne auf deren weitere Entwicklung genauer einzugehen. Was passierte mit den an der Naxalitenbewegung beteiligten Adivasi? Wir wissen, dass an einigen Orten etwa die Santals gegen die paternalistische Dominanz der studentischen Kader rebellierten und ihre eigene Sichtweise und ihre Kampfformen gegenüber den Direktiven der Partei zur Geltung brachten. Aber diese Informationen bleiben sehr vereinzelt und so kommt eine Darstellung der historischen Entwicklung dieser Bewegung schnell in die Gefahr, einerseits eine auf den Sichtweisen der damaligen studentischen Führungskader basierende Organisationsgeschichte zu liefern und andererseits den verengten Blick ehemaliger Beteiligter und sozialwissenschaftlich Forschender zu übernehmen, die das Schicksal der ländlichen Adivasi-AktivistInnen schnell wieder aus dem Blick verlieren. Diesem Bericht könnte nur mit Methoden einer „oral history" abgeholfen werden, die versucht, Politisierungsprozesse jenseits der gängigen schriftlichen Überlieferungswege zu rekonstruieren. Dazu gibt es, zumindest in Bezug auf die Naxalitenbewegung, bisher kaum Ansätze, zumal die Flut an historischen und soziologischen Untersuchungen über Naxalbari und die Folgen, die in der ersten Hälfte der 1970er Jahre so schnell angeschwollen war, mit dem Ausklang dieses auch für Indien so ereignisreichen Jahrzehnts jäh abebbte.

Ebenso ambivalent blieb die Rolle der Frauen in der Bewegung, deren zahlenmäßiger Anteil kaum nachprüfbar ist. Verbürgt ist, dass es eine nicht geringe Zahl weiblicher Aktivistinnen und Kader gab, ebenso deutlich ist

---

166 Dasgupta 2006, S. 1924f

aber auch, dass die Führung der Partei die Rolle der Frauen in der Bewegung in erster Linie als die von „Helferinnen" sah und keinerlei Bewusstsein einer eigenständigen Rolle von Frauen im revolutionären Prozess entwickelte.[167]

## 3.4. Reorganisierung der naxalitischen Gruppen im Laufe der siebziger Jahre

Nach dem Zerfall der CPI(ML) und der Verhaftung oder Tötung eines großen Teils ihrer führenden Kader konzentrierten sich die Reste der zeitweilig bis zu 40 verschiedenen aus ihr hervorgegangenen Gruppen im Wesentlichen auf bestimmte Distrikte in Andhra Pradesh, Bihar und Maharashtra. Bis 1975 hatte die Mehrzahl der rivalisierenden Fraktionen die Taktik der „Annihilation" als sektiererisch verworfen und sich auf jeweils verschiedene Strategien der Untergrundtätigkeit geeinigt, die vom Volkskrieg aus ländlichen Guerillabasen hinaus bis zur Unterstützung sozialer Bewegungen und auch Wahlteilnahmen reichten. Hierbei zeichneten sich zwischen den verschiedenen Gruppen Polarisierungen ab, die zum einen auf der unterschiedlichen Einschätzung der politischen Entwicklung in China basierten, zum anderen auf der Haltung zu den strategischen Festlegungen und der politischen Linie Charu Mazumdars. Hatte noch der neunte Parteikongress der KPCh, zu diesem Zeitpunkt unter der Führung des Mao-Vertrauten Lin Biao, eine Resolution verabschiedet, in der der bewaffnete Kampf in verschiedenen asiatischen Ländern, darunter Indien, gewürdigt und das Ziel formuliert worden war, diese Guerillabewegungen zu einer internationalen antiimperialistischen Front der Befreiung weiterzuentwickeln, so hatte es nicht lange danach einen Machtwechsel innerhalb der chinesischen KP gegeben und die neue Führung der KPCh unter Chou En-Lai war wenig geneigt, mit desperaten und in zunehmenden internen Rivalitäten verstrickten Guerillagruppen zusammenzuarbeiten, Lin Biao wurde auf dem 10. Parteikongress im August 1973 förmlich seiner Ämter enthoben und die Abschlussresolution des Kongress erwähnte die CPI (ML) mit keiner Silbe mehr.

Dieser Verlust internationaler Unterstützung wurde von den verschiedenen CPI (ML)-Fraktionen als dramatisch wahrgenommen und führte dazu, dass ein Teil der Gruppen die neue Linie der chinesischen KP (die bald darauf auch zu einer außenpolitischen Annäherung an die USA führen sollte) als Verrat ablehnte und stattdessen weiterhin die Politik Lin Biaos verteidigte. Verbunden damit war ebenso ein unkritisches Festhalten an Mazumdars Taktik der Annihilation, ungeachtet der Tatsache, dass diese Vorgehenswei-

---

167 Dasgupta 2006, S. 1926

se tatsächlich die ländliche Basis in beträchtlichem Maße von den Guerilla-kadern entfremdet hatte und zumindest in der real praktizierten Form als individualisierte und stellvertretend für das ländliche Proletariat von den Guerillas begangene terroristische Akte offenkundig gescheitert war.

Dem gegenüber stand eine Anti-Lin-Biao-Fraktion, die sowohl der Linie Mazumdars, vor allem der Praxis der Annihilation, zunehmend kritisch gegenüberstand und gewillt war, sich auch im Hinblick auf die internationalen (d. h. in erster Linie chinesichen) Bündnispartner auf die neuen Realitäten einzustellen.

Die Pro-Lin-Biao-Gruppe hielt ihren eigenen 2. Parteikongress der CPI (ML) im Dezember 1973 ab, auf dem das Parteiprogramm von 1970 in seiner Gültigkeit bekräftigt wurde. Von dieser Gruppe waren bereits im Laufe des Jahres 1973 in Westbengalen 54 bewaffnete Operationen ausgegangen, bei denen zehn Polizisten getötet und 39 Feuerwaffen erbeutet worden waren.[168] Im Laufe der Jahre 1973-75 mussten die Kader der Pro-Lin-Biao-Gruppe allerdings einige herbe Niederlagen einstecken, weil ihre weiterhin praktizierte Taktik der Annihilationen und der zunehmend unkoordinierten Überfälle auf Polizeistationen kaum noch die Unterstützung der Bevölkerung hatten.

Die Anti-Lin-Biao-Gruppe, die ihren eigenen zweiten Parteikongress der CPI (ML) bereits im März 1973 abgehalten hatte, akzeptierte im Sommer des selben Jahres die Kritik der chinesischen Parteiführung an der Politik der Annihilationen, verdammte Lin Biao als bürgerlichen Karrieristen und politischen Abenteurer und beglückwünschte die KPCh zum erfolgreichen Abschluss ihres Parteitages. In der Konsequenz versuchte die Gruppe, ländliche Basen in Zentralbihar aufzubauen, vor allem im Bezirk Bhojpur, wo sie eine Serie von Überfällen auf Polizeikräfte und Erschießungen von Großgrundbesitzern mit einer Unterstützung der Bauernbewegungen verband und damit versuchte, ihre bewaffneten Aktionen in eine Massenarbeit unter den verarmten, landlosen und niedrigkastigen Teilen der Landbevölkerung einzubinden. Zeitweilig waren sie damit durchaus relativ erfolgreich. Prakash Sing überliefert Schätzungen, denen zufolge in den betroffenen Bezirken Bihars zwischen 1971 und 1977 etwa 90 große Landbesitzer von den Naxaliten der Anti-Lin-Biao-Gruppe erschossen wurden[169]. Im Jahr 1975 übten die Naxaliten im Bezirk Bhojpur die Kontrolle über insgesamt 129 Dörfer aus, wo die Staatsmacht keinen Zutritt mehr hatte und die Guerilla Land-

---

168 Singh 1995, S. 95
169 Singh 1995, S. 96

verteilungen an Landlose in großem Stil vornahm. Jedoch war die Bewegung auch hier nur von relativ kurzer Erfolgsdauer. Singh resümiert:

> „Der Polizei zufolge waren 80 Prozent der landlosen Kleinbauern des Distrikts ‚Sympathisanten oder Aktivisten' der Naxalitenbewegung. Dennoch brach die Bewegung zusammen als die Bihar Military Police und die Central Reserve Police unter der Bezeichnung ‚Operation Thunder' großangelegte Operationen im Distrikt durchführten."[170]

Nachdem auch diese modifizierte Variante der noch unter dem Schatten Charu Mazumdars stehenden Guerillakriegsführung militärisch gescheitert war, revidierten die überlebenden Kader der Anti-Lin-Biao-Gruppe ihre Strategie grundlegend. Unter dem 1975 gewählten Generalsekretär Vinod Mishra wurden Massenorganisationen für jeden Sektor der Parteiarbeit gegründet und in einem zähen Aufbauprozess aus dem Untergrund heraus entwickelt. Es entstanden Bauernfronten, Jugend-, Frauen- und Studentenorganisationen, die zuvor vernachlässigte Massenarbeit wurde in den Vordergrund geschoben, Guerillaaktionen im bisherigen Sinne nach und nach reduziert, dafür die landarmen Bauern und Landarbeiter in den Dörfern, in denen die Gruppe noch präsent war, zu defensiv ausgerichteten Bauernmilizen zusammengefasst, während die Anti-Lin-Biao-Gruppe – die weiterhin unter der Bezeichnung CPI (ML) mit dem Zusatz „Liberation" (für den Namen des von ihnen übernommenen und weitergeführten Zentralorgans der ungeteilten CPI (ML) firmierte, sich um gute Beziehungen zur chinesischen KP bemühte.

Die Ausrufung des Ausnahmezustands durch Indira Gandhi 1975 und die in den folgenden zwei Jahren das Land erschütternde Welle von Verhaftungen und Polizeiaktionen gegen jegliche Art von Opposition gegen die Congress-Regierung hatte auch auf die diversen Naxalitengruppen und ihre Versuche, neue Organisationsstrukturen aufzubauen, Auswirkungen. Ein Großteil des legalen und halblegalen Umfelds der Gruppen wurde zerschlagen, militante StudentInnen und BauernaktivistInnen fanden sich zu Tausenden in den Gefängnissen wieder. Als der Ausnahmezustand 1977 aufgehoben und die Regierung Gandhi bei den nun folgenden Lokh Sabha-Wahlen durch eine breite Koalition, die von linken bis hin zu rechten und hindunationalistischen Parteien reichte, abgewählt wurde, sahen auch Teile der Naxalitenbewegung eine Chance auf Entlassung ihrer Gefangenen und eine Legalisierung ihrer militärisch geschwächten Gruppen. Einige Gruppen,

---

170 Singh 1995, S. 97

darunter auch die bereits 1969 von der CPI (ML) abgespaltene UCCRI (ML) in Andhra Pradesh unter Nagi Reddy, erklärten den bewaffneten Kampf für beendet, ebenso die hauptsächlich in West Bengal bestehende, 1971 von der CPI (ML) abgespaltene Gruppe um Satyanarayan Singh, die unter dem verwirrenden Namen Provisional Central Comittee of the CPI (ML) – abgekürzt PCC, CPI (ML) – operierte. Auch altgediente Führungskader der ungeteilten CPI (ML) wie Kanu Sanyal unterstützten diese Wendung und riefen dazu auf, die CPI (M)-geführte United Front bei den im Herbst 1977 stattfindenden Wahlen zur State Assembly in West Bengal zu unterstützen. Im Gegenzug für diese Annäherung an den institutionellen Rahmen parlamentarischer Politik wurden im Laufe der zweiten Hälfte des Jahres 1977 mehrere tausend Maoisten aus indischen Gefängnissen verschiedener Bundesstaaten entlassen. Singhs Gruppe nahm mit eigenen Kandidaten im Rahmen der United Front an dieser Wahl teil und schaffte es, im Wahlkreis Gopibhallavpur, einem der Zentren des Naxalitenaufstandes von 1967/68, ihren Kandidaten durchzubringen. Die Singh-Gruppe und einige andere gingen als kleine Teilorganisationen der jeweils von der CPI (M) geführten Wahlbündnisse in der breiteren Linken auf und verschwanden überwiegend im Laufe der achtziger Jahre von der politischen Bühne. Nicht alle aus der CPI (ML) hervorgegangenen Gruppen gingen jedoch diesen Weg. Die Gruppen der Pro-Lin-Biao-Fraktion, nun vor allem unter dem Namen Peoples War Group (PWG) und Maoist Communist Centre (MCC) firmierend, die pragmatischere Anti-Lin-Biao-Gruppe, nun unter dem Namen Communist Party of India (Marxist-Leninist)-Liberation (CPI (ML)–Liberation), aber auch zahlreiche kleinere Gruppen, verblieben im Untergrund und versuchten, in den ländlichen Regionen Stützpunkte aufzubauen und ihre jeweilige politische Strategie zu entwickeln, in denen sie den militärischen Gegenschlag des Staates in den siebziger Jahren überlebt hatten.

## 3.5. Die Landreform in West Bengal – eine Alternative zum bewaffneten Kampf?

Während die maoistischen Organisationen in abgelegenen Dschungel- und Bergregionen überlebten, aber zumindest in der zweiten Hälfte der 1970er Jahre allmählich aus dem Blickfeld der politischen Öffentlichkeit Indiens verschwanden, wurden in West Bengal, wo einer der wesentlichen Unruheherde gewesen war und zugleich mit der CPI (M) eine starke kommunistische Partei mit einer zumindest ansatzweise auch ländlichen Basis existierte, die Weichen für eine Landreform gestellt, die zum einen die semifeudalen

Herrschaftsverhältnisse beseitigen und zum anderen die Situation der Kleinbauern wesentlich verbessern sollte.

Landreformgesetze hatte es in West Bengal, wie Pradip K. Bowmick bemerkt, bereits seit den frühen 1950er Jahren gegeben, die allerdings nie eingeleitet und in die Tat umgesetzt wurden, sondern lediglich als Absichtser-
klärungen ohne praktische Relevanz zu deuten waren.[171] Während der Phase
der „United Front"-Regierungen 1967 und 1969 wiederum kam es nicht zu
entsprechenden langfristig angelegten Maßnahmen, weil die linken Regierungsparteien sowohl von links als auch von rechts unter permanentem
Druck standen und bereits nach kurzer Zeit abgelöst wurden. Allerdings
verschärften sich die Auseinandersetzungen um die von den linken Parteien
angestrebten Landreformen in dieser Zeit erheblich, was zum einen dem sich
verschärfenden Druck der bewaffneten Aufstandbewegungen geschuldet
war, zum anderen den von der CPI (M) verwendeten Methoden der Einbeziehung der LandarbeiterInnen und Kleinbauern, durch die eine wahrheits-
gemäße Dokumentation der Besitzverhältnisse auf dem Land überhaupt erst
möglich wurde. D. Banyopadyay beschrieb die Problematik folgendermaßen:

„Trotz großangelegter Pläne, den Landbesitz zu begrenzen, die 1965 beschlossen wurden, waren bis 1967 lediglich geschätzte 300.000 acres Land verteilt worden, bei denen
es sich um aufgegebene Ländereien großer Grundbesitzer handelte. Es war allgemein
bekannt, dass die grundbesitzende Klasse immer noch riesige Flächen landwirtschaftlich genutzten Landes kontrollierte, weit jenseits aller in verschiedenen Landreform-
vorhaben genannter Größenordnungen und gesetzlicher Begrenzungen. Die Grundbesitzer verfügten über wohlausgearbeitete Dokumente, mit denen sie zeigen konnten, dass sie über keinerlei Land über die Größenbegrenzung hinaus verfügten. Solche
Beurkundungen konnten nur durch die überwältigende Masse mündlicher Aussagen
direkter Zeugen wie Kleinpächtern Landarbeitern und anderer Kategorien ländlicher
Arbeitskräfte als Fälschungen nachgewiesen werden, die direkt unter den wirklichen
Landbesitzern arbeiteten und nicht unter der Ägide der nominellen Halter der Besitztitel. Eine massive quasi-juristische Kampagne wurde eingeleitet, um die verdeckten
Eigentumsverhältnisse auf strikt gesetzlicher Grundlage offenzulegen. Bis 1970 (in
weniger als drei Jahren) wurden etwa eine Million guten Ackerlandes im Bundesstaat
an die Landlosen verteilt."[172]

---

171 Bhowmick 2001, S. 3

172 Bandyophadyay 2003, S. 881

Diese Welle der Landverteilungen endete, wie erwähnt, mit dem Scheitern der United-Front-Regierung. 1977 jedoch gewann eine Parteienkoalition, bestehend aus kommunistischen und sozialistischen Parteien, darunter der CPI und des linksnationalistischen All India Forward Bloc, unter Führung der CPI (M) die Wahlen zur State Assembly und bildete eine Regierung der Left Front, die seitdem immer wieder triumphal widergewählt und nunmehr seit 33 Jahren ununterbrochen im Amt ist. Die Linksfront war sich der Tatsache bewusst, dass sie von ihrer Unterstützerbasis an den praktischen Veränderungen gemessen werden würde, die sie zu erreichen in der Lage sein würde und so wurde recht bald ein Landreformgesetz verabschiedet, dass die Neuverteilung von Ackerflächen aus agrarischem Großgrundbesitz sowie ungenutzter Flächen in staatlichem Besitz regeln sollte und schrittweise umgesetzt werden sollte.

Bis 1994 wurden 912.000 acres an Ackerland an etwas mehr als zwei Millionen Menschen verteilt, von denen 55% Angehörige der Scheduled Castes und Scheduled Tribes waren, die zusammengenommen 26% der Bevölkerung West Bengals bilden.[173] Neuere Zahlen gehen von bis zu 1,04 Millionen acres aus, die seit 1967 insgesamt verteilt wurden:

> „Auf den Punkt gebracht, könnten die Ergebnisse dieser beiden Phasen der Landreformen im Bundesstaat West Bengal [1967-1970 und 1977] so zusammengefasst werden: Der Staat hat 1,04 Millionen acres Land enteignet und an 2,54 Millionen relativ landarme Haushalte neuverteilt, eine Fläche, die acht Prozent des nutzbaren Landes umfasst und eine Zahl von 34 Prozent der agrarisch tätigen Haushalte (government of India, ministry of rural development, *Annual Report 2000-2001*, as cited in Hanstad and Brown 2003)."[174]

Diese Zahl ist insgesamt erstaunlich niedrig. An anderer Stelle weist Bhowmick (2001) darauf hin, dass von 46 lakh[175] acres (4,6 Millionen acres) bewirtschaftetem Land in West Bengal 19 lakh (1,9 Millionen acres) Kleinbauern gehören.[176] Das ist zwar tatsächlich ein höherer Anteil als der gesamtindische Durchschnitt, wo, Majumdar zufolge, die reichsten 20% der Bauern 65% des Landes halten, während die ärmsten 20% über gerade einmal 4% der Flächen verfügen.[177] Von einer umfassenden und radikalen Abschaffung der

---

173 Bhowmick 2001, S. 5

174 Manabi Majumdar 2003, S. 5147

175 lakh: indische Zähleinheit, 1 lakh = 100.000, 25 lakh = 2,5 Millionen

176 Bhowmick 2001, S. 11

177 Majumdar 2003, S. 5148

sozioökonomischen Ungleichheit auf dem Land kann jedoch auch in West Bengal keine Rede sein, wenn auch festgehalten werden muss, dass die Maßnahmen der Linksfront nahezu die einzigen sind, die in ganz Indien in größerem Maßstab umgesetzt wurden. Was war passiert?

Bandyophadyay weist auf eine aufschlussreiche Verschiebung der bis Ende der 1970er Jahre noch recht begrenzten sozialen Basis der CPI (M) in den ländlichen Regionen Westbengalens hin, die einen Erklärungsansatz dafür liefern könnte, warum die Landreformen der Left Front Regierung zum einen so zögerlich umgesetzt wurden und zum anderen in einigen Gebieten (darunter vor allem jenen, in denen 30 Jahre später wieder naxalitische Guerillagruppen operieren) nur geringe Auswirkungen auf die ländliche Ausbeutungsverhältnisse hatten. Die CPI (M) war stark fokussiert auf die Entmachtung der zamindars und jotedars, der semi-feudalen alten ländlichen herrschenden Klasse. Dieser beschränkte Blickwinkel hatte Folgen für ihr Verhältnis zu den neuen marktorientierten ländlichen Mittelklassen. Zutage trat dies zuerst bei den Panchayat-Wahlen von 1978, bei denen vieles für die Linksfront davon abhing, ihren Wahlerfolg auf Bundesstaatsebene nun auf der Ebene der kommunalen Vertretungen zu konsolidieren und zu untermauern:

„Im Jahr 1978 wurden Wahlen zum dreigliedrigen Panchayat-System der kommunalen Selbstverwaltung abgehalten. Die CPI (M), der Hauptbestandteil der Left Front, hatte zu diesem Zeitpunkt eine Mitgliederzahl von insgesamt etwa 30.000 in West Bengal, die sich in der Metropole Kolkata[178] und einigen wenigen anderen industriellen Zentren konzentrierten. Diese Partei musste nun gemeinsam mit ihren minoritären Bündnispartnern etwa 80.000 Kandidaten aufstellen. Woher sollten sie so viele Kandidaten nehmen, wenn sie doch kaum über eine nennenswerte Basis in den ländlichen Gebieten verfügten? Die mittleren Bauern und die obere ländliche Mittelklasse, die nun befreit von der sozialen und ökonomischen Hegemonie der großen Grundbesitzerklasse waren, ergriffen die Gelegenheit. In großer Zahl traten sie an die Partei heran und boten sich als Kandidaten der Left Front an. Sie kamen nicht aus ideologischen Erwägungen, sondern um ihre eigenen Interessen zu schützen. Solange die CPI (M) gegen die feudalen zamindars und die Aristokratie vorging, hatten sie nichts zu befürchten. Tatsächlich unterstützten sie taktisch die Stoßrichtung der Partei. Nun, da die feudale Klasse verschwunden war, wusste niemand, was die Linken als nächstes tun würden. So war es für sie besser, sich einzumischen, solange die Richtung stimmte. Die Partei befürwortete ihre Beteiligung ebenfalls, weil sie die dringend benötigte ländliche

---

178 Calcutta wurde 2001 in den bengalischen Namen Kolkata umbenannt.

Basis darstellte, über die sie bisher kaum verfügte. Es handelte sich um eine Win-Win-Situation für beide Seiten."[179]

Die Landreformen der Linksfront haben, wie bereits 1993 P. Eshvaraiah in seiner kritischen Analyse der Agrarpolitik der kommunistischen Parteien in West Bengal und Kerala anmerkt, vor allem eine Entmachtung der feudalen Eliten und eine Verbürgerlichung der Besitzverhältnisse bewirkt, durch die eine neue Klasse von marktorientierten Landbesitzern eine dominierende Stellung in den Dörfern erringen konnte.[180] Er räumt ein, dass die Veränderungen der Agrarstruktur in den kommunistisch regierten Bundesstaaten bedeutend seien, verglichen mit denen, in denen die kommunistischen Parteien schwach blieben, jedoch hätten sie eher eine Rolle des Vorantreibens einer kapitalistischen Modernisierung der Agrarökonomie gespielt als die einer die ländlichen Besitzverhältnisse fundamental angreifenden Kraft. Die soziale Basis vor allem der CPI (M) auf dem Land besteht überwiegend aus mittleren Bauern, die sich im Zuge der Agrarreform Ländereien der alten jotedars und zamindars aneignen konnten und sowohl politisch als auch ökonomisch hegemonial wurden.

Zwei Faktoren trugen seit Ende der 1970er Jahre dazu bei, die neue Klassenstruktur abzusichern und konsensstiftend zu wirken: Zum einen wurde die – zögerliche – Vergabe von Land an LandarbeiterInnen und Kleinbauern als Mittel der Klientelpolitik der CPI (M) und der in ihr dominierenden mittleren Bauern genutzt, um politische Loyalitäten zu schaffen und zu erhalten. Zum anderen subventionierte die indische Regierung in den achtziger Jahren massiv Arbeitsbeschaffungsprogramme, durch die innerhalb von zehn Jahren 55 Millionen zeitlich begrenzte Arbeitsverhältnisse geschaffen wurden. Ein langfristiger Effekt der Agrarreformen ist jedoch, dass die durchschnittliche Größe der neuverteilten Ackerfläche viel zu gering ist, um diese produktiv bewirtschaften zu können und die Verwendung moderner Techniken und Maschinen rentabel zu machen. Die Folge ist, dass immer mehr Kleinbauern gezwungen sind, ihr Land aufzugeben, das dann von den mittleren und größeren Landbesitzern aufgekauft wird. Majumdar zufolge hatten bis 2003 bereits 15 Prozent der durch die Landreformen an Land gekommenen Kleinbauern dieses auf diese Weise wieder verloren.[181]

Zusammenfassend können die Landreformen der Linksfront in West Bengal als ein Programm der staatlich gesteuerten kapitalistischen Moder-

---

179 Bandyophadyay 2003, S. 882

180 Eashvariah 1993, S. 196

181 Majumdar 2003, S. 5148

nisierung der Landwirtschaft gesehen werden, das zwar mehr an Landbesitz für kleinere und mittlere Bauern sicherte und zugleich gegenüber unge-
steuerten Modernisierungsprozessen, wie sie seit Anfang der achtziger Jahre
etwa in Bihar zu beobachten waren, auch den Vorteil hat, gewalttätige Auseinandersetzungen zwischen den alten und neuen landbesitzenden Klassen
und denen ihnen zu Loyalität verpflichteten Kleinbauern und LandarbeiterInnen zu vermeiden. Zugleich aber werden die positiven Effekte der Landreform durch die von ihr gestärkte marktförmige Agrarproduktion und die
dieser zugrundeliegenden Marktmechanismen bedroht. Als revolutionäre
und nicht nur antifeudale, sondern auch antikapitalistische Strategie muss
die Landreform in West Bengal als gescheitert betrachtet werden. Sie ermöglichte es der CPI (M) über Jahrzehnte hinweg, eine ländliche Machtbasis aufzubauen, deren Grundlage die Verfügungsgewalt über Land und die daraus
resultierenden Klientelverhältnisse waren und sind. Auch als Programm zur
Eindämmung der Naxalitenbewegung erwies sich die Agrarreform über eine
Periode von 30 Jahren hinweg als taugliches Mittel. Jedoch wurde sie in einigen Teilen West Bengals kaum umgesetzt und ist insgesamt nie zu einem
Abschluss gekommen. So weist Majumdar darauf hin, dass (2003) noch 24%
des seit den späten 1970er Jahren zur Verteilung vorgesehenen Landes der
Neuvergabe harr(t)en.[182]

Diese Beschreibung deckt sich mit dem, was die *Wildcat*-Redaktion zusammenfassend über die Auswirkungen der Landreformbemühungen auf
die Situation der besitzlosen Landbevölkerung Indiens schrieb:

„Viele wurden erst durch die Landreformen vor 30 Jahren zu Kleinbauern – eine
‚Verbäuerlichung‘ auf wenig und schlechtem Land, was einen beständigen Wechsel
zwischen landwirtschaftlicher Produktion und Lohnarbeit zur Folge hat. Die durchschnittliche Anbaufläche pro Haushalt hat sich seit den 1960er Jahren halbiert (1961:
2,6 Hektar – 1992: 1,3 Hektar) und der Anteil der von Familien mit weniger als 0,2
Hektar Land an der ‚landbesitzenden Bevölkerung‘ ist von 1971 bis 1992 von 62 auf
71 Prozent gestiegen. Rund 42 Prozent der Landbevölkerung besitzt gar kein Land.
Den etwa fünf Prozent Mittel- und Großbauern gehören 42,8 Prozent des Landes.
80 Prozent der indischen Bauern können nicht von der Landarbeit leben, der durchschnittliche ‚bäuerliche Haushalt‘ deckt nur 35 Prozent seines Einkommens über die
Agrarproduktion. Die Ärmsten bleiben auf dem Land, denn um in die Stadt zu gehen,
braucht man ein Minimum an Ressourcen (Land).“[183]

---

182 Majumdar 2003, S. 5148
183 *Wildcat* 2008, Internet-Dokument

Die Entfeudalisierung der ländlichen Eigentumsverhältnisse durch Landreformen, wie sie in Westbengalen konsequenter als anderenorts durchgeführt wurden, erweist sich als notwendiger Zwischenschritt zu einer kapitalistischen Neuordnung der Agrarökonomie.

Die blutigen Ereignisse der letzten Jahre um die von der westbengalischen Regierung geplante Enteignung großer Landflächen für die Errichtung der Sonderwirtschaftszonen Singur und Nandigram sowie das verstärkte Wiedereinsickern der Naxaliten, die in den an Jharkhand angrenzenden Distrikten seit 2007 mehrere Guerillabasen errichtet haben und im Juli 2009 durch die mehrtägige Besetzung der Kleinstadt Lalgarh auf sich aufmerksam machten, deuten an, dass die von der CPI (M) geprägte klientelistische Struktur in den ländlichen Distrikten West Bengals brüchig geworden ist. Nicht von ungefähr waren sowohl bei den Kämpfen in Nandigram 2008 als auch bei jenen in Lalgarh 2009 die führenden lokalen Kader der CPI (M), die zugleich auch einflussreiche Landbesitzer waren, die hauptsächliche Zielscheibe gewalttätiger Übergriffe und Morde nicht nur durch die maoistische Guerilla, sondern vor allem auch der diese unterstützenden proletarisierten und pauperisierten Elemente vor Ort.

# 4. Die Auswirkungen der ökonomischen Modernisierung

Auf den ersten Blick könnte man meinen, die indische Wirtschaft, die sich jahrzentelang mit der geradezu sprichwörtlichen „Hindu-Wachstumsrate" von 2-3 Prozent jährlich entwickelte, sei seit der ökonomischen Liberalisierung und Weltmarktöffnung Anfang der 1990er Jahre geradezu mit Tigersprüngen in ein neues Zeitalter der Industrialisierung eingetreten. Und zugleich vertiefen sich in der Rückschau die historischen Missverständnisse und ideologisch motivierten Fehlurteile. Was Arvind Virmani in einem Arbeitspapier der indischen Planungskommission als „indian version of Socialism"[184] bezeichnet, nämlich die politische Steuerung der ökonomischen Entwicklung, war kein sozialistisches Projekt, sondern vielmehr ein Entwicklungsmodell staatlich gelenkten Aufbaus einer eigenständigen kapitalistischen Nationalökonomie und in dieser Form in den 1950er bis 1970er Jahren die vorherrschende Entwicklungsstrategie postkolonialer Staaten. In Indien war dieses Entwicklungsmodell eines gelenkten Kapitalismus durchaus relativ erfolgreich, verglichen mit anderen postkolonialen Staaten und erst recht verglichen mit der ökonomische Stagnation in weiten Teilen des Landes zur Zeit der britischen Kolonialherrschaft, wie Kurian feststellt:

> „Sogar die Wachstumsrate von 3,5 Prozent, die durchschnittlich in den ersten drei Jahrzehnten der Republik erreicht wurde, war eine spektakuläre Verbesserung gegenüber der buchstäblichen Stagnation der indischen Wirtschaft in der ersten Hälfte des zwanzigsten Jahrhunderts. Gemessen am jährlichen Durchschnittseinkommen war die positive Entwicklung sogar noch bemerkenswerter – etwa 4 Prozent pro Jahr in der letzten Zeit verglichen mit weniger als 1,5 Prozent in früheren Perioden. Des weiteren hat eine stetige Beschleunigung bei der Wirkung des Wirtschaftswachstums auf die Sektoren der Wirtschaft stattgefunden."[185]

Zugleich allerdings wurde das jährliche Wirtschaftswachstum weitgehend von der Bevölkerungszunahme aufgezehrt und die industrielle Entwicklung schritt nur langsam voran, wenn auch große privat geführte indische Konzerne wie Birla und Tata ihre Kapazitäten kontinuierlich ausbauten. Bereits

---

184 Virmani 2006, S. 9
185 Kurian 2003, S. 7

141

ab Mitte der sechziger Jahre jedoch wuchs der politische Druck auf Indien, seine Wirtschaftspolitik, die neben staatlicher Planung und strikter Kontrolle des privaten Sektors auch auf hohen Importzöllen zum Schutz einheimischer Produktion, Restriktionen für ausländische Unternehmen und der Nichtkonvertibilität der indischen Rupie basierte, dem Weltmarkt zu öffnen. Nachdem auf US-amerikanischen Druck hin 1966 die indische Rupie massiv abgewertet und in den 1980er Jahren schrittweise die gesetzlichen Bestimmungen abgeschafft worden waren, denen zufolge ausländische Investoren nicht mehr als 40% Anteile an in Indien tätigen Unternehmen halten durften, wurden ab 1986 die Einfuhrzölle für Importgüter deutlich gesenkt, was innerhalb weniger Jahre zu einem massiven Außenhandelsdefizit führte und zudem die indische Textilindustrie, die im eigenen Land nicht mehr mit den Billigimporten aus anderen asiatischen Ländern konkurrieren konnte, an den Rand des Abgrunds brachte.

Die internationale Zahlungskrise Anfang der 1990er Jahre und der damit verbundene rasante Kapitalabfluss schließlich führte dazu, dass die indische Regierung die Prioritäten der Wirtschaftspolitik grundlegend änderte und innerhalb weniger Jahre das Land vollends für den Weltmarkt und ausländische Direktinvestitionen öffnete. Umfangreiche Privatisierungen von Staatsbetrieben, zunächst inoffizielle und später dann offizielle und hektisch vorangetriebene Gründungen von Sonderwirtschaftszonen und eine zunehmend zwischen den Bundesstaaten entfachte Konkurrenz um ausländische Investitionen und Produktionsstandorte führten zu einem rasanten Wandel der Wirtschaftsstruktur und einer wirtschaftlichen Dynamik, die alles bisher dagewesene weit überstieg.

Jährliche Steigerungen des Bruttoinlandsproduktes um bis zu elf Prozent, das Entstehen einer neuen urbanen Mittelklasse und die rapide Ausbreitung der Computerbranche, der Stahlindustrie, Automobilproduktion und anderer Wachstumsmotoren können den Blick dafür verstellen, dass hinter der Fassade des in den Innenstädten der Metropolen Delhi, Mumbai oder Bangalore zur Schau gestellten „Shining India" (so der Wahlslogan der damaligen hindunationalistischen Regierungspartei BJP 2004) die Realität eines großen Teils der Bevölkerung völlig anders aussieht. „Real India" – das Indien von mehr als zwei Dritteln der Bevölkerung, denen die forcierte kapitalistische Durchdringung des Subkontinents eher mehr Probleme beschert hat, deren Leben es eher schwieriger als leichter gemacht hat oder an denen es schlicht vorbeigegangen war –, sah das offensichtlich anders.

Eine deutliche Mehrheit der indischen WählerInnen schickte 2004 die Vajpajee-Regierung in die Opposition und gab dem INC, den in der Linksfront zusammengeschlossenen KPs oder diversen Regionalparteien ihre Stimme.

Die breite Unterstützung für den INC bei der Lokh-Sabha-Wahl 2009 und die dramatischen Stimmverluste der Parteien der Linksfront sind wohl ein deutliches Zeichen der Suche nach Sicherheit in einer Entwicklungsphase, in der für die meisten Menschen alles unsicher geworden ist, während die kommunistischen Parteien die Quittung für ihre Politik der marktwirtschaftlichen Reformen auf Kosten der Landbevölkerung in den von ihnen regierten Bundesstaaten erhielten. Die wirtschaftliche Öffnung seit den frühen neunziger Jahren hat tatsächlich zu einem Industrialisierungsschub geführt, der durch die Politik der Einrichtung von Sonderwirtschaftszonen in den letzten Jahren noch deutlich forciert wird. Mit der millionenfachen Zerstörung von Kleinbauernexistenzen und der dadurch ansteigenden Landflucht (allein 2004 stieg die Einwohnerzahl von Delhi nach vorsichtigen Schätzungen um 500.000 Menschen) ist zugleich jedoch ein steter Zustrom billiger Arbeitskräfte in die großen Städte zu verzeichnen, der vor allem den informellen Sektor stärkt. Die ökonomischen und sozialen Entwicklungen des Subkontinents klaffen zunehmend auseinander. Pariyapatna Satheesh, Journalist und Aktivist der Deccan Development Society (DDS), einer Bauernorganisation aus Andhra Pradesh, drückt es so aus:

„Im Moment sieht es so aus, als würde Indien ausverkauft, sich den neuen Trends völlig hingeben. Die Einkaufsmeilen florieren. Die Leute, die für internationale Unternehmen arbeiten, viel Kapital verschieben oder Software exportieren, sind sehr zufrieden. Niemals zuvor in ihrem Leben haben sie soviel Geld gesehen. Die monatlichen Löhne sind immens, sie fühlen sich wie auf dem Weg zum Paradies. Es wird aber auch deutlich, dass es sich nur um eine kleine Gruppe handelt, die Millionen und Abermillionen von anderen Menschen ausbootet. Und diese Millionen sind verzweifelt und wütend."[186]

## 4.1. Die Kehrseite des Wirtschaftswachstums

Die kapitalistische Modernisierung Indiens wurde in erster Linie bewirkt durch die Öffnung des Landes für den Weltmarkt und von diesem kommen momentan auch die größten Bedrohungen, etwa durch die internationale Finanzkrise, gesunkene Rohstoffpreise oder die Abwertung der Rupie. Zugleich gibt es tiefgreifende Infrastrukturprobleme und soziale Unruhen. Der tiefer werdende Graben zwischen den Lebenswelten der neuen Mittelklasse, ihren Shopping Malls und ihren nach westlichen Standards errichteten

---

186 Zitiert nach Klas 2006, S. 48f

Wohnvierteln in den Vororten der Millionenstädte und dem Leben der breiten Masse der Bevölkerung wird zunehmend auch zwischen den verschiedenen Regionen Indiens gezogen. Boomtowns rund um Delhi und Mumbai, in denen jedes Jahr Millionen von ArbeiterInnen auf der Suche nach Jobs neu ankommen und meist in den ausgedehnten Slumsiedlungen unterkommen oder auf der Straße leben, Zentren der industriellen Revolution, stehen weite perspektivlose und in der Konkurrenz um Industrieansiedlungen weitgehend chancenlose Gebiete wie Bihar, das östliche Uttar Pradesh, Jharkhand, Chhattisgarh oder Orissa gegenüber, in denen scheinbare ökonomische Stagnation, ländliche Armut, die Macht der Großgrundbesitzer und ihrer Privatarmeen, Kastenunruhen, förmliche Wellen von Selbstmorden überschuldeter Kleinbauern und seit einigen Jahren auch der schwelende Krieg zwischen bewaffneten Polizeieinheiten und maoistischen Guerillakommandos das Bild bestimmt.

Die Gesamtzahl der ArbeiterInnen in Indien liegt laut LabourNet bei geschätzten 516 Millionen[187] (das CIA World Fact Book jedoch gibt die Zahl von 623,5 Millionen für 2008 an). Das Verhältnis von nicht-arbeitender zur arbeitenden Bevölkerung fiel bei anhaltend starkem Bevölkerungswachstum von 78% im Jahr 1960 auf 62% im Jahr 2005. In unterschiedlichsten Formen dringt die Lohnarbeit in alle Poren der indischen Gesellschaft ein und jedes Jahr wächst das indische Proletariat um mehrere Millionen an. Die verschiedenen Dienstleistungssektoren mit ihrem anhaltend überproportionalem Wachstum (2006/7: 11 Prozent) erwirtschaftet mehr als die Hälfte des Bruttoinlandsprodukts (55%), beschäftigt jedoch nur ca. 25% der Arbeitskräfte. Genau umgekehrt verhält es sich mit der Landwirtschaft, deren BIP-Anteil bei mageren 2,7% Wachstum im letzten Fiskaljahr weiter absank und nur noch bei 18,5% liegt (1990/1 betrug es noch 34%) – weiterhin aber fast zwei Drittel der Landbevölkerung mehr schlecht als recht ernährt. Unter dem Strich hängt über die Hälfte der 1,1 Mrd. Inder direkt von der Landwirtschaft ab, die mit ihren teils trockenen und ausgelaugten Böden, geringer Kapitalintensität, stagnierenden Erträgen und einer vor allem für die Masse der Kleinbauern drückenden Schuldenlast für die Anschaffung von Saatgut und Düngemittel in einer anhaltenden Krise steckt. Die bislang ausbleibenden Beschäftigungseffekte des hohen Wachstums erhofft sich die Regierung am ehesten von der Industrie (Anteil am BIP 2006/7 26,5%; Wachstum 10,9 %), die in den ersten Monaten des Jahres 2007 erstmals stärker zulegte als der Dienstleistungssektor – was zu beträchtlichen Teilen den mittlerweile fast 400 Sonderwirtschaftszonen geschuldet sein dürfte, in denen internationale

---

187 Vgl. LabournetGermany 2005

Konzerne weitgehend unbehelligt von Steuern und Auflagen der indischen Arbeitsgesetzgebung produzieren.

### 4.1.1. Der informelle Sektor: Wachstumsmotor des indischen Kapitalismus

Über 92% aller Beschäftigten (in 98% aller Betriebe) werden dem informellen Sektor mit einem BIP-Anteil von ca. 60% zugerechnet, d. h. sie verfügen über kein vertraglich geregeltes Arbeitsverhältnis, zahlen keine Steuern und haben keinen Anspruch auf soziale Leistungen. „Unsere Arbeiterklasse arbeitet informell – und so organisiert sie sich auch" – sagte dementsprechend ein Vertreter des New Labour Centre beim Weltsozialforum in Porto Alegre 2005.[188] Die gewerkschaftliche Präsenz in informellen Arbeitsverhältnissen ist minimal, während diese Form entrechteter Lohnarbeit sich in den letzten Jahrzehnten konsequent ausgeweitet hat. Dies zeigte vor drei Jahren eine Untersuchung des Gewerkschaftsbundes CITU für das Wirtschaftszentrum Ahmedabad, wonach der „informelle" Anteil in den siebziger Jahren des letzten Jahrhunderts rund 50 Prozent betrug und 2001 bereits bei etwa 80 Prozent angelangt war – mit entsprechendem Wachstum der Slums und deren weiterer Verschlechterung (etwa dem Wachstum des Anteils von Blechhütten und wilden Siedlungen ohne Zugang zu sauberem Trinkwasser). Wie schon die Zunahme der letzten 30 Jahre vermuten lässt, ist dies auch ein Ergebnis der Verstädterung und Industrialisierung, also nicht nur ein Phänomen der ländlichen Gebiete. Immerhin 66,7 Prozent aller Arbeitsverhältnisse in der Hauptstadt Delhi und gar 68 Prozent in der reichen Wirtschaftsmetropole Mumbai sind informell und prekär: Tagelöhnerarbeiten, Zeitarbeit und sohenannte „Selbstständigkeit" sind die drei wesentlichen Formen der informellen Arbeit in Indien.

Auch die Dimensionen der Kinderarbeit in Indien sind weitreichend und komplex. Überall im Land arbeiten Millionen Kinder in den verschiedensten Gewerben und Berufen. Während es nach offizieller Schätzung 11,28 Millionen Kinderarbeiter gibt, sprechen NGOs und Forscher von 44 bis 110 Millionen. Rund 90 Prozent der Kinder arbeiten auf dem Land und schätzungsweise zwei Millionen in gefährlichen Gewerben. Ein Großteil dieser Arbeit etwa im Haushalt und in der Landwirtschaft der Familie wird überhaupt nicht berücksichtigt und verstößt häufig gegen die Rechte der Kinder. Andere Arbeitsverhältnisse wie im Bereich des Kinderhandels und der Prostitution bleiben im verborgenen. Zwar haben verschiedene Bundesstaaten,

---

188 Bericht auf Labournet Germany vom 9.3.2005 (http://www.labournet.de/internationales/in/informell.html)

wie etwa Uttarakhand, schon vor Jahren Gesetze zum Verbot der Kinderarbeit erlassen. Deren Durchsetzung jedoch lässt weitgehend auf sich warten. Kinderarbeit ist allgegenwärtig und hat – neben dem stummen Zwang der Ökonomie – eine beträchtliche Komponente außerökonomischen Zwangs. Nicht selten werden Kinder von Kontraktoren ihren Familien abgekauft und zur Arbeit in die großen Städte verschleppt. „Die überwiegende Mehrzahl der Kinderarbeiter entstammen Dalit- und Muslim-Familien", sagt Shruti Raghuvansh, eine Sozialaktivistin. Auch der Politologe Indra Bhushan Singh weist darauf hin, dass „diese Gesellschaftsgruppen zur Ausbeutung quasi prädestiniert sind" – seit Generationen werde ihnen sozial und wirtschaftlich der Aufstieg verwehrt.[189]

Neben der Armut der Eltern sind auch andere Faktoren für Kinderarbeit verantwortlich – etwa die Religion oder die Kaste. Interessanterweise sind es die prosperierenden Unionsstaaten, die für mehr als 40 Prozent aller KinderarbeiterInnen verantwortlich zeichnen: Karnataka, Tamil Nadu, Maharasthra und Andrah Pradesh. Der über lange Zeit kommunistisch regierte Unionsstaat Kerala hingegen, habe „nur" 10.000 KinderarbeiterInnen, sagt Pater Philip Parakatt von der Don-Bosco-Gemeinschaft. Diese wiederum entstammten „zu 90 Prozent Migrantenfamilien, die zugezogen sind".[190]

Die Arbeitsverhältnisse in den industriellen und Dienstleistungszentren unterscheiden sich deutlich von den tradierten Formen informeller Arbeit auf dem Land. Das neue Proletariat ist entwurzelt von den familiären und Kastenstrukturen der Heimatdörfer, der Kampf ums Überleben ist ein anderer. Das Land befindet sich in einem Prozess der tiefgreifenden und rücksichtslos durchgesetzten kapitalistischen Modernisierung, der die Gesellschaft innerhalb weniger Jahrzehnte mehr verändern wird, als 200 Jahre britischer Kolonialherrschaft dies vermochten. Dabei zeigt sich, dass – entgegen der neoliberalen Annahmen – Prekarität und Informalität der Arbeitsverhältnisse im Prozess des vermeintlichen „Take-Off" der kapitalistischen Ökonomie nicht etwa an Bedeutung verlieren, sondern im Gegenteil drastisch zunehmen.

### 4.1.2. Sonderwirtschaftszonen: Neue industrielle Zentren, neue Kämpfe

Gerade für ausländische Konzerne bieten die „Special Economic Zones" (SEZ) einige Vorteile, die in den letzten Jahren zu einem massiven Anstieg ausländischer Produktionsansiedlungen geführt haben: 100 Prozent Ein-

---

189 Zitiert nach: Jahnke 2006: Noch ein Modernisierungsgewinner. Länderbericht Indien (http://www.jjahnke.net/indien.html)

190 Zitiert nach Thomas Schmitt im *Spiegel* vom 18.02.2007

kommensteuerbefreiung in den ersten fünf Jahren, 50 Prozent Einkommenssteuerbefreiung für die weiteren zwei Jahre und bis zu 50 Prozent Befreiung auf Gewinne für die Dauer von drei Jahren, Genehmigung hundertprozentiger ausländischer Investitionen außer in gewissen strategischen Sektoren, keine Zulassungsbestimmungen für die Industrie. Gewinne dürfen frei ausgeführt werden, ohne Kontrollen durch die Import- und Exportbehörde.

Besondere Einheiten innerhalb der SEZs sind die sogenannten Export Oriented Units (EOU), die ausschließlich für den Export fertigen. Diese Unternehmenseinheiten kaufen nicht nur auf dem indischen Binnenmarkt mit ermäßigten Steuersätzen ein, vielmehr werden in diesen Zonen die meisten Waren zur Weiterverarbeitung importiert. Hier gibt es deutlich weniger Auflagen für den Importeur. Beispielsweise gibt es in diesen Zonen keinerlei Kontrollen durch Zollämter, also auch keine Wartezeiten. Zusätzlich werden die verarbeiteten Waren wieder zollfrei und ohne Warenkontrollen ausgeführt. Hier hat die indische Regierung internationalen Konzernen einen Freiraum geschaffen, um, völlig unbehelligt und weitgehend unreguliert, importieren, produzieren und wieder exportieren zu können. Indien soll mehr und mehr China Konkurrenz machen und zum Fließband der Welt ausgebaut werden. Die besondere Form der Export Oriented Units wurde per Gesetz zum 1. November 2004 geschaffen, inzwischen gibt es mehr als 27.000 davon.[191]

Da jedoch die betreffenden Konzerne zwar zu besonders günstigen Bedingungen und für indische Löhne produzieren lassen wollen, aber die SEZ sich nun mal in Indien nicht als abgeschottete Einheiten vom Rest des Landes mit seinen Infrastrukturproblemen, überlasteten und maroden öffentlichen Gesundheits- und Bildungseinrichtungen und den für ausländische Führungskräfte wenig attraktiven alltäglichen Verkehrs- und Lebensbedingungen in indischen Städten errichten lassen, wurde noch einmal „nachgebessert". Im Februar 2006 traten neue gesetzliche Rahmenbedingungen für die Ansiedlung von Sonderwirtschaftszonen in Kraft, die die Umgebung solcher Wirtschaftszentren de facto in Quarantänezonen verwandelt: Mindestens 75% der Fläche von Wohngebäuden bleibt den Angestellten der dort angesiedelten Unternehmen vorbehalten. Auch öffentliche Einrichtungen wie Krankenhäuser und Schulen müssen zu mindestens 50% von den Mitarbeitern und deren Familien genutzt werden.

Ein Beispiel für die neuen industriellen Kerne Indiens ist die Sonderwirtschaftszone in Gurgaon bei Delhi. Gurgaon gehört zu den am schnellsten wachsenden Städten Indiens. Von gerade einmal 100.000 Anfang der 1980er

---

191 Vgl. Government of India, Ministry of Commerce, Annual Report 2005/06

Jahre stieg die Einwohnerzahl innerhalb von 25 Jahren auf ca. zwei Millionen Einwohner. Neue bewachte Wohngebiete für die höheren Angestellten, vor allem aber zahlreiche industrielle und Dienstleistungszentren innerhalb der Sonderwirtschaftszone sind in den letzten Jahren entstanden. Jedes Jahr wächst die Stadt um 10 bis 20 Prozent. Mehr als 150.000 ArbeiterInnen sind allein in den Callcentern der SEZ beschäftigt, die Softwareindustrie ist u.a. durch Microsoft, IBM und SAP mit Entwicklungsabteilungen vertreten. In ca. 500 Textilfabriken arbeiten mehr als 200.000 Menschen. Ebenso stark präsent sind indische Automobilkonzerne wie Maruti, sowie die Joint Ventures indischer Unternehmen mit japanischen Herstellern, etwa Honda. Die ArbeiterInnen von Gurgaon, MigrantInnen im eigenen Land, überwiegend jung, zum einen Teil aus ländlichen Regionen Bihars und Uttar Pradeshs kommend, zum anderen Teil Kinder der städtischen Mittelklasse, sind charakteristisch für das neue Proletariat Indiens. Ein teilnehmender Beobachter schrieb dazu:

> „Durch die massive Zuwanderung nach Gurgaon sind Lebenszusammenhänge völlig neu zusammengewürfelt worden, mit dem Gang in die Stadt werden die rigiden Kastenstrukturen aufgeweicht. Bauernarbeiter aus dem Norden, gut ausgebildete junge FacharbeiterInnen und proletarisierte Mittelstandsjugendliche arbeiten in unmittelbarer Nähe im Industriegebiet."[192]

Gurgaon war in den letzten Jahren auch der Ort zahlreicher Streiks, die zum größeren Teil ohne und im Einzelfall auch gegen die offiziellen Gewerkschaften geführt wurden. Nicht wenige dieser Kämpfe wurden vor allem von den LeiharbeiterInnen geführt, deren Situation sich von der der festangestellten sowohl in der Bezahlung als auch im Hinblick auf Entrechtung am Arbeitsplatz und ständige Unsicherheit unterscheidet.

Naturgemäß sind die Ansichten zu diesen Industrie- und Dienstleistungsparadiesen für Investoren geteilt. Während der indische Wirtschaftsminister Kamal Nath die Ansicht vertrat, es gebe keinen besseren Weg, um die Industrialisierung Indiens voranzutreiben und um Arbeitsplätze zu schaffen und auf Studien aus seinem Ministerium verweist, wonach bis 2009 umgerechnet zehn Milliarden Euro in den Zonen investiert und insgesamt fast eine Million neue Arbeitsplätze entstehen werden, üben die indischen Gewerkschaften massive Kritik daran, dass etwa die Organisierung der ArbeiterInnen in den SEZ massiv behindert werde, obwohl diese formell der

---

192 *Wildcat:* Ankündigungstext zur Broschüre *Gurgaon, Indien: Neue Stadt, neues Glück, neue Kämpfe?*

indischen Arbeitsgesetzgebung unterstehen. Tatsache ist, dass es den Gewerkschaften bisher noch in keiner einzigen SEZ gelungen ist, Fuß zu fassen. Des Weiteren kritisieren sie, dass häufig in den SEZs nur noch die Montage stattfinde, die Einzelteile kämen größtenteils aus dem Ausland. Selbst in indischen Regierungskreisen ist die Investitionsoffensive nicht unumstritten. Finanzministerium und Zentralbank haben inzwischen erhebliche Bedenken angemeldet, denn sie fürchten Einnahmeausfälle in Milliardenhöhe. „Die SEZ sind Präsente an die Industrie, die sich die Regierung eigentlich nicht leisten kann", bemerkte dazu im Sommer 2007 der Chefökonom des Internationalen Währungsfonds, Raghuran Rajan.[193]

Am stärksten jedoch ist der Widerstand der Bauern, deren Land den Sonderwirtschaftszonen zum Opfer fällt. Zehntausende Hektar sind in den letzten Jahren enteignet worden, zum größeren Teil entschädigungslos, was der Journalist und Aktivist Bharat Doogra als „den größten Land-Diebstahl in der Geschichte des unabhängigen Indiens"[194] bezeichnet. Noch immer leben ca. 68% der indischen Bevölkerung auf dem Land und auch dort machen etliche Regionen momentan einen ökonomischen Modernisierungsprozess, der in seiner durchgreifenden Gewaltförmigkeit mit der ursprünglichen Akkumulation vergleichbar ist.

Besonders drastisch sind die Auswirkungen auf die Adivasi, die indischen Stammesbevölkerungen, deren Gebiete durch die Einrichtung von SEZs in Bundesstaaten wie Jharkhand, Orissa und Chhattisgarh zunehmend dezimiert werden, wo deren Regierungen versuchen, mit den SEZs die ökonomische Rückständigkeit ihrer Regionen zu verringern. Aber auch in West Bengal, jenem Bundesstaat, in dem die kommunistischen Parteien seit 1977 ununterbrochen die Regierung stellen, läuft dieser Prozess der Enteignung und Entrechtung mit unverminderter Härte.

### 4.1.3. West Bengal: Die Regierungslinke und die kapitalistische Modernisierung

Im Frühjahr 2007 wurde die indische Öffentlichkeit durch besonders heftige Auseinandersetzungen in Nandigram – eben in West Bengal – aufgeschreckt, wo die „linke" Regierung des Bundesstaates gegen heftigen Widerstand der von Enteignung bedrohten Landbevölkerung die Einrichtung einer Sonderwirtschaftszone samt Enteignung von 10.000 Morgen Farmland durchzusetzen versuchte, um der indonesischen Salim-Gruppe den Aufbau eines Chemiewerks zu vergolden.

---

193 Mentschel 2007
194 Mentschel 2007 in: *ND* vom 12.06.2007

Der Bundesstaat West Bengal, einst neben Kerala der ganze Stolz der indischen KommunistInnen, die dort seit 1977 die Regierung stellen, ist für die indische Linke schon seit längerem ein Symbol für die Sozialdemokratisierung der KPs geworden. Während anderenorts die linken Parteien gegen den „Neoliberalismus" zu Felde ziehen und die katastrophalen Folgen der kapitalistischen Modernisierung Indiens für die Masse der Arbeiter und Kleinbauern anprangern, betreibt West Bengals Linksfront-Regierung diese Modernisierung selber mit. Vor allem der größte Partner der Linksfront, die CPI (M), bekam die Peinlichkeit der Widersprüche zwischen ihrer oppositionellen Haltung auf Unionsebene und der Realpolitik ihrer GenossInnen in West Bengal schon des öfteren zu spüren. So etwa als die CPI (M)-Führung Anfang 2006 eine landesweite Kampagne gegen die geplante Privatisierung der Flughäfen von Delhi und Mumbai startete. Bereits nach kurzer Zeit konnten sämtliche großen Medien Indiens hämisch darauf hinweisen, dass zum gleichen Zeitpunkt die westbengalische Regierung die Privatisierung des Flughafens von Kolkata vorbereitete. Nicht besser erging es der CPI (M)-Führung bei ihrer Ablehnung ausländischer Direktinvestitionen in die indische Wirtschaft, die durch West Bengals Chief Minister Buddhadeb Bhattacharya durch eigene forcierte Bemühungen um ausländische Investoren geradezu ins Lächerliche gezogen wurden.[195]

Eine neue Brisanz erreichte die kapitalfreundliche Ausrichtung der bengalischen Regierungslinken Ende 2006, als die Einrichtung einer Sonderwirtschaftszone für einen indonesischen Chemiekonzern in dem Dorf Nandigram beschlossen wurde. Die Dorfbewohner, deren Land für den Chemiestandort enteignet werden sollte, protestierten, schnell zog der Protest größere Kreise. Als es zu Übergriffen gegen CPI (M)-Kader in der bisherigen CPI (M)-Hochburg Nandigram kam, ordnete der westbengalische Regierungschef eine Polizeiaktion gegen die Dorfbewohner an. Polizisten und bewaffnete CPI(M)-Unterstützer schossen am 14. März in eine Bauerndemonstration, es gab 14 Tote und etwa 70 Verletzte. Dieses skrupellose Vorgehen führte unmittelbar zu einem Aufschrei der Entrüstung nicht nur bei den wichtigsten westbengalischen Oppositionsparteien Congress Party und Trinamool Congress (eine regionale Congress-Abspaltung), sondern auch bei den eigenen Koalitionspartnern, der ehemals moskauorientierten CPI, der Revolutionären Sozialistischen Partei (RSP) und dem linkspopulistischen Forward Bloc. Die drei Parteien drohten mit ihrem Rückzug aus der Koalition, während die Oppositionsführerin Mamata Banerjee (Trinamool Congress), ihre Chance gekommen sah, mit demonstrativer Unterstützung

---

195 Vgl. Getzschmann in *Jungle World* vom 06.09.2007

der Bauern von Nandigram zu punkten und in das kommunistische Kernwählerpotential einzudringen.

Schließlich stellte die Staatsregierung ihre Pläne für die Sonderwirtschaftszone vorerst zurück, verursachte aber neue Irritationen durch die von Chief Minister Bhattacharya abgegebenen Erklärungen zu den Übergriffen, die zwischen Bedauern und Rechtfertigung schwankten. Der Staatsgerichtshof in Kolkata verurteilte erst am 16.11. den Polizeieinsatz als „völlig unrechtmäßig" und wies die westbengalische Regierung an, den im März Verletzten sowie den Familien der getöteten ein Schmerzensgeld von jeweils 100.000 Rs. (knapp 2.000 Euro) zu zahlen. Auch die Congress-geführte indische Unionsregierung, die sich in der unbehaglichen Lage befand, auf die Tolerierung der Linksfront angewiesen zu sein, nutzte die Gelegenheit, den ungeliebten Partner CPI (M) zu schwächen und ordnete eine Untersuchung der Vorgänge durch die Unionspolizeibehörde CBI[196] an. Diese nahm im Laufe ihrer Ermittlungen acht mutmaßlich an dem Massaker beteiligte CPI (M)-Mitglieder aus Nandigram in Haft und beschlagnahmte größere Mengen an Schusswaffen und Munition. Zumindest in diesem Teil Westbengalens schien die Partei erledigt zu sein, erst recht, als eine lokale Bauernorganisation, der nach widersprüchlichen Behauptungen sowohl eine großer Nähe zum oppositionellen Trinamool Congress als auch zu maoistischen Guerillagruppen nachgesagt wird, dazu überging, systematisch aktive Mitglieder der CPI (M) aus dem Dorf zu vertreiben.

Anfang November jedoch ging die CPI (M) zur Gegenoffensive über, mit der sie allerdings umso deutlicher machte, wie weit die Partei im Sog der Machtpolitik inzwischen heruntergekommen ist. Bewaffnete Trupps der Partei eroberten Nandigram und die umliegenden Dörfer wieder zurück, schüchterten Anhänger der Opposition ein und schossen auf eine spontane Protestkundgebung des Trinamool Congress, wobei zwei Kundgebungsteilnehmer getötet wurden. In Berichten über diesen Coup ist von Bauern die Rede, deren Häuser niedergebrannt wurden und Anhänger der Opposition, die fluchtartig den Ort verlassen mussten. Zugleich sperrte die westbengalische Staatspolizei die Gegend um Nandigram weiträumig ab und ging massiv sowohl gegen Demonstranten als auch Journalisten vor, die von der „Rückeroberung" berichten wollten.[197] Aus Protest dagegen riefen für den 12. November zahlreiche Parteien und Gewerkschaften zu einem Bandh (einem mit Straßenblockaden und der notfalls gewaltsamen Schließung aller

---

196 CBI – Central Bureau of Investigation = indische zentrale Kriminalbehörde

197 Vgl. den Bericht von TNN „How CPM recaptured nandigram" in der *Times of India* vom 12.11.2007

Läden verbundenen Generalstreik) auf. Besonders interessant ist nicht die Tatsache, dass erwartungsgemäß am Tag des Streiks das öffentliche Leben sowohl in Kolkata als auch in weiten Teilen West Bengals stillstand, sondern das Spektrum der Aufrufer, dass von der rechten BJP über die beiden Congress-Parteien bis hin zur CPI (ML)–Liberation, reichte.[198] Auch die der Linksfront und der Staatsregierung angehörende RSP schloss sich dem Aufruf an und schlug damit eine weitere Bresche in das wankende Regierungslager. Gleichzeitig kündigten zahlreiche linke Filmemacher an, das in diesem Winter stattfindende 13. Kolkata-Filmfestival boykottieren zu wollen. Das Kolkata-Filmfestival ist eines der Aushängeschilder kommunistischer Kulturpolitik der westbengalischen Regierung und ein künstlerischer und politischer Gegenpol zum seichten Hollywood-Kino.[199]

Während des Streiks kam es zu vor allem in Kolkata zu Ausschreitungen, gegen die zunächst die Staatspolizei eingesetzt und schließlich die Armee zu Hilfe gerufen wurde. Teilweise hatten diese Straßenschlachten allerdings eher am Rande mit den Ereignissen in Nandigram zu tun. Vielmehr nutzten muslimische Gruppen und der zur Zeit auf jeden Zug aufspringende Trinamool Congress die allgemeine Erregung, um eine Kampagne gegen die in Kolkata im Exil lebende Schriftstellerin Taslima Nasreen aus Bangladesch zu starten, der sie vorwerfen, in ihren Büchern den Koran zu beleidigen. Während der Generalstreik gegen die Gewalt in Nandigram nach 24 Stunden beendet war, flammten die gewalttätigen Proteste der aufgehetzten muslimischen Minderheit erst richtig auf. Ein Trauerspiel war erneut die Haltung der westbengalischen Regierung und der Regierungspartei CPI (M), die, offensichtlich von den Massenprotesten irritiert und bemüht, nicht noch mehr Gruppen gegen sich aufzubringen, Nasreen als Risiko für die öffentliche Sicherheit bezeichneten und sie aufforderten, den Bundesstaat zu verlassen, eine Äußerung, die erst zurückgenommen wurde, als namhafte linke Intellektuelle gegen diese schäbige und opportunistische Haltung protestierten und die Solidarität aller säkularen Kräfte mit Nasreen einforderten.[200]

Die erst 2006 zum siebten Mal in Folge mit einem beeindruckenden Ergebnis von fast 70 Prozent der Stimmen wiedergewählte Linksfront-Regierung steht vor einem Desaster. Ihre Politik der kapitalistischen Modernisierung, die sie bisher versuchte, relativ unauffällig voranzutreiben, steht im Brennpunkt der Proteste. Auch das selbstherrliche Vorgehen gegen demonstrierende Landbewohner und oppositionelle politische Gruppen löste weit-

198 Vgl. *Liberation* vom Dezember 2007

199 Subhranshu Gupta in der *Chandigarh Tribune* vom 12.11.2007

200 Labournet Germany 2008

reichende Empörung aus. Gerade diejenigen, die bisher in scheinbar uner-
schütterlicher Loyalität zur Partei standen, wandten sich in den letzten zwei
Jahren massenhaft von ihr ab. Gestärkt geht vor allem die regionale Oppositionspartei Trinamool Congress aus dieser Auseinandersetzung hervor, die,
obwohl deutlich rechts der Regierungsparteien angesiedelt, alles versucht,
um unter der Stammwählerschaft der CPI (M) um Sympathien zu werben.
Aber auch eine linke Opposition formiert sich in weitaus größerer Stärke
als bisher. Basisbewegungen, die CPI (ML)–Liberation, aber auch die maoistische Guerilla treten verstärkt in Erscheinung. Erst im September legten
Kommandos der CPI (Maoist) mehrere Eisenbahnstrecken in Westbengalen
lahm. In Bihar und Jharkhand riefen die Maoisten, die ihre Operationen in
den letzten zwei Jahren beträchtlich ausweiten konnten, aus dem Untergrund
heraus zu Proteststreiks gegen die Erstürmung Nandigrams auf, die teilweise
befolgt wurden. In welche Richtung sich die Kräfteverhältnisse auch immer
verschieben mögen, – die Tage der Regierungslinken, die die sich verschärfenden Klassenkonflikte bisher relativ erfolgreich moderieren und kanali-
sieren konnte, scheinen in absehbarer Zeit gezählt zu sein. Ein deutliches
Signal in diese Richtung gaben auch die Ergebnisse der CPI (M) und CPI
bei den Lokh-Sbaha-Wahlen 2009, bei denen der Stimmenanteil der CPI (M)
indienweit auf 5,3% und 20 Sitze (von ehemals 43 bei der Lokh-Sbaha-Wahl
2004) zusammenschmolz und die CPI sechs ihrer bisher zehn Sitze einbüßte.
Vor allem in ihrer scheinbar uneinnehmbaren Hochburg West Bengal hat die
CPI (M) 2009 deutliche Verluste erlitten, sowohl bei der Lokh-Sabha-Wahl
als auch bei den Kommunalwahlen. Ein unter Pseudonym veröffentlichender
Kritiker der neoliberal gewendeten Regierungspolitik der Partei schrieb diese Verluste – wie auch die spürbare Erosion der politischen Basis der Partei – ihrer sowohl rücksichtslos zentralistischen und zugleich die Interessen
der Landbevölkerung den Investoreninteressen opfernden Politik zu, die in
konzentrierter Form seit 2006 zum Tragen gekommen sei:

„Die vielbeschworene Nonchalance der Parteiführung des Bundesstaates wurde
durch einen lebensgefährlichen Stoß in Form des Ergebnisses der Lokh-Sabha-Wahlen erschüttert, die einen Abwärtstrend von 7,5 Prozent seit den Wahlen von 2004 und
2006 bedeutete. Solche eine Verschiebung in einem Zeitraum von gerade einmal drei
Jahren deutet auf eine schwere Erosion der Massenbasis der Partei hin. Diese erhebliche Veränderung der Loyalität der Wähler wurde dann einen Monat später durch die
Tendenz bei den Wahlen zu den lokalen und Distrikt-Panchayats bestätigt.“[201]

---

201 AM in EPW vom 30.07.2009

Seine Prognose ist die, dass eine Partei, die sich in dieser Weise bis zur Un-
kenntlichkeit verändert und so erkennbar den Kontakt zu ihrer Basis verloren hat, dazu verurteilt ist, unterzugehen, wenn sie nicht, was eher unwahrscheinlich ist, einen radikalen Bruch mit ihrer Politik der letzten Jahre
vollziehe.

### 4.1.4. Gewerkschaften und soziale Kämpfe: Das unbekannte Potential der informellen ArbeiterInnen

Weniger als 20 Prozent der indischen ArbeiterInnen befinden sich noch in
formellen Beschäftigungsverhältnissen, eine Entwicklung, die sich auch auf
die Stärke der indischen Gewerkschaften auswirkt, deren Geschichte vergleichsweise weit zurückreicht, ohne dass sie es jedoch in den letzten Jahrzehnten vermocht hätten, weit über den Staatssektor und bestimmte industrielle Kernbereiche hinaus Organisationsmacht aufzubauen. Vergleichen
mit anderen asiatischen Ländern ist die Streikhäufigkeit hoch, In den formalen Sektoren sind ca. ein Drittel der Beschäftigten gewerkschaftlich organisiert. Zu den stärksten der rivalisierenden Gewerkschaftsföderationen zählen der Congress of Indian Trade Unions (CITU, 1,7 Millionen Mitglieder),
der der Communist Party of India (Marxist) nahesteht, und der All India
Trade Union Congress (AITUC, 900.000 Mitglieder), die Gewerkschaftsföderation der mit der CPI (M) in der Linksfront vereinten Communist Party
of India (CPI) und der Indian National Trade Union Congress INTUC, 2,6
Millionen Mitglieder) der Congress Party.[202] Alle großen Gewerkschaften
haben durch ihre Nähe zur Politik der ihnen nahestehenden Parteien ein
massives Problem, denn genau gegen deren Politik und ihre Auswirkungen
Widerstand zu organisieren, wäre eigentlich ihre Kernaufgabe. Daneben gibt
es diverse unabhängige Gewerkschaften, etwa die All India Federation of
Trade Unions (AIFTU), die aus diversen Spaltprodukten der maoistischen
Guerilla und Ex-Guerilla hervorgegangen ist. In der breiten Sphäre der prekären und informellen Arbeit hat kaum eine dieser gewerkschaftlichen Organisationen eine nennenswerte Verankerung.

Der weltweite Anstieg der Lebensmittelpreise, der noch vor einem halben
Jahr im Brennpunkt der medialen Aufmerksamkeit auch in Deutschland
stand, ist weitgehend aus der Berichterstattung hierzulande verschwunden,
verdrängt von den Gewinnwarnungen der Finanzdienstleister. Und doch
trifft er, so auch in Indien, die breite Masse der Bevölkerung ungebremst.
Während sich schon im Frühjahr 2008 in der indischen Presse die besorgten

---

202 Zahlen nach: Gerd Botterweck: *Gewerkschaften in Indien.* Friedrich-Ebert-Stiftung: http://li-
brary.fes.de/gmh/main/pdf-files/gmh/1997/1997-08-a-505.pdf

Artikel mehrten, die den Kaufkraftverlust der gerade erst selbstbewusst aufblühenden Mittelklasse beklagten und Spartipps für indische höhere Angestelltenhaushalte mit Monatseinkommen zwischen 15.000 und 30.000 Rupien gaben, wie etwa Restaurantbesuche einzuschränken und die Ausgaben für Kinobesuche zu reduzieren oder etwa darauf verzichten, sich die Einkäufe von Bediensteten nach Hause tragen zu lassen[203], können solche Ratschläge von der breiten Masse der indischen ArbeiterInnen nur als zynischer Witz aufgefasst werden. Nach wie vor verdient ein ungelernter Leiharbeiter in einer Sonderwirtschaftszone zwischen 1.500 und 2.500 Rupien monatlich (23 bis 38 Euro), Bauarbeiter oder Reinigungskräfte müssen sich in der Regel mit ca. 1.000 Rupien (ca. 15 Euro) begnügen. In diesem Einkommenssegment, zu dem mehr als die Hälfte der arbeitenden Bevölkerung Indiens gehört, stellen steigende Preise unmittelbar die physische Existenz in Frage. Lediglich die kleinen festangestellten Facharbeiterkerne einiger Automobilfabriken sowie qualifiziertere und erfahrenere Callcenter-ArbeiterInnen können schon mal auf Löhne im genannten Bereich zwischen 15.000 und 30.000 Rupien (230 bis 460 Euro) kommen, von denen dann jedoch bereits wieder – je nach Wohnstandard – zwischen 4.000 und 10.000 Rupien für eine Familienwohnung aufzubringen sind. Die Mieten der einfachen Arbeiterunterkünfte oder Slumhütten sind dementsprechend günstiger zu veranschlagen.[204]

Die informelle Arbeit bringt ihre eigenen Organisationsformen hervor, von der rechten BJP-nahen Gewerkschaft der Rikshamen in Kolkata bis hin zu netzwerkförmigen Basisinitiativen wie der unabhängigen linken New Trade Union Initiative und dem von diesem initiierten New Labour Center, in dessen Zweigorganisationen sich hauptsächlich informelle ArbeiterInnen zusammenfinden. Der CPI (M)-nahe CITU hat vor zwei Jahren damit begonnen, eine Gewerkschaft der IT-ArbeiterInnen aufzubauen, in einer Branche, wo gewerkschaftliche Organisierung bisher ein Fremdwort war. Es ist einiges im Fluss in Indien, auch im Hinblick auf die sozialen Kämpfe, in denen die fragmentierte und weitgehend unorganisierte ArbeiterInnenklasse auf die Krise ihrer sozialen Strukturen reagiert. Neben Streiks und Straßenunruhen gibt es ein weiteres Feld für AktivistInnen, den politischen Druck auf die Regierung der United Progressive Alliance, ein Minimalsystem an sozialer Sicherheit für informelle ArbeiterInnen aufzubauen. „Social Security Now" ist ein Netzwerk von mehr als 500 Organisationen und Initiativen,

---

203 Ein recht zurückhaltendes Beispiel für die zahlreichen Artikel dieser Art, die zu jener Zeit etwa in der *Hindustan Times* erschienen, findet sich in einem Artikel von Ruchi Halega in der *Hindustan Times* vom 15.04.2008

204 *Wildcat* 2008, S. 16

die sich zusammengefunden haben, um gemeinsam Druck auf die Regierung auszuüben.

Über öffentlichkeitswirksame Kampagnen und formale Gewerkschaftsstrukturen entlang parteipolitischer Interessen hinaus und jenseits davon wird jedoch entscheidend sein, welche Bewusstseins- und Kampfformen sich unter den ArbeiterInnen selbst entwickeln. Die indische Gesellschaft befindet sich in einer tiefgreifenden Modernisierungskrise, die das tradierte Sozialgefüge zerstört und mehrere hundert Millionen Menschen aus ihren bisherigen Lebensstrukturen reißt, die in den Strudel der Proletarisierung hineingerissen werden. Der Umwelt- und Agraraktivist Devinder Sharma prognostoziert, dass in den nächsten acht Jahren 400 Millionen Menschen durch die Enteignungen für SEZs, Bergwerksprojekte sowie die Kapitalisierung der Landwirtschaft ihre bäuerliche Existenz verlieren und in die Städte flüchten werden.[205] Diese Flüchtlinge werden den informellen Sektor in den großen Städten verstärken und notgedrungen ihre Überlebensnetzwerke bilden, aber auch Formen des Klassenkampfes und der Arbeiterunruhe hervorbringen, die die Modernisierungseuphorie des Kapitals und des indischen Staates grundlegend erschüttern könnten.

---

205 Devinder Sharma: Displacing Farmers: India will have 400 million agricultural refugees, http:// www.globalresearch.ca/index.php?context=va&aid=6127

# 5. Zwischen Shining India und Real India – ein gespaltenes Land

Die indische Gesellschaft erlebt heute eine Vertiefung der sozialen Spaltung, die verschiedene Dimensionen aufweist, zum einen bedingt durch die regionalen Unterschiede, die sich in den letzten 20 Jahren deutlich verstärkt haben, zum anderen aber auch durch den Aufstieg der neuen kapitalistischen Mittelklasse und die Krise der agrarischen Subsistenzwirtschaften und der für regionale Märkte produzierenden Kleinbauern. Die neuen Mittelklasse lebt längst in einem anderen Indien, das mit dem Indien der agrarischen KleinproduzentInnen und LandarbeiterInnen, dem Indien der marginalisierten Massen und der von ihren kärglichen Löhnen mühsam überlebenden ungelernten und GelegenheitsarbeiterInnen so gut wie keine Berührungspunkte mehr aufweist, was die seltsame Fremdheit der ExponentInnen dieser Klasse gegenüber den bestenfalls als peinlich wahrgenommenen, in der Regel jedoch schlicht nicht zur Kenntnis genommenen Lebensbedingungen und Existenzweisen der Bevölkerungsmehrheit erklärt. Während eine Minderheit von etwa 20 Prozent der Bevölkerung in Richtung westlichen Lebensstandards und einer vom Leben der Bevölkerungsmehrheit grundverschiedenen Lebensweise abhebt, vollzieht sich für nahezu 80 Prozent der Bevölkerung ein Drama der Pauperisierung und Proletarisierung, der Enteignung durch „Entwicklung" und Kapitalakkumulation. Während die ungleiche regionale Entwicklung von der indischen Regierung nicht geleugnet, sondern als Ausgangspunkt zur verstärkten „Entwicklung" der ökonomisch rückständigen Regionen durch die Erschließung der dort lagernden Rohstoffvorkommen genommen wird, muss die offiziell verkündete und durch keinerlei noch so fundierte Kritik irritierbare Behauptung der Regierung und der staatlichen Planungskommission, die Armut sei auf dem Rückzug und der Lebensstandard großer Teile der Bevölkerung sei durch die Marktliberalisierung der letzten 20 Jahre gestiegen, schlicht als politisch motivierte Lüge bezeichnet werden, die mit unseriösen statistischen Berechnungsmethoden aufrechterhalten wird und die Tatsache verdecken soll, dass die Mehrheit der indischen Bevölkerung heute unternährt und kaum in der Lage ist, ihre physische Existenz dauerhaft zu sichern. Im Gegensatz zu den offiziellen Angaben über das Sinken der Armutsquoten und den „trickle-down"-Effekt der neoliberalen Modernisierung, der allmählich zu einer Verbesserung der materiellen Lage der Bevölkerung führen würde, haben die Wirtschaftsreformen seit den

1990er Jahren zu einer drastischen Verschlechterung der Lage der Bevölkerungsmehrheit und einer Hungerkrise geführt, die von kritischen Agrar-
ökonomInnen mit der großen bengalischen Hungersnot von 1943 verglichen
wird, bei der drei Millionen Menschen starben. Erst die Anerkennung dieser
fundamentalen Tatsache öffnet den Blick auf das Ausmaß der relativen Deprivation und der Verzweiflung eines Teils der indischen Bevölkerung, die in
den letzten Jahren, entmutigt durch die Ohnmacht legaler und gewaltloser
Widerstandsformen, zunehmend auch bereit sind, ihre Existenz auch mit
gewaltsamen Formen der Gegenwehr gegen einen Staat zu verteidigen, der
blind und taub gegenüber ihrer Lage zu sein scheint. Die sozioökonomischen
Prozesse, die hier zum Tragen kommen und die in den letzten Jahren zu
beobachtende Ausweitung der Naxalitenaktivitäten begünstigen, sollen im
Folgenden in geraffter Form dargestellt werden.

## 5.1. Ungleiche Entwicklung, reales Elend und irreale Armutsstatistiken

Die ökonomische Entwicklung Indiens in den letzten 20 Jahren ist nicht
nur durch eine verschärfte Informalisierung der Arbeitsbeziehungen in
den städtischen Zentren geprägt, sondern zugleich auch durch erhebliche
regionale Disparitäten, die selbst schon in der äußerst milden Darstellung
von Dietmar Rothermund deutlich werden. Er dokumentiert in seinem Band
*Indien – Aufstieg einer asiatischen Weltmacht* eine Kaufkrafterhebung der
Business Intelligence Unit (BIU) in Chennai[206], die zwar wenig über die geo-
graphische Verteilung von Wohlstand und Armut aussagt, aber auf einem
Kaufkraftindex die wirtschaftlichen Boomregionen Indiens herausarbeitet.
Problematisch ist diese Darstellung vor allem deshalb, weil unterhalb eines
(abstrakten) Basisindex von 0,65 überhaupt keine Kaufkraft gemessen wird
und schon deshalb auf der von Rothermund dokumentierten Karte weite
Teile Indiens im hellgrauen Segment (<0,65) verweilen, ohne dass etwa die
riesigen Kaufkraftunterschiede, die etwa zwischen Bihar und Kerala bestehen, überhaupt sichtbar würden. Es schälen sich aber zumindest zwei große
Wachstumsregionen heraus, die identisch sind mit den metropolitanen industriellen Ballungszentren. Eine davon ist Delhi und der westliche Gürtel
zwischen dem Punjab, Haryana und dem Raum Jaipur. Der andere Wachs-
tumsraum umfasst Mumbai und seine riesigen Vororte, das westliche Maharashtra und die Küstenregion bis weit hinein nach Gujarat.[207]

---

206 Madras wurde 1996 in den tamilischen Namen Chennai umbenannt.

207 Rothermund 2008, S. 252f

Die Tatsache, dass regionale Ungleichheiten in der ökonomischen Entwicklung, dem Einkommen und dem Lebensstandard seit den 1990er Jahren deutlich zugenommen haben, wird auch durch etliche Studien indischer Autoren[208] bestätigt, wobei sich ein West-Ost-Gefälle bemerkbar macht. Das ländliche Indien der ‚backward states‘ und vernachlässigten Regionen umfasst weite Teile des östlichen Uttar Pradesh, Bihar, Jharkhand, Orissa, Chhattisgarh, Madhya Pradesh, das östliche Maharashtra, Teile von Andhra Pradesh, das zentrale und nördliche Karantaka sowie den größeren Teil Tamil Nadus. In diesen ländlichen Regionen, die von einigen wenigen Wachstumsregionen wie etwa Bangalore, Hyderabad und Chennai unterbrochen werden, führt die Krise der Landwirtschaft, ausgelöst durch Baumwollimporte und sinkende Preise für Agrarprodukte, verstärkt durch die Monopolstellung von Saatgut- und Düngemittelkonzernen wie Monsanto und die nach wie vor extrem ungleiche Verteilung von Land und Einkommen zu einer regelrechten Verelendung von Teilen der ohnehin armen Bevölkerung. Laut Zahlen der National Sample Survey Organisation (NSSO) leben etwa 250 Millionen Menschen, ein Drittel der ländlichen Bevölkerung, von weniger als 12 Rs. am Tag. In Orissa und Chhattisgarh liegt der Anteil dieser ländlichen Armen bei 55% bzw. 57% der Bevölkerung, in Bihar, Jharkhand und Madya Pradesh liegt er bei 45 bis 47%.[209] Mehr als 150.000 Kleinbauern haben, überschuldet durch die Anschaffungskosten von Saatgut und Düngemittel und hart getroffen durch Missernten, in den letzten zehn Jahren Selbstmord verübt.[210] Die Auswirkungen der ‚Grünen Revolution‘ waren regional verschieden, hatten allerdings landesweit ähnliche Begleiterscheinungen: die Landwirtschaft wird deutlich kapitalintensiver, die Kleinbauern sind immer weniger in der Lage, hiermit Schritt zu halten und werden durch Verschuldung und durch die im Rahmen des Klimawandels sich häufenden Missernten in den Ruin getrieben. Zugleich haben in einigen Regionen, wie etwa im Punjab, Haryana und Bihar, Großbauern und städtische Investoren erhebliche Teile des Ackerlandes aufgekauft und die agrarische Beschäftigungsstruktur tiefgreifend verändert, d. h. eine Proletarisierung der bisherigen Kleinbauern bewirkt.

Auslöser dieser Agrarkrise ist die von der indischen Regierung auch für den Agrarsektor durchgesetzte Politik der Weltmarktöffnung und Liberalisierung der Märkte. Seit 1991 wurden im Rahmen einer deflationären Entwicklungsstrategie die Agrarsubventionen drastisch zurückgefahren,

208 So etwa Sabyashi/Sakthivel 2007
209 Chakravarty 2008, S. 5
210 Meiler, Oliver in *SZ* vom 29.02.2008

zugleich zog sich der Staat auch aus der Düngemittelproduktion und -verteilung für die Kleinbauern zurück. Der Markt sollte von nun an alles richten und das strategische Ziel der Regierung war die Erzielung von größtmöglichen Agrarexporten. Nicht die Produktion für die Selbstversorgung und die bis dahin staatlich regulierten regionalen und nationalen Märkte war nun das Ziel, sondern die Ausfuhr zu Weltmarktbedingungen. Hinsichtlich der Materialkosten und der benötigten Kredite wurden die Bauern also durch steigende Investitionskosten unter verstärkten Druck gesetzt. Zugleich stiegen in den 1990er Jahren die globalen Preise der für den Export bestimmten landwirtschaftlichen Produkte, etwa Gummi und Baumwolle. Als Reaktion darauf gestattete die Unionsregierung nun die unkontrollierte Ausfuhr von Baumwolle. Zwischen 1987 und 1990 hatten die indischen Baumwollexporte gerade einmal 34.000 Tonnen betragen, nach der Liberalisierung stiegen sie 1990/91 auf eine Höhe von 374.000 Tonnen innerhalb eines einzigen Jahres und pegelten sich in den Folgejahren auf etwa 200.000 Tonnen ein.[211] Die dadurch erzeugte Knappheit an Rohbaumwolle auf dem indischen Markt und die entsprechende Verdreifachung des Baumwollpreises setzten zunächst die noch mit Handwebstühlen arbeitenden Weber unter Druck. Die Regierung ermunterte nun Hunderttausende von Kleinbauern, von der Getreideproduktion auf die Produktion von Baumwolle umzusteigen, was nur durch die massenhafte Aufnahme von Krediten möglich war (und nebenbei zu einem deutlichen Rückgang der Produktion von Nahrungsgetreide führte und dazu, dass Indien heute von Getreideimporten abhängig ist). Seit Ende 1996 jedoch begann der jähe Absturz der Weltmarktpreise für Agrarprodukte, so dass die Preise für Rohbaumwolle 2001 nur noch halb so hoch waren wie 1995.[212] Die Bauern, die durch den zeitgleich erfolgten Rückzug der Banken und der staatlichen Kreditgewährung überwiegend gezwungen worden waren, sich bei privaten Geldverleihern mit stark überhöhten Zinsen zu verschulden, waren nun völlig in deren Hand und gezwungen, allein um die Zinsen zu bezahlen, sich immer weiter zu verschulden. Eine einzige Missernte bedeutet den Ruin. Als 2006 die indische Regierung ankündigte, einen Betrag von 600 Milliarden Rs. aufzuwenden, um die Bankschulden von Kleinbauern zu streichen, die über eine Anbaufläche von weniger als zwei Hektar verfügen, war dies zwar eine beträchtliche Subvention für das indische Bankensystem, da die vom Staat übernommenen Kreditzahlungen ohnehin größtenteils ansonsten von den Bauern nicht aufzubringen gewesen wären. Für zwei Drittel

---

211 Vgl. Patnaik 2009, S. 92
212 Vgl. Patnaik 2009, S. 113

der indischen Kleinbauern, die bei privaten Kredithaien verschuldet sind, änderte sich jedoch nichts.[213]

Neben den drastisch angestiegenen Selbstmordraten auf dem Land hat die Politik der deflationären Marktöffnung vor allem einen deutlichen Rückgang der Wachstumsraten in der Agrarproduktion bewirkt – bei zugleich erheblich angestiegenen Exporten. Die Produktionszuwächse im Agrarsektor sanken noch unter die Quote des Bevölkerungswachstums. Dementsprechend sanken auch die Zuwächse an der ländlichen Erwerbsbevölkerung: während die ländliche Bevölkerung zwischen 1993 und 2000 von 658,8 Millionen auf 727,5 Millionen und die Zahl der verfügbaren Arbeitskräfte von 255,4 Millionen auf 270,4 Millionen Menschen anstieg, stieg die Zahl der real auf dem Land Beschäftigten im gleichen Zeitraum nur von 241,0 Millionen auf 250,9 Millionen Menschen, was real einen starken Rückgang der ländlichen Beschäftigung und einen kräftigen Anstieg der ländlichen Arbeitslosenzahlen bedeutet.[214]

Wie Utsa Patnaik ausführt, bedeutet dies nun nicht etwa, dass die steigende Zahl der ländlichen Arbeitslosen etwa von der sich entwickelnden Industrie aufgesogen worden wären:

„Während der Reformzeit ist es auch in der verarbeitenden Industrie zu enormen Arbeitsplatzverlusten gekommen und der Anteil des sekundären Sektors am Bruttoinlandsprodukt/BIP ist in den 1990er Jahren von 29 auf rund 22 Prozent zurückgegangen, kurz gesagt: Indien hat eine Deindustrialisierung erlebt. Die landwirtschaftliche Depression hat den Anteil der Landwirtschaft am BIP von etwa einem Drittel zu Beginn der 1990er Jahre auf etwas über ein Fünftel ein Jahrzehnt später reduziert, aber die Arbeitskräfte und die von der Landwirtschaft abhängige Bevölkerung sind kaum geringer geworden, was sich im Rückgang des Pro-Kopf-Einkommens widerspiegelt. Mithin sind die beiden materiell produktiven Sektoren geschrumpft und der einzige Sektor, der sich in unnormaler Weise aufgebläht hat, ist der tertiäre oder Dienstleistungssektor, der nun mehr als die Hälfte des BIP erbringt."[215]

Während einige Autoren in den letzten Jahren auf eine Verringerung der absoluten Armut in Indien durch die ökonomischen Reformen seit den 1990er Jahren verwiesen haben, sind solche Annahmen m.E. mit großer Skepsis zu betrachten. Zwar weist auch Kurian in seiner Studie über die wachsenden regionalen Disparitäten für die indische Plankommission darauf hin, dass

---

213 Vgl. Patnaik 2009, S. 201f
214 Vgl. Patnaik 2009, S. 108
215 Patnaik 2009, S. 108

sich bereits seit den siebziger Jahren die ‚absolute Armut‘ deutlich verringert habe und die von ihm präsentierte offizielle Armutsstatistik[216] fällt zunächst auch beeindruckend aus:

| Jahr | Prozentualer Anteil der Armen |
|---|---|
| 1977/78 | 51,3 |
| 1983 | 44,5 |
| 1987/88 | 38,9 |
| 1993/94 | 36,0 |
| 1996/97 | 29,2 |
| 1999/2000 | 27,09 |

Er schreibt diese Entwicklung hauptsächlich den seit Ende der siebziger Jahre von der indischen Regierung aufgelegten Armutsbekämpfungsprogrammen zu. Allerdings ist die von ihm (und der indischen Regierung) zugrunde gelegte Definition der Armut eng geknüpft an die Chancen des reinen physischen Überlebens und entspricht damit dem, was in der europäischen Armutsforschung mit dem Begriff der „absoluten Armut" bezeichnet wird. Konkret: In absoluter Armut zu leben, bedeutet, das zum Leben Notwendige an Kleidung, Nahrungsmitteln, Gesundheitsversorgung und Obdach nicht zu besitzen und langfristig vom Tod durch Hunger, Erfrieren oder heilbare Krankheiten bedroht zu sein, so lautet die Definition des Fachlexikons der sozialen Arbeit.[217]

---

216 Kurian 2003, S. 1
217 Deutscher Verein 2002, S. 69

Wenn im indischen Kontext von staatlicher Seite von Armut die Rede ist, bezieht sich das immer hierauf – und nicht etwa auf die relative Einkommensarmut, wie sie im deutschen Kontext mit der Armutsrisikoquote gemessen wird. Ein weiter gefasster Begriff von Armut würde sich eher an der Frage der Möglichkeiten gesellschaftlicher Teilhabe orientieren und in dieser Hinsicht gibt es keine Erfolge zu vermelden. Nun wäre dies an sich bereits deprimierend genug, hinzu kommt jedoch, dass die amtliche Armutsstatistik auf Berechnungen basiert, die völlig unzureichend sind und in keiner Weise dazu beitragen, das reale Elend, vor allem der Landbevölkerung, sichtbar zu machen, das ist offenbar aber auch nicht ihre Absicht.

Der vielbeschworene und auf die Marktliberalisierung und das Wirtschaftswachstum seit 1991 zurückgeführte Rückgang der Armutsquoten stellt sich, bei Licht betrachtet, als Bluff heraus, der die wirkliche Lage eher verschleiert als irgendeinen Aufschluss über die reale Entwicklung der Lebensbedingungen der Menschen zu geben, wie auch eine Studie von Naidoo und Manulakos über „ursprüngliche Akkumulation" in Indien aus dem Jahr 2010 feststellt:

> „Wenig überraschenderweise bleibt, trotz des Rückgangs der von extremer Armut betroffenen seit 1993/94 durch Überschreitung der ‚offiziellen Armutsgrenze‘ von 12 Rs. am Tag, ökonomische Marginalisierung die soziale Norm, die sich aus verschiedenen Erhebungen ergibt. So leben zum Beispiel 77% der indischen Bevölkerung weiterhin im Zustand der Armut und Verwundbarkeit, indem ihre durchschnittliche Konsumtion bei unter 20 Rs. am Tag liegt (NCEUS 2009). Des weiteren ging die Konsumtion von Getreideproduktion durchschnittlich von täglich 476 Gramm im Jahr 1990 auf 418 Gramm im Jahr 2001 zurück, und die durchschnittliche Kalorienzufuhr nahm von 2.200 Kalorien täglich im Jahr 1987 auf 2.150 Kalorien im Jahr 1999 ab und dies in einem Kontext, in dem die reale Konsumtion der obersten 20% der städtischen Haushalte detlich gestiegen ist."[218]

Zu dieser grundlegenden Kategorie der täglichen Kalorienzufuhr, die geeignet ist, etwas aussagekräftiger zu sein als die offizielle Armutsquote, gibt es einige neuere Studien. Deaton and Dreze, die ihrerseits in der Vergangenheit mit deutlich beschönigenden Zahlen operiert haben, errechneten 2009 die folgende durchschnittliche Ernährungssituation:

---

218 Naidu/Manolakos 2010, S. 14

Prozentualer Anteil der Haushalte mit einer täglichen Kalorienzufuhr von weniger als 2.100 Kcal (städtisch) bzw. 2.400 Kcal. (ländlich)[219]

| Jahr | Ländlich | Städtisch | Gesamtindien |
|---|---|---|---|
| 1983 | 66,1 | 60,5 | 64,8 |
| 1993/94 | 71,1 | 58,1 | 67,8 |
| 2004/05 | 79,8 | 63,9 | 75,8 |

Die Agrarökonomin Utsa Patnaik untersucht die offiziell verwendeten Bemessungsgrundlagen für die Errechnung der Armutsquoten und stellt fest, dass sie mehrmals auf wenig transparente Weise angepasst wurden und die reale Inflation nur unzureichend berücksichtigen. Sie dienen eher dazu, die reale Verschlechterung der Lebensbedingungen und der Ernährungssituation der Bevölkerung zu verschleiern, als ein wirklichkeitsgetreues Bild der Armut im Land zu liefern.[220]

Der offiziellen Armutsdefinition liegt ein Warenkorb zugrunde, der auf Grundlage der Preise für Grundnahrungsmittel aus dem Jahr 1973/74 errechnet wurde und zu diesem Zeitpunkt als arm diejenigen Teile der Bevölkerung definierte, die über eine Kaufkraft verfügten, mit der eine Kalorienzufuhr von maximal 2.400 Kcal. täglich auf dem Land und 2.100 Kcal. in der Stadt erreichbar sein sollte. Was auch immer über eine solche Berechnung gesagt werden kann, sie wurde in der Folge nicht den aktuellen Entwicklungen angepasst, sondern auf Basis eines Systems indirekter Berechnungen fortgeschrieben:

„Die Planungskommission hat die 2.400-Kalorien-Norm nie offiziell aufgegeben. Die Mehrheit der Wirtschaftswissenschaftler in Indien glaubt, dass diese Norm immer noch beachtet wird. Die Realität ist, dass das gegenwärtige Schätzungsverfahren, das von der Planungskommission angewandt wird, die Armutsberechnungen völlig von der Ernährungsnorm abgekoppelt hat. Die auf die Norm bezogene Armutsgrenze gab es nur im Jahr 1973-74 unter Verwendung der 28. Runde der NSS-Angaben, ein Datum, das drei Jahrzehnte zurückliegt. In jenem Jahr lagen die ländlichen und städtischen Armutsgrenzen zu damals üblichen Preisen bei monatlich 49,09 und 56,64

219 Zahlen zitiert bei Patnaik 2010, S. 76
220 Vgl. Patnaik 2010, S. 78f

Rupien pro Kopf, weil für diesen Betrag die Norm von 2.400 Kalorien auf dem Land und 2.100 Kalorien in der Stadt eingehalten werden konnte. Man stellte fest, dass sich 56,4 Prozent der ländlichen und 49 Prozent der städtischen Bevölkerung unter diesen Armutsgrenzen befanden."[221]

In späteren Jahren wurde, von den jeweiligen Angaben zu Konsumtion und entsprechender Kalorienzufuhr, die, Patnaik zufolge[222], von aufeinanderfolgenden Stichprobenerhebungen zusammengetragen worden seien, (1977/78, 1983, 1988/89, 1993/94 und 1999/2000) keinerlei Gebrauch gemacht, es gab also keinen Versuch, die Armutsgrenzen auf der Grundlage der Informationen über die Aufwendungen, die tatsächlich erforderlich waren, um die Ernährungsnorm zu erfüllen, zu aktualisieren. Die dreißig Jahre alten Armutsgrenzen seien vielmehr nach oben bereinigt worden, indem ein Preisindex angelegt und zugleich ein unveränderter Warenkorb aus dem Jahr 1973-74 unterstellt worden sei. Die bereinigte Armutsgrenze sei dann auf die kumulative Personenverteilung nach Verbrauchergruppen zu derzeitigen NSS-Angaben bezogen worden, um die Armutsquote zu ermitteln. Auf diese Weise wurden – und werden tatsächlich immer noch – die jeweiligen Angaben selektiv verwendet, wobei nur die Personenverteilung nach Verbrauchergruppen benutzt werde und die dazugehörige Energiezufuhr völlig unbeachtet bleibe. Es wurde nie offengelegt, dass die offiziellen Armutsschätzungen in Wirklichkeit eine abnehmende Kalorienzufuhr beinhalten.[223]
Anstatt also die reale Preisentwicklung und die heute erforderlichen Ausgaben für grundlegende Anschaffungen zu bestimmen (die sich selber wiederum von denen des Jahres 1973-74 erheblich unterscheiden und sich u. a. durch die Kommodifizierung und Monetarisierung der ökonomischen Beziehungen auf dem Land grundlegend verändert haben), wird diese Berechnungsgrundlage nach einem undurchsichtigen System indirekter Kaufkraftberechnungen hochgerechnet und zudem mit den völlig unterschiedlichen Armutsbemessungsquoten der einzelnen Bundesstaaten verrechnet, woraus sich ein gesamtindischer Schnitt von 354 Rs. als Armutsgrenze ergibt – ein Betrag, von dem in Wirklichkeit niemand in Indien existieren kann. Die miteinfließenden implizierten Normen der täglichen Kalorienzufuhr von 2.100 Kcal in der Stadt und 2.400 Kcal. auf dem Land, die mit einem solchen Betrag erreicht werden sollen, sind völlig irreal, wie Patnaik feststellt. Mit umgerechnet 26 US-Cent pro Tag liegt ein solcher Betrag, den die Behör-

221 Patnaik 2009, S. 132
222 Ebd.
223 Vgl. Patnaik 2009, S. 133

den und mit den Berechnungen betrauten Wissenschaftler als Armutsgrenze definieren, weit unter den Armutsgrenzen der Weltbank und kann nur als blanker Zynismus interpretiert werden:

> „Offensichtlich fällt es weder der Planungskommission noch verschiedenen Wissenschaftlern schwer, indische Armutszahlen nach unten zu ‚bereinigen‘, wenn das Verbrauchsniveau, das in der ländlichen Armutsgrenze enthalten ist, auf eine derart inhumane Ebene wie 11 Rupien pro Tag oder weniger gesenkt wird. Wenige Menschen können tatsächlich lange unterhalb dieser Ebene überleben – diejenigen, die sich heute dort befinden, gehen einem frühen Tod entgegen.“[224]

Die wirkliche Ernährungssituation der Bevölkerung kann eher als eine sich öffnende Schere interpretiert werden. Patnaik geht, wie Boris Mindach in seiner Besprechung ihres 2009 auf Deutsch erschienenen Bandes *Unbequeme Wahrheiten. Hunger und Armut in Indien* konstatiert, von der Tatsache aus, dass die Mehrheit der WissenschaftlerInnen und die Regierung die Zunahme von Hunger und Armut in Indien schlicht leugnen.[225] Patnaik selber bleibt angesichts der Berechnungsmethoden der Planungskommission und der dieser zuarbeitenden Wissenschaftler nur die Charakterisierung „(...) als hartnäckige Weigerung, den Tatsachen ins Gesicht zu sehen und als Versuch, ein unlogisches, den Fakten widersprechendes Märchen zu konstruieren, das in offenem Gegensatz zu den Tendenzen in der Wirtschaft steht.“[226]

Wie die Agrarökonomin überzeugend darlegt, erreichte im Jahr 2001 die Verfügbarkeit von Nahrungsgetreide ein derart niedriges Niveau, wie es zum letzten Mal zu Kolonialzeiten am Vorabend des Zweiten Weltkrieges registriert wurde. Allein von 1997/98 bis 2000/2001 sank der Pro-Kopf-Verbrauch an Nahrungsgetreide von einem durchschnittlichen Jahreswert von 174,3 kg auf nur noch 151 kg.[227] Zugleich nahm die Nahrungsmittelproduktion von 50 Mio. t (1950-1951) auf 211 Mio. t (2001-2002) zu; so dass aus der Vogelperspektive der statistischen Erhebung ein Phänomen wie Nahrungsmangel der Vergangenheit angehören muss.

Von diesem Eindruck lässt sich auch die indische Regierung leiten, die den Rückgang des Getreideverbrauchs folgerichtig mit der abenteuerlichen Spekulation erklärt, der Verbrauch von Getreide gehe zurück, „weil alle Verbraucher freiwillig bei steigendem Einkommen ihren Verzehr von Getrei-

---

224 Patnaik 2009, S. 138f
225 Mindach in *ak* vom 18.12.2009
226 Patnaik 2009, S. 152
227 Patnaik 2009, S. 59

de zugunsten höherwertigerer Lebensmittel einschränken wollen".[228] Diese Einschränkung ist aber der gewichtete Mittelwert zweier entgegengesetzter Tendenzen: „eine Zunahme für die Minderheit und ein großer Absturz für die Mehrheit".[229] Die Autorin erläutert: „Dieser jähe und beispiellose Rückgang des Verbrauchs von Nahrungsgetreide ließ die Zahl hungernder Menschen besonders in ländlichen Gebieten stark ansteigen, und für viele bedeutete dies den Hungertod."[230]

Arundhati Roy bekräftigt, unter Verweis auf die englischsprachige Ausgabe von Patnaiks 2007 erschienenen Band *The Republic of Hunger,* dass zum gegenwärtigen Zeitpunkt 47% der indischen Kinder an Unterernährung leiden und 46% Entwicklungsstörungen aufweisen. Etwa 40% der Bevölkerung auf dem Land haben einen Getreideverbrauch, der dem der schwarzafrikanischen Länder entspricht und durchaus nicht, weil sie auf höherwertige Lebensmittel umgestiegen wären. Eine durchschnittliche Familie auf dem Land nimmt heute etwa 100 Kilo an Lebensmitteln weniger zu sich als in den 1890er Jahren, wie Patnaik in ihrer vergleichenden Untersuchung der Ernährungssituation in Indien über einen Zeitraum von hundert Jahren errechnete.[231]

Die Armutsquoten der einzelnen Bundesstaaten, die ein bizarr buntscheckiges Bild von Berechnungsgrundlagen abgeben und in die offizielle gesamtindische Armutsquote eingehen, unterzieht Patnaik ebenfalls einer eingehenden Analyse, die die offiziell verwendete indirekte Berechnung mit einer direkten Berechnung der realen Kaufkraft und der damit erzielbaren Kalorienzufuhr konfrontiert und dabei (für die Bundesstaaten, aus denen Zahlen vorliegen) zu folgendem erschreckendem Ergebnis kommt:

228 Ebd.

229 Patanik 2009, S. 96

230 Ebd.

231 Vgl. Arundhati Roy: *Aus der Werkstatt der Demokratie,* Frankfurt/M 2010, S. 78

| Bundesstaaten | 1993/94 offizielle Armutsquote | Implizierte Kalorien-Norm | 1999/2000 offizielle Armuts-quote | Implizierte Kalorien-Norm | <2400 kcal Armuts-Quote | <2100 kcal Armuts-Quote |
|---|---|---|---|---|---|---|
| Andhra Pradesh | 15,92 | 1700 | 11,05 | 1590 | 84,0 | 62,0 |
| Assam | 45,01 | 1960 | 40,04 | 1790 | 91,0 | 71,0 |
| Bihar | 58,21 | 2275 | 44,30 | 2010 | 77,0 | 53,5 |
| Gujarat | 22,18 | 1650 | 13,17 | 1680 | 83,0 | 68,5 |
| Haryana | 28,02 | 1970 | 8,27 | 1720 | 47,0 | 30,5 |
| Karnataka | 29,88 | 1800 | 17,30 | 1600 | 82,0 | 50,0 |
| Kerala | 25,76 | 1630 | 9,38 | 1440 | 82,5 | 52,5 |
| Madhya Pradesh | 40,64 | 1970 | 37,06 | 1850 | 87,5 | 55,0 |
| Maharashtra | 37,93 | 1780 | 23,72 | 1760 | 92,0 | 55,0 |
| Orissa | 49,72 | 2150 | 48,01 | 2120 | 79,0 | 45,5 |
| Punjab | 11,95 | 1810 | 6,35 | 1710 | 47,5 | 36,5 |
| Rajasthan | 26,46 | 2130 | 13,74 | 1925 | 53,5 | 27,5 |
| Tamil Nadu | 32,48 | 1650 | 20,55 | 1510 | 94,5 | 76,0 |
| Uttar Pradesh | 48,28 | 2220 | 31,85 | 2040 | 61,0 | 37,5 |
| West Bengal | 40,80 | 2080 | 31,85 | 1900 | 81,0 | 55,0 |
| Gesamtindien | 37,27 | 1970 | 27,09 | 1890 | 74,5 | 49,5 |

Da die Angaben[232] zehn Jahre alt sind und es neuere Einzelstudien gibt, die eine weitere Zunahme der Unterversorgung und des Hungers belegen, muss davon ausgegangen werden, dass die Anteile der Menschen unterhalb der offiziell proklamierten, in Wirklichkeit nicht annähernd erreichbaren Kaloriennormen pro Tag inzwischen auch nach der von Patnaik vorgenommenen Berechnungsgrundlage noch weiter angestiegen sind. Auch diese schon etwas älteren Daten zeigen jedoch ein groteskes Missverhältnis zwischen den aus einem unzulänglichen und auf Verschwindenlassen der Armut abzielenden Wirrwarr von Berechnungsmethoden der Planungskommission und einer die reale Kaufkraft und damit erreichbare Kalorienzufuhr zugrundelegenden direkten Berechnungsmethode, wie sie Patnaik entwickelt hat. Sie kommentiert denn auch die Armutsquoten der Bundesstaaten wie folgt:

„Tatsache ist, dass sich die offizielle Methode heute an gar keine Ernährungsnorm hält. Ernährung spielt für die indirekte Methode überhaupt keine Rolle und es ist auch keine Untergrenze festgesetzt für das Ausmaß des Rückgangs der Kalorienzufuhr in

---

232 Patnaik 2009, S. 141

Bezug auf eine preisbereinigte Armutsgrenze, wo auch immer sie liegen mag. Deshalb finden wir Bundesstaaten, aus deren offiziellen Armutsgrenzen 1999-2000 sich eine Zufuhr von 1.500 Kalorien oder weniger ergibt. In ganzen neun Staaten lag die den offiziellen Armutsgrenzen zuzuordnende Kalorienzufuhr in der 55. Runde unterhalb von 1.800 Kalorien, während sie in vier Bundesstaaten 1.600 Kalorien oder weniger betrug. (...) Nichts davon ist von denjenigen, die die Armutsschätzungen vornehmen, zu hören."[233]

Hinzu kommt, dass die Zerstörung der Subsistenzlandwirtschaft und die Kommodifizierung und Monetarisierung der sozialen Beziehungen auf dem Land die Möglichkeit, mit einem Einkommen von weniger als zwölf Rs. pro Tag zu überleben, ohne mittelfristig schlicht zu verhungern, drastisch reduzieren, wozu der Abbau der Preisbindungen für Grundnahrungsmittel durch die indische Regierung in den letzten Jahren und die deutlichen Preissteigerungen noch zusätzlich beitragen. Diese Kommodifizierung sieht Patnaik als Teil des Prozesses der ursprünglichen Akkumulation, des Übergangs von feudalen zu kapitalistischen Produktionsverhältnissen in Indien:

> „Die Arbeiter erhalten ihren Lohn nicht mehr in Form von Naturalien wie Getreide oder Mahlzeiten, die früher unterbewertet oder zu Preisen ab Hof geschätzt wurden. Sie müssen jetzt ihre Lebensmittel mit ihrem Geldlohn zum Ladenpreis kaufen; Gemeineigentum als Bezugsquelle kostenloser Güter ist verschwunden, Brennmaterial und Futter müssen gekauft werden."[234]

Verschärft wird die Lage durch die seit Anfang der 1990er Jahre verstärkte Ausrichtung der Agrarwirtschaft auf die Bedürfnisse des Weltmarktes, die mit dem Eindringen der Geld- und Marktökonomie in die Kleinbauernwirtschaften Indiens in direktem Zusammenhang stehen und deren Zusammenbruch beschleunigen:

> „Als der Westen die Entwicklungsländer aufforderte, sich für den Freihandel zu öffnen und ihr Land den internationalen Märkten zur Verfügung zu stellen, habe ich davor gewarnt, dass in der Folge wieder Symptome auftreten werden wie in der Kolonialzeit. Die Öffnung des Agrarmarktes wird dazu führen, dass die weltweite Nachfrage unser Agrarmodell verändern wird, weg vom Anbau für den lokalen Verbrauch hin zu Exportprodukten. Aber die Ackerflächen, die zur Verfügung stehen, sind begrenzt. Wenn also mehr und mehr fruchtbares Land dafür abgezweigt wird, kommt

---

233 Ebd. S. 140f
234 Patnaik 2009, S.

der Nahrungsmittelanbau für die ansässige Bevölkerung zu kurz. Die Wachstumsrate für Nahrungsmittel, die für den Konsum in Indien zur Verfügung stehen, ist dramatisch zurückgegangen, von 2,7 Prozent in den 80er Jahren auf gerade noch ein Prozent in den Jahren 2000 bis 2008. Das ist gerade einmal halb so viel wie die jährliche Zuwachsrate der Bevölkerung. Der Pro-Kopf-Ertrag fällt also steil ab."[235]

Aussagekräftiger als die offiziellen Armutsquoten dürfte der Human Development Index (HDI) sein, der neben dem Einkommen auch den Zugang zum Gesundheits- und Bildungssystem und die reale Kaufkraft pro Einwohner berücksichtigt. Zwischen 1999 und 2001 fiel Indien in der Länderrangliste auf dem Human Development Index von Rang 115 auf Platz 127 zurück, wie Tariq Ali in seiner Kritik der Markreformen anmerkt.[236] (In der letzten Aktualisierung 2007/08, basierend auf Daten von 2005, liegt das Land auf dem 128. Platz.[237])

Es muss für Indien also eine Hungerkrise konstatiert werden, die, im Gegensatz zu der der 1940er Jahre, nicht auf der mangelnden Leistungsfähigkeit des Agrarsektors insgesamt beruht, sondern auf der systematischen Ausrichtung der Landwirtschaft auf die Bedürfnisse des Weltmarktes. Teil dieser Politik war die Senkung der Abnahmepreise für Nahrungsgetreide an die Bauern, aber auch die Propagierung von kommerziellem Saatgut für Getreide und Baumwolle aus der Produktion internationaler Agrarkonzerne wie Monsanto. Durch die Öffnung Indiens für den Welthandel sind die Erzeugerpreise etwa für Baumwolle drastisch gesunken, die Bauern, die plötzlich auf dem Weltmarkt konkurrieren müssen, werden in die Verschuldung getrieben.

„Die Not der Bauern hat sich in den vergangenen Jahren noch dadurch verschlimmert, dass sie auf den Feldern immer mehr Pestizide gegen Schädlinge einsetzten – um der Konkurrenz mit niedrigen Kosten zu begegnen. Falscher Gebrauch der chemischen Hilfsmittel führte jedoch dazu, dass Schädlinge resistent wurden, die Böden ausgelaugt wurden und die Erträge sanken. Dieses Problem sollte das genverändere Baumwoll-Saatgut namens ‚Bacillus-thuringiensis-Cotton‘ lösen. Doch die Pflanzenkeime, die der Saatgut-Multi Mahayco-Monsanto Biotech vor vier Jahren eingeführt hat, sind dreimal so teuer wie konventionelle Samen. Heute gelten sie als Flop für die Bauern: ‚Alle Ankündigungen von Monsanto waren irreführend. Die aggressive Markteinführung vor drei Jahren hat Hunderte Bauern in den finanziellen Ruin getrieben‘,

---

235 Patnaik 2009

236 Ali 2005, S. 418

237 UNDP 2007, S. 246

sagt R. V. Ramanjaneyulu vom Center for Sustainable Agriculture, einer Nicht-Regierungsorganisation. Monsanto dagegen verweist auf die ‚schwierigen klimatischen Bedingungen', die auch herkömmlichen Baumwollpflanzen geschadet hätten."[238]

Mit seinem genverändertem Saatgut verspricht der Konzern höhere Erträge und hat längst, auch mit Unterstützung der Behörden, eine marktbeherrschende Position errungen. In Indien kontrollieren die Amerikaner, wie der *Focus* im Juli 2008 berichtete[239], bereits 39 Prozent des Gensaatmarkts. Erst im Frühjahr 2010 hat Monsanto zugegeben, dass Schädlinge Resistenzen gegen das von ihnen vertriebene Saatgut entwickelt haben. Die Misere der Bauern liegt jedoch nicht nur in solchen Resistenzen, sondern grundlegend daran, dass das Monsanto-Saatgut Produkte wachsen lässt, die sich, im Gegensatz zu den regionalen Sorten, die bisher angebaut wurden nicht für die Aussaat im kommenden Jahr verwenden lassen, also den jährlichen Ankauf von Saatgut erzwingen, plus Dünger und Pflanzenschutzmitteln, eine Summe an Investitionen, zu denen indische Kleinbauern kaum in der Lage sind.

> „Die neuen Saaten sind nicht nur teurer als die traditionellen. Die Industrie zwingt die Bauern auch dazu, jedes Jahr neues Saatgut zu kaufen, da diese Arten steril sind und die Bauern nicht wie früher einen Teil ihrer Erträge für die neue Aussaat zurücklegen können. Um sich das leisten zu können, müssen sie oft Kredite aufnehmen, die sie dann häufig nicht mehr zurückzahlen können."[240]

Pushpa Bhargava veröffentlichte bereits am 23.08.2003 einen aufsehenerregenden Artikel in der *Economic and Political Weekly,* in dem er detailliert aufzeigte, wie Monsanto und andere internationale Agro-Konzerne mit der indischen Bürokratie verfilzt sind und auch Fachbehörden dahingehend beeinflussen, ihre Produkte auf dem indischen Markt zuzulassen. Bhargava beschreibt in seinem Artikel minutiös, wie Monsanto und andere Agro-Konzerne bereits ohne jegliche Auflagen die Kontrolle über ganze Regionen und deren Märkte übernommen haben. So werde beispielsweise durch die Vermarktung von Gentech-Saatgut die Konkurrenz lokaler und regionaler Anbieter ausgeschaltet. Die Bäuerinnen und Bauern werden in teure Abhängigkeiten gezwungen.[241] Es ist hier nicht der Raum, die Machenschaften des Monsanto-Konzerns in Indien in aller Ausführlichkeit nachzuzeich-

238 Thomas Schmitt im *Spiegel,* 12.11.2006
239 Monsanto: Gen(iales)-Geschäft, *Focus* vom 30.07.2008
240 Petersen 2006, Internetquelle
241 Bhargava 2003, S. 3537ff

nen, das oben skizzierte kann jedoch als Beispiel für die Konsequenzen der Weltmarktöffnung der indischen Agrarwirtschaft dienen. Mit dem Beitritt Indiens zur Welthandelsorganisation (WTO) 1995 haben sich, wie Britta Petersen in einem Beitrag für die Bundeszentrale für politische Bildung feststellt, die Wirtschaftsbedingungen für die Bauern verschlechtert. Denn durch die von den WTO-Regeln erzwungene Öffnung der Märkte 2001 strömen, so Petersen, billige Agrarprodukte aus dem Ausland nach Indien. „Seit dem WTO-Beitritt sind die Agrarimporte um 400 Prozent gestiegen", zitiert sie den Agraraktivisten Devinder Sharma: „So importieren wir etwa inzwischen 50 Prozent unseres Speiseöls. Nicht etwa, weil wir es nicht selbst herstellen könnten, sondern weil es im Ausland billiger ist."[242] Zugleich sind aber auch – bei gleichzeitig dramatisch zurückgegangenem Verbrauch der eigenen Bevölkerung – die indischen Agrarexporte deutlich gestiegen. Indien hat, wie Utsa Patnaik 2005 feststellte, seit 1999 Rekordmengen an Weizen und Reis ausgeführt und sein Anteil am globalen Reis- und Weizenexport hat deutlich zugenommen. Trotz eines deutlich verlangsamten Produktionswachstums exportierte Indien in den Jahren 2002 und 2003, inmitten der größten Dürrekatastrophe seit Jahrzehnten, insgesamt 22 Millionen Tonnen Nahrungsgetreide und der Anteil des Getreideexports an der Gesamtausfuhr wuchs von unter 20 Prozent auf über ein Viertel.[243]

> „Der gestiegene Anteil des Handels am Bruttoinlandsprodukt spiegelt eine höhere Integration in den Welthandel wider. Während des schweren Dürrejahrs, das mit dem Monsun 2002 begann, und obwohl die Getreideproduktion um 30 Millionen Tonnen niedriger war als im vorangegangenen Jahr, wurde von Juni 2002 bis November 2003 von der ehemaligen NDA-Regierung eine Gesamtmenge von 17 Millionen Tonnen Nahrungsgetreide ausgeführt."[244]

Nach Angaben der indischen Regierung haben sich, wie *Die Presse* am 4. April 2010 meldete, meldete, seit 1997 landesweit etwa 180.000 meist hoch verschuldete Landwirte das Leben genommen. Die jüngste offizielle Zahl stammt aus Jahr 2007, in dem 16.600 Bauern den Freitod wählten. 2006 waren es mehr als 17.000 Selbstmorde.[245] Zu den Schwerpunktgebieten der Massenselbstmorde unter Kleinbauern zählen neben einer Region nordöstlich von Mumbai auch die Distrikte Warangal, Karimnagar und Nizamabad, die

242 Ebd.
243 Vgl. Patnaik 2009, S. 116
244 Ebd.
245 *Die Presse:* Indische Bauern begehen nach Missernte Selbstmord, 04.04.2010

zugleich zu den am stärksten von Aktivitäten der maoistischen Guerilla geprägten Gebieten von Andhra Pradesh gehören.[246]

So sind die wachsende Produktivität der Landwirtschaft und die in den letzten Jahren massiv angestiegenen Getreideexporte Indiens auf der einen, die Verschuldung und Verelendung der in großer Zahl in den Selbstmord getriebenen Kleinbauern auf der anderen Seite. In schroffem Gegensatz zu den Apologeten des Washington Consensus, die in den letzten Jahren in teils schrillen Tönen das Hohelied der Marktliberalisierung angestimmt haben (so auch Dietmar Rothermund in seinem 2008 erschienenen Band mit dem bezeichnenden Titel *Indien – Aufstieg einer asiatischen Weltmacht*, dem sich zwar etliche ökonomische Entwicklungsdaten entnehmen lassen, der aber über weite Strecken die ärgerliche Eigenart hat, die Widersprüche und Schattenseiten der Liberalisierung der indischen Wirtschaft entweder hartnäckig zu ignorieren oder als vorübergehende Nebenwirkungen abzutun), hat meines Erachtens Tariq Ali den Finger auf die Wunde gelegt, wenn er schreibt:

> „Das Wachstum ist unbestreitbar, aber ebenso wenig lässt sich die Tatsache bestreiten, dass es die Kluft zwischen Reich und Arm sowohl in der Stadt als auch auf dem Lande vertieft und zugleich den Abstand zwischen dem Lebensstandard der städtischen und dem der ländlichen Bevölkerung vergrößert hat. Der Grund hierfür ist, dass sich das Wachstum auf die Bereiche Informationstechnologie, Industrieproduktion und Dienstleistungen konzentriert, und das in einem Land, in dem 65 Prozent der Bewohner immer noch in ländlichen Gebieten leben. Betrachtet man zudem, dass der Zuwachs bei der Industrieproduktion in erster Linie auf dem kapitalintensiven Sektor (Autos, Waschmaschinen, Geschirrspüler) stattgefunden hat, dann lässt sich verstehen, weshalb die Arbeitslosigkeit in den Städten unbeeinflusst geblieben ist. Selbst die viel gepriesenen Nutznießer des Outsourcing sind wenig mehr als globale Cyber-Kulis."[247]

Vielmehr haben sich sowohl in den Städten als auch auf dem Land in den letzten 20 Jahren die Einkommensunterschiede deutlich erhöht. Siladitya Chaudhuri und Nivedita Gupta erarbeiteten Anfang 2009 aus Daten der NSSO eine Studie, in der sie versuchten, die Einkommensunterschiede auf Distriktebene darzustellen und daraus Schlussfolgerungen für die Verteilung reicher und armer ländlicher und städtischer Regionen Indiens zu ziehen. Sie kommen zu dem eindeutigen Ergebnis, dass die Spaltung in Stadt und Land

---

246 Vgl. Patnaik 2009, S. 115
247 Ali 2005, S. 418f

und die ungleiche Entwicklung sich durch die ökonomischen Reformen seit den 1990er Jahren dramatisch vertieft hat. Selbst aus der Erhebung der Durchschnittseinkommen in den indischen Distrikten, die naturgemäß daran krankt, dass Durchschnittsangaben eher dazu geeignet sind, das Ausmaß der Einkommensunterschiede zu verdecken als wirklichen Aufschluss über die Dimensionen sozialer Ungleichheit zu geben, wird deutlich, dass zwischen den Regionen Einkommensunterschiede klaffen, die in dieser Form vor zwanzig Jahren noch nicht bestanden. Auch nach der methodischen Trennung in städtische und ländliche Distrikte (bei der sich auch und gerade in den städtischen Distrikten, etwa in Maharashtra und Kerala ein hoher Grad sozialer Ungleichheit ergibt) bleiben diese Unterscheide der Durchschnittseinkommen der ländlichen Distrikte virulent: der ländliche Distrikt mit dem höchsten Durchschnittseinkommen Indiens ist Gurgaon (Haryana) mit durchschnittlich 1559 Rs. im Monat, während der Distrikt mit dem niedrigsten Durchschnittseinkommen, Dantewada (Chhattisgarh) ein monatliches Durchschnittseinkommen von gerade einmal 208 Rs. aufweist.[248]

Ähnliche Schlussfolgerungen lassen sich auch aus einer Studie der Planungskommission der indischen Regierung ziehen, die – natürlich auf der Basis der offiziellen Armutsquoten, also einer geschönten und aus der Statistik verbannten Armut – errechnet hat, dass die Verteilung der Armutsbevölkerung zwischen den entwickelteren Bundesstaaten („forward states") und den unterentwickelten Bundesstaaten („backward states" sich seit den 1980er Jahren zuungunsten der letzteren verschoben habe. Lebten der Studie zufolge 1983 noch 35,55% der ärmsten Bevölkerungsgruppen Indiens in der Gruppe der acht „forward states" (Kerala, Andhra Pradesh, Gujarat, Haryana, Karnataka, Maharashtra, Punjab und Tamil Nadu) mit 40,4% der Gesamteinwohnerzahl Indiens, so waren es im Jahr 2000 noch 27,77%. Hingegen stieg der prozentuale Anteil an den ärmsten Bevölkerungsgruppen in der Gruppe der sieben „backward states" (Bihar, Uttar Pradesh, Westbengalen, Orissa, Assam, Rajasthan und Madhya Pradesh (mit 55,1% der indischen Gesamtbevölkerung) von 61,99% (1983) auf 69,66% (2000).[249]

Zwar sind die hier verwendeten prozentualen Angaben de facto wertlos, weil sie, wie dargelegt, nicht das reale Ausmaß der Armutsentwicklung widerspiegeln. Sie sind aber zumindest ein Indikator für die sich vollziehende regional ungleiche Entwicklung. Kurian stellt in seinem Arbeitspapier für die Planungskommission fest:

---

248 Chaudhuri/Gupta 2009, S. 98
249 Kurian 2003, S. 13

„[...] dass die Hauptnutznießer des allgemeinen Rückgangs der Armutsquoten im Land die schnell wachsenden Bundesstaaten der Spitzengruppe gewesen sind. Dies führt zu der in gewisser Weise unmissverständlichen Schlussfolgerung der engen positiven Beziehung zwischen Armutsreduktion und ökonomischem Wachstum. Im Kontrast dazu ist der Anteil der Armen die in den sieben Staaten der ‚backward group' lebt, signifikant angestiegen. Inzwischen stellen sie etwa 70 Prozent der Armen im Land. [...] jeder der Staaten in dieser Gruppe, außer West Bengal, erlebte einen beträchtlichen Anstieg seines Anteils an der Gesamtzahl der Armen in Indien."[250]

Während die Delhi Metropolitan Region (DMR) bereits in den 1990er Jahren ein Bevölkerungswachstum von 33% innerhalb von zehn Jahren verzeichnete[251] und inzwischen Pläne vorliegen, die Megalopolis zwischen Delhi, Jaipur, Faridabad und Meerut zu einem bundesstaatenübergreifenden Metropolendistrikt zu transformieren, ähnliche Entwicklungen in und um Mumbai im Gange sind und zugleich auch Hyderabad und Bangalore im Begriff sind, jeweils eine Metropolitan Development Authority zu bilden, die ein weiteres Wachstum über die bisherigen Stadtgrenzen hinaus koordinieren soll, ist die neue urbane Mittelklasse, die in manchen Distrikten Keralas und Haryanas bis zu einem Drittel der Bevölkerung ausmacht (und gemessen an der Höhe des Einkommens in Wirklichkeit eine Oberklasse ist, deren Einkommen zwischen 20mal und 1.000mal über dem der indischen Durchschnittseinkommen liegt) in den ländlichen Distrikten Bihars, Jharkhands, Chhatisgarhs, Orissas und Madhya Pradesh nicht oder nur in Ansätzen (nämlich als neue für den Markt produzierende gehobene Bauernklasse) vorhanden. Der Anteil der Mittel- und Oberklasse (gemessen nach Einkommen) liegt in Bihar bei durchschnittlich 4%.

## 5.2. Lebensmittelverteilung und NREGA – Armutsverwaltung durch den indischen Staat

Die Bemühungen des indischen Staates zur Armutsbekämpfung umfassen zahlreiche kurz-, mittel- und langfristige Maßnahmen, als Kern ihrer Bemühungen lassen sich jedoch im Wesentlichen zwei von der Unionsregierung organisierte Programme identifizieren: Das öffentliche Lebensmittelverteilungssystem (Public Distribution System – PDS) und der National Rural Employment Guarantee Act (NREGA).

---

250 Ebd.
251 Biswas 2005, S. 1

Das PDS wurde im Jahr 1965 eingeführt. Zunächst allen Bevölkerungs-gruppen zugänglich, beschränkte es seinen Wirkungskreis zunächst vor allem auf städtische Gebiete, wurde jedoch im Laufe der 1980er Jahre be-trächtlich erweitert und umfasst nun auch ländliche Regionen. Das System wurde konzipiert, um vor allem den Teilen der Bevölkerung unterhalb der Armutsgrenze bestimmte Mengen an Grundnahrungsmitteln (Reis, Wei-zen, Zucker, Speiseöl) und notwendigen Vrsorgungsgütern (Kerosin, Kohle, Stoffe) zu subventionierten niedrigeren Preisen zur Verfügung zu stellen.[252]

Im Jahr 1997 wurde der bisher unbegrenzte Zugang zum Verteilungssys-tem aufgegeben und eine Kategorisierung eingeführt, die nur noch jenen, die mit Berechtigungsscheinen nachweisen können, unterhalb der Armutsgren-ze zu leben („Below Poverty Line" – BPL), subventionierte Nahrungsmittel zugänglich macht. Zugleich wurden die ihnen zustehenden Mengen gekürzt. Nun wissen wir aus den oben skizzierten kritischen Einwänden gegen die Berechnung der offiziellen Armutsquoten, dass diese nicht einmal ansatz-weise das Ausmaß der Unterversorgung mit Nahrungsmitteln und sonstigen Grundversorgungsgütern darstellen und können schlussfolgern, dass auf die-se Weise einem Großteil der in Armut lebenden Bevölkerung der Zugang zum PDS institutionell verwehrt wurde. Entsprechend drastisch waren die Einbrüche beim Verkauf aus dem PDS. Das System, das den Wirtschafts-planern der Unionsregierung im Zuge der Marktliberalisierung ein Dorn im Auge geworden war, wurde planvoll zerstört:

„Das Öffentliche Verteilungssystem/ÖVS für Nahrungsgetreide ist Angriffen aus-gesetzt, weil es im Interesse der Industrieländer liegt, hiesige Ernährungssicherungs-systeme zu demontieren, damit sie Nahrungsgetreide zu uns ausführen können. Der Nahrungsmittelzuschuss wird zuerst gekürzt, indem man den Preis für die Abgabe von Nahrungsmittelgetreide über die Zuteilungsläden erhöht, wodurch ärmere Ver-braucher ausgeschlossen werden. Zur gleichen Zeit verursacht die deflationäre Poli-tik durch die Reduzierung der Kaufkraft, dass der Verkauf über die Zuteilungsläden drastisch zurückgeht. Vorräte an Nahrungsgetreide bauen sich auf, wodurch die Kos-ten für die Vorratshaltung anwachsen. Nachdem sie selbst die Probleme der nach-lassenden Kaufkraft, des zunehmenden Hungers und riesiger Reserven verursacht haben, behaupten die Neoliberalen dann, das ÖVS funktioniere nicht, und fordern seine Demontage."[253]

---

252 Vgl. Patnaik 2009, S. 236
253 Patnaik 2009, S. 184

Und in der Tat plünderte die zu diesem Zeitpunkt von der BJP-geführten NDA (National Democratic Alliance) gestellte Unionsregierung inmitten der Dürrekatastrophe von 2002/2003 und ungeachtet einer Ernährungssituation der Bevölkerungsmehrheit, die durch die Dürre einen – gemessen an den 1980er Jahren – desaströsen Tiefststand erreicht hatte, die Getreidevorräte des PDS und exportierte unter Verweis auf hohe Lagerungskosten 12 Millionen Tonnen an Nahrungsgetreide aus diesen Reserven, was zum einen den in diesem Jahr aufgestellten Rekord bei der Getreideausfuhr mit ermöglichte, zum anderen aber auch die Absurdität dieser Orientierung auf den Weltmarkt offenbarte – schon deshalb, weil im Zuge der Deflation im Agrarsektor der Exportpreis des Getreides noch deutlich unter den subventionierten Abgabepreisen des PDS lag.

Der National Rural Employment Guarantee Act (NREGA) wurde von der INC-geführten UPA (United Progressive Alliance)-Regierung im Jahr 2005 verabschiedet und sollte zunächst in 200 ökonomisch rückständigen Distrikten der Landbevölkerung ein Anrecht auf 100 Tage bezahlter nichtqualifizierter körperlicher Arbeit pro Hauhalt garantieren. Die Arbeit sollte n einem Umkreis von fünf Kilometern vom Wohnort angeboten und mit einem Tageslohn von nicht unter 60 Rs. vergütet werden. Bis 2010 sollte er auf sämtliche, von der Regierung als ökonomisch rückständig identifizierte Distrikte ausgeweitet werden. Reetika Khera und Nandini Nayak bewerten den NREGA trotz dieser strategischen Ausrichtung positiv, weil er ein unionsweites Gesetzeswerk darstellt, das, finanziert durch die Unionsregierung und umgesetzt von allen Bundesstaaten, erstmalig ein einklagbares Recht auf Arbeit für potentiell alle Haushalte im ländlichen Indien schafft. Die Inkraftsetzung des NREGA war, wie sie hervorheben, zumindest teilweise einer breiten Kampagne von Intellektuellen und Aktivisten aus ganz Indien zu verdanken, die sich in den vorangegangenen Jahren bemüht hatten, entgegen den offiziellen Angaben über den Rückgang der Armut, die Krise des Zugangs zu Lebensmitteln und bezahlter Arbeit in den Blickpunkt zu rücken, der große Teile der Landbevölkerung ausgesetzt sind. Das NREGA, so wie es letztlich beschlossen wurde, erweist sich zwar auch aus ihrer Sicht als eine verwässerte und in ihrer Wirksamkeit begrenzte Version dessen, was im Laufe der Kampagne als „peoples draft" zur Diskussion gestellt worden war. Dennoch könne es als ein wichtiger erster Schritt auf dem Weg der Institutionalisierung eines Systems sozialer Grundsicherung betrachtet werden.[254] Mit der Umsetzung dieser Maßnahme waren jedoch diverse Probleme verbunden, die von der Beteiligung von Frauen über das Ausmaß

---

254 Khera/Nayak 2009, S. 49

an Korruption bis hin zur Durchführung von Arbeiten in Distrikten mit starker Naxalitenpräsenz reichen. So wurde etwa im Jahr 2009 die Auszahlung der Löhne von Barauszahlungen auf Banküberweisungen umgestellt, was die Korruption mindern sollte, aber zu großen Problemen bei der notwendigen Kontoeröffnung führte. In einer Studie wiesen Anindita Adhikari und Kartika Bhatia nach, dass etwa 40 Prozent der von ihnen befragten ArbeiterInnen keine Möglichkeit hatten, selber ein Konto bei einer Bank oder einer Poststation zu eröffnen, sondern dies für sie von den jeweiligen Dorfvorstehern bzw. Postbeamten vorgenommen wurde. Etwa ein Drittel gab an, einen Teil ihres Lohns als Gegenleistung für diese Hilfestellung an die jeweiligen Dorfvorsteher bzw. Postbeamten abführen zu müssen.[255] Das Problem wird noch dadurch verschärft, dass oftmals die Löhne an die jeweiligen Vorarbeiter überwiesen werden, die es dann an ihre Gruppe verteilen, was in zahlreichen Fällen dazu führt, dass die letztlich an die einzelnen Arbeiter ausgezahlten Löhne deutlich unter dem genannten Mindestlohn ausfallen.

Das NREGA-Programm kann, schon durch seine Konzentration auf die ökonomisch rückständigen Distrikte, als ein direktes Naxaliten-Bekämpfungsmittel verstanden werden, das darauf abzielt, durch die Sicherstellung eines, wenn auch niedrigen, Existenzminimums von, bei voller Ausschöpfung des Jahreskontingents, etwa 6.000 Rs. im Jahr, die ökonomische Basis für die Bereitschaft, sich bewaffneten Rebellengruppen anzuschließen, zu kappen. Weder bei der Auszahlung der Löhne noch bei der Zuteilung von Arbeitsplätzen, etwa bei Straßenbauarbeiten, kann jedoch bisher von einer erfolgreichen Umsetzung des Programms die Rede sein. Kaustav Banerjee und Partha Saha untersuchten im Sommer 2010 im Rahmen einer Studie die Umsetzung des NREGA in ausgewählten Distrikten in den ärmsten Bundesstaaten Jharkhand, Chhattisgarh und Orissa und kamen zu dem Schluss, dass in keinem der untersuchten Distrikte die volle Umsetzung in Arbeitsstunden bisher möglich war. Die Zahl der Arbeitsstunden pro Haushalt lag, von Distrikt zu Distrikt variierend, bei zwischen 0 und 55 Stunden.[256]

Ähnliches wusste auch am 9. August 2010 die *Times of India* in einer Meldung des regierungsamtlichen Press Trust of India (PT) zu berichten. Dem Bericht zufolge stellte ein Untersuchungsteam der Planungskommission in 35 Naxaliten-betroffenen Distrikten schwerwiegende Probleme bei der Umsetzung der Programme, fest, die vor allem die unzureichende Versorgung durch Bankfilialen und Poststationen zur Auszahlung der Löhne, Verzögerungen bei der Bezahlung und generelle Organisationsprobleme bei

255 Vgl. Adhikari/Bhatia 2010, S. 36
256 Vgl. Banerjee/Saha 2010, S. 43

den öffentlichen Arbeiten betreffen. In den von ihnen besuchten Distrikten wurden zwischen 17 und 40 Arbeitsstunden pro Haushalt und Jahr zur Verfügung gestellt. Keine Rede war plötzlich mehr von der bisher stereotypen Behauptung, die Maoisten würden die Umsetzung des NREGA in den von ihnen kontrollierten oder beeinflussten Gebieten blockieren.[257]

Die von Banerjee und Saha vorgelegte Untersuchung kommt zu dem Ergebnis, dass dieser gegen die Maoisten erhobene Vorwurf insgesamt nicht bestätigt werden kann. Bastar etwa, jener Distrikt im Norden von Chhattisgarh, wo die Präsenz der Naxaliten mit am stärksten ein dürfte, ist von der Umsetzung des NREGA her in einer weitaus besseren Position als manch andere Gebiete. Ihrer Ansicht nach sind es die kombinierten Faktoren einer zugänglichen und interessierten Distriktverwaltung und des Drucks durch die auf diese Form öffentlicher Beschäftigung angewiesenen Bevölkerungsgruppen, die zusammenwirken, um positive Ergebnisse zu erzielen. Sie führen aus, dass die Durchsetzung der von der Regierung beschlossenen Mindestlöhne für NREGA-Arbeiten in einigen Distrikten auf die von den Maoisten initiierten Lohnkämpfe zurückzuführen sei. Ein klar messbares Resultat seien etwa die Verdoppelung der Löhne für das NREGA-geförderte Sammeln von Bambuszweigen in den meisten Naxalitendistrikten. Zugleich hätten die Maoisten allerdings Straßenbauprojekte in den von ihnen kontrollierten Gebiete untersagt und auch effektiv verhindert, mit der Begründung, dass diese in erster Linie das Ziel verfolgten, diese Gebiete für Polizei und Paramilitärs zugänglich zu machen. Eine solche Blockade von NREGA-Maßnahmen erstrecke sich jedoch nicht auf andere Bereiche. So hätten sie etwa Landentwicklungs- und Wiederaufforstungsprogramme auf von Scheduled Castes und Scheduled Tribes bearbeitetem Land unterstützt, was vor allem darauf zurückzuführen sei, dass die Unterstützungsbasis der Maoisten besonders in diesen Gruppen groß sei und die Guerilla daher kein Interesse daran habe, NREGA-Arbeiten zu behindern, die deren Lebensgrundlage darstellten, zumal sie selber in vielen Distrikten kaum in der Lage seien, ökonomische Alternativen anzubieten. Insgesamt könne nicht festgestellt werden, dass die Maoisten zu den NREGA-Programmen ein gespanntes Verhältnis hätten.[258]

---

257 Press Trust of India 09.08.2010
258 Vgl. Banerjee/Saha 2010, S. 46f

## 5.3. Klassenstruktur, Armut und ungleiche kapitalistische Entwicklung

Wenn wir die Entwicklung der sozialen Unterschiede im Zuge der ökonomischen Entwicklung der letzten 20 Jahre betrachten, kommen wir zu einem Ergebnis, das sie nicht nur eine ungleiche regionale Entwicklung, sondern auch eine rapide Verschärfung der Klassengegensätze anzeigt, wie auch Vamsi Vakulabharanam in seiner Studie über wirtschaftliche Entwicklung und Klassenstruktur nahe legt:

> „Wenn wir die makroökonomischen Wachstumsstatistiken für die indische Ökonomie während der Periode unserer Analyse (1994-2005) untersuchen, kommen wir zu dem Ergebnis, dass zunächst bis 2002 das indische Wachstum hauptsächlich durch Investitionen, Exporte und private Konsumtion angetrieben wurde, bzw. durch Investitionen und Exporte nach 2002. Zugleich haben jedoch die Konsumanteile nahezu aller von Armut betroffenen Gruppen Rückgänge verzeichnet, was impliziert, dass es der Luxuskonsum war, der die Wachstumsraten des privaten Konsums bildete. Zugleich ist inzwischen breit dokumentiert, dass die Investitionen in die Agrarwirtschaft nicht mit der allgemeinen Entwicklung Schritt gehalten haben (Reddy and Mishra 2009), was noch einmal darauf hindeutet, dass die eindrucksvollen Wachstumsraten im Wesentlichen auf Investitionen in nichtagrarischen Sektoren zurückzuführen sind. Mit dieser Klarheit können wir nun sehen, wie Luxuskonsumtion, nichtagrarische Investitionen und exportgeleitetes Wachstum die Tendenz entwickelt haben, Reserven zu bilden, während der Rest der Wirtschaft, der die überwiegende Mehrheit Indiens ausmacht, nicht signifikant vom Wachstumsprozess profitiert hat. Während einige Ökonomen sich noch über die Relevanz von ‚Trickle-down‘-Effekten einer solchen Art von Wachstum streiten, sind solche jedoch in der indischen Wirtschaft bisher nicht in größerem Maße sichtbar geworden. Es ist dieses sektoral begrenzte und verzerrte Wachstum, dass die allgemeine Zunahme der sozialen Ungleichheit nach 1991 erklärt, die noch die eindrucksvollen Zahlen über die Entwicklung sozialer Ungleichheit in den 1980er Jahren übertrifft."[259]

Diese Analyse legt, wie Vakulabharanam ausführt, die Schlussfolgerung nahe, dass sich in Indien eine neue Klassenstruktur konsolidiert. Bis in die 1990er Jahre hinein war die Debatte über die Klassenstruktur der indischen Gesellschaft geprägt von zwei unterschiedlichen Grundannahmen: Zum einen war dies die Vorstellung einer Hegemonie der mittleren Klassen, zum anderen die einer lockeren Koalition dominierender Klassen . In der Theorie

---

259 Vakulabharanam 2010, S. 74f

der intermediären Klassen spielten die städtischen Mittelklassen (Gruppen von Selbstständigen, kleine und mittlere Geschäftsleute, Handelstreibende und Bürokraten) eine große Rolle bei der Einflussnahme auf staatliche Politik auf Kosten der Großbourgeoisie, während in jenem Theoriestrang, der die Rolle der dominanten Klassen hervorhob, die Machtkonkurrenz zwischen ländlichen Eliten, urbaner Mittelklasse bzw. in dieser dominierenden Bürokratie und Großbourgeoisie um politischen und ökonomischen Einfluss entscheidend war, die letztlich auf eine Machtbalance zwischen den verschiedenen Klassenfraktionen hinauslief, in deren Zentrum der Staat in einer Domäne relativer Autonomie agierte. Staatliches Handeln war in diesem Kontext von einer gewissen Ambivalenz bei der Sicherung von Kapitalakkumulation gekennzeichnet, die darin bestand, die konflikthaften Interessen der dominanten Klassenfraktionen zu moderieren und möglichst ausgeglichen zu berücksichtigen, während staatliche Strukturen zugleich für sich in Anspruch nahmen, eine im weitesten Sinne auf Entwicklung und sozialen Fortschritt für die städtischen Unterklassen orientierte Rolle einzunehmen, die die Regulierung der Klassenkonflikte gewährleisten sollte. Eine solche Klassenstruktur in Koordination mit der Rolle des Staates kann, so Vakulabharanam, sowohl die Tendenz zu ökonomischen Stagnation erklären als auch die Frage beantworten, warum bestimmte Klassenfraktionen in der Phase relativer Stagnation bis 1980 in überdurchschnittlichem Maße profitieren konnten. Nach 1991, so Vakulabharanams Schlussfolgerung aus den von ihm analysierten Daten des NSS, entwickelten sich die urbanen Eliten zu dominanten Klassen. Jene urbanen Eliten inkorporierten sich die selbstständigen Geschäftsleute der oberen Mittelklasse wie auch die staatliche Bürokratie, indem sie ein Klassenbündnis auf der Basis der Agenda der Marktliberalisierung schufen. Im Zuge dessen reduzierte der Staat seine eigene Rolle im Prozess der Kapitalakkumulation erheblich und erhielt eine neue Rolle im Kontext ökonomischer Modernisierung und des Ausbaus des bewaffneten Machtapparates zugewiesen. Die ländlichen Mittelklassen haben laut Vakulabharanam in der neuen Konstellation auf gesamtindischer Ebene an Bedeutung verloren, auch wenn ihre Interessen in der Regel direkt oder indirekt geschützt werden. Angehörige dieser ländlichen Mittelklassen haben zugleich eine Tendenz entwickelt, sich städtischen Beschäftigungen und Wirtschaftszweigen zuzuwenden und Segmente der urbanen kapitalistischen Klassen zu werden.

Die lohnabhängigen und kleinbäuerlichen Klassengruppen (ländliche Arme, kleine und marginale Bauern, LandarbeiterInnen, wie auch die städtische Armutsbevölkerung und unqualifizierte städtische ArbeiterInnen) sind nach Aussage Vakulabharanams weitgehend aus dem Fokus des Staates verschwunden, aber ihre Interessen werden nach wie vor durch populistische Maßnahmen und Mobilisierungen angesprochen, um sich ihre Unterstützung bei Wahlen zu sichern. Die Gewerbetreibenden, Besitzer kleiner Handwerksbetriebe etc. sind eine besonders heterogene Gruppe und verschiedene Fraktionen haben kurzfristig wahrscheinlich von der Entwicklung profitiert, auch wenn langfristig gesehen die Marktliberalisierung mit ihren radikalisierten Konkurrenzverhältnissen ihre Marginalisierung vorantreiben dürfte, wie dies Vakulabharanam bereits für die Gruppe der Kleinhändler konstatiert. Die Beschäftigtenzahlen suggerieren Vakulabharanam zufolge, wie in einem früheren Abschnitt auch schon angedeutet wurde, dass der informelle Sektor eine Schlüsselrolle dabei spielt, angesichts unzureichender Beschäftigungsmöglichkeiten im formalen Sektor, Arbeitskräfte zu absorbieren. Dies führt jedoch, wie Vakulabharanam betont, nicht dazu, die Konsumtionsmöglichkeiten der informellen ArbeiterInnen zu verbessern.[260]

Das Nichtvorhandensein einer Bildungs- und Gesundheitsinfrastruktur in den vom Staat jahrzehntelang vernachlässigten Gebieten Zentralindiens hat auch auf den Gesundheitszustand der Bevölkerung gravierende Auswirkungen. Arundhati Roy befragt bei ihrem Besuch in der Guerillazone im nördlichen Chhattisgarh einen Arzt über die gesundheitliche Situation in dem Gebiet:

„Die meisten Leute, die er untersucht habe, sagt er, haben einen Hämoglobin-Gehalt, der zwischen fünf und sechs liegt (während der Standard indischer Frauen bei elf liegt). Es gibt Tuberkulose, verursacht durch mehr als zweijährige chronischer Anämie. Junge Kinder leiden unter Protein-Energie-Mangelernährung 2. Grades, in medizinischer Terminologie Kwashiorkor genannt. (Ich schaute später nach. Dies ist ein Wort aus der Ga-Sprache an der Küste Ghanas und heißt ‚die Krankheit, die Babies bekommen, wenn die neuen Babies kommen‘. Im Grunde also, wenn die alten Babies keine Milch mehr von der Mutter erhalten, und es nicht genügend Nahrung gibt, um die Ernährung zu garantieren.) ‚Es ist hier epidemisch, wie in Biafra‘, sagt der Genosse Doktor, ‚Ich habe früher schon in Dörfern gearbeitet, aber so etwas wie hier habe ich noch nicht gesehen.‘ Davon abgesehen gibt es Malaria, Osteoporose, Bandwurm, schwere Ohren- und Zahninfektionen und primäre Amenorrhöe – i.e. wenn Mangelernährung bei Frauen in der Pubertät die Menstruation verschwinden oder gar nicht erst eintreten lässt. ‚Es gibt keine Kliniken in diesem Wald, abgesehen von einer oder zwei in Gadchiroli. Keine Ärzte, keine Medikamente.‘ "[261]

---

260 Vgl. Vakulabharanam S. 75
261 Roy 2010, Internetquelle

Sudeep Chakravarti, der in seinem Band über die Naxalitenbewegung u. a. nach den politischen Implikationen dieser Spaltung Indiens in städtische industrielle Ballungsregionen mit hohem Wachstum und verelendeten, von jeglicher Entwicklung von Wohlstand und Infrastruktur abgeschnittenen ländlichen Regionen mit bewaffneten Konflikten um Landverteilung, Landrechten und Ausbeutung von Rohstoffen fragt, malt ein Szenario für die Zukunft, dass die Metropolenregionen als Zentren von Produktion und Reproduktion von Reichtum identifiziert, zerrissen von sozialen Konflikten und geprägt von sozialer Segregation, die sich bereits abzeichnen, wenn man bedenkt, dass 40% des Stadtgebiets von Delhi aus Slums bestehen, während vor den Toren der Stadt ‚gated areas', künstliche Städte für die neue Mittelklasse entstehen. Diese Wachstumsinseln – zusammengewachsene Megalopolen der immer dichter besiedelten und bebauten Areale im Großraum Delhi sowie im industriellen Gürtel zwischen Mumbai und Gujarat und die kleineren entsprechenden Regionen rund um Kolkata, Hyderabad und Bangalore – werden nach seiner Vision umgeben sein von ausgedehnten Territorien, in denen Landwirtschaft für die Stadtbevölkerungen und den Weltmarkt betrieben sowie Holz, Erze und Metalle für die industrielle Verwertung abgebaut und abtransportiert werden, die ansonsten von bürgerkriegsähnlichen Unruhen geprägt und nach herkömmlicher Auffassung Züge von ‚failed states' aufweisen – beherrscht von konkurrierenden Warlords – und neben den benötigten Rohstoffen auch einen ständigen Zustrom billiger aber potentiell renitenter Arbeitskräfte für die militärisch und infrastrukturell von ihnen abgeschotteten und an den Grenzen bewachten Megalopolen liefern werden.[262] Und auch wenn eine solche Vorstellung zunächst etwas überzeichnet klingen mag, so gibt es doch mehr als nur einige Hinweise, die in diese Richtung deuten.

## 5.4. Bergbau und Staudämme – Katalysatoren der „ursprünglichen Akkumulation" in Indien

Wenn für die kapitalistische Modernisierung ein Prozess der „ursprünglichen Akkumulation" konstatiert werden kann, der den Marx'schen Kriterien nahe kommt, so müssen hierfür neben der Zerstörung der Subsistenzökonomien, der kapitalistischen Restrukturierung der Agrarwirtschaft und der zunehmenden Proletarisierung und Zusammendrängung der von ihrem Land verjagten Bevölkerung in den ArbeiterInnen- und Elendsquartiere der Megalopolen sowie der forcierten Ansiedlung industrieller Komplexe in den

---

262 Chakravarti S. 184ff

Sonderwirtschaftszonen auch die Bereiche genannt werden, die für diesen Prozess die nötige Starthilfe geben, und dies sind in beträchtlichem Maße die Errichtung großer Staudämme zur Energiegewinnung für die Industrie und die Gewinnung von Rohstoffen aus den mineralreichen Regionen Zentralindiens. Bergbauprojekte sind es denn auch, die in besonders gravierender Weise die Lebensbedingungen der Bevölkerung der ländlichen Regionen Orissas, Chhattisgarhs und Jharkhands erschüttern. In ihrer Studie über ursprüngliche Akkumulation in Indien stellen Naidu/Manolakos zur Entwicklung des Bergbaus fest:

„Der Bergbausektor verzeichnete (...) substantielles Wachstum. Tatsächlich betrugt die durchschnittliche jährliche Wachstumsrate der Mineraliengewinnung in der Periode von 1993-2008 7%, gemäß dem Index der Mineralienproduktion. Im Gegensatz dazu stieg die jährliche Wachstumsrate im Bergbau auf 19,4% in der Phase zwischen 2008 und März 2010. Dem Jahresbericht des Bergbauministeriums zufolge gab es 2008/09 2.854 Minen (atomische Mineralien, Perolium, Erdgas und minderwertige Metalle nicht eingeschlossen). Ein Anstieg in der Förderung ist evident. Darüber hinaus betrug der Wert der exportierten Erze und Mineralien während des Zeitraumes 2007/08 95.022 crore[263] Rs. (Ministry of Mines 2009). Geschätzte 14% des Wertes der indischen Exporte insgesamt kommt aus Erzen und Mineralien (Ministry of Mines 2009; UNCTAD 2008). Ausländische Direktinvestitionen im Bergbau stiegen von 196,5 crore Rs. auf 2.157 crore Rs. zwischen 2006/07 und 2007/08 (Ministry of Mines 2009).[264]

Neben dem beträchtlichen Anstieg der Wachstumsraten im Bergbau lässt vor allem die enorme Zunahme ausländischer Direktinvestitionen aufhorchen. Indische Erze und Mineralien sind für internationale Bergbaukonzerne zum Zukunftsgeschäft geworden und der indische Staat tut alles, um ihre Ansiedlung zu unterstützen und ihnen den Weg zu ebnen. Und mehr als 80 Prozent der abbaubaren Ressourcen befinden sich in Jharkhand, Chhattisgarh, Orissa und West Bengal, überwiegend Schwerpunktgebieten der Naxaliten.

In die Schlagzeilen geriet der britische Vedanta-Konzern, der in großem Stil den Bauxitabbau in einem Bergmassiv plant, das zu den heiligen Stätten des Volkes der Dongria Kondh gehört, einer kleinen Stammesgemeinschaft von 2.800 Menschen, die in diesem Gebiet in Orissa lebt. Ein erst kürzlich veröffentlichter Bericht von Amnesty International stellt fest, dass weder die Regierung noch Vedanta bisher die Bevölkerung rund um den begehrten

---

263 crore: indische Zähleinheit, 1 crore = 10 Millionen, 10 crores = 100 Millionen
264 Naidu/Manolakos 2010, S. 39f

Berg, die weder lesen noch schreiben könne, über das Bergbau-Projekt informiert habe, aber bereits Ankündigungen für die obligatorische öffentliche Anhörung veröffentlicht habe. Der Vedanta-Konzern, der schlicht behauptet, das von ihnen beanspruchte Gebiet sei unbewohnt, stellt sich auf den Standpunkt, es sei Sache der lokalen Behörden, eventuell betroffene Bevölkerungen über das Projekt zu informieren. Der Oberste Gerichtshof Indiens urteilte inzwischen, alle gesetzlichen Anforderungen für die Ansiedlung des Konzerns seien erfüllt. Anders sehen dies offenbar die Church of England und andere britische gemeinnützige Organisationen, die ihre Anteile an dem Konzern aus Protest gegen das Vorhaben verkauften. [265]

Inzwischen entwickelt sich eine internationale Kampagne gegen Vedanta, die auch Prominente, wie etwa Bianca Jagger, die Ex-Frau des Rolling Stones Sängers Mick Jagger, dazu veranlasst, in diesen ansonsten überregional wenig beachteten Teil Indiens zu reisen. Ihre Eindrücke aus einem der von Vedanta bereits in Beschlag genommenen Gebiete in der Nähe zeigen deutlich, wie die Industrialisierung eines bisher ausschließlich von Subsistenzlandwirtschaft lebenden Gebiets die Menschen in ihrem Leben beeinträchtigt:

„Die Raffinerie, sagen die Bewohner, hat Elend, Krankheiten und Armut über ihr Dorf gebracht. Vor nicht allzu langer Zeit hätten sie hier noch Hirse, Bohnen und Erbsen angebaut, erzählen sie, als ich in Rengopali im indischen Bundesstaat Orissa ankomme. In den Wäldern ernteten sie Blätter, Ananas, Maulbeeren, Mangos, Bananen, Chilischoten, Ingwer, Kurkuma, Bambus und Wurzeln. Auch frisches Wasser gab es genug. Doch dann wurde im benachbarten Lanjigarh die Aluminium-Raffinerie gebaut. Das Offensichtlichste, was die Raffinerie in die Gegend gebracht hat, sind zwei Teiche von der Größe mehrerer Fußballfelder. In ihrem rot verschlammten Wasser wird Bauxiterz ‚gewaschen‘, also mittels Chemikalien in seine Bestandteile aufgelöst. Der Prozess produziert sowohl giftige Dämpfe als auch verseuchten Staub. Die Wasservorkommen der Region drohen, kontaminiert zu werden. Lutni Majhi, eine Frau aus Rengopali, sagt: ‚Jetzt ist es nicht nur bei Tage heiß, sondern auch in der Nacht, denn dann läuft die Raffinerie an. Früher waren wir von Wäldern und Bäumen umgeben, es war weitaus kühler. Noch nie hatten wir mit einer solchen Hitze, mit so vielen Fliegen und Moskitos zu kämpfen.‘ "[266]

Die zunehmend lauter werdenden internationalen Proteste veranlassten schließlich auch die indische Unionsregierung, das Projekt genauer zu untersuchen. Anfang 2010 beauftragte die Regierung ein Team von ExpertInnen

---

265 Ebd.
266 Jagger 2010, Internetquelle

damit, das Vorhaben des Vedanta-Konzerns zu überprüfen. Dieses kam zu dem Ergebnis, dass der geplante Bauxit-Abbau auf den Kuppen der Berge zur ‚Vernichtung der Dongria Kondh' als indigene Gruppe führen könnte und warnte vor solch einem Ausgang. In dem Bericht des Teams heißt es, Vedanta habe das Gesetz gebrochen und augenscheinlich einen Erlass des Obersten Gerichtshofs missachtet. Weiter heißt es in dem Bericht, „weitere Umwandlungen des Waldgebiets müssen verboten werden".[267] Außerdem stellen die ExpertInnen fest, dass die Dongria Kondh nicht ausreichend in die Planung der Mine miteinbezogen wurden. Ihre Rechte müssten im Sinne des indischen Forest Rights Act anerkannt werden, bevor eine endgültige Entscheidung hinsichtlich der Mine getroffen werden könne. In einem Schreiben forderte daraufhin Premierminister Singh Indiens Ministerium für Umwelt und Wälder dazu auf, das Ergebnis der Untersuchungskommission vom Tisch zu wischen und die von Vedanta Resources beantragte Mine in den Niyamgiri Bergen im indischen Bundesstaat Orissa zu genehmigen. Ohne eine offizielle Freigabe seitens der Behörde kann das Bergbau-Projekt nicht in Betrieb gehen.

Wer gegen „Entwicklungs"projekte dieser Art protestiert, muss wohl Maoist sein, so lautet oftmals die Logik der Regierung im Umgang mit den Adivasi. Und so wurden Lada Sikala Majhi und zwei weitere Aktivisten des Niyamgiri Surakshya Parishad, der lokalen Adivasi-Organisation, die gegen das Vedanta-Projekt kämpft, am 9. August 2010 während einer Autofahrt nach Raipur in Chhattisgarh, wo sie einen Zug nach Delhi besteigen wollten, um an einer Tagung zum Forest Rights Act teilzunehmen, im Wald plötzlich von 12 Männern mit AK-47-Maschinenpistolen angehalten, durchsucht und in einem anderen Wagen in die Provinzstadt Rayagada verbracht.[268] Auf dem Weg dorthin wurden die beiden Begleiter Majhis aus dem fahrenden Wagen geworfen, die ohne Uniformen agierenden Polizisten waren nur an ihm interessiert. Als Majhi, dem während der Fahrt die Augen verbunden worden waren, die Augenbinde abgenommen wurde, fand er sich in einer Polizeistation wieder. Drei Tage lang wurde er mit Bambusstöcken geschlagen, dabei beschuldigt, ein Maoist zu sein und Naxalitentreffen in den Niyamgiri-Bergen zu organisieren. Seine wiederholten Beteuerungen, er sei kein Maoist, sondern würde nur für die Rechte seiner Leute gegen den Vedanta-Konzern eintreten, interessierten seine Peiniger nicht. Am dritten Tag und nach vielen Schlägen hatten sie ihn so weit, dass er zu Protokoll gab, Naxaliten in seinem Haus beherbergt zu haben. Am vierten Tag drückten sie seinen Daumenab-

---

267 *Linkszeitung*, 01.07.2010, Internetquelle

268 Pryia Ranjan Sahu in der *Hindustan Times* vom 23.08.2010

druck auf ein unbeschriebenes Blatt Papier und ließen ihn laufen, nachdem sie ihm eingeschärft hatten, keine weiteren Treffen abzuhalten.[269]

Die Wunden der dreitägigen Tortur waren offensichtlich und hinterlassen mit ihren Narben bleibende Beweise, dennoch behauptet die Polizei von Rayagada, Majhi sei nicht gefoltert worden. Der Polizeichef von Rayagada, Anup Krishna erklärte auf Anfrage von Journalisten: „Wir hatten Informationen, dass er Verbindungen zu den Naxaliten hätte. Nachdem wir herausgefunden hatten, dass er nur Versammlungen für den Niyamgiri Surakshya Parishad organisiert, haben wir ihn freigelassen." Krishna wie auch der Polizeichef von Kalahandi, Sudha Singh, bestritten, dass Mjhi geschlagen worden sei. „Er lügt", sagte Singh und damit scheint der Fall erledigt zu sein.[270] Immerhin schaffte es der Vorfall auf die Regionalseite für Orissa der *Hindustan Times,* was wohl der internationalen Aufmerksamkeit für die Vedanta-Pläne zu verdanken ist. Aber eine Untersuchung dieses polizeilichen Übergriffs, der dem Muster tausend anderer entspricht, die in Indien täglich passieren, ist kaum zu erwarten.

Die Haltung des indischen Staates zu den großen Bergbauprojekten ist eindeutig und in dieser Hinsicht kann als Zeuge der Unions-Innenminister Chidambaram zitiert werden, der in einem Interview sagte:

> „Ich bin völlig davon überzeugt, dass kein Land sich entwickeln kann, wenn es nicht seine natürlichen und menschlichen Ressourcen ausnutzt. Mineralische Rohstoffe sind ein Reichtum, der geerntet und für das Volk genutzt werden muss. Und warum auch nicht? Wollen sie, dass die Stammesbevölkerungen Jäger und Sammler bleiben? Sollen wir versuchen, sie in einer Art anthropologischem Museum zu konservieren? Ja, wir können es zulassen, dass die Mineralien für weitere 10.000 Jahre im Boden bleiben, aber wird das den Menschen Entwicklung bringen? Wir können die Tatsache respektieren, dass sie den Niyamgirhi Hill anbeten, aber wird ihnen das Schuhe an ihre Füße und ihre Kinder in die Schule bringen? Wird das das Problem lösen, dass sie stark unterernährt sind und keinen Zugang zu Gesundheitseinrichtungen haben? Die Debatte über den Bergbau geht seit Jahrhunderten, sie ist nicht neu."[271]

Chidambaram muss wissen, wovon er redet, sollte man meinen, denn der eloquente Anwalt war vor seiner Ministerkarriere Mitglied im Aufsichtsrat von Vedanta. Der Ausbau der Bergbaukapazitäten ist, entgegen den Äuße-

269 Ebd.

270 Ebd.

271 Zitiert bei Navlakha 2010, S. 6

rungen des Innenministers, jedoch kein humanitäres Werk zur Hebung des Lebensstandards der Bevölkerung in den betroffenen Gebieten.

Ein Beispiel unter vielen sind die Aktivitäten der Uranium Corporation of India Limited (UCIL), einer staatlichen Gesellschaft, die seit den 1960er Jahren die Uranförderung in den Stammesgebieten betreibt. Ihr Uranbergbau in Jaduguda (ehemals Bihar, nun Jharkhand) war seit dem Beginn der Förderung 1967 oft in der Kritik für die rücksichtslose Zerstörung der natürlichen Umwelt in dem gesamten weiträumigen Gebiet und die massive Beeinträchtigung der Gesundheit der Bevölkerung. Johannes Laping hat für die Adivasi-Koordination Deutschland die Bedingungen untersucht und dargestellt, unter denen das Uran gefördert und verarbeitet wird. Beim Untertageabbau wird das uranhaltige Gestein in etwa 500 Meter Tiefe abgetragen, danach in den oberirdischen Anlagen zerkleinert, gereinigt und als uranreiches Erz („yellow cake") nach Hyderabad gebracht, dort weiter gereinigt und zu Brennstäben verarbeitet. Bei diesem Verfahren entsteht Laping zufolge ein großer Anteil von Abraum- und Restmaterial aus der Uran-Mine, der als Abfall eingestuft wird. Das Abraum- und Restmaterial gibt jedoch immer noch radioaktive Strahlung ab und muss eigentlich nach Maßgabe international anerkannter Sicherheitsmaßnahmen dauerhaft in großen Teichen mit ca. 15 cm Wasser bedeckt gehalten werden, damit keine Verwehungen zu den benachbarten Dörfern stattfinden und die Atmosphäre radioaktiv belasten.[272]

Arbeitsschutzmaßnahmen in den Minen sind Laping zufolge kaum vorhanden. Ein Teil der ungelernten Hilfsarbeiter wurde aus den Reihen der örtlichen Santal- und Ho-Bevölkerung rekrutiert, wobei bisher so gut wie keine Aufklärung über die Gefährlichkeit des radioaktiven Materials stattfand, UCIL spielte dagegen die Gefahren für Mensch und Umwelt herunter, selbst die Verladung des „yellow cake" erfolgt – in undichten, rostigen Fässern – durch Arbeiter, die nach Lapings Beobachtung nur gewöhnliche Kleidung und Sandalen tragen.[273]

Auch die Behandlung des Abraum- und Abfallmaterials geschieht, wie Laping feststellte, in äußerst nachlässiger Weise: der Schlamm wird zum Teil durch undichte, nicht abgesicherte oder nicht markierte Leitungen zu den Lagerteichen gepumpt.

„Zum Teil wurden sogar die Dämme selbst aus dem strahlenden Material des Grubenabraums aufgeschüttet: um Kosten zu sparen… Überlaufendes Wasser gelangt auch

---

272 Laping 2008 im *Adivasi-Rundbrief* 31
273 Ebd.

in die fließenden Gewässer und hinterlässt damit eine radioaktiv verseuchte Spur bis zum Golf von Bengalen."[274]

Zudem werden Abfälle aus der Weiterverarbeitung dieses Uranerzes in Hyderabad und sogar Abfälle aus dem nuklearmedizinischen Anwendungsbereich aus ganz Indien nach Jadugoda zur bequemen Endlagerung unter den von Laping geschilderten Verhältnissen gebracht. Diese Abfälle wurden früher direkt in die Teiche geworfen (man fand gebrauchte Spritzen und andere medizinische Abfälle), heute werden sie immerhin zuvor geschreddert, was diesen radioaktiven Giftmülltourismus aber nur wenig erträglicher macht.[275]

Vorkehrungen zum Schutz der lokalen Bevölkerung vor der radioaktiven Strahlung und deren gesundheitsschädigenden Auswirkungen seien so gut wie überhaupt nicht vorhanden. Bereits aufgetretene Schädigungen würden von den Verantwortlichen nicht in adäquater Weise medizinisch versorgt, ein Zusammenhang mit der radioaktiven Strahlung gar geleugnet und den angeblich unhygienischen Lebensverhältnissen und der Trunksucht der Bevölkerung zugeschrieben.[276]

Diese Praktiken haben in den betroffenen Gebieten Jharkhands wie auch in Meghalaya im Nordosten Indiens zu erheblichen Protesten der dortigen Bevölkerung geführt. In Jharkhand bildeten sich Adivasi-Initiativen, die mit landesweiten Kampagnen und Mobilisierungen versuchen, eine kritische Öffentlichkeit für ihre Lage zu sensibilisieren. Insgesamt hat die staatliche UCIL eine gewisse Routine im repressiven Umgang mit solchen Protesten entwickelt, die Laping wie folgt charakterisiert:

„In Meghalaya konnten die Proteste über längere Zeit den konkreten Beginn des Uranprojekts verhindern. Doch in Jharkhand sieht es so aus, als würde sich UCIL mit seinen Plänen für eine neue Tagebaustätte bei Banduhurang durchsetzen können. Der dortige Widerstand, an dem sich auch viele Frauen beteiligten, wurde schließlich gewaltsam gebrochen. Zum Schutz der Anlagen wurden dort inzwischen hochgerüstete Elitetruppen stationiert.

Zu den bewährten Strategien der Betreibergesellschaft wie auch der Politik bei der Durchsetzung solcher Pläne gehören die folgenden Elemente:

– Einzelheiten der Planungen werden gar nicht oder nur bruchstückweise oder unter falschen Angaben veröffentlicht;

---

274 Ebd.
275 Ebd.
276 Ebd.

– bezüglich der Sicherheit werden falsche Versprechungen gemacht;

– man versucht, die Widerstandsbewegungen ganz gezielt zu spalten, indem einzelne Dorfbewohner aus der Gemeinschaft durch Geldzahlungen oder durch Stellenangebote oder auch nur mit Luxus-Geschenken, wie etwa einem Motorrad, quasi ‚gekauft‘ werden.

Die Widerstandsbewegungen vor Ort sind auf diese Weise immer wieder erheblichen inneren Belastungen ausgesetzt und haben zum Teil ihre Glaubwürdigkeit und Schlagkraft eingebüßt.“[277]

Gerechtfertigt werden diese Kollateralschäden stereotyp mit der strategischen Bedeutung des Uranabbaus für die Kapazitätserweiterung der indischen Atomkraftwerke. Nun plant die UCIL, ihre Förderung in Jaduguda von 2.090 Tonnen auf 2.500 Tonnen pro Tag zu erhöhen und benötigt dafür weitere 6,37 Hektar bisher von Adivasi genutzten Waldgebietes, das dem Uranbergbau weichen soll. Die hierfür gesetzlich vorgeschriebene öffentliche Anhörung fand bezeichnenderweise in einem Camp der Central Industrial Security Force (CISF) unter besonderen Sicherheitsvorkehrungen statt, da man Proteste der Adivasi befürchtete. Die Rahmenbedingungen dieser „öffentlichen Anhörung“ seien hier kurz geschildert, da sie als symptomatisch für die Art gelten können, wie solche juristischen Anforderungen umgesetzt werden, wenn strategische wirtschaftliche Interessen verfolgt werden:

> „Das Areal war abgeriegelt und der Ort der Anhörung buchstäblich in eine Festung mit einem einzigen Zugang verwandelt worden. Anstelle der betroffenen Dorfbewohner bestimmten Angestellte der UCIL, begleitet von ihren Familien, die Szenerie. Die Frauen und sogar Kinder der Angestellten waren zu sehen, wie sie Transparente mit Losungen zur Unterstützung der UCIL trugen. [...] Die ‚Öffentlichkeit‘ jedoch, die ihr Land an die Mine verloren hatte und deren Gesundheit durch radioaktive Verseuchung geschädigt worden war, fand in dem aufgebauten Zelt keinen Platz und es war schwierig für sie, an der Anhörung teilzunehmen. Bewaffnete Angehörige der CISF und anderer Sicherheitskräfte waren in einem Umkreis von einem Kilometer rund um den Ort der Anhörung aufgestellt und viele der Dorfbewohner wurden angehalten und zurückgeschickt.“[278]

Nachdem fast alle Stühle von loyalen Angestellten der UCIL und Sicherheitskräften besetzt waren und die von der Jharkhandi Organisation Against Radiation (JOAR) angeführten Dorfbewohner, soweit sie es ins Innere der

---

277 Ebd.

278 Basu 2009, S. 16

abgesperrten Zone geschafft hatten, keine andere Wahl hatten, als diese Farce zu boykottieren, um ihr nicht den Anschein von Legitimität zu verleihen, verlas der Generaldirektor einen vorgefertigten Text mit bergbautechnischen Details, die für die meisten Anwesenden unverständlich sein mussten, was aber unerheblich war, da kritische Fragen ohnehin nicht vorgesehen waren. Nachdem in mehreren weiteren Ansprachen die Schaffung von Arbeitsplätzen für qualifizierte Bewerber gerühmt und das Gerede von radioaktiver Verseuchung als antinationale Propaganda denunziert worden war, endete die Anhörung mit der Zustimmung „der Öffentlichkeit" zur Erweiterung des Bergbaugebietes, womit dem Gesetz Genüge getan war.

Auch die Kohleförderung wird weiter ausgebaut, um den Energiehunger der indischen Industrie zu stillen, vor allem aber, um die Exporte in die Industrieländer zu steigern. Auch hierfür müssen ganze Regionen geopfert werden, die zu beträchtlichen Teilen von Adivasi bewohnt werden. Das Karanpura-Tal am Oberlauf des Damodar-Flusses in Jharkhand etwa, ist, wie Johannes Laping anmerkt, ein äußerst fruchtbares Gebiet, das gute Erträge an Reis und Gemüse hervorbringt und bisher rein agrarisch geprägt ist.[279] Aufgrund der reichen Kohlevorkommen soll dieses Tal nun, wie Laping berichtet, zu einem der Hauptenergielieferanten für die Industrialisierung Indiens entwickelt werden:

„Einige große Kohletagebaustätten sind am Südrand des Tals und in benachbarten Regionen bereits in Betrieb (Piparwar, Ashoka). In den letzten Jahren sind jedoch die Planungen für mehr als 20 weitere Kohleabbau-Projekte und die Errichtung mindestens eines Kohlekraftwerks im Zentrum des Tales angelaufen. Die jeweiligen Projekte bestehen wiederum aus zwei bis fünf einzelnen Tagebau-Gruben. Hauptbetreiber dieser Planungen unter dem Namen ‚North Karanpura Coalfields Project' ist Central Coalfields Ltd., eine Tochtergesellschaft der staatlichen Coal India Ltd., und die ebenfalls staatliche National Thermal Power Corporation, die neben dem geplanten Kraftwerk auch eigene Grubenprojekte verfolgt. Zu den weiteren Akteuren im Karanpura-Tal gehören einige private Unternehmen, die auf dem Energiesektor tätig sind und eigene Kohletagebau-Projekte für die Versorgung ihrer geplanten Hütten- und Stahlwerke betreiben wollen (Jayaswal Neco Ltd., EMTA, Tata, Monnet Ispat Ltd.)."[280]

Die geplanten Erweiterungen des Kohletagebaus haben eine Dimension, die weit über alles hinausreicht, was bisher in Indien im Kohlebergbau exis-

---

279 Laping in *Adivasi-Rundbrief* 34, Mai 2009, S. B
280 Ebd.

tiert. Insgesamt werden durch diese Projekte im Karanpura-Tal, wie Laping berichtet, mehr als 1.100 km² Land (einschließlich Waldgebiete) vernichtet und damit auch das wirtschaftliche, soziale und kulturelle Überleben der Bevölkerung – überwiegend Adivasi – in 203 Dörfern in den Distrikten Hazaribagh, Ranchi, Chatra und Palamu gefährdet.[281] Nach inoffiziellen Berechnungen werden im gesamten Gebiet der erwähnten Projekte mehr als 140.000 Menschen betroffen sein, darunter mehr als 50.000 Dalits und Adivasi.[282] Die Folge ist nicht einfach nur eine Veränderung der ökonomischen Struktur, sondern auch eine Verwüstung des gesamten Gebiets, wie Laping anschaulich schildert:

„Tagebau bedeutet die komplette Zerstörung eines lokalen Ökosystems. Die gesamte Oberfläche muss abgetragen werden, um an die Kohle zu gelangen, und somit geraten Wälder, Weiden, landwirtschaftliche Nutzflächen und Hausgrundstücke unter die Bagger. Zusätzliche Flächen werden vernichtet durch die Lagerung des abgetragenen Materials (Erde, Geröll, Felsbrocken) auf riesigen Halden. Durch die zum Teil enorm tiefen Tagebaugruben werden natürliche Gewässerströme gestört, der Grundwasserspiegel sinkt ab und dadurch verödet vielfach auch angrenzendes Land. Die Reinigung der Rohkohle verbraucht ca. 0,2-0,25 Kubikmeter frisches Wasser pro Tonne. Verunreinigtes Oberflächenwasser gelangt auf die Felder und zerstört die Vegetation. Es führt so auch zu einer Belastung der Trinkwasserreserven aus Fließgewässern und des Grundwassers. Mineralische Rückstande und giftige Abwässer werden häufig unbehandelt in die Bäche und Flüsse geleitet. Der Kohletagebau selbst, die Kohlekraftwerke und koksbetriebenen Industrieanlagen sind auch für eine extrem hohe Verschmutzung von Luft und Landschaft verantwortlich. Eine dicke schwarze Schicht überzieht die Landschaft."[283]

Die sozialen und ökologischen Folgen werden dazu führen, dass das Leben für die Menschen in dieser Region kaum noch möglich sein wird, ganz zu schweigen davon, dass eine Kulturlandschaft zerstört wird, die seit Jahrtausenden von Adivasi bewohnt und bearbeitet wurde, einschließlich der Felsbilder steinzeitlichen Ursprungs, die hier entdeckt wurden[284] und die zu den ältesten erhaltenen kulturellen Überlieferungen der Adivasi-Bevölkerungen gehören.

---

281 Ebd.
282 Ebd.
283 Ebd.
284 Ebd.

Die Schlüsselrolle des Bergbaus just in den Gebieten mit starker Guerilla-
präsenz für die wirtschaftliche Entwicklung Indiens ist auch den Naxaliten
bewusst, wie Gopalji, der Pressesprecher des Special Area Committee der
CPI (Maoist) im Guerillagebiet in der Grenzregion von Jharkhand, Bihar
und West Bengal in einem Interview ausführt, das im Mai 2010 in der *Economic and Political Weekly* erschien:

> „Die indische Regierung ist nicht daran interessiert, Fabriken und Bergwerke für die
> Verbesserung der Lage der Menschen zu eröffnen. Die Menschen in diesen Gebieten
> werden gezwungen werden, zu weichen. Sie werden einfach herausgeworfen werden.
> Und sie werden Lohnarbeiter in den Städten werden. In großer Zahl werden sie ent-
> wurzelt und vertrieben, so wie bei vielen früheren Entwicklungsprojekten. Als sie die
> Megaprojekte in Bokaro und anderen Orten errichteten, hatten die Menschen keine
> Möglichkeit, eine angemessene Entschädigung zu erhalten. Kaum jemand erhielt Er-
> satzland oder Häuser oder auch nur richtige Jobs in den Fabriken, die gebaut wurden.
> Hunderte und Tausende von Menschen, Adivasi und Moolvasi, wurden vertrieben.
> Welche Garantie haben wir, dass dies nicht wieder passieren wird?"[285]

Nun betont die CPI (Maoist) regelmäßig, dass sie nicht gegen Entwicklungsprojekte an sich sei, auch nicht gegen die Entwicklung des Bergbaus, allerdings gegen die Art, wie dieser auf Kosten der Menschen in den betroffenen
Gebieten umgesetzt wird. Ihre Alternativen gehen allerdings kaum über die
Forderung hinaus, den Bergbau zu nationalisieren, Arbeitsplätze für die betroffenen Menschen zu schaffen und dort, wo Umsiedlungen unvermeidlich
sind, für angemessene Entschädigung zu sorgen und die natürlichen Rohstoffe zum Nutzen der Menschen in Indien einzusetzen. Mehrfach hat die
CPI (Maoist) ein eigenes Bergbaukonzept angekündigt, das einen programmatischen Rahmen für eine alternative Entwicklung in den Erschließungs-
gebieten setzen soll, ein solches liegt aber meines Wissens noch nicht vor. In
dem genannten Interview gab Gopalji allerdings auch zu, dass sie in ihren
Einflussgebieten teilweise auch Bergbauprojekte tolerieren, deren Betreiber
sie besteuern und damit „radikale Reformprogramme" finanzierten.[286]
Neben der Erschließung der Ressourcen an Erzen und Mineralien ist vor
allem der ständig wachsende Energiebedarf der Industriekomplexe und Bergwerke eine Hauptsorge der indischen Regierung und neben der miserablen
Infrastruktur auch eines der Hauptprobleme, mit denen die expandierenden
Industrien konfrontiert sind. Während regelmäßig in großen Metropolen

---

285 Gopalji, Interview in EPW, 8.5.2010, S. 24
286 Ebd.

wie Mumbai für bis zu zwölf Stunden täglich in den ärmeren Stadtteilen der Strom abgestellt wird, um Kapazitäten für die Industrie zur Verfügung stellen zu können, wird energisch an der Erweiterung der Energieversorgung gearbeitet, vor allem durch große, Raum einnehmende und tausende Dörfer und jahrtausendealte Kulturlandschaften verschlingende Staudammprojekte, die auf diese Weise zu einem der umkämpftesten Gebiete der sozio-ökonomischen Entwicklung geworden sind. Naidu/Manolakos warten mit den Zahlen auf:

> „Diese Politik wurde mit großer Energie umgesetzt, vor allem im Hinblick auf Bergbau und die Schaffung von Kapazitäten der Energieerzeugung. Im Oktober 2008 gab es 153.694 MW installierter Kapazität, von diesen werden 24% durch Wasserkraft erzeugt. Gegenwärtig existieren 4.072 große energieerzeugende Dämme, während sich 453 im Bau befinden."[287]

Sie schätzen, dass bisher erst 31 Prozent der möglichen Energiekapazitäten durch den Bau von Dämmen und Wasserkraftwerken erschlossen werden, was den Bau weiterer Mega-Staudämme in großer Zahl wahrscheinlich macht. Was sich bei oberflächlicher Betrachtung als ökologisch sinnvolle Alternative zu Kohle- und Atomenergie anhört, bedeutet in der Praxis jedoch die Überschwemmung weiter Gebiete und die Zwangsumsiedlung von Millionen Menschen:

> „Fernandes (2004) schätzt, dass grob gerechnet sechs crore [60 Millionen!] Menschen entweder zwangsumgesiedelt oder auf andere Weise in ihrem Leben durch Entwicklungsprojekte dieser Art im Zeitraum 1947-2004 beeinträchtigt wurden. 40% waren Adivasi und weitere 40% bestanden aus Dalits und anderen marginalisierten Gruppen. Einer einflussreichen Berechnung zufolge wurden zwischen 16 und 32 Millionen Menschen direkt im Zuge der großen Dammbauprojekte in der Periode 1950-1990 zwangsumgesiedelt, ein jährlicher Durchschnitt von zwischen 40 lakh und 9,5 lakh [400.000 bis 950.000] Menschen, wobei diese Schätzung nicht diejenigen miteinschließt, deren Lebensgrundlagen durch die Staudammprojekte zerstört wurden [etwa durch Umleiten von Flüssen] (Fernandes and Paranjpye 1997 cited in World Commission on Dams 2000).[288]

Dies sind vorsichtige Schätzungen und alte Zahlen, die weder das gigantische Narmada-Staudammprojekt und die damit verbundenen großen Umsied-

---

287 Naidu/Manolakos, S. 39
288 Naidu/Manolakos 2010, S. 43

lungen berücksichtigt noch die zahlreichen anderen Megaprojekte, die gerade im Adivasiland im Bau sind. Mit der Darstellung der großen Staudammprojekte und des Kampfes sozialer Bewegungen gegen die Vertreibungen könnte ein ganzes Buch gefüllt werden und engagierte AktivistInnen wie Arundhati Roy haben Jahre ihres Lebens dem Kampf gegen diese Projekte und der Schaffung von Öffentlichkeit über die sozialen Folgen ihrer Umsetzung gewidmet. An dieser Stelle sei nur auf einige wenige Aspekte der massenhaften Zwangsumsiedlungen verwiesen: Zum einen stellt sich bei genauerer Beobachtung heraus, dass 75 Prozent der Umgesiedelten keine Entschädigungszahlungen erhalten, mit der Begründung, dass für diese ein schriftlich fixierter Besitztitel auf ein Stück Land erforderlich sei. Gerade bei Adivasi-Gemeinschaften, deren Landbesitz traditionell auf gemeinschaftlichem Eigentum basiert und deren kollektive Eigentumsformen und Besitzansprüche auf ihr Land von der Regierung kaum jemals angemessen berücksichtigt wurden, sind solche schriftlich beurkundeten Besitztitel aber in vielen Fällen nicht vorhanden, so dass die zuvor meist versprochenen Entschädigungszahlen oft unterbleiben. Hinzu kommt, dass das versprochene Land, das als Ersatz für das verlorene Gemeinschaftsland dienen soll, sich oft als unfruchtbar oder noch gar nicht kultiviert erweist – und mitunter schlicht nicht existiert. In vielen Fällen wurden ganze Dorfgemeinschaften aus dem für Dämmer, Bergwerke oder Stahlwerke vorgesehenen Areal abtransportiert und einfach irgendwo etliche hundert Kilometer entfernt im Wald abgesetzt, wo sie dann sich selbst überlassen wurden. Als Beispiel für einen solchen – durchaus nicht als Einzelfall zu bewertenden Umgang – muss die Zwangsumsiedlung der Bevölkerung von Rourkela, Orissa gesehen werden, die bereits 1958 einem Stahlwerk weichen mussten, das u. a. unter Beteiligung der deutschen Bundesregierung errichtet wurde. Die Adivasi-Koordination Deutschland hat die damals Umgesiedelten interviewt und die von ihnen gemachten Erfahrungen dokumentiert.

Dabei erfolgte die Zwangsumsiedlung, den Autoren der auf der Basis von Interviews entstandenen Studie, Martina Claus und Sebastian Hartig, zufolge, nach den Schilderungen der Interviewten auf rücksichtslose Weise. Die Bewohner seien – in einigen Fällen ohne jegliche Ankündigung – gezwungen worden, ihre Nahrungsmittel und ihr Vieh auf LKWs zu laden, womit sie anschließend in teilweise weit entfernte Dschungelgebiete transportiert und ohne weitere Erklärung abgesetzt worden seien.[289] Claus und Hartig legen die Schlussfolgerung nahe, dass die Wahl weit von Rourkela und weit voneinander entfernter Standorte – was auch die Trennung bestehender Ge-

289 Claus/Hartig 2009, S. 2

195

meinschaften bedeutete – bewusst getroffen worden sei, um so potentiellem gemeinschaftlichen Widerstand vorzubeugen.[290] Andere Befragte gaben an, dass man ihnen nicht einmal die Möglichkeit gegeben habe, ihre Habseligkeiten und überlebensnotwendige Vorräte mitzunehmen. Des weiteren beschrieben sie eine als bedrohlich empfundene Situation bei der Ankunft. Die Art, wie die Umsiedlung durchgeführt wurde, stellte sich, Claus und Hartig zufolge, für die Betroffenen als äußerst schmerzlich und teilweise lebensbedrohlich dar.[291] Dies resultiert vor allem daraus, dass trotz der Versprechungen anscheinend nichts von den Verantwortlichen vorbereitet worden und keinerlei Infrastruktur vorhanden war.[292] Besonders offensichtlich werden die fatalen Folgen dieses Vorgehens anhand der von Claus und Hartig wiedergegebenen Beschreibungen der Versorgungssituation. Aufgrund des Fehlens von Brunnen und Quellen habe es keinerlei Zugang zu sauberem Trinkwasser gegeben, so dass dieses von den Behörden in Fässern angeliefert worden sei, sich jedoch als stark verunreinigt herausstellt habe. So schilderten die Interviewten, dass die Mehrheit der Vertriebenen aufgrund des verschmutzten Wassers verschiedene ernsthafte Krankheiten bekamen, welche oftmals zum Tode führten.

> „Uns wurde derart schmutziges Trinkwasser aus dem Teich von Kondeidiha gegeben, dass wir an vielen Krankheiten zu leiden hatten. Als Konsequenz starben viele Menschen kurz nacheinander. Es war ein sehr schockierendes Ereignis. Die Farbe des schmutzigen Wassers war schwarz, und da wir gezwungen waren, dieses zu trinken, wurde auch unser Urin und unser Stuhlgang schwarz."[293]

Als ähnlich prekär wurde auch die medizinische Versorgung beschrieben. Besonders in Lachhada und Kendro gab es Claus und Hartig zufolge trotz heftiger Erkrankungen in der Anfangsphase keinerlei ärztliche Hilfe. Erst nach Beschwerden bei den offiziellen Stellen wurden zwar Medikamente angeliefert, doch wurden diese aufgrund der Ansteckungsängste des zuständigen Personals ohne jegliche Gebrauchsanweisung an die Erkrankten übergeben.[294]

Die hier dokumentierte Vorgehensweise hat sich, wie neuere Berichte zeigen, kaum wesentlich geändert, lediglich dort, wo starke Widerstandsbewe-

---

290 Ebd.
291 Ebd.
292 Ebd.
293 Pankaj Kujur, Lachhada, zitiert bei Claus/Hartig 2009, S. 2
294 Claus/Hartig 2009, S. 2

gungen existieren und interessierte Medien sich des Themas annehmen und es über den regionalen Rahmen hinaus national und international bekannt machen, konnten teilweise verbesserte Bedingungen erkämpft werden. Es bleibt jedoch der Fakt, dass Großprojekte, ob sie nun mit Zwangsumsiedlungen verbunden sind oder mit einer grundlegenden Veränderung der Lebensbedingungen der vor Ort ausharrenden Bevölkerung, nahezu immer mit einer katastrophalen Verschlechterung der Situation der betroffenen Menschen verbunden sind.

Nicht anders stellt sich die Lage in der Region Kamdara-Torpa in Jharkhand dar, wo der Stahlkonzern ArcelorMittal ein riesiges Stahlwerk errichten will, wie die Adivasi-Koordination Deutschland berichtet.[295] Die Investitionssumme soll über acht Milliarden US-Dollar betragen; jährlich sollen zwölf Millionen Tonnen Stahl erzeugt werden Von den ArcelorMittal-Plänen sind rund 40 Adivasi-Dörfer mit etwa 70.000 Bewohnern bedroht. Die Adivasi-Aktivistin Dayamani Barla berichtet:

> „Nach offiziellen Verlautbarungen sind 32 Dörfer im Distrikt Khunti und 19 Dörfer im Distrikt Gumla betroffen. ArcelorMittal benötigt 12.000 Hektar Land. Das Unternehmen plant eine Fabrik mit einem Jahresausstoß von zwölf Millionen Tonnen. Darüber hinaus soll ein Kraftwerk mit einer Kapazität von 2.500 Megawatt sowie eine Sonderwirtschaftszone errichtet werden."[296]

Die Regierung von Jharkhand hat, wie Barla weiter berichtet, das Gemeindeland (z. B. Land, auf dem sich Straßen befinden) von zehn Dörfern im Kamdara-Block des Distriktes Gumla zum Preis von umgerechnet 2,4 Millionen Euro verkauft – eine Gesamtfläche von rund 410 Hektar. In diesem Gebiet gilt eigentlich der „Chotanagpur Tenancy Act" von 1908, das heißt, jegliches Land in diesem Gebiet ist Eigentum der lokalen Adivasi-Gemeinschaft. Die Regierung hat jedoch ihre eigenen, von der britischen Kolonialmacht übernommenen gesetzlichen Grundlagen ignoriert und dieses Land als dem Staat gehörend identifiziert, um es an ArcelorMittal verkaufen zu können.[297]

Das von der Regierung beanspruchte Land ist durchaus bewohnt und wird von den Adivasi landwirtschaftlich genutzt, die Bauern unterhalten Ackerflächen und Viehweiden darauf. Dieses Land wurde im Zuge der Landschenkungsbewegung der 1950er Jahre an Kleinbauern gegeben. Die Adivasi haben gültige Landrechtstitel dafür und zahlen auch die entsprechende

---

295 *Adivasi Rundbrief* 37, Februar 2010
296 Barla 2010, S. 1
297 Ebd.

Grundsteuer. Einige Mitarbeiter des Unterdistriktbehörde von Kamdara wurden nach Aussage von Barla gefragt, wer denn die Liste der Grundstücke, die an ArcelorMittal verkauft werden sollten, vorbereitet habe. Die Antwort lautete, dass das Unternehmen selbst diese Liste an die Behördenmitarbeiter übergeben habe.[298] Die Regierung des Bundesstaates hat also, wie Barla feststellt, die Rolle des Bevollmächtigten des Stahlkonzerns übernommen. Einerseits organisiert die Distriktverwaltung von Gumla am 16. eines jeden Monats Dorfversammlungen. Andererseits ist dieselbe Distriktverwaltung involviert in den Versuch, die Menschen für das Stahlprojekt gefügig zu machen. Die Grundstücke im Besitz der Allgemeinheit, die jetzt schon verkauft wurden, liegen zwischen den Häusern der Bauern. Wie, fragt die Adivasi-Aktivistin zu Recht, soll dann das Unternehmen ein Stahlwerk auf diesen isolierten Flächen errichten? Die Schlussfolgerung kann nur lauten, dass, entgegen den Beteuerungen des Konzerns und der Regierung, Umsiedlungsmaßnahmen geplant sind.

Aufgrund der zeitweilig die Abnahmekapazitäten der Stahlindustrie verringernden Auswirkungen der Weltwirtschaftskrise spricht ArcelorMittal jetzt davon, ein Werk mit einer Kapazität von nur noch sechs Millionen Megatonnen Stahl (statt der ursprünglich geplanten zwölf Millionen) zu errichten. Barla berichtet weiter:

„ArcelorMittal versucht auf Biegen und Brechen das Land der Bauern zu erhalten. Lockmittel für die Dorfbewohner sind Vergünstigungen im Bereich der Bildung, der Gesundheit, der Beschäftigung oder von beruflicher Bildung. ArcelorMittal ist auch in der Förderung von landwirtschaftlichem Anbau involviert. Die Menschen haben jedoch sämtliche derartige Programme in der Region gestoppt. Die Menschen haben den Zugang von Gegnern der Anti-Stahlwerk-Bewegung gestoppt. An den Dorfeingängen stehen Schilder mit folgender Inschrift: ‚Menschen von außerhalb ist es nicht erlaubt, dieses Dorf zu betreten – außer mit vorheriger Genehmigung durch die Dorfversammlung‘. Das Stahlunternehmen versucht, die Menschen durch bezahlte Werber zu beeinflussen. Diese Agenten des Unternehmens schüchtern Dorfbewohner ein oder suchen ihre Gunst durch Ausgeben von kostenlosem Alkohol zu erlangen. Sie versuchen, die Jugendlichen aus ihren Dörfern wegzulocken, indem sie ihnen Trainingsprogramme, welche von ArcelorMittal durchgeführt werden, anbieten."[299]

---

298 Ebd.
299 Ebd.

ArcelorMittal hat einen Vertrag mit „Ranchi Trust" abgeschlossen die ein privates Krankenhaus in Ranchi, der Hauptstadt Jharkhands, betreiben. „Ranchi Trust" bekommt, wie die Adivasi-Aktivistin berichtet, Geld von dem Stahlunternehmen, um Medikamente in der Region zu verteilen. Als das Fahrzeug von „Ranchi Trust" einmal auf der Straße nach Kamdara gesehen wurde, hielten es die Dorfbewohner an und fragten, ob die Fahrzeuginsassen eine Genehmigung, Kamdara zu betreten, vorweisen könnten. Dies wurde verneint. Daraufhin wurde eine Art Vertrag unterzeichnet, demzufolge das Fahrzeug von „Ranchi Trust" nur nach vorheriger Genehmigung in das Dorf fahren darf.

Die Tageszeitung *Prabhat Khabar* veröffentlichte einen Artikel über eine von ArcelorMittal geförderte Privatschule in Marcha, Distrikt Torpa. Die „Schule" war im Haus von Kishun Sahoo angesiedelt. Als „Adivasi Moolvasi Astiva Raksha Manch" Kishun Sahoo darauf ansprach, verweigerte er jede Auskunft. Man fand heraus, dass der Schulbetrieb hinter verschlossenen Türen stattfindet. Wenn jemand zu dem Gebäude kommt, lautet die Auskunft des Wachpersonals, dass sich niemand in dem Haus befinde.[300]

Über eine NGO bietet ArcelorMittal 50 Mädchen ein „Sicherheitstraining" an, was ArcelorMittal zu seinen Corporate Social Responsibility-Aktivitäten zählt. Diese Jugendlichen gehören zur Altersgruppe der Acht- bis Zehntklässler. Hier stellt sich Barla die Frage, was für eine Art von Beschäftigung diesen Mädchen nach Abschluss des Trainings wohl angeboten werden wird? Des Weiteren zahlt, wie die AktivistInnen gegen das Stahlwerk herausfanden, der Konzern einzelnen Dorfbewohnern ein Gehalt, damit diese den solidarischen Zusammenhalt des Dorfes gegen das Projekt schwächen.[301]

## 5.5. Nach dem Wirtschaftswunder: Die Auswirkungen der Krise

Verschärfend kommt zur allgemeinen Misere hinzu, dass die internationale Wirtschaftskrise, die auch in Indien längst nicht mehr nur den Finanzsektor betrifft, die Aufstiegshoffnungen der neuen Mittelklasse teilweise zunichte macht. Sie ist im Dienstleistungssektor und in der Softwareindustrie, in den gehobenen Angestelltensegmenten der großen indischen Konzerne und in den exportorientierten und von westlichem Kapital geförderten Boombranchen des indischen Wirtschaftswunders angesiedelt. Für diese immer-

---

300 Ebd.
301 Ebd.

hin etwa 20 Prozent der Bevölkerung entstanden die neuen großen Shopping Malls der indischen Großstädte, für sie wurden schmucke Reihenhausvorstädte bei Neu-Delhi, Mumbai und Kolkata mit klangvollen Namen wie „Salt Lake" errichtet, in denen Infrastruktur und Wohnkomfort weitgehend US-amerikanischem Vorbild entsprechen. Von diesen Orten halten private Wachdienste die soziale Realität der Bevölkerungsmehrheit weitgehend fern. Und es ist in der subjektiven Wahrnehmung dieser „Mittelklasse" wie auch der marginalisierten und zunehmend verarmten, teilweise auch direkt verelendeten 80 Prozent der Gesellschaft tatsächlich so, dass diese beiden Indien zunehmend auseinanderdriften, keinerlei Berührungspunkte mehr miteinander haben und buchstäblich in verschiedenen Welten leben.

Die Modernisierungsstrategie der beiden großen Parteien, des INC und der hindu-nationalistischen BJP, ist schon seit langem auf die Förderung dieser neuen Elite ausgerichtet, die ihre Kinder auf gehobene Privatschulen schickt und teils mit Englisch vertrauter ist als mit Hindi oder Marathi. Neben dem zunehmenden Widerstand der städtischen Arbeiterklasse wie der ländlichen Armen gegen die kapitalistische Modernisierung des Landes wird auch die Krise der Mittelklasse einer der Faktoren sein, die die politische Zukunft Indiens prägen werden und mittelfristig auch zu Radikalisierungsprozessen jener führen können, deren Hoffnungen auf ein besseres Leben sich jäh zerschlagen haben.

Die Folgen der Krise sind jedenfalls auch in Indien spürbar. Zwar waren die relativ stark regulierten indischen Finanzmärkte von den Bankenpleiten des vorigen Jahres zunächst kaum betroffen. Aber die zurückgehende Investitionsbereitschaft internationaler Finanzunternehmen und die Turbulenzen, in denen sich zahlreiche in Indien vertretene internationale Konzerne wiederfanden, haben auch hier Spuren hinterlassen. So fallen denn auch die Einschätzungen und Prognosen zur wirtschaftlichen Entwicklung Indiens sehr unterschiedlich aus. Schätzungen des IWF zufolge verzeichnet die indische Wirtschaft für das Jahr 2009 ein Wachstum von 5,1%, nach 6,7% im Jahr 2008.[302]

Die Wirtschaftskrise werde Indien weniger hart treffen als andere Schwellenländer, da es sich um eine vornehmlich auf den Binnenmarkt fokussierte Wirtschaft handele, sagt der Chefstratege für Asien, Pu Yonghao, von der Schweizer Großbank UBS.[303] Euphorie ist indes noch nicht ausgebrochen. Denn andere Experten äußern sich skeptischer. Bevor er neues Geld in indische Aktien investiere, werde er den Fortgang der Parlamentswahlen im

---

302 Michael Patterson in der *Welt* vom 16.04.2009
303 Ebd.

Lande abwarten, sagt Michael Konstantinov von RCM, einem Tochterunternehmen von Allianz Global Investors in Frankfurt/Main.[304] Hinzu kommt, dass diese, im Übrigen schon mehrmals nach unten korrigierte, Wachstumsprognose angesichts großer Infrastrukturprobleme, des Bevölkerungswachstums und der schon in Boomzeiten wachsenden sozialen Kluft de facto eine Abwärtsdynamik einleiten könnte.

Gerade auch die indische IT-Branche rutscht derzeit in die Krise. Rund 60 Prozent des Exportumsatzes macht sie mit Kunden in den USA, von denen rund 40 Prozent Unternehmen aus der Finanzbranche sind. Die IT-Branche war in den vergangenen zehn Jahren eines der Aushängeschilder der indischen Wirtschaft. Immer mehr Unternehmen verlagern IT-Dienstleistungen nach Bangalore, Hyderabad oder in neuentstandene Sonderwirtschaftszonen. Für das bis Ende März laufende Wirtschaftsjahr 2008 erwartet der Branchenverband Nasscom einen Umsatz von 47 Milliarden US-Dollar beim Export von Software und IT-Dienstleistungen, das sind rund drei Viertel des indischen Branchenumsatzes.[305] Nun könnte diese Erfolgsstory abrupt enden. So erwartet Infosys, die Nummer Zwei auf dem Markt, ein schwaches IT-Dienstleistungsgeschäft in absehbarer Zukunft. „Das wird ein anhaltender Abschwung", warnte Konzernchef Kris Gopalakrishnan im Frühjahr 2009.[306]

Der IT-Sektor war auch bisher schon eine Branche, in der für die Beschäftigten die Illusion eines sozialen Aufstiegs in die Mittelklasse und härteste Ausbeutungsbedingungen eng beieinander lagen. Entgrenzte Arbeitszeiten, willkürlich hochgeschraubte Leistungsanforderungen und monatliche Massenentlassungen der „Low Performer" gehörten zur Praxis sowohl indischer Unternehmen der Computerindustrie als auch in Indien tätiger internationaler Konzerne wie Accenture, Bosch, Dell und IBM. Auf die zeitweilig übliche Praxis der Beschäftigten, bei Schwierigkeiten in ein anderes Unternehmen zu wechseln, wurde mit schwarzen Listen reagiert. Mit der Vernichtung der beruflichen Existenz wird bestraft, wer nicht gefügig ist oder sich nicht lange genug von derselben Firma ausbeuten lässt. Nun hat die Krise diese Mobilität der Arbeiterinnen und Arbeiter inzwischen stark eingeschränkt, und die Unternehmen nutzen dies, um den Druck auf ihre Beschäftigten zu erhöhen. Einerseits werden immer mehr Menschen entlassen, andererseits

304 Ebd.

305 Pasvantis 2009

306 Vgl Ottomeier in *Financial Times Deutschland* vom 06.03.2009

wird die Arbeitszeit erhöht. Dass das indische Arbeitsgesetz einen Acht-Stunden-Tag vorsieht, ist gerade in der IT-Branche reine Theorie.[307]

Aber auch in der in den vergangenen Jahren stark gewachsenen Stahlindustrie und den anderen Fertigungsbranchen ist die Goldgräberstimmung der Unternehmen verflogen. Angesichts des internationalen Expansionskurses während der guten Jahre stehen Unternehmen wie Tata Motors oder der Windkraftanlagenhersteller Suzlon vor großen Refinanzierungsproblemen. Mit der in Indien bejubelten Übernahme der Marken Jaguar und Rover von den ehemaligen britischen Kolonialherren für 2,3 Milliarden Dollar vor genau einem Jahr hat sich Tata möglicherweise verkalkuliert. Einiges deutet darauf hin, dass Tata das Geld ausgeht. Im vorigen Quartal wies die Bilanz des auch politisch einflussreichen Unternehmens erstmals seit sieben Jahren einen Verlust aus. Elf Prozent Zinsen musste Tata inzwischen für eine dreijährige Anleihe zahlen. Die Barmittel sollen nur noch bei 100 Millionen Dollar liegen. Im Juni aber wird ein Kredit über zwei Milliarden Dollar fällig, den Tata für den Kauf von Jaguar und Rover aufgenommen hatte.

Bereits 2008 konnte die Automobilindustrie nur mit beträchtlichen Konjunkturhilfen der indischen Regierung weiterhin wachsen. Welche Auswirkungen die ökonomische Krise auf die bisher konsumfreudigen und kaufkräftigen oberen 20 Prozent der indischen Gesellschaft und damit auch auf die Absatzzahlen der eher auf den einheimischen Markt orientierten Branchen haben wird, darüber lässt sich bisher nur spekulieren.[308]

Insgesamt hat die Weltwirtschaftskrise gerade die Wachstumsbranchen der indischen Wirtschaft getroffen, was sich vor allem deshalb mittelfristig auf die Modernisierungsbemühungen der Regierung auswirken wird, weil es seit der Marktliberalisierung Anfang der 1990er Jahre zu keiner auf die Bedürfnisse der indischen Gesellschaft und den großen heimischen Markt ausgerichteten Industrialisierung im eigentlichen Sinn gekommen ist. Der Ausbau der Sonderwirtschaftszonen wird zwar gegen alle Widerstände durchgesetzt, dabei große Agrarflächen enteignet oder aufgekauft und industriellen Bedürfnissen zur Verfügung gestellt. Selbst diese gewaltsam gegen die Landbevölkerung vollzogene Errichtung von Zentren industrieller Produktion und neuer Dienstleistungsbranchen kann jedoch den Zusammenbruch der ehemals staatlich regulierten und vor den Mechanismen des Weltmarkts geschützten heimischen Kleinindustrien, der sich seit den 1990er Jahren vollzieht, nicht kompensieren. Zwar strömen Millionen von ruinierten und entwurzelten Kleinbauern und ländlichen marginalisierten Armen in diese Zen-

---

307 Vgl. IT-Worker: Angst statt Freiheit

308 Vgl. Getzschmann 2009

tren, um in den Sonderwirtschaftszonen Arbeit zu finden. Die meisten von ihnen jedoch landen nicht in einem der dort ausgebauten hochproduktiven und exportorientierten Sektoren, sondern in den Sektoren niedriger Produktivität und geringer Einkommen und vermehren die städtische Massenarmut. Es wurde bereits darauf verwiesen, dass der Anteil der verarbeitenden Industrie, wie der der Landwirtschaft, am BIP seit Anfang der 1990er Jahre zurückgegangen ist. Ein steigender Beitrag der Dienstleistungen zum BIP, ausgehend von einer Situation, in der die verarbeitende Industrie einen hohen Anteil zum BIP erbringt, ist, wie Utsa Patnaik anmerkt, für Industrieländer typisch. Indien jedoch erlebt eine Verlagerung auf den Dienstleistungssektor bei einem relativ niedrigen anfänglichen Anteil von Industrie und Bergbau, der im Verlauf der ökonomischen Entwicklung auch noch innerhalb von 15 Jahren von 29 auf 22 Prozent zurückgegangen ist.[309] Durch die Erschließung der umfangreichen Rohstoffressourcen und den Ausbau der Bergbaukapazitäten in Zentral- und Ostindien findet zwar tatsächlich ein Zuwachs in diesem Bereich statt, der aber zum größeren Teil einfach auf die Plünderung dieser Ressourcen zu Exportzwecken hinausläuft. Es ist also in Teilen eine Tertiarisierung der indischen Wirtschaft zu beobachten, bevor sie eigentlich eine wesentliche industrielle Entwicklung durchlaufen hat. Ob dieser Prozess sich in den nächsten Jahren fortsetzen wird, oder die „ursprüngliche Akkumulation" durch die gewaltsame Umwälzung der Produktions- und Reproduktionsbedingungen auf dem Land und die forcierte Förderung der Bergbauressourcen ein Katalysator für eine beschleunigte Entwicklung kapitalistischer Leitindustrien werden kann, bleibt abzuwarten. In jedem Fall führt die ökonomische Entwicklung Indiens zu einer Anhäufung von sozialem Sprengstoff und einer Verschärfung der Klassengegensätze, die alle bisherigen Dimensionen weit hinter sich lassen.

## 5.6. Die Lage der Dalits und Adivasi

Dalits und Adivasi, in der offiziellen Bezeichnung „Scheduled Castes" und „Scheduled Tribes"[310], befinden sich von jeher in einer prekären Lage in den untersten Segmenten der hinduistischen Kastenstruktur, rituell und sozial von weiten Teilen des gesellschaftlichen Lebens und der dörflichen Infrastruktureinrichtungen ausgeschlossen und am unteren Rand der indischen Klassengesellschaft. Die – durch die indische Verfassung verbotene, aber vor allem in ländlichen Regionen immer noch gängige – Praxis der ‚Unberühr-

---

309 Vgl. Patnaik 2009, S. 108

310 Vgl. Subramanian 2007, S. 145

barkeit', von der Dalits betroffen sind, beschreibt Uwe Skoda folgendermaßen:

„Generell bezeichnet ‚Unberührbarkeit' die niedrige Position sozialer Gruppen in bzw. auch den teilweisen Ausschluss von einer komplexer Kasten-Hierarchie [...]. Auch wenn grundsätzlich jeder Kontakt mit statusniederen Gruppen im Kastensystem, sei es über Essen, Heirat oder physischen Kontakt, als verunreinigend gilt und vermieden werden sollte, wird die Grenze zu den allerniedrigsten Kasten oder Kastenlosen dennoch besonders betont. ‚Unberührbare' können dabei räumlich getrennt seien, d. h. ihre Siedlungen befinden sich außerhalb der Dörfer. Sie können, wenn auch nach indischer Gesetzgebung illegal, in der Praxis am Betreten von Tempeln oder an der Benutzung bestimmter Brunnen gehindert werden etc. In extremen Fällen wird bereits ihr Anblick und Schatten als kontaminierend angesehen. ‚Unberührbare' seien daher in der Vergangenheit gelegentlich sogar zum Tragen von Glocken gezwungen worden, um ein zufälliges Aufeinandertreffen zu vermeiden. Allerdings ist die Praxis der ‚Unberührbarkeit' höchst unterschiedlich in verschiedenen Regionen Indiens. ‚Unberührbare' müssen beispielsweise nicht in allen Gegenden separate Gehöfte errichten, sondern haben mitunter ihre Häuser zwischen denen anderer Kasten."[311]

Angehörige der Scheduled Castes stellen 17 Prozent (167 Millionen Menschen) der indischen Gesamtbevölkerung. Ihr Ausschluss und ihre fundamentale Diskriminierung resultieren aus der immer noch wirkmächtigen Existenz des Kastensystems und der Praxis der „Unberührbarkeit" – trotz des Verbots der Kastendiskriminierung in der indischen Verfassung und auch allen Versuchen, durch Quotenregelungen im öffentlichen Dienst und an den Universitäten, ihren sozialen Status zu heben. In der Praxis heißt dies, dass vor allem im ländlichen Indien den Angehörigen der Scheduled Castes der Zugang zur Wasserversorgung der Bevölkerungsmehrheit verwehrt ist, dass ihnen qua Geburt zahlreiche berufliche Tätigkeiten verschlossen sind und sie traditionell auf „unreine" Tätigkeiten, wie Lederarbeiten, Latrinenreinigung etc. verwiesen sind, ihnen der Zugang zu den Tempeln, aber auch vielen Orten des alltäglichen Lebens, verwehrt ist, und sie zahlreichen, auch gewalttätigen Übergriffen durch Angehörige höherer Kasten ausgesetzt sind.

Die Restriktionen sind Teil eines institutionalisierten und tradierten System sozialer Unterdrückung, das die konsequente Entwürdigung der betroffenen Dalits beinhaltet und sie als Objekte betrachtet, die außerhalb der menschlichen Zivilisation stehen und deren Leben in allen menschlichen Be-

---

311 Skoda 2003, Internet-Dok. o. S.

reichen der Kontrolle durch die landbesitzenden Angehörigen der höheren Kasten unterliegt. Ihre Rigidität variierte im vormodernen Indien sowohl zeitlich als auch von Region zu Region erheblich zwischen den Polen rücksichtsloser Ausbeutung und sozialer Unterdrückung einerseits und relativer Durchlässigkeit der Kastenstrukturen und relativ milden Formen der Kastendiskriminierung andererseits. Letztendlich kann für die letzten ca. 150 Jahre eine deutliche Verschärfung der Formen von Kastendiskriminierung festgestellt werden, die seit den 1960er Jahren noch ausgeprägter wurde. Mit der „Grünen Revolution", der Erosion der feudalen Struktur der Agrarökonomie, dem damit verbundenen Niedergang der feudalen und zugleich brahmanischen Grundbesitzerklasse der *zamindars* und dem ökonomischen und sozialen Aufstieg mittlerer Kastenelemente, die die Mechanismen dieses Modernisierungsprozesses für sich nutzen konnten, bekam die Kastenstruktur eine neue Funktion der Mobilisierung von Solidarität und Abgrenzung im Kampf um klassenspezifische ökonomische und außerökonomische Ziele:

> „So erlebt die moderne ländliche Gesellschaftsstruktur Indiens einen ungewöhnlichen dialektischen Prozess. Kaste als Konkurrenzverband ist zu einer machtvollen Waffe der besitzenden Klasse geworden, mit der die Konkurrenz untereinander ausgetragen wird und die proletarisierten Klassen in der ländlichen Gesellschaft gespalten werden. In dieser Hinsicht ist sie zu einem großen Hindernis für die Einheit der sich abrackernden und ausgebeuteten Massen und im Kampf gegen Ausbeutungsverhältnisse und die sich durchsetzende kapitalistische politisch-ökonomische Ordnung geworden."[312]

Zugleich wurden vor allem Angehörige der Scheduled Castes durch die marktkonforme Modernisierung der Landwirtschaft in einen Strudel der Proletarisierung hineingerissen, der ihre ohnehin prekäre sozioökonomische Lage in einen Status völliger Recht- und Besitzlosigkeit sowie der bedingungslosen Verfügbarkeit für alle Formen ökonomischer Ausbeutung und außerökonomischer Unterdrückung verschlechterte.[313] Besonders brisant sind die Auswirkungen dieser Entwicklung in Regionen mit ausgeprägt starken traditionellen feudalen Strukturen, deren Krise dementsprechend zu besonders heftigen gewaltförmigen Änderungen der Klassenstruktur führt, wie etwa in Bhar und dessen ehemaligen südlichen Bezirken, die seit 2005 unter dem Namen Jharkhand einen eigenen Bundesstaat bilden, sowie in Madhya Pradesh, Teilen von Uttar Pradesh und Andhra Pradesh sowie

---

312 Prasad 2002, S. 53

313 Vgl. Prasad 2002, S. 53

Chhattisgarh. Diese Gebiete intensiver kapitalistischer Restrukturierung einer ehemals rückständigen feudalen Agrarökonomie decken sich mit den Kerngebieten naxalitischer Aktivitäten, weshalb es nicht nur meines Erachtens nahe liegt, diese Phänomene miteinander in Verbindung zu bringen.

B. N. Prasad führt aus, dass es bis vor wenigen Jahren den Dalit-LandarbeiterInnen in einigen Teilen Bihars nicht erlaubt war, in Gegenwart der hochkastigen Grundbesitzer auf einem Stuhl oder Hocker zu sitzen, ein Hemd oder eine Armbanduhr zu tragen oder ein Radio zu besitzen. Selbst das Tragen eines sauberen *dhoti* sei als Bedrohung der Superiorität des Grundbesitzers gewertet worden. Verbreitet sei immer noch die institutionelle Vergewaltigung der Dalit-Töchter durch die Grundbesitzer und deren Vorarbeiter sowie ihre Überausbeutung als Landarbeiterinnen auf den Feldern der Grundbesitzer. Die weitere Verschärfung und Brutalisierung dieser Praktiken der sozioökonomischen Diskriminierung in den letzten Jahrzehnten betrachtet er als wesentliche Ursache für die Ausbreitung der naxalitischen Guerilla in Bihar seit den 1980er Jahren.[314] An anderer Stelle führt er aus:

> „Volkszählungsdaten zufolge arbeiten zwei Drittel der weiblichen Arbeiterbevölkerung in Patna, Gaya und Jehanabad als landwirtschaftliche Arbeiterinnen. Dieser Anteil ist bemerkenswert höher als der der männlichen ländlichen Arbeiter. Aufgrund dieser überwältigenden Mehrheit der weiblichen Arbeiterinnen hängt der Erfolg jedes agrarischen Streiks von der Fähigkeit ab, diese Arbeiterinnen zu mobilisieren. Zugleich ist die Wiederherstellung der persönlichen Würde der landwirtschaftlichen Arbeiterinnen eines der zentralen Themen auf der politischen Agenda der maoistischen Parteien und Gruppen."[315]

Die Naxalitengruppen in Zentralbihar thematisierten die in den alltäglichen Herrschaftsstrukturen allgegenwärtige sexuelle Nötigung und Vergewaltigungen von Dalit-Frauen als Form von Ausbeutung und sozialer Unterdrückung und konnten dabei auf die zunächst passive, bald aber auch aktive und organisierte Unterstützung der Dalits zählen. Der Widerstand dagegen wurde zu einem zentralen Anknüpfungspunkt, um die uneingeschränkte Macht der Grundbesitzer und mittelkastigen Bauern anzugreifen, deren ökonomischer und politischer Aufstieg auf dem Rücken der Dalits – und besonders der Dalit-Landarbeiterinnen – erfolgt war, deren feudale Unterordnung in der Entfeudalisierung der Klassenbeziehung durch ein nicht weniger bru-

---

314 Vgl. Prasad 2002, S. 206
315 Prasad 2002, S. 238f

tales und gewaltförmiges System, auch sexualisierter, Gewalt, ersetzt worden war. Sexuelle Unterdrückung war auf diese Weise direkt zu einer Methode kastenbasierter Klassenherrschaft und einer Strategie zur Niederhaltung der auf Emanzipation und soziale Gleichstellung hoffenden Dalits geworden.[316]

Scheduled Tribes (Adivasi), die Ureinwohner des indischen Subkontinents, machen rund acht Prozent (90 Millionen Menschen) der indischen Bevölkerung aus, die überwiegend in Stammesverbänden abgelegener Wald- und Hügelregionen leben, seit sie vor ca. 4.000 Jahren von den Einwanderungs- und Eroberungswellen erst dravidischer und später indoeuropäischer Bevölkerungsgruppen aus großen Teilen ihrer Siedlungsgebiete verdrängt wurden. K. S. Subramanian schätzt, dass das Ausmaß ihres gesellschaftlichen Ausschlusses das der Dalits noch übersteigt, da sie weder einen Platz in der Kastenhierarchie haben, noch überhaupt als Teil der indischen Gesellschaft akzeptiert sind und vor allem auf Grund ihrer ethnischen Zugehörigkeit diskriminiert werden.[317]

Beide Gruppen, die zusammen ca. 25 Prozent der indischen Bevölkerung stellen, zählen zu den Hauptopfern gewalttätiger Übergriffe in Indien. Seit 1955 und speziell seitdem in den 1970er Jahren die Übergriffe auf Dalits und Adivasi spürbar zunahmen, wurden seitens der indischen Zentralregierung verschiedene Versuche unternommen, durch Bürgerrechtsgesetze, Entwicklungsprogramme und zuletzt 1977 durch die Schaffung zweier eigenständiger Ministerien (Ministry of Social Justice and Empowerment for the Dalits und Ministry of Tribal Affairs) den besonderen Problemen dieser Gruppen gerecht zu werden. Innerhalb der letzten 20 Jahre allerdings hat die Zahl der registrierten Übergriffe gegenüber Angehörigen der Scheduled Castes und Scheduled Tribes deutlich zugenommen. Aufschlussreich hierfür sind die Berichte des Commissioner for the Scheduled Castes and Scheduled Tribes der indischen Unionsregierung, aus denen sich der Anstieg wie folgt[318] herauslesen lässt:

| Jahr | Scheduled Castes | Scheduled Tribes |
|---|---|---|
| 1986 | 15.416 | 3.945 |
| 1997 | 27.944 | 4.644 |
| 1998-2001 durchschnittlich pro Jahr | 25.587 | 4.285 |

---

316 Ebd.

317 Vgl. Subramanian 2007, S. 146

318 Vgl. Subramanian 2007, ebd.

Subramanian ist davon überzeugt, dass die massive Zunahme der Gewalt gegenüber Dalits und Adivasi nicht nur dem Scheitern der seit Jahrzehnten praktizierten bürokratischen Formen der Antidiskriminierungspolitik geschuldet, sondern vor allem eine Auswirkung der ökonomischen Globalisierung und der Modernisierung Indiens ist. Und er geht zugleich davon aus, dass die offiziellen Statistiken nur einen Bruchteil der tatsächlich begangenen Gewaltverbrechen offen legen, da in vielen Fällen Anzeigen nicht erfolgen oder Opfer von Gewalttaten durch Polizeiangehörige, die ebenfalls höheren Kasten angehören, eingeschüchtert oder bedroht werden. Hinzu kommen verstärkt Umsiedlungsmaßnahmen und Landenteignungen von Bevölkerungsgruppen, die großen Staudamm-Projekten, Industriekomplexen oder der kommerziellen Erschließung der abbaubaren Rohstoffe der jeweiligen Region weichen mussten. Betroffen hiervon sind in besonderem Maße Dalits und Adivasi, die ersteren, weil ihr sozialer Status extrem niedrig ist und sie kaum auf Solidarität anderer Bevölkerungsteile hoffen können und letztere neben den eben genannten Gründen vor allem deshalb, weil es eben ihr Land ist, das nun „entwickelt" werden soll. Ein früheres Mitglied der Zentralen Planungskommission der indischen Regierung gab 2006 zu, dass nach seinen Berechnungen bis dahin ca. 40 Millionen Menschen in Indien infolge von Erschließungs- oder Staudammprojekten enteignet und zwangsumgesiedelt wurden, was in eine ähnliche Richtung weist wie die in den vorherigen Kapiteln genannten Zahlen, aber angesichts einer Schwankung der kursierenden Schätzungen um etliche Millionen auch zeigt, dass es bis vor einigen Jahren auch kaum jemand wirklich wissen wollte.[319] Geschätzte 40 Prozent der von den Zwangsumsiedlungen betroffenen Menschen sind Angehörige des Scheduled Tribes und lediglich 25 Prozent von ihnen erhielten irgendeine Art von Entschädigung.[320] Gerade die Adivasi gehören in besonderem Maße zu den Verlierern der ökonomischen Entwicklung Indiens der letzten 20 Jahre.

Dalits und Adivasi stellen den ärmsten und sozial unterdrücktesten Teil der Kleinbauern und LandarbeiterInnen mit den geringsten Chancen auf Verbesserung ihrer ökonomischen Lage und zugleich dem höchsten Maß an Verwundbarkeit gegenüber der kapitalistischen Modernisierung der Agrarwirtschaft sowie klimatischen Veränderungen. Zugleich sind sie die stärkste soziale Basis der Naxaliten. Dennoch, so stellt Subramanian fest, betrachten Regierungsstellen das Problem der naxaltischen Guerilla-Aktivitäten immer noch weitgehend losgelöst von der Situation der ländlichen Armut und den Lebensbedingungen der Scheduled Castes und Scheduled Tribes, während

---

319 Vgl. Arundhati Roy 2006
320 Vgl. Subramanian, 2007, S. 143

er es für notwendig hält, gerade in den Gebieten mit ansteigenden Zahlen naxalitischer Gewalt diese in Verhältnis zu setzen zur eskalierenden Gewalt gegenüber der armen Landbevölkerung.[321] Sowohl die ökonomischen Entwicklungsstrategien der Regierungsstellen als auch der Umgang mit den Bewegungen der Kleinstbauern und Landarbeiter gegen den Verlust ihrer Existenzgrundlage gehören seines Erachtens auf den Prüfstand:

> „Die Umwidmung von Agrarflächen und Forstgebieten für die Entwicklung von industriellen und infrastrukturellen Einrichtungen und die Errichtung agrarindustrieller Projekte bedarf einer neuen Überprüfung. Ferner führt der Einsatz von Gewalt im Umgang mit friedlichen bäuerlichen und ArbeiterInnenbewegungen nur dazu, gewalttätige Optionen für diese Proteste zu bevorzugen."[322]

Zu ähnlichen Feststellungen gelangt auch die Planungskommission der indischen Unionsregierung im Teilbericht „Rural Development" des 11. Fünfjahresplans (2007-2012), in dem die Planungskommission feststellt, dass die Enteignung von Land für Forstentwicklungs- und Bergwerksprojekte zu einem hohen Anteil Adivasi betrifft, denen dadurch ihre ökonomische Existenzgrundlage genommen wird, was in zahlreichen Fällen zu Unruhen und Auseinandersetzungen führt. Dort heißt es:

> „In den letzten paar Jahren haben extremistische Aktivitäten in 160 Distrikten zugenommen; die Mehrzahl davon werden in ihrer Bevölkerungsstruktur von Stammesbevölkerungen dominiert. Vertreibungen im Rahmen von Entwicklungsprojekten haben zu Konfrontationen zwischen Behörden und lokalen Stammesgruppen geführt. Beispiele sind Kashipur und Kalinga Nagar in Orissa, Polavaram in Andhra Pradesh und das Narmada Valley Dammprojekt in Madhya Pradesh etc. Diese Entwicklungen zeigen, dass ein dringender Bedarf besteht, die Eigentums- und Nutzungsrechte an Ressourcen durch Stammesbevölkerungen zu untersuchen, speziell die Ressourcen, von denen sie für die Bestreitung ihres Lebensunterhalts abhängen. Land, Wald und Wasser gehören in diese Kategorie. Vertreibungen in großem Maßstab, für die Entwicklungsprojekte verantwortlich sind, etwa Mehrzweck-Bewässerungs- und Staudamm-Projekte, Bergbau, Industrie, Autobahnen und Urbanisierung, haben größtenteils die Scheduled Tribes betroffen und beeinträchtigt."[323]

---

321 Vgl. Subramanian 2007, S. 152
322 Subramanian 2007, Ebd.
323 Planning Commission, Government of India 2006, S. 43

Der Journalist Bharat Dogra warnt davor, dass Industrialisierungsprojekte die Lebensbedingungen der Menschen in den betroffenen Regionen (und vor allem die der Adivasi) gefährden und recherchierte unter anderem in Orissa die konkreten Auswirkungen dieser Entwicklungsmaßnahmen auf die Menschen. Über eines dieser Projekte, über das von verschiedenen Autoren kritisch berichtet wurde, schreibt er:

> „Der Anthropologe Felix Patel und der Journalist Sumarendra Das schrieben kürzlich über die Auswirkungen der zum indischen Nalco-Konzern (*National Aluminium Company*) gehörenden Raffinerie und Bauxitmine in Damanjodi (Orissa): ‚Über Kilometer erinnert die Gegend an eine Wüste. Die Adivasi sind von einem kulturellen Genozid bedroht, denn der rote Schlamm, ein hoch giftiges, schwermetallhaltiges Abfallprodukt, haben Gewässer und Grundwasser nachhaltig geschädigt.‘ Zunächst erwerbe ein Unternehmen ein kleines Stück Land in einem Dorf, erläutert P. V. Rajagopal, Leiter und Gründer der Nichtregierungsorganisation *Ekta Parishad*, die vielerorts gegen Vertreibungen Widerstand leistet. ‚Dann werden jedoch so tiefe Brunnen gegraben, dass der Grundwasserspiegel in der umliegenden Region rapide absinkt. Zudem beeinträchtigen Rauch und Abgase die Landwirtschaft.‘ Daher seien die Bauern schon bald gezwungen, sehr viel mehr Land aufzugeben, als sie der Industrie ursprünglich abtreten mussten.“[324]

Studien hätten ergeben, so schreibt er weiter, dass bisher kein einziges der Großprojekte in Orissa tatsächlich die Lebensbedingungen der Menschen verbessert hätte. Vielmehr würden diese Projekte im Wesentlichen die Nachfrage externer Märkte im In- und Ausland befriedigen, während die Bevölkerung von Vertreibung und Zerstörung ihrer Lebensgrundlagen bedroht sei. Weiter führt er aus:

> „Besonders betroffen von den Vertreibungen sind die Adivasi. Bereits Ende der 80er Jahre warnte eine Regierungskommission vor den Auswirkungen industrieller Expansion auf das Leben von Indiens Ursprungsbevölkerung. ‚Aufgrund der zunehmenden Ausbeutung der vielen natürlichen Rohstoffe in den Stammesgebieten verändern sich die Lebensbedingungen der dort lebenden Menschen rasend schnell‘, heißt es in dem Bericht. Milliarden Rupien würden investiert, ohne die Auswirkungen dieser Projekte auf die einheimische Bevölkerung zu beachten. ‚Wir sind weit davon entfernt, ihnen (den Adivasi) den gegebenen Respekt zu verschaffen.‘ Nach Angaben der Kommission

---

324 Dogra 2007, Internetquelle

waren bereits damals 10 bis 15 Prozent der Adivasi in irgendeiner Form von Umsiedlung oder Deportation betroffen – inzwischen dürften es weitaus mehr sein."[325]

K. S. Subramanian, ein ehemaliger hochrangiger Beamter des indischen Innenministeriums und damit sicherlich ein als unvoreingenommen gegenüber den Polizeimaßnahmen geltender Zeuge, stellt fest, dass die Antwort des Staates auf die Bewegungen des ländlichen Armen häufig von unverhältnismäßigen Gewaltexzessen gegenüber Dalits und Adivasis gekennzeichnet ist, die auch unter dem Vorzeichen des Kampfes gegen die maoistischen Guerillagruppen verübt werden. Diese als Terrorismusbekämpfung deklarierte Variante polizeilicher Gewalt lässt sich seit langem zurückverfolgen. Als etwa in den zentralen Bezirken Bihars zu Anfang der achtziger Jahre die gewalttätigen Auseinandersetzungen zwischen höherkastigen Grundbesitzern und Dalit-Landarbeitern auf dem Land eskalierten, gehörte Subramanian selber in dieser Zeit einer Kommission des indischen Innenministeriums an, die die betroffenen Gebiete besuchte, um sich ein eigenes Bild von der Lage zu machen:

„Bei der Ankunft in Bihar traf das Untersuchungsteam die aggressiv selbstbewusste Distriktverwaltung, die stolz auf ihre Bilanz der Aufrechterhaltung von Recht und Ordnung auf Kosten vieler unschuldiger Leben war. Die Distriktoffiziellen benötigten eine ganze Weile, um sich mit der Tatsache abzufinden, dass der Zweck der Untersuchung nicht darin bestand, ihre ‚gute Arbeit' zu würdigen, sondern den Erfolg bei der Umsetzung der erklärten Politik der Bezahlung von Mindestlöhnen, Schutz der Bürgerrechte, Verteilung ungenutzten Regierungslandes an die Armen zu evaluieren, allesamt Verfassungsbestimmungen. Ihre Bilanz konnte hier nicht bestehen. Die Staatspolizei von Bihar berichtete eine Zahl von zwölf getöteten Personen bei Polizeiaktionen, allesamt Naxaliten. Das CBI, die hauptsächlich berichterstattende Agentur des MHA [Ministry of Home Affairs] bestätigte die Zahl. Es ergab sich eine Differenz zwischen den in der Presse genannten Zahlen und jenen, die von Regierungsseite angegeben wurden. Später wurde eine Sitzung im Büro des indischen Unions-Innenministers einberufen, um die Situation in Bihar zu diskutieren. Der Innenminister des Staates gab offen zu, dass die Anzahl der Getöteten bei nahezu 60 lag und dass kein einziger davon ein ‚Naxalit' war. Die meisten waren Mitglieder einer lokalen Kleinbauernorganisation, die auf der Basis der Verfassung und der rechtlichen Bestimmungen soziale Gerechtigkeit einforderten. Das Protokoll dieser Sitzung wurde als ‚streng geheim' klassifiziert, da die diskutierten Probleme unter der Überschrift

---

325 Ebd.

‚Das Naxalitenproblem in Bihar' standen, einer streng geheimen Angelegenheit auch gegenüber dem CBI."[326]

Diese Art des Umgangs mit kleinbäuerlichen Protestbewegungen ist seines Erachtens charakteristisch für die polizeilichen Maßnahmen gegen „Naxaliten" und verstärkt die Legitimationskrise des Staates in den betroffenen Gebieten, kombiniert mit der Unfähigkeit bzw. dem mangelnden Willen der lokalen Polizei, gegen die Gewaltakte der Privatarmeen höherkastiger Grundbesitzer gegen Dalits, Adivasi und deren sozialen Bewegungen vorzugehen. Gerade in diesem Zusammenhang scheinen die Naxaliten in einigen Regionen Indiens die Funktion einer organisierten bewaffneten Gegenwehr der Scheduled Castes und Scheduled Tribes gegenüber dem als Gewaltapparat der herrschenden Kasten und Grundbesitzer empfundenen Staat zu haben und sind zugleich das unter diesen Bedingungen einzige zur Verfügung stehende Instrument der Verhinderung von mit Zwangsumsiedlungen im großen Maßstab verbundenen Erschließungsvorhaben sowie für die Durchsetzung elementarer Menschen- und Bürgerrechte sowie teilweise beträchtlicher Erhöhungen der Löhne der Landarbeiter.

Auch Subramanian, dessen Parteinahme für die Sicherheitsinteressen des indischen Staates außer Zweifel steht, muss eingestehen:

„...die Naxaliten konnten signifikante praktische Errungenschaften in spezifischen Bereichen erzielen, wie etwa der Beendigung feudaler Praktiken und sozialer Unterdrückung, Konfiszierung und Neuverteilung überschüssigen und nicht bewirtschafteten Landes, Sicherung gleichen Zugang der Dalits zu öffentlichen Dorfeinrichtungen, die Erzwingung höherer Lohnzahlungen an LandarbeiterInnen, die Brechung der unbeschränkten Machtstellung der Grundbesitzer, Geldverleiher und Kontraktunternehmer, Gewährleistung von Schutz für die ländliche Armutsbevölkerung vor Belästigungen und Schikane durch Forst- und Polizeioffiziere sowie die Hebung des politischen Bewusstseins und Selbstermächtigung der ländlichen Armen. Die Ersetzung von Almosen durch die Durchsetzung der tatsächlichen Bezahlung der offiziellen Mindestlöhnen in Teilen von Andhra Pradesh sind durchaus Errungenschaft, die mit der indischen Verfassung vereinbar sind. Zum größten Teil wurden und werden die Naxaliten nicht als eine Kraft gesehen, die versucht, den Staat zu zerschlagen, sondern praktische Kämpfe für Landrechte, Löhne, Würde, demokratische Rechte und damit verbundene Ziele führt, die auf effektive Weise durch demokratische Massenaktionen erreicht werden können, bei denen keine Gewalt erforderlich

---

326 Subramanian 2007, S. 134f

ist. Ihr Erfolg und ihre Popularität haben mehr mit offenen Massenbewegungen zu tun als mit bewaffneten Aktionen."[327]

Naxalitische Gewalt resultiert aus seiner Sicht in hohem Maße aus der Nichtumsetzung der beschlossenen Maßnahmen der indischen Regierung zur Verbesserung des sozialen und ökonomischen Status und der Beseitigung kastenspezifischer und ethnischer Diskriminierung. Hinzu kommen als verschärfende Faktoren die „Entwicklung" der betroffenen Regionen im Hinblick auf die Modernisierung und Kommerzialisierung der Landwirtschaft sowie die Erschließung von Rohstoffen und Umsetzung von Großprojekten, die in großem Umfang mit Enteignungen und Zwangsumsiedlungen verbunden waren. Diese Faktoren führen seiner Auffassung nach zu einer tiefgreifenden Legitimationskrise des Staates in den betroffenen Regionen und bei den Angehörigen der dort lebenden Scheduled Castes und Scheduled Tribes.[328] Bezüglich der Relation zwischen gewalttätigen Übergriffen gegen diese Gruppen durch höherkastige Hindus und der Zunahme maoistischer Guerilla-Aktivitäen kommt er zu dem Schluss: „Naxalitische Gewalt ist eine Form von Gegengewalt gegen die Gewalt, die gegen die Dalits und Adivasi ausgeübt wird."[329]

Ebenso pointiert charakterisiert Gladson Dungdung in *Sanhati* das Drama der Adivasi, die in ihren Lebensräumen ins Visier der Strategien industrieller Entwicklung und der Suche der Konzerne nach abbaubaren Ressourcen geraten sind und nun deren Interessen weichen sollen:

> „Obwohl die Adivasi die ursprünglichen Siedler des Landes waren, hat die Globalisierung die Bedeutung von ‚Adivasi' komplett verändert. Das Wort wird nun als Synonym für ‚Naxalit' und ‚Maoist' verwendet. Infolgedessen wird jeder, der sich gegen die sogenannten Entwicklungsprojekte wehrt, in den Wäldern Holz sammelt oder mit traditionellen Waffen gesehen wird, als Maoist oder zumindest deren Unterstützer oder Sympathisant verdächtigt."

Im Hinblick auf die Situation der Dalits stellt sich die Frage noch etwas anders. Seit Ambedkar gibt es eine eigenständige Emanzipationsbewegung der Dalits, die sowohl in bestimmten Teilen den – erfolglosen – Versuch unternommen hat, durch Übertritt zum Christentum oder Buddhismus den bedrückenden Zwängen des hinduistischen Kastensystems zu entrinnen[330]

---

327 Subramanian 2007, S. 139

328 Vgl. Subramanian 2007, S. 225

329 Subramanian 2007, ebd.

330 Nicht ganz zufällig sind die wichtigsten europäischen Solidaritäs- und Hilfsorganisationen, die sich speziell der Lage der Dalits und Adivasi angenommen haben, christlich geprägt und werden von den jeweiligen Kirchen ihrer Länder unterstützt, was – ungeachtet der Tatsache, dass ihr

als auch politisch organisiert für ihre Rechte kämpfen. Gerade in Uttar Pradesh haben Parteien wie die Bahujan Samaj Party, die ihre soziale Basis nicht zuletzt in den parteipolitisch mobilisierten Dalits haben, beträchtliche Wahlerfolge verzeichnen können. Grundlegende Veränderungen der Lage der Dalits haben sich bisher daraus jedoch nicht ergeben, zumal die in politische Ämter gewählten Dalit-Funktionäre ihre Aufgabe im Wesentlichen darin sahen, in klientelistischer Weise ihrer Wählerschaft durch erweiterte Quotierungen im öffentlichen Dienst und allerlei finanzielle Gefälligkeiten Vorteile zu verschaffen und keinerlei Interesse daran haben, die Existenz des Kastensystems als solches in Frage zu stellen. Henning Böke hat diesen Widerspruch in den Bewegungen der Dalits dahingehend interpretiert, dass das grundlegende Problem der Dalit-Frage darin bestehe, ob der Kampf gegen das Kastensystem als bürgerliche Emanzipationsbewegung auf der Grundlage der gemeinsamen Dalit-Identität geführt werden solle, obwohl zwischen der extrem pauperisierten Mehrheit und einer trotz kultureller Diskriminierung materiell besser gestellten Elite ein erheblicher ökonomischer Abstand bestehe, oder als gemeinsamer Klassenkampf der Dalits mit den anderen Sektoren des indischen Proletariats.[331] Abgesehen davon, dass Böke hier einem grundlegenden Missverständnis unterliegt, indem er die am unteren Rand des Kastensystems lebenden Dalits und die Adivasi, die eigentlichen indischen Ureinwohner, miteinander vermischt und sie offenbar auch noch mit den drawidischen Bevölkerungen Südindiens identifiziert, denen er die indogermanischen ethno-sprachlichen Bevölkerungen Nordindiens gegenüberstellt[332], ist ihm hier prinzipiell zuzustimmen. Wie er weiterführend andeutet, haben sich Kräfte wie die CPI (ML)–Liberation von dieser „Dalitisierung des Proletariats"[333] scharf abgegrenzt und stattdessen immer versucht, den Kampf gegen das Kastensystem als Teil eines übergreifenden Klassenkampfes zu begreifen, während die militanten Maoisten von PWG und MCC, vor allem letzteres in Bihar, wie auch deren gemeinsame Nachfolgeorganisation, die CPI (Maoist) hier in ihrer Praxis eine andere Haltung eingenommen haben.

---

Anliegen der praktischen Solidarität mit den unterdrücktesten, erniedrigstesten und verwundbarsten Sektoren der Gesellschaft prinzipiell ehrenwert ist, zumindest aus der Perspektive der Kirchen nicht ganz uneigennützig sein dürfte. Der Gedanke, dass gute Handlungen auch eine gute Grundlage für Missionsarbeit ist, kann jedenfalls nicht ganz von der Hand gewiesen werden.

331  Vgl. Böke 2007, S. 93

332  Vgl. ebd.

333  Ebd.

# 6. Indienweite Entwicklung der Naxaliten bewegung im Zuge der ökonomischen Modernisierung seit den 1990er Jahren

Im Folgenden gebe ich einen Überblick über immerhin 20 bis 30 Jahre Guerillageschichte, was es notwendigerweise mit sich bringt, diese auf einige wenige Aspekte und Fakten einzudampfen und eher eine große Linie darzustellen, als die einzelnen Gruppen und Fraktionen in ihrer politischen Entwicklung angemessen darstellen zu können. Zum einen ist es die große Zersplitterung der Naxalitenbewegung, von der ich nur die wichtigsten sieben Fraktionen in diesem Überblick berücksichtigen konnte, die gegenüber der Darstellung der frühen Naxalitenbewegung eine gewisse Unübersichtlichkeit schafft, aber auch ihre regionale Diversität, die eine Darstellung etwa der PWG in Andhra Pradesh und des MCC in Jharkhand in einem Atemzug erschwert. Denn die verschiedenen Gruppen haben im Laufe der Zeit nicht nur eigene und voneinander abgesetzte strategische Herangehensweisen entwickelt, sondern sich notwendigerweise auch ihrem jeweiligen regionalen Klassen- und Kastenkontext angepasst. Hinzu kommt, dass sowohl der Charakter der Naxalitenbewegung als solcher als auch der der über sie kursierenden Informationen und an ihr interessierten Autoren sich gegenüber den frühen 1970er Jahren deutlich gewandelt hat. Waren die frühen Naxaliten noch durch eine ausgeprägte Kultur der – wenn auch oft dogmatisch verengten – öffentlichen Polemik und programmatischer Diskussion geprägt, die zu einem nicht geringen Teil auch mit ihrem Bemühen um Legitimation und Distinktion gegenüber den etablierten Flügeln der kommunistischen Bewegung Indiens zusammenhingen, sind die Gruppen die sich seit den 1980er Jahren entwickelt haben – mit Ausnahme der CPI (ML)–Liberation und einiger anderer inzwischen legalisierter Organisationen – eher einsilbig geworden, was kontroverse inhaltliche Debatten mit anderen Linken betrifft, eine Tendenz, die zugleich mit einer deutlichen Professionalisierung ihrer Guerillastrukturen einhergeht und eine Verschiebung des Gleichgewichts zwischen politisch-ideologischen und militärischen Aspekten ihrer Organisationsansätze anzeigt. Ebenso hat sich auch die zur Verfügung stehende Literatur gewandelt. Gibt es für die frühe Naxalitenbewegung eine nicht unerhebliche Anzahl mehr oder weniger niveauvoller sozialwissenschaftlicher Studien überwiegend indischer marxistischer AutorInnen, die ich im ersten Teil des Buches nur zu einem kleinen Teil berücksichtigen konnte, um den Rahmen nicht zu sprengen, so scheinen sich seit den 1990er Jahren fast nur noch „Terrorismusexperten", Polizeioffiziere und MitarbeiterInnen sonstiger indischer staatlicher Stellen für die Naxaliten zu interessieren und der Blickwinkel des in diesem Kontext veröffentlichten Materials hat sich weitgehend auf den Aspekt der inneren Sicherheit und der Aufstandsbekämpfung verengt. Man könnte also davon sprechen, dass sich parallel zueinander sowohl die militanteren Fraktionen der Naxalitenbewegung als auch das von ihnen hervorgerufene mediale und publizistische Echo entpolitisiert und militarisiert haben, was zum einen aus der Eigendynamik einer solchen Entwicklung selbst erklärbar ist, zum anderen aber auch ein Symptom veränderter Kräfteverhältnisse und Strukturen von Öffentlichkeit sein dürfte. Vor diesem Hintergrund gerät eine solche Überblicksdarstellung schnell in die Gefahr, eine Aneinanderreihung nicht näher verbundener Statistiken und Meldungen über Anschlagshäufigkeiten und Verlustzahlen, Einzelberichte über besonders spektakuläre Anschläge, etc., also eine simple Art der Frontberichterstattung zu liefern. Bis zu einem gewissen Grad lässt sich das kaum vermeiden. Es soll jedoch versucht werden, diese Art von Überblicksdarstellung anzubinden an eine Analyse der hier ablesbaren politischen Entwicklungen.

## 6.1. Entwicklung der wichtigsten Naxalitengruppen in den achtziger und neunziger Jahren

Prakash Singh gibt für das Jahr 1980 eine Schätzung wieder, wonach die Gesamtzahl der Mitglieder der zu diesem Zeitpunkt etwa 30 verschiedenen Naxalitengruppen bei 30.000 lag, was für eine deutliche Erholung der noch fünf Jahre zuvor fast ausgelöschten Organisationen spricht.[334]

Auch die Zahl der Anschläge und Zusammenstöße mit den Polizeikräften erhöhte sich in dieser Zeit, wie die folgende Zusammenstellung[335] von gesamtindischen Daten zeigt:

---

334 Singh 1995, S. 101
335 Ebd.

| Jahr | Bewaffnete Aktionen | Tote |
|------|--------------------|------|
| 1978 | 163 | 40 |
| 1979 | 233 | 62 |
| 1980 | 305 | 84 |
| 1981 | 325 | 92 |
| 1982 | 399 | 126 |
| 1989 | 901 | 231 |
| 1990 | 1570 | 413 |
| 1991 | 1876 | 474 |
| 1992 | 1337 | 503 |
| 1993 | 1277 | 470 |

Die wesentlichen Zentren der Naxalitenunruhen blieben auch in den achtziger Jahren Andhra Pradesh, die östlichen Distrikte von Madhya Pradesh und das ungeteilte Bihar sowie die jeweils angrenzenden Gebiete. An dieser Stelle nun ist es notwendig, etwas genauer zwischen den einzelnen Gruppen und Operationsbasen zu differenzieren.

Zunächst soll eine Differenzierung der verschiedenen betroffenen Regionen vorgenommen werden, um genaueren Aufschluss über die seit den achtziger Jahren entstandenen regionalen Schwerpunkte der Naxaliten zu erhalten, die zwar nicht grundlegend gewechselt, sich allmählich jedoch ausgeweitet haben[336]:

---

336 Tabelle aus: Singh 1995, S. 133

| Bundesstaat | Aktionen 1991 | Tote 1991 | Aktionen 1992 | Tote 1992 | Aktionen 1993 | Tote 1993 |
|---|---|---|---|---|---|---|
| Andhra Pradesh | 1230 | 233 | 675 | 212 | 589 | 159 |
| Bihar | 415 | 166 | 400 | 224 | 510 | 250 |
| Madhia Pradesh | 89 | 36 | 121 | 36 | 72 | 21 |
| Maharashtra | 96 | 30 | 72 | 22 | 68 | 37 |
| Orissa | 14 | 1 | 32 | 1 | 13 | 1 |
| Westbengalen | 12 | 6 | 27 | 7 | 12 | 2 |
| Andere | 20 | 2 | 10 | 1 | 13 | 0 |
| Insgesamt | 1876 | 474 | 1337 | 503 | 1277 | 470 |

Anzumerken ist zum einen, dass das gesamte hier vorgestellte statistische Material lediglich die offiziellen Daten wiedergibt und weder die – wie allgemein vermutet wird – hohe Dunkelziffer nicht gemeldeter maoistischer Aktionen umfasst, noch die Reaktionen des Staates, getötete GuerillakämpferInnen, von Polizeikräften misshandelte und illegal getötete Dorfbewohner und politische Aktivisten, von denen etwa der Bericht von Human Rights Watch Asia spricht, beinhaltet. Auf dieser Basis ist lediglich eine regionale Aufschlüsselung für einen bestimmten Zeitraum zu Anfang der neunziger Jahre möglich, in dem verschiedene Gruppen begannen, ihren Aktionsradius auszuweiten und ein größeres Maß an Handlungsfähigkeit wiederzuerlangen.

## 6.2. Ausweitung der Kampfzonen: Die Entwicklung seit 2000

Die Tendenz zur Zersplitterung unter den Naxalitenorganisationen war bereits seit Ende der neunziger Jahre rückläufig. So unternahmen die PWG, die CPI (ML)–Party Unity und das MCC, Schritte einer Annäherung, die im Laufe eines mehrjährigen Prozesses schließlich zur Fusion der drei Organisationen führte. Die PWG verfügte um 2003 über schätzungsweise 7.000 Mitglieder, von denen etwa 1.000 ständig im Untergrund tätig waren, das MCC zählte an die 30.000 Mitglieder, während die CPI (ML)–Party Unity über eine wesentlich begrenztere Kaderstruktur verfügte.

Die im Laufe der letzten zehn Jahre seltener gewordenen bewaffneten Auseinandersetzungen zwischen naxalitischen Fraktionen ließen sich nicht nur auf ideologische Differenzen zurückführen, sondern auch auf die Konkurrenz um Ressourcen, Einflusssphären und Einnahmen, die mit der hegemonialen Stellung verbunden war, welche die Organisationen in einzelnen Gebieten einnahmen. In Bihar etwa, einem der Bundestaaten mit dem niedrigsten Durchschnittseinkommen der Bevölkerung, der niedrigsten Alphabetisierungsquote und den gravierendsten Kastenauseinandersetzungen in den ländlichen Gebieten kontrollierte schon 2005 die aus MCC und PWG fusionierte CPI (Maoist) mehr als 200 Panachayat-Gebiete in über 30 Distrikten. Indem sie bei der Steuererhebung quasi staatliche Aufgaben übernehmen, erpressen die Rebellen Schätzungen zufolge jährlich umgerechnet mehr als 6 Millionen Euro von Lokalbeamten und Unternehmen. Die Teilhegemonie der PWG und MCC umfasste auch das Schul- und Justizwesen, innerhalb dessen die *jan adalats* (Volkstribunale) nicht zuletzt aufgrund der langwierigen, von Kastendiskriminierung geprägten und kostenintensiven staatlichen Gerichtsverfahren immer mehr Schiedssprüche fällen. Neben der Finanzierung durch Steuern und Erpressungen nahmen die Organisationen durch Entführungen von Geschäftsleuten Geld ein. Auch eine groß angelegte Offensive der Polizeikräfte während der letzten Jahre konnte die regionale Dominanz der Naxaliten nicht ernsthaft schwächen.

Neben zahlreichen kleineren Angriffen gelangen den Naxaliten auch einige spektakuläre Aktionen. Bei einem koordinierten Angriff etwa auf acht verschiedene Polizeigebäude in Koraput (Orissa) wurde am 6. Februar 2004 u. a. das Distrikt-Hauptquartier der Polizei eingenommen, ca. 500 Gewehre und leichte Maschinengewehre sowie große Mengen an Munition erbeutet.[337]

Am 13. November 2005 stürmten ca. 200 bewaffnete Militante der CPI (Maoist), unterstützt von ca. 800 SympathisantInnen mit primitiven Waffen das Distriktgefängnis von Jehanabad (Bihar) und befreiten 341 dort einsitzende Naxaliten.

Am 9. Februar 2006 stürmten Maoisten die Zentrale der National Mineral Development Corporation in Hirauli (Chhattisgarh) und erbeuteten dabei u. a. 20 Tonnen Sprengstoff.[338]

PWG und MCC schlossen sich im September 2004 zur Communist Party of India – Maoist (CPI-Maoist) zusammen. In ihr waren zum Zeitpunkt der Gründung etwa 15.000 kämpfende und 40.000 nicht kämpfende Aktivisten organisiert, eine Zahl, die sich seitdem deutlich erhöht haben dürfte. Wurde zu Beginn der Auseinandersetzungen noch auf einfache Waffen wie Äxte und Speere zurückgegriffen, wurden im Verlauf des Konflikts neben diesen auch vermehrt kleine Handfeuerwaffen, Handgranaten, Landminen und Sturmgewehre eingesetzt.

---

337 Chakravarti 2008, S. 2

338 Chakravarti 2008, S. 3

Nachdem die Naxaliten ihre Aktivitäten zu Beginn des neuen Jahrhunderts auf einige Regionen der neu gegründeten, rohstoffreichen Unionsstaaten Jharkhand und Chhattisgarh ausgeweitet hatten, sind sie zur Zeit in immer mehr Bundesstaaten vertreten. Diese Ausweitung ihres Operationsgebiets lässt sich an den jährlichen Berichten des Union Home Ministry ablesen:

**Entwicklung der gewaltsamen Auseinandersetzungen mit Naxalitengruppen[339]:**

| Jahr | 2003/04 | 2004/05 | 2005/06 | 2006/07 | 2007/08 | 2008/09 | 2009/10 |
|---|---|---|---|---|---|---|---|
| Anzahl d. registrierten Angriffe | 1590 | 1533 | 1608 | 1509 | 1565 | 1591 | ??? |
| Tote (ohne getötete Naxaliten) | 513 | 566 | 669 | 678 | 696 | 721 | 998 |
| Betroffene Distrikte (von insges. 602) | 55 | 76 | 76 Bezirke schwer betroffen | ??? | 165 | 195 | 223 |
| Betroffene Bundesstaaten (von insges. 26) | 9 | 9 | 11 | 13 | 14 | 16 | 20 |
| Betroffene Polizeistationen | 491 | ??? | 509 (460 laut Bericht 2006/07) | 395 | ??? | ??? | 400 |

Die Daten des indischen Ministry of Home Affairs sind, das muss dazu angemerkt werden, widersprüchlich und zum Teil nicht kohärent aufbereitet. So wird etwa im Bericht von 2005/06 – im Gegensatz zu früheren Berichten – nicht die Gesamtzahl der betroffenen Distrikte genannt, sondern nur noch die der „heavily affected districts". Im selben Bericht wird für den Berichtszeitraum angegeben, dass Naxalitenaktivitäten von 509 Polizeistationen berichtet worden seien, im Folgebericht von 2006/07 jedoch wird für

---

339 Daten zusammengestellt aus fünf Jahresberichten des Union Ministry for Home Affairs sowie des Institute for Conflict Management.

den selben Zeitraum die Zahl von 460 Polizeistationen genannt, ohne dass diese veränderten Angaben erläutert werden.

Insgesamt kann festgestellt werden, dass die bewaffnet agierenden Naxalitengruppen in den letzten sechs Jahren ihr Operationsgebiet deutlich ausgeweitet haben. Sie sind inzwischen in 20 Bundesstaaten präsent bzw. in 223 von insgesamt 602 Distrikten. Das Institute for Conflict Management vermeldet unter Berufung auf Zahlen des Union Home Ministry für die erste Hälfte des Jahres 2010 (Stichtag 19. Juli) bereits eine Gesamtzahl von 798 Toten, darunter 161 Naxaliten, 211 Angehörige der Sicherheitsorgane und 426 Zivilisten.[340] Entwertet werden jedoch alle verfügbaren offiziellen Zahlenangaben dadurch, dass zum einen nicht klar daraus wird, ob etwa die Angehörigen paramilitärischer Verbände wie Salwa Judum, die von Bundesstaaten ausgerüstet und in den Kampf gegen die Maoisten geschickt werden, zu den Zivilpersonen oder zu den Sicherheitskräften gezählt werden, zum anderen aber auch dadurch, dass, wie kontinuierlich von Menschenrechtsorganisationen beklagt wird, zivile Opfer polizeilicher oder paramilitärischer Aktionen des Staates oft nicht registriert werden, Anzeigen von Polizeistationen nicht aufgenommen werden oder Angehörige von Opfern, die diese Verbrechen melden wollen, von Sicherheitskräften bedroht oder misshandelt werden. So muss davon ausgegangen werden, dass die wirkliche Opferzahl erheblich größer ist und zu einem beträchtlichen Teil Tote umfasst, die bei Strafexpeditionen, Verhören und Vergeltungsaktionen gegen vermeintlich mit den Naxaliten sympathisierende Dörfer getötet wurden.

Etwa 90 Prozent der bewaffneten Zusammenstöße gehen auf das Konto der CPI (Maoist), die unter den bewaffnet agierenden Gruppen eine weitgehend dominierende Rolle eingenommen hat. Die Zahl der Angriffe bzw. bewaffneten Zusammenstöße wirkt auf den ersten Blick konstant, wobei frappierend vor allem ist, dass dies trotz erheblicher Rückschläge für die Rebellen in Andhra Pradesh und Chhattisgarh in den Jahren 2006 und 2007 weiterhin so ist. Die militärischen Rückschläge der Maoisten in einem Gebiet konnten weitgehend durch weiteres Vordringen von Guerillaeinheiten in neue Territorien kompensiert werden. Seit 2008 ist die Guerilla, die noch ein Jahr zuvor als geschwächt angesehen wurde, wieder in der Offensive. In Staaten wie Bihar, Jharkhand, Chhattisgarh und Andhra Pradesh hat der indische Staat dabei in vielen Gebieten seinen Einfluss verloren und die Naxaliten haben eine Parallelverwaltung installiert: So kontrollieren sie vielerorts beispielsweise Schul- und Justizwesen. Aufrufe zu Boykotten im landwirtschaftlichen Bereich, aber auch die Ermordung mutmaßlicher Spitzel im

---

340 Institute for Conflict Mangement 2010, Internetquelle

Dienste der Polizei und anderer politischer Gegner sowie Feuergefechte und Sprengstoffanschläge auf Polizeieinheiten und Infrastruktureinrichtungen prägen das Vorgehen der maoistischen Rebellen. Vor dem Hintergrund eines in nicht unbeträchtlichen Teilen Zentral- und Nordindiens kaum noch präsenten staatlichen Machtapparates lieferten sich die Naxaliten zudem heftige Kämpfe mit Privatarmeen (der Mittel- und Oberkasten sowie der Großgrundbesitzer). Unter diesen sind dabei vor allem die Aktivitäten der vorwiegend im Bundesstaat Bihar agierenden Ranvir Sena wegen ihrer Größe und paramilitärischen Organisationsstruktur besonders hervorzuheben, worauf in einem gesonderten Kapitel noch einzugehen ist.

Die aktuelle Gesamtzahl der Mitglieder der CPI (Maoist) und anderer Naxalitenorganisationen ist schwer einzuschätzen und kaum seriös belegbar. In einem Artikel für die *New York Times* gab Senini Sengupta 2006 an, indische Geheimdienstquellen (die er nicht näher benennt) würden der CPI (Maoist) inzwischen eine Stärke von 20.000 Vollzeit-GuerillakämpferInnen zuschreiben, während andere Quellen inzwischen von bis zu 40.000 ausgehen.[341] Hinzu kommen die von den Naxaliten aufgestellten *sangham*-Milizen mit meist einfacher Bewaffnung, deren zahlenmäßige Stärke kaum einzuschätzen ist. Belege hierfür sind jedoch nicht zu bekommen, wobei ergänzt werden kann, dass die Naxaliten neben ihren ausgebildeten *dalams* (Einheiten) seit längerem auch die Aushebung der *sangham*-Milizen in von ihnen kontrollierten oder beeinflussten Dörfern systematisiert haben, die von Regierungsstellen allein für Chhattisgarh mit 50.000 angegeben wird.

Karten des Institute for Conflict Management in New Delhi zeigen anschaulich die Entwicklung der Konfliktzonen und Einflussgebiete der CPI (Maoist). Deutlich wird im Vergleich zwischen 2005 und 2009 zum einen der erwähnte Rückgang der Guerillatätigkeit in Andhra Pradesh, zugleich aber auch die Ausbreitung der Guerilla in neue Gebiete, in denen nach und nach Guerillabasen aufgebaut werden, so u.a. in Orissa, wo die CPI (Maoist) ihren Aktionsradius deutlich ausweiten konnte, aber auch in Staaten wie Karnataka und den östlichen Distrikten von Maharashtra: Ein Agenturbericht des Press Trust of India (PTI) vom 26. Juli 2010 vermeldete, dass die Naxaliten zunehmend Nagpur im Osten Maharashtras als Transitort und Ruhepunkt für verletzte Kader nutzen würden, eine Stadt, die noch vor einigen Jahren weitgehend unberührt von jeglichem Kontakt mit den Maoisten war. Woher die Quellen für solche Berichte kommen, bleibt jedoch meist das Geheimnis der Autoren, auch wenn angenommen werden kann, dass es sich um Informationen aus dem Sicherheitsapparat handelt.

---

341 Sengupta 2006, Internet-Dokument

Der selbe Bericht wartet auch mit Informationen über eine Generations- und Führungskrise bei der CPI (Maoist) auf:

„... Sie [die Sicherheitsbehörden] teilten mit, es gebe ein Vakuum zwischen der ersten Führungsriege – die meisten von ihnen sind in der Altersgruppe um die 60 Jahre – und den Kadern, die größtenteils in der Gruppe der 20er und 30er Jahre sind. ‚Es gibt nur sehr wenige in der Altersgruppe zwischen diesen beiden Generationen‘, sagten Quellen. Das gesamte Politbüro der CPI (Maoist) habe sich seit ein paar Jahren nicht mehr getroffen und wann immer eine Entscheidung zu treffen ist, sitzen nur drei bis vier Mitglieder zusammen und beraten, sagten sie. Es gab Berichte, dass Differenzen zwischen den Kadern aufgekommen seien, da die meisten der Anführer entweder aus Andhra Pradesh oder West Bengal kämen, während die Masse der Kader Stammesangehörige seien, fügten sie hinzu.“[342]

Informationen dieser Art kursieren immer wieder und es ist kaum wirklich seriös einzuschätzen, ob sie einen wahren Kern aufweisen oder es sich dabei um Counterinformation-Material handelt, dessen Verbreitung Verwirrung unter den Kadern stiften und Zwietracht säen soll. Strukturelle Schwierigkeiten dieser Art gibt es sicherlich auf der Führungsebene der CPI (Maoist) und es wäre auch sehr verwunderlich, wenn dem nicht so wäre. Ob die Probleme freilich so akut sind, wie derlei Berichte – immerhin einer amtlichen Regierungsagentur – suggerieren, bleibt fraglich. Skeptisch äußerte sich im Sommer 2010 in dieser Hinsicht auch ein Analyst des Institute for Conflict Management:

„Geschichten über bedeutende Einbrüche bei den Maoisten aufgrund interner Konflikte und daraus resultierendes Absinken der Moral bei der Guerilla sind seit langem ein Standard in der Polizei- und Geheimdienstfolklore. Auch wenn individuelle Konflikte durch die gesamte Geschichte der Naxalitenbewegung hindurch aufgetreten sind, gibt es wenig Grund zu der Annahme, dass es in der absehbaren Zukunft eine existentielle Krise in der Kommandostruktur der Rebellen geben könnte. Es wäre ebenfalls voreilig, den Erfolgen der Sicherheitskräfte, einschließlich den Verhaftungen führender Kader der CPI (Maoist), irgendeine außergewöhnliche strategische Bedeutung beizumessen. Die Realität ist, dass die Kapazitäten der Maoisten in den erweiterten Gebieten des östlichen Zentralindien, in denen sie inzwischen eine dominierende Rolle spielen, alle Zeichen der Expansion verraten anstelle eines irgendwie

---

342 Press Trust of India, 26.7.2010, Internetquelle

dramatischen Rückgangs im Angesicht bestenfalls gelegentlicher Erfolge der Sicherheitskräfte."[343]

Unbestreitbar ist allerdings, dass – auch unabhängig von der, unter dem Namen „Green Hunt" bekannt gewordenen militärischen Offensive der Sicherheitskräfte seit dem Sommer 2009 – die militärischen und politischen Leitungsstrukturen der Naxaliten angeschlagen sind, trotz ihres in einigen Bundesstaaten gerade im Verlauf der intensivierten Kampfhandlungen der letzten zwölf Monate zu beobachtenden weiteren Vordringens. Schätzungen besagen, dass inzwischen 23 der 49 Mitglieder des Zentralkomitees und Politbüros der CPI (Maoist) verhaftet oder getötet wurden bzw. sich den Sicherheitskräften ergeben haben[344], am spektakulärsten dürfte die, in einem späteren Kapitel eingehender beschriebene Entführung und Ermordung ihres Pressesprechers Azad (alias Cherukuri Rajkumar) am 2. Juli 2010 durch Spezialeinheiten aus Andhra Pradesh gewesen sein. Der Generalsekretär der Partei, Ganapathy, gab denn auch zu:

> „Es ist eine Tatsache, dass wir in den letzten vier oder fünf Jahren einige wichtige Führungskader verloren haben. Einige wurden heimlich gefangen und feige ermordet. Viele andere wurden in Jharkhand, Bihar, Chhattisgarh, Orissa, West Bengal, Maharashtra, Haryana und anderen Staaten verhaftet und hinter Gitter verbracht. Der Verlust an politischer Führung wird gravierende Auswirkungen auf die Partei und die indische Revolution als Ganze haben.[345]

Die erwähnten Verluste können unter Umständen dazu führen, dass vor allem die Fähigkeit von Naxalitenorganisationen wie der CPI (Maoist), politische Einschätzungen zu treffen und die militärische Struktur und die von ihr ausgehenden bewaffneten Aktionen in einen Rahmen politischer Bewegungen und gesellschaftlicher Auseinandersetzungen einzubetten, geschwächt wird. Eine solche Entwicklung wiederum kann die ohnehin beträchtliche Tendenz zur Dominanz der militärischen Logik und der Verselbstständigung der Guerilla von den Ansätzen politischer Selbstorganisation verstärken und langfristig dazu führen, dass sich ehemals unter politischen Vorgaben agierende bewaffnete Gruppen zu marodierenden Banden entwickeln, die, noch weit über das ohnehin schon feststellbare Maß an Gewaltmaßnahmen gegen illoyale Dorfbewohner, vermeintliche oder reale Polizeiinformanten oder

---

343 Sahni 2010, Internetquelle
344 Vgl. Sahni, 19.07.2010
345 Ganapathy, zitiert bei Sahni, 19.07.2010

Kritiker hinaus, zur Terrorisierung und Ausplünderung der geschundenen Zivilbevölkerung neigen und dadurch ihre gesellschaftliche Verankerung verlieren. Damit aber würden sie auch militärisch angreifbar und reif dafür, von Polizei, Spezialeinheiten und Paramilitärs als kriminelle Bande unter dem Beifall auch der ländlichen Massen aufgerieben zu werden. Verschiedene Varianten ähnlicher Degenerierungsprozesse in bewaffneten Bewegungen sind von Sri Lanka bis zum Baskenland überall dort zu beobachten, wo der Verlust an politischer Führung, analytischer Substanz und lebendiger Verbindung der bewaffneten Kader zur Bevölkerung einstige politische Guerillagruppen in despotisch ihre Einflussgebiete unter Kontrolle haltende und teilweise durch kriminelle Banden durchsetzte, im Kern unpolitische bewaffnete Gruppen individueller Warlords verwandelt hat.

Tendenzen in diese Richtung können in einzelnen naxalitischen Einflussgebieten konstatiert werden. Zugleich aber scheint sich im linksradikalen Milieu der Universitäten etwa in Delhi und Kolkata in den letzten Jahren eine verstärkte pro-naxalitische Strömung zu entwickeln, die, desillusioniert vom Widerspruch zwischen den Verheißungen der ökonomischen Marktliberalisierungen und ihren eigenen, äußerst unsicheren und teilweise blockierten Chancen zu sozialem Aufstieg, angeekelt von den bitteren Konsequenzen eben dieser kapitalistischen Durchdringung Indiens für die breite Mehrheit der Bevölkerung und vom brutalen Agieren des indischen Staatsapparates gegen soziale Bewegungen und politisch-zivilen Widerstand, sich auf die Guerilla positiv bezieht und den bewaffneten Kampf als alternative Option zu den oft als zahnlos und ohnmächtig empfundenen legalen und friedlichen Widerstandsbewegungen wahrnimmt. Frühere Generationen von Naxalitenkadern rekrutierten sich bis etwa Ende der 1970er Jahre aus dem Zusammentreffen städtischer radikalisierter Intellektueller und agrarischen Widerstands der unterdrücktesten Sektoren des ländlichen Proletariats. Unter den intellektuellen Kadern, die in den bewaffneten Untergrund gingen, war vor allem ein auffällig hoher Anteil von Studenten und Absolventen von Ingenieursstudiengängen und ähnlichen akademisch gebildeten Technikern zu beobachten, von Vinod Mishra bis zu Azad waren es offenbar zu einem hohen Anteil diese Techniker, Ingenieure und Konstrukteure, die den Widerspruch zwischen den technologischen und den real-gesellschaftlichen Möglichkeiten der indischen Gesellschaft als besonders schmerzlich empfanden und versuchten, auf revolutionärem Weg ein neues Indien zu konstruieren, in dem es möglich wäre, diesen Widerspruch zwischen potentiell befreiender Technologie und ihrer gesellschaftlichen Anwendung aufzuheben. Ab Ende der 1970er Jahre und mit der globalen restaurativen, neokonservativen und neoliberalen Wende, die auch auf die akademischen Milieus Indiens einen nicht gering zu veranschlagenden Einfluss hatte, versiegte dieser Zustrom. Über die seit ein paar Jahren wieder zu beobachtenden Radikalisierungstendenzen und die offenbar verstärkte Rekrutierung der Naxaliten unter Studierenden und Absolventen lässt sich naturgemäß wenig konkretes sagen, schon deshalb, weil der Grad an Professionalisierung der Guerilla und ihrer urbanen Vorfeldorganisationen ein völlig anderer ist als die politischen Strukturen der 1970er Jahre. Auch das immer professionellere und tödliche Agieren der Sicherheitskräfte dürften in diesen Kreisen ein erheblich größeres Maß an Klandestinität erzwingen. Es kann aber sicherlich gesagt werden, dass das pro-naxalitische linksradikal-akademische Milieu in den nächsten Jahren einen gewissen Beitrag zur Auffrischung der geschwächten und – was die leitenden Funktionen betrifft – teilweise überalterten Kaderstrukturen der Naxaliten leisten wird.

## 6.3. Die Peoples War Group (PWG) in Andhra Pradesh, Madhya Pradesh und Maharashtra

Andhra Pradesh war – wie bereits geschildert – seit den 1940er Jahren eines der Zentren der Bauernbewegungen gewesen. Der kommunistisch geführte Telengana-Aufstand von 1946-51 hatte seine Spuren hinterlassen und auch im Zuge der maoistischen Aufstandsbewegung ab 1967 war vor allem der Norden Andhra Pradeshs Operationsgebiet bewaffneter Gruppen geworden, denen es auch nach dem Zusammenbruch der CPI (ML) als landesweit operierender Organisation gelang, einige Guerillabasen in abgelegenen Regionen aufrechtzuerhalten. Eine Gruppe der Pro-Lin-Biao-Fraktion, auf regionaler Ebene geführt von Kondapalli Seetharamaiah, K. G. Sathyamurthy und Suniti Kumar Gosh formierte im Dezember 1972 ein Organisationskomitee und entschied, den bewaffneten Kampf zunächst einzustellen und sich auf den Aufbau einer Basis zu konzentrieren, die personell, politisch und militärisch stark genug wäre, sich gegen die Repressionskräfte des Staates zu behaupten. Diese Entscheidung war jedoch nicht etwa damit verbunden, den Weg der Legalisierung anzustreben oder etwa die Beteiligung an parlamentarischen Wahlen als Alternative zum Volkskrieg anzusehen. Die Gruppe verblieb in diesem Gebiet und lieferte sich in der zweiten Hälfte der siebziger Jahre einige kleinere Scharmützel mit der Polizei. Einer ihrer aktivsten Kader, der zugleich bekannt für seine mehrfachen Gefängnisausbrüche war, Kondapalli Seetharamaiah, verließ mit einer größeren Anzahl bewaffneter Mitglieder die Gruppe im Jahr 1980 und gründete die CPI (ML)–Peoples War Group.

Innerhalb der nächsten zehn Jahre wuchs diese äußerst militant agierende und fest vor allem unter den Adivasi-Bevölkerungen im nördlichen Andhra Pradesh verankerte Gruppe zu einer der stärksten Guerilla-Gruppen heran. Die Lebensbedingungen der Adivasi waren weitgehend durch ökonomische Enteignung und soziale Unterdrückung gekennzeichnet, die soziale Diskriminierung durch Telugu-stämmige höherkastige Hindu-Grundbesitzer war bereits Anfang der achtziger Jahre so gravierend, dass es nur eines Funkens bedurfte, um dieses Pulverfass zur Explosion zu bringen:

> „Ein Blutbad, das sich in Indraveli (...) am 20. Mai 1981 ereignete, verursachte große Verbitterung unter den Gonds und entfremdete sie nachhaltig dem Establishment. Die Naxaliten hatten zu einer Massenversammlung der Stammesbevölkerungen in Indraveli aufgerufen und mehr als 30.000 Stammesangehörige kamen. Die lokale Verwaltung, die mögliche Zusammenstöße zwischen ‚tribals‘ und Nicht-Stammesangehörigen befürchtete, verweigerte die Genehmigung für diese Kundgebung. Die Stammesangehörigen waren jedoch fest entschlossen, sich trotz Verbots zu versammeln. Das Unausweichliche passierte, der Einsatz von Polizeiknüppeln und Schusswaffengebrauch durch die Polizei. Die Erregung der Stammesbevölkerung wurde von der PWG benutzt, um ihre Machtposition im Distrikt zu konsolidieren und sichere Rückzugsorte für ihre Kader in den von der Staatsmacht nicht mehr zugänglichen Dörfern zu schaffen.“[346]

In den folgenden Jahren gelang es der PWG mit gezielten Einschüchterungsaktionen gegenüber Großgrundbesitzern, Landenteignungen zugunsten der Kleinbauern und der Einrichtung von „Volksgerichten“, deren Aufgabe die ‚Bestrafung‘ von Klassenfeinden sind, die von ihnen kontrollierten Gebiete stetig auszuweiten und auf regionaler Ebene die Polizeikräfte weitgehend zu vertreiben. Auch sie – wie die CPI (ML)–Liberation und andere, eine Massenlinie verfolgende Organisationen – gründete Frauen, Jugend- und StudentInnenorganisationen, deren Aufgaben aber relativ klar begrenzt auf die Mobilisierung und Unterstützung von Landbesetzungen, Enteignungen und Solidarität mit dem bewaffneten Kampf waren.

Prakash Singh zufolge waren vor allem die Landenteignungs-Aktionen ein voller Erfolg insofern, als sie zum einen die Eigentumsverhältnisse in den betroffenen Gebieten radikal veränderten und zum anderen dafür sorgten, dass die PWG im ländlichen Proletariat anhaltende Popularität erlangte. Die PWG, so berichtet er, habe nach vorsichtigen Schätzungen etwa eine halbe Million acres Land enteignet und neuverteilt. Die Vorgehensweise dabei war

---

346 Singh 1995, S. 107

in der Regel die, dass bewaffnete Naxalitengruppen so lange Druck auf den jeweiligen Grundbesitzer ausübten, bis dieser in die nächste größere Stadt floh, woraufhin das Land durch die PWG zu gleichen Teilen unter den LandarbeiterInnen, die bisher für diesen gearbeitet hatten, oder in einigen Fällen auch an die landlose Dorfbevölkerung verteilten. Zugleich erzwangen die PWG-Kader Erhöhungen des Mindesttagelohns von 15 auf 25 Rs. sowie eine Verdoppelung der Jahreslöhne fest eingestellter Landarbeiter.[347]

Potturi Venkateswara Rao, Herausgeber der Zeitschrift *Andhra Prabla,* stellte in einem Artikel im *Indian Express* im August 1989 fest:

> „Die PWG betreibt praktisch eine Parallelregierung in den Distrikten Karimnagar, Warangal und Adilabad. Sie zieht Steuern und Bußgelder von forstwirtschaftlichen Kontraktnehmern, reichen Grundbesitzern und Geschäftsleuten ein. Sie erhält Beschwerden aus der Bevölkerung, führt Untersuchungen und Ermittlungen durch, hält Volksgerichte ab, fällt Urteile und Schlichtungsentscheidungen und führt Strafmaßnahmen aus."[348]

Wie allerdings diese Parallelverwaltung funktionierte, war auch unter jenen durchaus von Anfang an umstritten, die den Aktionen der PWG gegen Grundbesitzer und Staat mit kritischer Sympathie gegenüberstanden. So klagte ein Autor unter dem Pseudonym Shyam bereits 1990:

> „Während die Gewalt der PWG gegen die Unterdrücker nicht abzulehnen ist, muss die Gängelung der armen Landbevölkerung als eine völlig andere Angelegenheit betrachtet werden. Statistiken über das Blutvergießen und den Terror der PWG gegen die Armutsbevölkerung in den Distrikten Medak, Nizamabad und Karimnagar sind ernüchternd. Bewaffnete Einheiten der PWG zerstörten Eigentum armer Kleinbauern im Wert von 25 lakh Rs. und 4.000 Menschen aus den armen Bevölkerungsgruppen fielen ihren Gewalttaten zum Opfer. Und all das wurde im Namen der Revolution angerichtet!
>
> Die Volksgerichte entstanden 1963 als Alternative zur korrupten Klassenjustiz der bürgerlichen Gerichtsbarkeit. Selbst nach 27 Jahren lassen die Volksgerichte der PWG noch elementare Prinzipien der Menschlichkeit bei der Urteilsfindung vermissen. Trotz des von ihnen erhobenen Anspruchs einer fairen und durch die Bevölkerung kontrollierten Justiz sind die Gerichte in vielen Teilen von Andhra Pradesh ein Alptraum, weil die Macht der Gewehrläufe die Urteile bestimmt. Das Abhacken von

---

347 Vgl. Singh 1995, S. 109
348 Rao 1989

Beinen und Händen und das Aufschlitzen von Kehlen sind übliche Strafen für Klein-kriminelle und nicht selten auch Beschwerdeführer."[349]

Auch von gewalttätigen Übergriffen, Zwangsheiraten, Gewalt gegen unab-hängige Gewerkschaftsaktivisten und Erschießungen von Kadern rivalisie-render Naxalitengruppen ist im selben Zusammenhang die Rede. Während die Rekrutierungsbasis der PWG wesentlich die armen Kleinbauern, Land-arbeiter und Dorfarmen waren, von ihrer sozialen Eingruppierung her Da-lits, Angehörige der ‚Scheduled Castes‘ und Adivasi, zeigte die militärische Struktur bereits erste Anzeichen eines Regimes, das mit Willkürmaßnahmen, Gewalt gegenüber von ihnen unabhängigen Formen dörflichen Widerstands und drakonischen Körperstrafen sich nicht nur gegen die herrschenden Klassen richtete, sondern zugleich die sie unterstützenden Segmente der Landbevölkerung mit Gewaltmaßnahmen entfremdete. Zugleich sicherten ihnen jedoch die unverhältnismäßig gewaltsamen Gegenmaßnahmen der Po-lizei und der von den Grundbesitzern angeheuerten bewaffneten Trupps die Loyalität der Bevölkerung, zumal im Laufe der achtziger Jahre auch nicht wenige städtische Intellektuelle, Dichter und andere Kulturschaffende sich der Naxalitenbewegung zuwandten und eine revolutionäre Kulturbewegung bildete, in der die PWG mit den anderen – in den Dörfern gewaltsam be-kämpften – Naxalitengruppen zusammenarbeitete.

Die von Prakash Singh dokumentierten Statistiken[350] über Naxalitenan-griffe und Tote für den Bundesstaat Andhra Pradesh sind zwar ungeeignet, um die Ausweitung der ‚befreiten‘ Zonen abzubilden, sie geben aber eine Ahnung davon, in welchem Ausmaß Andhra Pradesh zum Schwerpunktge-biet der maoistischen Guerilla wurde:

---

349 Shyam 1990
350 Singh 1995, S. 114

| Jahr | Bewaffnete Aktionen | Tote |
|------|---------------------|------|
| 1981 | 53 | 10 |
| 1982 | 98 | 18 |
| 1983 | 172 | 17 |
| 1984 | 306 | 30 |
| 1985 | 308 | 30 |
| 1986 | 161 | 25 |
| 1987 | 252 | 63 |
| 1988 | 453 | 59 |
| 1989 | 456 | 84 |
| 1990 | 735 | 94 |
| 1991 | 1230 | 233 |
| 1992 | 675 | 212 |
| 1993 | 589 | 159 |

Der weit überwiegende Teil dieser Aktionen ging auf das Konto der PWG, andere Gruppen, die bewaffnete Aktionen durchführten, waren die COI (ML) [Communist Organisation of India (ML)] und die PCC, CPI (ML) [Provisional Central Committee, Communist Party of India (Marxist-Leninist)]. Insgesamt waren jedoch noch etliche andere Naxalitengruppen mit militanter oder agitatorischer Ausrichtung in Andhra Pradesh aktiv, darunter auch solche wie die CPI (ML)–Liberation, deren Praxis kaum noch Guerillaaktionen umfasste. Die – im Verhältnis zur Zahl der Aktionen – geringe Zahl der Toten erklärt sich daraus, das ein beträchtlicher Teil der in die Statistik eingegangenen Vorfälle der Landenteignung und Einschüchterung von

Grundbesitzern dienten und nicht darauf abzielten, Gegner tatsächlich zu töten.

Auch das Operationsgebiet der Naxaliten in Andhra Pradesh weitete sich im Laufe der achtziger Jahre aus. Dies verdeutlicht die Zusammenfassung einer weiteren, von Prakash Singh dokumentierten Statistik[351], die sich in diesem Fall nur auf getötete Polizisten bezieht:

| Jahr | Anzahl Distrikte | Anzahl getöteter Polizisten |
|------|------------------|------------------------------|
| 1984 | 2 | 2 |
| 1985 | 3 | 6 |
| 1986 | 3 | 4 |
| 1987 | 5 | 25 |

Neben Distrikten im nördlichen Andhra Pradesh (Karimnagar, Warangal, Nizamabad, Adilabad, Visakhapatnam) waren ab Mitte der achtziger Jahre zunehmend auch angrenzende Gebiete in Madhya Pradesh (Bastar, Balaghat, Rajnandgaon mit 89 erfassten Guerillaaktionen) und Maharashtra (Gadchiroli, Chandrapur) von Guerillaaktivitäten betroffen. Singhs Beschreibung der Situation im Distrikt Gadchiroli zeichnet ein klares Bild von den Konfliktfeldern, in denen die PWG ihre Stärke entwickelte:

„Gadchiroli in Maharashtra wird zu einem relativ hohen Anteil von Stammesangehörigen bewohnt. Seine Bevölkerung von 7,78 Lakhs [787.000] hat einen Anteil von 38,7 Prozent ‚tribals‘. Von einer Gesamtfläche von 15.434 Quadratkilometern sind 10.495 Quadratkilometer von Dschungel bedeckt. Das gesamte Leben und die Kultur der Stammesbevölkerung dreht sich um den Wald und tragischerweise wurde den Stammesangehörigen genau zu diesem in fortschreitendem Maße durch eine feindselige und interessengesteuerte Auslegung der Gesetze der Zugang verwehrt. Stammesangehörige, die ein bestimmtes Stück Waldland viele Jahre lang bewirtschafteten, wurden durch die Forstverwaltung nach den Bestimmungen des Forest Conservation Act von 1980 zwangsgeräumt. Die Begründung der Forstverwaltung war, dass das Land der Forstverwaltung zugewiesen worden sei und damit Eigentum der Forstverwaltung sei. Die Naxaliten riefen die Stammesangehörigen dazu auf, zu bleiben und

---

351 Singh 1995, S. 111

die Bewirtschaftung fortzusetzen und versprachen ihnen Schutz vor jeder Maßnahme der Forstverwaltung. Natürlicherweise wurden sie von der Bevölkerung als ,Messias' verehrt."[352]

Mit drastischen Mitteln ging die PWG gegen Polizeiinformanten vor, denen nach entsprechenden Urteilen von Volksgerichten kurzerhand Arme oder Beine abgehackt wurden. Singh gibt eine Schätzung wieder, nach der allein im Jahr 1987 etwa 80 Personen in dieser Weise bestraft wurden.[353]

Eine deutliche Vergrößerung ihres einsatzfähigen Waffenarsenals verbuchte die PWG 1989. Bei einem Angriff auf eine Polizeikolonne bei Adilabad am 1. Februar des genannten Jahres, bei dem sieben Polizisten getötet wurden, verwendete die Organisation erstmals AK-47-Sturmgewehre sowie ferngezündete Landminen, um die Polizeijeeps in die Luft zu jagen. Polizeianalysen gehen davon aus, das die PWG zu diesem Zeitpunkt etwa 50-60 AK-47-Gewehre von der srilankischen LTTE erhalten hatte, die das bisher eher altertümliche und teilweise durch in Eigenfertigung produzierte Bomben und Handgranaten ergänzte Arsenal der Organisation qualitativ deutlich aufwerteten, wozu ebenfalls einige Beutewaffen aus Überfällen von Polizeistationen und Patrouillen beitrugen.

Die Regierung von Andhra Pradesh, die in den achtziger Jahren trotz einer ständigen Ausweitung der Repression das Anwachsen der Guerilla nicht verhindern konnte, ging ab 1992 mit neuer Entschlossenheit gegen die Naxaliten vor. Eine verbesserte Polizeiausrüstung, in Anti-Guerilla-Kriegsführung ausgebildete Polizeieinheiten sowie Verstärkung durch paramilitärische Einheiten der indischen Zentralregierung ermöglichten ihr eine bisher beispiellose Offensive in den Rebellengebieten. Am 20. Mai 1992 wurden nicht nur die PWG, sondern auch ihre bis dahin halblegal operierenden Vorfeldorganisationen verboten, durch konzertierte Anti-Guerilla-Aktionen wurden im Laufe des Jahres 1992 allein 248 Naxaliten getötet und 3.434 verhaftet. Innerparteiliche Flügelkämpfe, die seit 1991 in der PWG ausgebrochen waren, taten ihr Übriges, um die Gruppe zeitweilig zu schwächen. Nach der Gefangennahme Kondapally Seethatramaiahs und anderer führender Kader ergaben sich im Herbst desselben Jahres 8.500 Guerillakämpfer der PWG den Polizeikräften.

Wer jedoch gemeint hatte, dass die Organisation damit weitgehend zerschlagen sei, sah sich getäuscht. Neben den weiterhin intakten Basen in Madhya Pradesh, Maharashtra und ab Anfang der neunziger Jahre auch

---

352 Singh 1995, S. 118
353 Ebd.

Orissa konnte sich die PWG ab Mitte der neunziger Jahre auch in Andhra Pradesh zunehmend von den Schlägen der Polizeikräfte erholen. Polizeiaktionen, bei denen Unbeteiligte oder nur in lockerem Kontakt zu den Naxaliten stehende Bauernaktivisten, radikale Studenten und Mitglieder von Menschenrechtsgruppen verhaftet oder getötet wurden, führten zusätzlich dazu, dass die Reputation der Staatsmacht sank und die Naxaliten als legitime Widerstandsbewegung gegen eine Regierung gesehen wurde, die scheinbar unter dem Deckmantel der Terrorbekämpfung linke politische Oppositionelle und Adivasi-Widerstand gegen Staudamm- und Bergwerksprojekte ausschaltete und dabei mit größter Härte vorging. Schon 1992 veröffentlichte ,Human Rights Watch Asia' einen Sonderbericht zur ländlichen Gewalt in Andhra Pradesh, in dem die Organisation den Unwillen bzw. die Unfähigkeit der Regierung des Bundesstaates kritisierte, mit Landreformen und Schutzmaßnahmen für Kleinbauern, Landarbeiter und Stammesbevölkerungen die unkontrollierte Macht der Großgrundbesitzer über die Bevölkerung einzudämmen:

„Andhra Pradesh war der Ort jahrzehntelanger Konflikte um Agrarfragen und die Mehrheit der Bevölkerung überlebt in verzweifelter Armut. In der gesamten Geschichte Andhra Pradeshs hat die Abhängigkeit der führenden Politiker des Bundesstaates von der Unterstützung der Großgrundbesitzer garantiert, dass keinerlei Landreform beschlossen wurde, die deren privilegierte Position gefährden könnte. Mehr noch: Einflussreichen Großgrundbesitzern wurde Straffreiheit für illegale Aktivitäten verschafft, die von illegalen Landräumungen bis Mord reichen. Aber hinter der Krise der agrarischen Gewalt in Andhra Pradesh verbirgt sich die Unfähigkeit der Regierung, ihre eigenen Gesetze durchzusetzen und innerhalb der Rechtsnormen zu agieren. Die Polizei duldet Belästigungen und Gewalttaten der Grundbesitzer gegen Stammesangehörige und andere benachteiligte Gruppen, indem sie sich weigert, Anzeigen aufzunehmen oder Ermittlungen einzuleiten. Politisch einflussreichen Grundbesitzern wurde die Untätigkeit, wenn nicht gar aktive Beteiligung der Polizei bei Übergriffen gegen landlose Arbeiter, Dalits und andere agrarische Gemeinschaften zugesichert, die sich gegen Landräumungen zur Wehr setzten oder sich auf andere Weise organisierten, um ihre Rechte zu verteidigen. Darüber hinaus operiert die Polizei oft als regelrechte Privatarmee für die Grundbesitzer, die für willkürliche Übergriffe gegen Kleinbauern und Stammesangehörige verantwortlich ist, die versuchen, Widerstand gegen den illegalen Raub ihres Landes durch die großen Grundbesitzer zu leisten."354

---

354 Human Rights Watch Asia 1992, S. 1

Im selben Report wird aufgelistet, dass unter dem ‚Terrorist and Disruptive Activities Act' (TADA) in Andhra Pradesh seit den späten achtziger Jahren mehr als 15.000 Menschen verhaftet worden seien.[355] Zudem seien allein zwischen 1980 und 1989 203 unbewaffnete Menschen Opfer von polizeilichen Erschießungen geworden, ohne zuvor in irgendwelche Widerstandshandlungen involviert gewesen zu sein. Zwischen 1989 und 1992 erhöhte sich diese Zahl auf 279[356], wobei nur ein geringer Teil davon sich in Gebieten ereignete, in denen aufgrund von Naxalitenaktivitäten der Ausnahmezustand ausgerufen worden sei. Verbreitet sei die Praxis höherer Polizeioffiziere, auf getötete „Naxaliten" Belohnungen auszusetzen. Illegale und willkürliche Erschießungen von Dorfbewohnern und Bauernaktivisten, aber auch Angriffe und Festnahmen von Journalisten und aktiven Mitgliedern der ‚Andhra Pradesh Civil Liberties Commission' (APCLC), deren stellvertretender Vorsitzender etwa, Dr. Ramanadham, 1985 an seinem Arbeitsplatz, einem Krankenhaus in Hyderabad, von Polizisten erschossen wurde, seien gängige Praxis.

Unter diesen Bedingungen kann es kaum verwundern, dass die Unterstützung für die PWG und andere Naxalitengruppen in Andhra Pradesh und benachbarten Bundesstaaten im Laufe der neunziger Jahre eine neue Qualität erreichte. Gestärkt wurde die PWG gegen Ende der neunziger Jahre zusätzlich dadurch, dass sich mehrere kleinere Organisationen ihr anschlossen, unter anderem die CPI (ML)–Party Unity, die bis zu diesem Zeitpunkt als eigenständige bewaffnete Organisation in 25 Distrikten in Bihar aktiv gewesen war. Die *Hindustan Times* vom 21.05.2003 referierte folgende Daten über die militärische Stärke der PWG:

> „**Operationsgebiet:** Andhra Pradesh bleibt ihr Hauptoperationsgebiet, wo sie in zwölf der 23 Distrikte aktiv ist. Diese beinhalten u. a. Warangal, Khammam, Nizamabad, Midak, Nalgonda, Maha Bubhagar, Adilabad, East Godawari und Karimnagar.
> **Kader:** Polizeiangaben zufolge verfügt sie über 1.100 Vollzeitkader im Untergrund, neben 5.000 legal operierenden Militanten. Frauen machen 30 Prozent der Mitgliedschaft aus. Jedes der 54 dalams [mobile bewaffnete Einheiten] umfasst 9-12 Mitglieder. Die Polizei von Andhra Pradesh geht davon aus, dass sie auf dem Höhepunkt ihrer Aktivitäten 1997 über 74 dalams verfügt habe. Sie hat darüber hinaus mindestens vier größere militärische Formationen mit jeweils 25-30 Kadern aufgebaut.
> **Ausbildung und Bewaffnung:** Wie jede militärische Organisation führt sie regelmäßige militärische Ausbildungen durch, die Techniken der Dschungelkriegsführung einschließen. Im Laufe der Jahre haben ihre Kader sich Kenntnisse der Guerilla-

---

355 Human Rights Watch Asia 1992, S. 45
356 Human Rights Watch Asia 1992, S. 21

kriegsführung angeeignet, wie das Verlegen von Minen und Taktiken des Hinterhalts. Sie verfügt über ein beeindruckendes Waffenarsenal, das AK-47-Gewehre, Revolver, DBBL-Waffen und SBBL-Gewehre umfasst, die zu Tausenden zu ihrer Verfügung stehen.

**Angriffsziele:** Ihre bevorzugten Angriffsziele schließen nahezu alle wichtigen politischen Führer des Bundesstaates ein. Über 700 Personen aus der Telengana-Region, darunter Abgeordnete der State Assembly und der Lokh Sabha, Distriktoffizielle und Ortsvorsteher, aber auch Großgrundbesitzer stehen rund um die Uhr unter Polizeischutz im Hinblick auf Bedrohungen durch Naxaliten. Mehr als 225 politische Führer, darunter solche der regierenden Telugu Desam Party, des Congress, der BJP, CPI und CPI (M), aber auch reiche Geschäftsleute wurden in den letzten zehn Jahren von der PWG ermordet. Allein im letzten Jahr attackierten die Naxaliten 19 Regierungsgebäude (darunter Polizeistationen) und 4.000 RTC-Busse, abgesehen von dem beträchtlichen Schaden an den Eisenbahnverbindungen.

**Finanzierungsquellen:** Staatlichen Quellen zufolge ist nach wie vor räuberische Erpressung von Geldern die Hauptquelle der Einnahmen der PWG. Eine Summe von mehr als 10 crores Rs. wurde bisher von Kontraktoren, Händlern, Geschäftsleuten, Ärzten, Anwälten, Buchhaltern und sogar von Staatsbediensteten auf diese Weise eingenommen, wie informierte Quellen aussagen."[357]

Am 2. Dezember 2000 gab die PWG die Gründung der Peoples Guerilla Army (PGA) bekannt, die in den Folgejahren eigene Einheiten in Andhra Pradesh, Chhattisgarh, Orissa, Jharkhand und Bihar aufbaute.

# 6.4. Das Maoist Communist Centre (MCC) in Bihar und Jharkhand

Das MCC ging zurück auf eine Gruppe von Maoisten in Bihar, die bereits 1969 nicht an der Gründung der CPI (ML) teilnahmen und sich stattdessen auf die Entwicklung regionaler Guerillabasen in ihrem Gebiet konzentrierten. Frühzeitig kritisierte die Gruppe, die sich nach ihrer Zeitung *Dakhshin Desh* (Südliches Land) nannte, die Praxis der Annihilationen, die sie als individuellen Terror charakterisierten, und vertrat stattdessen eine Politik, die Massenmobilisierungen und den Aufbau legaler unbewaffneter Vorfeldorganisationen mit dem bewaffneten Kampf verbinden sollte.

Ab 1975 nahm sie den Namen „Maoist Communist Centre" an und militarisierte ihre Strukturen zusehends, zumal sie bereit ab Ende der siebziger Jahre in langandauernde Kämpfe mit den Privatarmeen der höherkastigen

---

357 *Hindustan Times* vom 21.05.2003

Grundbesitzer verwickelt war, während das MCC selber zu einem beträchtlichen Teil aus Dalits und Angehörigen der „Other Backward Castes" besteht.

Seit den achtziger Jahren galt das MCC als Vertreterin einer ,Hardliner'-Strategie des bewaffneten Kampfes und der in erster Linie militärischen Konfrontation mit dem Klassengegner, die auch innerhalb des naxalitischen Lagers als ,extremistisch' gilt. Dennoch wurde ihnen bereits 2003 eine Mitgliederzahl von ca. 30.000 zugeschrieben. Ihre Stärke und Schwäche zugleich – ihre Verwicklung in die gewaltsamen und teilweise bürgerkriegsähnlichen Kastenauseinandersetzungen in Bihar – umschreibt die maoistische Website massline.info wie folgt:

> „Im ländlichen Bihar war die Partei eine wichtige Kraft geworden, mit der in einigen Gebieten zu rechnen war. In ihren Einflussgebieten unterhielt die Partei ein paralleles Rechtssystem mit einem Netz von Volksgerichten. Die Expansion der Partei ereignete sich vor allem, als sie eine von mehreren kastenbasierten bewaffneten Gruppen in der Region wurde. Die Partei mobilisierte niedrigkastige Biharis und ist regelmäßig in bewaffnete Auseinandersetzungen mit verschiedensten Milizen verwickelt, die die Interessen der höheren Kasten verteidigen. In manchen Zeiten kam es auch zu Zusammenstößen mit anderen Naxalitengruppen, so etwa als am 4. April 1994 MCC-Milizen fünf Mitglieder der Communist Party of India (Marxist-Leninist)–Liberation im Distrikt Jehanabad ermordeten. Die bewaffneten Aktivitäten des MCC erreichten ihren Höhepunkt im Jahr 1990."[358]

Aufgrund der verschärften und militarisierten Formen der Klassenauseinandersetzungen in Bihar, die hier stärker als in anderen Teilen Indiens die Form von bewaffneten Auseinandersetzungen zwischen höherkastigen Grundbesitzern und ihren Privatarmeen auf der einen und niedrigkastigen Kleinbauern und Landarbeitern auf der anderen Seite annehmen, entwickelte sich das MCC zu einer Organisation mit vergleichsweise rigiden Strukturen.

Bela Bathia merkt in seiner Studie über *The Naxalite Movement in Central Bihar* von 2005 rückblickend kritisch an:

> „Wie sich herausstellte, hat das MCC nur geringe Erfolge beim Aufbau einer von den Massen getragenen Volksarmee für den Guerillakampf erzielt. Stattdessen wurde es bekannt mit Aktionen, die ihm nicht nur die einhellige Verurteilung durch bürgerliche Kreise einbrachten, sondern auch von beträchtlichen Teilen der Naxalitenbewegung selbst. So hat das MCC etwa bei etlichen Gelegenheiten die Massaker, die von hochkastigen Großgrundbesitzern und ihren Milizen angerichtet wurden, durch

---

358 http://www.massline.info/India/Indian_Groups.htm#MCCI

willkürliche Gegenmassaker unter höherkastigen Männern beantwortet. Tatsächlich haben MCC-Führer gedroht, für jedes niedrigkastige Opfer eines Massakers, vier ‚Klassenfeinde' zu töten. Andere Beispiele für Aktionen, die weithin kritisiert wurden, sind etwa brutale Strafen in Volksgerichten (die mit ‚dem Willen des Volkes' gerechtfertigt wurden) und schwerwiegende Drohungen gegen alle, die an parlamentarischen Wahlen teilnehmen."[359]

Das MCC fiel durch ein – auch für maoistische Verhältnisse – rücksichtsloses Vorgehen gegen konkurrierende Organisationen auf. Während das Verhältnis zur PWG schon aufgrund ihrer unterschiedlichen Schwerpunktgebiete relativ gut war und sie trotz vereinzelter Scharmützel zur CPI (ML)–Party Unity ein zwar nicht spannungsfreies, aber relativ gewaltloses Verhältnis pflegte, wurden Kader der – als ‚revisionistisch' angesehenen – CPI (ML)–Liberation wiederholt angegriffen.

## 6.5. Die Gründung und politische Entwicklung der Communist Party of India (Maoist)

Die Fusion von PWG, MCC und CPI (ML)–Party Unity zur Communist Party of India (Maoist) wurde im nach wie vor auf den bewaffneten Kampf setzenden Teil der indischen radikalen Linken als weitgehende Wiederherstellung der Einheit der Anfang der siebziger Jahre in zahlreiche Fraktionen gespaltenen CPI (ML) gesehen. Dies wird naturgemäß von der Führung der CPI(ML)–Liberation anders gewertet, die der maoistischen Führung vorwirft, zu den realen sozialen Bewegungen und Kämpfen der letzten Jahre jeglichen Kontakt verloren zu haben. In einem polemischen Artikel in *Economic and Political Weekly* vom 16. Dezember 2006 formulierte Dipankar Bhattacharya, der Generalsekretär der CPI (ML)–Liberation diese Kritik in aller Deutlichkeit:

„Haben die Maoisten nicht mit ihrer exklusiven Betonung bewaffneter Aktionen und ihrer harten Zurückweisung jeder Art von Massenbewegungen und politischer Initiative die Gewalt zum hervorstechendsten Merkmal ihrer Identität gemacht? Um die Wahrheit zu sagen: Millionen von Kleinbauern und ArbeiterInnen kämpfen täglich einen organisierten Kampf um die Verbesserung ihrer Lebensbedingungen und den Widerstand gegen die Angriffe, denen sie ausgesetzt sind. Aber Azad und seine GenossInnen, die selbsternannten Anhänger dessen, was sie die ‚maoistische Methode' nennen, bleiben nahezu vollständig isoliert von diesen alltäglichen Auseinanderset-

---

359 Bathia 2005, S. 1537

zungen. Azad müsste zeigen, in welcher Weise genau die bewaffneten Aktivitäten der maoistischen Einheiten den Menschen dabei helfen, sich zu organisieren und im Widerstand ihre Lebensumstände zu verbessern. Bezogen sowohl auf Andhra Pradesh als auch auf Chhattisgarth wird aus seinen Aussagen klar, dass ihre Kämpfe um Landrechte und sogenannte ‚volksorientierte Projekte' allesamt einer früheren Phase angehörten, als ‚die militärischen Operationen weniger intensiv waren'. Was Bihar und Jharkhand betrifft, werden weiterhin die Bewegungen für die Neuverteilung von Land und die breitere Kampagne der ländlichen Armen für ihren Lebensunterhalt, soziale Würde und politische Beteiligung von jener Organisation angeführt, die Azad als ‚die revisionistische Liberation-Gruppe' bezeichnet. Das gleiche gilt in Orissa für die an Andhra Pradesh angrenzenden Distrikte und sogar den Andhra-Küstendistrikt von East Godavari. Die ehemalige CPI (ML) Peoples War in Andhra Pradesh und die CPI (ML) Party Unity im damals ungeteilten Bihar haben in den 1980er Jahren einige antifeudale Bewegungen initiiert, aber diese wurden in den folgenden Jahren wieder eingestellt, als unsere maoistischen Freunde völlig eingewoben (gar gefangen) wurden von dem, was vielleicht nur noch als Anarcho-Militarismus bezeichnet werden kann."[360]

Es wird deutlich, dass – ungeachtet möglicher weiterer Differenzierungen – sich die Naxalitenbewegung heute im Wesentlichen in zwei Strömungen teilt, von denen die erste versucht, in Massenbewegungen der Kleinbauern, Adivasi und Dalits zu wirken, Militanz lediglich in defensiver Form als Option betrachtet und die Beteiligungen an Wahlen als Teil ihrer Strategie akzeptiert hat. Diese Strömung gruppiert sich im Wesentlichen um die CPI (ML)–Liberation, als kleinere Gruppen in diesem Spektrum wären neben anderen noch etwa die CPI (ML)–New Democracy oder die CPI (ML)–Kanu Sanyal zu nennen. Die zweite Strömung ist jene, die dem bewaffneten Kampf nach wie vor eine wesentliche und prioritäre Rolle einräumt, zwar inzwischen auch halblegale (allerdings inzwischen auch weitgehend in den Untergrund abgedrängte) Vorfeldorganisationen hat, aber die Revolution in Indien lediglich auf dem bewaffneten Weg für möglich hält. In diesem Lager ist die CPI (Maoist) die unangefochten führende Kraft, die inzwischen auch Allianzen mit kleineren bewaffneten Organisationen, wie etwa der CPI (ML)–Janashakti, geschlossen hat und für einen Großteil der bewaffneten Zusammenstöße mit den Polizeikräften verantwortlich zeichnet.

---

360 Bhattacharya 2006, S. 5191

## 6.5.1. Programm und Strategie: Agrarische Revolution in Indien

Beide Strömungen sehen die agrarische Revolution im Mittelpunkt ihres Kampfes, wenn auch mit unterschiedlichen Mitteln. Dabei betrachtet die CPI (Maoist) Indien als ein nach wie vor semi-feudales und semi-koloniales Land, eine, angesichts der ökonomischen und politischen Entwicklungen der letzten Jahrzehnte etwas gewagte These, die sie wie folgt begründet:

> „Anders als im Westen, wo sich der Kapitalismus durch die Überwindung des Feudalismus entfaltete, protegierte und benutzte der britische Kolonialismus die Feudalherren als ihre soziale Gruppe. Die Einführung kapitalistischer Beziehungen durch die britischen imperialistischen Machthaber ohne das Mühlrad des Feudalismus, das den breiten Massen der Landbevölkerung um den Hals hängt, abzulegen, hatte zu semifeudalen Produktionsverhältnissen geführt. Diese semifeudalen Produktionsverhältnisse blieben selbst nach dem Ende der kolonialen Herrschaft bestehen. Die Imperialisten benutzten sowohl den bürokratischen Kompradorenkapitalismus als auch den Feudalismus als ihre soziale Basis für ihre semikoloniale Kontrolle und die Aufrechterhaltung der Ausbeutung. Aufgrund dieser Allianz zwischen den beiden Hauptfeinden des indischen Volkes konnten Landreformen die Grundstruktur der agrarischen Klassenbeziehungen nicht verändern und gewohnheitsmäßige und merkantile Ausbeutung der breiten Massen in den ländlichen Regionen besteht ungehindert fort, sogar nach mehr als einem halben Jahrhundert der sogenannten Unabhängigkeit."[361]

Diese semi-feudale ökonomische Basis, der nach wie vor die überwiegende Mehrheit der indischen Bevölkerung unterworfen sei, verhindere, trotz einer partiellen kapitalistischen Durchdringung des Agrarsektors, eine eigenständige kapitalistische Entwicklung und eine funktionierende bürgerliche Demokratie, was Indien in einem dauerhaft abhängigen Status halte, in dem die indische Bourgeoisie zu schwach und unentschlossen sei, um gegen die den imperialistischen Einfluss tragende Kompradorenbourgeoisie und ihren bürokratischen und militärischen Apparat auch nur eine bürgerliche Revolution zu verwirklichen.[362]

Auf der Basis diese Analyse sieht die Führung der CPI (Maoist) die indische Revolution als einen Prozess, der nur in zwei Schritten erfolgen könne. Das erste Stadium der Revolution definieren sie als „Neue Demokratische Revolution"[363], in der durch Verbindung von agrarischer Revolution gegen die

---

361 Central Committee (P) of CPI (Maoist) 2004, S. 16

362 Central Committee (P) of CPI (Maoist) 2004, S. 39

363 Central Committee (P) of CPI (Maoist) 2004. S. 31

semi-feudale Ausbeutung auf dem Land und die nationale Befreiung Indiens vom Imperialismus und der diesen in Indien repräsentierenden Kompradorenbourgeoisie eine demokratische Übergangsgesellschaft geschaffen werden müsse, Aufgrund der unweigerlichen Kompromisse der Bourgeoisie mit dem Imperialismus und dem schnell den antifeudalen Rahmen sprengenden Charakter der agrarischen revolutionären Bewegung könne und müsse diese Revolution in ihr zweites, sozialistisches Stadium eintreten. Notwendig sei von Anfang an die Führung durch die ArbeiterInnenklasse und ihre revolutionäre Partei:

> „So ist es die wichtigste Aufgabe der Führung der ArbeiterInnenklasse, die Kleinbauern zur Neuen Demokratischen Revolution zu führen. Die indische ArbeiterInnenklasse kann sich nicht befreien, ohne sich mit der Bauernschaft zu vereinigen, die die überwältigende Mehrheit der Bevölkerung im semikolonialen und semifeudalen Indien stellt und die seit vielen Generationen der Ausbeutung und Unterdrückung unterworfen ist. Nur durch die Organisierung und Führung der Bauernschaft kann die ArbeiterInnenklasse ihre führende Rolle in der Revolution ausfüllen, den Weg zu ihrer Befreiung von der Lohnsklaverei weit öffnen, indem sie die Bauern von Ausbeutung, Plünderung und der Krise des Imperialismus und dessen Wachhunden befreit – die Feudalherren und die nationale Bourgeoisie verbleiben entweder in einer abwartenden Haltung oder werden sich der Reaktion anschließen. Die Angriffsziele der Neuen Demokratischen Revolution sind nur der Imperialismus, die bürokratische Kompradorenbourgeoisie und die Grundbesitzerklasse. Sogar nach dem landesweiten Sieg der Revolution wird es notwendig sein, für eine Weile einen kapitalistischen Sektor weiterexistieren zu lassen, der von der kleinen und mittleren Bourgeoisie repräsentiert wird, natürlich ohne diesem zu erlauben, die ökonomischen Lebensadern des Landes zu kontrollieren."[364]

Das Mittel, um die ‚Neue Demokratische Revolution' zu verwirklichen, sei die Ergreifung der politischen Macht durch den bewaffneten Volkskrieg, in dessen Verlauf befreite Zonen entstünden, die sowohl als militärische Basen wie auch als Gebiete, in denen die ‚Neue Demokratische Revolution' beginne, fungierten.[365] Die Agrarrevolution wird als Kampf um die Enteignung der Großgrundbesitzer und die Verteilung ihres Landes an die Kleinbauern unter dem Motto ‚Das Land denen, die es bebauen' begriffen, großangelegte Kollektivierungen sind, zumindest in diesem Stadium der Revolution, nicht vorgesehen.

---

364 Central Committee (P) of CPI (Maoist) 2004, S. 31f
365 Vgl. Central Committee (P) of CPI (Maoist) 2004, S. 46

Die Teile des Parteiprogramms der CPI (Maoist), die um die agrarische Revolution kreisen, enthalten recht konkrete Maßnahmen: die Neuverteilung von Land an landlose Kleinbauern, Pächter und Landarbeiter, die Gleichstellung der Frauen im Bezug auf Landbesitzrechte, Unterstützung der Bauern mit Infrastrukturmaßnahmen und technischen Geräten, festgelegte Abnahmepreise für landwirtschaftliche Erzeugnisse, Förderung von Landwirtschaftkooperativen. Bezüglich der Arbeitsbedingungen der Landarbeiter werden der Acht-Stunden-Tag, das Recht auf Arbeit, die Einführung von Sozialversicherungen und Arbeitslosenunterstützung, gesetzliche Mindestlöhne und Mindeststandards für Arbeitssicherheit und Unfallschutz gefordert, sowie die Abschaffung der verbreiteten diskriminierenden Praxis gegenüber Frauen, Dalits und Adivasi, die Abschaffung des Kontrakatarbeitersystems und der Kinderarbeit.[366]

Die CPI (Maoist) betont bei all dem zwar die „führende Rolle der ArbeiterInnenklasse"[367], hat dieser aber, jenseits relativ vager Zielbestimmungen, wie der Entwicklung eines „genuinen revolutionären Klassenbewusstseins"[368] und dem „Aufbau einer starken kämpferischen Arbeiterbewegung", wenig Konkretes anzubieten, außer:

> „...militärische Aktionen in Solidarität und Unterstützung der revolutionären Klassenkämpfe zu organisieren, speziell der Kämpfe der Kleinbauern und darüber hinaus, ihre Abteilungen der fortgeschrittensten klassenbewussten ArbeiterInnen in die ländlichen Gebiete zu senden, um dort den bewaffneten Kampf der Bauernmassen zu organisieren und voranzutreiben."[369]

Über die ArbeiterInnenklasse hinaus nimmt die CPI (Maoist) auch die fortschrittlichen Elemente des Kleinbürgertums, StudentInnen, Jugendliche, Künstler, kleine Gewerbetreibende, mittlere Angestellte, als potentielle Verbündete wahr und verweist auf den reichen Erfahrungsschatz dieser Gruppen der indischen Gesellschaft und ihrer Geschichte von Kämpfen und sozialen Bewegungen. Geleitet von ihrer originär maoistischen Strategie jedoch kann sie nicht umhin, die Metropolen als „Zitadellen des Klassenfeindes" zu betrachten, die als letzte fallen werden, und die Elemente des städtischen Radikalismus der agrarischen Revolution unterzuordnen:

---

366 Central Committee (P) of CPI (Maoist), 2004, Party Programme, S. 32ff
367 Central Committee (P) of CPI (Maoist) 2004, Party Programme, S. 26
368 Ebd.
369 Ebd.

„Die ArbeiterInnenklasse und ihre Partei werden diese im Klassenkampf organisieren. Wir sollten eine starke antiimperialistische und antifeudale Bewegung aufbauen,
die die agrarische Revolution unterstützt. All diese Bewegungen müssen direkt oder
indirekt auf die agrarische Revolution orientiert sein und mit dieser koordiniert sein,
um diesem Kampf zu dienen. Ihre Kämpfe sollen vorangetrieben werden durch die
Verbindung mit dem revolutionären bewaffneten agrarischen Krieg."[370]

Zwar gibt es durchaus ein gewisses und in den letzten Jahren auch wieder
verstärktes Maß an Unterstützung der Maoisten in studentischen radikalen
Kreisen, Jugend- und StudentInnenorganisationen der CPI (Maoist) mit einer starken Position an mehreren wichtigen Universitäten, darunter besonders der Jawharlal-Nehru-Universität in Delhi, aber die Unterordnung der
städtischen Kader unter das Programm der agrarischen Revolution führt folgerichtig dazu, dass die eigentlich anvisierte Aufbauarbeit in den Metropolen offenbar nicht wirklich in Gang kommt. Für den Aufbau metropolitaner
Strukturen entwickelte bereits die PWG 2001 ein umfangreiches Programm,
das nach der Fusion von der CPI (Maoist) aktualisiert und unter dem Titel
„CPI (Maoist) Urban Perspective – Our Work in Urban Areas" zur programmatischen Grundlage ihrer Arbeit in den Städten gemacht wurde.[371]
Dennoch hat sich am einseitig agrarischen Schwerpunkt der Parteiarbeit in
den letzten fünf Jahren wohl kaum etwas geändert, während sich zugleich
das Verhältnis von Stadt und Land durch die forcierte Industrialisierung
und Modernisierung verschiebt, was Sumanta Banerjee dazu veranlasst, in
seinem Aufsatz „Beyond Naxalbari", veröffentlicht im Juni 2006 in der *Economic and Political Weekly,* dem wichtigsten Debattenorgan der indischen
politischen und sozialwissenschaftlichen Linken, festzustellen, dass die Maoisten sich in einer ausweglosen Sackgasse befänden. Anstatt die Zitadelle
New Delhi mit ‚befreiten Zonen' einzukreisen, fänden sich die maoistischen
Guerillas in ihren Basen eingekreist durch den indischen Staat wieder, der
bereits im Begriff sei, durch Straßenbau- und Entwicklungsprojekte, Sonderwirtschaftszonen und die Verstärkung der Landflucht die Unzugäng-
lichkeit dieser ländlichen Basen zu beenden und zugleich der Relevanz des
Agrarprogramms der Maoisten den Boden zu entziehen.[372]

Tilak D. Gupta stellt bei der Analyse des maoistischen Agrarprogramms
etwas konsterniert fest, dass sich die Forderungen der Maoisten kaum in
einem Punkt grundlegend von denen der parlamentarischen kommunis-

---

370 Central Committee (P) of CPI (Maoist) 2004, Party Programme, S. 27

371 Vgl. CPI (Maoist) Urban Perspective – Our Work in Urban Areas, 2004

372 Banerjee 2006, S. 3162

tischen Parteien unterscheiden.[373] Der einzige Unterschied sei letztlich die Tatsache, dass die Maoisten ihr Programm durch den bewaffneten Kampf durchsetzen wollen, während die Parteien der Linksfront seine Umsetzung auf institutionellem und parlamentarischem Weg erreichen wollen. In der Praxis jedoch erweise sich der Dauerbrenner Landreform, den sowohl die Linksfront weiter propagiert, als auch die für die Bekämpfung der Naxaliten abgestellten Experten des Unions-Innenministeriums alljährlich in ihrem Bericht als wesentliche Maßnahme für die politische Eindämmung der Maoisten bezeichnen, als reine Rhetorik, insoweit von oben eingeleitete Landreformen betroffen sind:

> „Wenn wir einmal die offizielle Rhetorik über die Notwendigkeit von Landreformen ignorieren (die Pressemitteilung des Unions-Innenministers – dies sei der Vollständigkeit halber angemerkt – über die Prioritätensetzung seiner Politik vom März diesen Jahres listete als Maßnahme zur Bekämpfung des Naxalitenproblems Landreformen als einen Bereich mit hoher Priorität auf) und die Fakten überprüfen, wird sehr deutlich, dass selbst die moderaten und halbherzigen Agrarprogramme zur strukturellen Armutsbekämpfung, die in den meisten Bundesstaaten äußerst zögerlich umgesetzt wurden, im Großen und Ganzen in den frühen 1980er Jahren endeten. Deutlicher auf den Punkt gebracht: Die Menschen auf dem Boden der ökonomischen Tatsachen des Landes betrachten die Landreformgesetze der vergangenen Jahrzehnte als institutionelle Unterstützungsmaßnahmen entweder für den Kapitalzufluss in agroindustrielle Investitionsvorhaben in den ländlichen Gebieten oder für die Akquirierung landwirtschaftlicher Flächen und forstwirtschaftlicher Nutzungsgebiete für eine Reihe von nichtlandwirtschaftlichen Zwecken. Im heutigen Szenario bedeuten offizielle Landreformmaßnahmen in zunehmendem Maße die Außerkraftsetzung alter Landreformgesetze, mit dem Ziel der Akquise von Land, das bisher von Pächtern und Kleinbauern kultiviert wird."[374]

Das Dilemma der ländlichen Machtstrukturen sei, dass selbst die moderatesten Landreformen am Widerstand der Grundbesitzerklassen und ihrer politischen Lobby gescheitert seien und es kaum eine realistische Aussicht gebe, eine Veränderung der Besitzverhältnisse auf demokratischem und institutionellem Weg zu erreichen, wohingegen der bewaffnete Druck der Maoisten in Richtung einer Landreform von unten tatsächlich – selbst wenn gewaltsame Überreaktionen, Morde an politischen Gegnern etc. in Rech-

---

373 Gupta, Tilak D., 2006, S. 3172
374 Gupta, Tilak D., 2006, S. 3173

nung gestellt würden – einen realen Schritt in Richtung Demokratisierung der indischen Gesellschaft darstelle.[375]

Dass die Maoisten letztlich in Übergangsstadien denken, die weit davon entfernt sind, mit der Logik des Marktes und der ländlichen Kleinproduzenten zu brechen, zeigt ein Artikel des Pressesprechers der CPI (Maoist), Azad, in dem dieser auf die Kritik von Autoren wie Banerjee und Gupta in der *Economic and Political Weekly* reagiert und das maoistische Modell ländlicher Entwicklung erläutert:

> „Die Landreformen, in Verbindung mit großen Investitionen in landwirtschaftliche Projekte (auch um die Böden zu regenerieren, die durch die Grüne Revolution zerstört wurden) Forstwirtschaft und damit verbundene Aktivitäten (Geflügelzucht, Ziegenfarmen, Fischerei etc.) werden die Kaufkraft der ländlichen Bevölkerung enorm anwachsen lassen. Dies wiederum wird einen Markt für die elementaren Güter des alltäglichen Lebens schaffen und hilfreich dabei sein, örtliche Industrien zu schaffen, deren Aufbau Arbeitsplätze schaffen wird. Durch diese Schaffung von Arbeitsplätzen wird die Kaufkraft weiter gestärkt, was zu mehr industrieller Produktion führen wird und diese Aufwärtsspirale wird zu einem kontinuierlichen Wirtschaftswachstum führen. In einem solchen Entwicklungsmodell wird das Wachstum und die Ausweitung des heimischen Marktes an den Wohlstand der Bevölkerung geknüpft sein und von diesem tatsächlich abhängen. Die opulenten Ausgaben der Superreichen werden enden (da ihr Mehrwert und illegitim angeeigneter Wohlstand konfisziert wird) und die riesigen Slums werden verschwinden. Die Sicherheit des Arbeitsplatzes wird gewährleistet, Mindestlöhne, die ein Auskommen sichern, eingeführt, und es wird keine Notwendigkeit mehr bestehen, am Landstück der Vorväter festzuhalten, um dieses als Hungerreserve zu bearbeiten. Dies wird weitere große Landflächen für die verarmte Landbevölkerung freimachen. "[376]

Der defizitäre Charakter der Programmatik der CPI (Maoist) drückt sich nicht nur in ihrer Fixierung auf die gewaltsame agrarische Revolution und ihre Vernachlässigung der städtischen Sektoren und der Rolle der ArbeiterInnenklasse aus, sondern auch in der frappierenden Tatsache, dass sie offenbar das Ausmaß der gesellschaftlichen Veränderungen, die durch die kapitalistische Modernisierung hervorgerufen werden, nicht zur Kenntnis nimmt. Sich dazu zu versteigen, in einem Parteiprogramm aus dem Jahr 2005 Indien immer noch ungebrochen als semi-feudale Gesellschaft zu begreifen, bedeutet, selbst auch nur auf den agrarischen Sektor bezogen, nicht zu verstehen,

---

375 Gupta, Tilak D., 2006, S. 3173
376 Azad 2006, S. 4380

was vor den eigenen Augen passiert und die ökonomischen und sozialen Prozesse nicht analysieren zu können, deren Teil die Maoisten in der einen oder anderen Weise auch sind. In dieser Hinsicht ist die andere große Kraft aus der Tradition der Naxalitenbewegung, die CPI (ML)–Liberation weiter, die in ihrem Programm eine differenziertere Klassenanalyse entwickelt und ein komplexes Zusammenspiel von Klassenkämpfen in den städtischen Sektoren und agrarischer Revolution, militanten Kämpfen und demokratischem Prozess entwickelt. Nicht mehr traditionelle Feudalverhältnisse, sondern das konflikthafte Zusammenwirken von alten feudalen und neuen agrarkapitalistischen Klassenfraktionen sowie städtischem Kapital prägen aus Sicht der CPI (ML)–Liberation die Situation einer sich verändernden ländlichen Klassengesellschaft, in der der Bildung von hegemoniefähigen Bündnissen zwischen dem ländlichen Proletariat und den fortschrittlichen Teilen der bäuerlichen Mittelklassen eine wesentliche Aufgabe zukommt.[377] Zugleich vermeidet die Partei die Fallstricke marktsozialistischer Entwicklungsmodelle und konzentriert sich in ihren Forderungen auf die Emanzipation der unterdrückten Sektoren des ländlichen Proletariats und die Organe der politischen Selbstorganisation der Massen.

### 6.5.2. Die Struktur der Partei

Die Organisationsform der CPI (Maoist) beruht darauf, dass jedes Parteimitglied dazu verpflichtet ist, aktiv an der alltäglichen politischen Arbeit der Partei teilzunehmen und sich darauf vorzubereiten, gegebenenfalls auch an militärischen Aktionen der Partei und ihrer Guerilla-Armee teilzunehmen.[378] Die Mitglieder werden dazu verpflichtet, aktiv jeglicher Diskriminierung aufgrund von Geschlecht, Kaste, Religion, ethnischer Zugehörigkeit oder Stammeszugehörigkeit entgegenzutreten.[379] Die Mitglieder sind zudem verpflichtet, sich mit den Theorien des Marxismus-Leninismus-Maoismus zu beschäftigen, strikte Geheimhaltung zu wahren, solidarische Kritik und Selbstkritik zu üben und kollektive Strukturen und Entscheidungen über individuelle Interessen zu stellen. Diesen Verpflichtungen sind Rechte gegenübergestellt, die die freie Diskussion und Teilnahme an Entscheidungsprozessen sowie aktives und passives Wahlrecht zu Parteifunktionen umfassen.

Die Parteiorganisation basiert auf Zellen in Orten, Stadtteilen, Betrieben oder Einrichtungen mit jeweils 3-5 Mitgliedern, die ein Town Committee oder City Comittee bilden. Es gibt Leitungsgremien auf Distrikts- bzw. (in

---

377 CPI (ML)–Liberation, Agrarprogramm, Internetquelle
378 Constitution of the CPI (Maoist), Article 4
379 Constitution of the CPI (Maoist) Article 21

befreiten Ebenen) Zonenebenen, darüber Regionalleitungen, als höchste Institution der Partei den Parteikongress und zwischen den Kongressen das Zentralkomitee sowie das Politbüro unter Führung eines Generalsekretärs. Das dem Organisationsleben zugrundeliegende Prinzip ist das des demokratischen Zentralismus. Die Kollektivität der Strukturen und Entscheidungen scheint in der CPI (Maoist) tatsächlich in stärkerem Maß zu funktionieren als in vergleichbaren Untergrundorganisationen. So ist etwa der Kontrast auffällig zwischen der nepalesischen CPN (Maoist), die um ihren Generalsekretär Prachanda einen regelrechten Personenkult betreibt und seine politisch-strategischen Einschätzungen inzwischen unter dem Label ‚Prachanda Path' zusammengefasst und zur verbindlichen Grundlage der Politik der Partei erklärt hat, während der seit 2004 amtierende Generalsekretär der CPI (Maoist), Ganapathy, nur selten eigene Erklärungen veröffentlicht, Interviews gibt oder in größerem Rahmen in Erscheinung tritt, es gab auch jahrzehntelang kein veröffentlichtes Bild von ihm. Erst im Herbst 2009 wurde sein Gesicht erstmals in einem Video gezeigt, das vermutlich im Auftrag der CPI (Maoist) auf Youtube veröffentlicht wurde. Zugleich wurde auch sein wirklicher Name bekannt, Mupalla Laxman Rao, ursprünglich ein Lehrer aus Karimnagar (Andhra Pradesh), der sich in den 1970er Jahren der Guerilla anschloss und seitdem den größten Teil seines Lebens im Untergrund verbracht hat. Die Offenlegung seiner Identität und die Veröffentlichung seines Bildes könnte Teil einer veränderten Medienstrategie der CPI (Maoist) sein, mit der die Partei „menschlicher" wirken und der Dämonisierung durch die Sicherheitsbehörden und die Medien entgegenwirken will. Letztlich nützt sie jedoch eher dem Staat, weil sie eine derart enttarnte Person verwundbar und greifbar macht.[380]

Besonderes Augenmerk legt die CPI (Maoist) auf die organisatorische und politische Verflechtung mit der People's Guerilla Liberation Army (PGLA), der etliche Abschnitte ihres Statuts gewidmet sind. Die Partei betrachtet die PGLA als ihr wichtigstes Instrument zur Verwirklichung der Neuen Demokratischen Revolution und legt daher größten Wert auf den politischen Charakter dieser Armee. Auf jeder Ebene der PGLA, angefangen bei den Dalams (Einheiten), sind Parteikomitees als Leitungen vorgesehen. Die PGLA als Ganze wird geführt von einer Central Military Commission der CPI (Maoist), die durch das Zentralkomitee gewählt wird.[381]

Die Partei verfügte im Jahr 2008 über State Committees in 13 Bundesstaaten. In Gebieten von besonderer strategischer Bedeutung, vor allem in

---

380 NDTV am 29.10.2009

381 Constitution of the CPI (Maoist), Article 54-58

Grenzregionen zwischen Bundesstaaten bzw. an der indisch-nepalesischen Grenze gibt es Special Area Committees, zwei solcher SACs sind bekannt, von denen eines Uttarakhand, das nördliche Uttar Pradesh sowie das nördliche Bihar umfasst, sich also entlang der nepalesischen Grenze hinzieht. Das zweite SAC umfasst das östliche Bihar, das nordöstliche Jharkhand sowie Westbengalen und dient dazu, die in Bihar und Jharkhand operierenden starken maoistischen Verbände mit den Operationsgebieten Westbengalens zu verknüpfen.[382]

Darüber hinaus gibt es in bestimmten Gebieten, in denen die CPI (Maoist) und die PGLA de facto die Kontrolle ausüben und die Organe des indischen Staates bereits zerschlagen haben, den Special Guerilla Zones (SGZ), Special Zonal Committees, von denen 2008 drei existierten: ein North Telengana Special Zonal Committee (NT-SZC) im nördlichen Andhra Pradesh, ein Andhra-Orissa Border Special Zonal Committee (AOB-SZC) entlang der von der CPI (Maoist) kontrollierten Grenzregionen zwischen Andhra Pradesh und Orissa, sowie das Dandakaranya Special Zonal Committee (DK-SZC), das die im südlichen Chhattisgarh gelegenen Distrikte Bastar und Dantadewa, angrenzende Gebete im Westen Orissa sowie mehrere östliche Distrikte in Maharashtra umfasst. Um alle State Committees, Special Areas und Special Guerilla Zones einer Region effektiv zu koordinieren, hat das Zentralkomitee darüber hinaus Indien in fünf Regionalbüros der CPI (Maoist) gegliedert, die als Planungsstäbe fungieren.[383]

## 6.6. Die Communist Party of India (Marxist-Leninist)–Liberation

Die Gruppe um Vinod Mishra, die Mazumdars Kurs der Annihilationen und die Fraktion der chinesischen Führung um Lin Biao abgelehnt hatte, zog sich 1972 aus unhaltbaren Stellungen in West Bengal ins benachbarte Bihar zurück, eröffnete in Bhojpur eine Guerillabasis und begann damit, erste vorsichtige Guerillaaktionen mit Agitation der landlosen Massen zu verbinden. Im Dezember 1973 konstituierte sich die Gruppe als CPI (ML)–Liberation, benannt nach der von ihr herausgegebenen ehemaligen Zeitung der ungeteilten CPI (ML).[384] Von Bhojpur aus breitete sich die Partei schnell in die Bezirke Rhotas, Patna, Jehanabad und Nalanda im damaligen Zentralbihar aus und versuchte eine Strategie zu entwickeln, die breite Massenaktionen mit

---

382 Vgl. Chakravarti 2008, S. 92
383 Vgl. Chrakravarti 2008, S. 92f
384 Singh 1995, S. 127

dem bewaffneten Kampf kombinieren und die sektiererischen Fehlentwicklungen unter Mazumdar korrigieren sollte. Obwohl die CPI (ML)–Liberation sich als Untergrundorganisation in den folgenden Jahren konsolidieren konnte, erkannte ihre Führung relativ bald, dass eine Politik, die nicht offensiver die Frage der Massenmobilisierung und der selbsttätigen Bauernbewegungen angehen konnte, weil sie in einer Logik militärischer Aktionen gefangen war, letztlich zum Scheitern verurteilt war, allen kurzfristigen Erfolgen zum Trotz. Wie Mishra 1982 schrieb:

„Bei einer kritischen Bestandsaufnahme der Kämpfe von Kleinbauern und Landarbeitern seit Naxalbari stellen wir fest, dass die bewaffneten Kämpfe – sei es in Naxalbari, Srikakulam oder Birbhum – nie mehr als ein oder zwei Jahr andauerten. Und bis 1976, hatten, vielleicht abgesehen von Bhojpur in Bihar, alle anderen Aufstandsregionen schwere Rückschläge erlitten. Erst nach 1977 konnten die Bemühungen, in diesen Gebieten wieder anzuknüpfen, wieder einen Aufschwung erleben und dank der seitdem erfolgten Korrekturen der Parteilinie sind die Gebiete des agrarischen Kampfes nun wesentlich beständiger geworden. Im Patna-Gaya-Bhojpur-Gürtel von Bihar haben sich die kleinbäuerlichen Widerstandskämpfe mit Fortschritten hier und Rückzügen dort kontinuierlich entwickelt. Der Aufstand der Kleinbauern in der Patna-Gaya-Nalanda-Region insbesondere hat in den letzten Jahren ungeahnte Ausmaße angenommen. Solche Anstrengungen werden in vielen anderen Teilen Indiens sowohl von uns als auch von anderen Fraktionen der Partei unternommen und es gibt auch beträchtliche Erfolge. Jedoch werden wir auch in den fortgeschrittensten Gebieten des agrarischen Kampfes in der näheren Zukunft nicht in der Lage sein, diese zu befreiten Gebieten weiterzuentwickeln. In der Frage der Einheit mit mittleren Bauern und der Überwindung von Kastenvorurteilen, die notwendige Voraussetzungen sind, um große Sektoren der Gesellschaft gegen die dominierenden Kasten der großen Grundbesitzer zu vereinen, haben wir bisher kaum wesentliche Durchbrüche erzielt. Wir haben zudem noch einen langen Weg vor uns bei der politischen Mobilisierung der Massen und der Verschiebung der Kräfteverhältnisse zwischen den Klassen zu unseren Gunsten, bevor wir die Aufgabe angehen können, den bewaffneten Kampf auf eine höhere Stufe zu tragen und befreite Zonen zu errichten."[385]

Die Parteikonferenz von 1977 hatte beschlossen, Massenorganisationen für jeden politisch umkämpften Bereich zu gründen und zugleich, die Beziehungen zur Kommunistischen Partei Chinas unter Deng Xiaoping, die von allen anderen Naxalitengruppen als ‚Revisionisten' verurteilt wurde, wiederaufzunehmen. In den folgenden Jahren entwickelte sich daraus die Bereit-

---

385 Mishra 1984, Internet-Dokument

schaft, auch an Wahlen teilzunehmen. 1982 wurde die ‚Indian Peoples Front‘ (IPF) gegründet, die als Wahlbündnis unter dem Einfluss der CPI (ML)–Liberation das zentrale Instrument der Wahlpolitik der Partei sein und zugleich die Zusammenarbeit mit legalen linken Parteien und sozialen Bewegungen fördern sollte. Bei den Wahlen zur State Assembly von Bihar 1985 trat die IPF erstmals mit Kandidaten in 53 Wahlkreisen an, von denen jedoch keiner gewählt wurde. Der Durchbruch kam 1989, als sieben Abgeordnete der IPF in die State Assembly einzogen und bei den parallel stattfindenden Lokh-Sabha-Wahlen ein Kandidat ins indische Parlament gewählt wurde. Der Lokh-Sabha-Sitz aus Bihar ging bei den Neuwahlen 1991 wieder verloren, jedoch gewann diesmal ein IPF- und Liberation-Mitglied aus Assam für das von der Partei gegründete ‚Autonomous State Demand Committee‘ (ASDC), das in einer Kampagne das Gebiet von Arbi Anlong, das von ethnischen Minderheiten bewohnt wird, aus dem Bundesstaat Assam herauslösen und zu einem eigenen Bundesstaat erheben wollte.

Über die strategische Teilnahme an Wahlen im Rahmen der IPF hinaus, wandelte sich jedoch auch das ideologische Erscheinungsbild der Partei in einer Weise, die von Kritikern innerhalb des naxalitischen Milieus als Rechtsentwicklung kritisiert wurde:

„Die rechte Strömung der Bewegung, hauptsächlich repräsentiert durch Liberation, begann ihren Weg der Rechtsentwicklung in der Mitte der 1980er Jahre, als sie die Position der CPI (ML) zum Sozialismus veränderte und die Sowjetunion zum sozialistischen Staat erklärte. Diese veränderte Einschätzung der Sowjetunion war ein Schrittmacher, um die Liberation-Gruppe näher an die CPI und die CPI (M) zu rücken. Die Hauptlosung der rechten Strömung in den letzten acht Jahren – für die Formierung einer Konföderation der Linken – hat ihre Wurzeln in dieser veränderten Positionierung. Die genannte linke Konföderation schließt die CPI und CPI (M) mit ein, ebenso wie auch andere Organisationen der offiziellen Linken. Aber die offizielle Linke unter der Führung der CPI (M) hat solche Angebote bisher immer abgelehnt. Dipankar Bhattacharya, Generalsekretär von Liberation rief zeitweilig zur Einheit aller gegen die BJP gerichteten politischen Kräfte auf, einschließlich der RJD, um gemeinsam die BJP-geführte Allianz in Bihar bei den Wahlen zu schlagen. Weder die offizielle Linke noch die RJD schenkten diesem Angebot besondere Beachtung. Die Hauptarena von Liberation ist der Wahlkampf geworden und die Teilhabe an der politischen Macht. Die Partei versucht, die Basisbewegungen in den Rahmen ihrer Wahlkampfstrategien einzugliedern und dementsprechend zu manipulieren – eine Standardtaktik der offiziellen Linken. Wir könnten es damit vergleichen, einen ganzen Wald in ein Bonsaibäumchen zu verwandeln."[386]

Während diese legalistische und ideologisch allmählich sich aus dem maoistischen Kontext hinausbewegende Wendung der CPI (ML)–Liberation seitens der konkurrierenden Naxalitenorganisationen das Verdikt des Reformismus und Revisionismus eintrug, setzte sie zugleich aber durchaus ihre bewaffneten Aktivitäten fort. Prakash Singh schreibt ihr für das Jahr 1990 – dem Höhepunkt ihrer bewaffneten Tätigkeit – 104 Anschläge und Zusammenstöße zu, bei denen 40 Menschen getötet wurden.[387] Jedoch verlagerte sich die Art dieser Aktionen zunehmend weg von trainierten Vollzeit-Guerilla-Einheiten hin zu von der Partei in ihren Einflussgebieten aufgebauten Bauernmilizen mit eher defensiver Ausrichtung, d. h. zur Verteidigung gegen die Ranvir Sena und andere von den Großgrundbesitzern unterhaltene Privatarmeen.

Der Weg aus dem Untergrund in die Öffentlichkeit wurde sukzessive fortgesetzt, als die CPI (ML)–Liberation 1992 ihren Parteikongress in aller Öffentlichkeit und unbehelligt in Calcutta abhielt. Bei diesem Kongress wurde erstmalig offen festgestellt, dass unter bestimmten Umständen die indische Revolution auch durchaus friedlich verlaufen könne und die Partei sich nunmehr als politische Kraft im Rahmen des indischen Parteiensystems bewegen wolle. Zugleich jedoch wurde daran festgehalten, dass die Partei sich sowohl gegen die Schlägertrupps und Privatarmeen der hochkastigen Grundbesitzer verteidigen als auch sich auf eine mögliche Wiederaufnahme des bewaffneten revolutionären Kampfes vorbereitet halten müsse. Vinod Mishra bekräftigte diese Doppelstrategie noch einmal in einem Artikel in *Liberation* vom Mai 1993, in dem er sich zugleich vom ‚parlamentarischen Kretinismus' der CPI und CPI (ML) abgrenzte:

„Nach mehr als einem Jahrzehnt der Experimente mit dem chinesischen Weg wertete die Partei ihre Erfahrungen aus und kam zu dem Schluss, dass es ein Fehler war, blind das klassische chinesische Modell unter indischen Bedingungen zu kopieren. Der entscheidende Punkt ist es, den Marxismus-Leninismus und die Ideen Maos auf der Basis der konkreten indischen Bedingungen zu integrieren. Da es kein Parlament in China gab, existierte auch keine Frage des parlamentarischen Kampfes dort. Die indischen Bedingungen sind andere und daher war es richtig, die Wahlen in der früheren Phase des Voranschreitens und im besonderen Kontext der Entwicklung eines neuen revolu-

386 Sinha/Sinha 2001, S. 4099
387 Singh 1995, S. 127

tionären Kurses zu boykottieren. Indische Kommunisten können und sollten jedoch nicht den parlamentarischen Kampf für alle Zeit ablehnen. Die Partei legt weiterhin ihren primären Schwerpunkt auf die ländlichen Gebiete und darauf, den militanten Widerstand der Kleinbauern und Landarbeiter zu entwickeln. In einer bestimmten politischen Situation können große Gebiete, die von der Macht der bewaffneten Kräfte des Volkes abgedeckt werden, sich zu parallelen Machtzentren entwickeln und das Kräfteverhältnis auf nationaler Ebene verändern. Die Partei lehnt den Weg des Parlamentarismus klar ab und hat auf ihrem vor kurzem abgehaltenen 5. Kongress bestätigt, dass in der letztendlichen Analyse nur der bewaffnete Kampf das Ergebnis der indischen Revolution entscheiden wird. Auf der Basis dieser fundamentalen Prämisse wird die Partei damit fortfahren, mit verschiedenen Formen von Kombinationen von parlamentarischen und außerparlamentarischen Auseinandersetzungen auf unterschiedlichen Stufen der Revolution zu experimentieren, um den indischen Weg der Revolution zu kartieren."[388]

Als logische Folge dieses schrittweisen Auftauchens der Partei aus dem Untergrund wurde 1994 die IPF, die nun zu einem Hindernis bei der stärkeren öffentlichen Präsenz der CPI (ML)–Liberation in Wahlkämpfen geworden war, aufgelöst. Das eigenständige öffentliche Auftreten als mehr oder weniger legale Organisation in Verbindung mit politischen Mobilisierungen scheint sich für die Partei ausgezahlt zu haben. Bela Bhatia berichtet, dass um 1995 die Partei in 30 Distrikten im Bundesstaat aktiv war, davon in elf in Zentralbihar, wo bis heute ihr organisatorischer Schwerpunkt liegt. [389] Die CPI (ML)–Liberation setzte ihre Doppelstrategie aus eher defensiven bewaffneten Aktionen einerseits und Wahlkampagnen andererseits auch nach dem Tod ihrer charismatischen Führerfigur Vinod Mishra 1998 fort, ist zur Zeit mit Sitzen in den State Assemblies in Bihar und Jharkhand vertreten und dürfte mit ihren – nach eigenen Angaben – ca. 100.000 Mitgliedern die mitgliederstärkste Fraktion unter den aus der Naxalitenbewegung hervorgegangenen Parteien und Gruppen sein. Inzwischen liegt jedoch ihr Schwerpunkt eindeutig im Bereich der Legalität, wo sie neben Wahlkämpfen vor allem in Bauernbewegungen und in den Bewegungen der Dalits und Adivasi präsent ist. Die pragmatische Orientierung an den jeweiligen Erfordernissen der Situation schlägt sich auch im gültigen Parteiprogramm nieder, in dem es heißt:

---

388 Mishra 1993, Internet-Dokument
389 Bathia 2005

„Die Partei schließt nicht die Möglichkeit aus, dass unter bestimmten nationalen und internationalen Bedingungen die sozialen und politischen Kräfteverhältnisse sogar eine relativ friedliche Ergreifung der politischen Macht durch die revolutionären Kräfte erlauben. Aber in einem Land, in dem demokratische Institutionen auf derart zerbrechlichen und schmalen Fundamenten stehen und wo selbst kleine Siege der Kräfte des Volkes und partielle Reformen nur erreicht und gesichert werden können durch die Stärke der Massenmilitanz, muss die Partei des Proletariats stets darauf vorbereitet sein, die Revolution zu vollenden, indem sie den entscheidenden Sieg im Angesicht aller möglichen konterrevolutionärer Angriffe erringt. Eine demokratische Volksfront und eine Volksarmee bleiben daher gleichermaßen die beiden wichtigsten Organe der Revolution im Arsenal der Partei.“[390]

Seit 2007 versuchte sie verstärkt, die Rechtsentwicklung der CPI (M) dazu zu nutzen, enttäuschte Anhänger der Linksfront für sich zu gewinnen. Zugleich jedoch betonte die Parteiführung die Notwendigkeit breiter Bündnisse unter Einschluss kritischer und antikapitalistischer Sektionen der regierenden kommunistischen Parteien. Bei den Lokh-Sabha-Wahlen 2009 ging die CP (ML)–Liberation, ohne sich einem Linksbündnis anzuschließen, eine Vereinbarung mit CPI und CPI (M) zur gegenseitigen Unterstützung in verschiedenen Wahlkreisen in Bihar ein. Indienweit traten CPI (ML)–Liberation-Kandidaten in 80 Wahlkreisen an, die zusammengenommen etwas mehr als eine Million Stimmen erhielten, ohne dass jedoch ein Sitz errungen werden konnte. In Bihar und Jharkhand lag der Stimmenanteil der Partei bei jeweils etwa zwei Prozent der Stimmen.[391] In ihrer Hochburg Bihar hat sich die Partei in der öffentlichen Wahrnehmung unter den legalen kommunistischen Parteien schon seit längerem gegenüber den hier weniger starken CPI (M) und CPI als die dominierende politische Kraft durchgesetzt und kündigte im Sommer 2010 nach gescheiterten Verhandlungen über ein Linksbündnis zu den für Herbst 2010 angesetzten Assembly-Wahlen an, erneut alleine zu kandidieren und 130 Kandidaten aufzustellen.[392]

Die flexible strategische Orientierung der Partei, ihre Zurückstellung des bewaffneten Kampfes, ihre Bereitschaft, auch mit als reformistisch angesehenen Organisationen Allianzen einzugehen und ebenso ihre theoretische Entwicklung, die dazu führte, dass die CPI (ML)–Liberation seit den 1980er Jahren schrittweise von Stalin abrückte, Maos Bedeutung für die Revolution in Indien neu bewertete und sich zwar zu ihren Wurzeln im Bauernaufstand

---

390 CPI (ML)–Liberation, Party Programme, Internetquelle
391 Vgl. Poll Campaign and Our Performance, *Liberation*, Juni 2009
392 *Times of India* vom 07.08.2010

von Naxalbari bekennt, es zugleich aber inzwischen ablehnt, sich als ‚maoistisch' bezeichnen zu lassen, hat dazu geführt, dass sie inzwischen von den meisten anderen Naxalitengruppen – und insbesondere von der CPI (Maoist) als ‚reformistisch' und ‚revisionistisch' angesehen wird und ihre Kader bei verschiedenen Gelegenheiten von diesen angegriffen und mehrere von ihnen auch getötet wurden.

Zugleich steht die CPI(ML)–Liberation, auch wenn sie nie offiziell den Status einer verbotenen Organisation hatte, auch von anderer Seite unter Beschuss. Wiederholt wurden Mitglieder oder UnterstützerInnen der Partei bei Wahlkampagnen oder Bauerndemonstrationen sowohl von Polizeikräften als auch der Ranvir Sena angegriffen. Unter anderem wurden sieben Liberation-Anhänger am 17.03.1994 in Bhojpur von der Polizei erschossen, woraufhin die Partei für Bihar zu einem gewaltsam durchgesetzten Generalstreik (Bandh, einer in Indien verbreiteten Streikform, bei der auch Barrikaden und Straßensperren errichtet und Schließungen von Geschäften, Schulen und anderen Einrichtungen zur Not gewaltsam durchgesetzt werden) aufrief, der weitgehend befolgt wurde.[393]

Die Partei hat trotz ihrer regelmäßige Teilnahme an regionalen und überregionalen Wahlen nie aufgehört, direkte und konfrontative Aktionsformen anzuwenden, auch wenn diese im Gegensatz zu den Untergrundorganisationen weniger auf bewaffnete Aktionen als vielmehr breite Massenmobilisierungen abzielen, was die Kader häufig mit dem Staat in Konflikte bringt. Anfang August 2010 etwa kam es, wie die Tageszeitung *The Hindu* berichtet, in Berhampur, Orissa zu einem Zusammenstoß zwischen der Polizei und etwa 50 landlosen Kleinbauern und bewaffneten Aktivisten der CPI (ML)–Liberation, als diese versuchten, ungenutztes Ackerland örtlicher Grundbesitzer zu besetzen und zu kultivieren. Der Distriktsekretär der Partei in Rayagada, Tripati Gamang, und einige seiner Mitstreiter wurden bei dem folgenden Handgemenge verhaftet, die Kleinbauern von der Polizei gewaltsam zurückgedrängt.

Für die CPI (ML)–Liberation ist ihre strategische Ausrichtung als parlamentarisch agierende und auf breite Massenbewegung setzende und zugleich auch die Option der gewaltsamen Konfrontation mit Staat und Grundbesitzern im Blick behaltende kommunistische Partei ein schwieriger Balanceakt, der sich aber zum Teil schon durch die Notwendigkeit der Selbstverteidigung ihrer Kader gegen Übergriffe von Senas und Polizei in den Dörfern ergibt. Im Interview mit Gerhard Klas beschrieb Kavita Krishnan, Leitungsmitglied der Partei, 2006 ihre Herangehensweise an die Frage der Militanz und

---

393 Singh 1995, S. 129

darin auch zum Ausdruck kommende Kritik an den maoistischen Guerilla-gruppen wie der CPI (Maoist) in sehr plastischer Weise:

„Überall wo wir die arme Landbevölkerung organisiert haben, gibt es Gegenschläge der Großgrundbesitzer. Sie haben schwer bewaffnete Privatarmeen aufgebaut. Hinzu kommen die Angriffe der Polizei. (...) Die Antwort können nicht einige bewaffnete Guerillaeinheiten sein, die in die Dörfer kommen, ein paar Attacken auf die Polizei durchführen, sich dann wieder in die Sicherheit des Dschungels zurückziehen und die Dorfbewohner anschließend die Hauptlast des staatlichen Gegenschlages tragen lassen. Für uns ist es wichtig, dass die Dorfbewohner selbst bewaffnet sind, deshalb brauchen die Dörfer eigene Milizen. Dabei kann man sich natürlich nicht auf hoch entwickelte Waffen stützen. Das ist nicht unser Weg. Wenn ein Dorf attackiert wird, müssen die Bewohner sich selbst wehren können. Als Waffen dienen den Milizen dabei verschiedene Haushaltsgegenstände und alles, was ihnen aus eigener Kraft und Möglichkeit zur Verfügung steht. Die Anführer der Milizen sind keine Guerillakommandos, die getrennt von den Dorfbewohnern existieren. Wir bringen ihnen bei, wie sie ihren Widerstand organisieren können, ohne dabei auf Kräfte von außen bauen zu müssen, die für Gegenmaßnahmen ins Dorf kommen. Ein Beispiel: Vor kurzem überfielen Guerillaeinheiten der Maoist Party [gemeint ist die CPI (Maoist)] eine Polizeistation im östlichen Teil des Bundesstaates Uttar Pradesh, die in den vergangenen Jahren für ihre brutale Polizeirepression bekannt worden war. Viele Menschen sind dabei ums Leben gekommen, die Maoisten töteten 17 Polizeibeamte. Das wiederum war die Begründung für einen massiven Polizeieinsatz. Aber diejenigen, die dabei getötet wurden, ins Gefängnis kamen und gefoltert wurden, waren nicht die Parteiführer der Maoisten, sondern Aktivisten unserer Partei, einfache Dorfbewohner aus der Region, die meisten von ihnen ziemlich arme Adivasi und Hilfsarbeiter ohne eigenes Land. Wenn es uns nicht gelingt, diese Leute in die Lage zu versetzen, sich gegen diese Repression zu wehren, dann kann man die Guerillakommandos ziemlich vergessen. Das ist unser Ansatz."[394]

Neben der Arbeit in den ländlichen Regionen ist ein weiterer organisatorischer Schwerpunkt der Partei der Aufbau ihres Studierendenverbandes, der All India Students Association (AISA). Gegründet 1990, hat sich die AISA inzwischen zu einer der wichtigsten kommunistischen Studierendenorganisationen Indiens entwickelt, die eine Mehrheit in den gewählten Studierenden-Vertretungen wichtiger Universitäten Nordindiens wie etwa der Jawaharlal-Nehru-Universität in Delhi sowie der Benares-Hindu-Universi-

---

394 Klas 2006, S. 119f

ty in Varanasi und der Universität Allahabad stellt und in 16 Bundesstaaten aktiv ist.

Die politische Entwicklung der CPI (ML)–Liberation wurde jahrzehntelang stark geprägt durch ihren Generalsekretär Vinod Mishra (1947-1998), dessen Biographie untrennbar mit der radikalen Linken nach 1967 verbunden ist. Geboren in Jabalpur (Madhya Pradesh) verbrachte er seine Kindheit und Jugend größtenteils in und um Kanpur (Uttar Pradesh), das zu dieser Zeit eine aufblühende Industriestadt und zugleich Hochburg der ArbeiterInnenbewegung war. Nach seinem Schulabschluss und einem Collegeabschluss in Mathematik, begann er 1966 ein Ingenieursstudium am Regional Engineering College in Durgapur, wo er eine kommunistische StudentInnengruppe mitgründete, die sich unter dem Eindruck der Bewegung in Naxalbari zunehmend radikalisierte und eine organisierte Verbindung zum AICCCR knüpfte. In einem autobiographischen Text beschrieb er die Atmosphäre im College in Durgapur als extrem reaktionär, schon die Lektüre eines Buches von Marx konnte zur Exmatrikulation durch die Hochschulleitung führen, die ängstlich darauf bedacht war, subversive Einflüsse von ihren Studierenden fernzuhalten.[395] Die kommunistischen Studenten wagten ab 1968 zunehmend die Auseinandersetzung mit der Hochschulleitung, beeinflusst, wie Mishra später schrieb, durch die Ereignisse im Mai 1968 in Frankreich. Bei einem von ihnen organisierten Studentenstreik kam es zu ersten gewaltsamen Zusammenstößen mit der Polizei, in der Folge zu aktiven Solidarisierungen der radikalen Studenten mit den in die ruhige Kleinstadt Durgapur überschwappenden Bewegungen der ArbeiterInnen und Kleinbauern. Konfrontiert mit der Polizeibrutalität gegen streikende ArbeiterInnen und der ambivalenten bis reformistischen Haltung der CPI (M), schloss er, der seit seiner Kindheit familiäre Berührungspunkte mit progressiven und gewerkschaftlichen Milieus hatte, sich im Sommer 1969 mit seiner Gruppe dem bewaffneten Untergrund der CPI (ML) an. In einem Brief an seinen Vater, in dem er seinen Entschluss, das Studium abzubrechen und das Leben eines Untergrundmilitanten zu führen, begründete, schrieb er: „Ich konnte unter diesen Umständen kein Maschineningenieur werden, aber ich werde immer danach streben, eine bessere Gesellschaft zu konstruieren."[396]

Über grundsätzliche Erwägungen hinaus war es allerdings auch die sich zunehmend zuspitzende Situation am College, die das Ausweichen in die Illegalität erzwang. Mishras Gruppe hatte in einer rigiden autoritären Kaderschmiede einen Funken entfacht, der nun entfachte Brand drohte, sie selber

---

395 Mishra 2006, Internetquelle
396 Boland 1999, Internetquelle

zu vernichten, einer Minderheit radikalisierter Studenten stand eine Mehrheit von karrierebewussten und aggressiv gegen sie vorgehenden Kommilitonen gegenüber, die sich zudem eine unrühmliche Reputation in Schlägereien mit Arbeitern und Linken sowie gewaltsame Übergriffe in den proletarischen Vierteln der Stadt in der Stadt verschafft hatten. „Roter Terror" gegen „weißen Terror", so lautet das Schlagwort, unter dem in offiziellen Darstellungen die Eskalationsspirale am College in Durgapur beschrieben wird. Nachdem Anfang Juni 1969 ein Rädelsführer der antikommunistischen Studenten von Angehörigen der bereits zu den Naxaliten konvertierten kommunistischen Studentengruppe zu Tode geprügelt worden war, schloss die Regierung das Engineering College für ein Jahr und versuchte, der Gruppe habhaft zu werden. Mishra selbst schrieb später selbstkritisch über diese Zeit:

> „Während der Zeit des ‚roten Terrors' führten wir variierende Formen von Bestrafungsaktionen gegen Reaktionäre und ‚Lumpenelemente' am College durch, in Besonderheit gegen jene, die eine Führungsrolle beim ‚weißen Terror' spielten. Diese Spirale der Gewalt erreichte ihren Höhepunkt, als Madhusudan, der Hauptträdelsführer der ‚Weißen' zum College zurückkehrte, um sich für seine Übergriffe zu entschuldigen. Er hatte sich den tiefen Hass vieler Studenten zugezogen und wurde von einem Studentenmob zu Tode geprügelt. Das war das Ende unseres ‚roten Terrors', denn die Polizei intervenierte nun und das College wurde auf unbestimmte Zeit geschlossen. Ich hatte meine Zeit als studentischer Aktivist schon mehr oder weniger beendet und nach diesem Ereignis konnte es keine Rückkehr geben.
>
> Zurückblickend muss ich sagen, dass wir während dieser Phase einige Exzesse verübten und die Verantwortung liegt zu einem großen Teil bei mir. Madhu war, trotz allem, einfach ein Student, der zurückgekehrt war, um sein Studium abzuschließen. Ich konnte mir nicht vorstellen, dass er an den Schlägen sterben würde. Oft muss ich an seinen Tod denken, denn wenn ich es versucht hätte, hätte ich meine militanten Genossen zurückhalten und sein Leben retten können."[397]

Ähnlich dramatische Ereignisse dürften sich zu dieser Zeit an zahlreichen Hochschulen in verschiedenen Teilen Indiens abgespielt haben. In Durgapur schlossen sich, Mishras Angaben zufolge, fast 100 Studenten den bewaffneten Gruppen der CPI (ML) an. Mishra selbst wurde Sekretär des Durgapur Local Organising Committee und kurz darauf Mitglied der Distriktleitung der CPI (ML) in Burdwan, im Frühsommer 1971 von der Polizei verhaftet, zusammengeschlagen und ein Jahr lang ohne Verfahren in Untersuchungshaft gehalten. Im Sommer 1972 musste er aufgrund gesetzlicher Bestimmungen,

---

397 Mishra 2006, Internetquelle

die eine Untersuchungshaft ohne Anklage von mehr als einem Jahr unter-
sagten, freigelassen werden und nutzte, einer erneuten Verhaftung zuvor-
kommend, die Gelegenheit, um sich in eine abgelegene Gegend im Distrikt
Burdwan zurückzuziehen, wo er den Aufbau von Guerillaeinheiten leitete.
Bei der Abspaltung der Anti-Lin-Biao-Gruppe 1973 ging die Distriktorga-
nisation in Burdwan, die inzwischen von Mishra geleitet wurde, zu dieser
über. Mishra selbst heiratete 1974 im Untergrund eine Genossin, die ebenfalls illegal lebte, eine Verbindung, die jedoch unter den Bedingungen des
illegalen Kampfes nur schwer Bestand haben konnte und 1978 endgültig
zerbrach. Erst 1991 sollte er wieder, diesmal unter wenigstens halblegalen
Umständen, heiraten – ein Mitglied des Zentralkomitees seiner Partei. Aus
beiden Ehen ging jeweils ein Kind hervor.

Ab Mitte der 1970er Jahre war Mishra, zunächst als Parteisekretär von
West Bengal, ab 1975 dann als Generalsekretär der aus der Anti-Lin-Biao-
Gruppe heraus entstandenen CPI (ML)–Liberation, bemüht, die zerschla-
gene Parteiorganisation langsam und beharrlich wieder aufzubauen, die sektiererischen Fehlentwicklungen der frühen Phase zu korrigieren und nach
und nach zu einer Form der Massenlinie zurückzufinden, die herausführen
sollte aus der Logik der Militarisierung, des Personenkults und der Isolation.
Im Januar 1979 wurde er bei einem Feuergefecht mit der Polizei verletzt,
konnte jedoch entkommen. Im selben Jahr besuchte er mit einer Delegation
seiner Partei die VR China.

> „Sie unternahmen als Staatsgäste ausgedehnte Reisen und tauschten Erfahrungen mit
> chinesischen GenossInnen aus. VM war hoch beeindruckt. Zugleich lehnte er jedoch
> höflich jegliche materielle Unterstützung ab, einschließlich des freundlichen Ange-
> bots einer Nierenoperation. Alle Ressourcen für die indische Revolution mussten in
> Indien selbst mobilisiert werden, so war sein Motto. Sowohl die CPCh als auch die
> CPI (ML) hielten den Besuch streng geheim, bis die letztere später in die Legalität
> zurückkehrte."[398]

Mishra scheint vom Zusammenbruch des „real existierenden Sozialismus"
kaum überrascht gewesen zu sein, zugleich nahm er aber mit Besorgnis die
demoralisierenden Auswirkungen dieses epochalen Bruchs in der indischen
Linken wahr – ein Faktor, der sein Bestreben verstärkte, den Prozess der
Legalisierung der Partei weiter voranzutreiben, um auf einer öffentlichen
politischen Basis der neoliberalen Offensive entgegenwirken zu können. Die
Polemik, die er über die Bewertung Gorbatschows und der Krise der Sowjet-

---

398 Arindam Sen, o. J., Internetquelle

union 1991 mit der Führung der CPI (M) führte, verdeutlicht die Haltung seiner Partei zum „real existierenden Sozialismus" in durchaus symptomatischer Weise:

„Der CPI (M)-Theoretiker Prakash Karat warf uns, indem er unsere positive Bewertung des 28. Parteitags der KPdSU zitierte, vor, wir würden uns völlig auf die Seite Gorbatschows und Russlands schlagen und eine Kehrtwende weg von unserer antisowjetischen Haltung früherer Tage vollziehen. Sie selber halten es sich zugute, Gorbatschow von Anfang an kritisiert zu haben. Lasst die Tatsachen für sich selbst sprechen. In der großen Debatte [der 1970er Jahre] stellten wir uns entschlossen auf die Seite der Kommunistischen Partei Chinas und kritisierten die Thesen Chruschtschows. Wir haben nie an die Theorie der friedlichen Koexistenz geglaubt und Maos Gedanken als Leitlinie gesehen, die in den internationalen Beziehungen die These einer führenden Partei zurückwies, den Gegensatz zwischen der ‚Dritten Welt' und dem Imperialismus als Hauptwiderspruch in der heutigen Welt definierte und die Hegemonie der Supermacht Sowjetunion infrage stellte. Nicht die Metaphysik Stalins, sondern die Dialektik Maos war unser philosophischer Kompass und er hat uns dabei geholfen, die Existenz von Klassenkämpfen in einer sozialistischen Gesellschaft und ebenso die Gefahren einer Restauration des Kapitalismus zu verstehen. Wir haben sicherlich Fehler begangen und sind mitunter in Extreme verfallen, aber unsere grundlegende Prämisse hat ihren Test vor der Geschichte bestanden. Die CPI (M) auf der anderen Seite hat Maos philosophische Denkweise ins Lächerliche gezogen, der Supermacht Sowjetunion applaudiert und den Einmarsch in die Tschechoslowakei wie auch die Invasionen in Afghanistan und Kambodscha unterstützt. Die Grundannahmen der CPI (M) haben sich, trotz einiger richtiger Kritiken an diesem oder jenem Fehler als subjektiv erwiesen.

Wir waren die ersten, die Gorbatschows Rede vom 2. November in den harschesten Worten kritisiert haben, während die CPI (M) sich erst viel später geäußert hat – und erst nach Besuchen in Moskau. Durchgängig waren wir äußerst kritisch gegenüber Gorbatschows Haltung zum Imperialismus. Im Bezug auf seine Ideen über den Klassenkampf bezeichneten wir ihn als nichts anderes als eine verfeinerte Version Chruschtschows. Wir haben gleichwohl Gorbatschows Maßnahmen zur Abrüstung und für demokratische Reformen in einem hochgradig autoritären Regime begrüßt. Wenn die CPI (M) immer noch Illusionen über das Breschnew'sche Modell des Sozialismus hegt, sollte sie nicht vergessen, dass dieses Modell seinen Zenit überschritten hatte und dazu bestimmt war, zu kollabieren. Gorbatschows Rolle dabei war nur die eines Katalysators der Geschichte. Man sollte ebenfalls nicht vergessen, dass es dasselbe Breschnew-Regime war, das den Ausnahmezustand und das autoritäre Regime Indira Gandhis unterstützt hat."[399]

Im Dezember 1992 trat Mishra, aus Anlass des ersten legal abgehaltenen Parteitags der CPI (ML)–Liberation, nach 25 Jahren im Untergrund erstmalig an die Öffentlichkeit und redete auf einer Massenkundgebung im Maidan in Calcutta. Von da an führte er ein nicht weniger strapaziöses Leben als zuvor, das darum kreiste, die Partei nicht nur organisatorisch, sondern auch inhaltlich auf die sich verändernden politischen Bedingungen auszurichten: Am 18. Dezember 1998 starb er im Alter von 51 Jahren während einer Sitzung des Zentralkomitees an einem Herzinfarkt. An der Prozession zu seiner Einäscherung vier Tage später in Patna nahmen mehr als 100.000 Menschen teil, ein Hinweis auf das Ansehen, das Mishra, weit über seine eigene politische Strömung hinaus, in der indischen Linken genoss.[400] Diese Reputation dürfte sich auch dadurch erklären, dass er nicht nur ein theoretischer Kopf, Autor brillanter Artikel und praktisch versierter Berufsrevolutionär war, sondern auch eine in seiner Generation der radikalen Linken im Allgemeinen und in der Naxalitenbewegung im Besonderen nicht eben häufige Fähigkeit zur Selbstkritik besaß, die ihn manchen Erfahrungen außerhalb seines politischen Milieus und sozialen Erfahrungshorizonts offener gegenübertreten ließ, als das von etlichen anderen profilierten Führungsfiguren der Naxaliten gesagt werden kann. Und sicherlich spielt für seine Popularität in der radikalen Linken auch eine Rolle, dass spätestens seit dem Tod Mazumdars 1972 in der zerklüfteten und oftmals dogmatisch erstarrten militanten Szene ein Mangel an integrierenden Führungspersönlichkeiten herrscht, der bis heute anhält. Unter den Bedingungen tiefer Illegalität ist das Operieren mit Decknamen und Anonymität sicherlich eine praktische Notwendigkeit. Die führenden Gruppen der Naxaliten sind jedoch in einem Maße ‚gesichtslos‘ und gleichsam anonym, das auch einen Mangel an inhaltlicher Tiefe und an Menschen offenbart, die in der Lage wären, eine weitergehende kohärente inhaltliche Perspektive zu formulieren.

Die CPI (ML)–Liberation hatte bereits seit Jahren die Gründung einer gesamtindischen Konföderation der Linken angeregt und den Führungen der CPI und CPI (M) derartige Angebote unterbreitet, die – vorhersehbar – bei diesen nur auf geringe Gegenliebe gestoßen waren. Strategisch war damit sicherlich auch nicht gemeint gewesen, den Zusammenschluss mit der Gesamtheit der sozialdemokratisierten Linken zu suchen. Im August 2010 nun

---

399 Mishra 1991
400 Boland 1999, Internetquelle

gaben Vertreter der CPI(ML)–Liberation, der CPI (M) Punjab, der Lal Nishan Party (Leninist) Maharashtra, und des Left Coordination Committee, Kerala die Gründung einer „All India Left Coordination" bekannt, die als Schritt auf dem Weg zu einer größeren Einheit der antikapitalistischen Linken gesehen wird. Bemerkenswert an dieser Neuformierung, die zumindest kurzfristig kaum mehr beinhaltet als die Koordinierung gemeinsamer Kampagnen und Mobilisierungen der einzelnen Organisationen, ist gleichwohl die Breite dieser Koordination. Mit der CPI (M) Punjab beteiligt sich eine in Teilen dissidente Regionalorganisation der CPI (M) an dem Projekt, was als zumindest symbolisch wichtiger Einbruch in das Lager der hegemonialen Kraft der Linken gesehen werden kann. Das Left Coordination Committee aus Kerala wiederum ist eine Abspaltung der lokalen CPI (M), die bei den letzten Wahlen zur State Assembly dort der regierungsgeschädigten offiziellen Parteiorganisation einige Stimmen abjagen konnte. Und die Lal Nishan Party (Leninist) ist eine linke Abspaltung der ihrerseits bereits 1942 von der CPI in Maharashtra abgespaltenen Lal Nishan Party und hat auf regionaler Ebene einige Verankerung in den Gewerkschaften. Von diesen Organisationen ist allerdings die CPI (ML)–Liberation die mit Abstand größte und die völlig verschiedenen regionalen Schwerpunkte der beteiligten Organisationen bedeuten real eher eine regionale Ergänzung als eine Zusammenarbeit der Parteien auf lokaler Ebene. Allerdings könnte die Gründung der All India Left Coordination und die Option eines möglicher langfristigen Zusammenschlusses der CPI (ML)–Liberation mit anderen Organisationen sich für diese als weitere Wegmarkierung heraus aus dem begrenzten Milieu der naxalitischen Tradition erweisen.

## 6.7. Kleinere Naxalitengruppen

Tendenziell gruppieren sich also die aus der Bewegung von Naxalbari hervorgegangenen Parteien und Gruppen um zwei Pole, von denen der eine von der äußerst militant agierenden strikt maoistischen CPI (Maoist), der andere von der an Wahlen teilnehmenden und von den Maoisten als opportunistisch und revisionistisch angesehenen CPI (ML)–Liberation gebildet wird. In den letzten Jahren ist ein Trend zur organisatorischen Bündelung und Wiedervereinigung der zersplitterten Naxalitenbewegung erkennbar. Gleichwohl dürften immer noch 30 bis 40 verschiedene Organisationen existieren, die sich in einem breiten Spektrum strategischer Orientierungen bewegen, die von rein bewaffnet im Untergrund kämpfenden bis hin zu parlamentarisch tätigen und auf den Aufbau von zivil-politischen Bewegungen abzielenden Strategien reichen (und sich dabei überwiegend auf das maoistische Konzept der Massenlinie berufen). Zur Gruppe der antiparlamentarisch ausgerichteten und auf den bewaffneten Kampf orientierten Gruppen gehören etwa die CPI (ML)–Janashakti und die CPI (ML)–Naxalbari, zu den auch legale und bewegungsorientierte Kampfformen praktizierenden Gruppen etwa die CPI (ML)–New Democracy und die CPI (ML)–Kanu Sanyal. Es ist in diesem Kontext kaum lohnenswert und realisierbar, eine detaillierte Darstellung dieser, zum Teil auch sektenhaft erstarrten und auf den Eitelkeiten einzelner führender Mitglieder basierenden Splittergruppen und Fraktionen zu liefern. Exemplarisch sollen hier nur jene Gruppen dargestellt werden, die noch als die bedeutenderen und eine gewisse Verankerung aufweisenden unter den existierenden „sonstigen" naxalitischen Organisationen betrachtet werden können.

### 6.7.1. Communist Party of India (Marxist-Leninist)–Janashakti

Die CPI (ML)–Janashakti wurde 1992 gegründet, als sieben naxalitische Gruppen fusionierten. Die sieben Gruppen waren:

• Communist Party of India (Marxist-Leninist) Resistance
• Unity Centre of Communist Revolutionaries of India (Marxist-Leninist) (Muktigami) faction
• Communist Party of India (Marxist-Leninist) Agami Yug
• Communist Party of India (Marxist-Leninist) PV Rao (Abspaltung der CPI (ML)–New Democracy )
• Communist Party of India (Marxist-Leninist) Khokan Majumdar
• All India Coordination Committee of Communist Revolutionaries
• Communist Revolutionary Group for Unity

Die CPI (ML)–Janashakti fußt überwiegend auf der revolutionären Tradition in Andhra Pradesh, mit der Massenlinie, die von Chandra Pulla Reddy und T. Nagi Reddy entwickelt wurde, führenden Köpfen der Rebellion von 1967 in der Region. Die Partei folgt einer Kombination von bewaffnetem Untergrund und parlamentarischen Kampfformen. Anfangs lief es gut für die Partei, und bei den Wahlen zur State Assembly in Andhra Pradesh 1994 gewann sie einen Sitz. Sie hatte insgesamt in 13 Wahlkreisen Kandidaten aufgestellt.

Zugleich hatte sie eine Gewerkschaftsföderation, die All India Federation of Trade Union (AIFTU), und eine Bauernorganisation aufgebaut. Die AIFTU, die sich im Zuge der Krise der Naxalitenorganisationen von ihrer früheren Partei unabhängig gemacht hat, organisiert inzwischen mehrere

Zehntausende von Mitgliedern, die hauptsächlich im Kohlebergbau, im Hotel- und Gaststättenbereich, im Gesundheitssektor und in der Bidi-Industrie arbeiten.[401] Aber die Einheit der disparaten Fraktionen der Partei währte nicht lange. Bereits 1996 verließ eine Gruppe die Partei, und bildete später die CPI (ML) Unity-Initiative [heute Teil der CPI (ML)–Kanu Sanyal]. Eine Reihe von Spaltungen folgten. Gegen Ende der 1990er Jahre richtete sich die Partei neu in Richtung des bewaffneten Kampfes aus und zog sich aus der offenen Massenarbeit zurück.

Heute ist die Partei in erster Linie konzentriert auf Andhra Pradesh. Sie spaltete sich in mindestens sieben Fraktionen, die heute unter dem gleichen Namen mit wenig oder ohne Koordinierung agieren. Die wichtigste Fraktion ist die Gruppe unter Leitung von Koora Rajanna. Polizeiliche Quellen behaupten, dass die CPI (ML)–Janashakti über 200 bis 300 bewaffnete Kader verfügt. Eine Abspaltung ist die Communist Party of the United States of India (auch bezeichnet als Fraktion der Janashakti Veeranna).

Eine weitere Fraktion, das South Provincial Regional Committee , fusionierte mit der CPI (ML) (Chandra Pulla Reddy) am 11. April 2004, wodurch die CPI (ML)–Chandra Pulla Reddy entstand.

Im Vorfeld der Lok-Sabha-Wahlen 2004 unterzeichnete die CPI (ML)–Janashakti eine gemeinsame Boykotterklärung mit der CPI (ML) People's War (PWG) und dem MCC.

Nach den gescheiterten Friedensgesprächen von 2004 wurde Koora Rajanna von der Polizei verhaftet und ins Zentralgefängnis von Warangal verbracht. Viele Anklagepunkte, die Rajanna zur Last gelegt wurden, mussten aus Mangel an Beweisen fallengelassen werden. Ab 2007 war er Sekretär der CPI (ML)–Janashakti in Andhra Pradesh, wurde jedoch erneut im Juli 2009 verhaftet. Die Partei hatte zeitweilig eine führende Rolle in den militanten Bewegungen in Andhra Pradesh, inzwischen allerdings verdichten sich die Hinweise darauf, dass die Organisation zumindest stark geschwächt ist und einzelne ihrer Fraktionen sich tendenziell der CPI (Maoist) anschließen.[402]

### 6.7.2. Communist Party of India (Marxist-Leninist)–Naxalbari

Diese Partei hat ihre Wurzeln teilweise in der Gruppe Maoist Unity Centre, CPI (ML) [MUC, CPI (ML)] und teilweise in der Gruppe um Rauf in Andhra Pradesh.

Das MUC, CPI (ML) wurde gegründet, als die Kerala Communist Party und die Maharashtra Communist Party im Jahr 1997 in eine gemeinsame

---

401  Vgl. Klas 2006, S. 130ff

402  Informationen nach massline.org

Organisation zusammengeführt wurden. Beide Gruppen waren überlebende Einheiten des Central Reorganisation Committee, CRC, CPI (ML) (das schon 1991 aufgelöst worden war). Das CRC, CPI (ML) war auch die Gruppe, aus der durch eine Abspaltung die CPI (ML)–Red Flag entstand, nach dieser Spaltung im Jahr 1987 war nicht viel von der CRC, CPI (ML) übriggeblieben.

Rauf war führender Kader der kleinen CPI (ML)–Red Flag–Einheit in Andhra Pradesh. Große Teile der Führung von Raufs Fraktion wurden bei Polizei-Razzien in den 1980er Jahren getötet, und der Gruppe gelang es nie wieder, sich von diesen Schlägen zu erholen. Rauf trat innerhalb der CPI (ML)–Red Flag für eine ultralinke Linie ein und verließ diese mit seiner Fraktion im Jahr 2000. Nach der Fusion mit der CPI (ML)–Naxalbari [ehemals MUC, CPI (ML)] wurde Rauf-Generalsekretär der fusionierten Partei. Die CPI (ML)–Naxalbari ist Mitglied des Revolutionary Internationalist Movement (RIM) und des Coordination Commitee of Maoist Parties and Organisations in South Asia (CCOMPOSA). Die RIM-Mitgliedschaft wurde vom CRC, CPI (ML) geerbt, das eines der drei Gründungsmitglieder der RIM war. Die Organisation befürwortet den bewaffneten Kampf, und erkennt nur Gruppen wie die CPI (Maoist) als kommunistisch an.[403]

### 6.7.3. Communist Party of India (Marxist-Leninist)–Kanu Sanyal

Diese Naxalitenpartei wurde durch den Zusammenschluss der CPI (ML)–Unity Initiative und der von Kanu Sanyal geführten Communist Organisation of India (Marxist Leninist) (COI-ML) im Juni 2003 gegründet. Sie konzentriert sich im Wesentlichen auf Andhra Pradesh, Jharkhand und West Bengal und gibt eine legale monatliche Zeitung unter dem Namen *Red Star* heraus.

Im November 2003 fusionierte die Communist Party of the Indian Union (Marxist-Leninist) (CPIU-ML) mit der Partei und übernahm deren Namen.

Bei den Wahlen im Jahr 2004 stellte die Partei fünf Kandidaten für die Lok Sabha und einem zum Andhra Pradesh State Assembly auf.

Die Ergebnisse aus den Lok-Sabha-Wahlen lauteten:

• Parvathipuram, Andhra Pradesh : Uooyaka Mutyalu 13.895 Stimmen (2,1%)
• Jhargram , West Bengal : Leba Chand Tudu 9.422 Stimmen (1,18%)
• Ranchi , Jharkhand : Kumar Pandey Anjani 2.044 Stimmen (0,29%)

---

403 Ebd.

• Darjeeling , West Bengal : Raju Bhatta 11.112 Stimmen (1,25%)

Im Vorfeld dieser Wahlen hatten die CPI (ML)–Kanu Sanyal und die CPI (ML) –Red Flag die Initiative zu einer Einheitsfront ergriffen und einigten sich bei einer Einheitskonferenz im Januar 2005 auf eine Fusion. Generalsekretär der neugebildeten Partei wurde Kanu Sanyal. Ihre Gewerkschaftsföderation ist das Trade Union Centre of India (TUCI). In Andhra Pradesh verfügt sie jedoch über eine regionale unabhängige Gewerkschaftsorganisation, die Andhra Pradesh Federation of Trade Unions (APFTU) sowie die LandarbeiterInnenorganisation Raitu Coolie Sangham. Im Norden von West Bengal hingegen, wo die Partei ihre Wurzeln hat, ist ihre wichtigste Vorfeldorganisation die All West Bengal Tea Garden Labourers Union (AWBTGL), die in den Teeplantagen von Darjeeling eine gewisse Verankerung hat.

Über die diversen Entwicklungsstadien und Fusionsprozesse hindurch spielte Kanu Sanyal, der seit den frühen 1950er Jahren in den Teeanbaugebieten Nordbengalens aktive kommunistische Organisator und zeitweilig engste Mitkämpfer Charu Mazumdars in den späten 1960er und frühen 1970er Jahren, eine überragende Rolle in der Organisation, weniger aufgrund seiner überlegenen theoretischen Beiträge, sondern vielmehr aufgrund der Ernsthaftigkeit, mit der Sanyal buchstäblich sein gesamtes Leben der Naxalitenbewegung geopfert hat, sowie der organisatorischen Fähigkeiten, der persönlichen Integrität dieses Veteranen und seiner anhaltenden Popularität unter den TeearbeiterInnen Darjeelings. Sanyal hatte die sektiererischen Fehler der Frühphase der CPI (ML) nach 1967 früh erkannt und sich nach seiner Haftentlassung 1979 öffentlich von dieser Art des bewaffneten Kampfes distanziert. Im Gegensatz zu manchen anderen früheren Kadern der Partei war dies für ihn nicht gleichbedeutend mit einer Aufgabe seiner politischen Prinzipien gewesen. Sanyal war in die Berge von Darjeeling zurückgekehrt, um dort, nun als Anführer einer der zahlreichen verfeindeten Fraktionen der alten CPI (ML), die revolutionäre Bewegung, oder was er darunter verstand, durch geduldige Massenarbeit wiederaufzubauen. Mehrmals danach wurde er noch inhaftiert, wegen Aufwiegelung der TeearbeiterInnen und Organisierung von gewalttätig endenden Demonstrationen. Im Jahr 2006 spielte er eine wichtige Rolle bei den Protesten gegen den geplanten Landraub in Singur für die geplante Ansiedlung des Tata-Konzerns.

Am 23. März 2010 wurde der 81-jährige Sanyal erhängt in seiner Hütte aufgefunden. Offensichtlich hatte er Selbstmord verübt, engen Vertrauten zufolge vermutlich aus Verzweiflung über seinen nach einem Schlaganfall im Vorjahr sich rapide verschlechternden Gesundheitszustand.

Ein nicht unbedingt maoistischer Sympathien verdächtiger Journalist schrieb nach Sanyals Tod in einem Artikel für *The Statesman*:

> „In seiner 60-jährigen politischen Laufbahn verbrachte er mindestens 16 Jahre hinter Gittern. In der Periode nach 1979 und bis zu seinem tragischen Tod am 23. März 2010 arbeitete Sanyal ernsthaft für die Vereinigung der kommunistischen Revolutionäre in Indien. Er kann als einer der wenigen Politiker nicht nur Indiens bezeichnet werden, die ihr gesamtes Leben für die Sache des Kommunismus geopfert haben. Er heiratete nicht und lebte ein spartanisches Leben inmitten der verarmten und ausgebeuteten Adivasi-TeearbeiterInnen und Kleinbauern, deren Interessen er vertrat. Das unter-privilegierte Leben seiner Leute teilend, lebte er in einem aus einem aus einem kargen Raum bestehenden Lehmhaus, das zugleich als Parteibüro und Kommune diente."[404]

Dass Sanyal ideologisch gesehen Zeit seines Lebens ein dogmatischer Mao-ist blieb, auch als er sich vom bewaffneten Kampf verabschiedet hatte, ist unbestreitbar. Dass er aber, anders als viele Mittelklasselinke der 1970er Jahre, konsequent und authentisch bis an sein Lebensende an der Seite der Unterdrückten und Ausgebeuteten blieb und ihr Leben teilte, sichert ihm seinen Platz im kollektiven Gedächtnis der lohnarbeitenden Menschen in Darjeeling und Umgebung.

### 6.7.4. Communist Party of India (Marxist-Leninist)–New Democracy

Die CPI (ML)–New Democracy wurde als Abspaltung von der CPI (ML) von Chandra Pulla Reddy im Jahr 1988 gegründet. Generalsekretär dieser Partei ist Yatendra Kumar.

Die Partei ist in erster Linie in Andhra Pradesh präsent, hat jedoch auch Parteiorganisationen in Bihar, West Bengal, Punjab, Uttar Pradesh, Maha-rashtra, Delhi, Orissa, Haryana etc.

Die Partei hatte lange ein Mitglied in der Legislative Assembly (MLA) in Andhra Pradesh, Gummadi Narsaiah aus dem Wahlkreis Yellandu, wo er zwischen 1983 und 2009 während fünf Legislaturperioden für die Partei in die Legislative Assembly gewählt wurde. Bei den Assembly-Wahlen 2009 verlor er seinen Sitz knapp an den Kandidaten des INC, dürfte aber bei der nächsten Wahl wieder gute Chancen auf den Wiedereinzug ins Parlament

---

404 Bappaditya Paul: Kanu Sanyal: Rebel ~ who did not return home, Internetquelle http://marginal-matters.wordpress.com/2010/03/25/kanu-sanyal-rebel-who-did-not-return-home/

haben. Die *Hindustan Times* schrieb über den rührigen maoistischen Abgeordneten während des Assembly-Wahlkampfes 2009:

> „Er ist ein langjähriger MLA, der seit 1983 nur eine Wahlniederlage erlebt hat, aber er besitzt kein Auto oder Motorrad. Stattdessen bewegt er sich mit einem Fahrrad durch seinen Wahlkreis, von dem immer noch große Abschnitte nicht auf Straßen erreichbar sind. Und er ist ein Phänomen:
>
> Gummadi Narsaiah, führendes Mitglied der Naxalitengruppe CPI (ML)–New Democracy kämpft um seine sechste Wiederwahl in Yellendu, einem Scheduled-Tribes-Wahlkreis. Er ist einer jener Naxaliten, die nicht an Wahlboykott glauben. Das ist auch der Grund, warum die Maoisten der CPI (Maoist) ihn hassen und ihn und seine Unterstützer verschiedentlich schon angegriffen haben, um seine Basis im Wahlkreis zu schwächen. Sein Naxaliten-Hintergrund wiederum macht ihn in den Augen des Establishments verdächtig. Warum wählen ihn die Leute in seinem, von den Stämmen der Banjara und Koya dominierten Wahlkreis?
>
> ‚Er wird gewählt, weil die Verlockungen der Macht ihn kalt lassen. Er lebt immer noch genauso wie vor 25 Jahren. Manche der Dorfvorsteher fahren in Toyota Innovas und Mahindra Scorpios durch die Gegend, aber er besitzt kein Auto‘, sagte B. Naik, ein Ladenbesitzer in der Kleinstadt Yellendu. Und das scheint die Meinung der Leute über den MLA auf dem Fahrrad gut zusammenzufassen."[405]

Die Partei hatte ebenfalls über mehrere Legislaturperioden hinweg einen Sitz in der State Assembly von Bihar. Die CPI (ML)–New Democracy folgt, ähnlich wie die CPI (ML)–Liberation einer Doppelstrategie, die sowohl die Teilnahme an Wahlen und den Aufbau von Massenorganisationen umfasst als auch die Aufrechterhaltung einer bewaffneten Untergrundarmee. Während allerdings die CPI (ML)–Liberation ihren Schwerpunkt inzwischen eindeutig und letztlich kaum reversibel auf die legalen und zivilen Kampfformen gelegt hat, ist die CPI (ML)–New Democracy ambivalenter. Die Partei hat offene Massenorganisationen wie die Indian Federation of Trade Unions (IFTU) als eigene Gewerkschaftsföderation und die All-India Kisan Mazdoor Sabha für Kleinbauern und LandarbeiterInnen. In den letzten Jahren entwickelte die Partei jedoch wieder – womöglich infolge des Verlusts ihrer beiden Mandate in Andhra Pradesh und Bihar – eine verstärkte Neigung zu bewaffneten Untergrundaktivitäten. Im Zuge dieser Neuorientierung war die Parteiführung um eine stärkere Distanzierung von der parlamentarischen Linken und den gemäßigten marxistisch-leninistischen Parteien bemüht. Die Eskalation, die die von der Regierung initiierte Aktion

---

405 *Hindustan Times* 11.04.2009

„Green Hunt" mit sich bringt, fordert auch bei Organisationen wie dieser ihre Opfer. Am 13. Juli 2010 wurde ein Kommandeur einer Einheit der CPI (ML)–New Democracy im Distrikt Warangal im Norden von Andhra Pradesh von der Polizei erschossen, als diese seine Einheit beim Betreten eines Dorfes angriff.

### 6.7.5. Provisional Central Committee, Communist Party of India (Marxist-Leninist)

Das Provisional Central Committee, Communist Party of India (Marxist-Leninist) [PCC, CPI (ML)] mit Santosh Rana als Generalsekretär entwickelte sich aus der Gruppe um Satyanarayan Singh, die sich nach einer Auseinandersetzung mit Charu Mazumdar 1971 von der CPI (ML) abgespalten hatte. Im Laufe des Jahres 1973 wurde Singhs Partei reorganisiert und um andere Naxalitengruppen erweitert, so etwa der ebenfalls 1971 von Mazumdar abgefallenen Gruppe um Santosh Rana und der Gruppe um Chandrapulla Reddy, die sich 1971 vom Andhra Pradesh Committee of Communist Revolutionaries (APCCR) abgespalten hatte. Singhs CPI (ML) war eine der ersten ML-Fraktionen, die in den 1970er Jahren damit begonnen hatte, an Wahlen teilzunehmen. Sie unterstützte den erfolgreichen Versuch der Janata-Party und der von ihr geführten Parteienkoalition, nach der Aufhebung des Ausnahmezustands 1977 die Unionsregierung von Indira Gandhi zu Fall zu bringen, ein Schritt, den die orthodoxeren maoistischen Gruppen als Verrat ansahen. Im selben Jahr 1977 wurde Santosh Rana über den Wahlkreis Gopiballavpur, einem der Epizentren der Aufstandsbewegung von 1967, in die State Assembly von West Bengal gewählt. Rana erhielt 13.401 Stimmen (25,67%), was ausreichte, um die Kandidaten der CPI (M), des INC und der Janata Party auf die Plätze zu verweisen. Singhs Gruppe gelang es zudem, den Parteinamen Communist Party of India (Marxist-Leninist) bei der zentralen Wahlkommission für seine Fraktion zu registrieren, ein Monopol, das allerdings in den 1980er Jahren verlorenging.

Um 1980 herum erschien Singhs Gruppe als die stärkste der verbliebenen ML-Fraktionen, aber mit dem Austritt Chandrapulla Reddys und seiner Gruppe sowie einigen weiteren Spaltungen schwand die Zahl der Anhänger zusehends dahin. Im Jahr 1984 ereignete sich der Bruch zwischen den Anhängern Singhs und der Gruppe um Santosh Rana und Vaskar Nandy. Die Fehde zwischen den ehemaligen GenossInnen nahm zunehmend bizarre Züge an, als die Anhänger Satyanarayan Singhs ihren Kontrahenten vorwarfen, Gelder von ausländischen Institutionen wie dem Lutherischen Weltbund, dänischen Behörden und US-amerikanischen Geheimdiensten genommen zu haben – Investitionen, die sich, selbst wenn auch nur ein Bruchteil der Behauptungen wahr gewesen wäre, wohl kaum gelohnt hätten, da beide verfeindeten Fraktionen inzwischen in der Bedeutungslosigkeit verschwunden waren. Während Singh kurz darauf starb und seine Gruppe zerfiel, konnte die Gruppe um Rana eine Mehrheit in der Organisation für sich gewinnen (das „provisorische Zentralkomitee") und wenigstens einen Teil der versprengten Unterstützer der Partei wieder um sich sammeln.

Ranas Gruppe unterscheidet sich von den anderen Naxalitenorganisationen durch ihre Betonung des antifaschistischen Kampfes. Rana betrachtet die hindunationalistische BJP als wichtigste faschistische Gefahr für Indien (eine an sich nicht ganz falsche Beobachtung, die nur etwas skurril wirkt, wenn man die Zusammenarbeit seiner Organisation mit unter anderem auch den Vorläufern der BJP um 1977 herum in Betracht zieht). Aufgrund dieser Einschätzung ruft das PCC, CPI (ML) ihre Unterstützer bei Wahlen dazu auf, in Wahlkreisen, in denen keine aussichtsreichen revolutionären KandidatInnen antreten, für die CPI (M) oder sogar den INC zu stimmen, um rechte Wahlsiege zu verhindern. Im Vorfeld der Lokh-Sabha-Wahlen von 2004 beteiligte sich das PCC, CPI (ML) an der Einheitsfront revolutionärer Organisationen, die von der CPI (ML)–Red Flag und der CPI (ML)–Kanu Sanyal initiiert wurde, ohne jedoch an den darauf folgenden Fusionsgesprächen der beiden Organisationen teilzunehmen.

In den von der ethnischen Gruppe der Bodo dominierten Gebieten in Assam arbeitet das PCC, CPI (ML) mit einer Vorfeldorganisation unter dem Namen United Reservation Movement Council of Assam (URMCA), die sich gegen die separatistische Bewegung der Bodo und speziell gegen die militante Bodo Liberation Front wendet. Bei den Lokh-Sabha-Wahlen von 2004 erhielt der URMCA-Kandidat im Wahlkreis Kokrajhar 205.491 Stimmen (21,25%), konnte den Sitz jedoch nicht für sich gewinnen. Das PCC, CPI (ML) gibt ein Zentralorgan unter dem Namen *For a New Democracy* heraus.[406]

---

406 Informationen nach massline.org

# Maoistische Guerillapräsenz in Indien im April 2009

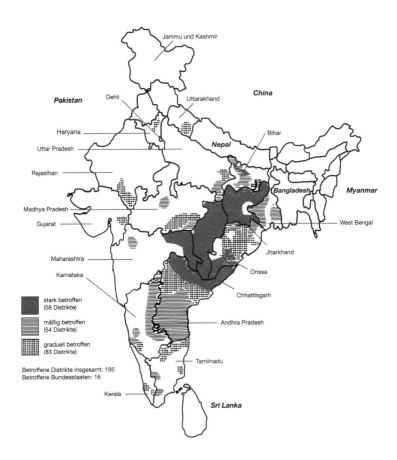

*Quelle:* Institute for Conflict Management, New Delhi, 2009
http://www.satp.org/satporgtp/countries/india/database/conflictmap2009.html

# 7. Entwicklung der Naxalitenbewegung in ausgewählten Regionen

Nachdem die neueren Entwicklungen in den sich auf die Aufstandsbewegung von Naxalbari beziehenden Gruppen in einem indienweiten Kontext dargestellt wurden und wir eine kurze Charakterisierung der wichtigsten heute noch bestehenden Organisationen vorgenommen haben, sollen nun einige regionale Entwicklungen skizziert werden, die hoffentlich auch den regional jeweils unterschiedlichen Charakter der maoistischen Aufstandsbewegung verdeutlichen können. Die wichtigsten Beispiele sind hierbei Chhattisgarh, wo die Guerilla zeitweilig eine „befreite Zone" errichtet hatte, vor allem unter den dort stark vertretenen Adivasi große Unterstützung genießt und sich seit 2005 in einer erbitterten Konfrontation mit Polizei, Paramilitärs und staatlich geförderten Milizen befindet – und Bihar, wo die klassenmäßigen Voraussetzungen ziemlich andere sind und die Naxaliten vor allem der CPI (Maoist) ein Teil eines komplexen, um das Kastenparadigma herum gruppierten Kampfes neuer und alter Klassenfraktionen um dörfliche Hegemonie, Landrechte und die Modernisierung der Agrarökonomie sind.

## 7.1. Chhattisgarh: Die Salwa Judum und ihre Auswirkung auf den Konflikt

Die Entwicklung im Bundesstaat Chhattisgarh zeigt wie in einem Brennglas die Konfliktlinien und Mobilisierungsmöglichkeiten der Naxaliten in ihrer sozialen Basis, der Stammesbevölkerungen, auf und verweist auf die katastrophale Unfähigkeit des Staates in diesen Gebieten, seine Bevölkerung als Subjekte ökonomischer und politischer Kämpfe wahrzunehmen und die quasi-koloniale Fremdheit gegenüber den Adivasi zu überwinden. Zugleich jedoch verdeutlicht sie auch die Widersprüche, Bruchlinien und Begrenzungen im naxalitischen Lager und dem Verhältnis der Guerilla zu den Adivasi. Aufgeworfen werden u.a. der Widerspruch zwischen dem Anspruch, eine nichtkapitalistische Ökonomie auf der Basis der Bedürfnisse der Menschen zu entwickeln und der Tendenz der Naxaliten, die Ökonomie der von ihnen kontrollierten Gebiete ihren militärischen Erfordernissen unterzuordnen, der Widerspruch zwischen dörflicher Selbstorganisation und übergeordneten politischen Strukturen, Entwicklungsprojekten des Staates und den Sicherheitsinteressen der Guerilla.

### 7.1.1. Ökonomische Erschließung auf Kosten der Adivasi

Von besonderer Bedeutung im Naxaliten-Konflikt wurde die im Juni 2005 im Süden Chhattisgarhs gegründete Salwa Judum.[407] Als die Naxaliten im Sommer 2005 zu einem Boykott aufriefen, kam es zu Protesten innerhalb der Bevölkerung. Dieser wurde seitens der Regionalpolitik dazu ausgenutzt, die Salwa-Judum-Kampagne ins Leben zu rufen, bei der Zivilisten mit Waffen versorgt und an diesen ausgebildet wurden, um so ein Gegengewicht zu den naxalitischen Rebellen zu schaffen und den staatlichen Sicherheitskräften Entlastung zu bieten. Im Zuge dieser Kampagne wurden die Bewohner ganzer Dörfer in Lager umgesiedelt, um so die Gruppen möglichst gut organisieren und kontrollieren und zugleich möglichst viele Bewohner als Special Police Officers (SPO) rekrutieren zu können.

Chhattisgarh, einst Teil des Bundesstaates Madhya Pradesh, wurde am 1. November 2000 als 26. Bundesstaat formiert. Rund 32 Prozent der Bevölkerung hier sind Adivasi, konzentriert unter anderem im früheren Distrikt Bastar, der nach der Konstituierung des neuen Bundesstaates in die Distrikte Bastar, Kanker, Narayanpur und Dantewada (auch als South Bastar bezeichnet) aufgeteilt wurde. Im Mai 2007 wurde Dantewada weiter in Dantewada und Bijapur aufgegliedert. Diese Distrikte grenzen an die Bundesstaaten Maharashtra, Andhra Pradesh und Orissa. Rund 79 Prozent der Bevölkerung von Dantewada und Bijapur sind Adivasi, hauptsächlich Gond, Koya und Dorla.

Große Teile von Dantewada und Bijapur sind durch Wald bedeckt, der – neben Landwirtschaft und Handwerk – die Existenzgrundlage der Adivasi bildet. Nach offizieller Angabe gibt es hier 1.354 Dörfer (1254 ‚revenue villages' – ‚normale Dörfer' – und 136 ‚forest villages' auf dem Land der Forstbehörde). Von den 1.254 Dörfern sind 1.175 bewohnt. 95 Prozent des Gebietes gilt als „ländlich", nur fünf Prozent als „städtisch". Viele Dörfer haben immer noch keine adäquate Infrastruktur, Schulen und Gesundheitsdienste.[408] Mit 24,5 Prozent Alphabetisierung steht Dantewada am Ende der Skala aller indischer Distrikte. Die meisten Adivasi leben in bitterer Armut, werden oft von den Geldverleihern, Pächtern, korrupten Bürokraten, Forstbeamten sowie Mitarbeitern von Minengesellschaften ausgebeutet und von den Sicherheitskräften terrorisiert und misshandelt. Seit den 1970er Jahren versuchte die Forstbehörde, die traditionelle Nutzung des Waldes durch die Adivasi zurückzudrängen:

---

407 Gondi für ‚kollektive Säuberung'

408 „Work Proposal": Jan Jagran Abhiyan 2005, „The Common People's Awareness Raising Campaign against the Naxalites Bastar, Dantewada", 2005

„Das ewige Problem, der eigentliche Fluch des Lebens der Leute war der größte Grundbesitzer von allen, das Forstministerium. Jeden Morgen kamen Forstbeamte, selbst die jüngsten von ihnen, in die Dörfer wie ein böser Traum und hinderten die Leute daran, ihre Felder zu pflügen, Feuerholz zu sammeln, Blätter zu pflücken, Früchte zu sammeln, ihr Vieh zu weiden, ganz einfach am Leben. Sie brachten Elefanten mit, um die Felder niederzutrampeln und streuten im Vorübergehen Babool-Samen (von duftenden Akazien), um den Boden zu zerstören. Die Leute wurden geschlagen, verhaftet, erniedrigt, ihre Ernten wurden zerstört. Natürlich waren sie vom Gesichtspunkt der Forstbeamten aus einfach illegale Leute, die illegalen Tätigkeiten nachgingen, und das Forstministerium setzte nur die Einhaltung der Gesetze durch."[409]

Ihnen wird der Zugang zum Wald verwehrt, sie müssen ihre Produkte billig an Zwischenhändler und Geldverleiher verkaufen. Adivasi-Frauen werden oft sexuell missbraucht und vergewaltigt.[410] Rassismus und soziale Diskriminierung gegenüber der Adivasi-Bevölkerung sind an der Tagesordnung, indische Medien wie auch der verfestigte Alltagsrassismus der Nicht-Adivasi zeichnen ein Bild von ‚unzivilisierten Wilden‘, wie Nandini Sundar eindringlich darlegt:

„Besucher der offiziellen Website des Distrikts Bastar (www.bastar.nic.in) werden ‚entdecken‘, dass die Gonds eine ‚fruchtbarkeitsfördernde Mentalität‘ haben, dass ‚Ehen zwischen Brüdern und Schwestern verbreitet sind‘ und dass ‚die Munas Mahua-Tränke medizinischer Behandlung vorziehen, um ihre gesundheitlichen Beschwerden zu kurieren‘. ‚Die Eingeborenen dieses Gebietes‘, heißt es auf der Website, ‚sind berühmt für ihre ‚Ghotuls‘, bei denen die einander versprochenen Paare sich verabreden und auch freien Sex haben‘. Ähnlich die Abhuj Marias: ‚Diese Menschen sind nicht sauber in ihren Gewohnheiten und selbst wenn ein Maria badet, wäscht er seine Unterwäsche nicht, sondern lässt sie am Ufer zurück. Wenn sie Wasser aus einem Fluss trinken, nehmen sie es nicht mit der Hand auf, sondern stecken den Mund in das Wasser wie das Vieh‘. Einige dieser Stammesangehörigen ‚führen das Leben von Wilden‘ bekommen wir mitgeteilt, ‚sie kommen nicht gerne in die Welt außerhalb ihrer Lebensräume, um sich mit der modernen Zivilisation abzugeben‘."[411]

Während den Adivasi der Zugriff auf ihre traditionellen Ressourcen in den Wäldern vorenthalten wird, werden zugleich unter den Augen und mit Unterstützung der Forstverwaltung gute Geschäfte gemacht:

---

409 Roy 2010, Internetquelle
410 Punwani 2007
411 Sundar 2006, S. 3187

„Selbst als den Menschen der Zugang zu den Wäldern untersagt wurde, war es höheren Polizeioffizieren und Politikern erlaubt, die Holzbestände mit Genehmigung des Malik Makbuja zu dezimieren. Einflussreiche Leute kauften Land zu günstigen Preisen, um vom Verkauf und der Abholzung der Bäume auf ihm zu profitieren. Baumbestände auf Forstgebiet wurden als privater Landbesitz ausgewiesen. Als Reaktion auf einen von zwei NGOs angestrengten Prozess ordnete der Oberste Gerichtshof eine Untersuchung an."[412]

Diese Untersuchung des Supreme Court kam zu dem eindeutigen Ergebnis, dass Angehörige der Forstverwaltung in großem Stil das den Adivasi entzogene Land der kommerziellen Erschließung durch Holzeinschlag und Vermarktung der Ressourcen geöffnet hätten:

„ ,Diese Beamten (Forst- und Finanzbeamte, die für die Überwachung von Verkäufen zuständig waren) vergaben ebenfalls kostenlos Genehmigungen zugunsten anderer einflussreicher Personen, wie etwa Mahendra Karma (dem damaligen Parlamentsabgeordneten), Rajaram Todem (zur Zeit stellvertretender Oppositionsführer in der Legislative Assembly von Madhya Pradesh) und anderen einflussreichen Familien von Kaufleuten wie etwa Suranas, Awasthis, Brij Mohan Gupta und vielen anderen, die in dieses Geschäft des Aufkaufens von Land mit stehenden Baumbeständen und des Verkaufs des Holzes eingestiegen sind.'

Nach den Kalkulationen der Untersuchungskommission erwirtschaftete Karma auf diese Weise einen Profit von nahezu 16 lakh Rs. durch den Verkauf von Holz in gerade einmal sechs Monaten. Ein CBI-Ermittlungsverfahren wurde gegen ihn und andere im Jahr 1998 eingeleitet, aber weiterführende Maßnahmen scheinen nicht ergriffen worden zu sein."[413]

### 7.1.2. Die Naxaliten in der Special Guerilla Zone

Seit 1980 ist die Naxaliten-Bewegung in der Region aktiv und hatte über einen längeren Zeitraum eine breite Unterstützung von Teilen der Adivasi. Die Naxaliten organisierten diese gegen Ausbeutung und Misshandlungen, zunächst im Kampf um höhere Abnahmepreise für die von ihnen produzierten Güter, wie etwa Tendu-Blättern, die von Zwischenhändlern zu einem niedrigen Preis aufgekauft und mit großem Gewinn weiterverkauft werden. Wesentlich für die Stärkung der Peoples War Group war jedoch der Kampf gegen die Forstbehörde, in dem die Maoisten die Adivasi sehr effektiv unterstützten:

---

412 Sundar 2006, S. 3188
413 Sundar 2006, S. 3189

„Ermutigt durch die Teilnahme des Volkes bei diesen Kämpfen, entschloss sich die Partei, dem Forstministerium entgegenzutreten. Sie ermutigte die Leute, Waldland zu übernehmen und es zu kultivieren. Das Forstministerium schlug zurück, indem es die neuen Dörfer, die in den Forstgebieten entstanden, niederbrannte. 1986 richtete es in Bijapur einen Nationalpark ein, was die Beseitigung von 60 Dörfern bedeutete. Mehr als die Hälfte hatten den Wald bereits verlassen müssen, und der Bau der Infrastruktur für den Nationalpark hatte begonnen, als die Partei auf der Bildfläche erschien. Sie zerstörte die begonnenen Bauten und stoppte die Auflösung der übrigen Dörfer. Sie hinderte die Forstbeamten daran, das Gebiet zu betreten. Bei ein paar Gelegenheiten wurden Beamte gefangen, an Bäume gebunden und von den Dörflern verprügelt. Es war eine reinigende Rache für jahrhundertelange Ausbeutung. Schließlich ergriff das Forstministerium die Flucht. Zwischen 1986 und 2000 verteilte die Partei 300.000 acres Waldland."[414]

Die Adivasi verstärkten nicht nur die Reihen der Guerilla, sondern kämpften in einer eigenen, mit maoistischer Unterstützung aufgebauten Bewegung, den Adivasi Kisan Mazdoor Sanghatan (AKMS) politisch wie militärisch für ihre Rechte, organisierten Hilfen in den Dörfern, bekämpften die Korruption, sicherten Gesundheitsdienste, Schulbildung usw. Die Maoisten respektierten die Adivasi-Kultur weitgehend und erzielten auf diese Weise einige Erfolge, wodurch sie sich lange Zeit der Unterstützung der Bevölkerung sicher sein konnten.

„Der AKMS griff auch die Forderung nach Entschädigung für Waldgebiete unter landwirtschaftlicher Nutzung auf. Die von dem AKMS geleiteten sanghams entmachteten die Dorfvorsteher und andere lokale Führungspersönlichkeiten, übernahmen den Prozess der Entscheidungsfindung in dörflichen Angelegenheiten und begannen auch damit, Schiedssprüche in Streitfällen zu fällen. Die Organisation übernahm auch die Kontrolle über die Sammlung und den Verkauf von Waldprodukten wie tendu patta zugunsten der Armen des Dorfes."[415]

In diesem Gebiet gelang es den Maoisten – zunächst der PWG, ab 2004 dann der vereinigten CPI (Maoist) –, die staatlichen Strukturen zu zerschlagen und eine ‚befreite Zone' zu errichten, in der sie ab Mitte der neunziger Jahre die Kontrolle ausübten:

---

414 Roy 2010, Internetquelle
415 Redaktion *Economic and Political Weekly* 2006, S. 935

„Die Maoisten geben an, 60 lakh [6 Millionen] Menschen in dem organisatorischen Rahmen ihrer Dandakaranya ‚Guerilla Zone' (bestehend aus den Distrikten Gadchiroli, Bhandara, Balaghat, Rajnandgaon, dem ungeteilten Bastar, und Malkangiri), eingebunden zu haben, die unter der Führung eines Special Zonal Committee steht. (...) Im Jahr 1995, als die Sanghams die traditionellen Führungen der Dörfer praktisch entmachtet hatten, richtete die Partei ‚gram raiya committees' ein, die von einer ‚gram sabha' gewählt wurden, um Streitigkeiten zu schlichten und Entwicklungsprojekte in andere Unterkomitees zu delegieren. Von 1993 an begann die People's War Group, spezielle Guerillaeinheiten zu formieren und im Jahr 2000 wurde die People's Guerilla Army gegründet. Milizen wurden in großem Maßstab in den Dörfern aufgebaut. Offensichtlich scheint es eine Beschleunigung der Rekrutierung gegeben zu haben, nachdem die Salwa Judum gegründet worden war. Die Ausstattung mit Waffen scheint jedoch mit den Einheiten der Regierung nicht konkurrieren zu können, bei 7.300 Schusswaffen für 10.500 bewaffnete Kadern."[416]

In der Regel sind die unteren Kader der Naxaliten lokale Adivasi, darunter auch etliche Jugendliche. Die dörflichen Strukturen wurden von den maoistischen Institutionen und Bewegungen nachhaltig verändert, sowohl im Bezug auf die Akzeptanz der Adivasi-Kultur der Gonda als auch im Hinblick auf die Infragestellung patriarchaler und unterdrückerischer Strukturen in der Gonda-Gesellschaft selbst:

„Anders als die städtischen Eliten, die dagegen polemisieren, ‚Stammesangehörige als Museumsstücke zu halten', leben die Maoisten tatsächlich unter den Menschen, deren Leben sie zu verändern versuchen. Der Krantikari Adivasi Mahila Sangham soll Problemfälle wie Bigamie, Zwangsheiraten sowie die stärkere Einbindung von Frauen in die sozialen und politischen Entscheidungsstrukturen in den Dörfern aufgegriffen haben. Sie bringen offenbar riesige Menschenmengen zu ihren Demonstrationen und den Aufführungen ihrer Kulturvereinigung Chetna Natya Manch. Anders als der RSS[417], der heftig versucht, in diese Gebiete einzudringen und für die Kultur und Religion der Adivasi nur Verachtung übrig hat, propagieren die Maoisten bewusst die Kultur, Sprache und Literatur der Gondi."[418]

Ihren eigenen, von verschiedenen Autoren (Balagopal, Sundar) für glaubwürdig befundenen Angaben zufolge, konnten die Naxaliten im Laufe der Jahre in der von ihnen kontrollierten Guerilla-Zone zahlreich Infrastruktur-

---

416 Sundar 2006, S. 3189
417 Hindunatonalistische paramilitärische Organisation
418 Sundar 2006, S. 3190

einrichtungen aufbauen, die der Bevölkerung zugute kamen und über einen längeren Zeitraum die Loyalität der Adivasi sicherten. Sundar zählt in seiner Analyse der Naxalitenpräsenz im Bezirk Dantewada, Bastar und Gadchroli 135 Kliniken, 6 Grundschulen, 10 Abendschulen, 25 Unterkünfte für Lehrer, 10 Dorfbibliotheken etc.[419]

Ein Schwerpunkt der von der Guerilla organisierten dörflichen Projekte lag in der Verbesserung der landwirtschaftlichen Infrastruktur und der Anbaumethoden:

> „Die meiste Arbeit wurde in das Feld der Verbesserung der landwirtschaftlichen Anbaumethoden und der materiellen Lebensbedingungen gesteckt: 81 Wasserspeicher im Dantewada-Distrikt, vier lakh Jungfische für die Fischzucht, die im Gebiet der Konta-Einheit verteilt wurden, 16.200 Baumsetzlinge (von denen sie, exakt wie eine Regierungsdokumentation, konstatieren, dass nur 30 Prozent überlebten, weil die Menschen die sachgemäße Pflege der Baumkulturen vernachlässigten), der Bau von Ochsenkarren in zehn Dörfern, Dieselpumpen, die in neun Dörfern eingeführt wurden, der Bau von 268 Viehställen, fünf Reismühlen, die Ausbildung von Menschen im Schutz und der nachhaltigen Nutzung der Forstgebiete, kooperative Getreidebörsen und Landwirtschaftskooperativen, die in 220 Dörfern aufgebaut wurden."[420]

Sundar verweist darauf, dass zwar aufgrund der begrenzten Möglichkeiten einer Guerilla-Armee und der von ihr eingesetzten Verwaltung das Erreichte notwendigerweise hinter dem zurückbleiben müsse, wozu der Staat in der Lage gewesen wäre. Da dieser jedoch in den vorangegangenen Jahrzehnten kaum ein nennenswertes Interesse an der Verbesserung der Lebensbedingungen der Adivasi gehabt habe, sondern diese vielmehr als Hindernis für die ökonomische Erschließung der Ressourcen der Region angesehen habe, seien die Maßnahmen der Naxaliten ein eindeutiger Fortschritt gegenüber der zuvor dort bestehenden Situation gewesen.[421]

Ob es sich dabei um ein Modell alternativer ökonomischer Entwicklung handelt oder einfach um den Versuch, das Überleben in den Waldgebieten zu organisieren, ist eine strittige Frage, die in Teilen der indischen Linken durchaus diskutiert wird. Arundhati Roy, die im März 2010 die Special Guerilla Zone besuchte, meint, dass die Bedeutung des Gebiets für den Staat nicht nur in der Öffnung und Erschließung für den Bergbau und die Niederschlagung der Guerilla als Sicherheitsproblem liegt, sondern auch in den

---

419 Vgl. Sundar 2006, S. 3189
420 Sundar 2006, S. 3189f
421 Vgl. Sundar 2006, S. 3190

vom Staat als Bedrohung angesehenen – bescheidenen – Möglichkeiten, gesellschaftliche Strukturen und ökonomische Entwicklungspfade zu entwickeln, die jenseits der Logik der Herrschenden liegen:

> „Ich denke an das, was Genosse Venu zu mir sagte: Sie wollen uns zerschmettern, nicht nur wegen der Mineralien, sondern weil wir der Welt ein alternatives Modell zeigen.
> Es ist noch kein alternatives Modell, diese Idee von Gram Swaraj mit einem Gewehr. Es gibt zu viel Hunger, zu viel Krankheit hier. Aber man hat zweifelsfrei die Möglichkeiten für eine Alternative geschaffen. Nicht für die ganze Welt, nicht für Alaska oder New Delhi, vielleicht nicht einmal für ganz Chhattisgarh, aber für sie selbst. Für Dandakaranya. Es ist das bestgehütetste Geheimnis der Welt. Man hat die Grundlagen für eine Alternative zu seiner eigenen Vernichtung gelegt. Man hat der Geschichte getrotzt. Gegen die größten Schwierigkeiten hat man einen Plan geschmiedet für das eigene Überleben. Er braucht Hilfe und Vorstellungskraft, er braucht Ärzte, Lehrer, Bauern."[422]

Wie weitreichend die Verbesserung der Lebensverhältnisse der Menschen in der Guerillazone ist, kann jedoch bei nüchterner Betrachtung nur als relativ begrenzt eingeschätzt werden. N. Mukherji versuchte kürzlich, auf der Basis der verfügbaren Angaben, zu einer solchen Einschätzung zu kommen und stellt zum einen fest, dass die Löhne für das Sammeln der Tendu-Blätter (worin nach wie vor für beträchtliche Teile der Adivasi-Bevölkerung die Haupteinnahmequelle liegt) unter dem Einfluss der Maoisten deutlich über das von der Distriktverwaltung angegebene Niveau gestiegen sind, auch wenn sie immer noch niedrig geblieben sind.[423] Das Lohnniveau in der Region Bastar und Dantewada liegt generell am untersten Rand der in Indien anzutreffenden Spannweite. Ebenso konnten die Naxaliten traditionelle feudale Praktiken, wie etwa die unbezahlte Feldarbeit auf den Feldern der Dorfvorsteher, die in der Herrschaftsstruktur der Adivasi-Gemeinschaften der Region fest verwurzelt waren, abschaffen (ein Umstand, der ihre Unterstützungsbasis in der Bevölkerung verbreitert, zugleich aber natürlich den Unmut der traditionellen Dorf- und Stammesführer erregt und diese der Salwa Judum geneigt gemacht hat). Ebenso haben die Maoisten unbestreitbar Aufbauhilfe bei der Entwicklung elementarer landwirtschaftlicher Techniken und Einrichtungen geleistet, eine Hilfe, deren Leistung weder der Staat noch sonstige etablierte gesellschaftliche Kräfte zu geben bereit waren. Aber es

---

422 Roy 2010, Internetquelle
423 Vgl. Mukherji 2010, S. 17

stellt sich die Frage, worin genau das „alternative Modell" besteht, von dem Roy und andere reden. Mukherji stellt zu Recht die Frage, warum die Naxaliten nicht, was naheliegend gewesen wäre, innerhalb der 25 Jahre ihrer kaum ernsthaft infrage gestellten Vorherrschaft in diesem Gebiet, nicht wenigstens die Contractors ausgeschaltet haben, die Zwischenhändler, die die Bambuszweige und andere Walderzeugnisse den Adivasi zu immer noch für diese relativ ungünstigen Konditionen abkaufen und mit hohen Gewinnen weiterverkaufen. Auch wenn es etwas übertrieben klingt, dass auf diese Weise Löhne auf dem Niveau des Hochlohngebietes Kerala (bis zu 150 Rs. am Tag) möglich wären, ist seine Frage dennoch naheliegend.[424] Das Kontraktorensystem wurde durch Lohnerhöhungen modifiziert und durch die Abschöpfung eines Teils der Profite der Kontraktoren wurden diese reduziert, sind jedoch immer noch ein lohnendes Geschäft und für die Adivasi eine schwere Bedrückung. Mukherji versucht, ebenfalls Vermutungen darüber anzustellen, was aus den direkt oder indirekt von der Partei kontrollierten Revenuen aus Forsterträgen und anderen Ressourcen der Region wird, da nach seinen Überlegungen der Widerspruch zwischen den hohen Summen, die erwirtschaftet werden, und dem, was in konkrete Infrastrukturmaßnahmen und landwirtschaftliche Entwicklung, nachhaltige Bildungs- und Gesundheitsförderung etc. investiert wird, beträchtlich ist. Seine Einschätzung der Budgetanteile eines üblichen Sanghams oder Revolutionary Peoples Committee (RPC) eines Dorfes sieht trostlos aus:

> „Es stellt sich (...) heraus, dass mehr als 50% des mageren Einkommens für Verteidigung vorgesehen ist, etwa 12% für Landwirtschaft, 9% für Gesundheit und 0,9% für Bildung. Es ist wichtig, festzuhalten, dass ‚Verteidigung' lediglich die persönlichen Ausrüstungsgegenstände für Miliz und PLGA (drei Uniformen), Öl, Seife, Zahncreme, Waschseife, Kamm, Schießpulver, Pfeile und Bogen sowie Lebensmittel) umfasst."[425]

Moderne Gewehre und Munition müssen aus anderen Quellen beschafft bzw. finanziert werden und dies sind die von der Partei kontrollierten Revenuen, Steuern und Abgaben. Mukherji konstatiert, dass die Transformation der ökonomischen Basis und die Verbesserung der Lebensverhältnisse der Menschen dem Ziel der militärischen Sicherung und der Schaffung der Voraussetzungen für die bewaffnete Ergreifung der politischen Macht un-

424 Vgl. Mukherji 2010, S. 18
425 Mukherji 2010, S. 19

tergeordnet sind und ab einem gewissen Punkt geradezu in Widerspruch zu diesem übergeordneten Anspruch geraten:

> „Nachdem wir nun eine gewisse Vorstellung davon haben, wohin die Gelder aus Steuern, Lizenzen und ‚Spenden des Volkes‘ im Wesentlichen gehen, wird auch klar, warum das System der gierigen und reichen Kontraktoren beibehalten wird und ihnen erlaubt wird, die Adivasi zu betrügen: weil sie im Kern den Krieg gegen den Staat für die Übernahme der politischen Macht finanzieren. Diese Perspektive erklärt auch, warum die Maoisten nie auch nur daran dachten, alternative und genuin basisdemokratische Entwicklungspläne systematisch umzusetzen, die auf der Ebene von Panchayats, Kooperativen etc. ansetzen. Solche Pläne hätten das System der privaten Kontraktoren aus Dandakaranya hinausgetrieben und zu massiven Verlusten von Einkünften für die Partei geführt. Zugleich aber hätten solche Entwicklungspläne die Lebensbedingungen der Menschen von der Ebene des puren Überlebens unter Subsistenzbedingungen auf einen deutlich besseren Standard gehoben.“[426]

Dies jedoch, so seine Schlussfolgerung, würde unweigerlich mit den praktischen Interessen der Partei kollidieren und womöglich auch die Rekrutierung für die Milizen und die PLGA erschweren.

Nun kann, wie er selber einräumt, argumentiert werden, dass in einer Situation derart intensiver Kampfhandlungen wie seit 2005 kaum daran zu denken ist, über die militärische Selbstverteidigung hinaus Ziele wie ökonomische Transformation, Bildung und Gesundheit systematisch in Angriff zu nehmen. Er verweist jedoch, nicht völlig zu Unrecht, darauf, dass zumindest seit 1985 die Naxaliten große Teile der Waldgebiete von Dantewada unter ihrer Kontrolle hatten und bis 2005 in dieser Machtposition kaum bedroht waren. Dies ist ein sehr langer Zeitraum, um Veränderungen in den alltäglichen ökonomischen Strukturen zu bewirken, selbst mit sehr begrenzten Kapazitäten in einer ökonomisch rückständigen Region und gemessen daran wurde erstaunlich wenig erreicht.[427] Mukherjis Resümee fällt negativ aus:

> „Natürlicherweise steigt die Rekrutierung für die Miliz und die PLGA abrupt an, wenn der Staat angreift und das ökonomische Leben der Adivasi weiter verschlimmert. Je massiver die Repression des Staates, desto größer die ‚Volksarmee‘ hungernder Kinder und Jugendlicher. Das zugrundeliegende Bild wird mehr als deutlich aus den maoistischen Dokumenten selber. Die Maoisten nutzten die historische Negierung, Marginalisierung und Ausbeutung der Adivasi durch den Staat – der Wurzel

---

426 Mukherji 2010, S. 19
427 Vgl. Mukherji 2010, S. 20

des Konflikts hier – und sicherten sich die Unterstützung der unglückseligen Adivasi mit gezielten Wohlfahrtmaßnahmen, während sie zugleich hinter dem Rücken der Menschen den Großteil ihrer Aufmerksamkeit darauf verwenden, Guerillabasen aufzubauen. Im Laufe dieses Prozesses lockten sie eine große Zahl von Adivasi-Kindern und -Jugendlichen mit der Zusicherung von Nahrung und Kleidung. Diese Kinder und Jugendlichen sind zu formidablen Miliz- und Guerillastreitkräften herangewachsen.[428]

Im Laufe der Jahre, in denen sich die Kontrolle der Guerilla über die ‚befreiten‘ Gebiete gefestigt hatte, traten die Widersprüche in der dörflichen Struktur und im Verhältnis zu den traditionellen Dorf- und Stammesführern deutlicher zutage und infolgedessen wurden im Verlauf solcher Konflikte ihre Methoden autoritärer, undemokratischer und gewaltsamer, besonders gegenüber Kritikern.[429] Die ‚jan adalats‘ verurteilten und bestraften diese im gleichen Atemzug wie Kleinkriminelle und Polizeiinformanten, Gegner wurden exekutiert und die Infrastruktur zerstört. Gerade aus dem Widerstand gegen ‚Entwicklungsprojekte‘, die natürlich das Gebiet auch für Regierungsvertreter und Militär geöffnet hätten, entstand eine ablehnende Haltung der Naxalitenkader gegen ‚Entwicklung‘ und staatlich gesicherte Infrastruktur überhaupt, die aber von der Bevölkerung gewünscht wurde. Die Ablehnung der Naxaliten gegenüber Straßenbaumaßnahmen etwa scheint nicht ganz von der Hand zu weisen zu sein, wenn in Rechnung gestellt wird, dass mittlerweile gerade in den umkämpften Gebieten inzwischen Straßen durch Polizei und Paramilitärs gebaut werden, um die unzugänglichen Schlupfwinkel der Guerilla zu erreichen. So sah es offenbar auch K. R. Pisda, der Collector des Distrikts Dantewada in einem Interview mit Sudeep Chakravarti:

„Es gibt verschiedene Gründe für den Aufstieg der Naxaliten in diesem Gebiet, aber der hauptsächliche ist, dass es keine Verbindung zur Außenwelt gibt. Dies ist der größte Distrikt in Chhattisgarh und es gibt nur einige wenige Hauptstraßen, das ist alles. Menschen von außerhalb finden es schwierig, hier hineinzukommen. Die drinnen finden es schwierig, hinauszukommen. Fünfzig Prozent der Menschen in Dantewada hat im ganzen Leben noch nicht den Hauptort des Distrikts gesehen. Sie wissen nicht, was ein Zug ist, und viele wissen nicht, wie es ist, mit einem Bus zu fahren. Es gibt keinen elektrischen Strom, deshalb gibt es auch kein Radio oder Fernsehen. Ihr Leben spielt sich in ihrem Dorf und einem Radius von 20-25 Kilometern darum herum ab. Wer

---

428 Ebd.
429 Vgl. Balagopal 2006, S. 2185

immer es ins Innere schafft – seien es die Naxaliten oder die Verwaltung – wird von den Menschen akzeptiert werden. Wenn sie mehr Naxaliten sehen als uns, betrachten sie die Naxaliten als Ihresgleichen."[430]

Die Regierungsoffiziellen des Distrikts scheinen neben ihrer bestenfalls paternalistischen Haltung gegenüber den Adivasi generell auch zu eher robusten Sichtweisen des Naxalitenkonflikts und der Haltung der Adivasi gegenüber den Segnungen des Kapitalismus zu neigen, wie auch aus einem Interview mit dem Police Superintendant von Ma Danteshwari deutlich wird, das Arundhati Roy führte:

> „Sehen Sie, Madame, ehrlich gesagt kann dieses Problem nicht von uns Polizisten oder Soldaten gelöst werden. Das Problem mit diesen Stammesleuten ist, dass sie nicht wissen, was Habgier ist. Solange sie nicht habgierig werden, gibt es für uns keine Hoffnung. Ich habe meinem Boss gesagt, er solle die Polizei abziehen und stattdessen in jedes Haus einen Fernseher stellen. Alles würde sich automatisch lösen."[431]

In vielen Dörfern kündigten die Sanghams die Kooperation sowohl mit den Stammesführern, Priestern als auch mit dem gewähltem gram panchayat auf. Sie ersetzten die traditionellen Eliten und zivilen Institutionen durch den Sangham, kassierten von den Adivasi, Händlern oder Beamten Pacht- und Strafgelder, und verbreiteten in einigen Dörfern Angst und Gewalt. Offensichtlich befanden sich die Maoisten in zunehmendem Maß in einem Dilemma, das ihr Verhältnis zu den Stammeskulturen betrifft, wie eine Erklärung des Pressesprechers der CPI (Maoist) offenbart, in der er gegen ‚Identitätspolitik' und ‚NGO-Postmodernismus' polemisiert und das Verhältnis der Naxaliten zu den traditionellen Lebens- und Organisationsformen der Adivasi beschreibend versucht, ein differenziertes Bild zu zeichnen:

> „Im Hinblick auf den Schutz der Stammeskulturen im NGO-Stil, wäre es gut, wenn Sagar und Nandini Sunder mit den Frauen von Bastar sprechen würden, die ihnen auflisten könnten, was diese Kultur ihnen gebracht hat – Zwangsheiraten, Hexenglauben, Aberglaube, erzwungene harte und stumpfsinnige Arbeiten etc. Wenn auch in weniger schlimmem Ausmaß als das patriarchale Hindusystem, ist die Stammeskultur weit davon entfernt, idyllisch zu sein. Die Maoisten haben tatsächlich versucht, von den Adivasi-Massen zu lernen und haben alles übernommen, was positiv an der Kultur der Stammesbevölkerungen ist, während wir zugleich die negativen Seiten versuchen

---

430 Chakravarti 2008, S. 43
431 Roy 2010, Internetquelle

einzudämmen. Dementsprechend versuchen wir nicht nur, die Sprachen der Gondi, Santhali und andere zu schützen, sondern auch, an ihrer Entwicklung zu arbeiten; wir haben die traditionelle Folklore der Stämme und ihre Tanzformen erhalten und uns angeeignet, während wir sie mit neuem sozialem Inhalt füllen. Wir haben die Elemente der Gemeinschaft und des kollektiven Lebens ermutigt und gestärkt, die ein natürlicher Teil ihrer Kultur waren. Wir schützen die Wälder und starten Wiederaufforstungskampagnen, zugleich bringen wir Bildung und modernes Wissen zu den Stammesbevölkerungen, das nicht für die urbanen intellektuellen Eliten exklusiv reserviert bleiben darf."[432]

Seit den 1990er Jahren waren die Naxaliten zudem unter ständigem Druck, für die Partei und den bewaffneten Kampf ausreichend Geld und Waffen zu organisieren und dabei die Bedürfnisse und Ressourcen der lokalen Ökonomie den Erfordernissen des Guerillakampfes unterzuordnen, was die bestehenden Widersprüche nur verstärken konnte. Durch das zunehmend selbstherrliche Auftreten der führenden Kader und den verschiedentlich auftretenden Missbrauch der ‚jan adalats' für grausame Willkürurteile entwickelte sich in Teilen der Bevölkerung Misstrauen gegen die Naxaliten und eine zunehmende Feindseligkeit seitens der ihrer Machtstellung beraubten traditionellen Führer der Dörfer, gelegentlich kam es in der Folge zu Widerstand von Teilen von Adivasi gegen sie, vor allem von den Dorfvorstehern, von traditionellen Stammesführern, Priestern und auch von Nicht-Adivasi-Händlern. Balagopal fasst die Entwicklung wie folgt zusammen:

„Die Maoisten sind ein gutes Stück in ihrem Ziel der Errichtung staatlicher Macht vorangeschritten, indem sie in ihren Einflussgebieten Guerillazonen eingerichtet haben und im Fall Dantewadas gar eine ‚befreite Zone'. Ab diesem Zeitpunkt begann die Notwendigkeit, ihre Autorität durchzusetzen und zu sichern, ihre bewaffneten Einheiten vor der Polizei und den Paramilitärs zu schützen, sich und den von ihnen aufgebauten Sanghams den Gehorsam der in den Gebieten lebenden Menschen zu sichern, zu ihrer vordringlichen Sorge zu werden. Dies kann Menschen entfremden, die durchaus nicht als Ausbeuter charakterisiert werden können. Ein gewählter Dorfvorsteher, dem gesagt wird, dass er den Dorfbezirk nicht führen darf, weil die Angelegenheiten des Dorfes von dem Sangham der Maoisten geregelt werden, könnte durchaus unzufrieden mit dieser Situation sein; und wenn er zusammengeschlagen wird, weil er damit unzufrieden ist, könnte es gut sein, dass er zum Feind der Maoisten wird. Das bedeutet aber eben nicht, dass er ein Ausbeuter oder Unterdrücker genannt werden kann. Wenn bei dem Versuch, das soziale Leben unter der Ägide der beschlussfas-

---

432 Azad 2006, S. 4383

senden Institutionen, die von den Maoisten eingerichtet wurden, zu verändern, die traditionellen Gemeinschaftsstrukturen der Adivasi beschädigt werden, weil sie unbestreitbar einige regressive Züge enthalten, dann kann es sein, dass die Menschen in Wirklichkeit mehr verlieren als gewinnen, weil es keine Garantie dafür gibt, dass die Stärke und Zusammengehörigkeit, die ihnen die traditionellen Institutionen des Stammes bisher gaben, in gleicher Weise von den maoistischen Institutionen gesichert werden. Und all jene, die mit dieser Situation unzufrieden sind, können nicht einfach als traditionelle Führer verdammt werden, die ihre Autorität oder Gefolgschaft verloren haben."[433]

### 7.1.3. Entstehung von Salwa Judum

Im Juni 2005 organisierten einige Adivasi-Gruppen in Bijapur Proteste gegen die CPI (Maoist), da diese die Durchführung einiger öffentlicher Infrastrukturmaßnahmen blockierte. Im Jahr davor war die Region von einer Dürre getroffen worden und die Ernte war schlecht gewesen. Die Menschen benötigten ein Einkommen, das sie durch die Lohnarbeit bei staatlichen Arbeitsbeschaffungsmaßnahmen verdienen konnten. Die Naxaliten jedoch, die in diesen Programmen ein Einfallstor für die Wiederetablierung des Staates sahen, hinderten sie, bei diesen Programmen zu arbeiten. An diesem Punkt entwickelte sich ein Interessenkonflikt, den Balagopal als charakteristisch ansieht:

„Wenn bei der Vertreibung der Staatsmacht aus den befreiten Gebieten auch Projekte, die Arbeitsplätze schaffen, wie etwa der Straßenbau verboten werden, können Menschen, die auf eine ihren Lebensunterhalt sichernde Beschäftigung hoffen, dazu gebracht werden, aufgebracht zu reagieren. Und tatsächlich ist dies eine regelmäßige Klage in Dantewada, die von den Maoisten damit beantwortet wird, dass Straßen nur dazu dienen, Ausbeuter in die Stammesgebiete zu bringen oder dass der Staat, der 50 Jahre lang keinerlei Interesse daran hatte, hier Straßen zu bauen, nicht deshalb dieses Interesse plötzlich aus Fürsorge für die Menschen hat, sondern um die Waldgebiete für die paramilitärischen Einheiten zugänglich zu machen und die Naxaliten zu jagen. Diese Antwort mag nicht falsch sein, aber für die Menschen, die eine Gelegenheit für ein Arbeitsverhältnis verloren haben, klingt sie wie ein Vorwand. Was wirklich passiert, ist, dass die Interessen der Menschen und die politische Agenda der Maoisten beginnen zu divergieren von dem Tag an, an dem sie ein Gebiet zur Guerillazone erklären und erst recht eine befreite Zone. Diese Tatsache sollte offensichtlich sein, so-

---

433 Balagopal 2006, S. 2185

lange die maoistische Theorie, dass die von ihnen geleitete revolutionäre Bewegung im höchsten Interesse der Menschen ist, nicht in die Realität übersetzt werden kann."[434]

Auch der von den Naxaliten initiierte Streik für Lohnerhöhungen für das Sammeln von Tendu-Blättern, die für die Herstellung von bidis – von Hand gerollte Zigaretten – verwendet werden, war umstritten und lange Zeit erfolglos.[435] Die Spannungen zwischen den Kadern der CPI (Maoist) und den Adivasi wuchsen während dieser Zeit. Am 18. Juni 2005 wurde dann beim Wochenmarkt in Mathwada in Bijapur eine große Protestkundgebung gegen die Naxaliten abgehalten. Adivasi aus etwa 25 Dörfern nahmen daran teil. Die Naxaliten reagierten brutal auf den Protest und töteten in den folgenden Tagen drei Adivasi-Teilnehmer. Diese Reaktion sorgte für massive Unruhe in den Dörfern und viele Adivasi versteckten sich in den Wäldern oder flohen aus ihren Dörfern. Am 22. Juni organisierten andere Adivasi-Gruppen in Bhairamgarh und dann am 25. Juni in Nalgoda im Dantewada-Distrikt weitere Proteste. Es schien, als sei die Allianz zwischen der CPI (Maoist) und den Adivasi brüchig geworden, wenn nicht gar aufgekündigt.

Kurz nach diesen Ereignissen traten dann politische Repräsentanten der Regierung und der parlamentarischen Parteien auf und förderten in den folgenden Monaten massiv die Unruhen. Führend dabei war der schon im Zusammenhang mit den Holzgeschäften auf Adivasi-Land in Erscheinung getretene Maria-Adivasi Mahendra Karma (sein eigentlicher Name ist Madhavi Masa), aus Faraspal im Dantewada-Distrikt, einer der größten Grundbesitzer in der Region. Es war nicht sein erster Versuch, in dem Gebiet wieder ins Geschäft zu kommen:

„1990 versammelte er eine Gruppe von Mukhias und Grundbesitzern und begann eine Kampagne, die Jan Jagran Abhiyaan (öffentliche Erweckungskampagne) genannt wurde. Ihre Art, die ‚Öffentlichkeit‘ zu ‚erwecken‘ bestand darin, Jagdgruppen von etwa 300 Männern zu bilden, die den Wald durchstreiften, Leute töteten, Dörfer anzündeten und Frauen belästigten. Die damalige Regierung von Madhya Pradesh – Chhattisgarh war noch nicht gegründet worden – stellte polizeiliche Unterstützung. In Maharashtra begann zugleich die sogenannte ‚Democratic Front‘ mit ihren Angriffen. Der People's War (PW) antwortete darauf nach Art des Volkskrieges, indem sie einige der berüchtigtsten Grundbesitzer töteten. In wenigen Monaten hörte der Jan Jagran Abhiyaan, der ‚weiße Terror‘ – Genossin Venus Begriff dafür – auf. 1998 versuchte Mahendra Karma, der inzwischen der Kongress-Partei beigetreten war, die

434 Balagopal 2006, S. 2185

435 Vgl. ebd.

Jan Jagran Abhiyaan wiederzubeleben. Diesmal nahm sie ein noch schnelleres Ende als zuvor."

Als Mitglied des INC ist er inzwischen Oppositionsführer in der State Assembly von Chhattisgarh. Bezeichnend für die Haltung dieses Holzunternehmers und Lobbyisten zu politischen Programmen und Ideologien ist seine chamäleonhafte Wandlungsfähigkeit: Karma war früher Mitglied der CPI (was einiges über die politische Entwicklung der CPI in dieser Region aussagt), bekämpfte als Angehöriger ihres rechten Flügels vehement die CPI (M), wurde 1996 als Unabhängiger zum Abgeordneten in die Lokh Sabha gewählt und wechselte dann zur Congress Party über. Er wurde Minister für Gefängnisse im Bundesstaat Madhya Pradesh und fungierte nach der Gründung von Chhattisgarh bis 2003 als Industrieminister.[436] Mahendra Karma trat am 26. Juni 2005 zum ersten Mal bei einer Protestveranstaltung der Adivasi in Naimed auf und war in den folgenden Monaten führend bei Initiativen, die zur Umsetzung von Salwa Judum führten. Die Protestbewegungen wurden als *jan jagran abhiyan'* (Volksbewusstseins-Kampagne) bezeichnet und wurden im Laufe der Zeit für alle Arten von Kundgebungen von Politikern und Regierungsvertretern verwendet. Adivasi wurden gezwungen, daran teilzunehmen und wurden aufgefordert, sich mit Pfeil und Bogen zu bewaffnen.

Damit begann ein brutaler Kreislauf der Vergeltung zwischen den Beteiligten an der Kampagne und den Naxaliten. Häuser und Felder von Gegnern wurden zerstört, Tiere gestohlen und Dorfbewohner angegriffen, Menschen mussten fliehen. In den Versammlungen von Mahendra Karma wurde nun öfter der Begriff Salwa Judum laut, der bald konzeptionelle und praktische Konturen zeigte. Der Chief Minister von Chhattisgarh, Raman Singh, versprach Unterstützung für weitere Aktionen. Es wurde erwogen, die Adivasi in Lagern zu konzentrieren und den Kampf gegen die Naxaliten in Form einer Bürgerwehr zu organisieren.

In den folgenden Monaten wurde energisch mit dem Aufbau einer paramilitärischen Struktur und der Zwangsumsiedlung der Adivasi-Bevölkerung begonnen. Salwa Judum wurde damit Wirklichkeit – als Bürgerwehr ohne jegliche gesetzliche Grundlage. Ihre Befürworter bezeichneten es als ‚Friedensmission'. Durch ihre Tätigkeit jedoch intensivierte sich die Gewalt in den Distrikten Dantewada und Bijapur erheblich. Menschen wurden aus ihren Dörfern vertrieben, Häuser wurden zerstört, Auffanglager errichtet.

---

436 Vgl. Balagopal 2006, S. 2186

„Im Gegensatz zur Jan Jagran Abhiyaan war Salwa Judum eine echte Aufräum-Operation, die beabsichtigte, die Leute aus ihren Dörfern in Camps entlang der Straßen zu jagen, um sie zu kontrollieren und unter Polizeiaufsicht zu haben. In der Sprache der Militärs wurde es Strategische Dorfansiedlung genannt. Dies wurde 1950 von General Sir Harold Briggs konzipiert, als die Briten gegen die Kommunisten in Malaya Krieg führten. Der Briggs-Plan wurde in der indischen Armee sehr populär. Er wurde in Nagaland, Mizoram und in Telangana angewandt. Der BJP-Chefminister von Chhattisgarh, Raman Singh, erklärte, dass, was seine Regierung anginge, jene Dorfbewohner, die nicht in die Camps zogen, zu Maoisten erklärt würden. In Bastar wurde es für einen gewöhnlichen Dorfbewohner, der einfach zuhause bleiben wollte, gleichbedeutend mit gefährlicher, terroristischer Tätigkeit."[437]

Auch Menschen unter 18 Jahren wurden als SPOs rekrutiert und als Helfer in die Kämpfe geschickt. Im Dezember 2005 verabschiedete die State Assembly ein ‚Sondergesetz für öffentliche Sicherheit', auf dessen Grundlage Kritiker leicht verhaftet werden können und allein schon eine kritische Berichterstattung über Polizeiaktionen als staatsgefährdend angesehen werden und zur Verhaftung des betreffenden Journalisten führen kann. Von der Zentralregierung wurden 13 Bataillone unter anderem der paramilitärischen Central Reserve Police Forces (CRPF) stationiert, die in der Zivilbevölkerung als ‚Naga-Bataillone' bekannt und wegen ihrer – im Krieg gegen die Separatistenbewegungen Nordostindiens erworbenen – Brutalität und ihres skrupellosen Vorgehens gegen Zivilisten berüchtigt sind.[438] Die Naxaliten reagierten ihrerseits mit Gewaltaktionen. Die Menschen in den Distrikten erlebten in den folgenden zwei Jahren eine Gewalteskalation ohnegleichen.

### 7.1.4. Aktivitäten von Salwa Judum

Nach den gesetzlichen Vorschriften (Police Act 1861) dürfen Zivilisten als Notlösung für eine begrenzte Dauer, wenn es an Polizisten mangelt, als SPOs berufen werden, jedoch dürfen nur Polizisten, Armeeangehörige oder Paramilitärs im Ruhestand als SPO eingestellt werden. Bei Salwa Judum wurden diese Vorschriften bewusst missachtet und Jugendliche (auch Kinder) verpflichtet. Den SPOs wurde ein monatliches Entgelt in Höhe von 1.500 Rs. versprochen.

„Die Regierung hat 3.500 ‚Special Police Officers' ernannt, viele von ihnen Minderjährige, sie mit Schlagstöcken, Pfeil und Bogen und 303 Gewehren ausgerüstet, mit

---

437 Roy 2010, Internetquelle
438 Vgl. Balagopal 2006, S. 2186

dem Ziel, sie gegen die Naxaliten einzusetzen. Viele wurden angezogen von dem Versprechen eines Einkommens von 1.500 Rs. im Monat, dem Machismo der Waffen und der Hoffnung, im Polizeidienst eine dauerhafte Anstellung zu finden. Inzwischen jedoch bedauern etliche, das Angebot angenommen zu haben, weil sie sich weitgehend ohne Rückendeckung den Vergeltungsaktionen der Maoisten ausgesetzt fühlen. Diejenigen die nicht in den Lagern sind, verstecken sich draußen mit den Maoisten im Dschungel, während eine ungefähr gleichgroße Zahl in die angrenzenden Bundesstaaten geflüchtet ist."[439]

Die neu rekrutierten SPOs gingen in die Dörfer, um Informationen über die Naxaliten zu sammeln. Sie drohten den Adivasi und ihren Familien mit schlimmen Konsequenzen, wenn sie nicht mit ihnen zusammenarbeiteten. Die Behörden halfen mit Geld und Infrastruktur für Transport und Verpflegung und die Sicherheitskräfte der CRPF gewährten Schutz bei den Aktionen, die zusehends an Brutalität zunahmen, nachdem die Naxaliten ihrerseits auf diese Aktionen mit Gewalt, Ermordung oder Strafandrohung reagierten. Auf der Jagd nach Naxaliten wurden Hunderte von Dörfern von den SPOs überfallen, verdächtige Adivasi geschlagen, in die Lager verschleppt oder ermordet. Als Folge der Gewalt und Bedrohung von beiden Seiten flohen viele Adivasi in die Wälder oder in Gegenden, wo Polizeistationen waren. Sie kampierten entlang der Straßen. Manche suchten Schutz jenseits der Grenzen des Bundesstaates in Andhra Pradesh, Maharashtra oder Orissa. Nach offiziellen Angaben waren bis Ende November 2005 bereits rund 30.000 Menschen aus ihren Häusern vertrieben. Etwa 15.000 Menschen aus 420 Dörfern lebten in den schnell errichteten Lagern. Die anderen flohen zu Verwandten oder anderswohin. 96 Menschen aus 34 Dörfern waren bis dahin ermordet worden. In den Lagern lebten Menschen aus verschiedenen Dörfern. Es handelte sich sowohl um arme als auch relativ wohlhabende Familien, Jugendliche, die als SPOs rekrutiert worden waren, und auch um Sangham-Mitglieder, die sich von den Naxaliten getrennt hatten. Manche Dörfer (z.B. Belnar, Bangoli, Sattuwa) wurden völlig, manche nur teilweise verlassen. In manchen wurden die Familien gespalten (pro Salwa Judum, pro Naxaliten oder neutral). Die Menschen verloren ihre Existenzgrundlage: Land, Vieh, Ernte und Familienangehörige. Die von den SPOs bewachten Lager gleichen Gefängnissen.

Bis Dezember 2007 wuchs die Zahl der Lager auf 24. Mehr als 50.000 Menschen aus 644 geräumten Dörfern lebten und leben dort. Es wird geschätzt, dass rund 65.000 Menschen über die Landesgrenzen oder in andere

---

439 Sundar 2006, S. 3187

Regionen innerhalb Chhattisgarhs geflüchtet sind. Mit der Vertreibung und Einweisung in die Lager wurde eine für die Adivasi gefährliche Entwicklung vollzogen. Die 644 Dörfer werden von der Verwaltung de facto abgeschrieben: Sie erhalten keine offizielle Unterstützung durch Regierungsprogramme, auch wenn einige Familien weiterhin im jeweiligen Dorf wohnen oder zurückgekehrt sind. Es gibt für diese Menschen kein „National Rural Employment Guarantee Scheme" (eine Maßnahme zur Arbeitsbeschaffung für den ländlichen Raum) noch Gesundheitszentren oder sonstige staatliche Hilfen. Das Land der Adivasi wird damit für Industrieprojekte und die ländliche Mafia frei gemacht. In ihren Einführungskursen wurden die SPOs instruiert, den Adivasi zu sagen, dass sie von den an ihrem Land interessierten Unternehmen Beschäftigung und auch andere Vergünstigungen erhalten würden. Zwischen Juni 2005 und August 2007 wurden nach Angaben von NGOs 537 Adivasi getötet, 2.825 Häuser wurden zerstört, Tausende waren das Ziel von Plünderungen. Die kriminellen Aktivitäten von Salwa Judum wurden weder offiziell dokumentiert noch gerichtlich verfolgt. Kritiker wurden bedroht. Anfang 2007 waren offiziell 4.048 SPOs (darunter 299 Frauen und eine unbestimmte Anzahl von Kindern) im Dienst. Manche waren früher bei Naxaliten-Gruppen aktiv gewesen. Sie waren daher mit der Logistik der Naxaliten vertraut und kannten sich in den Wäldern aus. Für die Sicherheitskräfte, die fremd in der Region waren, erwiesen sie sich als besonders nützlich.

„Die von der Salwa Judum begangenen Morde werden schlicht nicht registriert, weder von der Regierung noch von den Medien. Was berichtet wird, ist eine Gesamtzahl von Toten und gewaltsamen Angriffen, meistens solchen der Maoisten, auf Zivilisten und Polizeiangehörige und einigen durch die Polizei bzw. CRPF auf maoistische Guerillas, wodurch der Eindruck geschaffen wird, es handele sich dabei um eine endlose und einseitig von den Maoisten ausgeübte Gewalt. Was nicht berichtet wird, ist das Ausmaß des staatlichen Terrors gegen die Zivilbevölkerung. Ursprünglich schien die Salwa Judum die Mitglieder von Massenorganisationen und Sanghams ins Visier genommen zu haben (wobei sie Dorfbewohner und Nachbarn als Informanten anwarben), aber angesichts der Atmosphäre von Misstrauen und Bespitzelung kann jede beliebige Person als Naxalit bezeichnet und getötet werden. Es herrscht bei diesen Verbrechen völlige Straffreiheit. Auf der anderen Seite begannen die Maoisten zunächst, einzelne bei Salwa Judum aktive Individuen herauszugreifen, aber seit Februar 2008 sind sie zu groß angelegtem Gegenterror übergegangen."[440]

---

440 Sundar 2006, S. 3187f

Die Regierung von Chhatthisgarh und die Polizeibeamten stellen sich auf den Standpunkt, dass nur am Anfang der Salwa Judum-Kampagne Minderjährige als SPOs rekrutiert worden seien, da sie keine Dokumente zum Altersnachweis gehabt hätten. Nach Angaben von Human Rights Watch jedoch ist diese Behauptung falsch[441], ebenso wie die offiziellen Angaben, denen zufolge die Lagerbewohner Dienstleistungen wie freie Unterkunft, Verpflegung, medizinische Versorgung, persönliche Sicherheit, Schulbildung für Kinder, Kindergarten, sauberes Trinkwasser, Elektrizität, Erwachsenenbildung, berufliches Training sowie tägliche Lohnarbeit in den Arbeitszentren erhalten hätten. In Wirklichkeit sind die meisten Lager in einem trostlosen Zustand und ohne ausreichende Infrastruktur zur Versorgung der dort konzentrierten Bevölkerung. Die meisten Angebote und Einrichtungen funktionieren nicht oder nur bedingt. Die sanitären Anlagen sowie die medizinische Versorgung sind unzureichend. Die Menschen mussten ihre Hütten selber errichten.[442] Einkommensmöglichkeiten für Lagerbewohner bestehen kaum, abgesehen von der Rekrutierung als SPO. Zu Beginn gab es sporadische staatliche Programme (Straßenbau, Lagerbau oder andere Handarbeiten), die jedoch inzwischen ausgelaufen sind. In einigen Camps wurden kurzzeitig Kurse der beruflichen Bildung angeboten (Nähen, Korbflechten), ohne dass dies jedoch zu einer längerfristigen Erwerbstätigkeit führte.

Viele Menschen versuchen, in ihre Dörfer zurückzukehren. Manche, die in Lager nicht sehr weit von ihren Dörfern leben, gehen tagsüber dorthin, arbeiten – wenn möglich – auf den Feldern und kommen abends ins Camp zurück. Einige kehrten ganz zurück oder ihnen gelang die Flucht aus den Lagern nach Andhra Pradesh, Madhya Pradesh oder Maharashtra. Häufig verhinderten Salwa Judum-Angehörige jedoch die Rückkehr oder die Flucht. Menschen, die dabei gefasst wurden, wurden hart bestraft oder gar getötet. Ajit Jogi, der frühere Chief Minister von Chhattisgarh und Mitglied der Congress-Party, ging so weit, diese staatlich organisierte Evakuierung in von Salwa Judum kontrollierte Lager und die Ermordungen mit den Massenmorden von Pol Pot in Kambodscha zu vergleichen. Die „internen Flüchtlinge" sind seiner Meinung nach auch ein Teil einer langfristigen Strategie:

„Um 60.000 Menschen zu versorgen, hat der Staat ein tägliches Budget von -zig Millionen Rs. in Form von Nahrungsmitteln, Gesundheits- und Bildungseinrichtungen veranschlagt. Wie bei jedem anderen von der Regierung eingerichteten Wohlfahrtsprogramm für Stammesangehörige sind die realen Nutznießer die Mittelsmän-

---

441 Human Rights Watch 2008, S. 115ff
442 Human Rights Watch 2008, S. 72f

ner. Um ihre Profite zu maximieren, sind sie stark daran interessiert, die Zahl der ‚Flüchtlinge' immer weiter zu steigern (‚Flüchtlinge' ist exakt der Begriff, den der ehrenwerte Innenminister von Chhattisgarh für die Internierten verwendet). Natürlicherweise sind die Lebensbedingungen in diesen Lagern erbärmlich und stehen in direktem Verhältnis zu dem Wunsch der ‚Flüchtlinge', die Rückkehr in ihre Dörfer zu riskieren. Und als Resultat des Ganzen befinden sich einst gemeinsam lebende Stammesbevölkerungen in einer Situation tiefer vertikaler Spaltung – in jedem Wohnblock, jedem Dorf und jeder Familie."[443]

## 7.1.5. Menschenrechtsverletzungen von Naxaliten

Während also die Aktivitäten von Salwa Judum und den Sicherheitskräften von keiner offiziellen Stelle dokumentiert oder kontrolliert werden, die Regierung von Chattisgarh hier also für die von ihnen bezahlten bewaffneten Gruppen einen rechtsfreien Raum geschaffen hat, wird über die Missbräuche von Naxaliten auch in den Medien berichtet. Wie oben erwähnt, waren die sozialen Maßnahmen der Maoisten, die Landverteilungen und Volksgerichte zunächst in der Landbevölkerung populär. Im Rahmen ihres Volkskrieges jedoch werden Menschen, die gegen einzelne Härten protestieren, eigenmächtig bedroht, eingeschüchtert, geschlagen, verschleppt, gefoltert, bestraft oder hingerichtet. Zunächst betraf dies vor allem die führenden Leute in den Dörfern, Funktionsträger und staatliche Repräsentanten (Dorfvorsteher als offizielle staatliche Vertreter, Großgrundbesitzer, Stammesführer, Priester), Sicherheitskräfte, verdächtige Polizeispitzel und Verräter sowie deren Familien.

„Eine Auflistung zählt mindestens 17 Menschen, die ‚einen hündischen Tod von den Händen des Volkes' gestorben sind. Jeder, der mehr als 50 quintals[444] produziert, wird als ‚Grundbesitzer' betrachtet, während jene, die 30-50 quintals produzieren, als reiche Mittelbauern angesehen werden. Uns wird gesagt, dass nur die ‚berüchtigsten Grundherren' getötet wurden, weil sie sich der Neuverteilung des Bodens widersetzten, während es anderen gestattet wurde, auf ihren kleineren Parzellen zu leben. Was die reichen Mittelbauern betrifft, wurden nur die exzessiv in der ersten Phase der Walderschließung geraubten Waldstücke enteignet und neu verteilt. Es kann kaum überraschen, dass dies einiges an Unterstützung für Salwa Judum hervorgerufen hat. Jedoch würde es intensive Feldstudien erfordern, zu eruieren, in welchem Maße die maoistische Bewegung auf den existierenden Solidar- und Machtstrukturen aufgebaut hat und in welchem Maße sie sie beiseitegeschoben hat. Tatsächlich erklärte ein Re-

---

443 Jogi 2006
444 Maßeinheit: 1 quintal = 1 Zentner = 100 kg

präsentant der Maoisten, mit dem sich die Citizens Initiative traf, in der Marh hätte es kaum Verwerfungen mit den traditionellen Dorfanführern gegeben, während es im Süden zu größeren Kontroversen gekommen sei."[445]

Eine Differenzierung ist hier tatsächlich angezeigt. Während es kaum bestreitbar ist, dass auch die maoistischen Kader zu Mitteln der Einschüchterung oder auch willkürlichen Morden greifen, um ihre Macht zu sichern, so werden zugleich nicht alle Gewaltakte der Maoisten von der Bevölkerung verurteilt. Die Drohungen gegen und teilweise Tötungen von Großgrundbesitzern, Brahmanen und Vertretern der Staatsgewalt stießen etwa mehrheitlich auf Zustimmung bei den Adivasi, ebenso ihre Angriffe auf Vertreter zuvor hegemonialer politischer Kräfte, wie Sundar an einigen Beispielen erläutert:

„Im Dorf Arlempali wurde der Citizens Initiative mitgeteilt, dass gesamte Dorf sei zur PWG übergegangen, nachdem sie die Hand des lokalen Anführers der CPI gebrochen hätten. Nachdem sie einmal gelitten hatten, weigerten sich die Dorfbewohner, Salwa Judum beizutreten, woraufhin das Dorf zerstört wurde."[446]

Allerdings gingen die Maoisten auch gegen Deserteure mit großer Härte vor. Breiten Unmut erzeugten sie jedoch erst, als ihr Verhalten gegenüber ihrer eigenen sozialen Basis, der Masse der Landarbeiter und Kleinbauern sich im Zuge zunächst kleinerer Dispute verhärtete. Zugleich führte die Eigendynamik einer militärischen Struktur wie der maoistischen Rebellen zunehmend dazu, dass die Volksgerichtsbarkeit zunehmend der Willkür der bewaffneten Naxalitenkader unterlag und in immer stärkerem Maße nicht mehr als Selbstorganisierungsinstanz der Bevölkerung gesehen wurde, sondern als ein Instrument der Einschüchterung. ‚Human Rights Watch‘ dokumentiert die desillusionierten Einschätzungen dieser Volksgerichte durch mehrere frühere Naxaliten:

„Subha Atish, ein früherer Naxalit hatte an zwei jan adalats [Volksgerichten] teilgenommen und gesehen, wie vier Dorfbewohner hingerichtet wurden: ‚Der jan adalat wird organisiert vom Kommandanten oder stellvertretenden Kommandanten eines dalam [bewaffnete Einheit]. Sie versammeln die Einwohner von ungefähr 15 Dörfern und fällen ein Urteil. Mitglieder des Gebietskomitees und des Divisionskomitees füh-

445 Sundar 2006, S. 3190
446 Sundar 2006, S. 3191

ren das Verfahren durch. Den Beschuldigten sollte normalerweise die Möglichkeit gegeben werden, sich zu verteidigen, aber generell funktioniert es folgendermaßen: Zunächst werden sie vorgeführt und geschlagen und wenn die Schläge vorbei sind, sind sie so verängstigt, dass sie das Verbrechen gestehen. Dorfbewohner und Verwandte, die zu ihrer Verteidigung gekommen sind, werden bedroht und haben kaum eine Möglichkeit, zur Verteidigung beizutragen. Wenn ein Verwandter etwas sagt, wird der Kommandant sagen: ,Also bist du auf seiner Seite? Du willst, dass das Gleiche mit dir passiert? Wenn die Führungskader zu einer Meinung gekommen sind, tendieren sie dazu, die Meinungen der Dorfbewohner zu ignorieren. Sie sagen ,Dies ist ein Feind. Wenn Ihr wollt, dass er bestraft wird, hebt eure Hand.' Selbst wenn die Menschen sagen ,Tötet ihn nicht', werden die Kader ihn töten, wenn sie es so entschieden haben. Und wenn sie entschieden, ihn nicht zu töten, werden sie es nicht tun, selbst wenn die Öffentlichkeit sagt: ,Tötet ihn, tötet ihn!'

Ein anderer früher Naxalit, Satyam David, stimmte zu, dass es schwierig sei, vor einem jan adalat einen Freispruch zu erwirken. Aus seiner eigenen Erfahrung schloss er, dass die einzige Möglichkeit für einen Freispruch in einem jan adalat sei, die Unterstützung einiger Naxaliten zu erlangen. Bevor er ein Angehöriger der Volksmiliz wurde, als er noch zur Schule ging, hatten Naxaliten Satyam beschuldigt, ein Polizeiinformant zu sein. Er wurde verschleppt und vor ein jan adalat geführt. Er wurde freigesprochen, weil seine Eltern einige Mitglieder des sangham davon überzeugt hatten, für ihn einzutreten."[447]

In einem offenen Brief äußerte sich im Januar 2007 der Generalsekretär der CPI (Maoist), Ganapathy zu den zahlreichen Vorwürfen von Human Rights Watch und anderen NGOs. Neben den Vorwürfen der Verminung weiter Gebiete, der Angriffe auf Zivilisten, der Zerstörung lebensnotwendiger Infrastruktur und der Rekrutierung von Kindersoldaten, nahm er auch zu den Vorwürfen willkürlicher und grausamer Urteile in den unter Leitung der CPI (Maoist) abgehaltenen jan adalats Stellung. Zunächst behauptete er in diesem Zusammenhang, dass die Urteile nicht unter dem Einfluss der Naxalitenkader, sondern auf Basis des Willens der versammelten Dorfbevölkerung zustandegekommen seien und dort, wo sie extrem hart ausgefallen seien, Ausdruck der Wut der Bevölkerung über die Destabilisierung der sozialen Strukturen durch Paramilitärs, Kriminelle und ,antisoziale Elemente' seien.[448] Im Gegensatz zur staatlichen Gerichtsbarkeit, die weitgehend auf der Basis von Klassen- und Kastenvorurteilen funktioniere, seien die jan adalats Ausdruck der Selbsttätigkeit der Adivasi-Bevölkerung, organisatorisch

---

447 Human Rights Watch 2008, S. 102f
448 Vgl. Ganapathy 2007, S. 68f

unterstützt und angeleitet durch die CPI (Maoist) und die Peoples Guerilla Liberation Army (PGLA). Dort wo die Naxaliten die Verfahren direkt geleitet hätten, seien von 57 Beschuldigten 44 freigelassen worden, was die These willkürlicher und ausufernd grausamer Bestrafungen widerlege. Weiter:

> „Viele antisoziale Elemente wurden einfach verwarnt und freigelassen. Nur die berüchtigsten kriminellen Lumpenelemente und bewiesene Agenten des Feindes wurden zum Tode verurteilt. Im Prinzip sind wir gegen die Todesstrafe und unser neues System, dass sich nach der Ergreifung der politischen Macht entwickeln wird, wird die Todesstrafe abschaffen. Aber zum gegenwärtigen Zeitpunkt sind das unterdrückte Volk und die Revolutionäre gezwungen, für ihre Verteidigung auf sie zurückzugreifen. Letztlich ist unser pures Überleben in Gefahr, wenn wir erwiesenen Konterrevolutionären erlauben, mit dem Leben der Menschen zu spielen und Informationen über unsere Bewegung an die Polizei weiterzugeben.“[449]

Dennoch bestätigen unabhängige Berichte, etwa der zitierte von ‚Human Rights Watch‘ von 2008, dass es in Dantewada eine verselbständigte und in Teilen willkürliche Gerichtsbarkeit der Maoisten gibt, die sich im Rahmen von *jan adalats* auch über das Votum der Dorfbevölkerung hinwegsetzt. Diese Berichte, ebenso wie solche über maoistische Kader, die der Landbevölkerung Lebensmittel und Geld abfordern, unabhängig davon, ob die Familien selber genug zum Überleben haben[450], können als Anzeichen für eine in erster Linie nach militärischer Logik funktionierende Guerilla-Armee gesehen werden, die ihre Verbindung zu den sie tragenden Teilen der Gesellschaft verloren hat.

Mit der Entstehung von Salwa Judum wurde das Spektrum der Gegner erweitert und die Intensität der Kämpfe verstärkt, die spätestens seit 1986 bestehende Hegemonie der Naxaliten in der Region erstmals ernsthaft infrage gestellt. Zu ihren Gegnern gehörten nun nicht nur die Landbesitzer und führenden Leute der Dörfer, sondern auch SPOs und Adivasi, die an den Kundgebungen von Salwa Judum teilnahmen, auch wenn viele von ihnen nachweislich dazu gezwungen worden waren. Oft werden auch die Lagerbewohner verdächtigt, Polizeiinformanten zu sein und angegriffen. Sie wurden unter Druck gesetzt, in die Dörfer zurückzukehren. Die Maoisten zerstörten in vielen Dörfern die bestehende Infrastruktur, insbesondere Schulen und Gesundheitszentren, damit sie nicht von Salwa Judum und den Sicherheitskräften verwendet werden konnten. Bis Februar 2007 wurden 20

---

449 Ganapathy 2007, S. 69
450 Human Rights Watch 2008, S. 107f

Schulen unbrauchbar gemacht. Die Behörden mussten nach Angaben von Human Rights Watch einige Kinder von den Eltern trennen und in Heime unterbringen, um ihnen so den Schulbesuch zu ermöglichen.[451]

Die Gegenaktionen der CPI (Maoist) gegen Salwa Judum und die CPRF-Einheiten sind – auch wenn sie in den indischen Medien überbetont wurden – ebenfalls von Brutalität gekennzeichnet und, obwohl sie sich in erster Linie gegen SPOs und Paramilitärs richten, destruktiv. Vor allem der Terror gegen Adivasi, die als Informanten oder Unterstützer der Salwa Judum angesehen werden, die breitflächige Verlegung von Landminen und die Zerstörung von Schulgebäuden, die von den Paramilitärs zweckentfremdet wurden, ruft kritische Reaktionen auch unter ihnen prinzipiell positiv gegenüberstehenden Teilen der Bevölkerung sowie Menschenrechtsorganisationen hervor.

In seinem Offenen Brief, in dem er auf zahlreiche gegen die Guerilla vorgebrachte Vorwürfe antwortete, bezog der Generalsekretär der CPI (Maoist), Ganapathy, im Januar 2007 u. a. auch zur Zerstörung von Schulgebäuden Stellung:

> „Was die Zerstörung von Schulen betrifft, die von den CRPF als Camps genutzt werden, sehen weder das Volk noch unsere Partei dies als Fehler an. Die Schulen, wenn sie erst von diesen Streitkräften besetzt sind, werden in Folterkammern und Internierungslager umgewandelt und es gibt keine Hoffnung darauf, dass sie in der näheren Zukunft wieder als Schulen benutzt werden können. Mehr noch, in vielen Dörfern, die in den letzten sechs Jahrzehnten seit der sogenannten Unabhängigkeit keine Schule hatten, werden nun im Zuge des Krieges neue RCC-, Schul'gebäude errichtet, um die benötigte Infrastruktur für die Sicherheit der Truppen zu gewährleisten. Die Menschen die in den Dörfern leben, wissen, zu welchem Zweck diese Gebäude errichtet werden. Das ist der Grund, warum sie beschlossen haben, sie zu zerstören und unsere Partei steht voll und ganz hinter dem Volk."[452]

Diese Argumentation jedoch, die von der CPI (Maoist) auch schon zuvor vorgebracht wurde, wird, etwa von Balagopal, angezweifelt:

> „Aber in Wirklichkeit wurde keine Schule zu diesem Zweck geschlossen. Schulgebäude werden jetzt durch die Sicherheitskräfte okkupiert, weil sie wegen der Schulferien geschlossen sind. In anderen Fällen lagern die Sicherheitskräfte bei Schulgebäuden, um sich auszuruhen. Sicherlich ist es abzulehnen, bewaffnete Kräfte auf Schulgrundstücken unterzubringen, aber aus diesem Grund Schulen zu zerstören, ist ein unent-

---

451 Human Rights Watch 2008, S. 142
452 Ganapathy 2007, S. 69

schuldbares Vergehen und besonders in einem Gebiet mit schlechter Bildungsinfra-
struktur. Der Gebietsvorsteher von Konta, der die um sein Büro herum lagernden Sal-
wa-Judum-Aktivisten offen als Kriminelle bezeichnet, teilt zugleich mit, die Maoisten
hätten 31 der 400 Schulgebäude in seinem Verwaltungsgebiet in die Luft gesprengt. Es
scheint keinen Grund zu geben, ihm nicht zu glauben."[453]

Der Punkt bleibt strittig, denn dass die von der Regierung errichteten Schulgebäude durchaus nicht nur gelegentlich, sondern systematisch zur Trup-
penstationierung genutzt werden, wird von verschiedener Seite bestätigt;
und auch das Interesse des Staates, nach jahrzehntelanger Abwesenheit jeglicher Bildungseinrichtungen gerade jetzt mitten im Kriegsgebiet Schulgebäude zu bauen, muss mindestens als Teil einer Strategie gesehen werden,
durch verstärkten Aufbau bisher fehlender Infrastruktur den Maoisten den
sozialen Nährboden zu entziehen. Arundhati Roy vermutet offenbar noch
wesentlich konkretere Pläne, die wenig mit Bildung zu tun haben, wenn sie
in ihrem Bericht aus Dantewada schreibt:

„Warum sind alle Regierungsdorfschulen wie Betonfestungen gebaut, mit Stahl-
fensterläden und Stahlfalttüren auf Schienen? Warum nicht wie die Dorfhäuser aus
Lehm und Reet? Weil sie auch als Baracken und Bunker dienen sollen. ‚In den Dörfern
von Abujhmad', sagt Chandu, ‚werden sie so gebaut …' Und er zeichnet einen Bauplan
mit einem Zweig in den Sand. Drei Achtecke, die wie Honigwaben miteinander verbunden sind. ‚Damit sie in alle Richtungen schießen können.' Er zeichnet Pfeile ein,
um dies zu illustrieren, wie eine Cricket-Graphik – das Wagenrad eines Schlagmanns.
‚Es gibt keine Lehrer in keiner der Schulen', sagt Chandu. ‚Sie sind alle abgehauen.'
‚Oder habt ihr sie davongejagt?' ‚Nein, wir jagen nur Polizisten. Aber warum sollten
die Lehrer hierher kommen, in den Dschungel, wenn sie ihr Gehalt auch bekommen,
wenn sie zuhause sitzen?' "[454]

An Salwa Judum sind verschiedene Interessengruppen beteiligt. Auf der
einen Seite handelt es sich um die Regierung von Chhattisgarh, die in den
maoistischen Rebellen in erster Linie ein Sicherheitsproblem sieht, auf der
anderen Seite Investoren und Geschäftsleute, die sich das ressourcenreiche
Land der Adivasi aneignen und es ökonomisch erschließen wollen, was zunächst für die Holzbestände, aber auch für den Abbau von Mineralien und
Erzen gilt. Ihrem Zugriff stehen die Naxaliten im Wege. Chakravarti verdeutlicht dieses naheliegende Interesse wie folgt:

---

453 Balagopal 2006, S. 2183
454 Roy 2010, Internetquelle

„Chhattisgarh verfügt über massive Vorkommen von Kohle, Eisen und Manganerz, Bauxit, Phosphor, Dolomit und Quartz. Diamanten sind die Zukunft, gesunde Mineralquellen wurden in den Distrikten Rajpur und Bastar entdeckt, und diese werden in dem, von der Regierung veröffentlichten PR-Dokument mit dem Titel ‚Chhattisgarh – Rich Resources, Shining Success, High Hopes‘ angepriesen. Es gibt zudem Goldvorkommen in Kanker, Bastar, Jashpur, Raigarh und Raipur. Und Uran in Surguja und Rajnandgaon."[455]

In diesem Zusammenhang stellt er die These auf, dass die Ausnutzung innerer Spannungen innerhalb der maoistischen ‚liberated zone‘ und der forcierte Aufbau der Salwa Judum in erster Linie eine Gelegenheit war, die deshalb genutzt wurde, weil ein ökonomisches Interesse an der Erschließung und Ausbeutung der in der Region vorhandenen Ressourcen besteht, dem sowohl die Adivasi mit ihrer Lebensweise und ihren traditionellen Formen der Landnutzung als auch die Maoisten und ihre zeitweilige Hegemonie in diesem Gebiet entgegenstehen.[456] Diese Gelegenheit wird genutzt und dabei nicht nur die militärische und politische Gegenmacht der Naxaliten angegriffen, sondern zugleich auch durch die Zwangsumsiedlungen der Adivasi in die Salwa-Judum-Camps das Terrain bereinigt und die den Bergbauprojekten und der kommerziellen Waldbewirtschaftung im Wege stehenden Bevölkerungsgruppen enteignet und aus dem Territorium entfernt. Ganapathy schlägt in die selbe Kerbe, wenn er in seinem Offenen Brief die Opposition der CPI (Maoist) gegen diese Form der Entwicklung erläutert:

„Wir haben kein generelles Verbot des Baus von Straßen und Eisenbahnverbindungen verhängt. Wir lehnen nur diejenigen Straßen und Eisenbahnverbindungen ab, die dafür gebaut werden, um den Reichtum der Region zu plündern und feindliche Truppenbewegungen zu erleichtern. Es ist ein offenes Geheimnis, dass die Eisenbahnlinie von Waltair nach Kirandul gebaut wurde, um die Rohstoffe von Bastar abzutransportieren und in imperialistische Länder wie Japan zu exportieren, genauso wie es die Briten während ihrer Kolonialherrschaft taten. Die geplante Eisenbahnlinie von Raoghat nach Jagdalpur soll dem selben Zweck dienen. Würden sie als aufgeklärte Intellektuelle solche Megaprojekte industrieller Entwicklung unterstützen, deren Resultat Unterentwicklung und Elend für die breite Masse der Bevölkerung sind?"[457]

---

455 Chakravarti 2008, S. 200
456 Vgl. Chakravarti 2008, S., 200
457 Ganapathy 2007, S. 70

Im April 2008 stellte das Oberste Gericht Indiens gegenüber den staatlichen Institutionen hinsichtlich Salwa Judum fest: „Wie kann der Staat einfach einigen Personen Waffen in die Hand drücken? Der Staat wird auf diese Weise in ein Verbrechen verwickelt, wenn diese Privatpersonen andere Menschen umbringen."[458] Der Supreme Court bestätigte in diesem Zusammenhang zugleich, dass zweifelsfrei mindestens 47.000 Menschen in den Salwa Judum-Lagern gegen ihren Willen festgehalten werden.

‚Human Rights Watch' weist den Sawa-Judum-Milizen in ihrem umfangreichen Bericht von Mitte Juli 2008 das gesamte Schreckensarsenal eines rücksichtslos auch gegen die Zivilbevölkerung geführten Bürgerkriegs nach: Vergewaltigungen, Vertreibungen, willkürliche Morde an Dorfbewohnern und vermeintlichen Naxaliten, das Rekrutieren von Kindern als Informanten und SPOs.[459] Den Naxaliten wirft Human Rights Watch ebenfalls die Rekrutierung von Kindern, Angriffe auf Zivilisten und die pauschale Exekution von Salwa Judum-Verdächtigen vor.[460] Den Vorwurf der Rekrutierung von Kindersoldaten wies CPI (Maoist)-Generalsekretär Ganapathy in seinem schon zitierten Offenen Brief vordergründig zurück, bestätigte ihn jedoch unmittelbar darauf. Es lohnt, seine Argumentation zu diesem Thema zu lesen, auch wenn die Rechtfertigung schwach ist:

„Bezüglich der Ausbildung von Minderjährigen im Gebrauch von Feuerwaffen, wollen wir klarstellen, dass unsere politischen Grundsätze und die Statuten der PLGA festlegen, dass Jugendliche unter 16 Jahren nicht in die Armee aufgenommen werden können. Und diese Altersgrenze wird strikt eingehalten, wenn wir unter den spezifischen Bedingungen in der Kampfzone rekrutieren. Jugendliche können mental und politisch den Status von Erwachsenen erhalten, wenn sie das 16. Lebensjahr vollendet haben, weil sie direkt oder indirekt in revolutionäre Aktivitäten seit ihrer Kindheit eingebunden sind. Sie erhalten grundlegende Bildung und politische Schulung von früh an und haben organisatorische Erfahrung durch ihre Mitgliedschaft im ‚balala sangham' [Kindervereinigungen]. Aber nun hat der Feind die gesamte Situation in dieser Region verändert, indem er eine Vorgehensweise des ‚Töte alle, brenne alles nieder, zerstöre alles' angenommen hat und dabei weder Kinder noch Alte ausspart, die gezwungen sind, aus den Dörfern zu fliehen und in den Wäldern zu überleben und sich selbst zu bewaffnen, um sich verteidigen zu können. Wenn der Feind jeden einzelnen Buchstaben internationalen Rechts mit Füßen tritt, hat das unterdrückte Volk das volle Recht, sich zu bewaffnen und zu kämpfen. Das Alter hat keine Relevanz in

---

458 Venkatesan in *The Hindu*, 01.04.2008
459 Human Rights Watch 2008, S. 142ff
460 Human Rights Watch 2008, S. 167ff

einer Situation, in der die Feinde des Volkes auch Kinder ohne Gnade ins Visier nehmen. Wenn die Jungen und Mädchen sich nicht mit Waffen zur Wehr setzen, werden sie eliminiert. Intellektuelle sollten diese unmenschliche und grausame Situation verstehen, die vom Feind geschaffen wird, und sich auf die Seite des Volkes stellen anstatt alle möglichen idealistischen Bedenken zu erheben."[461]

In einer Situation jedoch, in der beide kriegführende Parteien sich gegenüber der Bevölkerung völlig verselbständigt haben und in erster Linie als Soldateska in Erscheinung treten, die keinerlei Kontrolle unterliegt und nur noch ihren militärischen Zielen gegenüber verantwortlich agiert, kann es keine Neutralität mehr geben. Jenseits der Eskalation des Konflikts durch Salwa Judum stellt sich für die CPI (Maoist) jedoch auch das Problem der Verwaltung der ‚Liberated Zone' als ein grundlegendes heraus, bei dem sich die Guerilla als verselbständigte Macht gegenüber der Bevölkerung darstellt und diese ihren Bedürfnissen unterwirft, was naturgemäß zu Verwerfungen und einem Schwinden der freiwilligen Unterstützung führt.

### 7.1.6. Die gegenwärtige Lage im Kriegsgebiet

Auch wenn durch das Auftreten von Salwa Judum, die Evakuierung großer Bevölkerungsteile und das Agieren hochgerüsteter Anti-Terror-Einheiten der CRPF die Situation für die CPI (Maoist) und ihre Guerillaeinheiten in Chhattisgarh schwierig geworden und ihr strategisches Ziel der Errichtung einer ‚befreiten Zone', das sie zeitweilig bereits fast erreicht hatte, in Frage gestellt ist, sind sie offenkundig weit davon entfernt, in dieser Region militärisch besiegt zu sein. Chakravarti zitiert den director general der Polizei von Chhattisgarh, der die Anzahl der zwischen 2005 und 2008 getöteten Naxalitenkader in diesem Bundesstaat mit 500 angibt, zugleich aber auch darauf verweist, dass die Zahl der Neurekrutierungen höher sei als die Verluste der Maoisten durch getötete, gefangengenommene oder sich den Sicherheitsbehörden stellende Militante und die Gesamtzahl der aktiven Naxaliten in Chhattisgarh mit 7.000 modern ausgerüsteten Vollzeitkämpfern und 40.000 Milizangehörigen beziffert.[462]

Auch die zivilen Frontorganisationen der CPI (Maoist) in Chhattisgarh sind, trotz Kriminalisierung und der Dominanz militärischer Strukturen, eher gewachsen, als dass sie in der Situation geschwächt worden wären. Die ArbeiterInnen- und Bauernfront der Maoisten, der Dandakaranya Adivasi Kisan Majdoor Sangh (DAKMS) wird auch von neutralen Beobachtern auf

---

461 Ganapathy 2007, S. 69
462 Vgl. Chakravati 2008, S. 93

etwa 100.000 Mitglieder geschätzt.[463] 1986 wurde die Adivasi Mahila Sangathan (AMS) gegründet, die in der Krantikari Adivasi Mahila Sangathan aufging und jetzt 90 000 eingeschriebene Mitglieder hat, womit sie die mit Abstand stärkste Frauenorganisation in der Region sein dürfte. Die maoistische regionale Kulturvereinigung Chetna Natya Manch (CNM) hat nach eigenen Angaben 10.000 Mitglieder.[464] Es versteht sich von selbst, dass es kaum möglich ist, diese Zahlenangaben zu überprüfen, aber es handelt sich offenkundig um reale Massenorganisationen, auch wenn deren Abhängigkeit von der Parteilinie der CPI (Maoist) eine vollständige sein dürfte.

Der Versuch, mit Hilfe von Salwa Judum die Naxaliten militärisch zu besiegen, hat sich als offensichtlich als Fehlschlag erwiesen. Er hat das nördliche Chhattisgarh in ein Kriegsgebiet verwandelt, eine entfesselte Soldateska losgelassen, Hunderttausende von Menschen entwurzelt und wahlweise in Salwa-Judum-Camps, die von den Naxaliten weiterhin zu einem beträchtlichen Teil kontrollierten Wälder oder in die innerindische Emigration getrieben und maßloses Leid verursacht. Aber trotz einer beispiellosen Militarisierung, nicht nur durch Salwa Judum, sondern auch durch die in großer Zahl in die Region verlegten CPRF-Bataillone und Spezialeinheiten sowie durch die Aufrüstung und Militarisierung der Polizei, konnte den Maoisten kein entscheidender Schlag versetzt werden, sie konnten bisher allenfalls von einem Zustand relativer Ruhe in einen ständigen Zermürbungskrieg gerissen werden.

Begleitend zur Offensive der Salwa Judum wurden zahlreiche neue Polizeistationen und Camps errichtet, mit der Absicht, einen Sicherheitsgürtel für die ,schleichende Wiederbesetzung' von Maoisten-kontrolliertem Gebiet zu liefern, wie Arundhati Roy schreibt.[465] Die Annahme sei auch gewesen, dass die Maoisten es nicht wagen würden, eine so große Konzentration von Sicherheitskräften anzugreifen. Die Maoisten ihrerseits wurden sich darüber klar, dass, wenn sie nicht den Sicherheitsgürtel zerschlügen, ihre in jahrzehntelangen Bemühungen aufgebaute Basis verloren wäre und sie in den Wäldern von den Menschen isoliert seien. Sie schlugen in einer Serie von Angriffen zurück, um den um sie gezogenen militärischen Gürtel zu durchbrechen.

Am 26. Januar 2006 griff, wie Roy beschreibt, die PLGA das Polizeilager in Gangalaur an und tötete sieben Leute. Am 17. Juli 2006 wurde das Salwa-Judum-Lager in Erabor angegriffen, wobei 20 Leute getötet und 150 verletzt

---

463 Mukherji 2010, S. 17
464 Roy 2010, Internetquelle
465 Ebd.

wurden. Am 13. Dezember 2006 griffen sie das ‚Schutz'-Lager Basaguda an und töteten drei SPOs und einen Wachtmeister. Am 15. März 2007 kam der waghalsigste aller Angriffe: 120 PLGA-Guerillas griffen das Rani Bodili Kanya Ashram an, ein Mädchenheim, das in eine Baracke für 80 Polizisten und SPOs umgewandelt worden war, während die Mädchen dort noch immer lebten und offensichtlich von den Sicherheitskräften als menschliche Schutzschilde benutzt wurden. Die PLGA-Guerillas drangen in das Gelände ein, riegelten den Anbau, wo die Mädchen wohnten, ab, und griffen die Baracken an. 55 Polizisten und SPOs wurden getötet. Keines der Mädchen wurde, so zumindest die Angaben von Roy, bei diesem Angriff verletzt.[466]

Roys vielleicht etwas euphorische Darstellung der Ergebnisse dieser Offensive liest sich so:

„Die maoistische Konteroffensive brach den Sicherheitsgürtel und gab dem Volk eine Atempause. Die Polizei und die Salwa Judum zogen sich in ihre Lager zurück, von wo sie jetzt nur in Trupps von 300 bis 1.000 Mann aufbrechen – gewöhnlich mitten in der Nacht – um Umzingelungs- und Suchoperationen in den Dörfern durchzuführen. Allmählich begannen die Leute – außer den SPO und deren Familien – aus den Salwa-Judum-Lagern zu verschwinden und wieder in ihre Dörfer zurückzukehren. Die Maoisten hießen sie willkommen und gaben bekannt, dass selbst SPO zurückkehren könnten, wenn sie ernsthaft und öffentlich ihre Handlungen bereuten. In den vergangenen 30 Jahren sind bewaffnete Gruppen allmählich zu Abteilungen gewachsen, die Abteilungen zu Zügen, und die Züge zu Kompanien. Aber nach der Niederlage der Salwa Judum war die PLGA schnell in der Lage, Bataillone zu bilden."[467]

Seitdem hat sich an der grundsätzlichen Situation in Chhattisgarh wenig verändert. Der Staat und die inzwischen aufgrund der zunehmenden negativen Medienberichterstattung in „Ma Danteshwari Swabhimaan Manch" umbenannte Salwa Judum auf der einen, die Naxaliten auf der anderen Seite führen einen Abnutzungskrieg, der wenig Raum für neutrale Initiativen lässt und die Grenzen zwischen den kriegführenden Parteien und der Zivilbevölkerung auf katastrophale Weise verwischt hat. Seit dem Sommer 2009 versucht die Zentralregierung, durch massive Truppenverstärkungen das militärische Patt in der Region zu beenden und eine weitere Runde im Kampf gegen die Aufständischen einzuläuten. Ein Bericht in *The Hindu* vom 6. Februar 2010 schätzt nach der Verlegung von sieben weiteren Bataillonen der CRPF, der CoBra-Spezialeinheiten und der Border Security Forces (BSF) die Ge-

---

466 Ebd.
467 Ebd.

samtstärke der Truppen der Unionsregierung in der Region Dantewada auf 20.000 Mann, zu denen noch die Polizei des Bundesstaates Chhattisgarh mit 6.000 Mann sowie mehrere tausend SPOs der Salwa Judum hinzugerechnet werden müssen. Ab Juli 2009 versuchte dieses hochgerüstete Kontingent nun, Zugangswege und Nachschublinien zu sichern und in den verbliebenen Dörfern mit Search-and-Destroy-Aktionen gegen Sanghams und Naxalitenkader vorzugehen:

> „,Der erste Schritt war die Sicherung der Straßen. Neunzig bis fünfundneunzig Prozent unserer Verluste passieren auf den Straßen', sagte T. J. Longkumar, Inspector General der Polizei von Bastar in einem Interview [...] ‚Wir haben mit Straßensicherungs-Operationen begonnen und besonders von Anschlägen aus dem Hinterhalt betroffene Abschnitte identifiziert.' Der nächste Schritt ist es, der sich als besonders kontrovers herausstellt. ‚Die Truppen sollen aktiv in die Dörfer gehen und naxalitische Elemente herausgreifen', fügte er hinzu. Longkumar legt Wert auf die Feststellung, dass Suchoperationen nur auf der Basis konkreter Hinweise von Informanten durchgeführt werden und dass mit aller nötigen Umsicht vorgegangen wird, um den Tod von Unschuldigen zu minimieren. Informationen, die aus den Dörfern nach außen dringen, legen allerdings anderes nahe."[468]

Aufsehen in den Medien erregte hauptsächlich ein Angriff der Maoisten auf einen Konvoi der CRPF im Mai 2010, bei dem 75 Angehörige der Sicherheitskräfte getötet wurden. Während jedoch dieser Überfall noch als klassische Guerilla-Aktion im Rahmen der offiziellen und anerkannten Logik eines militärischen Konfliktes gesehen werden kann, so war der Landminenangriff auf einen zivilen Bus am 17. Mai ein deutliches Zeichen dafür, in welchem Maße die militärische Vorgehensweise sich verselbstständigt hat und keinerlei zivile Einrichtungen oder Infrastruktur mehr schont. Am Nachmittag jenes 17. Mai zerstörte eine Landmine[469] einen Bus, in dem mehr als 50 Passagiere im Distrikt Dantewada unterwegs waren, von denen mindestens 30 ums Leben kamen und 15 weitere schwerste Verletzungen erlitten. Das offensichtliche Ziel dieses Anschlags waren 11 SPOs, die sich unter den Passagieren befanden. Dass Sicherheitskräfte der CRPF und Paramilitärs der Salwa Judum in zivilen lokalen Bussen zu ihren Einsatzorten gefahren werden, muss als Taktik interpretiert werden, bei der bewusst maoistische Angriffe und zivile Opfer bei diesen in Kauf genommen werden, um den

---

468  Aman Sethi in *The Hindu*, 6.02.2010

469  Die von den Maoisten verwendeten Sprengfallen sind in aller Regel keine industriell produzierten Minen, sondern selbst hergestellte IED (improvised explosive devices).

Rückhalt der Maoisten in Teilen der Bevölkerung zu schwächen. Dass die CPI (Maoist) sich allerdings auf diese Ebene der Auseinandersetzung einlässt und den Tod von Zivilisten, die quasi als menschliche Schutzschilde missbraucht werden, bei ihren Angriffen akzeptiert, ist eine Entwicklung, die in der Tat zu ihrer Isolierung beiträgt. Dementsprechend wurde der Anschlag einhellig von sämtlichen Menschenrechtsorganisationen und linken Organisationen verurteilt, einschließlich der radikalen Linken, die gewohnheitsmäßig von staatlichen Stellen als pro-maoistisch denunziert wird.

In der Zwischenzeit haben Konzerne wie Tata, Jindan und Bhushan Steel damit begonnen, auf dem Grund und Boden der verlassenen Dörfer ihre Industrie- und Bergbauprojekte zu etablieren und sich die Rohstoffe anzueignen, deren Abbau die dort bisher lebenden Adivasi und die Kader der CPI (Maoist) im Wege standen. Dass die ökonomische Erschließung des Gebiets für diese Konzerne nicht nur der eigentliche Grund war, die Salwa-Judum-Kampagne zu initiieren, sondern dass diese auch direkt in die Planung und Finanzierung dieser großangelegten Landräumungsaktion involviert gewesen seien, ist zwar von verschiedenen Seiten in den letzten Jahren immer wieder behauptet worden, galt aber bis vor kurzem eher als eine linke Verschwörungstheorie, deren wahrer Kern erst durch eine wohl unbeabsichtigte Indiskretion enthüllt wurde. Die in dieser Angelegenheit sehr rührige Arundhati Roy merkt an, dass der Entwurf eines Berichts über Landwirtschaftsbeziehungen des Staates und die unvollendete Aufgabe der Landreform (State Agrarian Relations and the Unfinished Task of Land Reform, Band I) festgestellt habe, dass Tata Steel und Essar Steel die ersten großen Finanziers von Salwa Judum gewesen seien. Als diese Rohfassung eines Regierungsberichts in der Presse lanciert wurde, sorgte er für eine gewisse öffentliche Debatte über den im Herzen Indiens entstandenen Großkonflikt und seine ökonomischen Hintergründe. Im Schlussbericht ist dieser Passus daraufhin stillschweigend gestrichen worden.[470] Erst die Sichtung der internen Akten in einer vermutlich ferneren Zeit dürfte Klarheit darüber geben, ob es sich um einen Irrtum handelte oder tatsächlich um ein direktes Ineinanderspielen von ökonomischen Interessen der wichtigsten indischen Stahlkonzerne und den Sicherheitsinteressen des Staates. Roy jedenfalls sieht einen solchen direkten Zusammenhang und konfrontiert diese illustre Begebenheit mit einer gespenstisch anmutenden Anhörung über die Ansiedlungspläne des Tata-Konzerns in Dantewada:

---

470 Roy 2010, Internetquelle

„Am 12. Oktober 2009 fand eine zwingende öffentliche Anhörung der Tata Steel Plant, die eigentlich in Lohandiguda stattfinden sollte, wo die örtliche Bevölkerung hätte teilnehmen können, in Jagdalpur in einer kleinen Halle des Steuereinnehmer- gebäudes statt, viele Kilometer weit weg und abgeriegelt durch massive Sicherheits- kräfte. Eine gekaufte Zuhörerschaft von 50 Stammesmitgliedern wurde in einem be- wachten Konvoi in Regierungsjeeps herangekarrt. Nach dem Treffen gratulierte der Distrikt-Steuereinnehmer ‚dem Volk von Lohandiguda‘ für seine Zusammenarbeit. Die lokalen Blätter erzählten diese Lüge, obwohl sie es besser wussten. (Reklame- anzeigen strömten herein.) Trotz der Einsprüche der Dorfbewohner wurde mit dem Landerwerb für das Projekt begonnen.“[471]

Wie dieser Landerwerb konkret vonstatten geht, den der Staat in eigener Re- gie für den Tata-Konzern übernommen hat, geht aus Berichten wie diesem hervor:

„Schließlich kamen Regierungsbeamte, um die dem Volk der Gond angehörenden Dorfbewohner von Lohandiguda in Chhattisgarh, die hauptsächlich Analphabeten sind, aufzufordern, ihre Felder für das Versprechen von Geld, Arbeitsplätzen und ei- ner besseren Zukunft zur Verfügung zu stellen. Für Banga Ram, den 65-jährigen Pa- triarchen einer Großfamilie war die Forderung absurd. ‚Was sollen wir mit dem Geld anfangen?‘ fragte er. ‚Wir müssen Landwirtschaft betreiben, um unsere Kinder zu ernähren.‘ Aber die lokalen Offiziellen, akzeptierten kein ‚Nein‘ als Antwort. Banga Ram wurde im örtlichen Gefängnis eingesperrt. Nachdem er 13 Tage dort verbracht hatte, unterschrieben seine Söhne, wie er sagt, gaben das Land weg und akzeptierten die Entschädigung.“[472]

Vorgänge wie dieser passieren routinemäßig und die Regierung ist, wie auch der Tata-Konzern, bestrebt, Tatsachen zu schaffen, bevor entsprechende Klagen vor überregionalen Gerichten sie stoppen können. Die bisher rück- ständigen, ländlichen und vom Staat vergessenen Bundesstaaten des östlichen Zentralindien sind zu Goldgruben der Bergbaukonzerne geworden: Chhattis- garh, Jharkhand, Orissa. In Chhattisgarh ist es neben dem Stahlwerk des Tata-Konzerns vor allem der Aluminium- und der Bauxitabbau, die große Investoren anlocken. Und um den Energiebedarf dieser Megaprojekte zu de- cken, soll ein Staudamm errichtet werden, ein Projekt, das Mitte der 1980er Jahre schon einmal geplant und nach Massenprotesten der Bevölkerung auf die lange Bank geschoben wurde. Nun, in einer Situation der Polarisierung

---

471 Roy 2010, Internetdokument
472 Amy Kazmin in *Financial Times*, 10.03.2010

und Militarisierung, in der jeder Kritiker staatlich geförderter „Entwicklung" riskiert, als „Naxalit" verdächtigt zu werden, wurde der Plan erneut aufgegriffen und steht kurz vor der Umsetzung.

> „Der Bodhghat-Damm wird das gesamte Gebiet überfluten, durch das wir tagelang gewandert sind. Den ganzen Wald, die ganze Geschichte, alle die Geschichten. Mehr als 100 Ortschaften. Ist das also der Plan? Die Menschen wie Ratten zu ertränken, damit das integrierte Stahlwerk in Lohandiguda und die Bauxit-Mine und die Aluminium-Raffinerie in Keshkal Ghat den Fluss haben können?"[473]

Doch es gibt immer noch Widerstand gegen das Staudammprojekt, der vom Bastar Sambhag Kisan Sangharsh Samiti (BSKSS), einer lokalen Kleinbauernorganisation, geleitet wird. Am 1. Juni 2009 fand in Jagdalpur eine Kundgebung des BSKSS gegen den geplanten Staudamm statt, an der etwa 20.000 Menschen teilnahmen, ein beeindruckender Hinweis darauf, dass das Dammprojekt im Interesse kapitalistischer Entwicklungsstrategien gegen den Willen eines großen Teils der lokalen Bevölkerung durchgeboxt wird. Dies gilt umso mehr, als die Genehmigung für die Demonstration von den Behörden erst einen Tag vorher erteilt worden war, weil die Distriktverwaltung erst davon überzeugt werden musste, dass es sich nicht um eine Aktion getarnter Naxaliten handelte.[474]

## 7.2. Bihar: Die Naxaliten als Akteure im Kastenkrieg

### 7.2.1. Zur sozioökonomischen Lage in Bihar
Der Bundesstaat Bihar genießt den zweifelhaften Ruf, eine der ärmsten, rückständigsten und am wenigsten entwickelten Regionen Indiens mit einer der konservativsten Sozialstrukturen und dem höchsten Maß an gewalttätigen Kastenauseinandersetzungen zu sein. Bestätigt wird dies schon durch wenige statistische Angaben: Bihar hat mit 46,9% den höchsten Anteil an Menschen, die unterhalb der offiziellen indischen statistischen Armutsgrenze leben, gemessen an den 27,7 Prozent noch nicht aus der offiziellen Statistik herausgerechneten Armen im nationalen Durchschnitt.[475] Die Alphabetisierungsquote liegt laut Rothermund bei 47% der Bevölkerung[476], gegenüber

---

473 Roy 2010, Internetquelle
474 Vgl. Navlakha/Gupta 2009, S. 20ff
475 Vgl. Rothermund 2008, S. 260
476 Ebd.

der nationalen Alphabetisierungsquote von 61%, die das CIA World Factbook für 2008 angibt. Allerdings sind seine Angaben relativ optimistisch, verglichen mit denen, die Prasad verwendet, wonach die Alphabetisierungsquote 1997 bei gerade einmal 38,54% gelegen hätte, Durch die Abspaltung der zwar ebenfalls dort von großer Armut der Adivasi-Bevölkerung geprägten südlichen Region Jharkhand, die 2000 einen eigenen Bundesstaat bildete, verlor Bihar seine wichtigsten potentiellen Bergbaugebiete und ist seitdem fast ausschließlich auf seine landwirtschaftliche Basis zurückgeworfen. Für das gesamte Bihar gibt Prasad an, dass 87,5% der Bevölkerung Bihars im Jahr 2001 auf dem Land lebten, verglichen mit 76,7% zu jenem Zeitpunkt in ganz Indien. Bihar ist also nicht nur der ärmste Bundesstaat mit der niedrigsten Alphabetisierungsquote (und nebenbei der höchsten Kindersterblichkeit), sondern zugleich auch der ländlichste.[477] Der Armut der Bevölkerungsmehrheit und der Lähmung des kaum handlungsfähigen, wegen überdurchschnittlich grassierender Korruption bereits mehrmals in den letzten zehn Jahren von der indischen Unionsregierung unter ihre direkte Zwangsverwaltung gestellten Staates, steht eine agrarische Basis gegenüber, die im Gegensatz zum häufigen ersten Eindruck durchaus nicht statisch ist, sondern sich durch die Auswirkungen der ‚grünen Revolution' in den letzten Jahrzehnten kontinuierlich ausgeweitet hat, was aber die Konfrontation der ländlichen Klassen und der sie widerspiegelnden Kastenloyalitäten ebenfalls verstärkt und brutalisiert hat.

In Bihar ist die Staatsgewalt in zahlreichen Distrikten kaum noch präsent. Die Unfähigkeit der regionalen Administration, elementarste Verbesserungen für die Masse der Bevölkerung zu bewirken, Landreformen und soziale Mindeststandards gegen die Klientel der mächtigen Grundbesitzerlobby durchzusetzen oder auch nur die sich verschärfende Kastengewalt einzudämmen, bewirkten in den letzten Jahren einen weitgehenden Zusammenbruch der staatlichen Strukturen in Teilen des Bundesstaates und den offenen Ausbruch eines Kastenkrieges zwischen den Privatarmeen der Grundbesitzer und den Naxaliten, die von großen Teilen der niedrigkastigen oder am unteren Rand des Kastensystems existierenden kleinbäuerlichen Bevölkerung als ihre bewaffnete Interessenvertretung gesehen werden. In einer Studie für das Institute for Conflict Management schrieb Bibhu Prasad Routray 2007:

„Das schiere und endemische Fehlen jeder Art von menschlicher Entwicklung, ein sich zersetzender Verwaltungsapparat und eine marode und teilweise kaum vorhandene

---

477 Prasad 2002, S. 224

Infrastruktur haben die Ausbreitung des Linksextremismus in Bihar begünstigt. Die Vorherrschaft der Maoisten ist gut dokumentiert und wird offiziell bestätigt. Einem Dokument der Polizei von Bihar zufolge, sind 30 der 38 Distrikte des Bundesstaates gegenwärtig von maoistischen Aktivitäten betroffen. Neun dieser Distrikte wurden als ‚hyper-sensitiv‘ kategorialisiert, weitere neun fallen in die Kategorie ‚sensitive‘, während die verbleibenden zwölf Distrikte als ‚less sensitive‘ eingestuft werden. Der Datenbank des Institute for Conflict Management zufolge wurden 2006 und 2007 maoistische Aktivitäten – allerdings nicht notwendigerweise maoistische Gewalt – aus 32 Distrikten gemeldet. Während der maoistische Einfluss am sichtbarsten in den südlichen und zentralen Distrikten ist, erleben die an Nepal angrenzenden nördlichen Distrikte ebenfalls eine sich verstärkende Mobilisierung, wie die tatsächliche Orchestrierung von Angriffen zeigt, die eine gleichmäßige Expansion der maoistischen Stärke über das gesamte Staatsgebiet anzeigt.“[478]

Im Folgenden soll verdeutlicht werden, dass der wachsende Einfluss der Naxaliten in Bihar nicht lediglich der ländlichen Armut als solcher in Kombination mit einem schwachen, korrupten und in Teilen an seiner eigenen Dysfunktionalität zusammenbrechenden Staatsapparat geschuldet ist, sondern ein Ergebnis sich wandelnder Klassenbeziehungen und Ausbeutungsverhältnisse ist, die die vormals feudale und konservative Herrschaftsstruktur infrage stellen.

## 7.2.2. Kommerzialisierung der Landwirtschaft und Veränderungen der Klassenstruktur

Die Auswirkungen der Grünen Revolution in Bihar wurden im Verlaufe mehrerer Jahrzehnte mit zahlreichen Feldstudien untersucht, deren Ergebnisse, wie Prasad hervorhebt[479], letztlich alle darauf hinauslaufen, festzustellen, dass die enorme Erhöhung der Produktivität zugleich eine größere Polarisierung zwischen feudalen Grundbesitzern sowie den aufsteigenden landbesitzenden Mittelklassen auf der einen und den ländlichen Unterklassen der Kleinbauern und Landarbeiter auf der anderen Seite bewirkt hat. In besonderem Maße gilt dies für Zentralbihar, wo die ländliche Produktionsweise sich besonders durchgreifend wandelte, während in weiten Teilen Nordbihars die landwirtschaftliche Produktion stagniert. Die Realeinkommen der LandarbeiterInnen haben sich seit den ersten Untersuchungen 1975 nahezu nicht erhöht (außer in jenen Gebieten, in denen die Naxaliten mit direkter Gewaltandrohung Lohnerhöhungen durchsetzten) und auch die

478 Routray 2007, Internet-Dokument
479 Prasad 2002, S. 160

Kleinbauern konnten von neuen Anbaumethoden, intensiver Düngung und dem Einsatz moderner Maschinerie nicht profitieren. Im Gegenteil: Die großflächig eingesetzten Maschinen, vor allem in Zentralbihar, ersetzten menschliche Arbeitskraft und führten vielerorts zur Zunahme der Arbeitslosigkeit, zugleich führten diese äußerst kapitalintensiven Neuerungen zu einer Konzentration des Landbesitzes, da die kleineren Bauern hier nicht Schritt halten konnten und oftmals gezwungen waren, ihr Land zu verkaufen, um sich in Zukunft als Landarbeiter zu verdingen.

Der Proletarisierung der ländlichen Unterklassen stand seit den 1960er Jahren eine Verschiebung innerhalb der ökonomisch und politisch herrschenden Klassensegmente gegenüber. Die aus dem *zamindar*-System hervorgegangenen feudalen Grundbesitzer, deren patriarchale Herrschaft über die Landbevölkerung von zahlreichen ökonomischen und außerökonomischen Bindungen geprägt gewesen war, verloren zunehmend an Einfluss gegenüber den neuen, marktorientierten ländlichen Mittelklassen, die ihren Aufstieg mithilfe kreditfinanzierter Investitionen, neuer Vermarktungswege für landwirtschaftliche Güter, städtischer Teilhaber und kastenbasierter Unterstützung durch den Staat (besonders ausgeprägt bei der Kaste der Yadavs, die als besonders aussagekräftiges Beispiel für eine politisch einflussreiche mittlere Bauernkaste gelten können) schafften und dabei die alteingesessene Elite zunehmend verdrängten. Prasad fasst diese Entwicklung wie folgt zusammen:

> „Aufgrund geplanter kapitalistischer Entwicklung wird die Position der vormals dominierenden Kasten geschwächt und die mittleren Kasten haben ihre Machtpositionen konsolidiert. Zugleich jedoch findet eine Polarisierung innerhalb der mittleren Kasten statt. Nur eine kleine Zahl ihrer Mitglieder sind zu Wohlstand gekommen, während ihre Mehrheit pauperisiert und proletarisiert ist. Obwohl der Prozess der Pauperisierung für alle Kasten zutrifft, ist er akuter im Fall der Scheduled Castes und Scheduled Tribes sowie der Backward Castes und entsprechend kategorisierter Stammesgemeinschaften."[480]

Angehörige mittlerer Kasten – die teilweise aus den bisher niedriggestellten Other Backward Castes (OBC) stammten –, die zugleich die ländliche Mittelklasse stellen, (vor allem Yadav, Kurmi und Koiri) gelang es, ihre Position als Landbesitzer zu konsolidieren und lokale Machtpositionen zu erlangen, während der ökonomische Status der höheren Kasten verfiel. Diese Kämpfe um die ökonomische und politische Vorherrschaft wurden in nahezu jedem

---

480 Prasad 2002, S. 52

Dorf in Bihar ausgetragen, wobei dies auch bedeuten konnte, dass sich lokal einflussreiche feudale Grundbesitzer aus brahmanischen Kasten durchsetzen konnten, wie dies Shashi Bushan Singh in seiner Fallstudie über die Naxaliten und die Kastenbeziehungen in Bihar am Beispiel eines Dorfes im Süden Bihars beschreibt:

> „Bis zu den 1980er Jahren war die alte Sozialordnung an den Rand des Zusammenbruchs gekommen. Die alte brahmanische Ideologie war nicht mehr geeignet, die überlegene Position der oberen Kasten zu gewährleisten. Dies führte zu einem unverhohlenen Machtkampf und in diesem bestimmten die oberen Kasten nun die Auseinandersetzung aufgrund ihrer besseren Verbindungen zur Regierung und der Polizei, so dass sie nicht nur die SCs, sondern auch OBCs marginalisieren konnten."[481]

Zugleich wurde die überwältigende Mehrzahl der Angehörigen der Scheduled Castes und Scheduled Tribes in Lohnarbeitsverhältnisse gedrückt und erlitten Verluste an Land und bei ihrem ökonomischen Status.[482]

Prasad zufolge verfügen (im Jahr 2001) 90% der ländlichen Haushalte Bihars entweder über kein Land oder weniger als fünf acres, 10% der Haushalte kontrollieren 72% des Ackerlands. Die Kastenzugehörigkeit korreliert im Wesentlichen mit der Klassenposition der Landbesitzer, wobei Prasad darauf hinweist, dass 18% der großen Landbesitzer und 21% derjenigen, die zwischen fünf und zehn acres besitzen, den mittleren Kasten angehören, die Basis der ökonomischen und ideologischen Herrschaft also über die Angehörigen der beiden höchsten *varnas* (Brahmin und Kshatrya) sowie der ihnen zugeordneten Kasten hinausreicht.[483]

Einerseits gruppieren sich Teile der Angehörigen unterer Kasten neu und es entsteht eine Dynamik sozialer Mobilität und des Aufstiegs auf der sozioökonomischen und politischen Ebene. Auf der anderen Seite gibt es eine Dynamik des modernisierungsbedingten sozialen Abstiegs. Die aufsteigenden Elemente der mittleren Kasten bedienen sich offensiv der Kastenloyalitäten, um ihre Hegemonie in der Region zu stabilisieren und zugleich die pauperisierten Angehörigen ihrer Kaste ideologisch einzubinden und kastenübergreifende Bündnisse der Pauperisierten und Proletarisierten zu verhindern.

So erlebt die moderne Agrargesellschaft in Bihar einen widersprüchlichen Prozess. Während die Kaste eigentlich als tradierte ständisch-religiöse Kategorie an Bedeutung verliert, ist die Kaste als Konkurrenzverband zu einer

---

481 Singh, Shashi Bushan 2005, S. 3170
482 Ebd.
483 Prasad 2002, S. 236

mächtigen Waffe der besitzenden Klassen geworden, mit der die Konkurrenz zwischen rivalisierenden Klassenfraktionen und alten feudalen wie neuen kapitalistischen Eliten ausgetragen wird, während zugleich die zunehmend proletarisierten und vom Grund und Boden getrennten Klassen der Kleinbauern und LandarbeiterInnen gespalten werden. In dieser Hinsicht ist das Kastenparadigma zu einem erheblichen Hindernis für die Herausbildung klassenbasierter Widerstandsallianzen der ausgebeuteten Massen im Kampf gegen die dörflichen Machtstrukturen und die sich durchsetzende kapitalistische politisch-ökonomische Ordnung geworden.[484]

Das Kastensystem, das zwar in dieser Region traditionell rigider war als anderenorts, jedoch immer eine gewisse Durchlässigkeit hatte und kastenübergreifende Mobilisierungen und Solidarisierungen nicht ausgeschlossen hatte, wird im Zuge dieser Prozesse zu einem Instrument verschärfter Aus- und Abgrenzung; entlang der Kastengrenzen verlaufen die sozialen Konflikte und Strategien sozialer und politischer Mobilisierung. Das tradierte Kastensystem erlebt somit einen Funktionswandel, der die Zuspitzung und gewalttätige Austragung sozialer Konflikte bewirkt und im Laufe der letzten 20 Jahre zu einer enormen Brutalisierung der sozialen Auseinandersetzungen geführt hat.

### 7.2.3. Soziale Basis und Strategie der Naxaliten in Bihar

Trotz des vordergründigen Konservatismus der Sozialstruktur Bihars gibt es eine lange Tradition des kleinbäuerlichen und LandarbeiterInnenwiderstandes gegen Formen feudaler Überausbeutung und sozialer Unterdrückung: von hier gingen 1927 die ersten längerfristig organisierten antifeudalen LandarbeiterInnenorganisationen aus, die sich 1929 in der Bihar Kisan Sabha zusammenschlossen und zum Gründungskern der 1936 konstituierten All India Kisan Sabha (AIKS) wurden. Die Bauernbewegung erlebt im Laufe mehrerer Jahrzehnte Höhen und Tiefen, die verbunden waren mit dem wechselnden Einfluss der politischen Parteien. Entwickelte sich der INC im Laufe der vierziger und fünfziger Jahre zur politischen Interessenvertretung der Grundbesitzer aus mittleren und höheren Kasten, so begann nach 1946 der Einfluss der CPI unter den niedrigkastigen Kleinbauern und LandarbeiterInnen kontinuierlich zu wachsen, was im Laufe der fünfziger Jahre zu mehreren Spaltungen und Neugründungen führte. Immerhin führte die Präsenz der KommunistInnen ab Ende der fünfziger Jahre dazu, dass die vorher voneinander getrennten Organisationen der Kleinbauern (*kisan*) und der LandarbeiterInnen (*mazdoor*) zusammengeführt wurden und ein

---

484 Vgl. Prasad 2002, S. 53

– wenn auch bisweilen fragiles – Klassenbündnis entstand. Die bereits seit den vierziger Jahren in Gang aufgekommene Auflösung vormals feudaler Rechtsansprüche, Abhängigkeiten und Landnutzungsrechte, die auf einer paternalistischen Haltung des lokalen Feudalherren (*zamindar*) zu seinen Kleinpächtern beruhte (und sich über die Zahlung von Pachten und Abgaben hinaus auf eine Reihe außerökonomischer Machtansprüche der *zamindars* erstreckte, die bis hin zum tradierten Recht des Grundbesitzers, nach einer Hochzeit unter seinen Dalit-Landarbeitern die erste Nacht mit der Braut zu verbringen, reichen konnten) tat ihr Übriges, um die traditionelle Bindung der nun zu Pächtern und ArbeiterInnen Gewordenen an Boden und Grundherren zu schwächen, zumal diese Umwandlung von Lehens- in Pachtverhältnissen in Teilen Bihars vor allem in den fünfziger Jahren mit Landräumungen in erheblichem Ausmaß verbunden war. Die Entfeudalisierung der sozialen Beziehungen auf dem Land wurde noch gestützt durch eine Reihe von Gesetzen, die indienweit Mindeststandards für die ländlichen Besitz- und Arbeitsverhältnisse festlegen sollten: der „Zamindari Abolition Act" von 1947 (in Kraft getreten erst 1952), der alle feudalen Rechte und Ansprüche für nichtig erklärte; der „Privileged Persons Homestead Tenancy Act", der erstmals Rechte der Pächter festhielt und der „Minimum Wage Act". Das zentrale Hindernis jedoch für die Rechte der Landarbeiter und Pächter war nicht das Fehlen von Schutzgesetzen, sondern die Unfähigkeit bzw. der Unwillen, diese praktisch gegen die Grundbesitzer durchzusetzen.[485]

Seit Mitte der 1960er Jahre wandelte sich das Klima in den Agrarzonen Zentralbihars grundlegend. Die um sich greifende Desillusionierung über die legalen und institutionellen Formen der Interessenvertretung von Pächtern und LandarbeiterInnen führte zu deutlich konfrontativeren Formen der Auseinandersetzung, die Spannungen nahmen zu. Landbesetzungen und Demonstrationen mit gewalttätigem Verlauf wurden von den Grundbesitzern mit zunehmender Härte beantwortet, die gewaltsamen und häufig tödlichen Übergriffe von Grundbesitzern und ihren Schlägertrupps gegen LandarbeiterInnen und ihre Familien nahmen in den 1970er Jahren sprunghaft zu, wie Prasad an einigen Beispielen erläutert:

„Zwischen 1972 und 1977 töteten die Grundherren im Distrikt Nalanda 142 landlose ArbeiterInnen und waren für zahllose Fälle von Übergriffen, Folter, erzwungenen Geldzahlungen, Landräumungen, sexuellen Belästigungen und Vergewaltigungen von Frauen verantwortlich (Sinha 1977). Im Dorf Rupaspur-Chandwa im Distrikt Purnea brannte der lokale Grundherr gemeinsam mit seinen Hunderten von Schlägern

---

485 Prasad 2002, S. 63

alle Hütten von Adivasi bataidars nieder und erschoss alle Bewohner einschließlich Frauen und Kindern. Der Grundherr war ein langjähriger lokaler Führer der Congress Party. In einem anderen Fall führten die Grundherren des Dorfes Madhubani im Distrikt Monghyr sechs Dalit-Frauen nackt durch das Dorf und markierten ihre Geschlechtsteile mit glühenden Eisen. Das abscheuliche Verbrechen wurde in vollem Tageslicht und vor den Augen der DorfbewohnerInnen begangen, einfach um den LandarbeiterInnen eine Lektion zu erteilen."[486]

Die von den Grundbesitzern ausgeübte Herrschaft des blanken Terrors, die Morde an Dalits und Adivasi, das Niederbrennen ihrer Hütten, die Vertreibung ganzer Dörfer, deren Bevölkerung es gewagt hatte, gegen eine Maßnahme des Grundbesitzers zu protestieren, waren eine direkte und präventiv gemeinte Reaktion auf die schwindende Legitimation der Herrschaft der Grundbesitzer und die Infragestellung ihrer Verfügungsgewalt über Land und Menschen. Dass sich ein nicht unwesentlicher Prozentsatz der Terrormaßnahmen und Übergriffe gegen Dalit- und Adivasi-Frauen richtete, war unter anderem auch der Tatsache geschuldet, dass die Mehrzahl der LandarbeiterInnen auf den Feldern der Grundbesitzer Frauen waren (und sind).

Neben der entgrenzten Gewalt von oben war auch die Aktivität und der Organisierungsgrad der Dalits und Adivasi ein relativ neues Phänomen, war doch der Großteil des aktiven Kerns der bisherigen Bauernbewegungen niedrigkastige (shudra-) Kleinbauern und Modernisierungsverlierer der mittleren Kasten gewesen, während Dalits und Adivasi, ausgegrenzt und verachtet, am unteren Rand der ländlichen Klassengesellschaft lebten und bis dahin politisch überwiegend passiv geblieben waren.[487]

Die Unmöglichkeit, angesichts sich verschärfender Klassengegensätze, steigender Preise und zunehmend terroristischer Formen der Herrschaftssicherung durch die Grundbesitzer, auf legalem, friedlichem und institutionellen Weg Verbesserungen zu erreichen – und vor allem auch die Tatsache, dass der Staat, wo er präsent war, gerade in Bihar offen Partei für die Grundbesitzer ergriff, lokale Polizeistationen sich weigerten, Anzeigen von Dalits und Adivasi gegen Grundbesitzer wegen begangener Gewalttaten überhaupt nur entgegenzunehmen oder Polizisten im Auftrag der Grundbesitzer gar selber sich an Gewaltverbrechen gegen Pächter und LandarbeiterInnen beteiligten, schuf einen fruchtbaren Boden, auf dem die seit Anfang der siebziger Jahre allmählich von West Bengal her einsickernden Naxalitengruppen

---

486 Prasad 2002, S. 65
487 Vgl. Prasad 2002, S. 65

gedeihen konnten und ihre Form der Organisierung und des Kampfes als Alternative anbieten konnten.

Gegen Mitte der siebziger Jahre hatten sich mehrere der inzwischen fragmentierten Fraktionen der CPI (ML) in Bihar verbreitet und Guerillabasen aufgebaut. Die Anti-Lin-Biao-Fraktion, also die CPI (ML)–Liberation, war in den Distrikten Bhojpur, Shahabad, Barh und Nalanda präsent, die pro-Lin-Biao-Fraktion, aus der letztlich die PWG und die CPI (ML)–Party Unity hervorgingen, hatte in Dhanbad, Giridih, Bermo und Patna Fuß gefasst, während das MCC seine Wurzeln unter der Adivasi-Bevölkerung der Distrikte Hazaribagh, Aurangabd und Gaya hatte.

Vinod Mishra beschrieb die spezifischen Ausgangsbedingungen für die Politik der Naxaliten in Zentralbihar in seinem Vorwort zum 1986 von der CPI (ML)–Liberation herausgegebenen *Report from the Flaming Fields of Bihar* wie folgt:

„Die gegenwärtigen Kämpfe in Bihar expandieren besonders in Distrikten, die eine historische Tradition kämpferischer Bauernbewegungen bis zurück zu den alten Tagen der Kisan Sabha aufweisen. In diesen Distrikten ist die Dominanz der feudalen Großgrundbesitzer geschwächt, aber der Grundbesitz als solcher hat eine größere soziale Basis und umfasst sowohl die Eliten der ehemaligen nichtfeudalen ‚mittleren‘ Kasten als auch die einst mächtigen feudalen raiyats. Im Vergleich zu vielen anderen Teilen Bihars ist die Landwirtschaft in diesen Distrikten charakterisiert durch eine relativ stärkere Verwendung moderner Produktionsmittel, besserer Transportmittel und eine ausgeprägtere Marktorientierung der ländlichen Ökonomie. Die agrarischen Konfliktpunkte, die in diesen Distrikten im Mittelpunkt stehen, sind ähnlich denen, die die ländlichen Armen in ganz Indien betreffen, wie etwa Mindestlöhne, Rechte von Kleinpächtern, die Nutzung von ungenutztem Land der Grundbesitzer, der Dorfgemeinschaft und der Regierung, Verhinderung des Verkaufs der Ernte zu miserablen Bedingungen, Verfügbarkeit von Subventionen und günstigen Krediten usw. Kurz gesagt: Die Region ist in hohem Maße ein typisches Beispiel für die sich verändernden Produktionsverhältnisse in der indischen Landwirtschaft."[488]

War die Phase des Ausnahmezustandes auch in Bihar eine Zeit der verstärkten staatlichen Repression, in der mit brachialer Gewalt versucht wurde, die Naxalitenaktivitäten niederzuschlagen und möglichst viele Kader gefangenzunehmen oder zu töten[489], so begann danach eine Periode geradezu explosionsartiger Zunahme legaler und illegaler Organisierungsversuche der

---

488 Mishra 1986, Internetquelle
489 Vgl. Prasad 2002, S. 176

Pächter und LandarbeiterInnen. Auf einer legalen bzw. halblegalen Ebene etablierte sich ab 1981 die „Bihar Pradesh Kisan Sabha" (BPKS) als Teilorganisation der von der CPI (ML)–Liberation dominierten ‚Indian Peoples Front' (IPF), die an lokalen und regionalen Wahlen mit Erfolg teilnahm. Zugleich verstärkte sich der Druck der bewaffneten maoistischen Gruppen auf die Grundbesitzer und mittleren Bauern. LandarbeiterInnen und Pächter besetzten unter Anleitung der Guerilla Ackerflächen, Grundbesitzern wurden unter Androhung des Todes teilweise erhebliche Lohnerhöhungen abgerungen und in zahlreichen Orten kam es zu Vergeltungsaktionen vor allem des MCC nach gewalttätigen Übergriffen gegen Dalits.

Klassenzugehörigkeit und Kastenidentität sind jedoch weit entfernt davon, deckungsgleich zu sein. In einer Situation, in der die Kategorie „Kaste" dazu dient, ideologische Hegemonie herzustellen und auch bei den proletarisierten und pauperisierten Teilen der mittleren Kasten Loyalität gegenüber den teilweise der eigenen Kaste angehörenden Grundbesitzern und Modernisierungsgewinnern und zugleich gewaltsam untermauerte Abgrenzung, Verachtung und Ausgrenzung gegenüber den potentiell rebellischen niedrigkastigen Bauern und Dalit-LandarbeiterInnen zu erzeugen, überlagert diese ideologische Kastenidentität die Klassenstruktur und kann dazu führen, dass jene Kräfte, die versuchen, den hegemonialen Block der ländlichen Herrschaftsstruktur anzugreifen, zugleich gegen Teile der Proletarisierten und Pauperisierten vorgehen, die dem herrschenden Klassenbündnis loyal verbunden sind. Eine solche Situation, in der der Angriff auf die Ausbeutungsverhältnisse und die ihnen zugrundeliegende Klassenstruktur zum Krieg gegen die dominierenden höheren und mittleren Kasten wird, ungeachtet der realen sozioökonomischen Position der Beteiligten, führt ins Leere. Diese Problematik, von der vor allem die Aktionen des MCC in den 1980er und 1990er Jahren gekennzeichnet waren und die nach wie vor für die CPI (Maoist) Gültigkeit hat, resultiert u. a. aus der Unfähigkeit, mit den vorhandenen Mitteln die auf dem Kastenparadigma basierende ideologische Dominanz der Grundbesitzer zu brechen. Statt ländlichem Klassenkampf ist ein Kastenkrieg der Dalits, Adivasi und bestimmter *shudra*-Kasten gegen traditionelle feudale Herrenkasten aus den *brahmin* und *kshatrya*, vor allem aber gegen die neu aufgestiegenen und in ihren Praktiken der sozialen Unterdrückung besonders brutal agierenden mittleren Kasten etwa der Koiri, Kurmi oder Bhumihar die Folge.[490]

Prasad gibt für diese problematische Entwicklung ein Beispiel: Am 12. Februar 1992 wurden in dem Dorf Bara 36 Angehörige der Bhumihar-Kaste

---

490 Vgl. Prasad 2002, S. 236f

von Guerillas des MCC getötet. Bara bestand aus etwa 50 Haushalten, von denen 45 den Bhumihar zuzurechnen sind, einer unteren Mittelkaste, die im Zuge der ökonomischen Veränderungen einige neureiche Grundbesitzer hervorbrachte und durch rigide und gewalttätige Abgrenzung nach unten (also gegen Dalits, Adivasi und untere Kasten) in die Schusslinie der Maoisten geriet. In Bara gab es keine großen Landbesitzer, ja 10 der 45 Bhumihar-Haushalte waren mit weniger als einem acre Land als arm einzustufen, der größte Landbesitz eines Haushaltes lag bei zehn acres. Das von den Guerillas der MCC angerichtete Massaker richtete sich also gegen die Bhumihars als Kaste, nicht gegen die Angehörigen einer bestimmten ökonomischen Position in der Klassenstruktur. Zugleich war es ein Akt der Vergeltung für an Dalits begangene Morde, Vergewaltigungen und Folterungen durch Bhumihars aus eben diesem Dorf.[491]

Diese Umlenkung der sozialen Konfrontation von einer Klassen- zu einer Kastenauseinandersetzung hat zugleich aber auch dazu geführt, die bisher unhinterfragten vielfältigen Formen sozialer Unterdrückung von Dalits und Adivasi thematisierbar zu machen. Hierbei geht es um grundlegende Fragen des Zugangs zu den öffentlichen Ressourcen, etwa der bis dahin Dalits verbotene Zugang zum zentralen Brunnen eines Dorfes oder das Recht, den örtlichen Tempel zu betreten. Insbesondere Formen sexualisierter Gewalt gegen Dalit-Frauen wurden von den Maoisten ins Visier genommen:

„Vor dem Aufstieg und der Entwicklung der radikalen Bewegung in Zentralbihar waren die sexuelle Belästigung von Dalit-Frauen und die feudale Unterwerfung der Dalits in einem Rahmen alltäglicher Herrschaftsbeziehungen miteinander verknüpft. Die gewohnheitsmäßige Vergewaltigung von Dalit-Frauen als eine Form von Ausbeutung und Unterdrückung ist inzwischen zu einem expliziten Thema geworden. Der Widerstand dagegen ist ein politischer Akt, der die einseitige Machtausübung durch die maliks als solche infrage stellt. Sogar langgediente höhere Beamte der Distriktverwaltung gaben zu, dass die linken Organisationen viel dafür getan haben, um Elemente unter den maliks dazu zu zwingen, ihre sexuellen Unterdrückungspraktiken zu beenden. Oder mit den Worten eines höheren Beamten im Distrikt Gaya: ‚Die Aktivitäten des MCC haben den Vergewaltigungen und Belästigungen von Dalit-Frauen buchstäblich ein Ende gesetzt, indem sie jedem die Furcht eingeflößt haben, dass die Strafe für Vergewaltigung der Tod ist.'"[492]

---

491 Prasad 2002, S. 237f
492 Prasad 2002, S. 239

An vielen Orten entwickelten sich die maoistischen Organisationen zu wichtigen Faktoren in der Auseinandersetzung um die veränderten Kastenbeziehung, die Emanzipation der Dalits von tradierten wie neuen Formen sozialer Unterdrückung und Diskriminierung sowie des Kampfes der Dalit-Frauen gegen sexuelle Unterdrückung durch die Grundbesitzer und höherkastigen Hindus. Dort, wo sie erfolgreich den Staat und die bewaffneten Formationen der Grundbesitzer zurückdrängen konnten, änderten sich die gesellschaftlichen Kräfteverhältnisse entscheidend. Dass sich die Dominanz des Kastenparadigmas allerdings auch gegen die Naxaliten wenden kann, wurde in Teilen Bihars deutlich, als 1990 die hauptsächlich von Angehörigen der Other Backward Castes, vor allem den Yadavs, getragene und locker mit dem INC assoziierte Rashtriya Janata Dal (RJD) unter der Führung Laloo Yadavs die Regierung des Bundesstaates übernahm und die Loyalität der Kaste der Yadavs, die bisher neben Dalits und Adivasi einen nicht unerheblichen Teil der Unterstützer der Naxaliten gestellt hatten, daraufhin bröckelte. Die erstaunlichen und teilweise widersinnigen Konstellationen, die sich hieraus ergaben und die Basis des MCC zeitweilig ernsthaft gefährdeten, beschreibt Shashi Bhushan Singh sehr anschaulich:

> „Als Laloo Yadav der Chief Minister von Bihar wurde, wendeten die niederen Kasten im Allgemeinen und die Yadavs im Besonderen ihre Loyalität dem Rashtriya Janata Dal zu, weil Yadav die Würde der unteren Kasten zu seinem Hauptanliegen erklärt hatte. Zu dieser Zeit waren die bhumihars, die im Kastensystem hohe Machtpositionen errungen hatten, ihm feindselig gesonnen. Die meisten Yadav-Anführer jedoch, die mit dem MCC zusammenarbeiteten, wurden politischer Unterstützer Laloos. Yadav und die Verbindung zwischen den Naxaliten und den Parteien des politischen Mainstreams wurden bis zu einem gewissen Grad aneinander angenähert.
>
> In früheren Zeiten hatte das MCC auch Kastenangehörige der Rajputs angegriffen und im Zeitraum von 1987-88 im Dorf Baghora Dalelchek 70 Rajputs umgebracht. Nun jedoch war Laloo an einer Allianz mit den Rajputs interessiert und das MCC hörte bis zu einem gewissen Grad damit auf, Rajputs zu behelligen. Auf der anderen Seite akzeptierten die Rajputs die Vorherrschaft der Naxaliten – sie leisteten nicht nur keine Gegenwehr, sondern viele Rajputs schlossen sich selber den Naxaliten an. Aber die Hauptopposition zu den Naxaliten kam von den Bhumihars und da die Mehrzahl der Führungskader im MCC Yadavs waren, nahm die Auseinandersetzung die Form einer Konfrontation zwischen Yadavs und Bhumihars an."[493]

---

493 Singh, Shashi Bushan 2005, S. 3171f

Der Nimbus der RJD bröckelte rasch, als sich herausstellte, dass Laloo Yadav und seine Gefolgsleute rein partikularistische Motive verfolgten und darüber hinaus die ohnehin grassierende Korruption zu neuen Höhepunkten trieben, was 1997 schließlich zu seinem erzwungenen Rücktritt als Chief Minister führte (seine Ehefrau wurde daraufhin seine Nachfolgerin), während er weiterhin im Hintergrund bis 2005 die Macht ausübte). Dennoch zeigt diese Episode, wie verflochten vor allem das MCC – und seit der Fusion 2004 – die CPI (Maoist) mit Kastenloyalitäten und -identitäten sind, während sie zugleich die Abschaffung des Kastensystems propagieren. Aus einer Analyse der kastenspezifischen Ausformungen der Kämpfe um soziale und politische Hegemonie am Beispiel eines Dorfes im südlichen Bihar zieht S. B. Singh die Schlussfolgerung, dass das MCC von rivalisierenden Klassenfraktionen innerhalb der neuen wie der alten dörflichen Eliten, deren Interessensgegensätze unter dem Paradigma der Kastenzugehörigkeit artikuliert wurden, um klassenübergreifende Solidarität zu mobilisieren, benutzt wurde, um gegen rivalisierende Kasten vorzugehen. In wechselnden Bündniskonstellationen wurden die Kader des MCC, das eine fragile, aber in bestimmter Hinsicht machtvolle Allianz aus Angehörigen der Yadav-Kaste – und in geringerem Maße der Rajputs – sowie Dalits und Adivasi darstellte, für diese Machtkämpfe instrumentalisiert, sicherten den letzteren dadurch aber zugleich eine Position, in der sie erstmals eigenes Gewicht in die Waagschale werfen konnten, anstatt – wie bisher – ausschließlich fremdgesteuerte Manövriermasse der oberen Kasten zu sein.

Vielerorts jedoch formierten sich unter der Ägide der Grundbesitzer auch kastenbasierte bewaffnete Milizen, die einen beträchtlichen Teil zur Eskalation der Kastenauseinandersetzungen beitrugen.

### 7.2.4. Die Senas: Kastenmobilisierung und Privatarmeen der Grundbesitzer

In Bihar formierten sich bereits seit Ende der siebziger Jahre zahlreiche Senas, die als kastenbasierte Milizen versuchten, die ökonomischen und politischen Interessen der eigenen Kaste gewaltsam durchzusetzen. Zunächst handelte es sich dabei um exklusive Organisationen jeweils einer bestimmten Kaste, dominiert von den jeweils den Ton angebenden größeren Grundbesitzern der jeweiligen Kaste. So entstanden etwa die Bhoomi Sena (der Kurmi), die Lorik Sena (der Yadav), die Kunwar Sena (der Rajput), die Brahmrishi Sena und die Diamond Sena (beide der Bhumibar), sowie die Sunlight Sena (als gemeinsame Formation von Rajputs, Brahmins und Muslimen. In der gleichen Phase entwickelten sich auch verschiedene Lal Senas der Maoisten. Die Senas entstanden im Wesentlichen als Reaktion auf die zunehmenden Aktivitäten der verschiedenen Naxalitengruppen und richteten ihre Angriffe auf deren reale oder angenommene UnterstützerInnen. So schreibt B. N. Prasad über die Bhoomi Sena:

> „Auf dem Höhepunkt ihrer Aktivitäten (1982-1985) tötete die Bhoomi Sena 65 Personen (die meisten von ihnen waren ländliche Arme, 38 allein im Poon Poon-Block), setzte 216 Häuser in Brand und vertrieb 325 Familien aus 13 Dörfern in den Blocks Poon Poon, Naubatpur und Masaurhi. Das Hauptangriffsziel der Sena waren arme Bauern und landlose Arbeiter sowie die Revolutionäre. Aber sie sparten auch fortschrittliche Individuen nicht aus, nicht einmal solche aus ihrer eigenen Kaste. Drei Kurmis aus dem Gebiet, die sich auf die Seite der Bauernbewegung stellten, wurden von den Männern der Bhoomi Sena umgebracht. Premchand Sinha, der damalige Generalsekretär der Patna University Students Union, wurde auf offener Straße tagsüber im Stadtzentrum von Patna erschossen."[494]

Die Polizei von Bihar sowie die Armed State Police unterstützten offen die Senas, so wurden etwa LandarbeiterInnen und Kleinbauern bei verschiedenen Anlässen unmittelbar in Sichtweite von Polizeistationen erschossen oder bei lebendigem Leib verbrannt, ohne dass die Polizei eingegriffen oder auch nur die Anzeigen von überlebenden Opfern aufgenommen hätte.[495]

Nicht ganz unähnlich der Entstehung von Salwa Judum in Chhattisgarh konnten die Senas als Machtfaktoren etabliert werden, weil die Naxaliten den Fehler begangen hatten, eigenmächtig und willkürlich gegen Angehörige mittlerer Kasten vorzugehen, überzogene Strafen gegen dörfliche Widersacher verhängten und partiell den Kontakt zu ihrer sozialen Basis verloren. Prasad dokumentiert einen Appell des Patna District Committee der CPI (ML)–Liberation vom Februar 1986, in dem diese sich bei den Angehörigen der Kurmi-Kaste für Fehler und Übergriffe entschuldigt und ankündigt, in Zukunft in ihrem Kampf für Emanzipation und Entwicklung der unteren Kasten solche Fehlentwicklungen vermeiden zu wollen.[496]

In der Mitte der achtziger Jahre jedoch wurden die stärksten Senas, darunter vor allem die Bhoomi Sena, zunehmend durch militärische Auseinandersetzungen der zeitweilig koordiniert agierenden Naxalitengruppen aufgerieben. Während die CPI (ML)–Liberation sie in den Distrikten Patna und Gaya unter Feuer nahm, griffen MCC und CPI (ML)–Party Unity sie vom Distrikt Jehanabad aus an. Während dieser Auseinandersetzung unterließen

---

494 Prasad, B. N. 2002, S. 247f
495 Ebd.
496 Prasad 2002, S. 249

die Naxalitengruppen sämtliche Angriffe auf Grundbesitzer der Yadav-Kaste, deren Stillhalten sie benötigten. Als die Bhoomi Sena weitgehend militärisch geschlagen war und die Naxaliten auch wieder Yadav-Grundbesitzer angriffen, gründeten diese die Lorik Sena, um zurückschlagen zu können. In dieser neuen Phase des Kastenkrieges traten die Unterschiede zwischen den Naxalitengruppen stärker hervor. Während MCC und CPI (ML)–Party Unity ausschließlich auf die bewaffnete Konfrontation setzten, versuchte die CPI (ML)–Liberation neben dem Aufbau kampffähiger Milizen zugleich, fortschrittliche und kleinbäuerliche Elemente unter den Yadav für sich zu gewinnen, worin sie in dem Maße erste Erfolge erzielen konnte, in dem die Lorik Sena sich zu einer marodierenden Bande entwickelte, die Geld und Gefälligkeiten erpresste und auch vor Angehörigen der eigenen Kaste nicht halt machte:

> „Die mit Gewehren und anderen Feuerwaffen ausgerüsteten Männer der Sena raubten Geld, verlangten Wein und Frauen sogar von Yadavs und drohten ihnen mit schwerwiegenden Konsequenzen, falls die Yadavs nicht mit ihrem Regime zusammenarbeiten würden. Ein Yadav aus dem Dorf Khaddi-Lodipur, der an einer Massenkundgebung der Kisan Sabha teilgenommen hatte, wurde mit dem Tod bedroht und sein Haus wurde von den Sena-Männern geplündert."[497]

In der zweiten Hälfte der 1980er Jahre verloren die Senas aufgrund dieser Verhaltensweisen zahlreiche Unterstützer, die erkennen mussten, dass es sich dabei zunehmend um außer Kontrolle geratene Gruppen junger Männer mit Waffen handelte, deren Aktivitäten zunehmend mit dem kriminellen Milieu verschmolzen. Dieser Verlust an Legitimation selbst unter Angehörigen der Yadav und der Bhumihar ging so weit, dass etwa lokale Grundbesitzer in Badheta im Distrikt Jehanabad Militante der CPI (ML)–Party Unity gegen die Banden der Lorik Sena zu Hilfe riefen und den Naxaliten im Gegenzug das Zugeständnis machten, in Zukunft die Diskriminierungen von Dalits zu beenden und der Partei Geld und Waffen zur Verfügung zu stellen, wenn diese nur gegen die Senas vorgingen.[498]

Nahezu alle Senas waren bis Ende der achtziger Jahre demoralisiert und geschlagen, der Gegenangriff der in den einzelnen Regionen Bihars dominanten Kasten war gescheitert, was zum einen der Tatsache geschuldet war, dass die verschiedenen Senas jeweils von ein oder zwei in einer bestimmten Region dominierenden Kasten organisiert worden waren und ihre Aktionen

---

497 Prasad 2002, S. 255
498 Prasad 2002, S. 257

nicht untereinander koordinierten, zum anderen aber auch damit zusammenhing, dass all diese bewaffneten Formationen innerhalb kurzer Zeit eine Eigendynamik entwickelten, die dazu führte, dass sie relativ wahllos Gewalttaten verübten, Geld erpressten, sich als Schlägertrupps verschiedener Grundbesitzer und Interessengruppen anheuern ließen und daher auch die meisten Angehörigen der jeweiligen Kaste, aus der sie sich rekrutierten, ab einem gewissen Punkt die berechenbare und vergleichsweise milde Vorherrschaft der Naxaliten dem Terror der Senas vorzogen und dafür auch Zugeständnisse an Dalits, Lohnerhöhungen für die LandarbeiterInnen, stellenweise Landnahmen und die Aufgabe traditionell unterdrückerischer feudaler Praktiken in Kauf nahmen.

Eine neue Dimension der Gewalt entwickelte sich, als 1995 nach mehreren Jahren der Ruhe eine neue Sena gegründet wurde: Ranvir Sena, die als Miliz der in Bhojpur und den umliegenden Bezirken tonangebenden Bhumihar konzipiert war, schnell aber aus taktischen Gründen von der hindunationalistischen BJP unterstützt wurde, die hoffte, über die Ranvir Sena in diesem Gebiet sich eine politische Basis aufbauen zu können, über die sie dort zu diesem Zeitpunkt nicht verfügte. Infolge dieser Unterstützung und einem sichtbaren Bemühen, diesmal eine effektive politische Kontrolle über die mit Waffen und Geld ausgestatteten Milizangehörigen aufrechtzuerhalten, gelang es der Ranvir Sena innerhalb weniger Monate, koordinierte Angriffe auf Naxaliteneinheiten zu führen und zugleich gezielt Dörfer anzugreifen, deren Bevölkerung den Naxaliten Unterstützung zuteil werden ließ. In besonderem Maße Ziel der Attacken der Ranvir Sena war die CPI (ML)–Liberation, die ihre wichtigsten Basen im Distrikt Bhojpur hatte, in dem die Bhumihar die dominierende Kaste waren und wo auch die Ranvir Sena ihren Ursprung hatte.

Die Offensive der Sena war bald begleitet von Massakern an Dalits, die der Unterstützung der Naxaliten verdächtigt wurden. Zwischen Mai 1995 und Juli 1996 fanden Angriffe der Ranvir Sena auf acht Dörfer statt, wobei 33 Dalits von ihr getötet wurden. Am 11. Juli 1996 griffen die Sena-Angehörigen das Dorf Bathani Tola an, wo sie mehr als drei Stunden lang – ungestört von jeglicher Polizeiintervention – wüten konnten, 19 Dalits umbrachten sowie Frauen vergewaltigten und die Hütten und Scheunen der Dorfbewohner plünderten. Bereits im Vorfeld hatte es mehrere Übergriffe von Ranvir Sena-Angehörigen gegen Bewohner dieses Dorfes gegeben. Die CPI (ML)–Liberation hatte das Polizeihauptquartier des Distrikts Bhojpur eindringlich aufgefordert, die Dalits zu schützen, das darauf so wenig reagiert hatte wie auf ähnliche Bitten des lokalen Panchayat. Zwei Polizeicamps befanden sich gerade einen Kilometer entfernt, die nächste feste Polizeistation etwa zwei Kilometer. Dennoch wurde seitens der Polizeikräfte nicht eingegriffen.[499]

Das Massaker führte zu empörten Reaktionen, die Menschenrechtsorganisation PUDR warf der Polizei vor, die Ranvir Sena offen zu unterstützen, weil sie in ihr eine Möglichkeit sehe, die Naxaliten zurückzudrängen, während eine Untersuchung des Falls durch das Union Home Ministry in Delhi zu dem Schluss kam, der Polizei von Bihar fehle es an Ausbildung, Ausrüstung, Disziplin und dem Mut, einer bewaffneten Organisation wie der Ranvir Sena entgegenzutreten.[500]

Während das Massaker zu einer kurzlebigen Einheit der Linken von der CPI und CPI (M) bis zur CPI (ML)–Liberation und den diversen konkurrierenden, Bauernorganisationen, Gewerkschaftsdachverbänden, Frauen-, Jugend- und StudentInnenorganisationen führte, verstärkte das Medienecho und die offenkundige Straflosigkeit solcher Angriffe das Ansehen der Ranvir Sena unter führenden Grundbesitzern und politischen Lobbyisten der Bhumihar. Gegen Ende des Jahres 1996 verfügte die Sena nach Angaben des Unions-Innenministeriums über 4.000 Feuerwaffen , mehrere hundert Rekruten wurden von pensionierten Offizieren aus der Bhumihar-Kaste militärisch trainiert.[501] Offiziell war die Ranvir Sena im August 1996 verboten worden, ohne dass zunächst jedoch reale Schritte unternommen worden waren, um ihre Aktivitäten zu unterbinden.

Eines der schlimmsten Massaker ereignete sich in dem Dorf Laxmanpur-Bathe am 2. Dezember 1997, in der Nacht vor einer geplanten Aktion, bei der die CPI (ML)–Liberation geplant hatte, 30 acres ungenutztes Land eines lokalen Grundbesitzers an Kleinbauern zu verteilen. Die etwa 300 bewaffneten Angehörigen der Sena töteten innerhalb einer halben Stunde 61 Dorfbewohner, davon 18 Männer, 27 Frauen (von denen acht schwanger waren) und 16 Kinder, wobei die Täter mit großer Grausamkeit vorgingen und die Opfer entweder erschossen oder mit Hackmessern zu Tode hackten. Dieses Massaker hatte erneut ein großes Medienecho, eine Untersuchung der Vorgänge und der Unfähigkeit der Polizei, die Dalits zu schützen, wurde gefordert, der indische Staatspräsident drückte seine Besorgnis über die Gewalttaten der Sena aus, unter dem Druck der öffentlichen Meinung setzte die Regierung des Bundesstaates Bihar die „Justice Amir Das Commission" ein, die die Vorgänge untersuchen sollte. Zugleich aber wurde alles getan, um diese Kommission an einer effektiven Arbeit zu hindern: Wie im Februar 1999 bei

---

499 Prasad 2002, S. 279f

500 Prasad 2002, S. 280

501 Prasad 2002, S. 281

einer turbulenten Anhörung in der State Assembly bekannt wurde, verfügte die Kommission zu diesem Zeitpunkt immer noch weder über ein Büro noch über simple Arbeitsgegenstände wie etwa eine Schreibmaschine.[502] Offensichtlich waren weder die Regierung Bihars noch große Teile der Medien daran interessiert, die Hintermänner des Verbrechens und die Verflechtung von BJP-Politikern und Polizei mit der Sena auszuleuchten. Vinod Mishra, der damalige Generalsekretär der CPI (ML)–Liberation schrieb angewidert in einem Artikel:

„Ein Rekord wurde in der Tat aufgestellt nicht nur im Hinblick auf die reinen Zahlen, sondern auch was die Brutalität und Feigheit des Verbrechens betrifft. Davon flankiert wurde ein Rekord an Beschönigung und Verschweigen durch die Medien, besonders in Bihar, aufgestellt. Vom ersten Tag an trat die Propagandamaschinerie des Sangh Parivar in Aktion und die Medien spielten nach seiner Melodie. Ein prominenter Journalist aus Patna schrieb in einer nationalen Tageszeitung, dass es hier um die selbe alte Geschichte von Zusammenstößen zwischen der Ranvir Sena und den Naxaliten gehe, mit dem einzigen Unterschied, dass diesmal die Naxaliten unbewaffnet gewesen seien. Wie clever ein kaltblütiges Massaker an Frauen und Kindern umgedeutet wurde zu einer Routineauseinandersetzung! Diese symptomatische Attitüde war verbreitet bei der gesamten Bruderschaft der höherkastigen Journalisten mit nur einigen wenigen Ausnahmen. Die lange Liste von Dörfern der höheren Kasten, die angeblich Bedrohungen durch Naxaliten ausgesetzt seien, wurde dreist in den Zeitungen ausgebreitet und Gangstergeschichten von PWG-Einheiten, die ins Stadtzentrum von Jehanabad eindringen, wurden aufgetischt. Nahezu jeder Hintergrundartikel, der mit Laxmanpur-Bathe begann, endete unausweichlich bei der Besorgnis über die allgemeine Störung von Ruhe und Ordnung und Forderungen nach hartem Durchgreifen gegen naxalitische Extremisten, die es wagen, Parallelregierungen zu errichten und sogar die Polizei anzugreifen. Die Berichte von Protesten wurden heruntergespielt, während der Besuch der schnell herbeigeeilten BJP-Politiker und des damaligen, von der BJP gestellten, indischen Premierministers Vajpajee hochgespielt wurde. All das war ein gutinszenierter Schachzug, um die Aufmerksamkeit der Öffentlichkeit von der Ranvir Sena abzulenken, von ihren organischen Verbindungen zur BJP und die Ermittlungsbehörden unter Druck zu setzen, ihre Ermittlungen gegen die Opfer selbst zu richten.“[503]

Es sollte jedoch nicht das letzte Massaker an Dalits bleiben. Immer wieder kam es zu Übergriffen, Moden und Vergewaltigungen. Am 22. Januar 1999

---

502 Prasad 2002, S. 284
503 Mishra 1998, in *Liberation,* Januar-Ausgabe

überfielen 80 Ranvir Sena-Angehörige das Dorf Shankarbigha und töteten 22 Dalits, von denen „mehr als die Hälfte Mädchen und Frauen waren, sechs davon waren unter zehn Jahre alt, das jüngste ermordete Kind gerade einmal sechs Monate. Weitere elf Dalits wurden, zum Teil schwer, verletzt."[504]

Deutlich wurde vor allem, dass die Ranvir Sena im Unterschied zu früheren Kastenmilizen ihrer Opfer in hohem Maße unter den Dalit-Frauen suchte. Arvind und Indu Sinha haben in einer Untersuchung die Daten aller begangenen Massaker zwischen 1977 und 1999 allein im besonders umkämpften Distrikt Jehanabad zusammengetragen und kommen – was die Morde der Ranvir Sena betrifft – zum folgenden Ergebnis:

> „Es ergibt sich die Tatsache, dass 54 der 108 in den vier großen Frauen betreffenden Massakern ermordeten Personen weiblichen Geschlechts waren. Alle vier Massaker waren das Werk der Ranvir Sena. Die Anzahl der erwachsenen männlichen Opfer war geringer als die Zahl der erwachsenen weiblichen Opfer, die Gesamtzahl schloss auch viele Kinder mit ein. Die gezielte Ermordung von Frauen ist das besondere Markenzeichen der Verbrechen der Ranvir Sena."[505]

Sie stellten ebenfalls fest, dass nahezu alle Ermordeten Dalits waren, teilweise Unterstützer von Naxalitengruppen, teilweise aber auch nicht einmal das. Insgesamt wurden in 22 Jahren 339 Menschen getötet, davon 183 allein in den knapp anderthalb Jahren zwischen Januar 1997 und April 1999. Gerade einmal vier Überfälle mit tödlichem Ausgang konnten zweifelsfrei Naxalitengruppen zugeordnet werden, alle anderen 35 erfassten Verbrechen wurden von Senas und anderen Gruppen höherer oder mittlerer Kasten verübt.[506]

Im Bemühen, der Ranvir Sena und dem von ihr ausgeübten Terror entgegenzutreten, verständigten sich die wichtigsten Naxalitenorganisationen in Bihar, die CPI (ML)–Liberation, die CPI (ML)–Party Unity, die PWG und das MCC zunächst auf eine enge Zusammenarbeit, die jedoch nicht lange anhielt, da sich sehr unterschiedliche Analysen des Charakters der Senas und damit verbunden auch kaum miteinander zu vereinbarende praktische Konsequenzen ergaben. Das MCC vertrat die Position, dass den Kastenmorden der Ranvir Sena nur mit organisierter Gegengewalt gegen Angehörige der sie tragenden Kaste begegnet werden könne, und ging bald dazu über, Bhumihars zu ermorden, einfach weil sie dieser Kaste angehörten. Die PWG und die CPI (ML)–Party Unity hingegen versuchten, mit agitatorischen

---

504 Prasad 2002, S. 285
505 Sinha/Sinha 2001, S. 4096
506 Ebd.

Mitteln die Verbundenheit der unteren Klassensegmente innerhalb der Bhumihar-Kaste zu den die Sena finanzierenden und aktiv tragenden Grundbesitzern zu schwächen, während sie gleichzeitig selektive Morde an Bhumihar-Grundbesitzern und Ranvir-Sena-Mitgliedern verübten. Die CPI (ML)–Liberation schließlich, die durch ihre Wendung hin zu legaler Politik und Wahlbeteiligungen zum einen besonders angreifbar und zum anderen militärisch kaum noch in der Lage war, offensiv zu agieren, da sie einen beträchtlichen Teil ihrer Guerillaeinheiten aufgelöst hatte, orientierte auf eine Strategie der Massenmobilisierungen, Demonstrationen und Proteststreiks. Während die Partei die Bewaffnung und Selbstverteidigung der angegriffenen Dalits forderte, versucht sie zugleich, eine politische Antwort jenseits des Kastenparadigmas zu formulieren:

> „Liberation betrachtet die Ranvir Sena als eine Kastenorganisation der Ranvir Sena. Indem sie auf einer Klassenlinie argumentieren, sehen sie sie als eine Sena von bhupatis (Grundherren), eine Privatarmee, die von der BJP geführt und von der RJD geduldet wird. Sie betrachtet demzufolge den Kampf gegen die Senas als Kampf gegen die herrschenden Parteien, ein Kampf, der nicht gewonnen werden kann, ohne die Arena der Parteipolitik zu betreten und gegen BJP und RJD politischen Widerstand zu organisieren, und die Ebene des Wahlkampfes ist eines der wichtigen Mittel, um dies zu erreichen."[507]

In den letzten zehn Jahren konnte die Ranvir Sena in einigen Teilen Bihars zurückgedrängt werden, wobei die äußerst gewalttätigen Gegenaktionen der CPI (Maoist) im Zusammenspiel mit den Massenmobilisierungen der Bauernbewegungen dafür entscheidend waren. Allerdings ist die Sena immer noch in etlichen Distrikten Zentralbihars aktiv und liefert sich gelegentlich Scharmützel mit den Einheiten der CPI (Maoist), offenbar unter stillschweigender Duldung der selber kaum handlungsfähigen State Police, wie inzwischen auch namhafte bürgerliche Presseorgane vermuten. Auch vereinzelte Morde an Dalit-LandarbeiterInnenaktivisten und führenden Kadern der legal operierenden und zu Wahlen antretenden Organisationen der Linken, vor allem der CPI (ML)–Liberation müssen ihnen nach wie vor zugeschrieben werden. Der *Indian Express* schrieb im Jahr 2005 angesichts der Entführung von vier Ranvir Sena-Anführern durch Naxaliten aus dem Distriktgefängnis von Jehanabad:

---

507 Sinha/Sinha 2001, S. 4098

„Tatsächlich wurde in den letzten 15 Jahren im Zusammenhang mit der Ermordung von nahezu 1.000 Menschen nicht ein einziger Ranvir Sena-Aktivist von einem Gericht in Bihar verurteilt. Durch Terror gegen die Zeugen, oft mit aktiver Unterstützung der Polizei, ist es der Sena gelungen, dem Gesetz zu entkommen. Bei vielen spektakulären Massakern wurden gegen die Beschuldigten nicht einmal Anklagen erhoben. Kein einziger Dalit-Zeuge hat es gewagt, gegen einen Sena-Aktivisten auszusagen. Zum Beispiel wurde im Fall Bathe selbst nach acht Jahren keine Anklage erhoben und alle Beschuldigten außer zweien befinden sich auf freiem Fuß. Von diesen wurde einer, Rai, gestern getötet. Genauso verhält es sich im Fall Shanker Bigha. Lediglich zwei Beschuldigte befinden sich in Haft und die 22 anderen wurden auf Kaution freigelassen. Gegen die Beschuldigten wurde nicht einmal formell Anklage erhoben."[508]

Auch das Institute for Conflict Management (ICM) in Delhi geht davon aus, dass die Ranvir Sena nach wie vor eine aktive und kampfbereite Organisation ist, auch wenn seit einigen Jahren weniger Nachrichten über von ihr verübte Gewalttaten aus Bihar gemeldet werden:

„Die Gruppe hat eine geschätzte Stärke von 400 Untergrundkadern. Landbesitzer in Zentralbihar finanzieren die Sena durch großzügige Spenden. Offiziellen Quellen aus dem Jahr 2000 zufolge erhält jedes Sena-Mitglied eine Bezahlung von zwischen 1.100 und 1.200 Rs. pro Monat für eine Arbeit, die im Kern darin besteht, Morde zu begehen. Darüber hinaus ist das Leben jedes an Massakern beteiligten Kaders mit einer Summe von 100.000 Rs. versichert. Die Ranvir Sena hat außerdem eine Vorfeldorganisation mit dem Namen Ranvir Kisan Maha Sangh gegründet, die sich um die sozioökonomischen und politischen Aktivitäten der höheren Kasten kümmert. Der Ranvir Mahila Sangh, eine Frauenabteilung, wurde ebenfalls geschaffen, um Frauen aus den höheren Kasten zu organisieren. Auch diese werden im Umgang mit Waffen geschult."[509]

Offenkundig hat sich die Organisation professionalisiert und als Eingreiftruppe vor allem der Bhumihar-Grundbesitzer zur gewaltsamen Niederschlagung von LandarbeiterInnenrevolten und zur Einschüchterung von Kleinbauernaktivisten etabliert. Sie stellt somit nach wie vor eine reale Bedrohung für die sozialen Bewegungen vor allem im zentralen Bihar dar, auch wenn es den Naxaliten offenbar gelungen ist, wieder in die Offensive zu kommen. Ein Staat jedoch, der derart offen auf der Seite der Besitzenden und der höheren Kasten steht und in einer solchen Weise sich privat organi-

508 George/Yadav im *Indian Express* vom 16.11.2005
509 Institute for Conflict Management: Ranvir Sena

sierter Todesschwadronen bedient, wie es in Bihar sichtlich der Fall ist, offenbart damit eine tiefe Legitimationskrise, für die der Zusammenbruch der staatlichen Infrastruktur in weiten Teilen Bihars ein spektakuläres Symptom genannt werden kann.

Im Laufe der letzten Jahre blieb das Niveau der Gewaltanwendung relativ hoch, so wurden etwa 2009 insgesamt 143 Zusammenstöße zwischen Naxaliten und Sicherheitskräften gemeldet, wobei der Schwerpunkt im Distrikt Gaya lag, wo Polizei und Maoisten sich mehrere größere Gefechte lieferten.[510] Im selben Jahr erbeuteten die Maoisten mehrere hundert Gewehre aus Polizeibeständen nebst großen Mengen Munition. Im Distrikt Seheobar verfügen sie über eine starke Kaderbasis in mehr als 50 Dörfern, die sie de facto kontrollieren. Regelmäßig halten sie jan adalats (Volksgerichte) in den von ihnen dominierten Regionen ab und erheben Steuern und Abgaben von Geschäftsleuten und Dorfbewohnern. An den Konfrontationslinien zum Einflussbereich des Staates sind sie seit langem auch in der Lage, größere Operationen mit jeweils mehreren hundert KämpferInnen durchzuführen. Im Jahr 2009 erlitten die Naxaliten durchaus einige Verluste, so wurden etwa 117 Kader der CPI (Maoist) verhaftet und es kam auch zu Beschlagnahmungen von Waffen und Sprengstoff (allein 2009 wurden 900 kg Sprengstoff von der Polizei beschlagnahmt[511]), diese scheinen jedoch allenfalls ein Indikator für den Grad der militärischen Aufrüstung der CPI (Maoist) zu sein, die sich auch hier, trotz der nach wie vor belegten Existenz einiger kleinerer Naxalitenorganisationen, als die dominierende Kraft unter den bewaffneten Gruppen durchgesetzt hat. Gemeldet wurden in den letzten zwei Jahren auch zunehmend Vorkommnisse, bei denen Guerillaeinheiten während Prozessen gegen Naxaliten mit bis zu 150 KämpferInnen Gerichtsgebäude stürmten und die Angeklagten befreiten. Der Sicherheitsapparat von Bihar dürfte der personell unterbesetzteste, am schlechtesten ausgestattete und am wenigsten trainierte in ganz Indien sein, auf 100.000 Menschen kommen in Bihar 60 Polizisten, was von der Quote her der niedrigste Wert in Indien ist, verglichen mit 125 Polizisten auf 100.000 Menschen im indischen Durchschnitt.[512] Hinzu kommt, dass auch der Polizeiapparat von Bihar tief geprägt ist von Kastengegensätzen, wie die in den letzten Jahren immer wieder bekanntgewordenen Fälle zeigen, in denen etwa höherkastige Polizeibeamte sich weigern, mit ihren, durch das Quotierungssystem des öffentlichen Dienstes in den Polizeidienst gelangten niedrigkastigen bzw. Dalit-Kollegen in den selben

---

510 Vgl. Ajit Kumar Singh, 14.12. 2009
511 Ebd.
512 Ebd.

Räumen zu arbeiten oder die selben Kantinen zu benutzen. Die Regierungen des Bundesstaates, ob nun die unter Führung des Polit-Abenteurers Laloo Yadav oder die seines von der BJP unterstützten Nachfolgers Nitish Kumar von der Janata Dal (United), haben bisher eine kontinuierliche Zurückhaltung im Bezug auf die forcierten Bemühungen der Unionsregierung erkennen lassen, die Situation militärisch aufzurollen. Diese Vorsicht lässt sich weniger durch eine tiefergehende Erkenntnis der sozioökonomischen Ursachen der Bewegung erklären als vielmehr dadurch, dass die Naxaliten, wie auch sämtliche Sphären des politischen Lebens und des Staatsapparates, tief in die gewaltsam konflikthafte Kastenstruktur verwickelt sind. Die Naxaliten sind in weit stärkerem Maße als etwa in Jharkhand oder Chhattisgarh, wo sie sich zu einem hohen Anteil aus Adivasi rekrutieren, die in das hinduistische Kastensystem weniger integriert sind, geprägt nicht nur durch Dalits, sondern auch durch Angehörige einflussreicher ‚Other Backward Castes' wie den Yadavs, die zugleich einen Teil der Unterstützerbasis der mit dem INC assoziierten Regionalpartei RJD bilden. Diese Ambivalenz führte die CPI (Maoist) so weit, dass sie, während sie formell die Beteiligung an parlamentarischen Wahlen ablehnt, real die Kandidaten der RJD, vordringlich Yadavs, unterstützte, ein Widerspruch in ihrer Haltung, die die wegen ihrer eigenen Wahlbeteiligungen von der CPI (Maoist) als ‚reformistisch' beschimpfte CPI (ML)–Liberation denn auch deutlich kritisiert:

> „In Bihar waren die Maoisten während der Laloo-Ära weithin bekannt als „RJD am Tag und Maoisten in der Nacht". An vielen Orten pflegten sie zugunsten von RJD-Kandidaten Stimmen zu mobilisieren und Wahlergebnisse zu beeinflussen, während sie versuchten, die Aussichten rivalisierender Bewerber zu schädigen und im besonderen die der ML-KandidatInnen. In Übereinstimmung mit der zu dieser Zeit regierenden RJD und der lokalen Polizeiadministration attackierten sie im August 2004 das CPI (ML)-Büro in Paliganj – kaum sechs Monate vor der Assembly-Wahl vom Februar 2005 – ermordeten fünf GenossInnen im Schlaf und rechtfertigten ganz offiziell diese Morde."[513]

Die CPI (Maoist) ist, wenn wir diesen Anwürfen Glauben schenken können, über ihre Einbindung in die Kastenauseinandersetzungen also trotz ihrer formellen Ablehnung parlamentarischer Wahlen direkter Teil auch der formellen Parteienauseinandersetzungen. Ähnliches wird auch etwa aus Jharkhand und neuerdings West Bengal berichtet. Dieses komplexe Geflecht durch einen militärischen Vernichtungsfeldzug im Stil der Aktion ‚Green Hunt'

---

513 Arindam Sen in *Liberation*, Januar 2010

aufzubrechen, könnte mittelfristig die ohnehin fragile und geschwächte staatliche Struktur in erheblichem Umfang weiter destabilisieren. Und auch wenn die bisherige Vorgehensweise der Polizei von Bihar gewaltsam gegen Dalits, LandarbeiterInnen und Naxaliten gerichtet ist und die konservative JD(U)-geführte Regierung sich die ihrer Klientel feindlich gegenüberstehenden Maoisten liebend gerne vom Hals schaffen würde, kann davon ausgegangen werden, dass ihr das mit einem großflächigen militärischen Einsatz verbundene Risiko zu groß erscheint, zumal mit dem konzentrierten Einsatz paramilitärischer Einheiten der Unionsregierung auch die erst vor wenigen Jahren nach einer Phase der „President's Rule" wiederhergestellte Selbstverwaltung des Bundesstaates durch das immer mehr Kompetenzen an sich ziehende Unions-Innenministerium infrage gestellt würde.

## 7.3. Jharkhand

Im Bundesstaat Jharkhand, der im Jahr 2000 von Bihar abgespalten und wurde und einen hohen Bevölkerungsanteil von Adivasi zählt, ist der Zusammenbruch der staatlichen Gewalt inzwischen noch weiter fortgeschritten. In einem Bericht für das Institute for Conflict Management von Juli 2009 schreibt Fakhir Mohan Pradhan:

„Sechs linksextremistische Organisationen, von denen die CPI (Maoist) die bedeutsamste ist, mit einer kombinierten Kaderstärke von 4.000, dominieren 23 von 24 Distrikten des Bundesstaates Jharkhand. Und die Polizei, ihren Angaben einer Verbesserung der Lage zum Trotz, war schlicht nicht in der Lage, mit der wachsenden Herausforderung fertig zu werden. Die linksextremen Gruppen haben ein weitgespanntes Einflussnetz im nahezu ganzen Bundesstaat errichtet, das auf Requirierungen und Erpressung basiert, wobei sie speziell Unternehmen im Visier haben, die mit der starken Bergbauindustrie im Staat verbunden sind. Schätzungen besagen, dass die Einnahmen der Maoisten durch Erpressung von Unternehmen und Geschäftsleuten allein in Jharkhand bei drei Milliarden Rs. pro Jahr liegen. Die maoistische Hegemonie in diesem Staat drückt sich ebenfalls in zahlreichen bandhs [gewaltsamen Streiks mit Straßenblockaden und geschlossenen Läden] aus, die in periodischen Abständen von den Maoisten organisiert und durchgesetzt werden. Allein im Jahr 2009 kam es zu 13 Jharkhand-weiten bandhs, von denen jeder das öffentliche Leben komplett zum Stillstand brachte. Während des letzten davon, am 22. und 23. Juni 2009 kamen sämtliche kommerziellen Aktivitäten vor allem in den am stärksten von den Maoisten betroffenen Gebieten wie Palamu, Gumla, Lohardaga, Latehar, Chatra, Simdega und Giridih zum Erliegen, wobei sowohl ländliche als auch städtische Märkte geschlossen blieben. Der stellvertretende Polizeichef von West Singhbhum vermeldete, dass nicht ein einziges schweres Fahrzeug während des 48-stündigen bandh fahren konnte und dass ‚ungefähr 500 LKWs, die Eisenerz aus der Region zu verschiedenen auswärtigen Orten abtransportierten, sich in den Dörfern stauten und festsaßen'. Suresh Sonthali von der Industrie- und Handelskammer von Singbhum hielt weiter fest: ‚Die Bergbauarbeiten in allen Minen der Region Singbhum kamen zum Stillstand. Nicht eine einzige Unze Eisenerz wurde in dieser Zeit gefördert. Transportunternehmen stellten den Abtransport von Erz und weiterverarbeiteten Metallen aus über 700 kleineren und mittleren Minen und Metallverarbeitungsbetrieben im Industriegebiet von Aditypaur ein.'"[514]

Pradhans Angaben zufolge stieg allein die Zahl der Toten bei Zusammenstößen mit Naxalitengruppen in Jharkhand von 170 im Jahr 2007 auf 227 im Jahr 2008. Für das Jahr 2009 wurden bis zum 23. Juni bereits 117 Tote gemeldet. Bezeichnet ist hierbei jedoch nicht nur der Anstieg der Todesopfer, sondern auch die Tatsache, dass die Zahl der gemeldeten gewaltsamen Vorfälle zugleich zurückging (von 482 im Jahr 2007 auf 386 im Jahr 2008 bzw. 126 in den ersten sechs Monaten des Jahres 2009) was dezent darauf hindeutet, dass in zahlreichen Distrikten des Bundesstaates zeitweilig überhaupt keine Kämpfe mehr stattfanden, weil die Staatsmacht sich dort komplett zurückgezogen hat, während andere Distrikte umso heftiger umkämpft sind.[515] Dies änderte sich allerdings in der zweiten Hälfte des Jahres 2009.

Die politische Entwicklung wie auch die seit dem Sommer 2009 deutlich ansteigende Zahl der bewaffneten Auseinandersetzungen lassen inzwischen wenig Spielraum für gewaltfreie Entwicklungen. Bei den Wahlen zur State Assembly im November/Dezember 2009 kam eine instabile Koalition an die Regierung, geführt von einer Partei, die nur 18 der 81 Sitze im Parlament hat, das Jharkhand Mukti Morcha, die mit stiller Unterstützung der BJP agiert und von Shibu Soren geführt wird, einem klassischen Provinzpolitiker mit dem in Bihar und Jharkhand schon fast üblichen Register an ihm zugeschriebenen Straftaten wie Bestechlichkeit, Erpressung und Stimmenkauf. Vom Januar 2009 an hatte Jharkhand unter der Zwangsverwaltung der Unionsregierung gestanden („President's Rule"), so dass selbst die Wahl Sorens zum Chief Minister aus Sicht des Staates eine Rückkehr zu einem wie auch immer gearteten demokratischen Prozess genannt werden musste. Trotz eines, in einigen Orten auch gewaltsam durchgesetzten, Boykottaufrufs der CPI (Maoist) lag die Wahlbeteiligung bei 58 Prozent.[516] Während die Anzahl der Toten um die Wahlen herum niedriger war, starben 2009 insgesamt 215 Men-

514 Pradhan 2009, Internet-Dokument
515 Vgl. Pradhan 2009
516 Ajit Kumar Singh 2009, Internetquelle

schen bei 381 Zusammenstößen, davon 18 größeren Naxalitenangriffe auf Polizeistationen und andere staatliche Einrichtungen. Jharkhand hält damit seine Position als am zweitstärksten von bewaffneten Kämpfen erschütterter Bundesstaat nach Chhattisgarh. Die Entwicklung zeigt über die letzten Jahre ein insgesamt kontinuierliches Level des Konfliktes bei zugleich steigender Zahl der Opfer.

Der Rückgang der Toten unter den Zivilpersonen und das kontinuierliche Ansteigen der Verluste sowohl bei den Sicherheitskräften als auch bei den Maoisten weist auf eine Zunahme der direkten Kampfhandlungen zwischen diesen hin. Diese Tendenz, die durch den Beginn der Operation ,Green Hunt' deutlich verstärkt wurde, zeigte sich auch in der Zunahme von Geiselnahmen. Am 30. September 2009 verschleppten Naxaliten den Special-Branch-Offizier Police Inspector Francis Induwar, mit dem Ziel, mit ihm als Geisel drei führende Kader freizupressen, die sich in Delhi und West Bengal im Gefängnis befinden. Während lokale Zeitungen von einer entsprechenden, durch den Parteisekretär des South Chhotanagpur Committee der CPI (Maoist) per Telefon an sie übermittelten Forderung berichteten, behauptete der erwartungsgemäß nicht verhandlungsbereite Unions-Innenminister Chidambaram, von keinerlei Forderungen zu wissen. Am 6. Oktober wurde Induwars enthaupteter Leichnam am Rande einer Schnellstraße aufgefunden. Für dieses Verbrechen, das in seiner Brutalität nicht nur ein großes Medienecho hervorrief, sondern offenbar auch heftige Reaktionen im Milieu der Naxaliten selbst, entschuldigte sich das Zentralkomitee der CPI (Maoist) später in einer öffentlichen Erklärung.

Am 19. November 2009 griffen Naxaliteneinheiten bei Ghagra im Distrikt West Singhbhum einen Passagierzug an, wobei zwei Reisende getötet und 47 verletzt wurden. Nachdem dieser Übergriff einhellig nicht nur in den Medien, sondern auch den kritischen Teilen der Öffentlichkeit verurteilt worden war, entschuldigte sich der Distriktsekretär der CPI (Maoist) und erklärte, der Angriff sei von übereifrigen und unerfahrenen jungen Rekruten ausgeführt worden; die CPI (Maoist) habe keinerlei Absicht, die einfache Bevölkerung anzugreifen, für die sie doch kämpfe, und werde in Zukunft sicherstellen, dass solche fehlgeleiteten Übergriffe von ihren Militanten ausgeschlossen seien.[517]

Solche Erklärungen sind durchaus ernstzunehmen, denn den Maoisten dürfte, ebenso wie auch den Sicherheitsbehörden, klar sein, dass ihre Überlebenschancen entscheidend von der Unterstützung durch die Zivilbevölkerung abhängen. Und über diese scheint sie nach wie vor zu verfügen. Am

---

517 Ebd.

7. Oktober erklärte etwa der Superintendent der Polizei von Ranchi, Praveen Kumar, dass die Unterstützung der Bevölkerung für die Maoisten in Teilen des Distrikts Ranchi sich zum weitaus größten Hindernis für die Bekämpfung des bewaffneten Linksextremismus entwickelt habe. „Ob es nun aus Angst geschieht oder aus anderen Gründen, die Unterstützung durch die Dorfbewohner, die der Sub-Zonen-Kommandant Kundan Pahan in der Region genießt, hat ihn für die Sicherheitskräfte nahezu unsichtbar werden lassen", sagte Kumar. Allerdings scheint die Haltung der Bevölkerung auch ambivalent zu sein, denn während es unbestreitbar ist, dass in beträchtlichen Teilen der Bundesstaates die Naxaliten von der Sympathie der ländlichen Armen getragen werden, kann ein allzu grobes, brutales und selbstherrliches Auftreten in den Dörfern schnell dazu führen, dass diese Sympathie sich in ihr Gegenteil verkehrt. Wie Polizeiquellen berichten, wurden im Jahr 2009 mindestens 14 Naxaliten bei neun Vorfällen in verschiedenen Teilen von Jharkhand von Dorfbewohnern gelyncht.[518]

Als Antwort auf verstärkte Operationen der Sicherheitskräfte führten Einheiten der Naxaliten mindestens 16 Anschläge mit Landminen durch. Zusätzlich führten die Maoisten größere Operationen durch, die als Demonstration der eigenen Stärke aufgefasst werden können. Am 23. März 2010 griffen etwa 100 Guerillakämpfer in vier Gruppen die Polizeistation in Dhurki im Distrikt Garwah an. Am 10. April attackierten Einheiten der CPI (Maoist) bzw. PLGA ein Camp der Border Security Forces (BSF) in Furrow im selben Distrikt. Beide Angriffe wurden zurückgeschlagen.

Die Maoisten setzten ungeachtet verschärfter Kampfhandlungen auch ihre Kampagnentätigkeit fort. Ab Juli 2009 führte die Partei eine Kampagne mit Plakaten und Flugblättern in der Stadt Chakulia im Distrikt East Singhbhum durch, in der sie die Besitzer von Reisverarbeitungsbetrieben und Fabriken aufforderten, ihren Tagelöhnern ab sofort einen Mindestlohn von 100 Rs. täglich zu zahlen. Am 26. Juli fand die Polizei in den Kleinstädten Nimdih und Chandil im Distrikt Seraikela-Kharsawan von den Maoisten geklebte Plakate, die den Verkäufern von Alkohol und Marihuana in der Umgebung den Tod androhten. Im August wiederum tauchten in verschiedenen Regionen des Bundesstaates Plakate auf, in denen die CPI (Maoist) davor warnte, sich bei den durchgeführten Rekrutierungen des Innenministeriums für die India Reserve-Bataillone anwerben zu lassen, was angesichts der verbreiteten Armut und der ökonomischen Perspektivlosigkeit gerade auch junger Männer in diesem Gebiet als attraktive Beschäftigungsmöglichkeit erscheinen könnte.

---

518 Ebd.

In mindestens 93 Fällen gingen die Naxaliten gezielt gegen die Wirtschaftstätigkeit im Bundesstaat vor, indem sie Schläge gegen Eisenbahnlinien und deren Personal ausführten, zivile LKWs und Treibstoffdepots in die Luft sprengten, Baufirmen und deren Baustellen ins Visier nahmen und Mobilfunktürme zerstörten. Insgesamt 19-mal riefen sie allein 2009 zu staatsweiten bandhs (gewaltsam durchgesetzten Streiks) auf und brachten jedes Mal das öffentliche Leben in ganz Jharkhand zum Stillstand.[519]

Allerdings erlitten die Maoisten auch einige erhebliche Rückschläge. Seit 2007 verhafteten die Sicherheitsbehörden 225 vermeintliche oder echte Naxaliten, darunter 14 Kommandeure von Einheiten. Eine schwere Niederlage für die CPI (Maoist) dürfte die Gefangennahme ihres regionalen Kommandanten Ravi Sharma *alias* Arjun *alias* Mahesh *alias* Ashok und seiner Frau B. Anuradha *alias* Rajitha sein, die am 10. Oktober erfolgte. Aus Sicht des Staates waren diese beiden nicht unwesentlich für die Offensive der Naxaliten in Jharkhand wie auch in Bihar in den letzten Jahren verantwortlich. Bereits im August hatte die Polizei Anil *alias* Amitabh Bagchi, ein Mitglied des Politbüros der CPI (Maoist), sowie Tauhild Mula *alias* Kartik, Mitglied des Zentralkomitees der Partei, verhaftet. Im Laufe des Sommers beschlagnahmten die Sicherheitskräfte größere Mengen an schusssicheren Westen und Ferngläsern, sowie größere Mengen an Mobiltelefonen, Kopfhörern, Sprechfunkgeräten etc., die angeblich für die Ausstattung von Guerillaeinheiten bestimmt gewesen seien.

Staatliche Stellen meinen, eine gewisse Unordnung in den Reihen der maoistischen Gruppen feststellen zu können. Über die CPI (Maoist) hinaus wurden in den letzten Jahren in Jharkhand Aktivitäten von mindestens neun von dieser abgespaltenen bewaffneten Splittergruppen registriert, darunter die People' Liberation Front of India (PLFI), das Tritiya Prastuti Committee (TPC) und das Jharkhand Prastuti Committee (JPC). Während die PLFI im Laufe des Jahres 2009 für 29 Anschläge verantwortlich gemacht wurde, sollen JPC und TPC acht bzw. neun Anschläge verübt haben. Zwischen den rivalisierenden Gruppen kam es offenbar zu einigen gewaltsamen Zusammenstößen, bei denen mindestens vier Militante getötet wurden. Jedoch scheinen das Hauptproblem der Naxaliten die zunehmenden Differenzen innerhalb der Gebietsstrukturen der CPI (Maoist) selbst zu sein. Am 15. Dezember veröffentlichte die Nachrichtenagentur IANS ein Interview mit einem anonymen, angeblich seit 30 Jahren der Bewegung angehörenden Militanten, der von akuten Differenzen und Generationskonflikten innerhalb der Guerilla berichtete. Während junge Kader verstärkt auf bewaffnete Aktionen setzten,

---

519 Ebd.

seien die älteren Parteiführer zunehmend in einem Diskussionsprozess, der die Möglichkeit einschließe, den Guerillakampf aufzugeben, um mit legaler politischer Arbeit in den ländlichen Sektoren ein Mehr an politischer Unterstützung und praktischen Veränderungen zu erreichen.[520]

## 7.4. West Bengal

Hatte sich seit Anfang der siebziger Jahre der Schwerpunkt der Naxalitenaktivitäten von West Bengal nach Bihar und Andhra Pradesh verlagert, so war dies zum einen der brutalen Zerschlagung der Naxalitengruppen durch die westbengalische Polizei und die paramilitärischen Einheiten der Unionsregierung zuzuschreiben, zum anderen aber auch der Dominanz der CPI (M), die seit 1977 ununterbrochen gemeinsam mit anderen linken Parteien die Regierung des Bundesstaates stellt und deren Landreform zwar hinter den hochgesteckten Erwartungen des agrarischen Proletariats und der Kleinbauern zurückblieb, aber mittelfristig die Konflikte in den ländlichen Regionen teilweise befriedete.

Naxalitenaktivitäten waren in West Bengal seit Mitte der siebziger Jahre nicht mehr zu verzeichnen gewesen. Noch 2006 dementierte Chief Minister Buddhadeb Battacharjee, dass es auch in seinem Bundesstaat ein Naxalitenproblem gebe.[521] Im Jahr 2007 schätzte der Director General der West Bengal Armed Police, R. K. Majumdar, die Stärke der Naxaliten in West Bengal auf 200 Vollzeitkämpfer, bewaffnete Einheiten existierten in Belpahari, Bandwan, Lalgarh und Gopiballabhpur.[522] Chrakravarti kommentiert dies wie folgt:

> „All diese befinden sich in den drei auf Polizeikarten mit roten Fähnchen gekennzeichneten Distrikten von West Bengal – West Medinipur, Purulia und Bankura – wo die Landreformen, die die CPI (M) in anderen Teilen des Staates umgesetzt hatte, nie stattfanden."[523]

In den letzten drei bis vier Jahren kam es mehrmals zu größeren Operationen der Maoisten, die durch Einheiten aus benachbarten Distrikten in Jharkandh verstärkt wurden. Vor allem die Auseinandersetzungen um die geplanten Sonderwirtschaftszonen in Singur und Nandigram, die das Ansehen der CPI (M) sowohl an ihrer Basis als auch innerhalb der indischen Linken stark

---

520 Ebd.
521 Vgl. Chakravarti 2008, S. 114
522 Vgl. Chakravarti 2008, S. 114f
523 Chakravarti 2008, S. 115

erschütterten, waren Anlässe für verschiedene bewaffnete Aktionen größeren Ausmaßes. Im Rahmen der Ausschreitungen in Nandigram wurden offenbar CPI (M)-Kader mit Unterstützung und unter Beteiligung der Naxaliten aus der Stadt vertrieben. Am 2. November 2008 entkam Chief Minister Battacharjee mit seinem Fahrzeugkonvoi nur knapp einem Anschlag mit selbstgebastelten Bomben (IED), wie sie bei den Naxaliten üblich sind.

Das verstärkte Potential der Naxaliten auch in West Bengal wurde offenbar, als am 11. Juni 2009 Guerillaeinheiten der CPI (Maoist), gemeinsam mit Aktivisten des ‚Police Santrosh Birodhi Janashadharaner Committee' (PSB-JC) (People's Committee against Police Atrocities), einer Adivasi-Organisation, die sich gegründet hatte, um gegen Diskriminierungen und Misshandlungen durch Polizeiangehörige vorzugehen, die Kleinstädte Lalgarh und Dharaapur, nicht weit von Kolkata entfernt, einnahmen, die Polizeistationen zerstörten und die bisher dort politisch den Ton angebenden Funktionäre der CPI (M) aus der Stadt vertrieben. Mehrere CPI (M)-Funktionäre wurden von den Naxaliten entführt und erschossen. Nach mehreren längeren Feuergefechten zwischen Maoisten auf der einen und Polizeieinheiten sowie bewaffneten CPI (M)-Anhängern auf der anderen Seite wurden vier Polizeicamps in der Gegend geräumt. Erst ab dem 19. Juni 2009 eroberten große Kontingente der West Bengal Armed Police, der CRPF und der CoBra-Antiterroreinheiten die Städte zurück.[524] Dieser – wenn auch eher symbolische – Sieg der Naxaliten zeigte auch der breiten Öffentlichkeit Indiens, dass auch in Teilen West Bengals die maoistische Aufstandsbewegung wieder präsent ist, getragen von einer sozialen Basis von landlosen oder in ihren Landrechten bedrohten Adivasi, Kleinbauern und LandarbeiterInnen.

In der Kleinstadt Sildha im Distrikt West Midnapore ereignete sich am 15. Februar 2010 der nach Angaben des Institute for Conflict Management größte Naxalitenangriff in West Bengal seit der ersten Aufstandsbewegung 1967. Mehr als 100 Guerillakämpfer der CPI (Maoist) attackierten das dort stationierte Camp der Eastern Frontier Rifles, wobei 24 Angehörige der Sicherheitskräfte getötet wurden, weitere 25 Paramilitärs, die während des Angriffs geflohen und sich im Wald versteckt hatten, kehrten später wieder ins Camp zurück. Zwei Einheiten der Peoples Liberation Guerilla Army (PLGA), die im Grenzgebiet zwischen Bihar, Jharkhand und West Bengal operieren, waren für den Angriff zusammengezogen worden und hatten sich, wie die Sicherheitsbehörden wissen wollen, Tage zuvor in einem maoistischen Trainingscamp in Belpahari gesammelt. Für die Ahnungslosigkeit der zur Naxalitenbekämpfung abgeordneten Paramilitärs und Polizeieinheiten

---

524 Chattopahiyay in *The Hindu* 2008

spricht, dass die Naxaliten sich auf das Lager nicht etwa zu Fuß in größt-möglicher Vorsicht durch die Wälder, sondern vielmehr in einem großen Konvoi mit Pickup-Jeeps, Ambassador-Limousinen und Motorrädern von der Straße her zubewegten. Der Angriff war zwar, realistisch betrachtet, bei weitem nicht der größte, was die Anzahl der involvierten Kombattanten be-trifft, jedoch überrascht die hochprofessionelle Planung der Maoisten, denen es kaum große Mühe bereitete, das Camp der Paramilitärs zu überrennen, nicht ohne sämtliche Zufahrtswege zuvor vermint zu haben, um das Vor-dringen von Verstärkungen zu verhindern. Zeitgleich griffen etwa 40 Maois-ten ein nahegelegenes Camp der Central Reserve Police Forces (CRPF) bei Dharampur an, um die Kräfte der Paramilitärs in der Region zu binden.[525]

Seit den Auseinandersetzungen um Lalgarh 2009 haben die Naxaliten auch in West Bengal verstärkt Angriffe unternommen, bei denen neben den in den fraglichen Distrikten des Bundesstaates operierenden Einheiten auch solche aus den Grenzgebieten zu benachbarten Bundesstaaten involviert wa-ren. Im Herbst 2009 hatten die Sicherheitsbehörden in einer koordinierten Aktion 190 angebliche Maoisten in verschiedenen Dörfern rund um Lalgarh verhaftet, von denen allerdings 23 im Austausch gegen den daraufhin von der PGLA entführten Chef der Sankrail Police Station wieder auf freien Fuß gesetzt werden mussten. Während die mit der Naxalitenbekämpfung betrauten Ministerialbürokraten des Unions-Innenministeriums wie auch die Analysten des Institute for Conflict Management geradezu hysterisch auf die neuesten Entwicklungen in West Bengal reagieren und mittlerwei-le routinemäßig die Behauptung aufstellen, die Left-Front-Regierung von West Bengal gehe nicht entschlossen gegen die Maoisten vor, um die Loyali-tät ihrer eigenen Anhängerschaft nicht zu gefährden, scheint es im Staatsap-parat des betreffenden Bundesstaates einige schwerwiegende Differenzen im Bezug auf die Bewertung der Lage zu geben. Während der Staatssekretär im Innenministerium von West Bengal, Ardhendu Sen, noch am 30. Januar er-klärte, dass außer Lalgarh kein Distrikt instabil oder maoistisch beeinflusst sei, berichtete nahezu zeitgleich die Führung seiner eigenen Polizei, dass in-zwischen in 17 der 18 Distrikte von West Bengal maoistische Aktivitäten feststellbar seien.[526]

Dabei gehen die Sicherheitskräfte in einer Weise vor, die keinen Zweifel daran lässt, dass sowohl die bewaffnete Polizei des Bundesstaates als auch die ihr assistierenden CRPF die lokale Bevölkerung relativ undifferenziert als SympathisantInnen der Naxaliten und damit als ihren Feind betrachten.

---

525 Ajit Kumar Singh, 22.02.2010, Internetquelle
526 Ebd.

Während im Zuge der Aktion ‚Green Hunt' seit dem Herbst 2009 aus West Bengal letztendlich mehr Niederlagen der Sicherheitskräfte als Erfolge zu vermelden waren, sind die nervös gewordenen Polizeikräfte und Paramilitärs bestrebt, getötete Naxaliten vorzuweisen, um ihre Autorität wiederherzustellen. Dieses Bemühen führt jedoch mit logischer Konsequenz zu Aktionen, die das ohnehin ramponierte Ansehen des Staates in der Bevölkerung weiter beschädigen. So kam es etwa nach Polizeiangaben am 16. Juni 2010 bei dem Dorf Duli im Distrikt West Midnapore zu einem Feuergefecht zwischen gemeinsam operierenden Einheiten der State Police und der CRPF auf der einen und KämpferInnen der CPI (Maoist) bzw. der PLGA auf der anderen Seite, bei dem angeblich zwölf Kader der Naxaliten getötet und „zahlreiche weitere" verwundet worden seien. Acht Leichen vermeintlicher Maoisten wurden tatsächlich präsentiert, vier weitere seien, so die Polizei, von den Maoisten bei ihrem Rückzug mitgenommen worden.[527] In ihrem verzweifelten Bemühen, einen Sieg zu demonstrieren, präsentierten die Sicherheitskräfte die acht Leichname auf Tragestangen für Schlachtvieh, um sie so von der herbeigerufenen Presse fotografieren zu lassen: martialische Bilder eines auf die Vernichtung ihrer Gegner programmierten Machtapparates, die in der Tat durch die indische Presse gingen und zumindest bei ansatzweise kritischen Medien ein etwas anderes Echo fanden als beabsichtigt. Mindestens einer der acht Getöteten wurde wenig später von Dorfbewohnern als psychisch kranker und definitiv an keinerlei maoistischen Aktivitäten beteiligter Dorfbewohner erkannt, über die Identität der übrigen war nichts zu erfahren. Ajai Sahni, Analyst des Institute for Conflict Management und alles andere als ein prinzipieller Kritiker der staatlichen Aufstandsbekämpfung, kommt zu dem Urteil:

> „Während die Antwort aus Delhi schnell kam und die Art verurteilte, in der die toten Maoisten vor den Medien präsentiert wurden, war bereits erheblicher Schaden angerichtet worden. Dieser Vorfall ist sicherlich Wasser auf die Mühlen der Propaganda der CPI (Maoist). Entscheidend ist jedoch, dass er ebenfalls die Unvorbereitetheit – wenn nicht gar Inkompetenz – der Sicherheitskräfte im Umgang mit der komplexen Kampagne gegen die Maoisten demonstriert. Während die politische Rhetorik damit fortfährt, das Problem mit dem Gerede von ‚unseren eigenen Leuten' und ‚politischen Lösungen' herunterzukochen und die Zentralregierung wiederholte Angebote zu ‚Gesprächen' mit den Maoisten lanciert, scheint die Losung, die an die Sicherheitskräfte ausgegeben wurde, zu sein, so viele ‚kills' wie möglich zu erzielen und diese in brutalen Machtdemonstrationen in Territorien öffentlich vorzuführen, die sich nur

---

527 Sahni 2010, Internetquelle

nominell unter der Kontrolle des Staates befinden. Ob solche ‚kills' auch nur irgend-welche anhaltenden Erfolge innerhalb des Kontextes einer nachhaltigen Aufstandsbe-kämpfungsstrategie konstituieren, scheint irrelevant zu sein."[528]

Im Großen und Ganzen kann festgestellt werden, dass das „Naxalitenprob-lem" in West Bengal von verschiedenen politischen Kräften für politische Manöver benutzt wird, die durch das Näherrücken der Wahlen zur State As-sembly 2011 an Brisanz gewinnen. Die Left-Front-Regierung hat in Wirk-lichkeit keinerlei Interesse an einer Stärkung der Naxaliten in ihrem Bundes-staat und das äußerst brutale Vorgehen gegen jegliche linke Opposition etwa in Lalgarh, an dem nicht nur Paramilitärs der Unionsregierung, sondern auch Polizeieinheiten der Polizei von West Bengal und lokale bewaffnete Trupps der CPI (M) beteiligt waren, spricht in dieser Hinsicht eine klare Sprache. Andererseits hat die Left Front durch ihre Politik der forcierten Industrieansiedlungen und die dadurch bedingten versuchten Vertreibungen von Bauern von Singur bis Nandigram große Teile ihres Kredits unter den ländlichen armen Massen verspielt und ein allzu brutales Vorgehen gegen vermeintliche SympathisantInnen der Naxaliten könnte sie ihre bereits be-drohte Mehrheit bei den nächsten Wahlen kosten. Die Kommunalwahlen von 2009 bestätigten die Stimmverluste der Left Front, die bereits bei den Lokh-Sabha-Wahlen vor allem die CPI (M) einige Sitze gekostet hatten. Auf der kommunalen Ebene erhielt die CPI (M) nur noch knapp über 30 Prozent der Stimmen, was im Vergleich zu den fast 70 Prozent bei den Assembly-Wahlen vorn 2006 einen jähen und vernichtenden Absturz mit der unausweichlichen Konsequenz des Verlusts dieses wichtigen Bundesstaates für die CPI (M) zu-nehmend wahrscheinlich macht. Die CPI (M) kommt nicht aus der Defensi-ve heraus, jeder Übergriff der Sicherheitskräfte, wie etwa die kaltblütige Er-mordung des Vorsitzenden des Peoples Committee Against Police Atrocities (PCAP) im Februar durch Angehörige der CRPF, schwächt unmittelbar das Ansehen der Linksregierung, zumal die lokalen Kader der CPI (M), die das dörfliche landbesitzende Establishment repräsentieren, selbst zur Diskredi-tierung der Partei durch ihre rücksichtslose Politik der Durchsetzung kapi-talistischer Modernisierungsstrategien und ihre Gewalttaten gegenüber der örtlichen Opposition erheblich beitragen. Und die Unionsregierung scheint mit einer Doppelstrategie die Left Front in die Zange zu nehmen. Während Unions-Innenminister Chidambaram und sein rühriger Staatssekretär Pil-lai immer neue paramilitärische Einheiten nach West Bengal schicken und damit die Militarisierung und die bewaffnete Eskalation im Bundesstaat vo-

---

528 Ebd.

rantreiben, was die Left-Front-Regierung öffentlich verurteilen muss, aber weder verhindern kann noch eigentlich will, da auch sie die Maoisten aus ihren Einflussgebieten zu vertreiben versucht, spielt der Trinamool Congress, die vom INC abgespaltene, aber mit ihr inzwischen eng assoziierte größte Oppositionspartei in West Bengal die Rolle der Verteidigung der Menschenrechte und der Interessen der ländlichen Armen. Mamata Banerjee, die Galionsfigur des Trinamool Congress, wurde inzwischen von der INC-Führung eingebunden, indem ihr in der Unionsregierung der Posten der Eisenbahnministerin verschafft wurde, eine Funktion, die sie allerdings weitgehend von ihrem Staatssekretär ausfüllen lässt, während sie weit mehr Zeit in West Bengal verbringt, wo sie als Oppositionsführerin in der State Assembly durch die Lande reist und durch populistische Reden versucht, das kommunistische Wählerpotential für sich zu gewinnen.

So trat Banerjee am 9. August 2010 bei einer Massenkundgebung in Lalgarh auf, bei der sie das polizeiliche Vorgehen gegen die Bevölkerung verurteilte, die Ermordung des CP (Maoist)-Politbüromitglieds Azad kritisierte und eine politische und gerechte Lösung des Naxalitenkonfliktes forderte. Explizit trat die Eisenbahnministerin gegen die Aktion ‚Green Hunt' und den Versuch der Unionsregierung auf, den Konflikt militärisch zu lösen. Entsprechend groß war der Aufruhr, den Banerjees Rede einen Tag später in der Lokh Sabha verursachte, wo die rechte BJP sie als Naxalitensympathisantin denunzierte und ihr vorwarf, den Kampf gegen die ‚maoistische Gefahr zu untergraben, während die CPI (M) ihr ähnliches vorhielt.[529] Die VertreterInnen der Unionsregierung und des INC verhielten sich in dieser hitzigen Debatte auffallend still, wissend, dass Banerjee sich mit dieser Rede mit einem Schlag zur äußerst gefährlichen Konkurrentin für Chief Minister Bhattacharjee entwickelt hat und nur auf diese Weise die CPI (M)-Hochburg im nächsten Jahr tatsächlich knacken kann. Nun ist Mamata Banerjee zweifelsfrei eine politische Opportunistin, der jegliche ehrliche Parteinahme in gesellschaftlichen Auseinandersetzungen völlig fremd ist und kaum ein reflektierter politischer Beobachter würde ihre lautstarke Polemik als etwas anderes interpretieren als eine taktische Wendung gegen die Staatsregierung in Kolkata. Allerdings scheint ihre Strategie durchaus aufzugehen. Auffallend ist auch, dass, obwohl die indische Presse nicht müde wurde, in ihrer Berichterstattung über die Großkundgebung zu betonen, dass die Maoisten und ihre vermeintlichen Vorfeldorganisationen in der Region bei der Organisierung der Veranstaltung eine wesentliche Rolle gespielt hätten, keinerlei Konfrontation zwischen den versammelten Massen und den para-

---

529 *Economic Times* vom 11.08.2010

militärischen Einheiten der Unionsregierung oder der Polizei zu vermelden war, was zumindest ein Indiz für einen Stillhaltebefehl aus New Delhi sein könnte. Dass die in den Medien unterstellte informelle Allianz zwischen Banerjees Trinamool Congress und der CPI (Maoist) mehr ist als eine unbegründete Unterstellung, davon gehen allerdings auch konkurrierende politische Kräfte aus, wie etwa die CPI (ML)–Liberation. So schreibt etwa Arindam Sen in seiner, in Fortsetzungen in *Liberation* erschienenen Abhandlung über *Maoism, The State and the Communist Movement in India* über das Verhältnis der CPI (Maoist) zu den um die Mehrheit kämpfenden Parteien in West Bengal:

„Sie hatten klandestine Abmachungen auf lokaler Ebene sowohl mit der CPI (M) als auch mit dem Trinamool Congress (meistens mit dem letzteren) in verschiedenen Gebieten, um ihre eigenen Interessen zu fördern. In vielen CPI (M)-Hochburgen einschließlich Nandigram benutzten sie ihre Feuerkraft, um den Boden für das Eindringen des TMC zu bereiten, konsequenterweise richteten sie ihre Waffen hauptsächlich gegen CPI (M)-Kader. Die Maoisten gingen sogar noch darüber hinaus, um ihre Präferenz für Mamata Banerjee in aller Klarheit auszudrücken. Im September [2009] veröffentlichten die in Kolkata erscheinende *Ananda Bazaar Patrika* und andere Tageszeitungen die detaillierten Erläuterungen des Politbüro-Mitglieds Kishenjee darüber, warum er Mamata Banerjee für die geeignete Person hält, um Budhhadev Bhattacharya als Chief Minister zu ersetzen. In den letzten Monaten, nachdem ihren Zielen in ausreichender Weise gedient ist und sie sich in greifbarer Nähe zur begehrten Regierungsmacht in West Bengal wiederfindet, hat sie begonnen, sich von den Maoisten zu distanzieren, aber das beweist nur ihre gerissene Taktik – nicht etwa irgendeine Art prinzipieller Position seitens der CPI (Maoist)."[530]

Was passiert, wenn eine Großkundgebung gegen das Vorgehen der Sicherheitskräfte ohne prominente Beteiligung wahlkämpfender PolitikerInnen und ohne entsprechende Rückendeckung übergeordneter Machtzentren stattfindet, hatte drei Wochen vorher beobachtet werden können. Am 20. Juli 2010 versammelten sich auf einen Aufruf des „Committee to Save the Honour of Women" hin 50.000 Frauen im Distrikt Lalgarh und versuchten in mehreren Demonstrationszügen durch die Kleinstadt Jhargram zu ziehen, um gegen die kürzlich in dem Dorf Sonamukhi geschehenen Vergewaltigungen von Frauen durch Angehörige der koordinierten Sicherheitskräfte zu demonstrieren. Die protestierenden Frauen forderten insbesondere die Bestrafung des lokalen CPI (M)-Chefs Prashanta Das, der von ihnen be-

---

530 Arindam Sen, Januar 2010

schuldigt wurde, den Angehörigen der Staatsmacht die Häuser von Gegnern der CPI (M), die er als SympathisantInnen der Maoisten verdächtigt hatte, gezeigt zu haben, woraufhin die State Police sowie Einheiten der CRPF in eben diese Häuser eingedrungen waren und systematisch die Frauen der dort lebenden Familien vergewaltigt hatten. Die Demonstrantinnen versuchten, zum Büro des lokalen Polizeichefs vorzudringen, um ihn zu zwingen, Anzeigen aufzunehmen und gegen die uniformierten Vergewaltiger Ermittlungen einzuleiten. Bewaffnete Sicherheitskräfte blockierten alle vier Zugangswege zum Polizeihauptquartier und versuchten die unbewaffneten Demonstrantinnen zu stoppen. Einem der Demonstrationszüge mit etwa 5.000 TeilnehmerInnen gelang es jedoch, die Polizeiposten zu durchbrechen und zu dem Gebäude zu gelangen. Während die im Büro anwesenden Polizeibeamten durch die hinteren Fenster flüchteten, gelang es einem Superintendent der Polizei, mit den Demonstrantinnen zu verhandeln und sie dazu zu überreden, das Gelände des Polizeihauptquartiers zu verlassen. Zeitgleich jedoch griffen bewaffnete Polizeikräfte einen anderen Demonstrationszug mit etwa 20.000 Frauen an und zerstreuten die Menge mit massivem Schlagstockeinsatz und Warnschüssen, wobei eine große Zahl von Frauen verletzt wurde. Der Subdivisional Officer (SDO), dem die Frauen ihre Vorwürfe vortragen wollten, weigerte sich, mit ihnen zu reden und ließ verlauten, er habe alles getan wozu er verpflichtet sei. Ermittlungen gegen die Vergewaltiger wurden bis heute nicht aufgenommen.[531] Während dieser Vorfall das Ausmaß der Entfremdung breiter Bevölkerungsteile in der Region demonstriert und die kaum vorhandene Bereitschaft unterstreicht, in ihrer Offensive gegen vermeintliche „Maoisten" die Belange der Bevölkerung zu berücksichtigen oder auch nur ihr Vorgehen gegenüber unbewaffneten Nichtkombattanten zu mäßigen, war die überregionale indische Presse, die drei Wochen später begierig den vom Trinamool Congress taktisch einkalkulierten Skandal um Mamata Banerjees angebliche Allianz mit den Naxaliten ausschlachtete, in diesem Fall abwesend und desinteressiert.

Ajay Sahni zufolge beziffern verschiedene Berichte inzwischen die Anzahl der bewaffnet agierenden Maoisten in West Bengal auf mindestens 7.000 KämpferInnen, die hauptsächlich in den Distrikten West Midnapore, Purulia und Bankura agieren würden sowie im Grenzgebiet zum Distrikt East Singhbhum im benachbarten Jharkhand. Seiner Einschätzung nach sind diese Zahlen zumindest nicht völlig unglaubwürdig, wenn zu den Vollzeit-

---

531 Ray 2010, S. 5

kämpfern der PLGA auch die bestehenden Volksmilizen der Maoisten hinzugerechnet werden.[532]

Die Maoisten haben in den letzten Monaten demonstriert, dass sie über ausreichend Kapazitäten verfügen, um etliche hundert Kader und Milizionäre zu gemeinsamen Aktionen zu versammeln und in einzelnen Fällen waren an Guerillaangriffen im Bundesstaat mehr als 1.000 Maoisten beteiligt, wobei auch Sahni schnell mit pauschalen Vorwürfen bei der Hand ist, die Menschenrechtsgruppen und lokale Initiativen der Bevölkerung den Naxaliten zurechnen. So zählt er Vorfälle auf, wie jenen am 2. Februar 2010, bei dem etwa 2.000 Menschen sich vor einer Polizeistation im Distrikt Bankura versammelten, um gegen Polizeiübergriffe zu protestieren, oder jene Demonstration am 3. Mai 2009, bei der mehrere tausend DorfbewohnerInnen und Stammesangehörige, angeblich mobilisiert von maoistischen Kadern, Regierungsgebäude im Polizeicamp von Malaguri nahe Lalgarh überrannten und zerstörten.[533]

## 7.5. Andhra Pradesh

Jahrzehntelang war Andhra Pradesh neben Bihar eines der Schwerpunktgebiete der maoistischen Guerilla und entsprechend hoch war auch seit langem das Niveau der militärischen Eskalation, mit einem Sicherheitsapparat, der berüchtigt für sein rücksichtsloses und auch die Grenzen der Legalität regelmäßig überschreitendes Vorgehen gegen echte und vermeintliche Maoisten ist. Bis zu den Wahlen im April und Mai 2004 hatten Naxaliten in Andhra Pradesh immer wieder Anschläge auf Mitglieder der Telegu Desam Party (TDP) und der bis zu diesem Zeitpunkt regierenden Bharatiya Janata Party (BJP) verübt. Diese hatte noch im Februar desselben Jahres eine massive Bewaffnung der Bevölkerung und insbesondere der eigenen Parteimitglieder durchführen wollen, um eine breitere Front gegen die Naxaliten aufbauen zu können. Mit dem Regierungswechsel im Staat beruhigte sich die Situation. Die neue Regierung des Indian National Congress (INC), an der auch kommunistische und linkssozialdemokratische Parteien beteiligt waren, hatte schon im Vorfeld der Wahlen im Falle eines Sieges Verhandlungen mit den Naxaliten angekündigt. Seit dem 16. Juni 2004 herrschte offiziell ein Waffenstillstand. Zugleich weiteten die Naxaliten relativ ungehindert die von ihnen kontrollierten Zonen aus, enteigneten Großgrundbesitzer und verteilten das Land unter den ärmeren Bevölkerungsschichten. Ungeachtet dessen wurde

---

532 Sahni 2010, Internetquelle
533 Ebd.

der zunächst auf sechs Monate begrenzte Waffenstillstand am 15. Dezember unbefristet verlängert.

Die Regierung zeigte sich zunächst scheinbar kompromissbereit, hob im Juli 2004 das seit 1996 bestehende Verbot der PWG auf und seit dem 15. Oktober 2004 verhandelten die Regierung und die CPI-Maoist erstmals direkt miteinander. Der Forderungskatalog der Naxaliten beinhaltete vor allem eine grundlegende Landreform und soziale Umstrukturierungsmaßnahmen. Die Zentralregierung signalisierte zeitweilig ihre Zustimmung zu dem vom INC in Andhra Pradesh eingeschlagenen Weg der Kompromissbereitschaft. Von einer Konferenz, auf der sich Vertreter aller 13 zu diesem Zeitpunkt vom Konflikt betroffenen Unionsstaaten einfanden, gingen ähnliche Signale aus. Die Regierungen von Orissa und Jharkand erklärten sich im Anschluss an die Konferenz zu Gesprächen mit den Naxaliten bereit, ohne jedoch klare Zusagen zu machen. Zugleich wurde aber auch betont, dass ein militärisches Vorgehen gegen die Rebellen weiter notwendig sei.

Die Friedensgespräche in Andhra Pradesh gerieten jedoch bald ins Stocken. Schnell wurde deutlich, dass beide Seiten die Waffenruhe als Atempause nutzten, um ihre Kräfte neu zu gruppieren. Hinzu kamen Polizeiangriffe, die zahlreiche Todesopfer auf maoistischer Seite forderten und unmissverständlich deutlich machten, dass mindestens in Teilen des Sicherheitsapparates kein Interesse daran bestand, zu einer politischen Lösung des Konflikts zu kommen. Venugopal listet die Verstöße gegen die Waffenruhe wie folgt auf:

„Die ersten Verluste an Menschenleben gab es bei einem ‚fake encounter'[534] im Distrikt Warangal am 6. Januar 2005, nach einer Ruhepause von sieben Monaten, gefolgt von einer Welle weiterer ‚fake encounters', bei denen mehr als 100 Aktivisten und Sympathisanten getötet wurden. Der Staat und die Polizei waren klar verantwortlich für diese Verletzungen der Waffenstillstandsvereinbarung, aber gegen den Wunsch nach einer neutralen Agentur zur Überwachung des Waffenstillstandes hatten die Menschen ihre eigenen Bedenken. Obgleich die Regierung kurz vor den ersten Friedensgesprächen ihr eigenes Komitee zur Überwachung des Waffenstillstandes mit 20 prominenten Intellektuellen und öffentlichen Persönlichkeiten gebildet hatte, konnte dieses zu keinem Zeitpunkt seine Arbeit aufnehmen. Die Erschießungswelle setzte dem Gedanken an konstruktive Gespräche ein jähes Ende. Nach einer Serie von

---

534 Fake encounter – vorgetäuschter Schusswechsel mit Naxaliten, bei dem Polizei und Spezialeinheiten vermeintliche UnterstützerInnen der Naxaliten erschießen und später ein Feuergefecht mit beiderseitigem Schusswechsel melden, das in Wirklichkeit nie stattgefunden hat. „Fake encounters" bezeichnen also eigentlich die illegale Liquidierung unliebsamer Personen durch bewaffnete Polizeikräfte.

‚Schusswechseln', bei der innerhalb einer Woche mehr als zehn Kader getötet worden waren, kündigte die CPI (Maoist) an, sich aus den Friedensgesprächen zurückzuziehen. In ihrem Statement erklärte die Partei, sie würde sich an keiner zweiten Runde der Gespräche beteiligen, solange die Regierung die Waffenstillstandsvereinbarung nicht ernst nehme und sofort die Erschießungen stoppen würde. Die Regierung beantwortete das Statement nicht einmal, und die Naxaliten begannen, sich auf die Wiederaufnahme der Kampfhandlungen vorzubereiten."[535]

Am 19. August 2005 wurde die CPI (Maoist) erneut verboten, dasselbe geschah mit sieben vermeintlichen und realen ‚Front-Organisationen' der Maoisten, darunter auch dem ‚Viplava Rachayitala Sangham' (Revolutionary Writers' Association), einer seit 35 Jahren bestehenden kommunistischen Schriftstellervereinigung.

Am 18.10. 2005 wurden die Gespräche endgültig ergebnislos abgebrochen und im Januar 2006 erklärten Vertreter der State Committees der beiden beteiligten Naxalitenorganisationen, CPI (Maoist) und CPI (ML)–Janashakti, gemeinsam den Dialog für beendet. Für das Scheitern der Gespräche machten sie die Regierung von Andhra Pradesh verantwortlich, die nach ihrer Darstellung weder im Hinblick auf das polizeiliche Vorgehen gegen Maoisten, Bauernorganisationen und Menschenrechtsgruppen klare Zusagen gegeben hätte noch eine Bereitschaft hätte erkennen lassen, die geforderten Landreformen auch nur ernsthaft in Erwägung zu ziehen.[536]

Damit war die Fortsetzung der bewaffneten Konfrontation vorgezeichnet und das strategische Ziel der CPI (Maoist), die Errichtung einer zusammenhängenden Kampfzone von der nepalesischen Grenze bis tief nach Südindien, wieder auf der Tagesordnung. Bereits von 2002 an hatte eine zunehmende Vernetzung zwischen den Rebellen der Communist Party of Nepal-Maoist (CPN-M) und naxalitischen Gruppen stattgefunden.

Die Zunahme naxalitischer Angriffe wurde in Andhra Pradesh wie auch in Chhattisgarh von einer schon seit längerem festzustellenden gegenläufigen Tendenz begleitet. Die Naxaliten erlitten zeitweilig um 2006-2007 herum in diesen beiden Bundesstaaten empfindliche Niederlagen. Die Bevölkerung verweigerte, zusehends organisiert, den Rebellen die Unterstützung, auch wurden Wahlboykottaufrufe ignoriert. Es lassen sich zwei Ursachen ausmachen. Zum einen schwindet in den beiden Hauptkampfzonen der beiden Bundesstaaten in Nord-Telengana und den Distrikten South Bastar und Dantewada im südlichen Chhattisgarh die soziale Basis der Rebellen. Die

535 Venugopal 2005, S. 4308
536 Vgl. Chakravarti 2008, S. 207

Einschüchterungspolitik der PWG, die vermeintliche Polizeispitzel aus den eigenen Reihen wie auch aus der Bevölkerung öffentlich verstümmeln oder hinrichten ließ, führte bereits seit einigen Jahren zu einer zunehmenden Distanz zwischen Rebellen und Bevölkerung. Diese hatte bislang von der quasistaatlichen Naxalitenherrschaft profitiert: Löhne und Lebensbedingungen lagen in den von Rebellen kontrollierten Regionen auf einem weitaus höherem Niveau als in anderen Teilen dieser Region. Ein anderer Grund für die zeitweilige Schwächung der PWG (bzw. ab 2004 der CPI-Maoist) lag darin, dass viele der Kämpfer unter dem verstärkten Druck militärischer Gegenmaßnahmen, einem Rehabilitierungsangebot der Regierung folgend, die Reihen der Rebellen verließen. Neben garantierter Straffreiheit, Beschäftigung, Unterbringung und monatlichen Entschädigungszahlungen wird gegen Ablieferung der Waffe ein Betrag zwischen 1.000 und 60.000 Rs. an Aussteiger gezahlt, was gemessen am durchschnittlichen Pro-Kopf Einkommen der ärmeren Bevölkerungsschichten eine nicht unbeträchtliche Summe darstellt. In den Jahren 2003 bis 2007 sollen insgesamt 3.000 Naxaliten gefangengenommen oder übergelaufen sein. Trotz einer gewissen Schwächung gelang es der CPI-Maoist dennoch, die Kampfgebiete im Norden und Osten so miteinander zu verbinden, dass zwischen den östlichen Regionen Indiens und dem Rest des Landes keine Verbindung mehr besteht, die nicht durch vom Konflikt betroffene Regionen führt.

Was jedoch ebenfalls einen beträchtlichen Anteil speziell an der Zurückdrängung der Naxaliten in Andhra Pradesh hatte, war eine verstärkte Aufrüstung der Polizeikräfte, die Aufstellung der ‚Greyhound-Forces', einer speziell im Anti-Terror-Kampf ausgebildeten Polizeieinheit, und die Verstärkung der State Police durch Einheiten der CPRF sowie von der indischen Regierung aufgestellten Anti-Terroreinheiten. Andhra Pradesh erwarb sich in diesem Zusammenhang in den letzten Jahren dabei auch den Ruch systematischer Erschießungen von bereits gefangenen Naxaliten bei vorgetäuschten Fluchtversuchen, inszenierten Feuergefechten oder einfach ganz offen in Polizeigewahrsam durchgeführten ungesetzlichen Hinrichtungen. Sudeep Chakravarti beschreibt dieses durch keinerlei gesetzliche Bestimmungen gedeckte Vorgehen der Polizei in seiner, 2008 erschienenen, ausführlichen Studie über die Naxalitengebiete folgendermaßen:

> „Wie sehr auch die Maoisten für ihre grausame Selbstjustiz gefürchtet – und oftmals verurteilt – werden, so ist doch die Polizei von Andhra Pradesh in der Tat berüchtigt für ihre mit harter Hand und jenseits gesetzlicher Grenzen agierende Vorgehensweise. In den Statistiken des National Crime Records Bureau führte Andhra Pradesh 2005 die Liste von Todesfällen in Polizeigewahrsam mit 55 gemeldeten Fällen an, gefolgt

von Gujarat und Maharashtra mit jeweils 21 und Uttar Pradesh mit 14. In drei Jahren entfielen 144 von unionsweit 359 Todesfällen in Polizeigewahrsam auf Andhra Pradesh. In den meisten Fällen wurde zwar der Tod des Gefangenen gemeldet, aber keine Ermittlungsakte angelegt, so dass die Untersuchung und gegebenenfalls juristische Verfolgung des Todesfalls unmöglich gemacht wurde. Tödlich verlaufende ‚Fake encounters‘, bestenfalls dubios, ebenso wie die Begründung ‚bei einem Fluchtversuch erschossen‘, gehören zu den ältesten und kaltblütigsten Tricks der Wahrung von Ruhe und Ordnung. In Andhra Pradesh wie in einigen anderen Bundesstaaten werden sie seit Jahrzehnten praktiziert. Im Mai 1969 verdienten sich die hiesigen Polizeikräfte in dieser Hinsicht ihre Sporen, als sie sieben Naxaliten, darunter das Zentralkomitee-Mitglied Panchatry Krishnamurthy, an einer kleinen Eisenbahnstation festnahmen, sie an einen Baum banden und an Ort und Stelle erschossen."[537]

Hinzu kommt der seit 2005 forcierte Aufbau paramilitärischer Organisationen, die ohne formelle Rückendeckung des Staates und unter massiver Beteiligung mafiöser Strukturen und Interessengruppen verdeckt gegen Naxaliten eingesetzt werden und sich zu einem Teil aus ehemaligen Kämpfern der Guerilla zusammensetzen. N. Vanugopal erwähnt in einem Beitrag für *Economic and Political Weekly:*

„...drei Mafia-Gruppen, die sich selbst Narsa Cobras, Kakatiya Cobras und Nallamala Cobras nennen, erheben ihr hässliches Haupt. Es ist nichts Neues, diese vigilanten Gruppen und Mafiastrukturen in Andhra Pradesh zu haben. Während der letzten zwei Jahrzehnte entstanden mindestens ein Dutzend solcher Organisationen, im Kern bestehend aus übergelaufenen ehemaligen Naxaliten und ihr Ein-Punkt-Programm ist es, SympathisantInnen und führende AktivistInnen von Massenorganisationen zu bedrohen und zu töten. Die Mörderbanden umfassen Gruppen wie Fear Vikas, Praja Bandhu, Green Tigers, Red Tigers, Kranti Sena, Nalla Dandu, Nallamala Tigers, Tirumala Tigers, Palnadu Tigers, etc. Die Mafiabosse haben Hunderte von crores an Werten durch undokumentierte Geldsummen zusammengetragen, die bei Anti-Naxaliten-Operationen, der Intervention in Land- und Besitzkonflikten sowie Erpressungen erbeutet wurden."[538]

Seit 2006 wurde der Einfluss der Naxaliten in Andhra Pradesh systematisch zurückgedrängt. Im Jahr 2009 wurde nicht ein einziger Angehöriger der Sicherheitskräfte von Naxaliten getötet. Der Generalsekretär der CPI (Maoist), Mupalla Laxman Rao *alias* Ganapathy, sprach denn auch in einem

---

537 Chakravarti 2008, S. 251

538 Venugopal 2005, S. 4307

Interview im Frühjahr 2010 von schweren Rückschlägen, die die Guerilla in Andhra Pradesh erlitten habe.

## Zusammenstöße und Tote im Zusammenhang mit Naxalitengruppen[539]

| Jahr | Angriffe | Getötete Zivilisten | Getötete Sicherheits- kräfte | Getötete Naxaliten | Tote insgesamt |
|------|----------|--------------------|------------------------------|--------------------|----------------|
| 2004 | 310 | 68 | 6 | 47 | 121 |
| 2005 | 535 | 186 | 22 | 161 | 369 |
| 2006 | 183 | 37 | 10 | 133 | 180 |
| 2007 | 138 | 43 | 2 | 45 | 90 |
| 2008* | 94 | 45 | 1 | 36 | 82 |
| 2009** | 35 | 8 | 0 | 18 | 26 |

Die Daten des South Asia Terrorism Portal legen den Schluss nahe, dass die Maoisten inzwischen die Konfrontation mit den Sicherheitskräften vermeiden, während zugleich die Berichte über Erschießungen von Naxaliten bei Feuergefechten anhalten. Maoistische Aktivitäten werden nach wie vor aus zehn von 25 Distrikten gemeldet, darunter die meisten aus Khammam, Visakhapatnam, Warangal und Adilabad. Großangriffe bewaffneter Guerillaeinheiten mit Hunderten von KämpferInnen, wie sie in anderen Bundesstaaten wie West Bengal immer häufiger vorkommen, wurden bezeichnenderweise aus Andhra Pradesh nicht mehr berichtet.[540] Die Führung der CPI (Maoist) im Bundesstaat wurde durch Angriffe der Sicherheitskräfte inzwischen dezimiert, vor allem 2009 wurden mehrere mutmaßliche Mitglieder des Zentralkomitees und der regionalen Leitung der CPI (Maoist), aber auch

---

539  Quelle: 2004-2007 – Union Ministry of Home Affairs, Government of India
     * Data 2008 – Andhra Pradesh Police
     ** Data 2009 – South Asia Terrorism Portal (Till December 13, 2009)
540  Vgl. Pradhan, 14.12.2009, Internetquelle

führende Kader anderer Naxalitenorganisationen wie der CPI (ML)–Janashakti getötet oder gefangengenommen. Ebenfalls 2009 ergaben sich 44 Naxaliten den Sicherheitskräften, darunter ein Mitglied des State Committee der CPI (Maoist) sowie ein Special Zonal Committee-Mitglied, ein North Telengana Zonal Committee-Mitglied, vier Area Committee-Mitglieder und vier Kommandeure bzw. stellvertretende Kommandeure von Einheiten der PLGA. Die Entwicklung der Naxaliten in Andhra Pradesh war schon immer von einem Auf und Ab, von Expansions- und Krisenphasen geprägt, die in letzter Zeit erlittenen Niederlagen scheinen jedoch die Gebietsorganisation ernsthaft in ihrer Substanz angegriffen zu haben. Der Innenminister von Andhra Pradesh, Jana Reddy, erklärte bei einer Pressekonferenz am 4. Mai 2009, dass inzwischen nicht mehr als 150-160 Kader der CPI (Maoist) im Bundesstaat existieren würden, während einige Medienberichte, die sich auf anonyme Polizeiquellen beriefen, eine Zahl von bis zu 460 überlebenden Kadern nannten.[541]

Auch wenn die Guerilla scheinbar kurz vor dem Zusammenbruch steht, sind die Sicherheitsbehörden nach wie vor im Zustand ständiger Alarmbereitschaft, wie auch ihre harte Vorgehensweise gegen als pro-maoistisch eingeschätzte legale Organisationen wie Bauernvereinigungen und Kulturorganisationen zeigt. Die CPI (Maoist) ist allerdings weit davon entfernt, das Gebiet um ihre früheren Hochburgen im Norden des Bundesstaates verlorenzugeben. Ganapathy erklärte dazu:

„In jedem Volkskrieg wird es Offensiven und Rückzüge geben. Wenn wir die Situation in Andhra Pradesh aus diesem Blickwinkel betrachten, wird verständlich, dass das was wir hier taten, eine Art von taktischem Rückzug war. Mit einer überlegenen Militärmacht konfrontiert, zogen wir es vor, unsere Kräfte zeitweilig aus einigen Regionen von Andhra Pradesh zurückzuziehen, unsere Basen in den umliegenden Regionen auszubauen und zu entwickeln und dann zum Gegenschlag gegen den Feind auszuholen."[542]

Eine gewisse Aufwärtsentwicklung der maoistischen Aktivitäten gegen Ende 2009 scheint diese strategische und taktische Perspektive zu unterstreichen. Polizeiangaben zufolge wurde nach verstärkten Reorganisierungs- und Konzentrationsbemühungen der Guerilla in an Andhra Pradesh grenzenden Distrikten in Maharashtra, Orissa und Chhattisgarh gegen Ende des Jahres eine allmähliche Einschleusung von Kadern in die Distrikte im Norden von

---

541 Ebd.
542 Ganapathy, zitiert bei Pradhan, 14.12.2009

Andhra Pradesh beobachtet. Ebenso hätte sich, so Polizeiinformationen, die Anzahl der aktiven Grama Rakshaka Dalam (GRD, *Dorfverteidigungs-milizen)* der Maoisten in den letzten Monaten erhöht. Fünf solcher Grama Rakshaka Dalams würden allein im Distrikt Maredumilli bestehen, weitere im Distrikt Sileru und anderen nördlichen und östlichen Grenzdistrikten. Angeblich hätte die CPI (Maoist) im Grenzgebiet zwischen Andhra Pradesh und Orissa entlang der Grenze drei operative Gebietsleitungen installiert, East Godavari-Visakhapatnam, Koraput und Srikakulam.[543] Des Weiteren wurde berichtet, dass aus den umliegenden Bundesstaaten knapp 70 Kader in sogenannten „action teams", kleinen beweglichen Einheiten, in die Nord-Telengana-Region eingedrungen seien und dort in enger Koordination mit Kadern der CPI (ML)–Janashakti versuchen würden, eine Umgruppierung und Reorganisierung der Guerillakräfte mit Schwerpunkten in den Distrikten Nizamabad, Karimnagar und Warangal zu erreichen. „Die Maoisten besuchen Dörfer in ihrem traditionellen Einflussgebiet, um sich mit Sympathisanten zu treffen, während Janashakti-Kader Versammlungen mit Beedi-Arbeitern und Mitgliedern von Frauengruppen abhalten", so eine Quelle, die Pradhan zitiert.[544] Medienberichten zufolge hätten die Maoisten in der Region eine alte Vorfeldorganisation, die Singareni Karmika Samakya (Sikasa) reaktiviert, die sich einer starken Unterstützung unter den Bergarbeitern der Kohlebergwerke in der Region erfreue. Auch die Arbeit unter den verarmten und ruinierten Kleinbauern der Region scheint wieder verstärkt worden zu sein. Insgesamt sind die CPI (Maoist) und die anderen Naxalitenorganisationen in Andhra Pradesh heute nur noch ein Schatten ihrer Stärke, über die sie, vor allem in einigen Distrikten im Norden und Nordosten des Bundesstaates, vor 2006 verfügten. Dennoch scheinen sie sich in einem Umgruppierungs- und Wiederaufbauprozess zu befinden, der vor allem eine Verstärkung ihrer politischen Agitation unter den besonders von den ökonomischen Entwicklungen betroffenen Teilen des ländlichen Proletariats beinhaltet. Solange die katastrophalen Folgen etwa der Modernisierung und Marktorientierung der Landwirtschaft die Selbstmordraten der Bauern gerade in diesen Distrikten in derartige Höhen treibt, Kastendiskriminierung und Überausbeutung ungebrochen weiterbestehen und die ländlichen Massen sich in einer Situation der Verzweiflung und des Elends befinden, werden sie damit immer wieder erfolgreich sein, wenn sie die Anliegen der Massen aufgreifen. Ob es ihnen gelingen kann, ihre einstige Stärke in der Region wiederzuerlangen, bleibt aber zumindest kurz- und mittelfristig zweifelhaft,

---

543 Prahan, 14.12. 2009
544 Ebd.

angesichts eines Staatsapparates, der mit der ungebremsten Härte seiner Spezialeinheiten und Geheimdienstabteilungen gegen jede Form der radikalen Opposition und potentielle Agrarunruhen vorgeht.

## 7.6. Orissa

Der an der indischen Ostküste gelegene und an Chhattisgarh, Jharkand und West Bengal angrenzende Bundesstaat Orissa zählt zu den einerseits ökonomisch rückständigen, andererseits erhebliche Rohstoffvorkommen aufweisenden Gebieten, die in den letzten Jahren zunehmend von Bergbaukonzernen erschlossen werden. Der Staat mit einem hohen Anteil von Adivasi-Bevölkerungen war noch bis vor wenigen Jahren zu beträchtlichen Teilen von Urwald bedeckt. Inzwischen haben die Erschließungsvorhaben von Regierung und Konzernen große Landstriche jedoch in durch Abraumhalden verwüstete Mondlandschaften verwandelt und die auf dem Gebiet lebenden Adivasi sind durch die ökologische Katastrophe der Bergbauprojekte direkt in ihren Lebensgrundlagen bedroht und von umfangreichen Zwangsumsiedelungen betroffen. Das Ausmaß dieser Entwicklung spielt nicht zuletzt den, verglichen mit Jharkhand oder Chhattisgarh geringeren Einfluss der Naxaliten wider, die in anderen Regionen nicht selten in der Lage waren, bisher die geplante industrielle Erschließung auf Kosten der Adivasi zu blockieren oder zumindest zeitweilig aufzuhalten.

Aber auch hier hat die CPI (Maoist) im Zuge des sich verstärkenden Widerstandes von Teilen der ländlichen Bevölkerung Fuß gefasst. Im Jahr 2009 wurden maoistische Aktivitäten in 23 der insgesamt 30 Distrikte festgestellt. Die Angaben der Regierung von Orissa herzu sind allerdings widersprüchlich und schwanken eher zwischen 14 und 17 betroffenen Distrikten. Nachdem im Jahr 2008 eine starke Eskalation der bewaffneten Kampfhandlungen und eine Zunahme der Verluste registriert wurde, konnten die Naxaliten offenbar in den letzten zwei Jahren ihren Einfluss konsolidieren, auch wenn zugleich die Verlustziffern zurückgingen.[545] Offensichtlich haben sich die Naxaliten, so die Einschätzung des Institute for Conflict Management, inzwischen auf eine Strategie der verstärkten politischen Arbeit unter den verarmten ländlichen Massen bei gleichzeitig reduzierter Intensität der Kampfhandlungen konzentriert. Die Sicherheitsbehörden meldeten 2009 insgesamt 113 bewaffnete Zusammenstöße zwischen Guerilla und Staatsmacht. Vier südwestliche Distrikte (Malkangiri, Koraput, Raygada und Kandhamal) sowie die Distrikte Sundergarh und Mayurbhanj im Norden des Bundesstaates scheinen die Schwerpunktgebiete maoistischer Guerillaoperationen

---

545 Vgl. Pradhan 21.12.2009, Internetquelle

zu sein. Bei sieben größeren Angriffen wurden 2009 elf Außenposten der Polizei in Urwaldgebieten niedergebrannt oder in die Luft gejagt, einer davon im Distrikt Kandharmal zweimal innerhalb eines halben Jahres. Ebenso zählen Mobilfunktürme zu den bevorzugten Angriffszielen, mindestens acht wurden in Orissa 2009 von Guerillaeinheiten gesprengt. Im Februar 2009 hatte die Regierung Orissas einer Kommission der Zentralregierung gegenüber bereits zugeben müssen, dass nahezu die Hälfte sämtlicher Entwicklungsausgaben für Naxaliten-betroffene Distrikte von den Maoisten blockiert würden. Zurückliegende interne Auseinandersetzungen konnten die Maoisten offenbar überwinden und abtrünnige Kader wieder in ihre Reihen integrieren. Während es offenbar verstärkte Anstrengungen der CPI (Maoist) gibt, den Distrikt Kandhamal unter ihre Kontrolle zu bringen und dort eine Guerillazone zu schaffen, bilden sich womöglich unter Einschluss der Naxaliten Allianzen und Organisationen der nicht zuletzt aus konvertierten Dalits und Adivasi bestehenden christlichen Minderheit gegen die in Teilen des Bundesstaates sehr einflussreiche hindufundamentalistische Vishwa Hindu Parishad (VHP). In einer Analyse des Institute for Conflict Management wird die Bildung einer solchen Allianz angenommen und auf Waffenfunde im christlich geführten Nandagiri Rehabilitation Centre verwiesen. Die von der Polizei dort beschlagnahmten Waffen waren im Februar 2008 bei einem Überfall auf eine Polizeistation erbeutet worden, das Nandagiri Rehabilitation Centre wiederum war im Herbst 2008 eröffnet worden, um Angehörigen der christlichen Minderheit, die nach der Ermordung des extremistischen VHP-Führers Swami Laxmanand Saraswati am 23. August 2008 Opfer hindufundamentalistischer Pogrome geworden waren, einen Zufluchtsort zu bieten.

Als größeren Erfolg der Naxaliten bewerten die Behörden die Mobilisierungen der zum Schutz der Landrechte der Adivasi gegründete Organisation CMAS, die von ihnen als Vorfeldorganisation der CPI (Maoist) eingeschätzt wird. Im Juni 2009 besetzten Adivasi-Aktivisten fast 2.000 acres an Land, das von Nicht-Stammesangehörigen zuvor aufgekauft worden war. Während dieser gewaltsam durchgesetzten Besetzungsaktion blockierten AktivistInnen der CMAS die Straße von Lakshmipur nach Narayanpatna; als Sicherheitskräfte an den Ort der Straßenblockade beordert wurden, sprengten mutmaßliche Kader der Maoisten ein Fahrzeug der CRPF und töteten dabei neun CRPF-Angehörige. Der Staat hat dementsprechend damit begonnen, gegen die Adivasi-Organisationen vorzugehen, bei einem angeblichen Feuergefecht wurden am 20. November 2009 W. Singhana und Andrew Nachika, zwei führende CMAS-Aktivisten, von der Polizei erschossen. Der

Vorsitzende der daraufhin formell verbotenen Organisation, Nachika Linga, ging daraufhin in den Untergrund und hält sich seitdem versteckt.[546]

Die Regierung von Orissa hat darüber hinaus damit begonnen, das Beispiel des benachbarten Chhattisgarh zu kopieren und unter den Adivasi-Bevölkerungen insgesamt 5.100 „Special Police Officers" (SPOs) zu rekrutieren, die in den Dörfern operieren und gezielt gegen maoistische SympathisantInnen vorgehen sollen. Darüber hinaus wurden 4.000 „Home Guards" in den am stärksten maoistisch beeinflussten Gebieten rekrutiert, die wie die SPOs mit Waffen ausgestattet und in ihren Herkunftsorten stationiert sind. Hinzu kommen starke Aufgebote an paramilitärischen Einheiten des Unions-Innenministeriums, wie etwa CRPF und India Reserve-Bataillone, die in verschiedenen Distrikten des Bundesstaates stationiert wurden. Zugleich wird versucht, die angespannte Lage zu beruhigen, indem auf Initiative der Staatsregierung insgesamt 12.000 Ermittlungsverfahren gegen Adivasi, darunter 9.000 Verfahren, die sich auf die nach Ansicht des Staates illegale Waldnutzung durch die Adivasi beziehen, eingestellt wurden.[547] Angesichts der monströsen Vorhaben indischer und internationaler Konzerne in dieser Region kann allerdings nicht davon ausgegangen werden, dass auf diese Weise die verstärkte Rekrutierung für die Guerilla gestoppt werden kann. Im Gegenteil: Langfristig läuft alles auf eine Eskalation der Kämpfe auch hier hinaus.

### 7.7. Maharashtra

In diesem Bundesstaat kam es in den letzten Jahren zu einem gewissen Aufschwung der Naxaliten, der sich ihrer traditionellen Konzentration auf den an Chhattisgarh angrenzenden östlichen Distrikt Gadchiroli verdankt, wo bereits die PWG seit den frühen 1980er Jahren aktiv war und die Naxaliten somit auf ein seit Jahrzehnten bestehendes UnterstützerInnennetzwerk zurückgreifen können. Der Distrikt weist einen relativ hohen Adivasi-Anteil an der Bevölkerung auf: 38,7 Prozent der 797.000 EinwohnerInnen sind Stammesangehörige. Von einer Gesamtfläche von 15.434 Quadratkilometern sind 10.495 Quadratkilometer von Dschungel bedeckt. Das gesamte Leben und die Kultur der dort lebenden Menschen dreht sich um die Nutzung des Waldes und den Konflikt darum mit den Forstbehörden, die seit den 1980er Jahren systematisch versucht haben, den Adivasi diese zu untersagen. Stammesangehörige, die das Waldland seit vielen Jahren bewirtschafteten und dort in kleinen Dörfern lebten, wurden durch die Forstverwaltung nach den

---

546 Ebd.

547 Ebd.

Bestimmungen des Forest Conservation Act von 1980 zwangsgeräumt. Die Begründung der Forstverwaltung war, dass das Land der Forstverwaltung zugewiesen worden sei und damit Eigentum der Forstverwaltung sei. Die Kader der PWG versprachen den Adivasi Schutz vor den Maßnahmen der Forstverwaltung und waren auch in der Lage, diesen praktisch durch die Macht ihrer Waffen zu geben. Dementsprechend groß ist die Unterstützung, die die Guerilla in der Bevölkerung genießt, auch wenn es der Regierung nach 2003 zeitweilig gelang, die Naxaliten aus dem Distrikt mehr oder weniger zu vertreiben. Inzwischen hat die CPI (Maoist) dort jedoch wieder Fuß gefasst und versucht, ihre Aktivitäten auf benachbarte Distrikte auszudehnen. In acht der 35 Distrikte wurden Naxalitenaktivitäten registriert, davon sieben im vernachlässigten Osten des Bundesstaates (Gadchiroli, Chandrapur, Bhandara, Gondiya, Nagpur, Yavatmal und Nanded) sowie einer im Westen (Nashik).[548] Maharashtra hat mit einer Quote von 141 Polizisten auf 100.000 Einwohner die höchste Polizeiquote ganz Indiens, jedoch sind ein Großteil der Polizeikräfte in der Megalopole Mumbai sowie einigen weiteren ökonomischen Zentren im Westen wie Pune oder Nashik konzentriert, während der ländliche und völlig verarmte Osten des Bundesstaates lange Zeit nicht nur in dieser Hinsicht weitgehend sich selbst überlassen blieb. Hinzu kommt, dass, angesichts der bis vor wenigen Jahren als nicht sehr stark eingeschätzten und im ökonomisch wichtigen Westen quasi nicht vorhandenen Naxalitenpräsenz auch die Militarisierung des Polizeiapparates bisher insgesamt nicht den Stand anderer, stärker auf Aufstandsbekämpfung eingerichteter Bundesstaaten erreicht hat. So werden ‚nur‘ neun Prozent der knapp 150.000 Polizeiangehörigen in Maharashtra der Kategorie der ‚Armed Police‘ zugerechnet, die von Ausbildung und Ausrüstung her in der Lage ist, Anti-Guerilla-Operationen durchzuführen, während deren Anteil am Polizeiapparat in Andhra Pradesh bei 16 Prozent und in Chhattisgarh bei 37 Prozent liegt.[549]

Auch politisch dominiert das Zentrum Mumbai mit den dort starken hindunationalistischen Parteien wie Shiv Sena und BJP, aber auch dem hier marathi-regionalistisch auftretenden INC und seiner Abspaltung NCP, die auf Bundesstaatsebene eine Koalition bilden und mit einer Mischung von Wohlstandschauvinismus, Kastenmobilisierung, politisierter Hindumythologie und rassistischer Ausgrenzung gegen nicht-marathisprachige EinwanderInnen aus anderen Teilen Indiens ihre Hegemonie behaupten. Die Ostregionen mit ihrer rein agrar- und forstwirtschaftlichen Basis und ihren

---

548 Vgl. Ajit Kumar Singh, 04.01.2010
549 Ebd.

Adivasi-Bevölkerungen haben von dieser Regierung in der Tat kaum etwas Positives zu erwarten. Nahezu alle Guerillaaktionen im Bundesstaat wurden im Distrikt Gadchiroli registriert, der offenbar zu einer „Liberated Zone" werden soll. Ein im Dezember 2009 von der Polizei beschlagnahmtes Handbuch für die regionalen Parteikader führt detailliert die Schritte auf, die zu diesem Ziel führen und die Errichtung von Janathana Sarkars (Volksregierungen) in den einzelnen Teilen des Distrikts ermöglichen sollen.[550] Dem Handbuch zufolge wurden kleinere Gruppen, bestehend aus 10-15 Mitgliedern, gebildet, die die Aufgabe haben, Treffen in den Dörfern zu veranstalten, vor Ort zu rekrutieren und dalams (Guerillaeinheiten) zu formieren. Im ersten Schritt agieren sie als Propagandagruppen, die zugleich Informationen über die lokalen Klassenstrukturen und Eigentumsverhältnisse sowie soziale Konflikte sammeln, auf deren Grundlage sie dann zu einer kombinierten politischen und militärischen Tätigkeit übergehen können. Dieses Stadium scheint in Gadchiroli inzwischen erreicht zu sein. Das Handbuch enthält auch einen im Herbst 2008 verfassten Bericht des Sekretärs des Dandakaranya Special Zonal Committee der CPI (Maoist), Kosa (alias Kadri Satynarayana Rao), in dem dieser vor allem mangelnde Rekrutierung und politische wie militärische Unzulänglichkeiten für die seit 2003 zunächst ausgebliebenen Erfolge in dieser Region verantwortlich macht.[551] In der Tat waren die ursprünglich bereits bestehenden Guerillastrukturen in den Distrikten Gadchiroli, Chandrapur und Gondiya vor allem aufgrund einer in verschiedenen Bundesstaaten durchgeführten Offensive der Sicherheitskräfte in den Jahren 2006 und 2007 weitgehend aufgerieben oder zum Rückzug gezwungen worden. Nachdem die Regierung von Maharashtra ihr Vorgehen gegen die Guerilla mit einem Integrationsprogramm für aufgabebereite Naxaliten verknüpft hatte, ergaben sich zwischen 2005 und 2008 insgesamt 320 Maoisten den Sicherheitskräften, davon allein 145 im Jahr 2008.[552] Ab 2009 erholten sich die Naxaliten in dem Gebiet wieder allmählich von den Schlägen des Staatsapparates. Polizeiangaben zufolge wurden auf der Basis der in diesem Bericht gegebenen Handlungsempfehlungen bisher zehn dalams im Distrikt gebildet und 2009 erlitten die Polizeikräfte wieder stärkere Verluste, allein bei den drei größten Gefechten in dem genannten Jahr starben 50 Polizisten.

Mitte Januar 2009 kursierte ein Polizeibericht, demzufolge die CPI (Maoist) beschlossen habe, ihre Struktur in Gadchiroli mit den Partei- und

---

550 Ebd.
551 Ebd.
552 Ebd.

Guerillastrukturen des Dandakaranya Special Zonal Committee im Süden Chhattisgarhs zu verknüpfen, um dessen Stärke besser zu nutzen und bundesstaatsübergreifende Operationen effektiver zu gestalten. Auch die lokale Unterstützung durch die Dorfbewohner scheint wieder stärker geworden zu sein, teilweise auch bedingt durch das wenig Sympathien weckende Vorgehen der Sicherheitskräfte. So wurde berichtet, dass nach einem Feuergefecht in dem Dorf Morke im Februar 2009, bei dem nach Polizeiangaben 15 Polizisten und sieben oder acht Naxaliten getötet wurden, etwa 200 Dorfbewohner in Erwartung polizeilicher Vergeltungsmaßnahmen in die Wälder geflüchtet und bis heute verschwunden seien. Gleichwohl wurde auch von Morden an angeblichen Polizeiinformanten in einigen Dörfern durch Naxaliten berichtet. Wie diese Fälle im einzelnen zu bewerten sind, kann hier kaum erörtert werden, die maoistischen ‚jan adalats' sind nicht gerade für besonders differenzierte Methoden der Wahrheitsfindung bekannt, und es ist davon auszugehen, dass in einigen Fällen Unschuldige der Paranoia der Maoisten zum Opfer gefallen sind. Zugleich geben Anti-Terror-Spezialisten allerdings zu, dass die Maoisten das Informantennetzwerk der Sicherheitsbehörden in den Dörfern systematisch dezimiert hätten und die Aussicht, Informationen über Guerillabewegungen aus den Dörfern zu erhalten, sich deutlich verschlechtert hätte.[553]

Die Regierung von Maharashtra scheint nicht gewillt zu sein, in das übliche offizielle Gerede von einer „Doppelstrategie" aus polizeilichen Maßnahmen und Befriedungsmaßnahmen oder Entwicklungsprojekten, welcher Art auch immer, mit einzustimmen. Chief Minister Ashok Chavan erklärte bei einer Pressekonferenz am 16. Dezember 2009 in seiner üblichen martialischen Art:

„Es wird ein Kampf auf Kugel für Kugel gegen die Maoisten werden. Wir werden nicht einen einzigen Naxaliten in Vidarbha übriglassen. Sie haben in diesem Jahr bereits 52 Polizisten getötet, und es ist höchste Zeit, energisch gegen sie vorzugehen. Wir können keinerlei Sympathie für sie aufbringen noch können wir darauf warten, dass sie sich ergeben."[554]

Chavan versäumte nicht, eine paranoid fremdenfeindliche Wendung in seiner Law-and-Order-Rede einzuflechten, indem er nicht nur den Zustrom von Naxaliten aus anderen Bundesstaaten betonte, sondern auch die Behauptung aufstellte, Maoisten aus Nepal hätten die Waldgebiete des östlichen

---

553 Ebd.

554 Ashok Chavan, zitiert bei Ajit Kumar Singh, 26.10.2010

Maharashtra infiltriert und würden den Naxaliten Feuerwaffen und logistische Unterstützung zur Verfügung stellen. Das von ihm erwähnte und offensichtlich als Naxalitengebiet identifizierte Vidharbha ist übrigens in den letzten Jahren durch eine der höchsten Selbstmordraten ruinierter und verschuldeter Kleinbauern als „Selbstmord-Distrikt" überregional bekannt geworden.

# 8. Exkurs: Die Beziehungen zwischen CPI-Maoist und den nepalesischen Maoisten

Die CPI (Maoist) unterhält lockere, aber kontinuierliche Beziehungen zu maoistischen Organisationen anderer Länder. So sind sie u. a. ein assoziierter Teil des Revolutionary Internationalist Movement (RIM), dem u. a. der peruanische ‚Sendero Luminoso‘ oder die Communist Party of the Philippines (CPP) angehören. De facto allerdings scheint diese internationale Einbindung eher nominellen Charakter zu haben, wichtiger sind der Partei offenkundig jene regionalen Kontakte, die unmittelbar positive Auswirkungen auf ihren Kampf haben. Über Kontakte und gemeinsame Nachschublinien mit der tamilischen LTTE ist immer wieder spekuliert worden, handfeste Beweise dafür konnten jedoch nie erbracht werden, ebenso wie Klarheit über mutmaßliche Verbindungen mit den separatistischen Guerillabewegungen in den nordöstlichen Bundesstaaten oder Waffenlieferungen durch maoistische Gruppen in Bangladesch. Es deutet vieles darauf hin, dass die Versorgung der CPI (Maoist) mit Waffen, Munition und Sprengstoff weit überwiegend durch Überfälle auf Waffenlager und Polizeistationen erfolgt, ergänzt durch eine nicht unerhebliche Eigenproduktion an primitiven Bomben und Landminen, wie diverse von der Polizei im Laufe der Jahre 2006 und 2007 ausgehobene Bombenwerkstätten der Naxaliten in verschiedenen indischen Großstädten nahe legen. Von strategischer und symbolischer Bedeutung für die CPI (Maoist) sind vor allem die Beziehungen zur nepalesischen CPN-M, mit der sie eine bis zu einem gewissen Grad gemeinsame Geschichte teilt. Die indischen und nepalesischen Maoisten (auf indischer Seite die PWG, das MCC und die kleinere CPI (ML)–Naxalbari, von der die beiden ersteren 2004 zur CPI (Maoist) verschmolzen) bemühten sich seit Ende der 1990er Jahre um eine verbesserte Koordination ihres Kampfes und gründeten als Instrument hierfür im Jahr 2001 gemeinsam mit kleineren maoistischen Guerillaorganisationen aus Bangladesch und Sri Lanka das „Coordination Committee of Maoist Parties and Organizations of South Asia" (CCOMPOSA), dessen Aufgabe es sein sollte, die militärische Koordination und ideologische Debatte auf regionaler übernationaler Ebene zu organisieren.

Maoistische Gruppen existierten in Nepal seit den 1960er Jahren, als die Konfrontation zwischen der Sowjetunion und der VR China die kommunistischen Parteien nicht nur Indiens, sondern auch etlicher weiterer asiatischer Länder spaltete. Als 1967 mit dem Bauernaufstand in Naxalbari der

Startschuss für die Entwicklung einer indischen maoistischen Guerillabewegung fiel und sich in den Folgejahren die Naxaliten der CPI (ML) in einigen der ärmsten und ökonomisch am stärksten durch halbfeudale Machtverhältnisse geprägten Regionen Indiens bewaffnete Zusammenstöße mit Polizei und Militär lieferten, blieb diese Eskalation nicht ohne Auswirkungen auf die Hoffnungen und Überlegungen revolutionärer Minderheiten in der benachbarten Hindumonarchie Nepal. Nur wenige Kilometer von Naxalbari entfernt, im direkt hinter der indisch-nepalesischen Grenze gelegenen Jhalpa, brach 1972/73 der erste von einer kommunistischen Gruppe geführte Bauernaufstand los, an dem eine indische Naxalitengruppe unter Führung von Kanu Sanyal, die sich auf der Flucht vor staatlicher Verfolgung hierhin zurückgezogen hatte, einen entscheidenden Anteil hatte. Der Aufstand wurde in weniger als einem Jahr niedergeschlagen, bildete von da an aber einen festen Bezugspunkt der radikaleren unter den zerstrittenen kommunistischen Parteien und Fraktionen im nepalesischen Untergrund oder im indischen Exil. Diese polarisierten sich ab Ende der siebziger Jahre zunehmend zwischen auf Legalisierung bedachten Fraktionen (aus denen die CPN-UML hervorging) und einer radikalen Linken, die kompromisslos an ihrem Ziel der Abschaffung der Monarchie und der revolutionären Beseitigung der halbfeudalen Strukturen auf dem Land festhielt.

Der heutige CPN (M)-Generalsekretär Prachanda und sein Stellvertreter Baburam Bhattarai tauchten in dieser Zeit erstmals in der politischen Szene des kommunistischen Untergrunds auf und bilden seitdem ein Gespann, dass sich durch sämtliche Fraktionskämpfe und Spaltungen der siebziger und achtziger Jahre hindurch als unzertrennlich erwiesen hat. Dabei agierten die beiden von Anfang an arbeitsteilig: Während Prachanda einen Großteil seiner Energie dem Aufbau von Untergrundzellen widmete, fungierte Bhattarai unter anderem als Vorsitzender der von Indien aus wirkenden All India Nepalese Students Association (AINSA) und galt als politischer Kopf und Intellektueller.

Die Beharrlichkeit der Militanten schien sich auszuzahlen, als 1989/90 eine breite Volksbewegung gegen die Monarchie und das seit 1961 durch den König kontrollierte System der Panchayats (weitgehend machtloser und zur Loyalität gegenüber dem König verpflichteter Scheinparlamente unter Ausschluss der politischen Parteien) das Land erschütterte. Während Massendemonstrationen die Machtvollkommenheit des seit 1972 regierenden Königs Birendra erschütterten, führte die Bewegung auch zu neuen Allianzen. Die gemäßigten kommunistischen Parteien schlossen sich zur United Left Front (ULF) zusammen, die antrat, um die bisher stärkste Gruppe der Opposition herauszufordern, die Nepali Congress Party (NCP). Die Maoisten hingegen rauften sich zusammen und bildeten eine organisatorisch eigenständige Gruppierung, die 1991 unter dem Namen United Peoples Front of Nepal (UPFN) an den ersten freien Wahlen seit Jahrzehnten teilnahmen und mit knapp 4,9 Prozent der Stimmen und neun Sitzen die drittstärkste parlamentarische Kraft nach den beiden großen Machtblöcken, der Nepali Congress Party und der inzwischen deutlich um ein respektables Erscheinungsbild bemühten, aus der ULF entstandenen CPN-UML[555], wurde. Bei den Kommunalwahlen 1992 konnte die UPFN ihre Stärke noch deutlich ausbauen. Hierbei wurde offenkundig, dass die Hochburgen der Maoisten neben einigen Bezirken im östlichen Terai vor allem in den entlegenen westlichen Bergregionen lagen, wo die Armut der Bevölkerung am größten, die Unterdrückung der Backward Castes am ausgeprägtesten und der Bevölkerungsanteil diskriminierter ethnischer Minderheiten wie Gurungs, Tamangs und Tharus am höchsten ist.

Die Maoisten waren sich einig in der Ablehnung des Kompromisses, den die moderat-linken und zentristischen Kräfte ausgehandelt hatten: eine parlamentarische Monarchie mit weiterhin großen Befugnissen des Königs, der nicht nur das Parlament auflösen konnte, sondern auch Oberbefehlshaber der Armee blieb, deren Führung sich seit langem in den Händen der mit der Königsfamilie verschwägerten Thapa-Dynastie befand. Jedoch spaltete sich die UPFN schon bald auf Grund politischer und ideologischer Differenzen. Die Fraktion um Prachanda und Bhattarai blieb zunächst hauptsächlich beschränkt auf die Gebiete im fernen Westen, vor allem den Bezirken Rolpa und Rukum. Als es 1994 zu massiven Auseinandersetzungen zwischen maoistischen Kadern in diesem Gebiet und Anhängern anderer Parteien kam, kam es zu einem koordinierten Einsatz bewaffneter Polizeikräfte, der „Aktion Romeo", deren Rechtmäßigkeit und Verhältnismäßigkeit von internationalen Beobachtern der „International Crisis Group" deutlich in Frage gestellt wurde. Diese Aktion zielte offenkundig darauf ab, eine scheinbar isolierte linksradikale Fraktion militärisch zu zerschlagen – und dies mit Rückendeckung beider großer Parteien, der NCP und der CPN-UML. Von da an gingen die Maoisten um den zunehmend in der Organisation dominierenden Prachanda in den Untergrund, gründeten 1995 die Communist Party of Nepal (Maoist) (CPN-M) und riefen 1996 den „Volkskrieg" aus, den sie mit einem Überfall auf eine Bank in Gorkha und drei Polizeistationen im Westen einleiteten.[556]

---

555 Whelpton 2003, S. 4

556 Whelpton 2003, S. 10

Bis 2002 jedoch wurde der bewaffnete Konflikt auf beiden Seiten eher auf Sparflamme geführt. Zu Auseinandersetzungen kam es hauptsächlich zwischen Kommandos der von der CPN-M zwischenzeitlich gegründeten Peoples Liberation Army (PLA) und Einheiten der Royal Armed Police (RAP), die von jeher hauptsächlich eine Aufstandsbekämpfungseinheit war. Die König Birendra unterstehende Armee hielt sich lange aus den Kämpfen heraus, während der König sich mehrfach zu Gesprächen mit den Anführern der Guerilla traf und sich sogar zu Äußerungen des Verständnisses gegenüber den sozialen Forderungen der Maoisten durchrang. Wiederholt lehnte der König Forderungen der Regierung nach einem forcierten Einsatz der Armee gegen die Rebellen ab und forderte Maßnahmen zur politischen Lösung des Konflikts.

Dies änderte sich grundlegend mit dem mysteriösen Massaker an nahezu der gesamten Königsfamilie im Juni 2001 und der Thronübernahme durch den (auf wundersame Weise als einziger durch Abwesenheit am Ort der Tat überlebenden) unpopulären Bruder Birendras, Gyanendra. Als dieser 2002 die NCP-geführte Regierung mit dem Vorwurf der „Inkompetenz" absetzte, stattdessen eine aus konservativen Hindunationalisten bestehende Regierung von seinen Gnaden einsetzte, das Parlament auflöste, den bis dahin im Parlament vertretenen Parteien weitreichende Aktivitätsbeschränkungen auferlegte und den Einsatz aller verfügbaren Streitkräfte gegen die Maoisten befahl, kam eine Dynamik in Gang, die schließlich die völlige Diskreditierung der Monarchie in den Augen breiter Bevölkerungskreise zur Folge hatte.

Vier Jahre später – im Frühjahr 2006 – kontrollierten die Maoisten rund zwei Drittel des Landes. Im Kathmandu-Tal hatten die Parlamentsparteien eine Sieben-Parteien-Allianz gebildet und organisierten Massenproteste gegen den Ausnahmezustand, an denen sich Hunderttausende beteiligten. Gyanendra war am Ende, als die Sieben-Parteien-Allianz und die Führung der CPN-M sich auf eine Zusammenarbeit und die Bildung einer gemeinsamen Übergangsregierung einigten und dem König nichts anderes mehr übrig blieb, als die neuen Kräfteverhältnisse anzuerkennen, um seinen gewaltsamen Sturz zu verhindern.

Damit kam ein Friedensprozess in Gang, der bis heute nicht abgeschlossen ist. Noch immer sind 30.000 ehemalige Kämpfer der PLA in Lagern unter UNO-Aufsicht interniert. Ihre Integration in die nepalesische Armee ist beschlossen, aber noch nicht ansatzweise umgesetzt. Die politische Lage bleibt brisant.

In den letzten 14 Jahren zeigte sich zunehmend, dass die Maoisten ihre militärische wie politische Stärke im Wesentlichen daraus beziehen, dass es ihnen gelang, eine Allianz zu schmieden, an der im Wesentlichen alle gesellschaftlichen Gruppen beteiligt sind, die in der überkommenen Gesellschaft Nepals diskriminiert und an den Rand gedrängt waren. Von landlosen Bauern und Landarbeitern bis hin zu Angehörigen der unteren Mittelklasse und Intellektuellen wie Lehrern, Ärzten und Technikern reicht dieses Bündnis. Vor allem überrascht die hohe Präsenz von Frauen, sowie die starke Unterstützung sowohl von Dalits als auch Angehörigen niedriger Kasten und ethnischer Minderheiten.[557] Die CPN-M war in den letzten Jahren die einzige politische Kraft, der es gelungen ist, diese an den Rand gedrängten Gruppen zu mobilisieren. In den von ihnen kontrollierten Gebieten versuchten sie noch während des Bürgerkrieges durch Landverteilung und Infrastrukturprojekte diese Basis systematisch zu konsolidieren.

Zugleich ist aber auch unübersehbar, dass es gerade in den Dörfern des westlichen und zentralen Hochlandes zu Zwangsmaßnahmen gegen die Bevölkerung kam, etwa wenn örtliche Kader Bauern mit Vertreibung drohten, wenn sie bei den Wahlen im April 2008 nicht für sie stimmen würden. Mit Druck allein allerdings kann das hohe Maß an Loyalität gegenüber der maoistischen Führung nicht erklärt werden. Die für nepalesische Verhältnisse progressive soziale Zusammensetzung spiegelt sich auch in der 220-köpfigen maoistischen Fraktion in der verfassungsgebenden Versammlung wider. So sind 73 der maoistischen 220 Abgeordneten Frauen, der mit Abstand höchste Prozentsatz in allen Fraktionen.[558]

Die Maoisten stehen unter hohem Erfolgsdruck. Auf ihnen lasten die Erwartungen aller sie bisher tragender ethnischen und sozialen Gruppen, die sich von ihnen eine deutliche Verbesserung ihrer Lage erhoffen. Zugleich müssen sie unter Beweis stellen, dass sie sich grundlegend von den anderen Parteien unterscheiden, die sich in den Augen zahlreicher NepalesInnen durch Korruption, Inkonsequenz und bürokratische Erstarrung auszeichnen. Dabei sind Enttäuschungen vorprogrammiert. Nicht nur ist die gesamte Struktur der Partei hierarchisch und auf die unumstrittene Führerfigur Prachanda ausgerichtet, auch ist das Moment der Selbsttätigkeit der Mitglieder an der Basis eher gering und das Verhältnis der Partei zu den Dalits, Backward Castes und ethnischen Minderheiten durchaus paternalistisch zu nennen. Es ist kein Zufall, dass Prachanda und Bhattarai, die Nummern eins und zwei in der Parteihierarchie, von ihrer Herkunft her Brahmanen sind.

Neben dieser strukturellen Unfähigkeit, ein Instrument selbstgesteuerter sozialer Befreiung zu sein, spricht auch wenig dafür, dass die Hoffnungen

---

557 Vgl. OneWorld South Asia, 04.05.2008

558 PTI, 22.04.2008

zahlreicher Menschen auf grundlegende Veränderungen der Eigentumsverhältnisse sich erfüllen werden. Die CPN-M folgt programmatisch ebenso
wie die indischen Naxaliten dem von Mao entlehnten Zwei-Phasen-Modell,
demzufolge es die auf der Tagesordnung der Geschichte stehende Aufgabe
ist, die feudalen Überreste der nepalesischen Gesellschaft zu beseitigen und
einer bürgerlichen Revolution auf der Grundlage kapitalistischer Produktionsverhältnisse zum Durchbruch zu verhelfen. In einem Interview mit dem
indischen CNN-Ableger IBN erklärte Prachanda: „Unser Kampf richtet sich
gegen den Feudalismus, nicht gegen den Kapitalismus. Zwischen der feudalen und der sozialistischen Stufe gibt es die kapitalistische." Er erläuterte,
was dies in der Praxis bedeutet, indem er versprach, seine Partei werde „versuchen, günstige Bedingungen für ausländische Investoren zu schaffen, die
hier investieren".[559] Er führte weiter aus, eine von seiner Partei geführte Regierung werde das indische und chinesische Modell der Sonderwirtschaftszonen studieren, um zu lernen, wie man den Investoren am besten zur Seite
stehe. Um Investoren zu schützen, versprach Prachanda eine „industrielle
Sicherheitsgruppe" aus ehemaligen maoistischen Guerillas aufzubauen, um
private Industrieunternehmen zu bewachen.

Auch wenn noch im August 2006 die Führungen von CPI (Maoist) und
CPN-Maoist betonten, weiterhin eng miteinander verbunden zu sein und
die Debatte um eine strategische Orientierung für die revolutionäre Umgestaltung in Südasien auf konstruktive und solidarische Weise zu führen[560], so wurde doch zunehmend deutlich, dass die Differenzen zwischen
den beiden Parteien sich seit der Einleitung des Friedensprozesses in Nepal vertieft haben und die nepalesischen Maoisten als potentiellen indischen
Bündnispartner inzwischen ausgerechnet die CPI (M) favorisiert. Die Spannungen, die sich zwischen den indischen und den nepalesischen Maoisten in
den letzten beiden Jahren aufgebaut haben, wuchsen vor allem seit den Wahlen zur verfassungsgebenden Versammlung und der Regierungsübernahme
durch Prachanda. Seitdem waren die Kontakte mehr oder weniger zum Erliegen gekommen, die CPN-M hauptsächlich um verbesserte Beziehungen
zur indischen Regierung bemüht und mit den Problemen der politischen
Transformation Nepals zu einer föderativen bürgerlichen Demokratie be-
fasst. Unmut erregte bei den indischen Maoisten vor allem die Akzeptanz
des Mehrparteiensystems durch die nepalesische Schwesterpartei sowie das
Buhlen Prachandas um ausländische Investoren und Kredite. In der Zwischenzeit jedoch wurde der Friedensprozess durch die Weigerung der ne-

---

559 Ratnayake 2008
560 Vgl. Joint Press Release, 03.08.2006

palesischen Armeeführung, die maoistischen Kämpfer in ihre Truppen zu integrieren, torpediert, Prachanda nach seinem vergeblichen Versuch, die Entlassung der Armeeführung zu erzwingen, am 4. Mai 2009 zum Rücktritt und die CPN-M zum Ausstieg aus der Übergangsregierung gedrängt und damit die von den nepalesischen Maoisten propagierte friedliche Transformation der Gesellschaft aus Sicht der CPI (Maoist) endgültig als illusionär diskreditiert. Zwar hatte deren Zentralkomitee noch am 5. Mai 2009 in einer Protestresolution den Sturz der CPN-M-geführten Regierung Nepals verurteilt und ihn auf eine „Verschwörung" indischer und US-Lobbyisten und Reaktionären in der politischen Klasse Nepals zurückgeführt, dies jedoch bereits mit einer in bisher ungekannter Offenheit formulierten Mahnung an die nepalesischen Maoisten verbunden, deren Ton bereits eine deutliche Verärgerung erkennen lässt:

> „Zumindest jetzt sollte die Führung der CPN (M) die Sackgasse erkennen, in die sie durch den parlamentarischen Weg geraten sind und den Volkskrieg wiederaufnehmen, um den vollständigen Sieg zu erreichen, indem der alte Staat und die reaktionären Kräfte zerschlagen und der demokratische Staat des Volkes errichtet wird. Und um dies zu erreichen, sollte der größte Teil der Parteiführung und der Kader sofort in den Untergrund gehen, sich auf die Basis des großen ländlichen Raumes stützen, um den Guerillakrieg zu führen und zugleich die Massen des gesamten Landes politisch gegen die reaktionären Kräfte mobilisieren, die versuchen, die Herrschaft der feudalen Eliten und der Kompradorenbourgeoisie wieder zu etablieren."[561]

Der wohl lange aufgestaute Unmut entlud sich im Mai 2009 in einem 26-seitigen Offenen Brief des Politbüros der CPI (Maoist), in der dieser der nepalesischen Schwesterpartei vorwarf, sich auf den Weg des ‚Reformismus' und ‚Revisionismus' begeben zu haben, den Illusionen des Parlamentarismus verfallen zu sein und jegliche revolutionäre Perspektive verraten zu haben. Unter anderem wurde festgestellt:

> „Nach der gefährlichen Reise, die eure Partei in den letzten drei Jahren hinter sich hat, hoffen wir ernsthaft, dass die Basis eurer Partei die gefährlichen reformistischen Positionen und die daraus erwachsenen katastrophalen Konsequenzen einer kritischen Bestandsaufnahme unterzieht und dabei ebenso die Linie der Gewaltfreiheit korrigiert, die eure Parteiführung unter der Leitung des Genossen Prachanda angenommen hat. Eine solche offene und ehrliche Bilanz der ideologisch-politischen Linie der Parteiführung und der schwerwiegenden Abweichungen von den fundamentalen

---

561 Central Committee of the CPI (Maoist), Press Release 05.05.2009

Grundsätzen des Marxismus-Leninismus-Maoismus, die im Namen der kreativen Anwendung des Marxismus-Leninismus-Maoismus erfolgten, wird dabei helfen, die korrekte Linie wiederzufinden, die die Revolution in Nepal zu ihrem endgültigen Sieg führen kann. Wir sind voller Vertrauen, dass die richtige revolutionäre Linie durch einen solchen ernsthaften und schonungslosen ideologisch-politischen Kampf innerhalb der Partei wiederhergestellt werden wird."[562]

Deutlich wird an dem Offenen Brief unter anderem, dass die Führung der nepalesischen Maoisten seit der Wahl zur verfassungsgebenden Versammlung im April 2008 offenbar keinen besonderen Wert mehr auf Kontakte zur CPI (Maoist) gelegt hatte, deren Führung sich etwa darüber beklagt, dass ihr Brief von Mai 2008 nicht einmal beantwortet worden sei. Nach einer längeren Erörterung der Kritikpunkte, etwa an der Entwaffnung der nepalesischen Peoples Liberation Army (PLA) und der unkritischen Haltung zum Parlamentarismus und zur bürgerlichen Demokratie, fordert das Politbüro der CPI (Maoist) die nepalesischen Maoisten erneut auf, den Friedensprozess für gescheitert zu erklären, die unter UN-Aufsicht deponierten Waffen wieder an sich zu nehmen und den bewaffneten Kampf wieder aufzunehmen.[563]

Damit dürfte das Tischtuch zwischen den beiden Organisationen zerschnitten sein. Während die CPN-Maoist den Weg der indischen Regierungslinken geht, beharrt die CPI (Maoist) auf dem Primat des bewaffneten Kampfes und des Antiparlamentarismus. Dass ihre maoistische strategische Linie der „Neuen Demokratischen Revolution" und ihre Analyse der indischen Gesellschaft als halbfeudal und semi-kolonialistisch, die sie sowohl mit den nepalesischen Maoisten als auch der CPI (ML)–Liberation und ironischerweise mit der CPI (M) teilt, eine solche Perspektivenverkürzung mit beinhaltet und die Wahrscheinlichkeit für eine Organisation, die es als Tagesaufgabe betrachtet, den Feudalismus zu beseitigen, um den Kapitalismus als Übergangsstadium zum Sozialismus überhaupt erst zu ermöglichen, relativ hoch ist, bei der Durchsetzung kapitalistischer Verhältnisse zu landen, auf diese Idee scheint die Führung der Guerilla bisher noch nicht gekommen zu sein.

Vorerst allerdings scheinen derlei politische Perspektiven für die nepalesischen Maoisten in weite Ferne gerückt zu sein. In die Opposition gedrängt, haben sie zwar nicht den Rat der indischen Maoisten befolgt, zurück in den Untergrund zu gehen und den bewaffneten Kampf wiederaufzunehmen, ein Schritt, der angesichts eines zwar heftig kriselnden, aber im Kern immer

---

562 Open letter to CPN-Maoist S. 4

563 Open letter to CPN-Maoist, S. 26

noch intakten Demokratisierungsprozesses in ihrer breiteren Anhänger-schaft kaum zu vermitteln gewesen wäre, aber die einstigen Guerillakämp-fer müssen sich durch die Allianz aus Militär und bürgerlichen Eliten um die Früchte ihres langjährigen Kampfes betrogen fühlen, denn trotz eines andauernden Patts im Parlament und trotz einer beispiellosen politischen Mobilisierung, in der es ihnen vom 2. bis zum 7. Mai 2010 gelang, Nepal in einem Generalstreik komplett lahmzulegen und allein in Kathmandu Hun-derttausende auf die Straßen zu bringen, die friedlich, aber kämpferisch ih-ren Protest artikulierten, agiert die gegen sie zusammengeschmiedete Nega-tivkoalition in der neuen Übergangsregierung unter Führung der nun wohl endgültig als Kraft der Linken diskreditierten UML völlig unbeeindruckt von dem, was sich auf den Straßen im Land abspielt. [564] Auch wenn der Gene-ralstreik letztlich erfolglos blieb und seine geplante Fortsetzung am 12. Mai von der Führung der nun unter dem Namen „United Communist Party of Nepal (Maoist)" agierenden Partei ausgesetzt wurde, könnte diese Mobilisie-rung eine entscheidende Weggabelung bei der Entwicklung der UCPN (M) bedeuten: entweder kann sie als Ausgangspunkt für die Herausbildung ei-ner zivilen und mit demokratischen Mitteln der Massenmobilisierung und des Klassenkampfes agierenden kommunistischen Bewegung wirken, oder die Desillusionierung über die kurzfristige Wirkungslosigkeit legaler und institutionell eingebundener Formen der politischen Arbeit angesichts eines veränderungsresistenten und aggressiv den Status Quo verteidigenden herr-schenden Machtblocks kann zu Spaltungen innerhalb der Partei führen und dazu, dass einzelne Fraktionen wieder den Weg zurück in die bewaffnete Konfrontation mit der Staatsmacht suchen. Auf letzteres scheint die CPI (Maoist) in Indien zu setzen, die allerdings angesichts des verschärften Drucks und der Intensivierung der Kampfhandlungen seit dem Herbst 2009 kaum über die Möglichkeit verfügen dürfte, in eventuell aufbrechende Frak-tionskämpfe in Nepal politisch zu intervenieren.

---

564 Prashant 2010, Internetquelle

# 9. Der indische Staat im Kampf gegen die Naxaliten

## 9.1. Polizeiliche Maßnahmen und die Schimäre der sozioökonomischen Entwicklung

Die Bemühungen der indischen Zentralregierung, die maoistische Rebellenbewegung zurückzudrängen, wirkten auf den ersten Blick lange Zeit erstaunlich uninspiriert, bedenkt man, dass die CPI (Maoist) und andere Gruppen inzwischen in etwa 40% des indischen Staatsgebietes operieren und in beträchtlichen Teilen des östlichen Nord- und Zentralindien Parallelverwaltungen aufgebaut und die staatlichen Gewalten entscheidend geschwächt oder in einigen Gebieten gar verdrängt haben. In einer Pressemitteilung des Unions-Innenministers vom 8. Juli 2009 liest sich das so:

> „Die Regierung hat eine integrierte Herangehensweise im Umgang mit linksextremistischen Aktivitäten in den Bereichen Sicherheit, Entwicklung und öffentlicher Teilhabe beschlossen. Die Regierungen der Bundesstaaten sind für die verschiedenen Probleme verantwortlich, die im Zusammenhang mit den Naxalitenaktivitäten in ihrem Staat stehen. Die Zentralregierung unterstützt ihre Bemühungen auf verschiedene Weise. Dies beinhaltet die Stationierung von Central Paramilitary Forces (CPMFs) und Commando Battalions for Resolute Action (CoBRAs), die Aufstellung von India Reserve (IR)-Bataillonen, den Aufbau von Counter Insurgency and Anti Terrorism (CIAT) Schools, die Modernisierung und Weiterqualifizierung der Polizei der Bundesstaaten und ihres Geheimdienstapparates, Erstattung sicherheitsbezogener Ausgaben, die Auffüllung kritischer Infrastrukturlücken, die Förderung der bundesstaatsübergreifenden Koordination, sowie die Einleitung intra-staatlicher und inter-staatlicher gemeinsamer Operationen etc."[565]

Die Möglichkeiten der Zentralregierung schienen allerdings zu diesem Zeitpunkt relativ begrenzt zu sein. Man kann zwar davon ausgehen, dass diese über einen langen Zeitraum die Brisanz der sozialen Eruption unterschätzt hat, für die das allmähliche Erstarken der Naxalitenbewegung ein deutliches Symptom darstellt. Dafür spricht unter anderem, dass noch bis zum Sommer 2009 die Liste der von der Unionsregierung verbotenen Organisationen keine der momentan real aktiven Naxalitenparteien umfasste,

---

565 Union Ministry of Home Affairs: Pressemitteilung vom 08.07.2009

sondern sich auf Formationen beschränkte, die ohnehin durch die Fusion der beiden wichtigsten bewaffneten Gruppen aufgehört haben zu existieren, namentlich die Peoples War Group (PWG) und das Maoist Communist Centre (MCC) sowie deren neben- und vermeintliche Vorfeldorganisationen.[566] Das Hauptfeld der auf Unionsebene für illegal erklärten Organisationen besteht im Wesentlichen aus islamisch-fundamentalistischen Gruppen sowie den separatistischen Bewegungen und Guerillagruppen des Nordostens, denen auch die längsten Abschnitte in den Jahresberichten des Union Home Ministry gewidmet sind. Auch die bisher spektakulärsten und umstrittensten Anti-Terror-Gesetze, die die Lokh Sabha in den letzten 25 Jahren billigte, der 1985 verabschiedete 'Terrorism and Disruptive Prevention Act' (TADA) und der diesen ersetzende[567], 2002 unter dem Eindruck der Anschläge auf das World Trade Center in New York verabschiedete 'Prevention of Terror Act' (POTA)[568] gaben zwar der Zentralregierung zahlreiche Sonderbefugnisse, um gegen als terroristisch klassifizierte Organisationen vorzugehen, aber auch diese richteten sich lange schwerpunktmäßig gegen vermeintlich von Pakistan gesteuerte islamistische Terrorgruppen sowie gegen die erst sehr allmählich niedergerungenen Separatistengruppen der sieben nordöstlichen Grenzstaaten.

Im Hinblick auf die Naxaliten gibt es zwar zum einen sehr viel robustere Vorgehensweisen seitens der Regierungen einzelner Bundesstaaten (vor allem die Regierungen von Andhra Pradesh mit den von ihr ausgerüsteten Todesschwadronen, ihrem Maulkorbgesetz gegen kritische Presseberichterstattung und ihren zahlreichen erwiesenen illegalen Erschießungen von realen oder behaupteten Naxaliten bei im Nachhinein konstruierten 'Fake Encounters' sind hier als besonders ruchloses Beispiel zu nennen, ebenso die Politik der Regierung von Chhattisgarh im Zusammenhang mit der von ihr geförderten und offenbar über dem Gesetz stehenden Salwa Judum. Zugleich aber gab es lange Zeit politisch bedingte Hindernisse, etwa gegen das Verbot der CPI (Maoist), gegen das sich die Regierung von West Bengal und die dort regierende Linksfront jahrelang sperrte, um sich in der eigenen Anhängerschaft nicht dem Vorwurf auszusetzen, das gewaltsame Vorgehen des Staates gegen konkurrierende kommunistische Strömungen mitzutragen. Auf die Unterstützung der Parteien der Linksfront aber war die von Premierminister Manmohan Singh geführte Regierung der United Progressive Alliance (UPA) noch bis zum überragenden Wahlerfolg des INC bei den Lokh-Sab-

---

566 Vgl. Ministry of Home Affairs: Banned Organisations
567 Vgl. Legal Service India 2002
568 Vgl. Institute for Conflict Management 2002

ha-Wahlen von 2009 angewiesen. Und so wurde die CPI (Maoist) auch erst zwei Monate nach dieser Wahl und dem von ihr ermöglichten Zustandekommen einer von den kommunistischen Parteien unabhängigen Regierung der Congress Party indienweit verboten. Auch hier noch musste die CPI (M) ein doppeltes Spiel spielen: Während West Bengals Chief Minister Bhattacharjee unter dem Eindruck des jüngsten maoistischen Aufstandes in Lalgarh grünes Licht gab, bezeichnete CPI (M)-Generalsekretär Prakash Karat das Verbot mit Rücksicht auf die Parteibasis und die von der Parteiführung angestrebten verbesserten Beziehungen zu den nepalesischen Maoisten als kontraproduktiv und sinnlos.[569]

Neben solchen parteipolitischen Rücksichtnahmen dürften jedoch noch zwei weitere Faktoren für die bisherige Zurückhaltung der Zentralregierung eine Rolle gespielt haben. Zum einen sind die Kapazitäten für einen konzentrierten und massiven Einsatz der indischen Armee in einem weiteren inneren Konfliktherd äußerst begrenzt. Beträchtliche Teile der Streitkräfte haben bereits alle Hände voll zu tun damit, in Kashmir gegen die dortigen islamischen Untergrundbewegungen, den breiten Widerstand der Bevölkerung und aus Pakistan eingeschleuste Terroristen vorzugehen, die Lage dort ist alles andere als stabil und ein Ende des Kashmir-Konflikts ist – trotz eines zeitweilig deutlich verbesserten Verhältnisses zum ungeliebten Nachbarn Pakistan – nicht in Sicht. Und einmal ganz abgesehen davon, dass es ein peinliches Eingeständnis großer Krisenhaftigkeit wäre, wenn die indische Regierung wirklich gezwungen wäre, unter den Augen der Weltöffentlichkeit starke Armeekontingente ins östliche Nord- und Zentralindien zu verlegen, um dort gewaltsam die staatliche Autorität wiederherzustellen, was kaum vorstellbar wäre ohne massive Übergriffe gegen eine dem Staat ohnehin in Teilen entfremdete und feindselig gegenüberstehende Bevölkerung dieser Gebiete, weiß auch die indische Regierung, dass ein solcher Militäreinsatz zwar kurzfristige militärische Erfolge bringen, aber langfristig das Problem nicht lösen würde. Dass sie es – ohne die Armee, aber dafür mit einem riesigen Kontingent von Spezialeinheiten und paramilitärischen Verbänden – nun dennoch tun, weist letztlich auch auf Machtverschiebungen innerhalb der Regierung hin.

Dass mit rein polizeilichen und militärischen Mitteln die sozioökonomischen Wurzeln politischer Gewalt nicht zu bekämpfen sind, stellt noch der im Juli 2009 erschienene Jahresbericht des Ministry for Home Affairs fest und skizziert Entwicklungsmaßnahmen für die besonders betroffenen Distrikte:

---

569 Rajat Roy im *Business Standard* vom 21.06.09

„Während es notwendig ist, proaktive und nachhaltige Operationen gegen die Extremisten durchzuführen und alle hierfür erforderlichen Maßnahmen zu ergreifen, ist es zugleich erforderlich, gezielte Aufmerksamkeit den Entwicklungsproblemen und Verwaltungsdefiziten zu schenken, besonders auf der Ebene der betroffenen Gebiete. Im Hinblick darauf ergibt sich die Notwendigkeit, kurzfristige Programme zu entwickeln, die solche Aktivitäten einschließen wie die Einrichtung von Gesundheitscamps, die effektive Durchführung des Public Distribution System, Bereitstellung von Anlagen für den Trinkwasserzugang und andere Grundbedürfnisse, ebenso wie auch mittel- und langfristig angelegte Programme zur allgemeinen Entwicklung des jeweiligen Gebiets in Form von an Zeitplanungen gebundenen Programmen."[570]

Allerdings findet sich dieser Textbaustein mit geringen Veränderungen in jedem der seit 2003 veröffentlichten Jahresberichte wieder, ohne dass bisher praktische Schritte erkennbar wären, auf breiter Front die Lebensbedingungen der Menschen in den betroffenen Gebieten grundlegend zu verbessern oder gar die Formen sozialer Ungleichheit und ökonomischer wie außerökonomischer Machtstrukturen anzukratzen, die eine Bewegung wie die der Naxalitenguerilla hervorbringen. Sieht man sich die in dem Bericht ebenfalls enthaltene Aufstellung der in den vergangenen zwölf Monaten eingeleiteten Maßnahmen an, so wird deutlich, dass diese sich überwiegend im Bereich der Koordination polizeilicher Maßnahmen und der Stärkung des Repressionsapparates bewegen. So wurde etwa eine regelmäßig tagende Konferenz der Innenminister der betroffenen Bundesstaaten eingerichtet, ebenso ein ständiges Komitee der Regierungen sowie ein bundesstaatsübergreifendes Koordinationszentrum und eine Task Force, jeweils geleitet vom Union Home Minister unter Beteiligung der Kommandeure aller Sondereinheiten und paramilitärischen Einheiten der indischen Zentralregierung sowie der Bundesstaaten.[571]

Etwa fünf Milliarden Rs. wurden 2008 als Sonderetat für die Modernisierung der Polizeikräfte der besonders betroffenen vier Bundesstaaten (Bihar, Jharkhand, Chhattisgarh und Orissa) zur Verfügung gestellt, 37 Bataillone der Central Reserve Police Forces (CRPF) wurden in acht betroffene Bundesstaaten verlegt und speziell zur Naxalitenbekämpfung abgestellt, davon allein 16 nach Chhattisgarh, außerdem wurde beschlossen, zehn Bataillone von Spezialkommandos neu aufzustellen, die besonders in Anti-Guerilla- und Dschungelkriegsführung ausgebildet sind und diese in den besonders

---

570 Ministry of Home Affairs Annual Report 2008/2009, S. 19
571 Ebd. S. 20

gefährdeten Distrikten zu stationieren.[572] Union Home Minister Chidambaram räumte in einer Erklärung im Juli 2009 ein, dass der Staat viele Jahre lang das Ausmaß der naxalitischen Bedrohung unterschätzt habe und es dementsprechend versäumt habe, energisch genug dagegen vorzugehen.

Zweifel an der Strategie des Union Home Ministers und der inzwischen eingerichteten Task Forces und Kommandostäbe wurden öffentlich artikuliert, unter anderem auch von Chhattisgarhs früherem Chief Minister, Ajit Jogi, wie der *Indian Express* am 27. Juli 2009 berichtete:

> „ ‚Ich bin kein Befürworter der Linie des Innenministers im Krieg gegen die Naxaliten. Können wir die Stammesangehörigen einfach umbringen? Selbst wenn wir alle Naxaliten in einer militärischen Aktion einfach ausradieren, werden sie in der einen oder anderen Form wiederkehren, solange Ausbeutung und ungleiche Entwicklung in den rückständigen Gebieten fortexistiert', sagte er, als er hier bei einem Seminar über ‚Naxalismus und Entwicklungsprobleme' referierte. ‚Ich habe dem Innenminister P. Chidambaram einen Brief in dieser Angelegenheit geschrieben', sagte Jogi und fügte hinzu, dass eine ganzheitliche Strategie – nicht einfach nur Gewaltanwendung – benötigt werde, um des Naxalitenproblems Herr zu werden. Die erste und dringlichste Aufgabe wäre, die Probleme an der sozioökonomischen Front in den rückständigen Gebieten anzugehen und die Entwicklungsbedürfnisse der Stammesbevölkerungen und der Menschen vor Ort zu verstehen, sagte er. ‚Wir können nicht ein bestimmtes Entwicklungsmodell dort einfach kopieren, sondern müssen die Kultur und die Bedürfnisse der lokalen Bevölkerung verstehen', ergänzte er."[573]

Die im Wesentlichen auf militärische bzw. paramilitärische Aufstandsbekämpfung setzende Strategie des Ministry for Home Affairs steht in einem merklichen Widerspruch zu den etwas anders gewichteten Prioritäten, die der Premierminister Manmohan Singh in einer Grundsatzrede bei einer Konferenz der Chief Ministers zum Thema der Naxalitenunruhen am 13. April 2006 in Delhi setzte. In dieser Rede, die weithin als Kampfansage an die maoistische Guerilla interpretiert wurde, bezeichnete er erstmals die Naxaliten als die größte Gefahr für die innere Sicherheit Indiens und rief zu einem energischen Vorgehen der politischen und polizeilichen Kräfte auf allen Ebenen gegen diese auf. Verglichen mit den Ursprüngen der Naxalitenbewegung stellte er eine Wandlung ihres Charakters fest, in deren Verlauf sie zwar vieles von der intellektuellen Anziehungskraft eines Charu Mazumdar eingebüßt und eine Anziehungskraft unter anderem auf „lumpen elements"

---

572 Ebd. S. 22

573 J. John im *Indian Express* vom 27.07.2009

entwickelt, zugleich aber ihre organisatorische und militärische Stärke vervielfacht und neue effektive Methoden und Taktiken entwickelt habe:

> „Die naxalitische Bewegung ist nun charakterisiert durch wachsende Militarisierung, eine Dominanz militärförmiger Organisationsformen, besser trainierte Kader, Angriffe auf große Ziele durch im großen Maßstab vorgetragene Frontalangriffe, bessere Koordination und möglicherweise externe Vernetzung. Dieser gewandelte Charakter der Naxalitenbewegung muss erkannt werden und alle Reaktionen auf unserer Seite müssen diese Realität mit in Betracht ziehen."[574]

Zugleich verwies Singh jedoch darauf, dass das Naxalitenproblem nicht nur eines von Sicherheit und Ordnung sei:

> „In vielen Gebieten steht das Phänomen des Naxalismus in direktem Zusammenhang mit einer Situation der Unterentwicklung. Es ist kein Zufall, dass es die Stammesgebiete sind, die heute die hauptsächlichen Schlachtfelder des linken Extremismus darstellen. Große Abschnitte der Stammesgebiete sind zu Jagdgründen der Linksextremisten geworden. Ausbeutung, künstlich niedrig gehaltene Löhne, ungenügende sozioökonomische Umstände, inadäquate Beschäftigungsgelegenheiten, der Mangel an Zugang an Ressourcen, unterentwickelte Landwirtschaft, geographische Isolation, ein Mangel an Landreformen, all diese Faktoren tragen signifikant zum Wachstum der Naxalitenbewegung bei."[575]

Und er schien es, angesichts der tiefgreifenden Entfremdung von Teilen der eigenen Bevölkerung vom Staat und den häufig durch ein hohes Maß an Brutalität und rassistischen Vorurteilen geprägten Kommandoaktionen der Polizeikräfte gegen die Adivasi-Basis der Naxaliten, für nötig zu halten, diesem Eingeständnis noch eine besondere Ermahnung an die versammelten Chief Ministers, Innenminister und Polizeioffiziere hinterherzuschicken, die das Ausmaß dieser Fremdheit eigentlich erst richtig verdeutlicht:

> „Unsere Strategie muss es daher sein, ‚auf zwei Füßen zu stehen'. Um sowohl eine effektive polizeiliche Antwort auf die Herausforderung zu geben, als auch den Fokus auf das Ausmaß an Deprivation und Entfremdung zu reduzieren. Die polizeiliche Antwort ist nötig, um die Verpflichtung des indischen Staates zu erfüllen, die öffentliche Ordnung aufrechtzuerhalten. Allerdings bedeutet eine effektive polizeiliche Antwort nicht, dass wir den indischen Staat brutalisieren müssen. Legitime Bedürf-

---

574 Singh, Manmohan 2006
575 Ebd.

nisse und Ansprüche, selbst wenn sie in unangemessener Formen und Erscheinungsformen vorgetragen werden, sollten mit Umsicht und Wohlwollen geprüft werden. Letztendlich haben wir es hier mit unseren eigenen Leuten zu tun, auch wenn sie auf den Weg der Gewalt abgeglitten sein mögen."[576]

Die indische Regierung befindet sich in einem Dilemma, das zum einen damit zusammenhängt, dass sämtliche polizeiliche Maßnahmen, für die im Wesentlichen immer noch die einzelnen Bundesstaaten verantwortlich sind, nicht nur die Guerilla attackieren, sondern zugleich die schwindende Legitimation des Staates unter den die Maoisten tragenden Stammesbevölkerungen und Dalits weiter untergraben und damit den Nährboden für künftige militante Oppositionsbewegungen fruchtbar halten, selbst wenn die militärische Stärke der CPI (Maoist) durch diese Maßnahmen zeitweilig zurückgehen sollte. Darüber hinaus weiß natürlich auch Manmohan Singh, dass ein Großteil der Infrastrukturmaßnahmen zur Verbesserung der Gesundheitsversorgung, des Bildungswesens und des Zugangs zu Trinkwasser, Transportwegen und sanitären Anlagen nicht wirksam von den Regierungen der Bundesstaaten umgesetzt wird und damit ins Leere greift. Die ökonomische und soziale Kluft, die sich zwischen dem Indien der Megacities und Boomregionen und den ländlichen Gebieten auftut, deren Rohstoffe und Erze das einzige sind, was sie zu bieten haben, vertieft sich, anstatt geschlossen zu werden. Was dem Premierminister jedoch vermutlich nicht in der für die Betroffenen ausschlaggebenden Dimension klar ist, ist die unbestreitbare Tatsache, dass sowohl die Militarisierung der betroffenen Gebiete als auch die infrastrukturelle Entwicklung (selbst dort, wo sie tatsächlich stattfindet) lediglich flankierende Schritte zur Absicherung ihrer Öffnung für die Förderung von Holz, Erzen, Metallen und anderen Ressourcen sind, für die die dort lebenden Adivasi ein Hindernis darstellen, und dass auch die verschärften Konflikte in landwirtschaftlich geprägten Regionen wie Bihar ein Resultat ihrer sozioökonomischen Entwicklung sind. Dieser Widerspruch, der bewirkt, dass auch „Entwicklung" das Problem nicht beseitigt, sondern es vielmehr verschärft, ist im Rahmen der politischen und ökonomischen Machtverhältnisse Indiens nicht aufhebbar.

Und so bleibt denn auch nur, Programme und Sonderfonds zur ländlichen Entwicklung in den von Naxaliteninfiltration betroffenen Gebieten aufzulegen, zu hoffen, dass dies die Situation etwas abmildert und zugleich die Polizeikräfte besser zentral zu vernetzen und ihre Ausbildung den Erfordernissen des Anti-Guerilla-Kampfes anzupassen. Hierbei scheint es noch erheb-

---

[576] Ebd.

liche Probleme zu geben. So beklagte sich im Juli 2009 nach einem Anschlag auf einen Polizeikonvoi in Chhattisgarh, bei dem 39 Polizisten, darunter der Superintendent der Polizei von Chhattisgarh, getötet wurden, der Leiter des 2005 mit Geldern und Infrastruktur der Zentralregierung im Krisengebiet Nord-Bastar eingerichteten Counter-Terrorism and Jungle Warfare College, B. K. Ponwar, selbst Polizisten mit Spezialausbildung würden regelmäßig die elementarsten Regeln der Dschungelkriegsführung missachten und damit ihr Leben riskieren.[577] Zugleich verwies Ponwar auf vielversprechende Anfänge einer professionalisierten Terrorismusbekämpfung, wie der Autor eines Artikels zu diesem Thema in der *Chandigarh Tribune* festhält:

> „ ‚Das Kanker Jungle Warfare College hat bisher über 7.000 Polizeibeamte trainiert, darunter Offiziere aus Chhattisgarh, Bihar, Jharkhand, Maharashtra, Orissa und Kerala. In der letzten Zeit hat auch West Bengal damit begonnen, Polizeibeamte hierher zu schicken – womöglich als Lehre aus der Lektion mit der Lalgarh-Episode. [...] Das Kanker-College hat einmalige Einrichtungen wie etwa 14 Reflexschuss- und Spezialschießbahnen, Felsenkletteranlagen, Abseilareale und Anschleichpfade, Trainingskurse für den unbewaffneten Nahkampf und die Überwindung natürlicher Hindernisse, Ausdauertrainingsanlagen, Berge, Flüsse, dichte Urwälder und abgelegene bevölkerte Dörfer in unmittelbarer Nähe, was es zu einem idealen Gebiet für das Kampftraining unter Bedingungen macht, die denen des Kampfgebiets sehr ähnlich sind. Die Kurse sind offen für alle Altersgruppen und sowohl für Männer als auch für Frauen. Mehr als 200 weibliche Polizeiangehörige haben den Kurs bisher absolviert und viele haben dabei besser abgeschnitten als die Männer. Zahlreiche Trainees waren bei ihrer Ankunft verängstigt und verunsichert, aber nach Absolvierung des Kurses haben sie neues Selbstvertrauen erlangt, um ihre Stärke wiederzuentdecken.‘, sagte Ponwar."[578]

Diese verstärkten Bemühungen, über die Aufstellung von Sonderkommandos zur Terrorismusbekämpfung hinaus auch Teile der, überwiegend schlecht ausgebildeten, unzureichend ausgerüsteten und wenig motivierten örtlichen Polizeikräfte der Bundesstaaten mit zentral koordinierten Spezialausbildungen auf die Konfrontation mit den Naxaliten vorzubereiten, sind in der Tat neu und können nahezu als das einzige angesehen werden, was an greifbaren Ergebnissen der Ministerrunden und Konferenzen der letzten Jahre zum Naxalitenproblem übrigbleibt. Allerdings sind sie, wie sich seit dem Herbst 2009 und der Lancierung der Operation „Green Hunt" heraus-

---

577 Man Mohan in *The Tribune* vom 20.07.2009
578 Ebd.

stellt, nur der Auftakt für weit größer dimensionierte Szenarien der Aufstandsbekämpfung, die auf diese Weise flankiert werden sollen. Arundhati Roy charakterisierte diese Schulungseinrichtungen in gewohnt bissiger Weise in ihrem Bericht *Walking with the comrades:*

> „Wir kommen an Kanker vorbei, berühmt für seine Hochschule für Terrorismusbekämpfung und Dschungelkriegsführung, geleitet von Brigadegeneral B. K. Ponwar, dem Rumpelstilzchen dieses Krieges, damit beauftragt, korrupte, schlampige Polizisten (Stroh) in Dschungelkommandos (Gold) zu verwandeln. ‚Bekämpft die Guerilla wie ein Guerillero‘, ist das Motto der Schule fürs Trainieren der Kriegstechnik und gemalt auf die Felsen. Den Männern wird beigebracht zu rennen, zu rutschen, auf- und abzuspringen von Hubschraubern in der Luft, zu reiten (aus welchen Gründen auch immer), Schlangen zu essen und im Dschungel zu überleben. Der Brigadegeneral ist mächtig stolz, Straßenköter darauf zu trainieren, ‚Terroristen‘ zu bekämpfen. Achthundert Polizisten machen alle sechs Wochen ihren Abschluss auf dieser Schule für Kriegstechnik. Zwanzig ähnliche Schulen sind in ganz Indien geplant. Die Polizei wird allmählich in eine Armee verwandelt. (In Kashmir läuft es andersrum. Die Armee wird in eine aufgeblasene, administrative Polizei verwandelt.) Alles umgekehrt. Alles umgestülpt. Auf die eine oder andere Art – der Feind ist das Volk.“

Dass angesichts der äußersten Kraftanstrengung, die der indische Staat nun unternimmt, um das „Naxalitenproblem" nun ein für alle mal mit militärischen Mitteln zu beseitigen, für eine Entwicklung, die über die Öffnung der bisher unzugänglichen Gebiete für die Gier der Stahlkonzerne und Bergbautrusts nach Rohstoffen hinausgehen oder dieser gar etwas entgegensetzen könnte, kein Platz ist, darauf kann gewettet werden.

## 9.2. Operation „Green Hunt": die Logik der militärischen Vernichtung

Im November 2009 berichteten sämtliche indischen Medien in großer Aufmachung, die Zentralregierung habe beschlossen, zu einem großen Schlag gegen die Naxaliten auszuholen, um dieses Problem ein für allemal militärisch zu lösen. Von 50.000 bis 70.000 Mann zusätzlicher Spezialeinheiten, CRPF und CoBra-Truppen war die Rede und davon, die Rebellengebiete großflächig einzukreisen, die Waldgebiete, die den Maoisten Schutz bieten, abzuholzen und die Naxalitenkader bis auf die letzte kampffähige Einheit zu liquidieren.[579] Bereits seit Juli waren in Chhattisgarh und Jharkhand die Operationen mit zusätzlichen Truppen, die Delhi zur Verfügung gestellt

---

579 RT-News, 11.11.2009

hatte, intensiviert worden und seit dem Spätsommer waren Gerüchte über eine Militäroperation in bisher ungekanntem Ausmaß in Umlauf gewesen. Anfang November nun wurden die zunächst regional begrenzten Operationen erheblich ausgeweitet:

> „‚Es wird erwartet, dass die Operationen etwa zwei Jahre andauern werden, ein angemessener Zeitrahmen, um die Köpfe und Herzen der Menschen vor Ort durch Entwicklungsprogramme zu gewinnen‘, behaupten Polizeiquellen. Jede CPMF-Kompanie wird in 18 Operationsbasen im Herzen des Urwaldgebietes stationiert, und sie haben mit Anti-Naxaliten-Suchaktionen begonnen, die in Koordination mit Einheiten der ‚Special Action Group‘ und der ‚Anti-Naxal Special Action Squads‘ der Sicherheitsbehörden der Bundesstaaten durchgeführt werden."[580]

Eine offizielle Bestätigung eines solchen Plans war jedoch vorerst nicht zu bekommen. Nachdem es im Herbst zu massiven Protesten von Menschenrechtsgruppen und linken Organisationen gekommen war und die Kritik an der erkennbaren Neigung der Zentralregierung, den Naxalitenkonflikt entgegen ihrer früheren rituellen Beschwörungen nun rein militärisch zu lösen, den ganzen Winter über nicht abriss, fühlte sich der Unions-Innenminister P. Chidhambaram schließlich im April bemüßigt, zu erklären, ein Aktionsplan unter diesem Namen existiere überhaupt nicht, es sei eine reine Medienerfindung. Führende Polizeioffiziere in Chhattisgarh bestätigten, mit „Operation Green Hunt" sei lediglich eine dreitägige Offensive der Polizeikräfte im Juli 2009 in ihrem Bundesstaat bezeichnet worden, die aber mit den gegenwärtigen Bemühungen der Zentralregierung um eine koordiniertere Vorgehensweise und den Aufbau neuer Anti-Terror-Einheiten überhaupt nichts zu tun habe.[581]

Was auch immer von offizieller Seite bestätigt wird oder nicht, es bleibt die Tatsache, dass seit dem Sommer 2009 eine gewaltige Truppenkonzentration in den betroffenen Gebieten errichtet wurde und die Zentralregierung eine hektische Aktivität beim Aufbau neuer Aufstandsbekämpfungseinheiten an den Tag legt, die sämtliche früheren Bemühungen weit in den Schatten stellt. Der Jahresbericht des Union Home Ministry listet im Juni 2010 neben der forcierten Modernisierung der Polizei der Bundesstaaten, der Einstellung von 6.666 weiteren Special Police Officers (SPO) in Andhra Pradesh, Bihar, Jharkhand und Orissa (womit das Modell der Salwa Judum aus Chhattisgarh nun auch offiziell mit Geldern der Zentralregierung in an-

---

580 Mazhar Ali in *Times of India* 2.11.2009
581 *Times of India*, 7.04.2010

dere Bundesstaaten importiert wird) und dem Aufbau von 20 Jungle War-fare Colleges mit Geldern der Zentralregierung auch die Aufstellung und Stationierung von 58 Bataillonen der Central Paramilitary Forces (CPMF) in neun besonders betroffenen Bundesstaten, die Aushebung von 37 India Reserve (IR)-Bataillonen sowie zehn Bataillonen der auf die Anti-Guerilla-Kriegsführung in Dschungelgebieten spezialisierten Commando Battalions for Resolute Action (CoBRA) auf.[582]

Wie das Onlineportal *Kasama* bemerkt, hat Premierminister Manmohan Singh kürzlich Ausgaben von umgerechnet 18 Milliarden US-Dollar gebilligt, um die mit der Operation betrauten Sicherheitskräfte mit modernster Militärtechnologie auszustatten, die aus den USA importiert wurden: Wärmebildkameras, Aufklärungsdrohnen, mit Nachtsichtgeräten ausgestattete automatische Waffen etc.[583] Die von den Autoren des Berichts auf *Kasama* behauptete Ausstattung der Sicherheitskräfte mit unbemannten Drohnen (Unmanned Aerial Vehicles – UAV) bestätigte sich im Juli, als IBN-Live über einen fehlgeschlagenen Testflug solcher angeblich zu bisher nur zu Aufklärungszwecken und nicht mit Raketen ausgestatteten unbemannten Fluggeräte berichtete. Es handelt sich um dieselben Fabrikate der US-Rüstungsfirma Honeywell, die auch die US-Army in Afghanistan und im Irak zur Bodenaufklärung im Kampf gegen die Taliban verwendet – zehn Kilo schwer und angeblich in der Lage, sowohl Menschen als auch explosive Gegenstände wie Landminen, Bewegungsprofile und Bunker ausfindig zu machen und aufzuzeichnen.[584] Das Vorgehen der Sicherheitskräfte in den Dörfern dürfte kaum dazu beitragen, „die Köpfe und Herzen der Menschen zu gewinnen", vielmehr wird von äußerster Brutalität der Polizei und Spezialeinheiten gegen die Adivasi berichtet:

„Zahlreichen gut dokumentierten Berichten aus Quellen, die nicht notwendigerweise der CPI (Maoist) nahe stehen, zufolge werden momentan 30 bis 40 Stammesangehörige pro Woche im Adivasi-Gebiet getötet. Im Dorf Goompad, Chhattisgarh, verschwanden Zeugen, die über ein Polizeimassaker berichteten, spurlos (Tehelka.com, 24 Februar, 2010). Am 24. Februar 2010 ermordete die Central Reserve Police Force (CRPF) einen führenden Vertreter einer Organisation, den gewählten Vorsitzenden des People's Committee against Police Atrocities (PCPA) und zwei andere Menschen in Lalgarh. Sich widersprechende Polizeiversionen tauchten über die Umstände seines Todes auf. Eine davon lautete, er sei beim Angriff auf ein Polizeicamp getötet worden,

---

582 Union Home Ministry 2010, S. 20f
583 A World To Win, *Kasama* 11.04.2010, Internetquelle
584 Vgl. Press Trust of India für Onlineportal von IBN-Live, 26.07.2010

eine andere, er sei bei einer maoistischen Kampfeinheit gewesen und bei einer Razzia der CRPF getötet worden. Augenzeugen hingegen sagen, er sei nahe seines Hauses erschossen und seine Leiche in ein nahegelegenes Getreidefeld geworfen worden."[585]

Tudu war einer der Hauptrepräsentanten des PCPA bei den Verhandlungen mit der Regierung von West Bengal und zu keinem Zeitpunkt direkt verdächtigt worden, ein Maoist zu sein. Wie *Kasama* weiter berichtet, sagte seine Frau aus, die Behörden hätten

> „ihn seit Juni letzten Jahres gejagt. Er versuchte, sein Haus an jenem Tag zu betreten, aber in der darauffolgenden Nacht wurde er entführt. Wir hörten Gewehrschüsse und fürchteten das Schlimmste. Erst am nächsten Morgen, als wir seinen Körper im Feld fanden, ahnten wir, was geschehen sein musste."[586]

Menschenrechtsaktivisten betonen, es gebe einen Befehl, sofort auf jeden in Sicht kommenden Maoisten zu schießen, aber niemand weiß eigentlich, wer oder was ein Maoist ist. Der Menschenrechtsaktivist Nandini Sundar berichtete in *Outlook India* vom 5. Juli 2010 von massenhaft an Adivasi-Frauen begangenen Vergewaltigungen durch SPOs und Polizisten in den Dörfern der betroffenen Regionen. In den meisten Fällen haben die vergewaltigten Frauen keine Chance, Anzeigen zu erstatten, weil diese nicht aufgenommen wurden und sie stattdessen neuen Bedrohungen durch die Polizei ausgesetzt sind.[587]

Es ist verschiedentlich darauf hingewiesen worden, dass der Krieg gegen die Naxaliten in der Konsequenz vor allem ein Krieg des Staates gegen die Adivasi ist. Jedes in dieser massiven Form vorangetriebene militärische Vorgehen gegen die maoistischen Stellungen in den Stammesgebieten kann nur auf eine solche Konfrontation hinauslaufen. N. Mukherhji bringt diesen Sachverhalt in der Einleitung zu seiner Studie über die ökonomischen Entwicklungen in der Guerillazone klar auf den Punkt:

> „Es gibt überwältigende Beweise dafür, dass die maoistischen Kräfte an der Frontlinie – die Milizen und die Guerilla-Armee – nahezu vollständig aus jungen Adivasi bestehen. Es ist evident – und wird zugleich systematisch übersehen –, dass jede bewaffnete Operation, mit der versucht wird, die Führung der Maoisten zu fassen, bewaffnete oder unbewaffnete Adivasi als ihr direktes Ziel haben wird. Es gibt Schichten um

---

585 Ebd.
586 Ebd.
587 Vgl. Sundar, in *Outlook India*, 5.07.2010, Internetquelle

Schichten von Adivasis als menschliche Schutzschilde zwischen den Streitkräften der Regierung und der Führung der maoistischen Bewegung. Des weiteren kann, wie die fehlgeleitete und mörderische Salwa-Judum-Kampagne gezeigt hat, jeder Angriff auf Adivasi den Adivasi-Gemeinschaften nicht nur immensen Schaden zufügen, sondern wird zugleich unmittelbar dazu beitragen, die Unterstützerbasis des Guerillakrieges der Maoisten zu erweitern."[588]

Die Bemühungen der Sicherheitskräfte scheinen allerdings bisher von keinem durchschlagenden militärischen Erfolg gekrönt zu werden. Bereits im Februar 2010 häuften sich Presseberichte, die einen Fehlschlag der Operation konstatierten. Und in der Tat hatte die Eskalation der Kampfhandlungen zu einer Reihe von maoistischen Gegenschlägen geführt, die ihre demoralisierende Wirkung auf die Sicherheitskräfte nicht verfehlt haben dürften. Im Januar wurde in Sildha in West Bengal ein Camp der Eastern Frontier Rifles angegriffen und dabei 24 Soldaten getötet, in Jharkhand wurde ein Beamter der Entwicklungsbehörden entführt und wenig später wieder freigelassen, nachdem die Regierung des Bundesstaates auf die Forderung der Maoisten eingegangen war und zwei inhaftierte Kader der CPI (Maoist) freigelassen hatte. Das Grenzgebiet zwischen Jharkhand und West Bengal erwies sich in den Kampfhandlungen als vorerst uneinnehmbare Festung der Naxaliten, von der aus koordinierte Angriffe beiderseits der Grenze durchgeführt wurden. Zumindest in dieser Region scheint die Kampfmoral der Sicherheitsbehörden auf einem Tiefpunkt angekommen zu sein:

„Eine Woche, nachdem ein hochrangiger Offizier in Jharkhand zugab, dass die kombinierten Aktionen beider Bundesstaaten ein Fehlschlag waren, machte ein in die Anti-Naxaliten-Operationen involvierter Polizeioffizier der Polizei von West Bengal ähnliche Beobachtungen. ‚Es ist uns nicht gelungen, die Ressourcen der Maoisten zu brechen, und stattdessen wurden wir selber im Niemandsland eingekesselt, ohne irgendetwas erreicht zu haben', sagte der Deputy Inspector General. Indem er die benachbarten Bundesstaaten für dieses Desaster verantwortlich machte, erklärte ein höherer Polizeibeamter: ‚Jharkhand und Bihar haben trotz auf sie ausgeübten Drucks keine Verstärkungen gesandt, um die Maoisten aus ihren Verstecken zu jagen. Dies erhöht nur ihre Moral. Sie werden nach Bengalen kommen und gehen, wie es ihnen beliebt, und Leute niederschießen wie in Sildha.' Dennoch versicherte die Polizeiführung von Jharkhand, die Operation sei erfolgreich verlaufen."[589]

---

588 Mukherji, 19.06.2010, S. 16
589 Saiful Haque/Sujit Nath, *India Today,* 22.02.2010

Verschiedene Polizeioffiziere, die in der Regel namentlich ungenannt bleiben wollen, verwiesen übereinstimmend auf die mangelnde Infrastruktur und die Erschöpfung der verfügbaren Kapazitäten. Zugleich wurde bekannt, dass allein die Regierung von West Bengal zwischen 2006 und 2009 mehr als 1,3 Milliarden Rs. Fördergelder zur Bekämpfung der Naxaliten zugesagt bekommen hat, von denen jedoch nur 610 Millionen Rs. tatsächlich in Anspruch genommen wurden.[590] Gegen die von den Hardlinern im Union Home Ministry anvisierte rein militärische Lösung des Naxalitenkonfliktes scheint es in einigen Bundesstaaten erhebliche interne Widerstände seitens der Regierungen zu geben, die weniger auf humanitäre Erwägungen zurückgehen dürften als vielmehr auf die schlichte Erkenntnis, dass eine solche Eskalation wohl kaum geeignet sein dürfte, den Konflikt wirklich beizulegen. Zur gleichen Zeit kündigte die Regierung von Jharkhand, wo die Naxaliten bereits große Teile des Bundesstaates kontrollieren, an, keine größeren polizeilichen und militärischen Aktionen mehr durchzuführen, sofern die CPI (Maoist) zu Friedensverhandlungen bereit wäre. Nach heftigen Angriffen der BJP-Opposition gegen die defätistische Haltung des Chief Minister wurde das Angebot jedoch wenig später wieder zurückgezogen.

„Green Hunt" führt, wie von verschiedenen Kritikern ausgeführt wurde, nicht nur zu einer militärischen Eskalation der Kämpfe, sondern auch dazu, die reale militärische Dominanz der Unionsregierung gegenüber den betroffenen Bundesstaaten zu erhöhen und den Handlungsspielraum von Regierungen, wie etwa der von Bihar und Jharkhand, die der Operation skeptisch gegenüberstehen, auf Null zu reduzieren, indem in immer stärkerem Maße Einheiten der Unionsregierung im Zentrum der Kämpfe stehen, die keiner Kontrolle der Staatsregierungen unterstehen, sondern unmittelbar von Delhi aus befehligt werden. „Green Hunt" wird in diesem Sinne auch als Versuch kritisiert, unter Umgehung der schwerfälligen legislativen Prozesse eine interne Zentralisierung des indischen Sicherheitsapparates in die Wege zu leiten und die föderale Struktur des indischen politischen Systems damit infrage zu stellen:

> „...die Initiierung der interstaatlich geleiteten Anti-Naxaliten-Operation ist tatsächlich ein Teil des oft genannten Plans der Zentralregierung, den internen Sicherheitsapparat zu restrukturieren und zu zentralisieren. In der Konsequenz ist dies eine entscheidende Verschiebung im Bereich Sicherheit und Ordnung und Polizeimacht weg von der Kompetenz der Bundesstaaten. Über einen Zeitraum von mehr als zwanzig Jahren wurden etliche Kompetenzen der Bundesstaaten von der Zentralregierung

---

590 Ebd.

übernommen, so etwa die Forstverwaltungen, Straßenbau, Hafenadministrationen und nun der Sicherheitsapparat. Dies sind tragende Elemente eines großen Schritts hin zu einer einheitlicheren und zentralisierteren Struktur des Regierungshandelns. Könnte dies auf lange Sicht auch die Etablierung einer präsidentielleren Form der Regierung durch die Hintertür bedeuten?"[591]

Die indische Regierung versucht im Zuge der Aktion „Green Hunt" offenbar, nicht nur gegen die Maoisten vorzugehen, sondern sich zugleich der zahlreichen KritikerInnen zu entledigen, die ihre Vorgehensweise in Frage stellen. So wies die CPI (ML)–Liberation in einer Presserklärung im Mai 2010 darauf hin, dass das Unions-Innenministerium verstärkt nun auch gegen Menschenrechtsorganisationen und die breitere gesellschaftliche Linke vorgehe. Verwiesen wird unter anderem auf „ein CBI-Kommunique, in dem 57 Organisationen, darunter auch prominente Bürgerrechtsvereinigungen wie PUCL, PUDR und APDR, aber auch legale linke Parteien wie die CPI (ML)–Liberation, als Vorfeldorganisationen der Maoisten bezeichnet werden, die es zu bekämpfen gelte".[592] Im Mai verlautbarte Union Home Minister Chidabaram in einer Presseerklärung:

> „Die Regierung fordert die Menschen auf, wachsam gegenüber der Propaganda der CPI (Maoist) zu sein. Es ist der Regierung zu Ohren gekommen, dass einige Maoisten-Führer direkt gewisse NGOs und Intellektuelle kontaktiert haben, um ihre Ideologie zu verbreiten und sie zu überreden, Schritte zu unternehmen, die zur Unterstützung der CPI (Maoist)-Ideologie führen können. Der Öffentlichkeit wird zur Kenntnis gebracht, dass laut Paragraph 39 des Gesetzes über ungesetzliche Aktivitäten (Verhütung) von 1967 jede Person, die sich des Vergehens schuldig macht, eine solche Terroristenorganisation zu unterstützen mit der Absicht, u.a. die Aktivitäten solcher Terroristen-Organisationen zu fördern, zur Verantwortung gezogen und mit Gefängnis bis zu zehn Jahren oder Geldstrafen oder beidem belegt werden kann. Die Öffentlichkeit wird informiert, äußerst wachsam gegenüber der Propaganda der CPI (Maoist) zu sein und nicht unbewusst Opfer solcher Propaganda zu werden."[593]

Die unverhohlene Drohung Chidabarams richtet sich natürlich gegen Autoren wie Arundhati Roy und Jan Myrdal, die erst kürzlich auf versteckten Wegen im Rebellenland mit der Guerilla unterwegs waren und im Frühjahr 2010 Berichte über ihre Erfahrungen veröffentlichten, die sich explizit als

---

591 Kumar Sanjay Singh in *Radical Notes,* 09.03.2010
592 Zitiert nach Sanhati, Mai 2010
593 Zitiert nach Myrdal, 9.7.2010

Gegenstimmen gegen die offizielle Version des Konflikts verstanden, wobei sie, Roy mit etwas mehr und Myrdal etwas weniger kritischer Distanz, auch durchaus Partei für die Naxaliten ergriffen. Sie richtet sich jedoch mindestens in gleichem Maße auch gegen die zahlreichen Bürgerrechtsorganisationen und die breite gesellschaftliche Linke, deren Kritik an der rücksichtslosen, nicht nur bewaffnete Widerstandsgruppen, sondern auch die Bevölkerung der betroffenen Gebiete ins Visier nehmenden Gewalt des Staates besonders im letzten Dreivierteljahr hörbarer geworden ist. Der von Chidambaram erwähnte Artikel des Anti-Terror-Gesetzes sei hier einmal zitiert, um zu verdeutlichen, wie breitflächig auf dieser Basis gegen jegliche Organisation vorgegangen werden kann, die das Vorgehen des indischen Staates gegen die Naxaliten und andere bewaffnete Kräfte infrage stellt und dabei den Sicherheitsinteressen des Staates zuwiderläuft:

„Artikel 39. Straftat bezüglich Unterstützung für eine terroristische Organisation. 1. Eine Person begeht eine Straftat bezüglich Unterstützung für eine terroristische Organisation, (a) die mit der Absicht, die Aktivität einer Terrororganisation zu fördern, (i) zur Unterstützung einer Terrororganisation auffordert und (ii) die Unterstützung nicht darauf beschränkt ist, Geld oder anderen Besitz zu geben im Sinne von Absatz 40; oder b), die mit der Absicht, die Aktivität der Terrororganisation zu fördern, eine Zusammenkunft arrangiert, managt oder beim Arrangieren hilft, von der er weiß, dass (i) sie der Unterstützung der Terrororganisation gilt oder (ii) die Aktivität der Terrororganisation fördert oder (iii) wo eine Person eine Rede halten wird, die mit der Terrororganisation in Verbindung steht oder behauptet, mit ihr in Verbindung zu stehen; oder (c) die, mit der Absicht, die Aktivität der Terrororganisation zu fördern, vor der Versammlung eine Rede hält mit der Absicht, die Unterstützung für die Terrororganisation zu ermutigen oder ihre Aktivität zu fördern. 2. Eine Person, die sich der Straftat schuldig macht in Bezug der Unterstützung einer Terrororganisation unter Paragraph (1) wird mit Gefängnis bestraft, das zehn Jahre nicht übersteigen soll oder mit Geldstrafe oder mit beidem.“[594]

Es ist in der Tat, wie Myrdal feststellt, ein Gummiparagraph, der sich dafür eignet, als große Keule gegen das breite linke Milieu etwa in den Universitäten, aber auch gegen Bauernorganisationen, Kulturvereinigungen, Menschenrechtsgruppen und dem Naxalitenmilieu entstammende linke Organisationen, Parteien und Gewerkschaften geschwungen zu werden. Und sie wird bereits geschwungen. Während sich der Krieg gegen die Adivasi verschärft, wird zugleich gegen kritische Intellektuelle und linke Aktivisten

---

594 Ebd.

eine Pogromstimmung geschürt, die darauf abzielt, eine umfassende Kriminalisierung der kritischen Stimmen vorzubereiten. Exemplarisch hierfür könnte die Kampagne genannt werden, die gegen die Autorin Arundhati Roy entfacht wurde. Am 2. Juni fand in Mumbai eine medial vielbeachtete öffentliche Veranstaltung zur Situation in den Guerillagebieten des Committee for the Protection of Democratic Rights (CPDR) statt, bei der neben Roy selber auch ein Redakteur der *Economic and Political Weekly* (EPW) auf dem Podium saß. Zwei Tage danach veröffentlichte der Press Trust of India (PTI) einen umfangreichen Bericht, der gespickt war mit sinnentstellenden Zitaten aus den Redeanteilen Roys bei dieser Diskussion. Konstruiert wurde, sie stelle sich voll und ganz hinter die CPI (Maoist) und unterstütze ihren Kampf uneingeschränkt. Dieser Bericht führte unmittelbar zu einem Aufschrei der Empörung in der etablierten Presse, zu Forderungen, sie zu inhaftieren, ja zu Todesdrohungen. Eine Politikerin der rechten BJP, Poonam Chaturvedi aus Chhattisgarh, forderte, Roy solle an einer öffentlichen Kreuzung erschossen werden und andere Verräter wie sie sollten die Todesstrafe erhalten. Noch am selben Abend tauchten Schlägerbanden an ihrer Haustür auf und warfen ihr die Fensterscheiben ein.[595] Mehrere Anzeigen wurden gegen sie erstattet und es bleibt abzuwarten, was als nächstes passiert. Roy selber glaubt offenbar, dass an ihr ein Exempel statuiert werden soll, und fragt:

„Ist es dies, was der Militärgeheimdienst Psychologische Kriegsführung nennt? Oder ist es der städtische Avatar der Operation ‚Green Hunt'? Bei dem eine regierungsamtliche Nachrichtenagentur dem Innenministerium dabei hilft, einen Fall aufzubauen gegen diejenigen, die es loswerden will, indem sie Beweise erfindet, wenn es keine finden kann? Oder versucht der PTI, diejenigen von uns, die etwas bekannter sind, dem Lynchmob auszuliefern, damit die Regierung ihre internationale Reputation nicht aufs Spiel setzen muss, indem sie uns einsperrt oder eliminiert? Oder ist es einfach nur ein Weg, um eine krude Polarisierung zu erreichen, ein Abwürgen der Debatte mit dem lächerlichen Slogan ‚Wer nicht für uns ist, ist ein Maoist'? Und nicht nur ein Maoist, sondern ein dummer, arroganter, großmäuliger Maoist. Was auch immer es ist, es ist gefährlich und eine Schande, aber es ist nicht neu. Fragt jeden beliebigen Kashmiri oder jeden jungen Muslimen, der als ‚Terrorist' ohne jeden Beweis außer unbasierten Medienberichten festgehalten wird. Fragt Mohammed Afzal, der hingerichtet wurde, um ‚das kollektive Bewusstsein der Gesellschaft zufriedenzustellen'. Nun, da die Operation ‚Green Hunt' damit begonnen hat, an die Tür von Leuten wie mir zu klopfen, stellt euch vor, was mit den AktivistInnen und politischen Kämpfe-

---

595 Roy in *Dawn*, 24.07.2010

rInnen passiert, die niemand kennt. Mit den Hunderten, die eingesperrt, gefoltert und eliminiert werden. Am 26. Juni war der 35. Jahrestag der Ausrufung des Notstands. Vielleicht sollte das indische Volk erklären (da die Regierung es sicherlich nicht tun wird), dass dieses Land sich in einer Situation des Notstands befindet."

Forderungen nach Friedensgesprächen und auch das konkrete Angebot der Führung der CPI (Maoist), auf der Grundlage einer dreimonatigen beiderseitigen Waffenruhe zu Verhandlungen zu kommen, hat die Regierung unlängst zurückgewiesen, nachdem eine erste Gesprächsinitiative durch die Ermordung des maoistischen Pressesprechers Azad durch Spezialeinheiten Anfang Juli 2010 brüsk torpediert worden war. Trotz der Rückschläge vom Frühjahr fühlt man sich in Delhi offenbar in der Lage, die Guerilla militärisch zu besiegen. Auf die Niederlage in Chhattisgarh im Mai diesen Jahres, als 75 CRPF-Angehörige in einem Hinterhalt der Maoisten getötet worden waren, haben die Sicherheitskräfte mit harten Gegenschlägen geantwortet und offenbar durchaus auch Erfolge verzeichnen können. Nach Angaben der CRPF wurden seit dem Mai mindestens 24 KommandantInnen von Naxaliteneinheiten getötet und 350 GuerillakämpferInnen gefangengenommen, vor allem in Jharkhand und West Bengal, 420 Kilogramm Sprengstoff, 135 Gewehre mit Munition und 43 Granaten seien beschlagnahmt worden.[596] In eben dieser Pressemitteilung wird auch die hoch umstrittene Tötung von Azad als Erfolg im Kampf gegen die Guerilla gefeiert. Mindestens sechs Politbüromitglieder der CPI (Maoist) seien in den letzten Monaten entweder getötet oder gefangengenommen worden. Die mittelfristigen Auswirkungen dieser Verluste schätzte ein ungenannter CRPF-Offizier als desaströs für die Maoisten ein:

> „Die CPI (Maoist) ist eine gutstrukturierte Partei mit einem Politbüro und einem Zentralkomitee, Zonenkommandanten, Distriktkommandanten und dalam-Kommandanten. Aber die neuen Leute, die der Partei beitreten und die in der Führung die Leiter nach oben erklimmen, sind nicht vom selben intellektuellen Kaliber wie diejenigen, die getötet oder verhaftet wurden. Leute wie Azad oder Pramood Mishra waren in der Bewegung seit mehr als drei Jahrzehnten aktiv."[597]

Zugleich werden die Verluste der Regierungsseite seit Mai offiziell mit 42 Toten und 16 Schwerverletzten angegeben, die bei 243 Rebellenangriffen und 217 Regierungsoperationen zu beklagen waren.

---

596 Varma 2010, Internetquelle
597 Ebd.

Offensichtlich aber stößt das Vorgehen der Regierung gegen die Naxaliten auf Hindernisse, selbst was die Loyalität und Zuverlässigkeit der lokalen Verwaltungen betrifft. Nicht anders kann die Initiative des Union Home Ministry interpretiert werden, verstärkt gegen Beamte der Forstverwaltungen vorzugehen, die sich vor Ort mit den Naxaliten offenbar arrangiert haben. Wie der Staatssekretär im Innenministerium, G. K. Pillai, Anfang August 2010 bei einer Pressekonferenz erklärte, sei man besorgt und verärgert über Forstbeamte in den Naxalitengebieten, die Informationen über Versammlungen der Maoisten nicht nur nicht der Polizei mitteilten, sondern an diesen sogar noch in offizieller Funktion teilnähmen und deren illegalen Aktivitäten damit eine quasi-staatliche Legitimation verschafften. Konkret führte Pillai das Beispiel eines höheren Forstbeamten in Sunabeda, Orissa an, der kürzlich in seinem Dienstfahrzeug zu einer Besprechung mit regionalen Kadern der CPI (Maoist) gefahren und an dieser teilgenommen hatte, um Fragen der Waldnutzung durch die lokale Stammesbevölkerung zu erörtern. Vertreter der Forstbehörden wiesen die Vorwürfe des Staatssekretärs umgehend zurück und erklärten, dass in weiten Gebieten keinerlei Polizeipräsenz zur Verhinderung maoistischer Angriffe zu erwarten sei, was es unausweichlich machen könne, mit der Guerilla vor Ort zu kooperieren.[598]

## 9.3. Ein kaltblütiger Mord unter vielen

Während die Kampfhandlungen zwischen den Polizeikräften und Spezialeinheiten auf der einen, den Naxaliten auf der anderen Seite, im letzten Dreivierteljahr eine bisher ungekannte Intensität erreichten und zunehmend auch unbeteiligte Menschen vor allem durch das rüde Vorgehen der Sicherheitskräfte in Mitleidenschaft gezogen wurden, versuchten zivilgesellschaftliche Gruppen, Initiativen einzuleiten, um einen Dialog zwischen den Maoisten und dem Staat zu ermöglichen. Eine Gruppe um Swami Agnivesh schien dabei zunächst einen Teilerfolg zu verbuchen. Auf einen entsprechenden Aufruf zu einem Waffenstillstand antwortete Unions-Innenminister Chidambaram am 11. Mai 2010 in einem Brief (der zunächst vertraulich behandelt werden sollte und nach dem Scheitern der Initiative veröffentlicht wurde), in dem er einen 72-stündigen Waffenstillstand vorschlug, in dessen Geltungsdauer Verhandlungen über eine politische Lösung begonnen werden könnten. In einem Schreiben vom 31. Mai reagierte der Pressesprecher der CPI (Maoist), Azad, auf die Gesprächsinitiative und erklärte, trotz prinzipieller Skepsis bezüglich einer derart kurzen Einstellung der Kämpfe und

---

598 *Times of India* vom 08.08.2010

der Feststellung, dass es der Staat sei, auf dessen Konto die Gewalteskalation der letzten Monate gegangen sei, die prinzipielle Bereitschaft zu einer friedlichen Gesprächslösung. Angesichts einer für beide Seiten problematischen Entwicklung in den Kampfgebieten deutete einiges darauf hin, dass zumindest von maoistischer Seite eine gewisse Ernsthaftigkeit eines solchen Angebots angenommen werden konnte.[599]

Dies war der Stand der Anknüpfung eines möglichen Gesprächsfadens, als am 2. Juli 2010 in den indischen Medien die Erschießung Azads, der wesentlichen Verbindung zwischen der CPI (Maoist) und sowohl des kritischen Teils der Öffentlichkeit als auch der indischen Regierung gemeldet wurde. Die Polizei von Andhra Pradesh meldete, dass Azad und ein weiterer maoistischer Kader bei einem vierstündigen Feuergefecht mit der Polizei in der Nähe des Dorfes Sarkepalli in den Wäldern von Jogapur im Distrikt Adilabad ums Leben gekommen sei, während die anderen Angehörigen einer auf 20 Personen geschätzten Naxaliteneinheit, bei der sie sich befunden hätten, entkommen seien. Bei ihnen seien eine AK-47 und maoistische Literatur gefunden worden. Wenig später jedoch tauchten kritische Fragen auf, etwa danach, warum außer zwei Projektilen von Polizeimunition am genannten Ort keinerlei Spuren eines Feuergefechts vorhanden waren und warum die Bewohner des nahegelegenen Ortes nichts von einem vierstündigen Schusswechsel gehört hatten.[600] Auch die Tatsache, dass bei einem angeblich vierstündigen Feuergefecht auf schwierigem Terrain nicht ein einziger Verwundeter auf der Seite der Polizei zu vermelden war, erschien unwahrscheinlich. Allmählich drangen andere Berichte durch, die eine der Polizeiversion in allen Punkten widersprechende Darstellung gaben:

> „Der Staat ermordete am 2. Juli auf kaltblütige Weise Cherukuri Rajkumar, in der Öffentlichkeit bekannt als Azad, Pressesprecher der Communist Party of India (Maoist) zusammen mit dem freien Journalisten Hemchandra Pandey. Azad sollte am 1. Juli um 11 Uhr abends einen Kurier in Sitabardi bei Nagpur treffen, der ihn von dort aus in die Wälder von Dandakaranya bringen sollte. Der Kurier kehrte in die Wälder zurück, nachdem er ihn zur verabredeten Zeit am Treffpunkt nicht antraf. Die Leichen beider – Azads und Pandeys – wurden später auf einer Lichtung im Wald zwischen den Dörfern Jogapur und Sarkepalli im Distrikt Adilabad, etwa 250 Kilometer von

---

599 Vgl. Letters from P. Chidambaram and CPI (Maoist) to Swami Agnivesh regarding the possibility of dialogue

600 Venugopal 17.07. 2010, S. 4

Nagpur entfernt, präsentiert, zusammen mit einer Geschichte über ein Feuergefecht, dass in den frühen Morgenstunden des 2. Juli stattgefunden haben soll."[601]

Wenige Minuten nach dem Ende des vermeintlichen Feuergefechts war ein Fernsehteam zur Stelle, um die Leichen der beiden „Top-Maoisten" zu filmen, und bereits um 9 Uhr morgens brachten sämtliche zwölf Fernsehsender Andhra Pradeshs Berichte mit der offiziellen Version des Hergangs. Freunde und Angehörige des getöteten Journalisten erkannten seine Leiche wenig später auf den Fotos auf den Titelseiten der in Delhi erscheinenden Tageszeitungen. Kritische Fragen wurden nicht gestellt und auch die einige Tage später veröffentlichte Erklärung der People's Union for Democratic Rights (PUDR), einer anerkannten Menschenrechtsorganisation, in der die These vertreten wurde, es habe sich um einen „Fake Encounter", mithin um eine geplante Verschleppung über Bundesstaatsgrenzen hinweg und anschließende Ermordung Azads und Pandeys gehandelt[602], fand erst sehr zögernd Erwähnung in den Medien. Dass Azad nicht etwa bei einem Schusswechsel ums Leben gekommen, sondern tatsächlich verschleppt und ohne Verfahren einfach erschossen wurde, ist inzwischen Konsens auch in den etablierten Zeitungen[603], ohne dass die Regierung einer solchen Deutung widersprechen würde. Unions-Innenminister Chidambaram bestritt zwar vehement, von der Liquidierung Azads gewusst zu haben oder diese gar angeordnet zu haben, lehnte aber eine Untersuchung des Vorgangs ab.[604] Maoistische Quellen bestätigten, dass Azad am 30. Juni in Begleitung des Journalisten aus Nordindien aufgebrochen war, um von Nagpur aus in die Guerillazone zu gelangen, um die Antwort der Organisation auf einen konkreten Terminvorschlag für einen Waffenstillstand zu beraten. Ihre Entführung muss während der Zugfahrt oder spätestens bei der Ankunft in Nagpur passiert sein.[605]

Die Erschießung des Azad begleitenden Journalisten Hem Chandra Pandey, die ebenfalls mysteriös ist, wie auch die Tatsache, dass er den Pressesprecher der Maoisten begleitete, ohne dass offenbar führende Stellen der Partei darüber informiert waren, führte zu weiterer Unruhe: die Generaldirektorin der UNESCO forderte, im Einklang mit den wichtigsten indischen Bürger-

601 Ebd.

602 Basu/Gupta, 10.07.2010, S. 4

603 Vgl. Aman Sethi in *The Hindu* vom 04.07.2010

604 Vgl. Chidambaram didn't have prior knowledge of Azad encounter: Swami Agnivesh, in: *Times of India* vom 22.07.2010

605 Navlakha, 25.07.2010, Internetquelle

rechtsorganisationen, eine unabhängige Untersuchung, ebenso wie auch Pandeys Witwe und die International Federation of Journalists.[606]

„Fake Encounters" haben, wie bereits dargelegt, eine lange Tradition in Andhra Pradesh und dieser besondere Fall hätte wohl kaum Aufsehen erregt, wenn es sich um irgendwelche beliebigen Naxaliten oder AktivistInnen von Bauernorganisationen gehandelt hätte. Die Regierung von Andhra Pradesh scheint denn auch gewillt zu sein, die Erschießung Azads und Pandeys als Routineangelegenheit zu behandeln und zu den Akten zu legen. Keine staatliche Stelle hat sich die Mühe gemacht, die Enthüllung der Umstände dieser Erschießung zu dementieren. Sie wirft allerdings ein Schlaglicht auf die Praktiken der Special Intelligence Branch (SIB) einer Spezialeinheit der Polizei von Andhra Pradesh, die mutmaßlich in dieses wie auch zahlreiche andere „Fake Encounters" involviert ist. Saroj Giri schrieb dazu in *Sanhati*:

> „Legale und ungesetzliche Tötungen finden im Tandem statt. Und, nebenbei gesagt, es sind die selben Regierungsagenturen, die selbe Special Intelligence Branch, die das eine Mal Verhaftungen vornimmt im Fall von wirklichen Feuergefechten (wie im Fall von Kobad Gandhy) und tötet im Fall von ‚Fake Encounters'. So wird deutlich, dass beide, legale und ungesetzliche Tötungen, Wege der Eindämmung und Zurückdrängung politischen Widerstands sind. Und tatsächlich gibt es starke Gründe, anzunehmen, dass das selbe Union Home Ministry, das scheinbar ernsthaft seine Bereitschaft zu Verhandlungen mit den Maoisten bekundet hat, grünes Licht zur Tötung von Azad gegeben hat."[607]

Azad bzw. Cherukuri Rajkumar, wie sein wirklicher Name lautete, der von der CPI (Maoist) nach seinem gewaltsamen Tod bekanntgegeben wurde, wurde im Mai 1954 in einer Mittelklassefamilie in Andhra Pradesh geboren. Er erhielt seine schulische Ausbildung in und um Hyderabad und absolvierte Graduate- und Postgraduate-Studiengänge in Ingenieurwissenschaften an verschiedenen Universitäten in Andhra Pradesh. Beim Ausbruch der Aufstandsbewegung von Srikakulam Ende der 1960er Jahre wurde er von diesen Kämpfen beeinflusst, wie auch einige andere Mitglieder seiner Familie. Im Jahr 1974 gehörte er zu den Gründungsmitgliedern der Andhra Pradesh Radical Students Union (RSU), die nach der Verhängung des Ausnahmezustandes durch Indira Gandhi 1975 kriminalisiert wurde. Die Ermordung dreier studentischer Aktivisten der RSU bei einem „Fake Encounter" in Giraipalli, einem berüchtigten Fall, der landesweit ein schlechtes Licht auf

---

606 Vgl. UN glare on scribe killing , *The Telegraph,* 17.07.2010
607 Giri, 12.07.2010, Internetquelle

die Praktiken der Polizei von Andhra Pradesh warf, und Rajkumars Tätigkeit in einer unabhängigen Untersuchungskommission, die sich zum Ziel gesetzt hatte, diese und andere staatlicherseits verübte Morde aufzuklären, führten nicht nur dazu, dass er in zunehmendem Maße sensibilisiert wurde für die Leiden und Kämpfe der LandarbeiterInnen und Kleinbauern im nördlichen Andhra Pradesh, sondern auch dazu, dass er selber zunehmend ins Visier der Repressionskräfte geriet. Im Herbst 1980 entschloss er sich, in den Untergrund zu gehen und sich einer Einheit der PWG anzuschließen. Danach lebte er 30 Jahre lang bis zu seiner Erschießung im Alter von 56 Jahren in Guerillabasen in verschiedensten Teilen des Landes wie Karnataka, Tamil Nadu, Kerala, Maharashtra, Gujarat und Dandakaranya, wo er im Laufe seines Lebens zu einem der publizistischen und theoretischen Köpfe der Naxaliten wurde und regelmäßig an publizistischen Debatten der breiteren indischen Linken teilnahm, in denen er die politische und theoretische Position seiner Bewegung vertrat. Angenommen wird, dass er auch wesentliche Beiträge zur Strategieentwicklung der CPI (Maoist) leistete.[608]

Weiter oben habe ich die Vermutung Giris wiedergegeben, dass Azads Erschießung zumindest die Zustimmung des indischen Unions-Innenministeriums gefunden habe müsse. Nun wäre es angebracht, zu fragen, ob eine solche Annahme realistisch erscheint und warum eigentlich Regierungsstellen ein Interesse haben könnten, just in einem solchen Moment, in dem sich die Tür zu einem Waffenstillstand und eventuellen Vorgesprächen für Friedensverhandlungen einen Spalt zu öffnen scheint, eine solche Aktion durchzuführen und damit jegliche Aussicht auf eine Beendigung der militärischen Eskalation zunichte zu machen. Navlakha schreibt:

„Es wird angenommen, dass Azad getötet wurde, weil die Maoisten ihre Anschläge fortgesetzt haben, die zu schweren Verlusten bei den Sicherheitskräften geführt und diese demoralisiert haben, so etwa der Angriff vom 29. Juni in Narayanpur im Distrikt Bastar, bei dem 29 Angehörige der CRPF ihr Leben verloren. Während ein Waffenstillstand nicht in Sicht war und beide Seiten damit fortfuhren, sich gegenseitig anzugreifen, ist es eine Sache, mit solchen Angriffen und Gegenangriffen fortzufahren. Die Greyhounds jedoch, die Azad entführten und umbrachten, müssen über seine Identität informiert gewesen sein (nicht allerdings über die seines Begleiters) und müssen demzufolge auch gewusst haben, dass er im Begriff war, Gespräche mit der Regierung aufzunehmen. Sie hätten ihn entweder reisen lassen oder ihn und seinen Begleiter verhaften können. Die Tatsache, dass sie weder das eine noch das andere taten, legt den Schluss nahe, dass sie die Genehmigung hatten, ihn zu liquidieren.

---

608 Venugopal 17.07.2010, S. 5

Und indem sie dies taten, muss es den Greyhound-Abteilungen von Andhra Pradesh bewusst gewesen sein, dass sie auf diese Weise den möglichen Beginn eines Friedensprozesses sabotierten."[609]

Es bedarf wohl keiner besonderen Erwähnung, dass jeglicher Weg für Verhandlungen damit für das erste verbaut ist. Einer Organisation wie der CPI (Maoist) wird so signalisiert, dass jeder führende Kader, der bereit ist, als Bote für die Aufnahme von Kontakten zur Regierungsseite zu fungieren, nicht nur mit seiner Gefangennahme, sondern auch seiner Liquidierung durch die Sicherheitskräfte rechnen muss. Es wäre nun sicher eine interessante Frage, ob es sich bei der Ermordung Azads um einen Irrtum handelte, was kaum anzunehmen ist, eine eigenmächtige Aktion von Teilen des Sicherheitsapparates etwa von Andhra Pradesh, die aus ihren partikularen Interessen heraus kein Interesse an einer Deeskalation haben, oder um eine gezielte Liquidierung auf Initiative des Büros von Unions-Innenminister Chidambaram. Und sollte das letztere zutreffen, wäre zu klären, ob er hierfür die Rückendeckung des gesamten Kabinetts unter Premierminister Manmohan Singh hatte oder ob der Innenminister seine eigene Politik betreibt, die in der Konsequenz durchaus auf eine spürbare Verselbstständigung und Zentralisierung des Polizeiapparates hinausläuft und darauf, eine dominierende Rolle gegenüber zivilen und moderateren Politikmustern im Hinblick auf die großangelegten industriellen Entwicklungsprogramme zu spielen.

Angesichts der zunehmenden Aufrüstung des staatlichen Machtapparates und der großen Bedeutung, die hierbei paramilitärische Einheiten wie die India-Reserve-Bataillone, Greyhounds und CRPF spielen, muss wohl tatsächlich von einer Verselbstständigung der Paramilitärs und einer deutlichen Militarisierung der Polizei gesprochen werden. Suamanta Banerjee, der in einem Beitrag für die *Economic and Political Weekly* die Pathologie der indischen Sicherheitskräfte untersuchte, stellte fest, dass vor allem die Central Reserve Police Forces (CRPF) für ihr rücksichtsloses und von keinerlei rechtsstaatlichen Erwägungen geprägtes Vorgehen gegen Zivilpersonen und eine Vielzahl von willkürlichen Übergriffen an jedem Ort, an dem sie stationiert wurden, bekannt seien.[610] Auch die Border Security Forces (BSF), die sowohl im Kashmir-Konflikt als auch im Verlauf der jüngeren Auseinandersetzungen mit den Naxaliten zunehmend ausgebaut und zur Aufstandsbekämpfung im Inneren eingesetzt werden, haben sich einen schlechten Ruf erworben, der weit über die Grenzen Indiens hinaus reicht. Banerjee zitiert

---

609 Navlakha, 25.07. 2010, Internetquelle
610 Banerjee 2010, S. 13

aus einer Stellungnahme der kanadischen Hochkommission in New Delhi, mit der einem pensionierten BSF-Offizier ein Visum verweigert wurde:

> „Die BSF sind eine gewalttätige paramilitärische Einheit, die vornehmlich in Gebieten stationiert wird, die die indische Regierung als sensibel einschätzt. Die BSF zeichnen verantwortlich für systematische Angriffe auf Zivilisten und tragen zudem Verantwortung für die systematische Folterung von vermeintlichen Kriminellen."[611]

Eine Untersuchungskommission unter dem Vorsitz des ehemaligen Vorsitzenden des Obersten Gerichtshofes von Sikkim untersuchte im Jahr 2008 die Übergriffe der BSF in sechs ausgewählten Grenzdistrikten in West Bengal zwischen 2006 und 2008 und hielt im Juni desselben Jahres ein öffentliches Hearing ab, bei dem allein aus diesen zwei Jahren und sechs Distrikten mehr als 1.200 Opfer von Folterungen durch BSF-Angehörige aussagten. Zu Recht stellt Banerjee fest, dass dies wohl nur ein kleiner Ausschnitt der wirklichen Vorgänge sein kann, denn während West Bengal eine Region ist, in der es immerhin möglich ist, zu ermitteln und Folteropfer zu ermutigen, vor einer Kommission auszusagen, kann dies wohl weder für die Situation in Kashmir noch in Chhattisgarh oder Jharkhand gesagt werden. Insgesamt zählt er mindestens zwölf paramilitärische Organisationen unter der Ägide des Union Home Ministry mit einer Gesamtstärke von 1,4 Millionen bewaffneten Sicherheitskräften, die inzwischen ein eigenes paramilitärisches Establishment bilden, in einer Grauzone zwischen polizeilichen und militärischen Aufgaben operieren und bei ihren zahlreichen gewaltsamen Aktionen de facto weitgehende Straffreiheit genießen.[612] Die eskalierende militärische Lage führt zu einem erhöhten Druck auf diese Sicherheitskräfte und fördert strukturelle Probleme innerhalb der Einheiten, die aus klassischen Bürgerkriegs- und Dschungelkriegssituationen bekannt sind: Verselbstständigung des Machtapparates, der zunehmend die gesamte Bevölkerung eines besetzten Gebietes als Feinde ansieht, Kontrollverlust und die Verwandlung einer ursprünglich mehr oder weniger disziplinierten Truppe in eine mordende und vergewaltigende Soldateska. Banerjee erwähnt auch die erhöhte Selbstmordrate in den Mannschaftsrängen der paramilitärischen Einheiten (zwischen 2006 und 2009 allein waren es 44 Selbstmorde bei den BSF, während die Zahl bei der Armee auf etwa 500 anwuchs), sowie eine signifikant

---

611 Banerjee 2010, S. 14
612 Ebd.

gestiegene Zahl von Morden innerhalb der Truppe, vor allem an verhassten Offizieren („fragging").[613]

Diese dürren Angaben geben alarmierende Hinweise auf den psychomentalen Zustand jener Kräfte, die gemeinsam mit den auf die Aufstandsbekämpfung spezialisierten Sondereinheiten wie den CoBras und Greyhounds dem Innenministerium unterstehen und in die ländlichen Naxalitengebiete geschickt werden, um dort Krieg gegen die Maoisten und ihre UnterstützerInnen zu führen.

Zumindest einen Hinweis auf die praktizierte Politik der Unionsregierung könnte die Konferenz des Unions-Innenministers mit den Regierungschefs der von der Naxalitenbewegung betroffenen Bundesstaaten geben, die kurz nach der Erschießung Azads stattfand:

„Das Treffen der Chief Ministers der von den Naxaliten betroffenen Bundesstaaten verdeutlicht, dass die indische Regierung nach der Ermordung Azads ihre Eskalationsstrategie fortsetzt. So wurde bei dem Treffen angekündigt, dass weitere 36 Bataillone der India Reserve den bereits aufgestellten 105 Bataillonen hinzugefügt werden sollen, während zugleich weitere 16.000 Special Police Officers (SPOs – Zivilisten, die von der Regierung ausgebildet und bewaffnet werden, um die Maoisten zu bekämpfen) eingestellt werden sollen und damit die Gesamtzahl der SPOs auf 30.000 erhöhen. Immerhin fällt dies zurück hinter die Zahlen, die niemand geringeres als Unions-Innenminister Chidambaram verkündet hatte, als er der *Economic Times* (am 19. April 2010) gesagt hatte, dass ‚unsere bewaffneten Polizeikräfte in einer Größenordnung von 350.000 Beamten hinter unserem Bedarf...liegen Wir wollen den UN-Durchschnitt erreichen und halten. Ich brauche darüber hinaus zusätzliche 500.000 Polizisten. Also müssen wir in den nächsten fünf Jahren 800.000 Sicherheitskräfte rekrutieren', bzw. 175.000 pro Jahr."[614]

Navlakha merkt an, dass es durchaus angebracht sei, die maoistische Strategie der bewaffneten Eskalation zu kritisieren, dass jedoch der Staat seinerseits eine Gewalteskalation betreibe, die sich bei weitem nicht nur gegen maoistische Guerillas richte, sondern die Adivasi-Bevölkerungen in den rohstoffreichen Gebieten als Ganze ins Visier nehme und zugleich gegen sämtliche Kräfte eingesetzt werde, die sich der Vertreibung und Gängelung dieser Bevölkerungsgruppen entgegenstellen. Der indische Staat, der heute an mehreren Fronten zugleich kämpft – in Kashmir, im Nordosten und in den Adivasiregionen Zentralindiens – verfüge sowohl im Hinblick auf die

---

613 Banerjee 2010, S. 15
614 Navlakha, 25.07.2010, Internetquelle

zahlenmäßige Stärke wie auch auf den Grad der Ausrüstung und Militarisierung der Ausbildung über einen der hochgerüstetsten Sicherheitsapparate Asiens.[615]

Dieser Kampf ist eine erbitterte Schlacht um die industrielle Ausbeutung der Ressourcen in Gebieten, die bis vor wenigen Jahren keinerlei industrielle Entwicklung, keinerlei nennenswerte infrastrukturelle Ausstattung und kaum eine nachhaltige Präsenz eines desinteressierten Staates aufwiesen. Die Naxaliten haben sich in diesen Gebieten festgesetzt, weil sie ein Vakuum an staatlicher Kontrolle und eine soziale Basis boten. Und dieser Staat geht gegen sie vor, nicht, weil sie bewaffnet sind oder eine bestimmte revolutionäre Ideologie vertreten, sondern weil sie ein Hemmnis für die innere Kolonisierung dieser Gebiete in einer Zeit der rasanten kapitalistischen Modernisierung des Landes und zugleich weltweit abnehmender Ressourcen darstellen. Auch dort, wo die Naxalitenpräsenz wesentlich schwächer, die ökonomische und soziale Situation aber die gleiche ist wie etwa in Orissa, gehen die Sicherheitskräfte gegen Adivasi vor, die sich gegen Entwicklungsprojekte stemmen und ihr Land gegen die Bergbaukonzerne verteidigen. Ihre Aussichten, diesen Kampf zu gewinnen, stellen sich bei nüchterner Betrachtung als ungleich schlechter dar als in den Gebieten mit starker Naxalitenpräsenz. Man kann bei der Lektüre von Arundhati Roys im Frühjahr 2010 erschienenen Reiseberichts *Walking with the comrades,* in dem sie von ihrem Aufenthalt in der Guerillazone von Chhattisgarh berichtet, durchaus mit Skepsis registrieren, dass dieser eigentlich kritischen Autorin sich an einigen Stellen der scharfe Blick auf die Verhältnisse zu trüben scheint und durch eine emotionale Parteinahme für die Naxaliten ersetzt wirkt. Angesichts der Erfahrungen, die sie etwa bei der Bewegung gegen den Narmada-Staudamm in Madhya Pradesh machen musste, angesichts der auch von ihr registrierten und skandalisierten Gewaltförmigkeit der Industrialisierung und inneren Kolonisierung Indiens und vor dem Hintergrund dessen, was aus Regionen etwa Orissas geworden ist, in denen keine bewaffnete Kraft den Konzernen und den in deren Interesse agierenden staatlichen Stellen entgegentrat, erscheint diese Annäherung jedoch in mancher Hinsicht verständlich, wenn sie etwa über die Menschen, die sie im Adivasi-Gebiet traf, schreibt:

„Warum müssen sie sterben? Wofür? Um all dies in ein Bergwerk zu verwandeln? Ich erinnere mich an meinen Besuch in einem Tagebau-Eisenbergwerk in Keonjhar, Orissa. Dort hatte es auch einst Wald gegeben. Und Kinder wie diese. Jetzt sieht das Land wie eine rohe, rote Wunde aus. Roter Staub dringt in Nase und Lungen. Das Wasser ist rot, die Luft ist rot, die Menschen sind rot, ihre Lungen und Haare sind

---

615 Vgl. Ebd.

rot. Den ganzen Tag und die ganze Nacht brummen die Lastwagen durch ihre Dörfer, Stoßstange an Stoßstange, tausende und tausende Lastwagen, die Eisenerz zum Hafen von Paradip bringen, von wo es nach China geht."[616]

Mit der Entsendung immer neuer Spezialeinheiten, paramilitärischer Formationen und Hilfstruppen erhöhen sich im Spätsommer 2010 die Verluste und die Medien vermelden in nun nahezu täglichem Rhythmus die Gefangennahme oder Tötung von „Top Maoist Leaders", ohne dass zum gegenwärtigen Zeitpunkt überprüfbar wäre, ob es sich um reale Einbrüche in der flexiblen Frontlinie der Naxaliten handelt oder um von den Sicherheitskräften lancierte Falschmeldungen, die dem Feld der psychologischen Kriegsführung zuzurechnen sind. Auch der Journalist Hem Chandra Pandey wurde nach seiner Ermordung zunächst als „Top Maoist Leader" klassifiziert und es scheint momentan sehr viele davon zu geben. Daher ist jede Aussage über den momentanen Verlauf der Kampfhandlungen mit großer Vorsicht zu betrachten. Unions-Innenminister Chidambaram triumphierte kürzlich vor dem Innenausschuss der Lokh Sabha, die maoistische Bedrohung werde in drei Jahren Vergangenheit sein.[617] Wieviel Realitätsgehalt eine solche Aussage hat, sei dahingestellt.

Im Dezember 2010 kündigte Unionsinnenminister Chidambaram an, dass die Unionsregierung künftig direkt jedem von Naxalitenaktivitäten betroffenen Distrikt zusätzlich zu den bestehenden Sozialprogrammen einen Entwicklungsetat von 250 Millionen Rupien zur Verfügung stellen würde, um die sozioökonomischen Wurzeln des Naxalitenkonfliktes parallel zur militärischen Offensive effektiver angehen zu können. Die Verwaltung und Verteilung der Gelder solle den Polizeibehörden und Kommandostrukturen der Einheiten der Unionsregierung in den jeweiligen Distrikten obliegen. Ob auf diese Weise der Konflikt befriedet werden kann, bleibt jedoch zweifelhaft. Eher werden die veranschlagten Gelder zum Aufbau von Dorfschützermilizen im Stil der Salwa Judum sowie für Waldrodungs- und Straßenbauprogramme für die Zwecke der Aufstandsbekämpfung verwendet werden.[618]

Zugleich wurden den von Chidambaram und anderen Regierungsmitgliedern ausgesprochenen Drohungen gegen kritische JournalistInnen und AktivistInnen durch einige drastische Gerichtsurteile Nachdruck verliehen.

---

616 Roy 2010, Internetquelle

617 The Saian Age, 30.07.2010, Internetquelle

618 Himanshu Kumar in *Sanhati*, 25.12.2010: „Can these 25 crores end Naxalism?" http://sanhati.com/articles/3133/

Aufsehen erregte vor allem der Fall des stellvertretenden Vorsitzenden der People's Union for Civil Liberties (PUCL) und Sekretärs der PUCL-Sektion in Chhattisgarh, Binayak Sen, der am 25. Dezember 2010 von einem Distriktgericht in Raipur wegen „Aufwiegelung" und der angeblichen Weiterleitung von Briefen inhaftierter Naxalitenkader zu einer lebenslangen Freiheitsstrafe verurteilt wurde – und im indischen Rechtssystem bedeutet „lebenslang" tatsächlich lebenslang.[619] Das Urteil zog eine heftige Kontroverse in der indischen Öffentlichkeit nach sich, weil es als symbolische Drohgebärde gegen zahlreiche andere linke AktivistInnen verstanden wird, die ebenfalls unter dem Strafrechtsparagraphen der „Aufwiegelung" in den nächsten Monaten vor Gericht stehen werden, darunter auch Arundhati Roy. Offenbar wird diese Anschuldigung zunehmend flächendeckend benutzt, um kritische Intellektuelle, die aus ihrer Ablehnung der Aktion „Green Hunt" und der damit verbundenen Gewaltexzesse der staatlichen Behörden keinen Hehl gemacht haben, zum Schweigen zu bringen. Am bizarrsten mutet dabei der Fall des stellvertretenden PUCL-Sekretärs von Karnataka, E. Rati Rao, an, der im Herbst 2010 ebenfalls wegen „Aufwiegelung" angeklagt wurde – und zwar für die Erstellung eines internen Mitgliederbulletins der PUCL, das zudem bereits im September 2007 eingestellt wurde.[620]

Im aggressiven Triumphalismus des forcierten Vernichtungskrieges gegen die Naxaliten, der zugleich immer mehr die Form eines Genozids an den Adivasi-Bevölkerungen Zentralindiens annimmt, in der zunehmenden Schikane gegen Menschrechtsgruppen und die legale Linke, in der erkennbaren Restrukturierung eines hochmilitarisierten und an Einfluss gewinnenden Sicherheitsapparates aus Polizei und paramilitärischen Einheiten und in dem unbedingten Willen, ein Modell von „Entwicklung" durchzusetzen, das unverhohlen die Plünderung und kapitalistische Verwertung natürlicher Ressourcen und die großflächige Vertreibung von Millionen Menschen beinhaltet, scheint völlig untergegangen zu sein, dass die gesellschaftliche Ursache bewaffneter Widerstandsbewegungen wohl kaum in den nächsten drei Jahren verschwunden sein wird. Im Gegenteil: Es ist dieses Modell kapitalistischer Entwicklung und Kolonisierung des Hinterlandes, die in ihrer ökonomischen und außerökonomischen Gewalt eine neue Stufe der sozialen Eskalation erreicht und auch noch in Jahrzehnten nicht zu befrieden sein wird.

---

619 Aman Sethi: Life term for Binayak Sen, *The Hindu*, 25.12.2010, http://www.hindu.com/2010/12/25/stories/2010122563870100.htm

620 Pricilla Jebaraj: Binayak Sen among six charged with sedition in 2010, *The Hindu*, 02.01.2011, http://www.hindu.com/2011/01/02/stories/2011010258361600.htm

# 10. Resümee: Historische Funktion und Grenzen der naxalitischen Aufstandsbewegung

Wie in den zurückliegenden Kapiteln gezeigt wurde, ist die Geschichte der maoistischen Guerilla in Indien in beträchtlichem Maße eine Geschichte der Umwälzung der Produktionsverhältnisse auf dem Land, der Verwandlung von feudalen in kapitalistische Ausbeutungsverhältnisse, der Krise der agrarischen Subsistenzökonomie und der Einbeziehung der noch bis weit ins zwanzigste Jahrhundert hinein für die lokale Bedarfsdeckung produzierenden bäuerlichen Produzenten in den kapitalistischen Weltmarkt. Durch diesen tiefgreifenden Wandel verändern sich auch die Klassen- und Herrschaftsbeziehungen, die das ländliche Indien prägen: Die alte, überwiegend brahmanische Grundbesitzerklasse verliert zunehmend an Einfluss und wird bedrängt durch eine neue ländliche Mittelklasse, die sich im Wesentlichen aus den großen mittleren Bauernkasten rekrutiert und in zunehmendem Maß Land und politischen Einfluss an sich zieht. Dieser Prozess ist geprägt von Gewalt gegenüber den verstärkt unter Druck geratenen, proletarisierten und vielerorts den – bis dato kaum hinterfragten – gesellschaftlichen Hierarchien des Kastensystems entfremdeten Kleinbauern, Pächtern und Landarbeitern und produziert Gegengewalt der sozial unterdrückten und ökonomisch ausgebeuteten Klassen und Kasten, die sich unter anderem der Maoisten als bewaffneter Gegenmacht bedienen – wie diese sich umgekehrt der Proletarisierten als sozialer Basis ihres politischen Formierungsprozesses bedienen. Neben einem solchen, den Kampf um Hegemonie zwischen niedergehenden und aufsteigenden, unterdrückten und um Emanzipation und Würde kämpfenden Kasten und sozialen Gruppen beinhaltenden Szenario, wie es sich etwa in Bihar oder Andhra Pradesh zeigt, entwickelten sich in anderen Regionen Indiens, wie etwa Jharkhand, Orissa und Chhattisgarh mit ihren von einem relativ hohen Bevölkerungsanteil nicht oder kaum in das hinduistische Kastensystem integrierter und rassistisch diskriminierter Adivasi, Konstellationen, in denen diese, durch Bergbauprojekte und Staudämme in ihren Landrechten und ihrer ökonomischen Existenzgrundlage akut bedrohten Bevölkerungsgruppen im bewaffneten Kampf und Allianzen mit den Naxaliten die einzige Möglichkeit zu effektiver Gegenwehr gegen ihre Enteignung und Vertreibung sehen. Beide Szenarien finden sich in unterschiedlicher Ausprägung in den Einflussgebieten der Naxaliten wieder und bringen unterschiedliche widerständige Klassenbündnisse und politische Allianzen hervor, in denen die Naxaliten sich als organisierte und bewaffnete Macht mit den jeweils unterdrücktesten und verwundbarsten Segmenten der agrarischen Klassengesellschaft verbinden. Diese Allianzen sind mancherorts brüchig, wie die Entstehung der Salwa Judum in Chhattisgarh zeigt, die, obschon mit großem finanziellem Aufwand von Regierung und regionalen Unternehmern hochgepäppelt, kaum derart stark hätten werden können, wenn es nicht ernsthafte Widersprüche und Bruchpunkte im Verhältnis zwischen Guerilla und ländlichem Proletariat gegeben hätte. Aber dennoch bestehen diese Klassenallianzen weiter und entfalten eine Dynamik vor allem dort, wo die tradierten Sozialstrukturen und die minimalen Schutzfunktionen, die diese für die ländlichen Unterklassen auch geboten hatten, erodieren.

Die ländlichen Unterklassen rebellierten in Indien selten im Rahmen bestehender Strukturen der autonomen Dorfgemeinschaft, seien diese auch noch so repressiv, solange die Mechanismen der Integration und Inkorporation funktionierten, die das Kastensystem und die ländliche Klassengesellschaft boten. Erst dort, wo ökonomische Modernisierungsprozesse, verbunden mit einer Brutalisierung der Sozialbeziehungen, diese Integrationsmöglichkeiten entscheidend beeinträchtigten und die Versuche der betroffenen Gruppen (vor allem der Dalits und Adivasi) eigene, auf Forderungen nach sozialer Teilhabe und Anerkennung gründende institutionelle politische Artikulationsformen zu entwickeln, gewaltsam erstickt wurden, konnten sich bewaffnete Widerstandsformen entwickeln.

Die hier skizzierten ökonomischen Modernisierungsprozesse führen zu einer grundlegenden Veränderung der indischen Gesellschaft, die innerhalb weniger Jahrzehnte die Bevölkerungsstruktur umwälzen und die kapitalistische Durchdringung auch scheinbar rückständiger Gebiete auf eine Stufe bringen wird, die Marx für Indien voreilig bereits von der britischen Kolonialisierung erwartet hatte. Dass die Geschichte der kapitalistischen Entwicklung eine Geschichte der Gewalt ist, mag ein Gemeinplatz sein. Für Indien ist diese strukturelle Gewaltförmigkeit jedoch in besonderer Weise vorgezeichnet, weil hier in wesentlich kürzerer Zeit das nachvollzogen wird, was Marx für das England (und auf bestimmte Weise auch Schottland) des 15. bis 18. Jahrhunderts mit dem Begriff der ursprünglichen Akkumulation charakterisiert hatte:

> „Historisch Epoche machend in der Geschichte der ursprünglichen Akkumulation sind alle Umwälzungen, die der sich bildenden Kapitalistenklasse als Hebel dienen; vor allem aber die Momente, worin große Menschenmassen plötzlich und gewaltsam von ihren Subsistenzmitteln losgerissen und als vogelfreie Proletarier auf den Arbeitsmarkt geschleudert werden. Die Enteignung des ländlichen Produzenten, des Bauern,

von Grund und Boden bildet die Grundlage des ganzen Prozesses. Ihre Geschichte nimmt in verschiedenen Ländern verschiedene Färbung an und durchläuft die verschiedenen Phasen in verschiedener Reihenfolge und in verschiedenen Geschichtsepochen. Nur in England, das wir daher als Beispiel nehmen, besitzt sie klassische Form."[621]

David Harvey versucht auf der Grundlage einer sich auf diese historische Entwicklung und ihre Verarbeitung bei Marx beziehenden Theorie der ursprünglichen Akkumulation und der inneren Landnahme des Kapitals, die sich hier vollziehenden Prozesse zu verallgemeinern und die Bedingungen auszuloten, unter denen sie sich vollziehen und die sie beeinflussen. Er nennt vier „Konditionalitäten", die er als wesentliche Aspekte identifiziert:

„1. Die materielle Einbettung des Prozesses der Kapitalakkumulation im Netz des sozio-ökologischen Lebens,
2. Akkumulation durch Enteignung (eine Verallgemeinerung des Marx'schen Konzepts ‚primitiver' oder ‚ursprünglicher' Akkumulation, unter der vorhandene Werte – als Arbeitskräfte, Geld, Produktionskapazität oder als Waren – zusammengebracht und als Kapital in die Zirkulation geschleust werden),
3. der gesetzartige Charakter der Kapitalakkumulation in Raum und Zeit,
4. politische, soziale und ‚Klassen'kämpfe auf einer Vielzahl geographischer Maßstabsebenen."[622]

Die Aneignung des Raums und die Kommodifizierung von Arbeit, Land, Wasser, landwirtschaftlichen Produkten etc. ist ein Prozess der Umgestaltung nicht nur der Natur durch den Menschen, sondern auch des Menschen selbst, ein gewaltsamer Vorgang, der die Entfremdung von den ökologischen Grundlagen materieller Produktion, von den bisherigen Arbeitsprozessen, den Produktionsmitteln und der psychomentalen Verfassung der vorkapitalistischen ProduzentInnen bedingt und bewirkt und in den der Kapitalakkumulation subsumierten Räumen nicht nur die Sozialstruktur, sondern auch die sozioökologischen Grundlagen der materiellen Produktion und Reproduktion als solche umwälzt und dabei oft Mondlandschaften und unbewohnbare Räume hinterlässt. Dabei geht es bei dieser Subsumtion jedoch nicht nur um Kapitalakkumulation als solche. Harvey bekräftigt und verallgemeinert Rosa Luxemburgs These, dass die kontinuierliche imperiale Expansion des Kapitals eine notwendige Bedingung für das Überleben des

---

621 Marx: *Das Kapital*, Bd. 1, MEW 23, S. 744
622 Harvey 2007, S. 79

Kapitalismus sei und bezeichnet das ununterbrochene Streben nach Ausweitung der Kapitalmacht auf Territorien, Sektoren, bisher nicht kommodifizierte Produktions- und Reproduktionsnischen, die Akkumulation durch Enteignung, als notwendige und fundamentale Kraft, die jegliche Theorie der ungleichen geographischen Entwicklung des Kapitalismus berücksichtigen muss. Diese Kraft schließt die Macht ein, das angeeignete Mehrprodukt zu entwerten, zu vernichten oder neuen Zwecken verfügbar zu machen.[623] Entwertet und delegitimiert werden dabei auch die vorgängigen Sozialstrukturen, Werte und Normen der in diesen Strudel der Kapitalakkumulation geschleuderten Bevölkerungen. Es wäre jedoch falsch, anzunehmen, dass die so gekennzeichnete ursprüngliche Akkumulation sich als blinde und objektive Gesetzmäßigkeit vollzieht. Sie ist in ihren Ausprägungen und Aneignungsformen stets umkämpft, durch wechselnde und instabile Klassenallianzen gekennzeichnet und Störungen unterworfen, die nicht zuletzt durch die Formen der Politisierung, der relativen Deprivation, des Widerstandes und der in diesem Prozess sich entwickelnden sozialen Kämpfe der der Kapitalakkumulation unterworfenen Bevölkerungen um Land, Anerkennung, soziale Würde und durch den Modus der materiellen Reproduktion bewirkt werden können.

Ein solcher Prozess spielt sich derzeit in regional unterschiedlichen Formen in Indien ab und bringt die oben genannten Klassenallianzen und Widerstandsformen hervor. Diese ökonomische Basis für das Auftreten und die Beharrungsfähigkeit der Naxalitenbewegung wirft zwei Fragen auf, die einerseits Ausdruck der historischen Stärke der indischen Maoisten, andererseits jedoch zugleich auch Symptom ihrer Schwäche und Begrenztheit sind.

1. In der ländlichen Klassengesellschaft sind das agrarische Proletariat und die in den Strudel der Proletarisierung hineingerissen Kleinbauern weitgehend ohne Unterstützung durch die institutionellen politischen Parteien und Bewegungen, auch die „neuen Bauernbewegungen", die sich in Indien in den 1980er Jahren genauso bildeten wie in anderen Ländern des Trikont, vor allem die ‚Bharatya Kisan Union' (BKU), haben eine eindeutig andere Klassenbasis:

> „Insgesamt dominiert in der Bewegung die agrarische Elite, Groß-, Mittelbauern und die oberen landbesitzenden Kasten; Kleinbauern werden ‚mitorganisiert'. Für einen Großteil des ländlichen Proletariats boten die Bewegungen von Beginn an nur beschränkt Perspektiven. *Shetkari* äußert sich immer mal wieder auch positiv zu den Möglichkeiten, die in den globalen Handelsabkommen liegen, bei ihrer Gründungs-

---

623 Vgl. Harvey 2007, S. 100 ff

konferenz wurde der Punkt ‚Situation der Landarbeiter' fallengelassen. Während eines Textilarbeiterstreiks in Bombay hatte *Shetkari* bessere Verbindungen zu Verbänden der Kleinunternehmer des Handels- und Transportsektors als zu städtischen Gewerkschaften. Die *BKU* wollte die Forderung nach einem Mindestlohn für LandarbeiterInnen nicht einmal diskutieren. Ab Ende der 1980er wurden militantere Aktionen zunehmend abgeblasen, es wurde klar, dass für die Führung der Schritt in die Politik kurz bevorstand (*Shetkari*-Chef Joshi z. b. wurde 1989 Kabinettsminister und Vorsitzender des Ständigen Beratungsausschusses in Agrarfragen)."[624]

Vielerorts sind also die Naxaliten – sowohl in ihrer legalen, als auch ihrer illegalen Form – eine der wenigen Organisationen, in der sich die Emanzipationsbestrebungen dieser ländlichen Unterklassen artikulieren können, sie sind in diesem Sinne ein Ausdruck der Selbstorganisation der Unterdrückten. Zugleich aber spiegeln beträchtliche Teile vor allem des illegalen und bewaffnet agierenden Flügels der Naxaliten in ihrer autoritär überformten Struktur offenbar das Grundproblem der kommunistischen Bewegung Indiens seit ihrer Entstehung wider: ein paternalistisches Verhältnis der führenden Kader aus den bürgerlichen und mittelbäuerlichen Klassen zu ihrer proletarischen und kleinbäuerlichen sozialen Basis. Dies legen zumindest die erhältlichen Informationen über die soziale Zusammensetzung der Führung der CPI (ML) der frühen 1970er Jahre nahe und der Eindruck scheint sich in gewisser Hinsicht angesichts der militaristischen und zentralistischen Parteistruktur und den gewählten Aktionsformen zu bestätigen, in denen, allen Versuchen zum Trotz, den bewaffneten Kampf als Ausgangspunkt einer bewusstseinsbildenden Massenmilitanz zu organisieren, immer noch in erster Linie trainierte und ausgebildete Guerillaeinheiten stellvertretend für das ländliche Proletariat agieren und diesem ihre Kampfformen und politischen Organisationsstrukturen überstülpen. Wie sehr diese autoritäre Überformung wirkt und ob die offensichtlich starke Verankerung der Guerilla unter den Angehörigen der Scheduled Castes und Scheduled Tribes zu einer Relativierung dieser paternalistischen Grundstruktur geführt hat, kann in diesem Rahmen nicht genauer untersucht werden, denn soviel wir auch über die formalen politischen Strukturen und die Programmatik der heutigen Naxaliten wissen, so wenig wissen wir zugleich über die realen internen Mechanismen, informellen Hierarchien und Machtstrukturen innerhalb der Guerilla. Dass hierin ein Grundwiderspruch liegt, der die Naxalitenbewegung durchzieht und die praktische Begrenztheit ihres Emanzipationsversprechens offenbart, kann jedoch festgehalten werden.

---

624 *Wildcat* 2008, Was nach der Bauerninternationale kommt, Internet-Dokument

2. Die agrarische Krise, die Umwälzung der Produktionsverhältnisse auf dem Land und die Veränderungen der Klassenstruktur bringen die Guerilla hervor. Zugleich jedoch entziehen sie ihr, längerfristig gesehen, auch den Boden, indem die Abwanderung in die Städte und die Entstehung eines urbanen informellen Proletariats die Analyse der Naxaliten, die Indien nach wie vor als semi-feudale und semikoloniale Agrargesellschaft etikettieren, zunehmend anachronistisch werden lässt, ebenso wie auch die Unterordnung der politischen Organisierung in den Städten unter die maoistische Strategie der agrarischen Revolution. Zwar verfügt die CPI (Maoist) über einen langfristigen Entwicklungsplan für ihre Arbeit in den indischen Metropolen, es deutet aber in der Praxis wenig darauf hin, dass bei ihnen tatsächlich eine Veränderung der Perspektive stattgefunden hätte, die den ökonomischen Modernisierungsprozessen gerecht würde. Die Megalopolen rund um Delhi und Mumbai, die industrialisierten Zonen Gujarats sowie rund um Bangalore, Hyderabad und Kolkata, in denen schon in 20 Jahren bis zu 50 Prozent der indischen Bevölkerung leben werden, sind aber nicht nur ‚Zitadellen des Klassenfeindes‘, wie die Führung der CPI (Maoist) sie immer noch in erster Linie sieht, sondern vor allem Sammelpunkte eines entwurzelten, zusammengewürfelten Proletariats, dessen soziale Zusammensetzung und politische Artikulationsformen die Zukunft der indischen Gesellschaft maßgeblich prägen werden. Sicherlich sind nicht alle Kräfte, die sich im weiteren Kontext als Naxaliten begreifen lassen, derart in die Fallstricke einer klassisch maoistischen Konzeption von agrarischer Revolution verstrickt und damit auch derart engen Begrenzungen ihrer Strategie und historischen Wirkung unterworfen. Aber die Hauptgruppen, gegen die derzeit der indische Staat militärisch vorgeht und physisch zu liquidieren sucht, wie auch die Bevölkerungen der rohstoffreichen, bisher der Kapitalakkumulation weitgehend entzogenen und nun gewaltsam geöffneten Räume des östlichen Zentralindien stecken langfristig in einer Sackgasse. Sicherlich sollte man sich nicht dazu verleiten lassen, wie dies ein gängiger Reflex metropolitaner Linker ist, die Abwehrkämpfe der Dalits und Adivasi in ihren gewaltlosen wie gewaltsamen Formen als schlicht defizitär und anachronistisch abzutun und damit das mögliche Ergebnis der kapitalistischen Landnahme bereits vorwegzunehmen. Eine solche Sichtweise ignoriert die Tatsache, dass auch in Europa die Ausgangspunkte der historisch wirkmächtigsten sozialen Bewegungen – und nicht zuletzt der ArbeiterInnenbewegung – in Abwehrkämpfen gegen die quasi von außen eindringende kapitalistische Akkumulation und für die Verteidigung elementarer Sozialstrukturen und einer „moralischen Ökonomie" bestanden, die den Boden bereiteten für kommende soziale Kämpfe und Organisationsformen der Proletarisierten

und Pauperisierten. Und die Tatsache, dass die indische Gesellschaft heute durch die kapitalistische Modernisierung und das in unterschiedlichen Formen gewaltförmige Eindringen der Kapitalakkumulation in bisher vorkapitalistische Räume in ihren Grundfesten erschüttert ist, bedeutet durchaus nicht, dass die Ergebnisse der ursprünglichen Akkumulation in England und anderen Teilen Europas auf Indien übertragbar sind. Die Integration der bisher nicht dem Weltmarkt unterworfenen Sektoren und Regionen Indiens geht unter den Bedingungen einer globalen imperialistischen Arbeitsteilung vor sich, die eine höchst unvollständige, einseitige und prekäre Industrialisierung zur Folge hat und teilweise auch von Phänomenen der Deindustrialisierung, dem Zusammenbrechen heimischer Kleinindustrien im Fegefeuer der Weltmarktkonkurrenz und der Konzentration industrieller Produktion auf wenige von äußeren Bedürfnissen bestimmte Sektoren und begrenzte Räume begleitet wird. Der indische Innenminister Chidambaram verkündete jüngst seine Vision eines Indien, in dem 75 Prozent der Bevölkerung in Städten leben. Es wäre müßig, über die Verwirklichungsaussichten dieser Vorstellungen zu spekulieren, sicher ist jedoch, dass die große Mehrheit der vertriebenen und entwurzelten Landbevölkerung, die in die Städte strömt, nicht in den Sonderwirtschaftszonen, Stahlwerken, Autofabriken, Callcentern und IT-Schwitzbuden der indischen und multinationalen Konzerne ihre Arbeitskraft verkaufen werden, sondern in den marginalen Kleinbetrieben, dunklen Werkstätten, den Sphären und Nischen der informellen Dienstleistungen und Slumökonomien der städtischen Armut und Marginalisierung. Sicherlich war dies auch das Schicksal der Pauperisierten und Marginalisierten in der Frühphase kapitalistischer Entwicklung in England. Aber zu den konstituierenden Bedingungen der kapitalistischen Entwicklung in Europa gehörte eben auch die koloniale Expansion, die Sklavenarbeit in den Kolonien, die Ausschaltung und Unterordnung der nichteuropäischen Ökonomien. Ein bestimmtes historisches Modell kapitalistischer Entwicklung lässt sich nicht ohne weiteres unter den Bedingungen eines entfalteten kapitalistischen Weltsystems von der Peripherie her wiederholen. Hinzu kommt, dass die sozialen Folgen der kapitalistischen Entwicklung in Indien immens sind und durchaus dazu führen könnten, dass die Illusion einer kapitalistischen Industriemacht mit regionaler Hegemonie in Südasien und wachsendem Gewicht an den Verhandlungstischen der G20-Staaten sich in Chaos und Barbarei auflösen wird. Eine Bevölkerung, deren übergroße Mehrheit keinerlei Anteil am gesellschaftlichen Reichtum hat, die eine drastische Verschlechterung des eigenen Lebensstandards und eine Zunahme von Unterernährung und sozialer Unsicherheit erfährt, wird auf die eine oder andere Weise zur Rebellion gegen diese Verhältnisse neigen, während andererseits eine Minderheit von 20 Prozent der Bevölkerung steigenden Wohlstand erlebt und sich in eigenen Wohnvierteln abschottet, an den Schalthebeln der ökonomischen und politischen Macht sitzt, sämtliche Medien dominiert und von indischen Weltraumprogrammen träumt. Relative Deprivation, die Wahrnehmung einer tiefen Verunsicherung und Verschlechterung der eigenen Lebenslage im Kontrast zu den propagandistischen Verheißungen eines zunehmenden Wohlstands für alle durch kapitalistische Entwicklung, ist heute eine Realität für beträchtliche Teile der Bevölkerung. Die ökologische Katastrophe, die sich bereits heute in der Verseuchung der Flüsse, den steigenden Müllbergen, der Luftverschmutzung, dem Schmelzen der Gletscher und dem unberechenbar gewordenen Monsun zeigt, tut ihr Übriges, um sämtliche optimistischen Zukunftsprognosen der Regierung und der Kapitaleliten mit einem großen Fragezeichen zu versehen.

Gerade an diesem Bild wird aber auch die historische Begrenzung deutlich, vor der die naxalitische Aufstandsbewegung steht. Statt vom Land her die Städte einzukreisen, wie es Maos chinesische Revolution vormachte, finden sich die von den Naxaliten beherrschten und beeinflussten Gebiete in einem permanenten Stellungskrieg mit den Vorposten der Staatlichkeit wieder. Die Naxaliten werden vor allem durch die Verschärfung der Kampfhandlungen, die Unterordnung der lokalen Wirtschaft unter die Notwendigkeiten der Versorgung ihrer Guerillaarmee und die äußerst begrenzten Ressourcen nach und nach aller Möglichkeiten beraubt, Elemente einer eigenständigen nichtkapitalistischen Ökonomie entlang der Bedürfnisse der Bevölkerung zu entwickeln, und nun ihrerseits von der militärisch gerüsteten Staatsmacht eingekreist, isoliert und liquidiert. Ob dies, wie Regierungsvertreter vollmundig verkünden, eine Sache von zwei bis drei Jahren sein wird, darf bezweifelt werden. Vor allem aber ist die Verknüpfung des Vorgehens gegen die Naxaliten mit der Öffnung des Raumes für die Kapitalakkumulation durch Enteignung, die Ausbeutung der Rohstoffe und die hierfür notwendige Räumung des Landes von den dort lebenden Menschen derart offensichtlich, das auch in der öffentlichen Wahrnehmung der Krieg gegen die Naxaliten zunehmend zum Feldzug eines hochmilitarisierten Staatsapparates gegen die gesamte Adivasi-Bevölkerung der betroffenen Gebiete wird. Und dieser sorgt nicht nur für Legitimationsprobleme in der gesamtindischen Öffentlichkeit und eine verallgemeinerte Konfrontation, in der die Rekrutierung der Adivasi für die Guerilla proportional zur eingesetzten staatlichen Gewalt steigt, sondern führt auch zu in ihren Konsequenzen schwer einschätzbaren Machtverschiebungen innerhalb der Regierung. Der ehemalige Vedanta-Manager und Rechtsanwalt Chidambaram, der sich jetzt als Unions-Innenminister als Hardliner profiliert, hat in seinem Ministerium und den darum gruppierten Sicherheitsagenturen eine Machtfülle konzentriert, die vor ihm kein anderer Innenminister Indiens je hatte. Die Vielfalt der vom Innenminister aufgestellten und kontrollierten paramilitärischen Einheiten, von den Central Reserve Police Forces (CRPF), den India Reserve-Bataillonen, den Central Industrial Security Forces (CISF), den Border Security Forces (BSF) und einigen anderen undurchsichtigen und für ein äußerst aggressives Vorgehen gegen die Zivilbevölkerung bekannten Truppen, ist schwer überschaubar und bei einer momentanen Gesamtzahl von 1,4 Millionen Angehörigen dieser paramilitärischen Einheiten kann von einer zweiten, für die innere Aufstandbekämpfung ausgebildeten Armee gesprochen werden. Zunehmend hat das Unionsinnenministerium in den von Naxalitenaktivitäten betroffenen Gebieten polizeiliche Kompetenzen der Bundesstaaten an sich gezogen, es hat die Forstverwaltungen und den Straßenbau übernommen und wird zunehmend zu einem unberechenbaren Machtfaktor, der einerseits die föderale Struktur des indischen Staatsapparates untergräbt und andererseits auch auf zentraler Ebene an Bedeutung gewonnen hat. Auch die Polizeiapparate der meisten Bundesstaaten werden unter der Schirmherrschaft des Unions-Innenministeriums zunehmend in Aufstandsbekämpfungsmaßnahmen trainiert und in paramilitärische Einheiten transformiert. Der Anteil der „Armed Police" an den Polizeikräften der Bundesstaaten ist in den letzten Jahren deutlich gestiegen. Die politischen Folgen dieser massiven Militarisierung des Polizeiapparates sind noch nicht abschätzbar, aber sie deuten auf eine Verschärfung der Repression, eine Aushöhlung von auch bisher schon prekären und bedrohten Menschenrechten sowie einen generell steigenden Einfluss des Sicherheitsapparates auf die Regierung und den Staatsapparat hin. Die illegale Schikanierung, Folterung und Tötung von Naxaliten, aber auch sozialen und bäuerlichen AktivistInnen und führenden Köpfen der Adivasi- und Dalit-Bewegungen war auch bisher eine bekannte Praxis, für die besonders die Spezialeinheiten der Polizei von Andhra Pradesh berüchtigt waren. Neuere Berichte deuten aber darauf hin, dass sich diese Praktiken im Rahmen der Aktion „Green Hunt" deutlich ausgeweitet haben und in einigen Gebieten zunehmend den Charakter eines allgemeinen Terrors gegen die widerständigen Bevölkerungsgruppen und ihre politisch-sozialen Organisationen annehmen.

Sollte es aber den Naxaliten nicht gelingen, sich auf die gegenwärtige Stufe der kapitalistischen Vergesellschaftung zu beziehen und Teil der unvermeidlichen sozialen Eruptionen und Klassenauseinandersetzungen zu werden, werden sie in die Geschichte der sozialen Kämpfe als Bewegung gegen die kapitalistische Modernisierung eingehen, deren hartnäckiger, aber hilfloser Widerstand gegen übermächtige sozioökonomische Veränderungsprozesse notwendigerweise scheitern musste, weil er zwar einem Teil der Enteigneten und von der Geschichte Überrollten Stimme, Machtmittel und Organisationsform gab, der Dimensionen der Proletarität aber, die neben dem ökonomischen Wachstum, der Urbanisierung und der kapitalistischen Landnahme das Resultat dieser Umwälzung der Gesellschaft ist, fremd bleibt. In dieser Hinsicht sind die Naxaliten – ohne die Analogieschlüsse zu weit treiben zu wollen – in gewisser Hinsicht vergleichbar mit den englischen Ludditen, die im frühen 19. Jahrhundert als letztes Kampfmittel gegen die Zerschlagung der autonomen Kleinbetriebe und die Vernichtung der Existenz hunderttausender Verlagsarbeiter in der bis dahin überwiegend ländlichen und kleinstädtischen Textilindustrie, bewaffnete Gruppen bildeten, die neuerrichtete Textilfabriken angriffen, Webmaschinen zerstörten und Fabrikanten bedrohten. Ihre Wut richtete sich, wie E .P. Thompson in seiner *Entstehung der englischen Arbeiterklasse* überzeugend nachwies, nicht gegen die Technologie an sich, sondern gegen die sie ins Elend stürzende Modernisierung der Textilindustrie auf maschineller Basis, die ihr Produktionswissen und ihre Qualifikation entwertete, ihre Kleinbetriebe in den Ruin trieb und sie zwang, für einen Bruchteil ihres bisherigen Lohns unqualifizierte Arbeit in den neuen Textilfabriken anzunehmen. Auch die Ludditen waren ein Ergebnis einer gescheiterten, marginalisierten und kriminalisierten Arbeiterbewegung. Ihre führenden Köpfe waren, soweit sie rekonstruiert werden konnten, Aktive des radikalen Flügels der im Zuge der napoleonischen Kriege in den Untergrund gedrängten Gewerkvereine der Arbeiter. Sie wurden verfolgt, aufgehängt und waren spätestens um 1820 aufgerieben. Über die Repression des Staates hinaus jedoch spiegelte ihre Organisations- und Kampfform vor allem eine bestimmte Momentaufnahme in der Geschichte des englischen Kapitalismus und der diesen prägenden Klassenauseinandersetzungen wider.

Bewegungen wie diese entstanden und entstehen an bestimmten Wendepunkten der Geschichte des Kapitalismus, sie sind Ausdruck der Enteignung, Kampfform der Opfer der kapitalistischen Umwälzung der Produktionsverhältnisse, und in den meisten Fällen bleiben sie im Rückblick eine kaum beachtete Fußnote der Geschichte. Im günstigsten Fall aber können die in ihnen gesammelten Erfahrungen einen Beitrag zu jenem unvermeidlichen politischen Formierungsprozess leisten, der die soziale und ökonomische Konstituierung der Proletarität begleitet und das Potential besitzt, ein neues Kapitel in der menschlichen Geschichte aufzuschlagen.

# Literatur

„A World To Win: Operation Green Hunt – India's State Terror", in: Onlineportal *Kasama*, 11.04.2010, Internetdokument:http://kasamaproject.org/2010/04/11/awtw-operation-green-hunt-indias-state-terror/

Adhikari, Anindita/Bhatia, Kartika: „NREGA Wage Payments: Can We Bank on the Banks?", in: *Economic and Political Weekly*, 02.01.2010

Ali, Mazhar: „First phase of Operation Green Hunt begins", in: *Times of India*, 02.11.2009

Ali, Tariq: *Die Nehrus und die Gandhis*. Eine indische Dynastie, München 2005

AM: „The State of the CPI (M) in West Bengal", in: *Economic and Political Weekly*, 30.07.2009

Azad: „Maoists in India. A Rejoinder", in: *Economic and Political Weekly*, 22.06.2006

Balagopal, K.: „Chhattisgarh: Physiognomy of Violence", in: *Economic and Political Weekly*, 03.06.2006

Balagopal, K. „Maoist Movement in Andhra Pradesh", in: *Economic and Political Weekly*, 22.06.2006

Bandyouphadyay, D.: „Land reforms and agriculture. The West Bengal experience", in: *Economic and Political Weekly*, 01.03.2003

Banerjee, Kaustav/Saha, Partha: „The NREGA, the Maoists and the Developmental Woes of the Indian State", in: *Economic and Political Weekly*, 10.07.2010

Banerjee, Sumanta: *In the Wake of Naxalbari*, Calcutta 1980

Banerjee, Sumanta: *India's Simmering Revolution*, London 1984

Banerjee, Sumanta: „Beyond Naxalbari", in: *Economic and Political Weekly*, 22.06.2006

Banerjee, Sumanta: „The Pathology of India's Security Forces", in: *Economic and Political Weekly*, 19.06.2010

Barla, Dayamani: „Wir brauchen Essen, nicht Stahl. Wir brauchen die Entwicklung unserer landwirtschaftlichen Nutzflächen und keine Fabriken!"; in: *Adivasi-Rundbrief* 37 – Solidarität mit Indiens Ureinwohnern –, Hg.: Adivasi-Koordination in Deutschland e.V., Februar 2010

Basu, Moushum: „Who Pays the Price for Uranium Mining?", in: *Economic and Political Weekly*, 05.12.2009

Basu, Moushumi/Gupta, Asish: „Killing of Azad and Hemchandra Pandey, Erklärung der People's Union for Democratic Rights (PUDR)", in: *Economic and Political Weekly*, 10.07.2010

Basu: Pradip: *Towards Naxalbari (1953-1967)*. An account of Inner-Party Ideological Struggle, Calcutta 2000

Bellaigue, Cristopher de: *Rebellenland*. Eine Reise an die Grenzen der Türkei, München 2008

Berg-Schlosser, Dirk/Stammen, Theo: *Einführung in die Politikwissenschaft*, München 2002

Bhargava, Pushpa: „High Stakes in Agro Research. Resisting the Push", in: *Economic and Political Weekly*, 23.08.2003

Bhattacharya, Dipankar: „Trail Blazed By Naxalbari Uprising", in: *Economic and Political Weekly* vom 16.12.2006

Bhatia, Bela: „The Naxalite Movement in Central Bihar", in: *Economic and Political Weekly* vom 09.04. 2005

Bhatia, Bela: „On Armed Resistance", in: *Economic and Political Weekly* 22.07. 2006

Bhowmick, Pradip K.: *Land Reforms and Rural Development in the State of West Bengal*, Kolkata 2001

Biswas, Tapash: Structural Transformation of the Villages in Delhi Metropolitan Region, New Delhi 2005, Internet-Dokument: http://iussp2005.princeton.edu/download.aspx?submissionId=50822

Boland, Sue: „I will always strive to engineer a better society", in: *Green Left Weekly*, 20.01.1999

Botterweck, Gerd: Gewerkschaften in Indien, Friedrich-Ebert-Stiftung 1997: http://library.fes.de/gmh/main/pdf-files/gmh/1997/1997-08-a-505.pdf

Böke, Henning: *Maoismus*. China und die Linke – Bilanz und Perspektive, Stuttgart 2007

Braudel, Fernand: *Wirtschafts- und Sozialgeschichte des 15.-18. Jahrhunderts*. Der Handel, München 1990

Cardoso, Fernando Enrique: „Abhängigkeit und Entwicklung in Lateinamerika", in: Dieter Senghaas (Hg.): *Peripherer Kapitalismus*. Analysen über Abhängigkeit und Unterentwicklung, Frankfurt/M. 1974

Central Committee (Provisional) of the CPI (Maoist): Strategy and Tactics of the Indian Revolution, ohne Ortsangabe 2004, Online-Dokument: http://www.bannedthought.net/India/CPI-Maoist-Docs/Founding/StrategyTactics-pamphlet.pdf

Central Committee (Provisional) of the CPI (Maoist): Constitution of the CPI (Maoist, ohne Ortsangabe 2004, Online-Dokument, Word-Dokument unter http://www.bannedthought.net/India/CPI-Maoist-Docs/index.htm

Central Committee (Provisional) of the CPI (Maoist): Party Programme of the CPI (Maoist), ohne Ortsangabe 2004, Online-Dokument: http://www.bannedthought.net/India/CPI-Maoist-Docs/Founding/Programme-pamphlet.pdf

Central Committee (Provisional) of the CPI (Maoist): CPI (Maoist) Urban Perspectives – Our Work in Urban Areas, ohne Ortsangabe 2004, Internet-Dokument: http://www.bannedthought.net/India/CPI-Maoist-Docs/UrbanPerspective.pdf

Central Committee of the CPI(Maoist): The political crisis in Nepal is the result of indo-US-conspiracy! Press release 05.05.2009, Internet-Dokument: http://www.bannedthought.net/India/CPI-Maoist-Docs/Nepal/Nepal-090505.pdf

Chakma, Suhas: „Naxaliten: „Größte Herausforderung für die innere Sicherheit. Maoistische Rebellen kontrollieren bereits große Teile des Landes", Bundeszentrale für politische Bildung, Bonn 2007, Internet-Dokument: http://www.bpb.de/themen/J14K6T,1,0,Naxaliten%3A_Gr%F6%DFte_Herausforderung_f%FCr_die_innere_Sicherheit.html

Chakravarti, Sudeep: *Red sun.* Travels in naxalite country. New Delhi 2008

Chattopadhyay, Suhrid Sankar: „Lalgarh Battle", in: *The Hindu,* 29.06.2009, Online-Dokument: http://www.hinduonnet.com/fline/stories/20090717261412900.htm

Chaudhuri, Siladitya/Gupta, Nivedita: „Levels of Living and Poverty Patterns: A District-Wise Analysis for India", in: *Economic and Political Weekly,* 28.02.2009

Claus, Martina/Harting, Sebastian: „Ringen um Gerechtigkeit. Die Zwangsumgesiedelten des bundesdeutschen Vorzeigeprojektes ‚Stahlwerk Rourkela' kommen zu Wort", in:*Adivasi-Rundbrief* 36 – Solidarität mit Indiens Ureinwohnern – Hg.: Adivasi-Koordination in Deutschland e.V., Dezember 2009

Damas, Marius: *Approaching Naxalbari,* Calcutta 1991

Das, Ashok: „Naxal MLA rides on people power", in: *Hindustan Times,* 11.04.2009

Dasgupta, Rajeshwari: „Towards the ‚New Man'. Revolutionary Youth and Rural Agency in the Naxalite Movement", in: *Economic and Political Weekly,* 13.05.2006

Dash, Satya Prakash: *Naxal Movement and State Power,* New Delhi 2006

Dhanagare, D.N.: *Peasant Movements in India 1920-1950,* New Delhi 1983

Die Presse: „Indische Bauern begehen nach Missernte Selbstmord", in: *Die Presse,* 04.04.2010, Internet-Dokument: http://diepresse.com/home/panorama/welt/556294/index.do

Dogra, Bharat: „Landnahme und Vertreibung bedrohen Millionen Menschen. Die Kehrseite des Wirtschaftsbooms", Bundeszentrale für politische Bildung, Bonn 2007, Internet-Dokument: http://www.bpb.de/themen/K8N9CU,0,0,Landnahme_und_Vertreibung_bedrohen_Millionen_Menschen.html

Duyker, Edward: *Tribal Guerillas.* The Santals of West Bengal and the Naxalite Movement, Oxford 1987

Deutscher Verein für öffentliche und private Fürsorge: *Fachlexikon der sozialen Arbeit,* Frankfurt/M. 2002

Eashvaraiah, P.: *The Communist Parties in Power and Agrarian Reforms in India,* New Delhi 1993

Economic Times, Korrespondentenbericht: „Opposition slams Mamata's Naxal alliance", in: *Economic Times* vom 11.08.2010

Frank, André Gunder: „Die Entwicklung der Unterentwicklung", in: Fischer/Hödi/Sievers (Hg.): *Klassiker der Entwicklungstheorie.* Von Modernisierung bis Post-Development, Wien 2008

Ganapathy: „Open Reply to Independent Citizens Initiative on Dantewada", in: *Economic and Political Weekly*, 06.01.2007

George, Varghese K./Yadav, J. P.: „Top Ranveer Sena leaders were naxal targets in Jehanabad", in: *Indian Express*, 16.11.2005, Online-Dokument: http://www.expressindia.com/news/fullstory.php?newsid=58395

Getzschmann, Lutz: „Zollfrei in die Zukunft", in: *Jungle World* vom 06.06.2007

Getzschmann, Lutz: „Regime Change im Himalaya", in: *Jungle World* vom 24.04.2008

Getzschmann, Lutz: „Kein Zurück mehr. Der lange Weg der nepalesischen Maoisten vom Untergrund ins Parlament", in: *Blätter des iz3w*, Nr. 308, Oktober 2008

Getzschmann, Lutz: „Prekär für den Weltmarkt. Die kapitalistische Modernisierung Indiens schafft ein neues Proletariat der informellen Arbeit", in: *Blätter des iz3w*, Nr. 309, Dezember 2008

Getzschmann, Lutz: „Die Folgen der Wirtschaftskrise sind auch in Indien längst spürbar", in: *Jungle World*, 23.04.2009

Giri, Saroj: „The Killing of Azad", in: *Sanhati*, 12.07.2010, Internet-Dokument: http://sanhati.com/excerpted/2554/

Gopalji: „Annihilation is the last Choice", Interview, geführt von Alpa Shah, in: *Economic and Political Weekly*, 08.05.2010

Guha, Ramachandra: „Adivasi, Naxalites and Indian Democracy", in: *Economic and Political Weekly*, 11.08.2007

Gupta, Ranjit Kumar: *The Crimson Agenda.* Maoist Protest and Terror, New Delhi 2004

Gupta, Subhrangsu: „Nandigram: Three allies threaten to quit Left Front", in: *Chandigarh Tribune*, 12.11.2007, Internet-Dokument: http://www.tribuneindia.com/2007/20071112/main4.htm

Gupta, Tilak D.: „Maoism in India. Ideology, Programme and Armed Struggle", in: *Economic and Political Weekly*, 22.06.2006

Habib, Irfan: „Kosambi, Marxism and Indian History", in: *Economic and Political Weekly*, 26.07.2008

Haleja, Ruchi: „Home-makers tighten family belts", in: *Hindustan Times*, 15.4. 2008, Internet-Dolkument: http://www.hindustantimes.com/StoryPage/StoryPage.aspx?id=cd6c9bc1-4449-4eac-a75c-651b071fa9ea

Haque, Saiful/Nath, Sujit: „Operation Green Hunt fizzles out in Red zone", in: *India Today*, 22.02.2010

Harvey, David: *Räume der Neoliberalisierung*, Hamburg 2007

History Commission of the CPI (M): *History of the Communist Party of India*, Vol. I, New Delhi 2005

Human Rights Watch Asia: *Human Rights in India.* Police Killing and Rural Violence in Andhra Pradesh, New York 1992

Human Rights Watch: *Being Neutral is Our Biggest Crime.* Government, Vigilante, and Naxalite Abuses in India's Chhattisgarh State, New York, 2008

Institute for Conflict Management: The Prevention of Terror Act 2002, New Delhi 2002, Internet-Dokument: http://www.satp.org/satporgtp/countries/india/document/actandordinances/POTA.htm#3

Institute for Conflict Management: Ranvir Sena, New Delhi o. J., Internet-Dokument: http://satp.org/satporgtp/countries/india/terroristoutfits/Ranvir_Sena.htm

Institute for Conflict Management: Fatalities in Left Wing Extremism 2010, Internet-Dokument: http://www.satp.org/satporgtp/countries/india/maoist/data_sheets/fatalitiesnaxal.asp

IT-Worker: Angst statt Freiheit in der IT-Industrie. Totalerfassung der indischen IT-Profis, ohne Ortsangabe, 2008, Internet-Dokument: http://itworker.wordpress.com/2008/09/28/angst-statt-freiheit-in-der-it-industrie-totalerfassung-der-indischen-it-profis/#more-211

Jagger, Bianca: „‚Wir werden erloschen sein‘. Seit Generationen lebt der Stamm der Kondh im indischen Niyamgiri-Gebirge. Jetzt muss er mit einem Bergbau-Konzern um sein Land ringen", in: Freitag, 02.08.2010, Internet-Dokument: http://www.freitag.de/politik/1030-wir-werden-erloschen-sein

Jahnke, Joachim: Indien – noch ein Globalisierungsgewinner, Bangor/UK 2006, Internet-Dokument: http://www.jjahnke.net/indien.html

Jawaid, Sohail: The Naxalite movement in India. Origin and Failure of the Maoist Revolutionary Strategy in West Bengal 1967-1971, New Delhi 1979

Jogi, Aijit: „Time to call off the Salwa Judum", in: Indian Express vom 30.06.2006

John, Joseph: „Multi-pronged strategy needed to tackle Naxalism", in: Indian Express, 27.07.2009, Internet-Dokument: http://www.indianexpress.com/news/-Multi-pronged-strategy-needed-to-tackle-Naxalism-/494527

Joint Press Release of the Communist Party of India (Maoist) and the Communist Party of Nepal-Maoist, 03.08.2006, Internet-Dokument: http://www.bannedthought.net/India/CPI-Maoist-Docs/Nepal/JointStatement-060808.pdf

Kalmring, Stefan/Nowak, Andreas: „Der Marx'sche Blick auf Afrika. Anmerkungen zu Marx' fragmentarischer Auseinandersetzung mit dem afrikanischen Kontinent", in: Z- Zeitschrift Marxistische Erneuerung, Nr. 62, Juni 2005

Khera, Reetika/Nayak, Nandini: „Women Workers and Perceptions of the National Rural Employment Guarantee Act", in: Economic and Political Weekly, 24.10.2009

Klas, Gerhard: Zwischen Verzweiflung und Widerstand. Indische Stimmen gegen die Globalisierung, Hamburg 2006

Komalapati: Narendra Mohan: „The Green Hunt and Gold in the Hills", in: Green Left Weekly, 4.12.2009

Kosambi, D. D.: An Introduction to the Study of Indian History, Pune 1956

Kosambi, D. D.: History and Society. Problems of Interpretation, Mumbai 1985

Kulke, Hermann: „Zur älteren Geschichte Indiens", in: Revision des Indienbildes im Schulunterricht. Fachtagung 5.-7. Juni 1998 im Haus auf der Alb Bad Urach, Hrsg.: Baden-Württembergische Landeszentrale für politische Bildung 1998, Internetquelle: http://www.lpb-bw.de/publikationen/indien/indien.htm

Kulke, Hermann/Rothermund, Dietmar: *Geschichte Indiens*. Von der Indukultur bis heute, München 2006

Kurian, J. P.: Regional disparities in India. Delhi 2003, Center for Policy Research im Auftrag der Planungskommission der indischen Regierung, Internet-Dokument: http://planningcommission.nic.in/reports/sereport/ser/vision2025/regdsprty.pdf

Küpeli, Ismail: „Krieg und Frieden im Weltsystem. Vom Staatszerfall zur Intervention – die Debatte um ‚gescheiterte Staaten' legitimiert westliche Machtpolitik", in: *Analyse und Kritik*, Nr. 529 vom 20.06.2008, Internet-Dokument: http://kuepeli.wordpress.com/2008/06/11/die-debatte-um-%e2%80%9egescheiterte-staaten-%e2%80%9c-als-legitimierung-westlicher-politik/

LabourNet Germany: „Unsere Arbeiterklasse arbeitet informell – und so organisiert sie sich auch." Informelle Arbeit in Indien, Bochum 2005, Online-Dossier: http://www.labournet.de/internationales/in/informell.html

LabourNet Germany: Neoliberalismus und Regierungslinke: Bengalen als exemplarischer Fall?, Bochum 2008, Online-Dossier: http://www.labournet.de/internationales/in/nandex.html

Laping, Johannes: „Uranabbau in Adivai-Gebieten", in: *Adivasi-Rundbrief* 31 – Solidarität mit Indiens Ureinwohnern –, Hg.: Adivasi-Koordination in Deutschland e.V., Mai 2008

Laping, Johannes: „Karanpura, Distrikt Hazaribagh, Bundesstaat Jharkhand: Kohletagebau und soziale Verantwortung", in: *Adivasi-Rundbrief* 34, – Solidarität mit Indiens Ureinwohnern – , Hg.: Adivasi-Koordination in Deutschland e.V., Mai 2009

Legal Service India: India launches anti terror law, ohne Ortsangabe, 2002, Internet-Dokument: http://www.legalserviceindia.com/helpline/help7a.htm

Letters from P. Chidambaram and CPI (Maoist) to Swami Agnivesh regarding the possibility of dialogue, 11.5.2010 / 31.5.2010, Internetdokument

Linkszeitung: Indien: „Indigene kämpfen gegen Bergbau-Projekt", Internet-Dokument: http://www.linkszeitung.de/menind100701liz.html

Marx, Karl: „Die britische Herrschaft in Indien" in: MEW Bd. 9, Berlin/DDR 1972

Marx, Karl: „Die künftigen Ergebnisse der britischen Herrschaft in Indien", in: MEW Bd. 9, Berlin/DDR 1972

Marx, Karl: „Die Ostindische Kompanie, ihre Geschichte und die Resultate ihres Wirkens", 11. Juli 1853, in: MEW Bd. 9, Berlin/DDR 1972

Marx, Karl: „Der indische Aufstand", in: MEW Bd. 12, Berlin/DDR 1972

Marx, Karl: *Das Kapital*, Bd. 1, in: MEW Bd. 23, Berlin/DDR 1972

Majumdar, Manabi: „From Land Reforms to Land Markets", in: *Economic and Political Weekly,* 12.12.2003

Mazumdar, Charu: Carry Forward the Peasant Stuggle by Fighting Revisionism (1966), Internetquelle: http://www.marxists.org/reference/archive/mazumdar/1966/x01/x02.htm

Mazumdar, Charu: Hate, Stamp and Smash Centrism (1970), Internetquelle: http://www.marxists.org/reference/archive/mazumdar/1970/05/x01.htm

Meiler, Oliver: „Indien: Schuldenerlass gegen Suizidwelle", in: *Süddeutsche Zeitung* vom 29.02.2008

Mentschel, Stefan: „‚Auf dem Rücken der Bauern'. Indiens Sonderwirtschaftszonen stoßen auf vielfachen Widerstand", in: *Neues Deutschland* vom 22.06.2007

Menzel, Urich: „Die drei Entwicklungstheorien des Karl Marx", in: *Entwicklung und Zusammenarbeit* (Nr. 1, Januar 2000, S. 8-11)

Mindach, Boris: „Neoliberalismus und Rekolonialisierung. Agrarkrise, Hunger und Armut in Indien – Buchvorstellung", in: *Analyse und Kritik*, Nr. 545, 18.12.2009

Ministry of Commerce and Industry, Government of India, Department of Commerce: Annual Report 2005/06, New Delhi 2006, Internet-Dokument: http://commerce.nic.in/annual2005-06/englishhtml/Contents.htm

Ministry of Home Affairs, Government of India: Annual Report 2003/2004, New Delhi 2004, Online-Dokument: http://www.mha.nic.in/pdfs/ar0304-Eng.pdf

Ministry of Home Affairs, Government of India: Annual Report 2004/2005, New Delhi 2005, Online-Dokument: http://www.mha.nic.in/pdfs/ar0405-Eng.pdf

Ministry of Home Affairs, Government of India: Annual Report 2005/2006, New Delhi 2006, Online-Dokument: http://www.mha.nic.in/pdfs/ar0506-Eng.pdf

Ministry of Home Affairs, Government of India: Annual Report 2006/2007, New Delhi 2007, Online-Dokument: http://www.mha.nic.in/pdfs/ar0607-Eng.pdf

Ministry of Home Affairs, Government of India: Annual Report 2007/2008, New Delhi 2008, Online-Dokument: http://www.mha.nic.in/pdfs/ar0708-Eng.pdf

Ministry of Home Affairs, Government of India: Annual Report 2008/2009, New Delhi 2009, Online-Dokument: http://www.mha.nic.in/pdfs/AR(E)0809.pdf

Ministry of Home Affairs, Government of India: Annual Report 200/2010, New Delhi 2010, Online-Dokument: http://www.mha.nic.in/pdfs/AR(E)0910.pdf

Ministry of Home Affairs, Governemt of India: Naxal Violence and Efforts to Check it, Pressemitteilung vom 08.07.2009, Internet-Dokument: http://pib.nic.in/release/rel_print_page.asp?relid=49909

Ministry of Home Affairs, Government of India: Banned Organisations. List of Organisations declared as terrorist organisations under the Unlawful Activities Prevention Act, 1967, New Delhi ohne Datum, Internet-Dokument: http://www.mha.nic.in/uniquepage.asp?Id_Pk=292

Mishra, Vinod: „More on People's Front", in: *Liberation*, Januar 1984, Online-Dokument: http://www.marxists.org/reference/archive/mishra/1984/01/x01.htm

Mishra, Vinod: Introduction to the Report from the Flaming Fields of Bihar, 1986, Online-Dokument

Mishra, Vinod: „On the Developments in Soviet Russia", in: *Liberation*, October, 1991, Online-Dokument: http://www.marxists.org/reference/archive/mishra/1991/10/x02.htm

Mishra, Vinod: „How Did Our Party Evolve?", in: *Liberation*, Mai-Juni 1993, On-line-Dokument: http://www.marxists.org/reference/archive/mishra/1993/05/x02. htm

Mishra Vinod: „On Jehanabad Killings: This Battle Must Be Won", in: *Liberation*, Januar 1998, Online-Dokument: http://www.cpiml.org/liberation/year_1998/january/feature.htm

Mishra, Vinod, The Life and Struggle in Regional Engineering College, Durgapur 1966 to 1970, veröffentlicht posthum 2006, Internetdokument: http://naxalrevolution.blogspot.com/2006/07/life-and-struggle-in-regional.html

Mohan, Man: „College that trains cops to take on Naxalites. The motto of the Kanker Guerilla Warfare College is ‚Fight a guerilla like a guerilla' ", in: *Chhandigarh Tribune* vom 20.07.2009, Internet-Dokument: http://www.tribuneindia. com/2009/20090720/main8.htm

Mohanty, Manoranjan: „Challenges of Revolutionary Violence. The Naxalite Movement in Perspective", in: *Economic and Political Weekly*, 22.06.2009

Mukherjee, Arun Prosad: *Maoist Spring Thunder*. The Naxalite Movement (1967 –1972), Kolkata 2007

Mukherji, Nirmalangshu: „Arms Over the People: What Have the Maoists Achieved in Dandakaranya?", in: *Economic and Political Weekly*, 19.06.2010

Muni, S. D.: *Maoist insurgency in Nepal*. The challenge and the response. New Delhi 2003

Münkler, Herfried: *Die neuen Kriege*, Reinbek b. Hamburg 2002

Myrdal, Jan: „Der andauernde Bürgerkrieg in Indien"; in: *Linke Zeitung*, 9.7.2010, Internetdokument: http://www.linkezeitung.de/cms/index.php?option=com_cont ent&task=view&id=9022&Itemid=1

Naidu, Sirisha C./Manolakos, Panayiotis T.: „Primary Accumulation, Capitalist Nature and Sustainability", in: *Economic and Political Weekly*, 17.07.2010

Navlakha, Gautam/Gupta, Asish: „The Real Divide in Bastar", in: *Economic and Political Weekly*, 15.8. 2009

Navlakha, Gautam: Days and Nights in the Heartland of Rebellion, Internetdoku-ment,veröffentlichtam2.4.2010:http://indianvanguard.wordpress.com/2010/04/02/ gautam-navlakha-days-and-nights-in-the-heartland-of-rebellion/

Navlakha, Gautam: „Azad's assassination: An insight into the Indian state's response to peoples' resistance", *Sanhati*, 25.07.2010, Internet-Dokument: http://sanhati. com/articles/2610/

OneWorld South Asia: Nepal's most neglected have high hopes of Maoists, 04.05.2009, Internet-Dokument: http://southasia.oneworld.net/Article/nepal2019s-most-neg-lected-have-high-hopes-of-maoists

Ottomeier, Martin: „Wie Indiens IT-Branche leidet", in: *Financial Times Deutschland* vom 06.03.2009, Internet-Dokument: http://www.ftd.de/technik/medien_internet/:Interview-mit-Som-Mittal-Wie-Indiens-IT-Branche-leidet/483450.html

Pasvantis, Katrin: Wirtschaftstrends Indien zum Jahreswechsel 2008/2009, Germany Trade an Invest, 12.03.2009, Internet-Dokument: https://www.gtai.de/DE/

Content/bfai-online-news/2008/23/medien/s1-indien-wirtschaftstrends-jawe-08-09,https=1.html

Patnaik, Utsa: *Unbequeme Wahrheiten.* Hunger und Armut in Indien, Heidelberg 2009

Patnaik, Utsa: „A Critical Look at Some Propositions on Consumption and Poverty", in: *Economic and Political Weekly,* 06.02.2010

Patterson, Michael: „Indien erlangt seinen Favoritenstatus zurück", in: *Die Welt* vom 16.04.2009, Internet-Dokument: http://www.welt.de/die-welt/article3563569/Indien-erlangt-seinen-Favoritenstatus-zurueck.html

Petersen, Britta: „Reise durch den Selbstmordgürtel. Trotz High-Tech-Boom – Indien ist ein Agrarland", in: *Das Parlament,* August 2006, Onlineversion auf der Website der Bundeszentrale für politische Bildung: http://www.bpb.de/themen/ZVOYPO,0,0,Reise_durch_den_Selbstmordg%FCrtel.html

Planning Commission, Government of India: Report of the Working Group on Land Relations for Formulation of the 11th Five Year Plan, New Delhi 2006, Internet-Dokument: http://planningcommission.nic.in/aboutus/committee/wrkgrp11/wg11_landrel.pdf

Politbureau of the CPI (Maoist): Open letter to the CPN-Maoist, 20.05.2009, Internet-Dokument: http://www.bannedthought.net/India/CPI-Maoist-Docs/Nepal/OpenLetterToCPNM-090520.pdf

Poll Campaign and Our Performance: A Preliminary Note, *Liberation,* Juni 2009, Internet-Dokument: http://www.cpiml.org/liberation/year_2009/june_09/featur.html

Pradhan, Fakir Mohan: Jharkhand: Steady Erosion, South Asia Terrorism, Portal des Institute for Conflict Management, New Delhi 2009, Internet-Dokument: http://satp.org/satporgtp/sair/index.htm#assessment1

Pradhan, Fakir Mohan: „Andhra Pradesh: Maoist Free Fall", in: *South Asia Intelligence Review,* Weekly Assessments & Briefings,Volume 8, No. 23, December 14, 2009

Pradhan, Fakir Mohan: „Orissa: Creeping Consolidation", in: *South Asia Intelligence Review,* Weekly Assessments & Briefings, Volume 8, No. 24, December 21, 2009

Prasad, B. N.: *Radicalism and Violence in Agrarian Structure.* The Maoist Movement in Bihar, New Delhi 2002

Prasad, Pradhan H.: „Towards a Theory of Transformation of Semi-Feudal Agriculture", in: *Economic and Political Weekly,* 01.08.1987

Prashant, J. H. A.: „Nepal: Tactical Retreat?", in: *Nepali Times,* 12.05.2010, Internet-Dokument: http://kafila.org/2010/05/12/tactical-retreat/

Press Trust of India (PTI): Maoists have largest number of women elected members in CA, 22.04.2008

Press Trust of India (PTI): Maoists start using Nagpur as transit and treatment hub, DNA, 26.7.2010, Internetdokument: http://www.dnaindia.com/india/report_maoists-start-using-nagpur-as-transit-and-treatment-hub_1415037

Press Trust of India (PTI): UAV project for Naxal areas fails to take off, auf dem Onlineportal von IBN-Live, 26.7.2010, Internetdokument: http://ibnlive.in.com/generalnewsfeed/news/uav-project-for-naxal-areas-fails-to-take-off/170537.html

Press Trust of India (PTI): „Shortcomings in NREGA in Naxal-hit areas", in: *Times of India* vom 09.08.2010

Punwani, Jyoti: „Traumas of Adivasi Women in Dantewada", in: *Economic and Political Weekly*, 27 Jan. 2007

Ram, Mohan: *Maoism in India*, New Delhi 1971

Rao, Potturi Venkateswara: „Terror in Telengana", in: *Indian Express* vom 13.08.1989

Ratnayake, K.: „Das Ende der Monarchie in Nepal eröffnet eine neue Periode politischer Instabilität", World Socialist Website, 22.06.2008, Internet-Dokument: http://www.wsws.org/de/2008/jun2008/nepa-j07.shtml

Ray, Partho Sarathi: „Protest by Women in Lalgarh", in: *Economic and Political Weekly*, 31.07.2010

Ray, Rabindra: *The Naxalites and their Ideology*, New Delhi 2002

Redaktion der Economic and Political Weekly: „Wages of Counter-Insurgency", *Economic and Political Weekly*, 18.03.2006

Redaktion „Liberation": „Thousands on the Streets against Operation ‚Nandigrab' ", *Liberation*, 12/2007, Internet-Dokument: http://www.cpiml.org/liberation/year_2007/december/against_operation_nandigrab.html

Rothermund, Dietmar: *Geschichte Indiens: Vom Mittelalter bis zur Gegenwart*, München 2002

Rothermund, Dietmar: *Indien.* Aufstieg einer asiatischen Weltmacht, München 2008

Routray, Bibhu Prasad: Bihar: The State's Enveloping Failure, South Asia Terrorism Portal des Institute for Conflict Management, New Delhi 2007, Internet-Dokument: http://satp.org/satporgtp/sair/Archives/6_25.htm#assessment2

Roy, Asish Kumar: *The Spring Thunder and After.* A Survey of the Maoist and Ultra-Leftist Movements in India 1962-75, Calcutta 1975

Roy, Arundhati: „The Cost of Living. Narmada Dam and the Indian State", in: L. L. Rudolph/K. Jacobson: *Experiencing the State*, New Delhi 2006

Roy, Arundhati: „Wanderung mit den Genossen. In den Dschungeln Zentralindiens mit der Guerilla", in: *Outlook India* 29.03.2010, deutsche-Übersetzung in Z-Net

Roy, Arundhati: „Operation Hunt's urban avatar", in *Dawn*, 24.07.2010, Internetdokument

Roy, Arundhati: *Aus der Werkstatt der Demokratie*, Frankfurt/M. 2010

Roy, Rajat: „CPI (Maoist) banned after Bengal nod, Jaiswal", in: *Business Standard* vom 21.06.2009

RT News: India launches attack against Maoists, 11.11.2009

Sabyashi, K./Sakthivel, S.: „Reforms and Regional Inequality in India", in: *Economic and Political Weekly*, 30.11.2007

Sahni, Ajay: „West Bengal: A Year of Failure", in: *South Asia Intelligence Review,* Weekly Assessments & Briefings, Volume 8, No. 50, June 21, 2010, Internet-Dokument

Sahni, Ajay: „Anti-Maoist Strategy: Utter Disarray", in: *South Asia Intelligence Review,* Weekly Assessments & Briefings, Volume 9, No. 2, July 19, 2010, Internet-Dokument

Sahu, Pryia Ranjan: „I told them I was not a Maoist", in: *Hindustan Times,* 23.08.2010

Samanta, Amiya K.: *Left extremist movement in West Bengal.* An experiment in armed agrarian struggle, Calcutta 1984

Schmitt, Thomas: „Tausende indische Bauern gehen in den Tod", in: *Der Spiegel,* 12.11.2006, Internet-Dokument: http://www.spiegel.de/wirtschaft/0,1518,446922,00.html

Schmitt, Thomas: „Indiens halbherziger Kampf gegen die Kinderarbeit", in: *Der Spiegel,* 18.02.2007, Internet-Dokument: http://www.spiegel.de/wirtschaft/0,1518,466857,00.html

Sen, Arindam: „Maoism, State and the Communist Movement in India", erschienen in drei Teilen in *Liberation,* Dezember 2009, Januar 2010 und Februar 2010

Sen, Asit: *An Approach to Naxalbari,* Calcutta 1980

Sengupta, Somini: „In India, Maoist Guerillas Widen Peoples War", in: *New York Times,* 13.04.2006, Online-Dokument: http://www.nytimes.com/2006/04/13/world/asia/13maoists.html?ei=5088&en=b397a84735c2f9cb&ex=1302580800&partner=rssnyt&emc=rss&pagewanted=all

Sethi, Aman: „Green Hunt. The Anatomy of an Operation", in: *The Hindu,* 06.02.2010

Sethi, Aman: „Dispute over events leading to Azad's death", in: *The Hindu,* 04.07.2010

Sharma, Devinder: „Displacing farmers: India Will Have 400 million Agricultural Refugees. Neoliberal Reforms Wreak Havoc", in: *Global Research,* 22.7. 2007, http://www.globalresearch.ca/index.php?context=va&aid=6127

Sharma, G. L.: *Caste, Class and Social Inequality in India,* 2 Bände, Jaipur 2003

Shyam: „PWG and ‚Spring' ", in: *Economic and Political Weekly,* Vol. XXV, Nr.42/43, 20.10.1990

Singh, Ajit Kumar: „Bihar: Unremitting Rampage", in: *South Asia Intelligence Review,* Weekly Assessments & Briefings, Volume 8, No. 23, December 14, 2009

Singh, Ajit Kumar: „Jharkhand: A Deepening Dark", in: *South Asia Intelligence Review,* Weekly Assessments & Briefings Volume 8, No. 25, December 28, 2009, Institute for Conflict Management, Internet-Dokument: http://www.satp.org/satporgtp/sair/Archives/sair8/8_25.htm#assessment1

Singh, Ajit Kumar: „West Bengal: Sitting Ducks", in: *South Asia Intelligence Review,* Weekly Assessments & Briefings, Volume 8, No. 33, February 22, 2010, Internet-Dokument

Singh, Ajit Kumar: „Maharashtra: Maoist Mayhem", in: *South Asia Intelligence Review*, Weekly Assessments & Briefings, Volume 8, No. 26, January 4, 2010

Singh, Kumar Sanjay: „Operation Green Hunt: Its stated and unstated targets", in: *Radical Notes*, 9.03.2010

Sinha, Arvind/Sinha, Sindu: „Ranveer Sena and Massacre Widows", in: *Economic and Political Weekly*, 27.10.2001

Singh, Manmohan: PM's speech at the Chief Ministers meeting on Naxalism, New Delhi 13.04.2006, Internet-Dokument: http://pmindia.nic.in/speech/content.asp?id=311

Singh, Prakash: *The Naxalite Movement in India*, New Delhi 1995

Singh, Shashi Bhushan: „Limits to Power. Naxalism and Caste Relations in a South Bihar Village", in: *Economic and Political Weekly*, 16.07.2005

Skoda, Uwe: „Kaste, das Kastensystem und die Scheduled Castes", in: *Südasien-Info*, Berlin 2003, Internet-Dokument: http://www.suedasien.info/laenderinfos/461#toc_6

Subramanian, K. S.: *Political Violence and the Police in India*, New Delhi 2007

Sudhir Uma: Underground Naxal Leaders on *YouTube*, TV, NDTV, 29.10.2009

Sundar, Nandini: „Bastar, Maoism and Salwa Judum", in: *Economic and Political Weekly*, 28.07.2006

Sundar, Nandini: „The Trophies of Operation Green Hunt. When rape is routine and there's a paucity of condemning voices", in: *Outlook India*, 5.7.2010, Internetquelle

„The Naxalite-affected areas", in: *Hindustan Times* vom 21.05.2003

Times of India (Korrespondentenbericht) „There's no ‚Operation Green Hunt'", Chidambaram, in: *Times of India*, 07.04.2010

Times of India (Korrespondentenbericht): „Chidambaram didn't have prior knowledge of Azad encounter: Swami Agnivesh", in: *Times of India*, 22.07.2010

Times of India (Korrespondentenbericht): „Parties settle down to nitty-gritties of seat-sharing in Bihar", in: *Times of India*, 07.08.2010

Times of India (Korrespondentenbericht): „Some forest officials attending Naxal meetings: Pillai", in: *Times of India*, 08.08.2010

TNN: „How CPM recaptured Nandigram", in: *Times of India*, 12.11.2007, Internet_Dokument: http://timesofindia.indiatimes.com/How_CPM_recaptured_Nandigram/articleshow/2533801.cms

United Nations Development Programme (UNDP): Human Development Report 2007/08, New York City 2007

Vakulabharanam, Vamsi: „Does Class Matter? Class Structure and Worsening Inequality in India", in: *Economic and Political Weekly*, 17.07.2010

Varma, Gyan: „Govt feels crackdown enough to nail Naxals", in: *Business Standard*, 23.08.2010, Internet-Dokument: http://www.business-standard.com/india/economy/Govt feels crackdown enough to nail Naxals.htm

Venkatesan, J.: „Supreme Court disapproves of arming Salwa Judum", in: *The Hindu*, 01.04.2008

Venugopal, N.: „Where Writing becomes Unlawful. Ban on Virasam", in: *Economic and Political Weekly*, 01.10.2005

Venugopal, N.: „Killing Azad", in: *Economic and Polical Weekly*, 17.07.2010

Varkey, Ouseph: *At the Crossroads.* The Sino-Indian Border Dispue and the Communist Party of India, Calcutta 1974

Virmani, Arvind: *The Dynamics of Competition.* Phasing of domestic and external Liberalisation in India, Arbeitspapier der Planungskommission der indischen Regierung, New Delhi 2006, Internet-Dokument: http://planningcommission.nic.in/reports/wrkpapers/wp_dc_pdel.pdf

Whelpton, John: *A history of Nepal,* Cambridge 2006

Wildcat-Redaktion: „Was nach der Bauern-Internationale kommt. Das Ende der ‚Bauernfrage' ", in: *Wildcat*, Nr. 82, August 2008, Internet-Dokument: http://www.wildcat-www.de/wildcat/82/w82_bauern.html

Wildcat-Redaktion: „Gurgaon, Indien. Neue Stadt, neues Glück, neue Kämpfe?", Beilage zur *Wildcat*, Nr. 82, Köln, August 2008

Yechury, Sitaram: „Learning from Experience and Analysis. Contrasting Approaches of Maoists in Nepal and India", in: *Economic and Political Weekly*, 22.06.2006